# MISSEL DES DIMANCHES

2023

*Les auteurs :*

ÉRIC BEAUMER, prémontré, diplômé de l'Institut supérieur de liturgie (Paris), responsable de formation et professeur de liturgie.

HENRI DELHOUGNE, bénédictin de l'abbaye de Clervaux (Luxembourg), docteur d'État en théologie, coordinateur de la Traduction officielle liturgique de la Bible et de la Traduction révisée du Missel romain.

SOPHIE GALL-ALEXEEFF, mariée et mère de famille, enseignante en liturgie à l'Institut catholique de Paris, directrice de l'Institut théologique Saint Nicolas (Metz).

MARIE GUILLAUMIN, religieuse du Carmel Saint Joseph, en communauté à Caen et aumônier des étudiants.

SERGE KERRIEN, diacre permanent du diocèse de Saint-Brieuc et Tréguier, marié et père de famille, chargé de mission au SNPLS (Service National de Pastorale Liturgique et Sacramentaire).

BERNARD MAITTE, prêtre en paroisse, directeur adjoint de l'Institut universitaire Saint-Luc et directeur du Studium, responsable de l'Institut des sciences et théologie des religions de Marseille, coordinateur de la nouvelle édition du Rituel de la confirmation pour la CEFTL.

ISABELLE RENAUD-CHAMSKA, docteur d'État et agrégée de lettres, diplômée de l'Institut supérieur de liturgie (Paris), a été professeur de lettres classiques pendant 40 ans dans l'Enseignement public. Elle est mariée, mère de deux enfants et grand-mère de cinq petits-enfants.

## *Les lectures bibliques*

Les lectures bibliques de ce Missel 2023 sont extraites de la nouvelle traduction de la Bible, approuvée par les autorités de l'Église catholique pour la liturgie et intégrée dans les Lectionnaires de la messe. Le découpage des lectures ne relève pas des auteurs de ce missel, mais de l'autorité centrale du rite romaine.

## *Les textes liturgiques*

Les textes liturgiques (prières, antiennes, liturgie de la messe) sont extraits de la traduction révisée du Missel romain publiée en 2021.

Cette traduction a été approuvée en 2019-2020 par les Conférences des évêques des pays francophones et confirmée par la Congrégation pour le Culte divin et la discipline des Sacrements. de Rome.

## *Illustration de la couverture*

Le Christ est saisi en mouvement, sa bouche est entrouverte. Trois rayons d'or sur un fond de terre sombre suffisent à indiquer sa divinité. Son visage énergique est légèrement penché vers le jeune homme riche (qu'on ne voit pas en couverture), auquel il demande d'engager tout son être dans le partage.

Sylvie Bethmont-Gallerand

# MISSEL DES DIMANCHES

# 2023

Année liturgique
du 27 novembre 2022
au 2 décembre 2023

**Lectures de l'année A**

Édition collective des Éditeurs de liturgie

**Chaque année, depuis 50 ans, le *Missel des Dimanches***

Il est né à la suite du concile Vatican II, sous l'égide des évêques francophones, pour aider le peuple chrétien à s'approprier les nouveaux textes liturgiques. En signe d'unité, il est publié par un collectif d'éditeurs. Il est l'œuvre d'une équipe d'auteurs riche de sa diversité : hommes et femmes, prêtres, religieux et laïcs, venant de diverses régions de France et d'ailleurs. Chacun apporte son expérience d'Église, sa sensibilité propre et ses compétences en liturgie, théologie, animation, chants...

L'ouvrage reçoit chaque année l'Imprimatur de l'Église, gage de fiabilité et de qualité. Depuis cinquante ans, ce Missel est le compagnon de très nombreux fidèles qui veulent mettre au cœur de leur vie l'eucharistie dominicale, « source et sommet de toute la vie chrétienne ».

*Nihil obstat*
P. Jean-Jacques Rouchi, Toulouse, le 20 avril 2022

*Imprimatur*
le 6 mai 2022
† Mgr Guy de Kerimel
archevêque de Toulouse
Président de la Commission épiscopale de Liturgie et de Pastorale sacramentelle



*Iconographie de couverture : Jésus et le jeune homme riche* (détail), 1889, Heinrich Hofmann (1824-1911), Riverside Church, New York. © Photo 12/Alamy/Asar Studios

*Conception maquette :* Michèle Fraudreau, Bleu T

*Composition :* Le vent se lève...

*Responsable de la fabrication :* Jennifer Dugué (Éditions du Cerf)

Pour correspondre avec les auteurs ou les éditeurs de ce Missel, écrire à : Missel des dimanches, Éditions du Cerf, 24 rue des Tanneries, 75013 Paris, contact@misseldesdimanches.fr

ISBN (Cerf) : 978-2-204-15050-7
ISBN (Mame) : 978-2-728-93189-7

# Préface

## *Liturgie et synodalité*

« Là où deux ou trois sont réunis en mon nom, je suis au milieu d'eux » (Mt 18,20). Cette affirmation de Jésus est un fondement majeur de la liturgie. Depuis l'Antiquité, les chrétiens et les chrétiennes croient que se rassembler au nom de leur foi fait se réaliser cette promesse. Or l'évangéliste ne mentionne pas une exclusivité du rassemblement liturgique. Se rassembler pour s'écouter, discerner, délibérer et décider, est aussi un lieu d'accomplissement de cette parole de Jésus. Liturgie et synodalité ont ici un point commun essentiel. En cette année 2023 où nous poursuivons l'approfondissement de la synodalité, il est fécond de considérer cette proximité de plus près, à l'aide des verbes participer et célébrer.

## *Participer*

La constitution du concile Vatican II sur la liturgie est bien connue pour placer en son cœur la participation active à la liturgie. Ce que l'on sait moins est que la participation (et le verbe participer) se trouve dans presque tous les textes conciliaires, et très fréquemment : en tout 37 fois pour la liturgie, mais aussi 48 fois pour la participation à la vie et à la mission de l'Église. Participer est ainsi un verbe bien concret et théologique pour exprimer l'action synodale des baptisés.

Regardons les adjectifs qui détaillent cette participation, ici à la liturgie et par extension aux autres domaines. On y encourage « la participation active des fidèles, intérieure et extérieure, proportionnée à leur âge, leur condition, leur genre de vie et à leur degré de culture religieuse » (SC 19). Ceci éclaire la synodalité. Tous ne font pas tout dans la liturgie, de même dans la gouvernance ecclésiale, depuis l'éveil des idées et le discernement, jusqu'aux décisions et aux mises en œuvre. Mais tous doivent participer. Nul n'est exclu, y compris les plus marginalisés, pauvres, malades, prisonniers, etc. Parce que la grâce de leur baptême en fait des membres indispensables au corps tout entier, riches de dons et de charismes qu'il faut solliciter, pour le bien de tous et la force de l'Évangile aujourd'hui. Cette redécouverte est récente, sans doute parce que le contexte sociétal a tellement changé, bouleversant tous les repères de l'Église établis depuis des siècles.

*Célébrer*

Depuis toujours, le verbe célébrer est appliqué à deux réalités en christianisme : la liturgie d'une part, et les synodes et conciles d'autre part. On « célèbre » un synode, non seulement parce qu'on y prie ensemble ou qu'il y a une ritualisation forte du processus et des assemblées. On le célèbre, car tout ce qui s'y vit est reçu de Dieu pour faciliter ou approfondir l'annonce de la foi. Tous les groupes, équipes ou conseils engagés dans un processus de discernement et de décision devraient donc le célébrer, sous la mouvance de l'Esprit Saint. La communion est ainsi étroitement liée à la mission. On pourrait même dire qu'elles ne vont pas l'une sans l'autre, au risque de se dénaturer.

Liturgie et synodalité sont donc toutes deux au cœur de l'Église, voulue par Dieu lui-même pour le bien de l'humanité. Communion, participation et mission en sont les domaines où l'une et l'autre se déploient. Ce n'est pas un hasard si ces trois mots forment le sous-titre du synode romain des évêques sur la synodalité. Saisissons cette opportunité pour mieux participer et célébrer.

Arnaud Join-Lambert
professeur en théologie à l'Université
Catholique de Louvain (B)

# Calendrier liturgique 2023
# A

| 2022 | | |
|---|---|---|
| ***Temps de l'Avent*** | | ***Violet*** |
| 1er dim. Avent | 27/11 | p. 103 |
| 2e dim. Avent | 04/12 | p. 110 |
| *Imm. Conception* | 08/12 | p. 117 |
| 3e dim. Avent | 11/12 | p. 119 |
| 4e dim. Avent | 18/12 | p. 126 |

| ***Temps de Noël*** | | ***Blanc*** |
|---|---|---|
| Noël Veille | 24/12 | p. 136 |
| Noël Nuit | 25/12 | p. 141 |
| Noël Aurore | 25/12 | p. 145 |
| Noël Jour | 25/12 | p. 148 |
| *Ste Famille* | 30/12 | p. 155 |

| 2023 | | |
|---|---|---|
| Mère de Dieu | 01/01 | p. 157 |
| Épiphanie | 08/01 | p. 164 |
| *Baptême du Seigneur* | 09/01 | p. 174 |

| ***Temps ordinaire*** | | ***Vert*** |
|---|---|---|
| 2e dim. TO | 15/01 | p. 181 |
| 3e dim. TO | 22/01 | p. 187 |
| 4e dim. TO | 29/01 | p. 196 |
| *Présentation du Sgr* | 02/02 | p. 202 |
| 5e dim. TO | 05/02 | p. 204 |
| 6e dim. TO | 12/02 | p. 211 |
| 7e dim. TO | 19/02 | p. 219 |

| ***Temps du Carême*** | | ***Violet*** |
|---|---|---|
| Cendres | 22/02 | p. 229 |
| 1er dim. Carême | 26/02 | p. 237 |
| 2e dim. Carême | 05/03 | p. 245 |
| 3e dim. Carême | 12/03 | p. 252 |
| 4e dim. Carême | 19/03 | p. 262 |
| *Annonciation* | 25/03 | p. 272 |
| 5e dim. Carême | 26/03 | p. 274 |
| Célébration pénitentielle | | p. 283 |

| ***Semaine sainte*** | | ***Violet*** |
|---|---|---|
| Rameaux | 02/04 | p. 289 |
| Jeudi saint | 06/04 | p. 312 |
| Vendredi saint | 07/04 | p. 320 |

| ***Temps pascal*** | | ***Blanc*** |
|---|---|---|
| Vigile pascale | 08/04 | p. 340 |
| Dim. de Pâques | 09/04 | p. 380 |
| 2e dim. de Pâques | 16/04 | p. 395 |
| 3e dim. de Pâques | 23/04 | p. 403 |
| 4e dim. de Pâques | 30/04 | p. 412 |
| 5e dim. de Pâques | 07/05 | p. 420 |
| 6e dim. de Pâques | 14/05 | p. 428 |
| Ascension du Sgr | 18/05 | p. 435 |
| 7e dim. de Pâques | 21/05 | p. 44 |
| Pentecôte : veille | 27/05 | p. 451 |
| et jour (rouge) | 28/05 | p. 462 |

| *Temps ordinaire (suite)* | | *Vert* |
|---|---|---|
| Lundi de Pentecôte : Marie Mère de l'Église, 8e sem. TO | 29/05 | |
| Sainte Trinité | 04/06 | p. 470 |
| Lundi de la 9e sem. TO | 05/06 | |
| Saint-Sacrement | 11/06 | p. 477 |
| Lundi de la 10e sem. TO | 12/06 | |
| *Sacré Cœur* | 16/06 | p. 486 |
| 11e dim. TO | 18/06 | p. 489 |
| 12e dim. TO | 25/06 | p. 496 |
| 13e dim. TO | 02/07 | p. 503 |
| 14e dim. TO | 09/07 | p. 510 |
| 15e dim. TO | 16/07 | p. 517 |
| 16e dim. TO | 23/07 | p. 525 |
| 17e dim. TO | 30/07 | p. 532 |
| Transfiguration | 06/08 | p. 539 |
| 19e dim. TO | 13/08 | p. 547 |
| Assomption | 15/08 | p. 554 |

| *Temps ordinaire (suite)* | | *Vert* |
|---|---|---|
| 20e dim. TO | 20/08 | p. 564 |
| 21e dim. TO | 27/08 | p. 571 |
| 22e dim. TO | 03/09 | p. 577 |
| 23e dim. TO | 10/09 | p. 583 |
| 24e dim. TO | 17/09 | p. 590 |
| 25e dim. TO | 24/09 | p. 598 |
| 26e dim. TO | 01/10 | p. 605 |
| 27e dim. TO | 08/10 | p. 613 |
| 28e dim. TO | 15/10 | p. 620 |
| 29e dim. TO | 22/10 | p. 627 |
| 30e dim. TO | 29/10 | p. 634 |
| Toussaint | 01/11 | p. 640 |
| *Défunts* | 02/11 | p. 647 |
| 31e dim. TO | 05/11 | p. 651 |
| 32e dim. TO | 12/11 | p. 658 |
| 33e dim. TO | 19/11 | p. 665 |
| Christ Roi | 26/11 | p. 672 |

# Indications pratiques

Dans ce missel des dimanches et fêtes, on trouvera la traduction révisée du *Missel romain*, publiée en 2021. Les textes des lectures bibliques et des psaumes sont ceux des Lectionnaires publiés en 2014, qui utilisent la Traduction liturgique de la Bible parue en 2013.

**Chaque formulaire de messe présente :**

– une ***introduction générale*** à chaque dimanche, préparant à l'accueil des lectures bibliques ;

– les ***prières et les lectures bibliques*** dans leur version officielle ;

– les ***antiennes d'ouverture et de communion ;***

– des ***prières universelles*** entièrement rédigées ;

– une ***citation d'un auteur spirituel***, habituellement en rapport avec les lectures bibliques du jour et proposée à la méditation ;

– le ***calendrier liturgique*** de la semaine, les ***fêtes à souhaiter***, et diverses ***informations*** ;

– un ***flash sur un saint ou une sainte***, célébré durant la semaine.

On trouve aussi des propositions pour les *chants*, parfois des suggestions pour célébrer. Les propositions de chants sont généralement regroupées par temps liturgique ou pour plusieurs dimanches. Deux recueils sont indiqués par leurs initiales : *CNA = Chants notés de l'assemblée*, recueil officiel, éd. Bayard ; *MNA = Missel noté de l'assemblée*, diffusion Abbaye de Clervaux (Luxembourg) ;

### *Calendrier liturgique*

Il s'agit du calendrier *liturgique* au sens strict, proposé à l'ensemble de l'Église. Il ne mentionne que les saints figurant dans le calendrier liturgique officiel, universel ou national. *On ne s'étonnera pas de ne pas y trouver un certain nombre de saints connus par ailleurs, ou canonisés récemment par le pape.* Simplement, ceux-là ne figurent pas au calendrier liturgique. Cela n'empêche pas de les invoquer ni même de faire une célébration liturgique en leur honneur, avec les textes des « communs des saints » du *Missel romain.*

On a donné les références des lectures bibliques *pour chaque jour.* Ce sont les lectures du jour de semaine qui sont indiquées et non celles du saint, sauf pour les solennités, les fêtes et certaines mémoires ayant des lectures propres. Le Lectionnaire favorise ainsi une lecture semi-continue des livres de l'Écriture sainte, comme le souhaite l'Église.

### *Bonne fête !*

Sous ce titre, on trouve pour chaque jour de la semaine plusieurs prénoms chrétiens, qui correspondent à des saints, ou ont été rattachés à des saints.

### *Pour mémoire*

Ces informations sont très diverses et n'ont pas nécessairement une portée liturgique : mention de telle journée mondiale ou nationale ; anniversaire (millénaire, centenaire, cinquantenaire, etc.) d'un événement important pour l'histoire de l'Église ou du monde.

### *Flash sur un saint*

En quelques lignes, des informations sur la vie et la spiritualité d'un saint célébré dans la semaine et dont l'exemple stimule la vie chrétienne.

# Quelques rites dont la traduction a été retouchée[1]

1. On en trouvera une liste plus détaillée dans le *Missel des dimanches 2022*.

# Le dialogue d'ouverture

« Lorsque le chant d'entrée est fini, le prêtre, debout à son siège, fait le signe de la croix avec toute l'assemblée. Ensuite, en saluant la communauté rassemblée, il lui signifie la présence du Seigneur. Cette salutation et la réponse du peuple manifestent le mystère de l'Église rassemblée » (PGMR 50). Le Missel propose trois formules de dialogue entre le prêtre et l'assemblée, trois formules dont la brièveté pourrait masquer la richesse.

Celle qui nous est familière « Le Seigneur soit avec vous. R./ Et avec votre esprit » dit à la fois une annonce et un souhait. Le Seigneur est présent au milieu de nous et veut faire de nous son peuple. L'assemblée reconnaît que celui qui la préside a reçu, par son ordination, le don de l'Esprit qui correspond à sa fonction. L'assemblée, fidèles et prêtre, Corps du Christ, est constituée et l'Esprit vient l'animer.

Deux autres salutations proposées ouvrent une perspective assez semblable, mais avec des accents différents : « La grâce de Jésus, le Christ, notre Seigneur, l'amour de Dieu le Père, et la communion de l'Esprit Saint soient toujours avec vous » ou encore : « Que la grâce et la paix de Dieu notre Père et du Seigneur Jésus, le Christ, soient toujours avec vous. R./ Et avec votre esprit ». Dans ces deux salutations, l'accent est mis davantage sur la présence du Seigneur, source de paix et de grâce, de communion dans l'Esprit Saint.

Enfin, un quatrième dialogue : « La paix soit avec vous... », réservé à l'évêque, est le souhait même de Jésus ressuscité. Ces quatre salutations rappellent que Dieu est présent dans l'assemblée. Elles disent le mystère de l'Église rassemblée. Elles nous appellent à nous tenir les uns les autres dans l'amour du Père, à nous laisser guider par l'Esprit pour que l'Eucharistie soit un chemin de conversion et d'accueil de la grâce donnée dans la Parole et le Pain.

SK

# La prière eucharistique au cœur de la messe

Les prières eucharistiques pour le dimanche sont au nombre de quatre (PE I, II, III, et IV). Comme leur nom l'indique, il s'agit d'une prière, la grande prière centrale de la messe qui commence avec les paroles précédant le Sanctus (préface) et qui se termine par l'Amen que chantent ou disent les fidèles après le « Par lui, avec lui et en lui... ». Le terme « prière » est significatif ; la messe n'est pas un discours adressé à Dieu ou encore une méditation intérieure mais bien la prière communautaire de l'Église. En ce sens, il s'agit non pas de prier pendant la messe mais bien de « prier la messe ».

La prière eucharistique est dite à voix haute par le prêtre qui, en notre nom et celui de l'Église, s'adresse au Père, par la médiation de Jésus le Christ. Cette prière devient effective dans l'Esprit Saint car, écrit saint Paul, « Dieu a envoyé l'Esprit de son Fils dans nos cœurs, et cet Esprit crie Abba ! c'est-à-dire : Père ! » (Ga 4, 6). Au début de la prière eucharistique I (Canon romain), la nouvelle traduction du Missel romain a remplacé l'expression « Père très bon » par « Père très aimant » insistant ainsi sur l'amour divin qui est la source de la bénédiction et de l'unité de l'Église.

Cette prière est dite « eucharistique », c'est-à-dire d'action de grâce, ce que signifie le mot eucharistie. C'est pourquoi la première partie des prières eucharistiques commence par évoquer les motifs pour lesquels nous rendons grâce et bénissons Dieu. Le rappel de l'action divine est particulièrement développé dans la PE IV : « Père très saint, nous proclamons que tu es grand et que tu as fait toutes choses avec sagesse et par amour... ». Nous faisons mémoire de l'acte créateur et sauveur de Dieu, sous la mouvance de l'Esprit « qui achève toute sanctification ». L'action de grâce devient encore plus vive avec l'appel à l'Esprit Saint (épiclèse) sur le pain et le vin afin qu'ils deviennent le corps et le sang du Seigneur, et sur l'assemblée afin qu'elle devienne le corps du Christ et que l'Église soit unie. Les paroles de la consécration sont comme enchâssées dans l'action de l'Esprit, paroles mêmes que Jésus a prononcées lors de la dernière Cène. La nouvelle traduction du Missel en a précisé la formulation (PE I, III et IV) : là où nous entendions précédemment que « le Seigneur prit le pain...

le bénit... » il est maintenant dit que le Seigneur « dit la bénédiction ». En effet, lors de la dernière Cène, comme dans tout repas religieux juif, Jésus a prononcé les bénédictions sur le pain et sur la coupe. Dans le judaïsme, cette prière s'adresse à Dieu, source et objet de la bénédiction des croyants. Ainsi, ce n'est pas le pain que Jésus bénit mais son Père dont il a tout reçu (cf. 1 Co 10, 16).

La prière eucharistique se poursuit par l'acclamation du « mystère de la foi » qui est mystère pascal : « Gloire à toi qui étais mort, gloire à toi qui es vivant, notre sauveur et notre Dieu, viens, Seigneur Jésus ! » (quatrième acclamation) Dans la nouvelle traduction du Missel, on trouve une formule d'anamnèse qui n'avait pas encore été traduite en français : « Qu'il soit loué, le mystère de la foi : R/. Sauveur du monde, sauve-nous ! Par ta croix et ta résurrection, tu nous as libérés ». Cette acclamation met en valeur le salut-libération que le mystère pascal du Christ réalise pour nous aujourd'hui encore.

Enfin, il ne nous échappera pas que les prières eucharistiques, I, II et III mentionnent maintenant « nos frères et nos sœurs défunts » ou encore « tes serviteurs et tes servantes » (PE I), mettant à parité les hommes et les femmes.

SG

# Prières eucharistiques pour la réconciliation

Le Missel romain comporte deux prières eucharistiques écrites et promulguées à l'occasion de l'Année sainte en 1975 à la demande de plusieurs conférences épiscopales, incluses dans le Missel sous le nom de « prières eucharistiques pour la réconciliation ».

La première, dont la langue originale est le français, présente une grande unité de composition sur le modèle des prières eucharistiques II, III et IV, avec en plus un long prélude avant le Récit de l'institution liant la mort du Christ, la Cène et l'Eucharistie : « ton Fils, le seul Juste, s'est livré lui-même à la mort et n'a pas refusé d'être cloué pour nous sur le bois de la croix. Mais avant que ses bras étendus dessinent entre ciel et terre le signe indélébile de ton Alliance, il voulut célébrer la Pâque au milieu de ses disciples. » Le thème de l'Alliance et les nombreuses citations bibliques qui émaillent la prière assurent une homogénéité d'expression qui porte la prière d'action de grâce vers le Dieu de l'Alliance. Fondée sur une théologie de l'histoire du salut, elle invite les hommes à s'en remettre à la bonté de Dieu qui s'est lié lui-même à l'humanité. Désignant ceux qui énoncent la prière, le *nous* exprime que tous appartiennent à l'humanité pécheresse. Mais il est aussi celui du Corps ressuscité du Christ « par qui est abolie toute division ». Enfin, ce *nous* ecclésial est solidaire des saints qui se tiennent devant Dieu au cœur de la création nouvelle, libres de chanter « l'action de grâce du Christ à jamais vivant ».

Elle possède les trois dimensions propres à toute prière eucharistique : l'action de grâce au Père (dans la Préface surtout), car il accorde à son peuple « un temps de grâce et de réconciliation » ; le mémorial du Christ, « notre Pâque et notre paix définitive », dans le Récit de l'institution qui célèbre la réconciliation opérée par l'événement pascal ; et enfin l'intercession : l'Église demande au Père d'accorder à ceux qui vont communier « d'être rassemblés, par la force de l'Esprit Saint, en un seul corps dans le Christ. »

*

La seconde prière eucharistique pour la réconciliation, rédigée au départ en allemand, présente une tonalité originale. Dans un langage contemporain, elle part du tragique de la situation de l'humanité, évoque les efforts de l'homme vers la paix, et rapporte ces efforts à Dieu : « Ton Esprit travaille le cœur des hommes ». Dieu est présenté comme la source de toute réconciliation, le désir des hommes pour la paix étant aussi très valorisé. Le Père accomplit son œuvre dans le monde par le Fils, qui est « la Parole du salut pour les hommes et la main que [Dieu] tend aux pécheurs ». L'Esprit est appelé à faire « disparaître la cause de nos divisions » et à faire de l'Église « le signe visible de l'unité entre les hommes et l'instrument de la paix », celle de Dieu.

La prière demande enfin qu'un jour nous soyons rassemblés avec tous les saints, tous les hommes et les femmes morts dans l'amitié de Dieu, « au banquet de l'unité à jamais accomplie, [...] dans les cieux nouveaux et la terre nouvelle où resplendit en plénitude la paix qui vient de toi. »

La réconciliation, dans cette deuxième prière eucharistique, est synonyme de paix et d'unité, alors que dans la première, elle évoque plutôt l'Alliance entre Dieu et l'humanité, « un nouveau lien de charité, si fort que rien ne pourra le défaire ».

Ces deux prières eucharistiques connaissent une nouvelle formulation. Car, lors de leur intégration dans le *Missale romanum,* les textes originaux ont été modifiés sur certains points, ce dont tient compte le Missel français.

Ils mériteraient d'être plus souvent utilisés dans nos eucharisties, en particulier pendant le Carême, et chaque fois que l'évangile évoque le pardon ou que la vie paroissiale donne l'occasion de célébrer une réconciliation dont nos communautés et le monde ont tant besoin.

IRC et HD

# La prière eucharistique pour des circonstances particulières

Cette prière, avec quatre formes différentes, a été ajoutée en 1975 à celles qui figuraient dans le Missel de 1969. Les évêques suisses l'ont fait écrire pour leur synode national de 1972, et cela dans les trois langues nationales : allemand, français, italien, demandant alors à Rome une confirmation. Cela anticipait la lettre *Eucharistiae participationem* de 1973 qui donnait aux conférences épiscopales la possibilité de créer de nouvelles prières eucharistiques. Comme le rappelle A. Join-Lambert[1], ils avançaient pour cela plusieurs raisons : la prière eucharistique est un lieu essentiel de la proclamation de la foi ; on doit saisir la chance de rédiger de nouveaux textes ; le Synode fait partie des circonstances particulières et il a pour l'Église en Suisse une telle signification qu'elle devrait avoir une expression proprement liturgique.

Une version partiellement remaniée a été publiée en latin à Rome en 1991 pour l'ensemble du rite romain sous le titre *Prière eucharistique qui peut être employée dans des messes pour diverses nécessités.* En 2002, cette prière a été insérée dans l'édition latine du *Missel romain.* La traduction officielle française, parue en 1996, porte un titre simplifié : *Prière eucharistique pour des circonstances particulières.* Elle a été reprise pour l'essentiel dans la traduction révisée du *Missel romain,* qui vient de paraître.

Le mot « circonstance » se trouve dix-sept fois dans la *Présentation générale du Missel romain.* C'est dire que, pour bien célébrer la liturgie, on tient compte bien souvent de la situation concrète des assemblées. Ainsi cette prière eucharistique est adaptée pour souligner la vitalité de l'Église (n° 1) et la présence de Dieu pour la guider (n° 2). Les formes n° 3 et 4 éclairent davantage la fonction du Christ qui conduit au Père et son témoignage de charité envers les plus humbles.

---

1. Professeur en théologie à l'Université de Louvain, dans Collectif, *Liturgia et Unitas,* Fribourg (Suisse), 2001, p. 376.

On notera aussi la référence implicite à l'enseignement du Christ sur la route d'Emmaüs : « comme autrefois pour ses disciples, il nous ouvre les Écritures et il rompt le pain ».

En ce temps où le pape François appelle l'Église a une démarche synodale, elle aura sa place pour tel ou tel dimanche du Temps ordinaire puisque d'autres préfaces sont prévues pour le cycle de Noël ou de Pâques.

EB

# Voici l'Agneau de Dieu

« Voici l'Agneau de Dieu, voici celui qui enlève les péchés du monde. Heureux les invités au repas des noces de l'Agneau ! » ; c'est désormais la formule de la récente traduction du Missel romain. C'est une profonde profession de foi, enracinée dans l'Écriture Sainte, qui désigne Jésus comme l'agneau du sacrifice, offert sur la croix, pour le pardon des péchés. Il est l'agneau de la Pâque, de ce repas qui pour l'éternité est, comme une noce, une communion et une vraie joie.

### *Voici l'Agneau de Dieu*

Cette expression rappelle toute la figure de l'agneau dans la Bible. Au début de l'évangile de saint Jean, dans les premiers jours de la révélation de Jésus, le Baptiste le désigne ainsi : « Le lendemain, voyant Jésus venir vers lui Jean déclara : "Voici l'Agneau de Dieu, qui enlève le péché du monde..." » (Jn 1, 29). Quelques versets plus loin, à nouveau : « Le lendemain encore, Jean se trouvait là avec deux de ses disciples. Posant son regard sur Jésus qui allait et venait, il dit : "Voici l'Agneau de Dieu." Les deux disciples entendirent ce qu'il disait, et ils suivirent Jésus » (Jn 1, 37). C'est bien la désignation du Messie comme Agneau qui met en route les disciples de Jean-Baptiste à la suite de Jésus.

### *Voici celui qui enlève les péchés du monde*

Le même évangéliste Jean raconte que le Christ meurt sur la croix, à l'heure où les agneaux étaient sacrifiés dans le Temple ; il souligne l'œuvre réconciliatrice de cette mort : le pardon des péchés. L'épître aux Hébreux dit aussi : « Ainsi le Christ s'est-il offert une seule fois pour enlever les péchés de la multitude ; il apparaîtra une seconde fois, non plus à cause du péché, mais pour le salut de ceux qui l'attendent » (He 9,28). C'est toute la célébration eucharistique qui est source de pardon des péchés ; elle est le lieu de la réconciliation par excellence entre Dieu et l'humanité en nous mettant en communion par les différents modes de sa présence au long de cette célébration.

### *Heureux les invités au repas des noces de l'Agneau*

Cette phrase est directement tirée de l'Apocalypse (Ap 19,9). Dans cette formule rituelle de la messe, nous parcourons, en un condensé de temps, tout l'évangile de Jean. C'est toute l'œuvre du Fils, qui se donne à nous comme un époux et fait de nous son Église bien-aimée. Des noces de Cana (Jn 2, 1-12) aux noces de la croix (Jn 19,34), le Christ manifeste le don de sa vie à l'Église, née de son côté transpercé, comme Ève est née du côté d'Adam. Nous pouvons comprendre quelle joie : « Heureux, les invités », et donc quelle béatitude, peut alors nous envahir.

### *Nous répondons : « Seigneur, je ne suis pas digne... »*

Cette formule fait référence au passage de l'évangile, où un centurion s'est considéré comme indigne que le Seigneur vienne chez lui, pour guérir son serviteur : « Seigneur, je ne suis pas digne que tu entres sous mon toit, mais dis seulement une parole et mon serviteur sera guéri » (Mt 8, 8). À l'eucharistie, au moment de recevoir la présence du Seigneur en son Corps et en son Sang dans l'acte de communion, nous exprimons, comme le centurion, notre foi et notre indignité. Jésus a été dans l'admiration de l'acte de cet homme et a dit à ceux qui le suivaient : « Amen, je vous le déclare, chez personne en Israël, je n'ai trouvé une telle foi » (Mt 5, 10). Dans ce vrai dialogue d'amitié – à l'invitation de Dieu, et comme pour le centurion –, notre réponse est acte de salut qui culmine dans la communion.

BM

# Annonce de Pâques et des fêtes mobiles

## *Jour de l'Épiphanie*

Depuis 2002, on trouve dans le *Missel romain* latin un rite intitulé l'*Annonce de Pâques et des fêtes mobiles,* placé au jour de l'Épiphanie après la proclamation de l'Évangile. Le diacre ou un chantre peut aller à l'ambon chanter ou proclamer cette annonce.

C'est un rite qui remonte à l'Antiquité chrétienne. Dans l'Église d'Alexandrie, ville où se trouvaient les meilleurs astronomes des premiers siècles, on calculait la date de la prochaine fête de Pâques, et on l'annonçait à l'évêque de Rome, qui la transmettait à tout l'Occident, où chaque évêque la communiquait aux fidèles.

Jusque récemment, ce rite n'était célébré que dans la cathédrale du diocèse. C'est pourquoi il figurait seulement dans le livre liturgique que l'on appelle *Pontifical* (III, 1), qui contient tous les rites réservés à l'évêque : la confirmation, les ordinations, la dédicace des églises et des autels, etc. Il ne figurait donc pas dans le Missel d'avant la réforme conciliaire, ni dans la première édition du Missel de Paul VI. Il a été inséré en 2002 dans la réédition du *Missale romanum,* ce qui a permis d'en rendre possible la célébration dans toutes les églises. Le récent Missel français l'a placée à la fête où elle peut être célébrée : l'Épiphanie. Le texte se présente aussi sous une forme musicalisée, qui reprend la mélodie grégorienne ancienne, proche de celle de l'Exsultet de la Vigile pascale.

Théologiquement, ce rite a l'intérêt de recentrer toute l'année liturgique autour de son axe principal, le dimanche de Pâques, solennité de la Résurrection du Seigneur. C'est le concile de Nicée (325) qui avait décidé que l'Église entière célébrerait Pâques le dimanche venant après la nouvelle lune qui suit l'équinoxe du printemps (21 mars). Les dates extrêmes possibles pour ce dimanche sont le 22 mars et le 25 avril. La date de Pâques est donc variable. Par suite, les solennités du Seigneur qui sont liées à la date de Pâques varient aussi. On les appelle les « fêtes mobiles ». Elles se distinguent des solennités qui ont lieu à date fixe : 25 décembre, 6 janvier (sauf si le 6 n'est pas férié civilement), 15 août, 1er novembre, 8 décembre.

Ce sont les dates de chacune des fêtes mobiles qui sont proclamées le jour de l'Épiphanie : le mercredi des Cendres (début du Carême), Pâques, l'Ascension, la Pentecôte, la fête du Corps et du Sang du Christ, le premier dimanche de l'Avent (début de l'année liturgique suivante).

Même si, à notre époque, tous les calendriers permettent de prévoir longtemps à l'avance la date des futures fêtes de Pâques, il n'est peut-être pas inutile de rendre grâce à Dieu pour ces mystères du salut dont l'actualisation dans le temps vient heureusement rompre la monotonie des jours ordinaires.

HD

# Liturgie de la messe

## LA MESSE TOUT SIMPLEMENT

Jamais seuls, mais comme les deux disciples d'Emmaüs, chaque dimanche nous prenons le chemin qui libère et guérit nos cœurs, rencontrant le Ressuscité dans les Écritures et le reconnaissant à la fraction du pain. Comme les deux disciples, nous pouvons alors repartir, le cœur dilaté par la véritable joie de l'Évangile (Lc 24, 18-35).

La *Présentation générale du Missel romain*[1] (PGMR) nous aide à comprendre la messe :

### Entrer et... repartir

La messe commence par des rites initiaux (chant d'entrée, salutation, acte pénitentiel, etc.) et se termine par un rite de conclusion (bénédiction et envoi).

### Deux grands moments

La liturgie de la Parole et la liturgie de l'Eucharistie : « La messe dresse la table aussi bien de la parole de Dieu que du Corps du Christ, où les fidèles sont instruits et restaurés » (PGMR 28).

### Quatre signes de la présence du Christ

– l'assemblée : « Lorsque deux ou trois sont rassemblés en mon nom, je suis là, au milieu d'eux » (Mt 18, 20).

– le prêtre qui préside : il « agit en la personne du Christ, pour célébrer le mémorial du Seigneur, ou sacrifice eucharistique » (PGMR 27).

– la parole de Dieu : « Lorsqu'on lit dans l'Église la sainte Écriture, c'est Dieu lui-même qui parle à son peuple » (PGMR 29).

– le pain et le vin eucharistiques : « Ceci est mon corps livré pour vous..., ceci est mon sang versé pour la multitude » (Prière eucharistique).

1. Présentation générale du Missel romain, L'art de célébrer la messe, 3e édition typique 2002, Paris, Desclée-Mame, 2008.

## LA MESSE TOUT SIMPLEMENT

### Les rites initiaux

Entrer en célébration, se rassembler et se préparer :

– Le chant d'entrée, le signe de croix et la salutation
– l'acte pénitentiel et le *Kyrie*
– le *Gloire à Dieu*
– la prière d'ouverture (collecte)

Le but de ces rites : réaliser une communion et se préparer à entendre la parole de Dieu et à célébrer l'Eucharistie » (cf. PGMR 46).

### 1. La liturgie de la Parole

Un dialogue d'amitié entre Dieu et son peuple

📖 1re lecture : Ancien Testament (au Temps pascal : Actes)
Psaume responsorial

📖 2e lecture : Lettres des Apôtres (ou Apocalypse)
Acclamation de l'évangile

📖 Évangile + homélie
Credo et prière universelle des fidèles

### 2. La liturgie eucharistique

✝ *Il prit le pain* : Présentation des dons (préparation de l'autel, procession des offrandes et prière)
On apporte à l'autel le pain et le vin avec l'eau, c'est-à-dire les éléments que le Christ a pris dans ses mains (PGMR 72).

✝ *Il rendit grâce* : Prière eucharistique
Le centre et le sommet de la célébration. L'assemblée s'unit au Christ dans la confession des hauts faits de Dieu et dans l'offrande du sacrifice (PGMR 78).

✝ *Il le rompit* et *Il le donna* : Fraction du pain (Notre Père, don de la paix, Agneau de Dieu), communion (chant de communion, prière)

« Puisqu'il y a un seul pain, la multitude que nous sommes est un seul corps, car nous avons tous part à un seul pain » (1 Co 10, 17).

### Rite de conclusion

Soyons fidèles par toute notre vie au sacrement que nous avons reçu dans la foi (d'après la collecte du lundi de l'octave de Pâques).

# Rites initiaux

*Le chant d'entrée achevé, tous, debout, se signent tandis que le prêtre dit :*

Au nom du Père, et du Fils et du Saint-Esprit.

**Amen.**

### Salutation du prêtre

• La grâce de Jésus, le Christ, notre Seigneur, l'amour de Dieu le Père et la communion de l'Esprit Saint soient toujours avec vous.

R/. **Et avec votre esprit.**

• Que la grâce et la paix de Dieu notre Père et du Seigneur Jésus, le Christ, soient toujours avec vous.

R/. **Et avec votre esprit.**

• Le Seigneur soit avec vous.

R/. **Et avec votre esprit**

*Le prêtre, le diacre ou un autre ministre, peut introduire très brièvement les fidèles à la messe du jour.*

### Acte pénitentiel

*Ensuite vient l'acte pénitentiel auquel le prêtre invite les fidèles, en disant :*

Frères et sœurs, préparons-nous à célébrer le mystère de l'Eucharistie, en reconnaissant que nous avons péché.

*On fait une brève pause en silence.*

**Je confesse à Dieu tout-puissant, je reconnais devant vous, frères et sœurs, que j'ai péché en pensée, en parole, par action et par omission ;** (on se frappe la poitrine :) **oui, j'ai vraiment péché.**

**C'est pourquoi je supplie la bienheureuse Vierge Marie, les anges et tous les saints, et vous aussi, frères et sœurs, de prier pour moi le Seigneur notre Dieu.**

*Ou bien :*

• Prends pitié de nous, Seigneur.
R/. **Nous avons péché contre toi.**
• Montre-nous, Seigneur, ta miséricorde.
R/. **Et donne-nous ton salut.**

*Ou bien :*

• Seigneur Jésus, envoyé pour guérir les cœurs qui reviennent vers toi : Seigneur, prends pitié.
R/. **Seigneur, prends pitié.**
Ô Christ, venu appeler les pécheurs : ô Christ, prends pitié.
R/. **Ô Christ, prends pitié.**
Seigneur, qui sièges à la droite du Père où tu intercèdes pour nous : Seigneur, prends pitié.
R/. **Seigneur, prends pitié.**

*Puis le prêtre prononce l'absolution :*

Que Dieu tout-puissant nous fasse miséricorde, qu'il nous pardonne nos péchés et nous conduise à la vie éternelle.
R/. **Amen.**

*• Ou encore le rite de l'eau bénite*

Demandons au Seigneur de bénir cette eau qu'il a créée ; nous allons en être aspergés en mémoire de notre baptême : que Dieu nous vienne en aide, afin que nous demeurions fidèles à l'Esprit que nous avons reçu.

*Le prêtre dit la prière de bénédiction :*

Dieu éternel et tout-puissant, tu as voulu que l'eau, source de vie et principe de pureté, lave aussi nos âmes et nous apporte le don de la vie éternelle ; daigne bénir ✠ cette eau, pour que nous en recevions des forces en ce jour qui t'est consacré. Par cette eau, renouvelle en nous la source vive de ta grâce, défends-nous contre tout mal de l'esprit et du corps ; nous pourrons alors nous approcher de toi avec un cœur pur, et accueillir pleinement le salut que tu nous donnes. Par le Christ, notre Seigneur. **R/. Amen.** *(Il y a une autre prière au Temps pascal)*

*Pendant* l'aspersion, *on chante un psaume ou un chant approprié.*

*Le prêtre* conclut *par la prière suivante :*

Que Dieu tout-puissant nous purifie de nos péchés, et, par la célébration de cette eucharistie, nous rende dignes de participer à la table de son Royaume (par le Christ, notre Seigneur). **R/. Amen.**

## Kyrie

*Le Kyrie, litanie traditionnelle adressée au Christ, vient à la suite de la préparation pénitentielle, sauf si celle-ci a déjà employé cette formule.*

Seigneur, prends pitié. — *ou* Kyrie eleison.
**Seigneur, prends pitié.** — **Kyrie eleison.**
Ô Christ, prends pitié. — Christe eleison.
**Ô Christ, prends pitié.** — **Christe eleison.**
Seigneur, prends pitié. — Kyrie eleison.
**Seigneur, prends pitié.** — **Kyrie eleison.**

## Gloire à Dieu

*Le Gloria est omis pendant l'Avent et le Carême.*

**Gloire à Dieu au plus haut des cieux,**
**et paix sur la terre aux hommes qu'Il aime.**
**Nous te louons, nous te bénissons, nous t'adorons,**
**Nous te glorifions, nous te rendons grâce,**
**pour ton immense gloire,**
**Seigneur Dieu, Roi du ciel,**
**Dieu le Père tout-puissant.**
**Seigneur, Fils unique, Jésus Christ,**
**Seigneur Dieu, Agneau de Dieu, le Fils du Père ;**
**Toi qui enlèves les péchés du monde,**

**prends pitié de nous ;**
**Toi qui enlèves les péchés du monde,**
**reçois notre prière ;**
**Toi qui es assis à la droite du Père,**
**prends pitié de nous.**
**Car toi seul es Saint,**
**Toi seul es Seigneur,**
**Toi seul es le Très-Haut :**
**Jésus Christ, avec le Saint-Esprit**
**Dans la gloire de Dieu le Père. Amen.**

*Ou bien, si l'on chante en latin :*

Gloria in excelsis Deo,
Et in terra pax hominibus bonæ voluntatis.
Laudamus te, benedicimus te, adoramus te,
Glorificamus te, gratias agimus tibi
propter magnam gloriam tuam.
Domine Deus, rex cælestis, Deus Pater omnipotens.
Domine Fili unigenite, Iesu Christe.
Domine Deus, Agnus Dei, Filius Patris.
Qui tollis peccata mundi, miserere nobis.
Qui tollis peccata mundi, suscipe deprecationem nostram.
Qui sedes ad dexteram Patris, miserere nobis.
Quoniam tu solus sanctus, tu solus Dominus,
Tu solus Altissimus, Jesu Christe.
Cum Sancto Spiritu in gloria Dei Patris. **Amen.**

## Prière d'ouverture

*L'hymne finie, le prêtre, les mains jointes, dit ou chante :*

Prions le Seigneur.

*La prière se trouve à la messe du jour.*
*Habituellement, la prière se termine ainsi :*

Par Jésus Christ, ton Fils, notre Seigneur,
qui vit et règne avec toi dans l'unité du Saint-Esprit,
Dieu, pour les siècles des siècles.

*Si la prière s'adresse au Père, mais avec mention du Fils à la fin, on dit :*

Lui qui vit et règne avec toi dans l'unité du Saint-Esprit,
Dieu, pour les siècles des siècles.

*Si elle s'adresse au Fils :*

Toi qui vis et règnes avec le Père dans l'unité du Saint-Esprit,
Dieu, pour les siècles des siècles.

*L'assemblée répond :*

**R/. Amen.**

# Liturgie de la Parole

Nous écoutons et méditons la parole de Dieu.

---

■ **Première lecture** (↗ messe du jour)
On proclame *un passage de l'Ancien Testament*: pendant le Temps ordinaire, ce passage est en relation avec l'évangile du jour. Pendant le Temps pascal, on lit les Actes des Apôtres.
Après chaque lecture, le lecteur proclame ou chante: Parole du Seigneur. L'assemblée répond: R/. **Nous rendons grâce à Dieu.**

■ **Psaume** (↗ messe du jour)
En réponse à cette lecture, un psaume ou un cantique biblique est proclamé ou chanté. Cette prière en forme de poésie biblique permet de méditer ce qui est dit dans la lecture.

■ **Deuxième lecture** (↗ messe du jour)
On proclame *un passage d'une lettre des Apôtres* (souvent Paul, mais aussi Pierre, Jacques et Jean). Au Temps pascal de l'année A, on lit la première lettre de saint Pierre. Pendant le Temps ordinaire, la lettre apostolique est lue, de manière semi-continue.

■ **Évangile** (↗ messe du jour)
• *Acclamation de l'évangile:* Alléluia, qui signifie « Louez Dieu » (durant le Carême, on prend une autre acclamation).
• *Proclamation d'un passage de l'évangile.* En cette année, on lit saint Matthieu. Dans cet évangile se trouvent la clé et le sommet de la liturgie de la Parole.
Après l'évangile, le lecteur proclame ou chante: Acclamons la Parole de Dieu. L'assemblée répond: R/. **Louange à toi, Seigneur Jésus.**

**Homélie**
C'est un commentaire en style familier, portant surtout sur l'évangile.

■ **Profession de foi** (↗ page suivante)
En réponse à la parole de Dieu, l'assemblée proclame sa foi.

■ **Prière universelle** (↗ messe du jour)
Comme le demande saint Paul (1 Tm 2, 1-8), l'assemblée fait monter vers Dieu des supplications pour tous les hommes.

## Profession de foi

• *Symbole de Nicée-Constantinople :*

**Je crois en un seul Dieu, le Père tout-puissant,**
**créateur du ciel et de la terre,**
**de l'univers visible et invisible.**
**Je crois en un seul Seigneur, Jésus Christ,**
**le Fils unique de Dieu,**
**né du Père avant tous les siècles :**
**Il est Dieu, né de Dieu, lumière, née de la lumière,**
**vrai Dieu, né du vrai Dieu,**
**Engendré, non pas créé, consubstantiel au Père ;**
**et par lui tout a été fait.**
**Pour nous les hommes, et pour notre salut,**
**il descendit du ciel ;**
**Par l'Esprit Saint, il a pris chair de la Vierge Marie,**
**et s'est fait homme.**
**Crucifié pour nous sous Ponce Pilate,**
**il souffrit sa passion et fut mis au tombeau.**
**Il ressuscita le troisième jour,**
**conformément aux Écritures,**
**et il monta au ciel ; il est assis à la droite du Père.**
**Il reviendra dans la gloire,**
**pour juger les vivants et les morts ;**
**et son règne n'aura pas de fin.**
**Je crois en l'Esprit Saint,**
**qui est Seigneur et qui donne la vie ;**
**il procède du Père et du Fils ;**
**Avec le Père et le Fils,**
**il reçoit même adoration et même gloire ;**
**il a parlé par les prophètes.**
**Je crois en l'Église,**
**une, sainte, catholique et apostolique.**
**Je reconnais un seul baptême**
**pour le pardon des péchés.**

**J'attends la résurrection des morts,**
**et la vie du monde à venir. Amen.**

*Ou bien, si l'on chante en latin :*

Credo in unum Deum, Patrem omnipotentem,
factorem cæli et terræ,
visibilium omnium et invisibilium.
Et in unum Dominum Iesum Christum,
Filium Dei unigenitum,
Et ex Patre natum ante omnia sæcula :
Deum de Deo, lumen de lumine,
Deum verum de Deo vero.
Genitum, non factum, consubstantialem Patri ;
per quem omnia facta sunt.
Qui propter nos homines, et propter nostram salutem,
descendit de cælis ;
Et incarnatus est de Spiritu Sancto ex Maria Virgine,
et homo factus est,
Crucifixus etiam pro nobis sub Pontio Pilato,
passus et sepultus est.
Et resurrexit tertia die, secundum Scripturas,
Et ascendit in cælum ; sedet ad dexteram Patris.
Et iterum venturus est cum gloria judicare vivos et mortuos ;
cuius regni non erit finis.
Et in Spiritum Sanctum, Dominum et vivificantem ;
qui ex Patre Filioque procedit ;
Qui cum Patre et Filio simul adoratur et conglorificatur :
qui locutus est per prophetas.
Et unam, sanctam, catholicam et apostolicam Ecclesiam.
Confiteor unum baptisma in remissionem peccatorum.
Et exspecto resurrectionem mortuorum,
Et vitam venturi sæculi. Amen.

• *Symbole des Apôtres :*

**Je crois en Dieu, le Père tout-puissant,
créateur du ciel et de la terre.
Et en Jésus Christ, son Fils unique,
notre Seigneur,
qui a été conçu du Saint-Esprit,
est né de la Vierge Marie,
a souffert sous Ponce Pilate,
a été crucifié, est mort et a été enseveli,
est descendu aux enfers,
le troisième jour est ressuscité des morts,
est monté aux cieux,
est assis à la droite de Dieu le Père tout-puissant,
d'où il viendra juger les vivants et les morts.**

**Je crois en l'Esprit Saint,
à la sainte Église catholique,
à la communion des saints,
à la rémission des péchés,
à la résurrection de la chair,
à la vie éternelle.
Amen.**

• *Dans certains cas, un autre formulaire est prévu, par exemple pour la confirmation, ou la profession de foi du baptême au cours de la nuit de Pâques,* *pp. 371-372.*

## Prière universelle

Nous exprimons devant Dieu, par de courtes intentions et un refrain, la prière des hommes et des femmes de ce temps à travers l'univers.

Il est bon que les formulations tiennent compte des besoins de l'Église et de ses responsables, des peuples et de leurs dirigeants, de ceux qui souffrent ou sont dans l'épreuve, et de la communauté réunie en ce lieu.

Des intentions sont proposées dans les formulaires de ce missel. Plusieurs recueils existent, pour nous aider à formuler les nôtres.

# Liturgie eucharistique

L'eucharistie est l'action de grâce rendue à Dieu pour Jésus Christ : par son sacrifice, rendu présent en chaque messe, il s'est offert par amour pour nous, afin de rétablir la communion entre Dieu et les hommes. Le sacrifice de sa mort, acceptée et vécue dans l'amour du Père et des hommes, est devenu passage vers la vraie vie.

Jésus Christ nous appelle désormais à partager cette vie nouvelle. Le baptême nous y donne accès ; l'eucharistie nous procure l'aliment qui la nourrit. Cet aliment est Jésus lui-même qui nous donne son corps mort et ressuscité.

Ce corps est rendu présent par l'action de l'Esprit Saint lorsque le prêtre redit les paroles et fait les gestes posés par Jésus la veille de sa mort :

1. Il prit du pain.
2. Il dit la prière d'action de grâce.
3. Il rompit le pain et le donna aux siens.

De là proviennent les grandes parties de la liturgie eucharistique.

## 1. PRÉPARATION DES DONS

Comme Jésus prit du pain et une coupe de vin lors de son dernier repas,

➤ on apporte du pain et du vin sur l'autel, et on les présente à Dieu (↗ p. 38) ;

■ **Prière sur les offrandes** (↗ messe du jour)

## 2. GRANDE PRIÈRE D'ACTION DE GRÂCE

Comme Jésus, le prêtre dit au nom de tous une grande prière d'action de grâce à Dieu le Père.

➤ **DIALOGUE D'INTRODUCTION** (↗ p. 40)

➤ ■ **PRÉFACE** : le prêtre chante la louange de Dieu en évoquant le mystère célébré.

➤ **SANCTUS** (↗ p. 48)

L'assemblée acclame le Dieu très saint.

➤ ■ **PRIÈRE EUCHARISTIQUE** (↗ p. 48)

Déjà commencée par la Préface et le Sanctus, cette grande prière se déploie selon une certaine variété, mais comporte normalement les éléments suivants :

- Une invocation à Dieu pour qu'il envoie l'Esprit Saint *(épiclèse)* sur le pain et sur le vin.
- Récit du dernier repas de Jésus où il a institué l'eucharistie *(récit de l'institution)*. Le pain et le vin deviennent le corps et le sang, c'est-à-dire la personne, du Christ mort et ressuscité qui nous sauve *(consécration)*.

« Le Christ est réellement présent de façon substantielle et permanente, sous les espèces eucharistiques » (PGMR 27).

- Acclamation de l'assemblée qui chante ces mystères.
- Prière du prêtre qui en fait mémoire *(anamnèse)*.
- Invocation à l'Esprit Saint pour qu'il unisse l'assemblée *(seconde épiclèse)*.
- Intercessions pour l'Église et pour le monde, pour les vivants et les défunts, en union avec les responsables de l'Église, dans la communion des saints.
- Conclusion en forme d'action de grâce à la Sainte Trinité *(doxologie)*.

## 3. FRACTION DU PAIN ET COMMUNION

Comme Jésus, le prêtre partage le pain. Avant de recevoir celui-ci, l'assemblée dit la prière des enfants de Dieu ; puis elle accueille et peut échanger la paix que Dieu lui offre.

➤ NOTRE PÈRE (↗ p. 69)

➤ PRIÈRE ET RITE DE LA PAIX (↗ p. 70)

➤ FRACTION DU PAIN, pendant qu'on chante « Agneau de Dieu »

➤ COMMUNION

- CHANT DE COMMUNION (↗ messe du jour)
- PRIÈRE (↗ messe du jour)

## RITES DE CONCLUSION

Le dernier repas de Jésus ne s'est pas clos sur lui-même : il a été suivi par le don total de Jésus sur la croix, qui a entraîné sa résurrection, le don de l'Esprit, et, finalement, l'envoi en mission.

➤ BÉNÉDICTION ET ENVOI (↗ p. 73)

# Préparation des dons

## Préparation de l'autel

*Les ministres préparent l'autel. Il est bon que les fidèles manifestent leur participation en apportant le pain et le vin pour la célébration de l'eucharistie, ou même d'autres dons pour l'Église et des pauvres.*

## Préparation des dons

*Pour présenter les dons, le prêtre dit :*

Tu es béni, Seigneur, Dieu de l'univers : nous avons reçu de ta bonté le pain que nous te présentons, fruit de la terre et du travail des hommes ; il deviendra pour nous le pain de la vie.

**(R/. Béni soit Dieu, maintenant et toujours !)**

*En mettant l'eau dans le calice, le prêtre dit à voix basse :*

Comme cette eau se mêle au vin pour le sacrement de l'Alliance, puissions-nous être unis à la divinité de Celui qui a voulu prendre notre humanité.

Tu es béni, Seigneur, Dieu de l'univers : nous avons reçu de ta bonté le vin que nous te présentons, fruit de la vigne et du travail des hommes ; il deviendra pour nous le vin du Royaume éternel.

**(R/. Béni soit Dieu, maintenant et toujours !)**

*Ensuite, le prêtre, profondément incliné, dit tout bas :*

Le cœur humble et contrit, nous te supplions, Seigneur, accueille-nous ; que notre sacrifice, en ce jour, trouve grâce devant toi, Seigneur notre Dieu.

*Un encensement est possible. Puis, en se lavant les mains, le prêtre dit :*

Lave-moi de mes fautes, Seigneur, purifie-moi de mon péché.

## Invitation à la prière

Priez, frères et sœurs : que mon sacrifice, qui est aussi le vôtre, soit agréable à Dieu le Père tout-puissant.

**R/. Que le Seigneur reçoive de vos mains ce sacrifice
à la louange et à la gloire de son nom,
pour notre bien et celui de toute l'Église.**

*ou bien*

Prions ensemble, au moment d'offrir le sacrifice de toute l'Église.
R/. **Pour la gloire de Dieu et le salut du monde.**

**Prière sur les offrandes** *(Voir à la messe du jour)*
*Habituellement l'oraison se termine ainsi :*

Par le Christ, notre Seigneur.
R/. **Amen.**

*Si elle s'adresse au Père, mais avec mention du Fils à la fin :*

Lui qui vit et règne pour les siècles des siècles.
R/. **Amen.**

*Si elle s'adresse au Fils :*

Toi qui vis et règnes pour les siècles des siècles.
R/. **Amen.**

# Prière eucharistique

Le Seigneur soit avec vous.
R/. **Et avec votre esprit.**
Élevons notre cœur.
R/. **Nous le tournons vers le Seigneur.**
Rendons grâce au Seigneur notre Dieu.
R/. **Cela est juste et bon.**

*Certaines préfaces se trouvent dans les formulaires des messes.*

**Préface de Noël 1**

Vraiment, il est juste et bon, pour ta gloire et notre salut, de t'offrir notre action de grâce, toujours et en tout lieu, Seigneur, Père très saint, Dieu éternel et tout-puissant.
Car la révélation de ta gloire s'est éclairée pour nous d'une lumière nouvelle dans le mystère du Verbe incarné : Maintenant, nous connaissons en lui Dieu qui s'est rendu visible à nos yeux, et nous sommes entraînés par lui à aimer ce qui demeure invisible.
C'est pourquoi, avec les anges et les archanges, avec les puissances d'en haut et tous les esprits bienheureux, nous chantons l'hymne de ta gloire et sans fin nous proclamons :

Saint ! Saint ! Saint, le Seigneur, Dieu de l'univers !
Le ciel et la terre sont remplis de ta gloire.
Hosanna au plus haut des cieux.
Béni soit celui qui vient au nom du Seigneur.
Hosanna au plus haut des cieux.

**Préface de Noël 2**

Vraiment, il est juste et bon, pour ta gloire et notre salut, de t'offrir notre action de grâce, toujours et en tout lieu, Seigneur, Père très saint, Dieu éternel et tout-puissant, par le Christ, notre Seigneur.

Dans le mystère de la Nativité, celui qui par nature est invisible s'est rendu visible en notre chair ; engendré avant le temps, il entre dans le cours du temps. Relevant en lui la création déchue, il restaure toute chose et ramène l'homme perdu vers le royaume des Cieux.
C'est pourquoi nous te louons avec tous les anges et, dans la joie, nous te célébrons en proclamant : Saint !...

## Préface de Noël 3

Vraiment, il est juste et bon, pour ta gloire et notre salut, de t'offrir notre action de grâce, toujours et en tout lieu, Seigneur, Père très saint, Dieu éternel et tout-puissant, par le Christ, notre Seigneur.
Par lui resplendit en ce jour l'échange merveilleux où nous sommes régénérés : lorsque ton Verbe prend sur lui la fragilité humaine, notre condition mortelle en reçoit une infinie noblesse ; il devient tellement l'un de nous que nous devenons éternels.
C'est pourquoi, unis au chœur des anges, nous te louons dans la joie en proclamant : Saint !...

## Préface du Carême 1

Vraiment, il est juste et bon, pour ta gloire et notre salut, de t'offrir notre action de grâce, toujours et en tout lieu, Seigneur, Père très saint, Dieu éternel et tout-puissant, par le Christ, notre Seigneur.
Car chaque année, tu accordes à tes fidèles de se préparer aux fêtes pascales dans la joie d'un cœur purifié ; de sorte qu'en s'adonnant à une prière plus fervente et à une charité plus active, fidèles aux sacrements qui les ont fait renaître, ils soient comblés de la grâce que tu réserves à tes enfants.
C'est pourquoi, avec les anges et les archanges, avec les puissances d'en haut et tous les esprits bienheureux, nous chantons l'hymne de ta gloire et sans fin nous proclamons : Saint !...

## Préface du Carême 2

Vraiment, il est juste et bon, pour ta gloire et notre salut, de t'offrir notre action de grâce, toujours et en tout lieu, Seigneur, Père très saint, Dieu éternel et tout-puissant.
Tu offres à tes enfants ce temps de grâce pour qu'ils retrouvent la pureté du cœur, afin que, l'esprit libéré des passions mauvaises, ils travaillent à ce monde qui passe, en s'attachant surtout aux réalités qui demeurent.
C'est pourquoi, avec les saints et tous les anges, nous te louons et sans fin nous proclamons : Saint !...

## Préface du Carême 3

*Cette préface se dit aux messes des féries de Carême, et aux jours de jeûne.*

Vraiment, il est juste et bon, pour ta gloire et notre salut, de t'offrir notre action de grâce, toujours et en tout lieu, Seigneur, Père très saint, Dieu éternel et tout-puissant.
Tu as voulu que nous te rendions grâce par nos privations : elles rabaissent notre orgueil de pécheurs et nous invitent à suivre l'exemple de ta bonté en nous faisant partager avec ceux qui ont faim.
C'est pourquoi, avec les anges innombrables, d'une seule voix nous célébrons ta louange en proclamant : Saint !...

## Préface du Carême 4

*Cette préface se dit aux messes des féries de Carême, et aux jours de jeûne.*

Vraiment, il est juste et bon, pour ta gloire et notre salut, de t'offrir notre action de grâce, toujours et en tout lieu, Seigneur, Père très saint, Dieu éternel et tout-puissant.
Car tu veux par notre jeûne et nos privations, réprimer nos penchants mauvais, élever nos esprits, nous donner la force et enfin la récompense, par le Christ, notre Seigneur. Par lui, les anges célèbrent ta grandeur, et les esprits bienheureux adorent ta gloire ; par lui s'inclinent devant toi les puissances d'en haut et tressaillent d'une même allégresse les innombrables créatures des cieux.

À leur hymne de louange, laisse-nous joindre nos voix pour chanter et proclamer : Saint !...

### Préface de Pâques 1

Vraiment, il est juste et bon, pour ta gloire et notre salut, de te louer, Seigneur, en tout temps, mais plus encore de te glorifier
en cette nuit *(la nuit de Pâques)*
aujourd'hui *(le jour et pendant l'octave)*
en ces jours *(après l'octave)*
où le Christ, notre Pâque, a été immolé.
Car il est l'Agneau véritable qui a enlevé les péchés du monde : en mourant, il a détruit notre mort ; en ressuscitant, il nous a rendu la vie.
C'est pourquoi la joie pascale rayonne par tout l'univers, la terre entière exulte, les puissances d'en haut et les anges dans le ciel chantent sans fin l'hymne de ta gloire : Saint !...

### Préface de Pâques 2

Vraiment, il est juste et bon, pour ta gloire et notre salut, de te louer, Seigneur, en tout temps, mais plus encore de te glorifier en ces jours où le Christ, notre Pâque, a été immolé.
Grâce à lui se lèvent des enfants de lumière pour une vie éternelle, et les portes du royaume des Cieux s'ouvrent pour accueillir les croyants. Car sa mort nous affranchit de la mort et, dans sa résurrection, chacun de nous est déjà ressuscité.
C'est pourquoi la joie pascale rayonne par tout l'univers, la terre entière exulte, les puissances d'en haut et les anges dans le ciel chantent sans fin l'hymne de ta gloire : Saint !...

### Préface de Pâques 3

Vraiment, il est juste et bon, pour ta gloire et notre salut, de te louer, Seigneur, en tout temps, mais plus encore de te glorifier en ces jours où le Christ, notre Pâque, a été immolé.

Il ne cesse pas de s'offrir pour nous, et demeure éternellement notre défenseur auprès de toi ; immolé, il a vaincu la mort ; mis à mort, il est vivant pour toujours.
C'est pourquoi la joie pascale rayonne par tout l'univers, la terre entière exulte, les puissances d'en haut et les anges dans le ciel chantent sans fin l'hymne de ta gloire : Saint !...

### Préface de Pâques 4

Vraiment, il est juste et bon, pour ta gloire et notre salut, de te louer, Seigneur, en tout temps, mais plus encore de te glorifier en ces jours où le Christ, notre Pâque, a été immolé.
Le monde ancien est détruit, la création déchue est renouvelée, et, dans le Christ, nous est rendue la vie en plénitude.
C'est pourquoi la joie pascale rayonne par tout l'univers, la terre entière exulte, les puissances d'en haut et les anges dans le ciel chantent sans fin l'hymne de ta gloire : Saint !...

### Préface de Pâques 5

Vraiment, il est juste et bon, pour ta gloire et notre salut, de te louer, Seigneur, en tout temps, mais plus encore de te glorifier en ces jours où le Christ, notre Pâque, a été immolé.
Par l'offrande de son corps, il mène à leur achèvement, dans la vérité de la croix, les sacrifices de l'ancienne Alliance, et quand il te remet son esprit pour notre salut, il est à lui seul le prêtre, l'autel et l'agneau du sacrifice.
C'est pourquoi la joie pascale rayonne par tout l'univers, la terre entière exulte, les puissances d'en haut et les anges dans le ciel chantent sans fin l'hymne de ta gloire : Saint !...

### Préface des dimanches du Temps ordinaire 1

Vraiment, il est juste et bon, pour ta gloire et notre salut, de t'offrir notre action de grâce, toujours et en tout lieu, Seigneur, Père très saint, Dieu éternel et tout-puissant, par le Christ, notre Seigneur.

Dans le mystère de sa Pâque, il a fait une œuvre merveilleuse : car nous étions esclaves de la mort et du péché, et nous sommes appelés à partager sa gloire ; nous portons désormais ces noms glorieux : descendance choisie, sacerdoce royal, nation sainte, peuple racheté ; nous pouvons annoncer au monde les merveilles que tu as accomplies, toi qui nous appelles des ténèbres à ton admirable lumière.
C'est pourquoi, avec les anges et les archanges, avec les puissances d'en haut et tous les esprits bienheureux nous chantons l'hymne de ta gloire et sans fin nous proclamons : Saint !...

## Préface des dimanches du Temps ordinaire 2

Vraiment, il est juste et bon, pour ta gloire et notre salut, de t'offrir notre action de grâce, toujours et en tout lieu, Seigneur, Père très saint, Dieu éternel et tout-puissant, par le Christ, notre Seigneur.
Dans sa pitié pour nos égarements, il a voulu naître de la Vierge Marie. Par la souffrance de la croix, il nous a délivrés de la mort éternelle ; par sa résurrection d'entre les morts, il nous a donné la vie qui n'aura pas de fin.
C'est pourquoi, avec les anges et les archanges, avec les puissances d'en haut et tous les esprits bienheureux, nous chantons l'hymne de ta gloire et sans fin nous proclamons : Saint !...

## Préface des dimanches du Temps ordinaire 3

Vraiment, il est juste et bon, pour ta gloire et notre salut, de t'offrir notre action de grâce, toujours et en tout lieu, Seigneur, Père très saint, Dieu éternel et tout-puissant.
Nous reconnaissons le signe de ton immense gloire, quand tu portes secours à la faiblesse humaine par ta puissance divine, mais plus encore quand ton Fils prend notre condition mortelle pour nous guérir de la mort : ainsi, tu fais de notre existence périssable un passage vers le salut, par le Christ, notre Seigneur.

Par lui, les anges adorent ta majesté et se réjouissent en ta présence à jamais. À leur hymne de louange, laisse-nous joindre nos voix, pour chanter et proclamer : Saint !...

### Préface des dimanches du Temps ordinaire 4

Vraiment, il est juste et bon, pour ta gloire et notre salut, de t'offrir notre action de grâce, toujours et en tout lieu, Seigneur, Père très saint, Dieu éternel et tout-puissant, par le Christ, notre Seigneur.
Par sa naissance, il a renouvelé la condition humaine destinée à vieillir ; par sa passion, il a effacé nos fautes ; par sa résurrection d'entre les morts, il a donné accès à la vie éternelle ; et par son ascension auprès de toi, notre Père, il a ouvert les portes du ciel.
C'est pourquoi, avec la multitude des anges et des saints, nous chantons l'hymne de ta gloire et sans fin nous proclamons : Saint !...

### Préface des dimanches du Temps ordinaire 5

Vraiment, il est juste et bon, pour ta gloire et notre salut, de t'offrir notre action de grâce, toujours et en tout lieu, Seigneur, Père très saint, Dieu éternel et tout-puissant.
Toi, le Créateur de tous les éléments du monde, Maître des temps et de l'histoire, tu as formé l'homme à ton image et lui as soumis l'univers et ses merveilles ; tu lui as confié ta création afin qu'il en soit le gardien et qu'en admirant ton œuvre, il ne cesse de te rendre grâce, par le Christ, notre Seigneur.
C'est pourquoi nous te louons avec tous les anges et, dans la joie, nous te célébrons en proclamant : Saint !...

### Préface des dimanches du Temps ordinaire 6

Vraiment, il est juste et bon, pour ta gloire et notre salut, de t'offrir notre action de grâce, toujours et en tout lieu, Seigneur, Père très saint, Dieu éternel et tout-puissant.

C'est en toi que nous sont donnés la vie, le mouvement et l'être ; dans notre corps, nous éprouvons chaque jour les effets de ta tendresse, et nous avons déjà la promesse de la vie éternelle : nous avons reçu les premiers dons de l'Esprit par qui tu as ressuscité Jésus d'entre les morts, et nous tenons cette espérance que vive à jamais en nous le mystère de Pâques. C'est pourquoi nous te louons avec tous les anges et, dans la joie, nous te célébrons en proclamant : Saint !...

### Préface des dimanches du Temps ordinaire 7

Vraiment, il est juste et bon, pour ta gloire et notre salut, de t'offrir notre action de grâce, toujours et en tout lieu, Seigneur, Père très saint, Dieu éternel et tout-puissant.
Dans ta miséricorde, tu as tellement aimé le monde que tu nous as envoyé le Rédempteur ; tu l'as voulu à notre ressemblance en toute chose à l'exception du péché, afin d'aimer en nous ce que tu aimais en lui ; tes dons que nous avions perdus par la désobéissance du péché, nous les retrouvons par l'obéissance de ton Fils.
C'est pourquoi, avec les anges et tous les saints, nous te louons, Seigneur, et nous exultons de joie en proclamant : Saint !...

### Préface des dimanches du Temps ordinaire 8

Vraiment, il est juste et bon, pour ta gloire et notre salut, de t'offrir notre action de grâce, toujours et en tout lieu, Seigneur, Père très saint, Dieu éternel et tout-puissant.
Par le sang de ton Fils, et la force de l'Esprit, tu as voulu réunir auprès de toi tes enfants que le péché avait éloignés ; et ce peuple qui tient son unité de la Trinité sainte, à la louange de ta sagesse infinie, c'est l'Église, Corps du Christ et Temple de l'Esprit.
C'est pourquoi, unissant nos voix à celles des anges, nous te louons dans la joie en proclamant : Saint !...

## Sanctus

• **Saint ! Saint ! Saint, le Seigneur, Dieu de l'univers !**
**Le ciel et la terre sont remplis de ta gloire.**
**Hosanna au plus haut des cieux.**
**Béni soit celui qui vient au nom du Seigneur.**
**Hosanna au plus haut des cieux.**

*Ou bien, si l'on chante en latin :*

• Sanctus, Sanctus, Sanctus, Dominus Deus Sabaoth !
Pleni sunt cæli et terra gloria tua. Hosanna in excelsis !
Benedictus qui venit in nomine Domini. Hosanna in excelsis !

## Suite de la prière eucharistique

**Toi, Père très aimant...**
Prière eucharistique 1, ↗ p. 49
**Toi qui es vraiment saint...**
Prière eucharistique 2, ↗ p. 54
**Tu es vraiment saint, Dieu de l'univers...**
Prière eucharistique 3, ↗ p. 59
**Père très saint, nous proclamons...**
Prière eucharistique 4, ↗ p. 65
**Toi, Seigneur, tu es vraiment Saint,...**
Pour la réconciliation 1, ↗ p. 74
**Père tout-puissant, nous te bénissons...**
Pour la réconciliation 2, ↗ p. 77
**Vraiment, tu es Saint et digne de louange,...**
Pour des circonstances particulières, ↗ p. 80
**Dieu notre Père, tu nous as réunis...**
Pour assemblées avec enfants 1, ↗ p. 91
**Oui, béni soit Jésus, ton envoyé...**
Pour assemblées avec enfants 2, ↗ p. 94
**Oui, Dieu, tu es saint, tu es bon pour nous...**
Pour assemblées avec enfants 3, ↗ p. 97

# Prière eucharistique 1
# ou Canon Romain

*Dialogue d'introduction et préface, p. 40, Sanctus, p. 48.*

Toi, Père très aimant, nous te prions et te supplions par Jésus Christ, ton Fils, notre Seigneur, d'accepter et de bénir ✠ ces dons, ces offrandes, sacrifice pur et saint, que nous te présentons avant tout pour ta sainte Église catholique : accorde-lui la paix et protège-la, daigne la rassembler dans l'unité et la gouverner par toute la terre ; nous les présentons en union avec ton serviteur notre Pape **N.**, notre Évêque **N.**, et tous ceux qui gardent fidèlement la foi catholique reçue des Apôtres.

Souviens-toi, Seigneur, de tes serviteurs et de tes servantes (de **N.** et de **N.**), et de tous ceux qui sont ici réunis, dont tu connais la foi et l'attachement (instants de silence). Nous t'offrons pour eux, ou ils t'offrent pour eux-mêmes et tous les leurs ce sacrifice de louange, pour leur propre rédemption, pour la paix, et le salut qu'ils espèrent ; ils te rendent cet hommage, à toi, Dieu éternel, vivant et vrai.

Unis dans une même communion, vénérant d'abord la mémoire de la bienheureuse Marie toujours Vierge, Mère de notre Dieu et Seigneur, Jésus Christ,

---

*Le dimanche*

Unis dans une même communion, nous célébrons le jour où le Christ est ressuscité d'entre les morts ; et vénérant d'abord la mémoire de la bienheureuse Marie toujours Vierge, Mère de notre Seigneur Jésus Christ, †

*Aux grandes fêtes*

Unis dans une même communion, nous célébrons le jour très saint (la nuit très sainte)

*Noël* où Marie, dans la gloire de sa virginité, enfanta le Sauveur du monde ; et vénérant d'abord la mémoire de cette Vierge bienheureuse, la Mère de notre Dieu et Seigneur, Jésus Christ, †

*Épiphanie* où ton Fils unique qui partage éternellement ta propre gloire s'est manifesté à nos yeux dans un vrai corps pris de notre chair ; et vénérant d'abord la mémoire de la bienheureuse Marie toujours Vierge, Mère de notre Dieu et Seigneur, Jésus Christ, †

*Pâques* où ressuscita selon la chair notre Seigneur Jésus Christ ; et vénérant d'abord la mémoire de la bienheureuse Marie toujours Vierge, Mère de notre Dieu et Seigneur, Jésus Christ, †

*Ascension* où notre Seigneur, ton Fils unique, ayant pris notre nature avec sa faiblesse, la fit entrer dans ta gloire, à ta droite ; et vénérant d'abord la mémoire de la bienheureuse Marie toujours Vierge, Mère de notre Dieu et Seigneur, Jésus Christ, †

*Pentecôte* de la Pentecôte, où l'Esprit Saint s'est manifesté aux Apôtres par d'innombrables langues de feu ; et vénérant d'abord la mémoire de la bienheureuse Marie toujours Vierge, Mère de notre Dieu et Seigneur, Jésus Christ, †

*Assomption* où la Vierge Marie a été élevée dans la gloire du ciel ; et vénérant d'abord la mémoire de cette Vierge bienheureuse, la Mère de notre Dieu et Seigneur, Jésus Christ, †

*Toussaint* consacré à la mémoire de tous les saints : ils ont imité le Christ pendant leur vie et, à leur mort, ils ont reçu de lui la couronne de gloire ; et vénérant d'abord la mémoire de la bienheureuse Marie toujours Vierge, Mère de notre Dieu et Seigneur, Jésus Christ, †

---

† et celle de saint Joseph, son époux, des bienheureux Apôtres et martyrs Pierre et Paul, André, (Jacques et Jean, Thomas, Jacques et Philippe, Barthélemy et Matthieu, Simon et Jude, Lin, Clet, Clément, Sixte, Corneille et Cyprien, Laurent, Chrysogone, Jean et Paul, Côme et Damien,) et de tous les saints,

nous t'en supplions : accorde-nous, par leur prière et leurs mérites, d'être toujours et partout, forts de ton secours et de ta protection. (Par le Christ, notre Seigneur. Amen.)

Voici donc l'offrande que nous présentons devant toi, nous, tes serviteurs, et ta famille entière : Seigneur, dans ta bienveillance, accepte-la. Assure toi-même la paix de notre vie, arrache-nous à la damnation éternelle et veuille nous admettre au nombre de tes élus. (Par le Christ, notre Seigneur. Amen.)

*De Pâques au dimanche suivant*

Voici donc l'offrande que nous présentons devant toi, nous, tes serviteurs, et ta famille entière, particulièrement pour les baptisés de Pâques que tu as fait renaître de l'eau et de l'Esprit Saint, en pardonnant tous leurs péchés. Nous t'en prions, Seigneur, dans ta bienveillance, accepte cette offrande. Assure toi-même la paix de notre vie, arrache-nous à la damnation éternelle et veuille nous admettre au nombre de tes élus. (Par le Christ, notre Seigneur. Amen.)

Seigneur Dieu, nous t'en prions, daigne bénir et accueillir cette offrande, accepte-la pleinement, rends-la parfaite et digne de toi : qu'elle devienne pour nous le Corps et le Sang de ton Fils bien-aimé, Jésus, le Christ, notre Seigneur.

La veille de sa passion, il prit le pain dans ses mains très saintes et, les yeux levés au ciel, vers toi, Dieu, son Père tout-puissant, en te rendant grâce il dit la bénédiction, il rompit le pain, et le donna à ses disciples, en disant :

« PRENEZ, ET MANGEZ-EN TOUS :
CECI EST MON CORPS
LIVRÉ POUR VOUS. »

De même, après le repas, il prit cette coupe incomparable dans ses mains très saintes ; et, te rendant grâce à nouveau, il dit la bénédiction, et donna la coupe à ses disciples, en disant :

« PRENEZ, ET BUVEZ-EN TOUS,
CAR CECI EST LA COUPE DE MON SANG,
LE SANG DE L'ALLIANCE NOUVELLE ET ÉTERNELLE,
QUI SERA VERSÉ
POUR VOUS ET POUR LA MULTITUDE
EN RÉMISSION DES PÉCHÉS.
VOUS FEREZ CELA EN MÉMOIRE DE MOI. »

*Acclamations après la consécration, p. 56.*

Voilà pourquoi nous, tes serviteurs, et ton peuple saint avec nous, faisant mémoire de la passion bienheureuse de ton Fils, Jésus, le Christ, notre Seigneur, de sa résurrection du séjour des morts et de sa glorieuse ascension dans le ciel, nous te présentons, Dieu de gloire et de majesté, cette offrande prélevée sur les biens que tu nous donnes, le sacrifice pur et saint, le sacrifice parfait, Pain de la vie éternelle et Coupe du salut. Et comme il t'a plu d'accueillir les présents de ton serviteur Abel le Juste, le sacrifice d'Abraham, notre père dans la foi, et celui que t'offrit Melchisédech, ton grand prêtre, oblation sainte et immaculée, regarde ces offrandes avec amour et, dans ta bienveillance, accepte-les.
Nous t'en supplions, Dieu tout-puissant : qu'elles soient portées par les mains de ton saint Ange en présence de ta gloire, sur ton autel céleste, afin qu'en recevant ici, par notre communion à l'autel, le Corps et le Sang très saints de ton Fils, nous soyons comblés de la grâce et de toute bénédiction du ciel. (Par le Christ, notre Seigneur. Amen.)

Souviens-toi aussi, Seigneur, de tes serviteurs et de tes servantes (de **N.** et **N.**) qui nous ont précédés, marqués du signe de la foi, et qui dorment dans la paix (instants de silence). Pour eux et pour tous ceux qui reposent dans le Christ, nous implorons ta bonté, Seigneur : qu'ils demeurent dans la joie, la lumière et la paix. (Par le Christ, notre Seigneur. Amen.)

Et nous pécheurs, tes serviteurs, qui mettons notre espérance en ta miséricorde inépuisable, admets-nous dans la communauté des saints Apôtres et martyrs, avec Jean Baptiste, Étienne, Matthias et Barnabé, (Ignace, Alexandre, Marcellin et Pierre, Félicité et Perpétue, Agathe, Lucie, Agnès, Cécile, Anastasie,) et tous les saints ; nous t'en prions, accueille-nous dans leur compagnie, sans nous juger sur le mérite mais en accordant largement ton pardon. Par le Christ, notre Seigneur.

Par lui, tu ne cesses de créer tous ces biens, tu les sanctifies, leur donnes la vie, les bénis, et nous en fais le don.

Par lui, avec lui et en lui,
à toi, Dieu le Père tout-puissant,
dans l'unité du Saint-Esprit,
tout honneur et toute gloire,
pour les siècles des siècles.
R/. **Amen.**

*Suite de la célébration : Notre Père, p. 69*

# Prière eucharistique 2

Le Seigneur soit avec vous.
R/. **Et avec votre esprit.**
Élevons notre cœur.
R/. **Nous le tournons vers le Seigneur.**
Rendons grâce au Seigneur notre Dieu.
R/. **Cela est juste et bon.**

Vraiment, Père très saint, il est juste et bon, pour ta gloire et notre salut, de t'offrir notre action de grâce, toujours et en tout lieu, par ton Fils bien-aimé, Jésus, le Christ : il est ta Parole par qui tu as créé toutes choses ; c'est lui que tu nous as envoyé comme Rédempteur et Sauveur, Dieu fait homme, conçu de l'Esprit Saint, né de la Vierge Marie. Pour accomplir jusqu'au bout ta volonté et rassembler un peuple saint qui t'appartienne, il étendit les mains à l'heure de sa passion, afin de briser la mort, et de manifester la résurrection.
C'est pourquoi, avec les anges et tous les saints, nous chantons ta gloire, et d'une seule voix nous proclamons :

**Saint ! Saint ! Saint, le Seigneur, Dieu de l'univers !**
**Le ciel et la terre sont remplis de ta gloire.**
**Hosanna au plus haut des cieux.**
**Béni soit celui qui vient au nom du Seigneur.**
**Hosanna au plus haut des cieux.**

Toi qui es vraiment saint, toi qui es la source de toute sainteté, Seigneur, nous te prions : Sanctifie ces offrandes...

---

*Le dimanche*

Toi qui es vraiment Saint, toi qui es la source de toute sainteté, Dieu notre Père, nous voici rassemblés devant toi, et, dans la communion de toute l'Église, nous célébrons le jour où le Christ est ressuscité d'entre les morts. Par lui que tu as élevé à ta droite, nous te prions : †

*Aux grandes fêtes*

Toi qui es vraiment saint, toi qui es la source de toute sainteté, nous voici rassemblés devant toi, et, dans la communion de toute l'Église...

*Noël* ... nous célébrons (la nuit très sainte) le jour très saint où Marie, dans la gloire de sa virginité, enfanta le Sauveur du monde. Par lui, notre Rédempteur et notre Seigneur, nous te prions : † Sanctifie

*Épiphanie* ... nous célébrons le jour très saint où ton Fils unique qui partage éternellement ta propre gloire s'est manifesté à nos yeux dans un vrai corps pris de notre chair. Par lui, notre Rédempteur et notre Sauveur, nous te prions : † Sanctifie

*Jeudi saint* ... nous célébrons le jour très saint où notre Seigneur Jésus Christ fut livré pour nous. Par lui, notre Rédempteur et Sauveur, que tu as glorifié, nous te supplions : † Sanctifie.

*Pâques* ... nous célébrons (la nuit très sainte) le jour très saint où ressuscita selon la chair notre Seigneur Jésus, le Christ. Par lui, que tu as élevé à ta droite, nous te prions : † Sanctifie...

*Ascension* ... nous célébrons le jour très saint où notre Seigneur, ton Fils unique, ayant pris notre nature avec sa faiblesse, la fit entrer dans la gloire, près de toi. Par lui, qui siège désormais à ta droite, nous te prions : † Sanctifie...

*Pentecôte* ... nous célébrons le jour très saint de la Pentecôte, où l'Esprit Saint s'est manifesté aux Apôtres par d'innombrables langues de feu, et nous te prions, Seigneur : † Sanctifie...

*Assomption* ... nous célébrons le jour où la Vierge, Mère de Dieu, a été élevée au ciel, dans la gloire de son Fils, Jésus Christ, notre Seigneur. Par lui, qui est à l'origine de notre foi et qui la mène à sa perfection, nous te prions : † Sanctifie...

*Toussaint* ... nous célébrons le jour consacré à la mémoire de tous les saints : ils ont suivi le Christ pendant leur vie et, à leur mort, ils ont reçu de lui la couronne de gloire. Par lui, qui est à l'origine de notre foi et qui la mène à sa perfection, nous te prions : † Sanctifie...

---

† Sanctifie ces offrandes en répandant sur elles ton Esprit ; qu'elles deviennent pour nous le Corps et ✠ le Sang de Jésus, le Christ, notre Seigneur.

Au moment d'être livré et d'entrer librement dans sa passion,
il prit le pain, il rendit grâce, il le rompit
et le donna à ses disciples, en disant :

« PRENEZ, ET MANGEZ-EN TOUS :
CECI EST MON CORPS
LIVRÉ POUR VOUS. »

De même, après le repas, il prit la coupe ;
de nouveau il rendit grâce, et la donna à ses disciples, en disant :

« PRENEZ, ET BUVEZ-EN TOUS,
CAR CECI EST LA COUPE DE MON SANG,
LE SANG DE L'ALLIANCE NOUVELLE ET ÉTERNELLE,
QUI SERA VERSÉ
POUR VOUS ET POUR LA MULTITUDE
EN RÉMISSION DES PÉCHÉS.
VOUS FEREZ CELA EN MÉMOIRE DE MOI. »

I. Il est grand, le mystère de la foi :
R/. **Nous annonçons ta mort, Seigneur Jésus,**
**nous proclamons ta résurrection,**
**nous attendons ta venue dans la gloire.**

II. Acclamons le mystère de la foi :
R/. **Quand nous mangeons ce Pain**
**et buvons à cette Coupe,**
**nous annonçons ta mort, Seigneur ressuscité,**
**et nous attendons que tu viennes.**

III. Qu'il soit loué, le mystère de la foi :
R/. **Sauveur du monde, sauve-nous !**
**Par ta croix et ta résurrection, tu nous as libérés.**

ou Proclamons le mystère de la foi :
R/. **Gloire à toi qui étais mort,**
**gloire à toi qui es vivant,**
**notre Sauveur et notre Dieu :**
**Viens, Seigneur Jésus !**

En faisant ainsi mémoire de la mort et de la résurrection de ton Fils, nous t'offrons, Seigneur, le Pain de la vie et la Coupe du salut, et nous te rendons grâce, car tu nous as estimés dignes de nous tenir devant toi pour te servir.

Humblement, nous te demandons qu'en ayant part au Corps et au Sang du Christ, nous soyons rassemblés par l'Esprit Saint en un seul corps.

Souviens-toi, Seigneur, de ton Église répandue à travers le monde : fais-la grandir dans ta charité en union avec notre Pape **N.**, notre Évêque **N.**, et tous les évêques, les prêtres et les diacres.

---

*De la Veillée pascale jusqu'au 2e dimanche de Pâques inclus, on peut ajouter :*

Souviens-toi des baptisés de Pâques que tu as fait renaître de l'eau et de l'Esprit Saint pour une vie nouvelle dans le Christ.

*Aux messes pour les défunts, on peut ajouter :*

Souviens-toi de N. ou celui (celle) (ton serviteur ou ta servante) qui a quitté ce monde (aujourd'hui) et que tu appelles auprès de toi. Puisqu'il (elle) a été uni(e) à la mort de ton Fils, accorde-lui de participer à sa résurrection.

---

Souviens-toi aussi de nos frères et sœurs qui se sont endormis dans l'espérance de la résurrection, et souviens-toi, dans ta miséricorde, de tous les défunts : accueille-les dans la lumière de ton visage.

Sur nous tous enfin, nous implorons ta bonté : permets qu'avec la Vierge Marie, la bienheureuse Mère de Dieu, avec saint Joseph, son époux, les Apôtres et tous les saints qui ont fait ta joie au long des âges, nous ayons part à la vie éternelle et que nous chantions ta louange et ta gloire, par ton Fils Jésus, le Christ.

Par lui, avec lui et en lui,
à toi, Dieu le Père tout-puissant,
dans l'unité du Saint-Esprit,
tout honneur et toute gloire,
pour les siècles des siècles.
**R/. Amen.**

*Suite de la célébration : Notre Père, p. 69.*

# Prière eucharistique 3

Le Seigneur soit avec vous.
R/. **Et avec votre esprit.**
Élevons notre cœur.
R/. **Nous le tournons vers le Seigneur.**
Rendons grâce au Seigneur notre Dieu.
R/. **Cela est juste et bon.**

*Préface, p. 40. Sanctus, p. 48.*

Tu es vraiment Saint, Dieu de l'univers, et il est juste que toute la création proclame ta louange, car c'est toi qui donnes la vie, c'est toi qui sanctifies toutes choses, par ton Fils, Jésus Christ, notre Seigneur, avec la puissance de l'Esprit Saint ; et tu ne cesses de rassembler ton peuple, afin que, du levant au couchant du soleil, une offrande pure soit présentée à ton nom.

C'est pourquoi nous te supplions, Seigneur, de consacrer toi-même les offrandes que nous apportons : Sanctifie-les par ton Esprit pour qu'elles deviennent le Corps ✠ et le Sang de ton Fils, Jésus Christ, notre Seigneur, qui nous a dit de célébrer ce mystère. La nuit même où il fut livré...

---

*Le dimanche*

C'est pourquoi nous voici rassemblés devant toi, Dieu notre Père, et, dans la communion de toute l'Église, nous célébrons le jour où le Christ est ressuscité d'entre les morts. Par lui, que tu as élevé à ta droite, nous te supplions de consacrer toi-même les offrandes que nous apportons : † Sanctifie-les...

*Aux grandes fêtes*

C'est pourquoi nous voici rassemblés devant toi, Dieu notre Père, et, dans la communion de toute l'Église, ...

*Noël* ... nous célébrons (la nuit très sainte) le jour très saint où Marie, dans la gloire de sa virginité, enfanta le Sauveur du monde. Par lui, notre Rédempteur et notre Seigneur, nous te supplions de consacrer toi-même les offrandes que nous apportons : † Sanctifie-les...

*Épiphanie* ... nous célébrons le jour très saint où ton Fils unique qui partage éternellement ta propre gloire s'est manifesté à nos yeux dans un vrai corps pris de notre chair. Par lui, notre Rédempteur et notre Sauveur, nous te supplions de consacrer toi-même les offrandes que nous apportons : † Sanctifie-les...

*Jeudi saint* ... nous célébrons le jour très saint où notre Seigneur Jésus Christ fut livré pour nous. Par lui, notre Rédempteur et Sauveur, que tu as glorifié, Dieu notre Père, nous te supplions de consacrer toi-même les offrandes que nous apportons : † Sanctifie-les...

*Pâques* ... nous célébrons (la nuit très sainte) le jour très saint où ressuscita selon la chair notre Seigneur Jésus, le Christ. Par lui, que tu as élevé à ta droite, nous te supplions de consacrer toi-même les offrandes que nous apportons : † Sanctifie-les...

*Ascension* ... nous célébrons le jour très saint où notre Seigneur, ton Fils unique, ayant pris notre nature avec sa faiblesse, la fit entrer dans la gloire, près de toi. Par lui, qui siège désormais à ta droite, nous te supplions de consacrer toi-même les offrandes que nous apportons : † Sanctifie-les...

*Pentecôte* ... nous célébrons le jour très saint de la Pentecôte, où l'Esprit Saint s'est manifesté aux Apôtres par d'innombrables langues de feu. nous te supplions de consacrer toi-même les offrandes que nous apportons : † Sanctifie-les...

*Assomption* .. nous célébrons le jour où la Vierge, Mère de Dieu, a été élevée au ciel, dans la gloire de son fils, Jésus Christ, notre Seigneur. Par lui, qui est à l'origine de notre foi et qui la mène à sa perfection, nous te supplions de consacrer toi-même les offrandes que nous apportons : † Sanctifie-les...

*Toussaint* ... nous célébrons le jour consacré à la mémoire de tous les saints : ils ont suivi le Christ pendant leur vie et, à leur mort, ils ont reçu de lui la couronne de gloire. Par lui, qui est à l'origine de notre foi et qui la mène à sa perfection, nous te supplions de consacrer toi-même les offrandes que nous apportons : † Sanctifie-les...

---

† Sanctifie-les par ton Esprit pour qu'elles deviennent le Corps ✠ et le Sang de ton Fils, Jésus Christ, notre Seigneur, qui nous a dit de célébrer ce mystère.

La nuit même où il fut livré, il prit le pain,
en te rendant grâce il dit la bénédiction,
il rompit le pain,
et le donna à ses disciples, en disant :

« PRENEZ, ET MANGEZ-EN TOUS :
CECI EST MON CORPS
LIVRÉ POUR VOUS. »

De même, après le repas,
il prit la coupe ;
en te rendant grâce il dit la bénédiction,
et donna la coupe à ses disciples, en disant :

« PRENEZ, ET BUVEZ-EN TOUS,
CAR CECI EST LA COUPE DE MON SANG,
LE SANG DE L'ALLIANCE NOUVELLE ET ÉTERNELLE,
QUI SERA VERSÉ
POUR VOUS ET POUR LA MULTITUDE
EN RÉMISSION DES PÉCHÉS.
VOUS FEREZ CELA EN MÉMOIRE DE MOI. »

I. Il est grand, le mystère de la foi :
R/. **Nous annonçons ta mort, Seigneur Jésus,**
**nous proclamons ta résurrection,**
**nous attendons ta venue dans la gloire.**

II. Acclamons le mystère de la foi :
**R/. Quand nous mangeons ce Pain
et buvons à cette Coupe,
nous annonçons ta mort, Seigneur ressuscité,
et nous attendons que tu viennes.**

III. Qu'il soit loué, le mystère de la foi :
**R/. Sauveur du monde, sauve-nous !
Par ta croix et ta résurrection, tu nous as libérés.**

ou Proclamons le mystère de la foi :
**R/. Gloire à toi qui étais mort,
gloire à toi qui es vivant,
notre Sauveur et notre Dieu :
Viens, Seigneur Jésus !**

En faisant ainsi mémoire de ton Fils, de sa passion qui nous sauve, de sa glorieuse résurrection et de son ascension dans le ciel, alors que nous attendons son dernier avènement, nous t'offrons, Seigneur, en action de grâce, ce sacrifice vivant et saint.

Regarde, nous t'en prions, l'oblation de ton Église, et daigne y reconnaître ton Fils qui, selon ta volonté, s'est offert en sacrifice pour nous réconcilier avec toi. Quand nous serons nourris de son Corps et de son Sang, et remplis de l'Esprit Saint, accorde-nous d'être un seul corps et un seul esprit dans le Christ.

Que l'Esprit Saint fasse de nous une éternelle offrande à ta gloire, pour que nous obtenions un jour l'héritage promis, avec tes élus : en premier lieu la bienheureuse Vierge Marie, Mère de Dieu, avec saint Joseph, son époux, les bienheureux Apôtres, les glorieux martyrs, **(saint N.)** et tous les saints, qui ne cessent d'intercéder auprès de toi et nous assurent de ton secours.

Et maintenant nous te supplions, Seigneur : par le sacrifice qui nous réconcilie avec toi, étends au monde entier le salut et la paix. Affermis ton Église, en pèlerinage sur la terre, dans la foi et la charité, en union avec ton serviteur notre Pape N., et notre Évêque N., l'ensemble des évêques, les prêtres, les diacres, et tout le peuple que tu as racheté.

*Pâques* Souviens-toi des baptisés de Pâques que tu as fait renaître de l'eau et de l'Esprit Saint pour une vie nouvelle dans le Christ.

*Baptême* Souviens-toi, Seigneur, de N. et N. qui sont entrés aujourd'hui dans ta famille par le baptême.

Écoute, en ta bonté, les prières de ta famille, que tu as voulu rassembler devant toi. Dans ta miséricorde, ramène à toi, Père très aimant, tous tes enfants dispersés.

Pour nos frères et sœurs défunts, et pour tous ceux qui ont quitté ce monde et trouvent grâce devant toi, nous te prions : en ta bienveillance, accueille-les dans ton Royaume, où nous espérons être comblés de ta gloire, tous ensemble et pour l'éternité, par le Christ, notre Seigneur, par qui tu donnes au monde toute grâce et tout bien.

*Aux messes des défunts* Souviens-toi de N. celui (celle) qui a quitté ce monde (aujourd'hui) et que tu appelles auprès de toi. Puisqu'il (elle) a été uni(e) à la mort de ton Fils, accorde-lui de participer à sa résurrection le jour où le Christ ressuscitera dans la chair ceux qui sont morts, et transformera nos pauvres corps à l'image de son corps glorieux. Souviens-toi aussi de nos frères et sœurs défunts, souviens-toi de tous ceux qui ont quitté ce monde et trouvent grâce devant toi : en ta bienveillance, reçois-les dans ton Royaume, où nous espérons être comblés de ta gloire, tous ensemble et pour l'éternité, quand tu essuieras toute larme de nos yeux; en te voyant, toi notre Dieu, tel que tu es, nous te serons semblables éternellement et, sans fin, nous chanterons ta louange par le Christ, notre Seigneur, par qui tu donnes au monde toute grâce et tout bien.

---

Par lui, avec lui et en lui,
à toi, Dieu le Père tout-puissant,
dans l'unité du Saint-Esprit,
tout honneur et toute gloire,
pour les siècles des siècles.
R/. **Amen.**

*Suite de la célébration: p. 69.*

# Prière eucharistique 4

Le Seigneur soit avec vous.
R/. **Et avec votre esprit.**
Élevons notre cœur.
R/. **Nous le tournons vers le Seigneur.**
Rendons grâce au Seigneur notre Dieu.
R/. **Cela est juste et bon.**

Vraiment, il est bon de te rendre grâce, il est juste et bon de te glorifier, Père très saint, car tu es le seul Dieu, le Dieu vivant et vrai : toi qui es avant tous les siècles, tu demeures éternellement, lumière au-delà de toute lumière.
Toi, le Dieu de bonté, la source de la vie, tu as fait le monde pour que toute créature soit comblée de tes bénédictions, et que beaucoup se réjouissent de l'éclat de ta lumière.
Ainsi, la foule innombrable des Anges qui te servent jour et nuit se tiennent devant toi et, contemplant la splendeur de ta face, n'interrompent jamais leur louange. Unis à leur hymne d'allégresse, avec la création tout entière qui t'acclame par nos voix, Dieu, nous te chantons (ou : louons) :
Saint ! Saint ! Saint ! Le Seigneur, Dieu de l'univers. ! *p. 48*.

Père très saint, nous proclamons que tu es grand et que tu as fait toutes choses avec sagesse et par amour : tu as créé l'homme à ton image, et tu lui as confié l'univers, afin qu'en te servant, toi seul, son Créateur, il règne sur la création. Comme il avait perdu ton amitié par sa désobéissance, tu ne l'as pas abandonné au pouvoir de la mort. Dans ta miséricorde, tu es venu en aide à tous les hommes pour qu'ils te cherchent et puissent te trouver. Tu as multiplié les alliances avec eux, et tu les as formés, par les prophètes, dans l'espérance du salut.

Tu as tellement aimé le monde, Père très saint, que tu nous as envoyé ton Fils unique, lorsque les temps furent accomplis, pour qu'il soit notre Sauveur. Dieu fait homme, conçu de l'Esprit Saint, né de la Vierge Marie, il a vécu notre condition humaine en toute chose, excepté le péché, annonçant aux pauvres la bonne nouvelle du salut ; aux captifs, la délivrance ; aux affligés, la joie.
Pour accomplir le dessein de ton amour, il s'est livré lui-même à la mort, et, par sa résurrection, il a détruit la mort et renouvelé la vie. Afin que désormais notre vie ne soit plus à nous-mêmes, mais à lui qui est mort et ressuscité pour nous, il a envoyé d'auprès de toi, Père, comme premier don fait aux croyants, l'Esprit Saint qui continue son œuvre dans le monde et achève toute sanctification.

Que ce même Esprit Saint, nous t'en prions, Seigneur, sanctifie ces offrandes : qu'elles deviennent ainsi le Corps ✠ et le Sang de notre Seigneur Jésus, le Christ, dans la célébration de ce grand mystère, que lui-même nous a laissé en signe de l'Alliance éternelle.

Quand l'heure fut venue où tu allais le glorifier, Père très saint, comme il avait aimé les siens qui étaient dans le monde, il les aima jusqu'au bout : pendant le repas qu'il partageait avec eux, il prit le pain, dit la bénédiction, le rompit et le donna à ses disciples, en disant :

« PRENEZ, ET MANGEZ-EN TOUS :
CECI EST MON CORPS
LIVRÉ POUR VOUS. »

De même, il prit la coupe remplie de vin, il rendit grâce, et la donna à ses disciples, en disant :

« PRENEZ, ET BUVEZ-EN TOUS,
CAR CECI EST LA COUPE DE MON SANG,
LE SANG DE L'ALLIANCE NOUVELLE ET ÉTERNELLE,

QUI SERA VERSÉ
POUR VOUS ET POUR LA MULTITUDE
EN RÉMISSION DES PÉCHÉS.
VOUS FEREZ CELA EN MÉMOIRE DE MOI. »

*Acclamations, p. 56.*

Voilà pourquoi, Seigneur, nous célébrons aujourd'hui le mémorial de notre rédemption : en rappelant la mort du Christ et sa descente au séjour des morts, en proclamant sa résurrection et son ascension à ta droite, en attendant sa venue dans la gloire, nous t'offrons son Corps et son Sang, le sacrifice qui est digne de toi et qui sauve le monde entier. Regarde, Seigneur, Celui qui s'offre dans le sacrifice que toi-même as préparé pour ton Église, et, dans ta bonté, accorde à tous ceux qui vont partager ce Pain et boire à cette Coupe d'être rassemblés par l'Esprit Saint en un seul corps, pour qu'ils deviennent eux-mêmes dans le Christ une vivante offrande à la louange de ta gloire.

Et maintenant, Seigneur, rappelle-toi tous ceux pour qui nous offrons le sacrifice : en premier lieu, ton serviteur notre Pape **N.**, notre Évêque N., et l'ensemble des évêques, les prêtres et les diacres, les fidèles qui présentent cette offrande, les membres de notre assemblée,

---

*Pour un baptême*

N. et N. (ceux) que tu as fait renaître aujourd'hui de l'eau et de l'Esprit Saint.

---

le peuple entier qui t'appartient et tous ceux qui te cherchent avec droiture.

Souviens-toi aussi de ceux qui sont morts dans la paix du Christ, et de tous les défunts dont toi seul connais la foi.

*On peut rappeler ici les défunts de la communauté.*

À nous qui sommes tes enfants, accorde, Père très bon, l'héritage de la vie éternelle auprès de la Vierge Marie, la bienheureuse Mère de Dieu, auprès de saint Joseph, son époux, des Apôtres et de tous les saints, dans ton Royaume. Nous pourrons alors, avec la création tout entière, enfin libérée de la corruption du péché et de la mort, te glorifier par le Christ, notre Seigneur, par qui tu donnes au monde toute grâce et tout bien.

Par lui, avec lui et en lui, à toi, Dieu le Père tout-puissant, dans l'unité du Saint-Esprit, tout honneur et toute gloire, pour les siècles des siècles. R/. **Amen.**

*Suite de la célébration : Notre Père, p. 69.*

# Communion

## Prière du Seigneur

• Comme nous l'avons appris du Sauveur, et selon son commandement, nous osons dire :
• Unis dans le même Esprit, nous pouvons dire avec confiance la prière que nous avons reçue du Sauveur :

**Notre Père qui es aux cieux,**
**que ton nom soit sanctifié,**
**que ton règne vienne,**
**que ta volonté soit faite**
**sur la terre comme au ciel.**
**Donne-nous aujourd'hui**
**notre pain de ce jour.**
**Pardonne-nous nos offenses,**
**comme nous pardonnons aussi**
**à ceux qui nous ont offensés.**
**Et ne nous laisse pas entrer en tentation,**
**mais délivre-nous du Mal.**

*Ou bien, si l'on chante en latin :*

Præcéptis salutáribus móniti, et divína institutióne formáti, audémus dícere :
Pater noster, qui es in cælis : sanctificetur nomen tuum ; adveniat regnum tuum ; fiat voluntas tua, sicut in cælo, et in terra. Panem nostrum cotidianum da nobis hodie ; et dimitte nobis debita nostra, sicut et nos dimittimus debitoribus nostris ; et ne nos inducas in tentationem ; sed libera nos a malo.

Délivre-nous de tout mal, Seigneur, et donne la paix à notre temps : soutenus par ta miséricorde, nous serons libérés de tout péché, à l'abri de toute épreuve, nous qui attendons que se réalise cette bienheureuse espérance : l'avènement de Jésus Christ, notre Sauveur.

**Car c'est à toi qu'appartiennent**
**le règne, la puissance et la gloire,**
**pour les siècles des siècles !**

## Rite de la paix

Seigneur Jésus Christ, tu as dit à tes Apôtres : « Je vous laisse la paix, je vous donne ma paix » ; ne regarde pas nos péchés mais la foi de ton Église ; pour que ta volonté s'accomplisse, donne-lui toujours cette paix, et conduis-la vers l'unité parfaite, toi qui vis et règnes pour les siècles des siècles. **Amen.**

Que la paix du Seigneur soit toujours avec vous.
R/. **Et avec votre esprit.**
Dans la charité du Christ, donnez-vous la paix.

## Fraction du pain

*Le rite de la paix étant achevé, le prêtre prend l'hostie, la rompt au-dessus de la patène, et en met un fragment dans le calice, en disant tout bas :*

Que le Corps et le Sang de notre Jésus Christ, réunis dans cette coupe, nourrissent en nous la vie éternelle.

*Pendant ce temps, on chante ou on dit :*

**Agneau de Dieu, qui enlèves les péchés du monde,**
**prends pitié de nous.**

*On peut chanter ce refrain plusieurs fois. On termine par :*

**Agneau de Dieu, qui enlèves les péchés du monde,**
**donne-nous la paix.**

*Ou bien, si l'on chante en latin :*

Agnus Dei qui tollis peccata mundi,
miserere nobis (dona nobis pacem).

## Communion

*Avant de communier, le prêtre dit à voix basse :*

• Seigneur Jésus Christ, Fils du Dieu vivant, selon la volonté du Père et avec la puissance du Saint-Esprit, tu as donné, par ta mort, la vie au monde ; que ton Corps et ton Sang très saints me délivrent de mes péchés et de tout mal ; fais que je demeure fidèle à tes commandements et que jamais je ne sois séparé de toi.

*Ou bien :*

• Seigneur Jésus Christ, que cette communion à ton Corps et à ton Sang n'entraîne pour moi ni jugement ni condamnation ; mais que, par ta bonté, elle soutienne mon esprit et mon corps et me donne la guérison.

*Le prêtre fait la génuflexion, prend l'hostie, et, la tenant un peu élevée au-dessus de la patène ou du calice, tourné vers le peuple, dit à voix haute :*

Voici l'Agneau de Dieu,
voici celui qui enlève les péchés du monde.
Heureux les invités au repas des noces de l'Agneau !
**Seigneur, je ne suis pas digne de te recevoir ;**
**mais dis seulement une parole et je serai guéri.**

*En communiant lui-même, le prêtre dit tout bas :*

Que le Corps du Christ me garde pour la vie éternelle.
Que le Sang du Christ me garde pour la vie éternelle.

*Pendant que le prêtre communie au Corps du Christ, on commence le chant de communion.*

*Les fidèles qui vont donner la communion et ceux qui vont porter la communion aux malades s'approchent de l'autel pour communier.* Un rite de délégation est prévu dans le *Missel romain*, p. 1378.

*Le prêtre prend alors la patène ou le ciboire, et s'approche des communiants ; il montre à chacun l'hostie en l'élevant légèrement, et dit :*

Le Corps du Christ.

*Le communiant répond :*

R/. **Amen.**

*De même pour la communion au Sang du Christ :*

Le Sang du Christ. R/. **Amen.**

*Au moment où le prêtre fait la purification, il dit tout bas :*

Puissions-nous accueillir d'un cœur pur, Seigneur, ce que notre bouche a reçu, et trouver dans cette communion d'ici-bas la guérison pour la vie éternelle.

*Le prêtre peut alors retourner à son siège. On peut rester en silence pendant un certain temps. On peut chanter un psaume ou un cantique de louange ou une hymne.*

## Prière après la communion *(Voir à la messe du jour)*

*Habituellement l'oraison se termine ainsi :*

Par le Christ, notre Seigneur.
R/. **Amen.**

*Si elle s'adresse au Père, mais avec mention du Fils à la fin :*

Lui qui vit et règne pour les siècles des siècles.
R/. **Amen.**

*Si elle s'adresse au Fils :*

Toi qui vis et règnes pour les siècles des siècles.
R/. **Amen.**

# Rite de conclusion

*Si c'est nécessaire, on fait alors brièvement les annonces pour la communauté présente.*

Le Seigneur soit avec vous.

R/. **Et avec votre esprit.**

*La bénédiction peut être précédée d'une prière sur le peuple (en Carême notamment) ou être développée sous une forme solennelle.*

Que Dieu tout-puissant vous bénisse,
le Père, et le Fils, ✠ et le Saint-Esprit. **Amen.**

*Puis le diacre, ou le prêtre lui-même, tourné vers l'assemblée, dit :*

Allez, dans la paix du Christ.

*Ou bien :*

Allez porter l'Évangile du Seigneur.

*Ou bien :*

Allez en paix, glorifiez le Seigneur par votre vie.

*Ou bien :*

Allez en paix.

*Le peuple répond :*

R/. **Nous rendons grâce à Dieu.**

# Prière eucharistique I pour la réconciliation

Vraiment, il est juste et bon de toujours te rendre grâce, Seigneur, Père très saint, Dieu éternel et tout-puissant. Car tu ne cesses de nous appeler à une vie plus belle ; toi qui es riche en miséricorde, sans te lasser tu offres ton pardon et tu invites les pécheurs à s'en remettre à ta seule bonté. Bien loin de te détourner de nous, qui avons si souvent rompu ton Alliance, tu as noué avec la famille humaine un nouveau lien de charité, si fort que rien ne pourra le défaire.
Et maintenant que tu accordes à ton peuple un temps de grâce et de réconciliation, tu lui donnes, par la conversion du cœur, de mettre son espérance dans le Christ Jésus et de se dévouer au service de tous les hommes en se livrant davantage à l'Esprit Saint.
C'est pourquoi, remplis d'admiration, nous voulons joindre nos voix aux voix innombrables du ciel, pour magnifier la puissance de ton amour dans la joie de notre salut, et sans fin nous proclamons :

Saint ! Saint ! Saint, le Seigneur, Dieu de l'univers !...

Toi, Seigneur, tu es vraiment Saint, tu es toujours à l'œuvre, depuis les origines du monde, pour que l'homme devienne saint comme toi-même es Saint. Regarde, nous t'en prions, les offrandes de ton peuple, et répands sur elles la puissance de ton Esprit : qu'elles deviennent le Corps ✠ et le Sang de ton Fils bien-aimé, Jésus, le Christ, en qui, nous aussi, nous sommes tes fils.
Nous qui étions perdus, incapables de nous rapprocher de toi, tu nous as aimés du plus grand amour : ton Fils, le seul Juste, s'est livré lui-même à la mort et n'a pas refusé d'être cloué pour nous sur le bois de la croix.

Mais avant que ses bras étendus dessinent entre ciel et terre le signe indélébile de ton Alliance, il voulut célébrer la Pâque au milieu de ses disciples.

Au cours du repas, il prit le pain, en te rendant grâce il dit la bénédiction, il rompit le pain, et le donna à ses disciples, en disant :

« PRENEZ, ET MANGEZ-EN TOUS :
CECI EST MON CORPS
LIVRÉ POUR VOUS. »

De même, après le repas, sachant qu'il allait tout réconcilier en lui par son sang répandu sur la croix, il prit la coupe remplie de vin, et, te rendant grâce à nouveau, il la fit passer à ses disciples, en disant :

« PRENEZ, ET BUVEZ-EN TOUS,
CAR CECI EST LA COUPE DE MON SANG,
LE SANG DE L'ALLIANCE NOUVELLE ET ÉTERNELLE,
QUI SERA VERSÉ
POUR VOUS ET POUR LA MULTITUDE
EN RÉMISSION DES PÉCHÉS.
VOUS FEREZ CELA EN MÉMOIRE DE MOI. »

*Acclamations, p. 56.*

En faisant mémoire de ton Fils Jésus, le Christ, notre Pâque et notre paix définitive, nous célébrons sa mort et sa résurrection du séjour des morts, et, en appelant le jour béni de sa venue, nous te présentons, Dieu de fidélité et de miséricorde, Celui qui s'est offert lui-même en sacrifice pour réconcilier l'humanité avec toi.
Regarde avec bonté, Père très aimant, ceux que tu attires à toi, par le sacrifice de ton propre Fils : accorde à ceux qui ont part à un seul pain et une seule coupe d'être rassemblés, par la force de l'Esprit Saint, en un seul corps dans le Christ par qui est abolie toute division.

Daigne nous garder toujours en communion d'esprit et de cœur avec notre Pape N. et notre Évêque N. Aide-nous à préparer ensemble la venue de ton règne jusqu'à l'heure où nous nous tiendrons devant toi, saints parmi les saints dans le ciel, avec la bienheureuse Vierge Marie, Mère de Dieu, les bienheureux Apôtres et tous les saints, avec nos frères et sœurs défunts, que nous confions humblement à ta miséricorde. Alors, enfin libérés de la corruption qui nous blesse, nous deviendrons une création nouvelle, et, avec joie, nous te chanterons l'action de grâce

Par lui, avec lui et en lui, à toi, Dieu le Père tout-puissant, dans l'unité du Saint-Esprit, tout honneur et toute gloire, pour les siècles des siècles. R/. **Amen.**

*Suite de la célébration : Notre Père, p. 69.*

# Prière eucharistique II pour la réconciliation

Vraiment, il est juste et bon, de te rendre grâce et de chanter ta louange, Dieu, le Père tout-puissant, pour l'œuvre que tu accomplis dans ce monde par notre Seigneur Jésus, le Christ. Au sein de notre humanité encore désunie et déchirée, nous savons d'expérience que tu changes les cœurs et les prépares à la réconciliation. Ton Esprit travaille le cœur des hommes : pour que les ennemis se parlent à nouveau, les adversaires se tendent la main, et que les peuples cherchent à se rencontrer. Oui, c'est ton œuvre, Seigneur, quand l'amour l'emporte sur la haine, quand la vengeance fait place au pardon, et la discorde se change en amitié. C'est pourquoi, unis aux chœurs célestes qui te chantent, nous ne cessons de te rendre grâce, et, sur la terre, nous proclamons sans fin ta gloire :

Saint ! Saint ! Saint, le Seigneur, Dieu de l'univers !...

Père tout-puissant, nous te bénissons par Jésus Christ, ton Fils, venu dans notre monde en ton nom. Il est la Parole du salut pour les hommes, la main que tu tends aux pécheurs, le chemin par où nous arrive la paix que tu donnes.
Alors que nos péchés nous avaient détournés de toi, Seigneur, tu nous as conduits à la réconciliation, pour que, tournés vers toi, nous nous aimions les uns les autres, par ton Fils, que tu as livré pour nous à la mort.
Et maintenant que nous célébrons la réconciliation que le Christ nous a obtenue, nous te prions ; sanctifie ces offrandes en répandant sur elles ton Esprit : qu'elles deviennent le Corps et ✠ le Sang de ton Fils, qui nous a dit de célébrer ce mystère.

Au cours du repas, lui qui allait donner sa vie pour notre libération, il prit le pain dans ses mains et, te rendant grâce, il dit la bénédiction, il rompit le pain, et le donna à ses disciples, en disant :

« PRENEZ, ET MANGEZ-EN TOUS :
CECI EST MON CORPS
LIVRÉ POUR VOUS. »

De même, ce soir-là, il prit dans ses mains la coupe de bénédiction, en proclamant ta miséricorde ; puis il donna la coupe à ses disciples, en disant :

« PRENEZ, ET BUVEZ-EN TOUS,
CAR CECI EST LA COUPE DE MON SANG,
LE SANG DE L'ALLIANCE NOUVELLE ET ÉTERNELLE,
QUI SERA VERSÉ
POUR VOUS ET POUR LA MULTITUDE
EN RÉMISSION DES PÉCHÉS.
VOUS FEREZ CELA EN MÉMOIRE DE MOI. »

*Acclamations p. 56.*

En faisant ainsi mémoire de la mort et de la résurrection de ton Fils, qui nous a laissé un tel gage de son amour, nous te présentons cette offrande qui vient de toi, le sacrifice de la parfaite réconciliation.
Père très saint, nous t'en supplions, accueille-nous avec ton Fils, et, dans ce repas qui nous sauve, accorde-nous son Esprit : qu'il fasse disparaître les causes de nos divisions.
Que ce même Esprit fasse de ton Église le signe visible de l'unité entre les hommes, et l'instrument de ta paix ; qu'il nous garde en communion avec notre Pape N. et notre Évêque N., avec l'ensemble des évêques, et ton peuple tout entier.

Et comme tu nous as réunis maintenant à la table de ton Fils, rassemble-nous un jour, auprès de la glorieuse Vierge Marie, Mère de Dieu, avec tes bienheureux Apôtres et tous les saints, avec nos frères et sœurs, avec les hommes et les femmes de toute origine et de toute langue qui sont morts dans ton amitié ; ce jour-là, rassemble-nous au banquet de l'unité à jamais accomplie, dans les cieux nouveaux et la terre nouvelle où resplendit en plénitude la paix qui vient de toi, dans le Christ Jésus, notre Seigneur.

Par lui, avec lui et en lui, à toi, Dieu le Père tout-puissant, dans l'unité du Saint-Esprit, tout honneur et toute gloire, pour les siècles des siècles.
R/. **Amen.**

*Suite de la célébration : Notre Père, p. 69.*

# Prière eucharistique pour des circonstances particulières

## I
## L'Église en marche vers l'unité

*Cette Prière eucharistique dans sa forme I convient notamment aux formulaires de messes pour l'Église, pour le pape, pour l'évêque, pour l'élection d'un pape ou d'un évêque, pour un concile ou un synode, pour les prêtres, pour le prêtre lui-même, pour ceux qui accomplissent un ministère dans l'Église, pour une réunion d'ordre spirituel ou pastoral.*

Vraiment, il est juste et bon de t'offrir notre action de grâce, de chanter une hymne à ta louange et à ta gloire, Seigneur, Père d'infinie bonté.
À la parole de ton Fils annonçant l'Évangile, tu as rassemblé ton Église de toute langue, peuple et nation, et tu ne cesses de la vivifier par la force de ton Esprit pour faire grandir jour après jour l'unité du genre humain. En rendant visible l'Alliance de ton amour, elle ouvre à tous la bienheureuse espérance de ton royaume, et resplendit comme un signe de la fidélité que tu as promise à tous les âges dans le Christ Jésus, notre Seigneur.
C'est pourquoi, avec toutes les puissances des cieux, nous pouvons te bénir sur la terre et proclamer d'une seule voix avec toute l'Église :

Saint ! Saint ! Saint, le Seigneur, Dieu de l'univers !...

Vraiment, tu es Saint et digne de louange, Dieu qui aimes tes enfants, toi qui es toujours avec eux sur les chemins de cette vie. Vraiment, ton Fils, Jésus, est béni, lui qui se tient au milieu de nous, quand son amour nous réunit ; comme autrefois pour ses disciples, il nous ouvre les Écritures et il rompt le pain.

C'est pourquoi, Père très aimant, nous t'en prions, envoie ton Esprit Saint afin qu'il sanctifie nos offrandes : que ce pain et ce vin deviennent pour nous le Corps ✠ et le Sang de notre Seigneur Jésus, le Christ.

La veille de sa passion, la nuit de la dernière Cène, il prit le pain, dit la bénédiction, le rompit et le donna à ses disciples, en disant :

« PRENEZ, ET MANGEZ-EN TOUS :
CECI EST MON CORPS
LIVRÉ POUR VOUS. »

De même, après le repas, il prit la coupe, te rendit grâce, et la donna à ses disciples, en disant :

« PRENEZ, ET BUVEZ-EN TOUS,
CAR CECI EST LA COUPE DE MON SANG,
LE SANG DE L'ALLIANCE NOUVELLE ET ÉTERNELLE,
QUI SERA VERSÉ
POUR VOUS ET POUR LA MULTITUDE
EN RÉMISSION DES PÉCHÉS.
VOUS FEREZ CELA EN MÉMOIRE DE MOI. »

*Acclamations, p. 56 :*

Voilà pourquoi, Père très saint, nous faisons mémoire de ton Fils, le Christ, notre Sauveur, que tu as conduit, par la passion et la mort sur la croix, à la gloire de la résurrection pour qu'il siège à ta droite ; nous annonçons, jusqu'à ce qu'il vienne, l'œuvre de ton amour, et nous t'offrons le pain de la vie et la coupe de bénédiction.
Regarde avec bonté l'offrande de ton Église qui te présente par nos mains ce qu'elle a reçu de toi : le sacrifice pascal du Christ. Que la force de ton Esprit d'amour fasse de nous, dès maintenant et pour l'éternité, les membres de ton Fils, nous qui communions à son Corps et à son Sang.

Renouvelle, Seigneur, par la lumière de l'Évangile, ton Église (qui est à N.). Resserre le lien de l'unité entre les fidèles et les pasteurs de ton peuple, en union avec notre Pape N., notre Évêque N., et l'ensemble des évêques, pour qu'au milieu d'un monde déchiré par les divisions, le peuple qui t'appartient brille comme un signe prophétique de concorde et d'unité.

Souviens-toi de nos frères et sœurs (N. et N.) qui se sont endormis dans la paix du Christ, et de tous les morts dont toi seul connais la foi : accueille-les dans la joie et la clarté de ton visage et donne-leur, par la résurrection, la plénitude de la vie. Et lorsque prendra fin notre pèlerinage sur la terre, reçois-nous dans la demeure où nous vivrons près de toi pour toujours. Alors, avec la Vierge Marie, la bienheureuse Mère de Dieu, avec les Apôtres, les martyrs, (saint N. : le saint du jour ou le saint patron) et tous les saints, nous pourrons te louer et te magnifier, par ton Fils, Jésus, le Christ.

Par lui, avec lui et en lui,
à toi, Dieu le Père tout-puissant,
dans l'unité du Saint-Esprit,
tout honneur et toute gloire, pour les siècles des siècles.
R/. **Amen.**

*Suite de la célébration : Notre Père, p. 69.*

## II
## Dieu guide son Église sur la voie du salut

*Cette Prière eucharistique dans sa forme II convient notamment aux formulaires de messes pour l'Église, pour les vocations sacerdotales, pour les laïcs, pour la famille, pour les religieux, pour les vocations religieuses, pour demander la charité, pour nos proches et nos amis, pour rendre grâce à Dieu.*

Vraiment, il est juste et bon, pour ta gloire et notre salut, de t'offrir notre action de grâce, toujours et en tout lieu,

Seigneur, Père très saint, Créateur de l'univers et source de toute vie.
Car tu n'abandonnes jamais ce que tu crées dans ta sagesse, mais tu te montres bienveillant, toujours à l'œuvre parmi nous. Tu as guidé ton peuple Israël à travers le désert, d'une main forte et d'un bras vigoureux ; aujourd'hui encore tu ne cesses d'accompagner ton Église au long de son pèlerinage en ce monde, par la force de ton Esprit Saint, et tu la conduis sur les routes de ce temps vers la joie éternelle de ton Royaume, par le Christ, notre Seigneur.
C'est pourquoi, avec les anges et les saints, nous chantons l'hymne de ta gloire et sans fin nous proclamons :

Saint ! Saint ! Saint, le Seigneur, Dieu de l'univers !...

Vraiment, tu es Saint et digne de louange, Dieu qui aimes tes enfants, toi qui es toujours avec eux sur les chemins de cette vie. Vraiment, ton Fils, Jésus, est béni, lui qui se tient au milieu de nous, quand son amour nous réunit ; comme autrefois pour ses disciples, il nous ouvre les Écritures et il rompt le pain.
C'est pourquoi, Père très aimant, nous t'en prions, envoie ton Esprit Saint afin qu'il sanctifie nos offrandes : que ce pain et ce vin deviennent pour nous le Corps ✠ et le Sang de notre Seigneur Jésus, le Christ.

La veille de sa passion, la nuit de la dernière Cène, il prit le pain, dit la bénédiction, le rompit et le donna à ses disciples, en disant :

> « PRENEZ, ET MANGEZ-EN TOUS :
> CECI EST MON CORPS
> LIVRÉ POUR VOUS. »

De même, après le repas, il prit la coupe, te rendit grâce, et la donna à ses disciples, en disant :

« PRENEZ, ET BUVEZ-EN TOUS,
CAR CECI EST LA COUPE DE MON SANG,
LE SANG DE L'ALLIANCE NOUVELLE ET ÉTERNELLE,
QUI SERA VERSÉ
POUR VOUS ET POUR LA MULTITUDE
EN RÉMISSION DES PÉCHÉS.
VOUS FEREZ CELA EN MÉMOIRE DE MOI. »

*Acclamations p. 56.*

Voilà pourquoi, Père très saint, nous faisons mémoire de ton Fils, le Christ, notre Sauveur, que tu as conduit, par la passion et la mort sur la croix, à la gloire de la résurrection pour qu'il siège à ta droite ; nous annonçons, jusqu'à ce qu'il vienne, l'œuvre de ton amour, et nous t'offrons le pain de la vie et la coupe de bénédiction.
Regarde avec bonté l'offrande de ton Église qui te présente par nos mains ce qu'elle a reçu de toi : le sacrifice pascal du Christ. Que la force de ton Esprit d'amour fasse de nous, dès maintenant et pour l'éternité, les membres de ton Fils, nous qui communions à son Corps et à son Sang.
Toi qui nous invites à cette table, Seigneur, fortifie-nous dans l'unité : alors, en union avec notre Pape N. et notre Évêque N., avec l'ensemble des évêques, les prêtres, les diacres et ton peuple répandu par tout l'univers, nous avancerons sur tes chemins dans la foi et l'espérance, et nous pourrons apporter au monde la confiance et la joie.

Souviens-toi de nos frères et sœurs (N. et N.) qui se sont endormis dans la paix du Christ, et de tous les morts dont toi seul connais la foi : accueille-les dans la joie et la clarté de ton visage et donne-leur, par la résurrection, la plénitude de la vie. Et lorsque prendra fin notre pèlerinage sur la terre, reçois-nous dans la demeure où nous vivrons près de toi pour toujours. Alors, avec la Vierge Marie, la bienheureuse Mère de Dieu, avec les Apôtres, les martyrs, (saint N. : le saint du jour ou le saint patron) et tous les saints, nous pourrons te louer et te magnifier, par ton Fils, Jésus, le Christ.

Par lui, avec lui et en lui,
à toi, Dieu le Père tout-puissant,
dans l'unité du Saint-Esprit,
tout honneur et toute gloire, pour les siècles des siècles.
R/. **Amen.**

*Suite de la célébration : Notre Père, p. 69.*

## III
## Jésus, chemin vers le Père

*Cette Prière eucharistique dans sa forme III convient notamment aux formulaires de messes pour l'évangélisation des peuples, pour les chrétiens persécutés, pour le pays ou la cité, pour les responsables ou des dirigeants, pour une réunion de chefs d'État, pour le début de l'année civile, pour le développement des peuples.*

Vraiment, il est juste et bon, pour ta gloire et notre salut, de t'offrir notre action de grâce, toujours et en tout lieu, Père très saint, maître du ciel et de la terre, par le Christ, notre Seigneur.
Par ton Verbe, tu as créé le monde et tu gouvernes toute chose avec justice. C'est lui, Verbe fait chair, que tu nous as donné pour médiateur, lui qui nous a dit tes propres paroles et nous appelle à le suivre. Il est le chemin qui nous mène vers toi, la vérité qui nous rend libres, la vie qui nous comble de joie. Par lui, ton Fils bien-aimé, tu rassembles en une seule famille ceux que tu as créés pour la gloire de ton nom, rachetés par le sang de la croix et marqués du sceau de ton Esprit.
C'est pourquoi, dès maintenant et pour l'éternité, nous chantons ta gloire avec tous les anges et dans la joie, nous te célébrons en proclamant :

Saint ! Saint ! Saint, le Seigneur, Dieu de l'univers !...

Vraiment, tu es Saint et digne de louange, Dieu qui aimes tes enfants, toi qui es toujours avec eux sur les chemins de cette vie. Vraiment, ton Fils, Jésus, est béni, lui qui se tient au milieu de nous, quand son amour nous réunit ; comme autrefois pour ses disciples, il nous ouvre les Écritures et il rompt le pain.
C'est pourquoi, Père très aimant, nous t'en prions, envoie ton Esprit Saint afin qu'il sanctifie nos offrandes : que ce pain et ce vin deviennent pour nous le Corps ✠ et le Sang de notre Seigneur Jésus, le Christ.

La veille de sa passion, la nuit de la dernière Cène, il prit le pain, dit la bénédiction, le rompit et le donna à ses disciples, en disant :

« PRENEZ, ET MANGEZ-EN TOUS :
CECI EST MON CORPS
LIVRÉ POUR VOUS. »

De même, après le repas, il prit la coupe, te rendit grâce, et la donna à ses disciples, en disant :

« PRENEZ, ET BUVEZ-EN TOUS,
CAR CECI EST LA COUPE DE MON SANG,
LE SANG DE L'ALLIANCE NOUVELLE ET ÉTERNELLE,
QUI SERA VERSÉ
POUR VOUS ET POUR LA MULTITUDE
EN RÉMISSION DES PÉCHÉS.
VOUS FEREZ CELA EN MÉMOIRE DE MOI. »

*Acclamations, p. 56.*

Voilà pourquoi, Père très saint, nous faisons mémoire de ton Fils, le Christ, notre Sauveur, que tu as conduit, par la passion et la mort sur la croix, à la gloire de la résurrection pour qu'il siège à ta droite ; nous annonçons, jusqu'à ce qu'il vienne, l'œuvre de ton amour, et nous t'offrons le pain de la vie et la coupe de bénédiction.

Regarde avec bonté l'offrande de ton Église qui te présente par nos mains ce qu'elle a reçu de toi : le sacrifice pascal du Christ. Que la force de ton Esprit d'amour fasse de nous, dès maintenant et pour l'éternité, les membres de ton Fils, nous qui communions à son Corps et à son Sang.

Père tout-puissant, que la participation à ce mystère nous fasse vivre de ton Esprit : transforme-nous à l'image de ton Fils, et resserre nos liens de communion avec notre Pape **N.** et notre Évêque **N.**, l'ensemble des évêques, les prêtres, les diacres et ton peuple répandu par tout l'univers. Donne à tous les fidèles de l'Église, qui scrutent les signes des temps à la lumière de la foi, de se dépenser sans relâche au service de l'Évangile. Rends-nous attentifs aux besoins de tous, afin que partageant leurs tristesses et leurs angoisses, leurs espérances et leurs joies, nous leur annoncions fidèlement la Bonne Nouvelle du salut et progressions avec eux sur le chemin de ton Royaume.

Souviens-toi de nos frères et sœurs (N. et N.) qui se sont endormis dans la paix du Christ, et de tous les morts dont toi seul connais la foi : accueille-les dans la joie et la clarté de ton visage et donne-leur, par la résurrection, la plénitude de la vie. Et lorsque prendra fin notre pèlerinage sur la terre, reçois-nous dans la demeure où nous vivrons près de toi pour toujours. Alors, avec la Vierge Marie, la bienheureuse Mère de Dieu, avec les Apôtres, les martyrs, (saint N. : le saint du jour ou le saint patron) et tous les saints, nous pourrons te louer et te magnifier, par ton Fils, Jésus, le Christ.

Par lui, avec lui et en lui,
à toi, Dieu le Père tout-puissant,
dans l'unité du Saint-Esprit,
tout honneur et toute gloire, pour les siècles des siècles.
R/. **Amen.**

*Suite de la célébration : Notre Père, p. 69.*

## IV
## Jésus est passé en faisant le bien

*Cette Prière eucharistique dans sa forme IV convient notamment aux formulaires de messes pour les réfugiés et les exilés, en temps de famine ou pour ceux qui souffrent de la faim, pour ceux qui nous font souffrir, pour ceux qui sont en captivité ou en prison, pour les malades et les infirmes, pour les mourants, pour demander la grâce de bien mourir, pour toute nécessité.*

Vraiment, il est juste et bon, pour ta gloire et notre salut, de t'offrir notre action de grâce, toujours et en tout lieu, à toi, Père des miséricordes et Dieu fidèle.
Car tu nous as donné ton Fils, Jésus, le Christ, comme Seigneur et comme Rédempteur. Il a toujours fait preuve de miséricorde envers les petits et les pauvres, les malades et les pécheurs ; il s'est fait le prochain des opprimés et des affligés. Sa parole et ses actes ont annoncé au monde que tu es le Père et que tu prends soin de tous tes enfants.
C'est pourquoi, avec les anges et tous les saints, nous te louons, nous te bénissons, nous chantons l'hymne de ta gloire et sans fin nous proclamons :

Saint ! Saint ! Saint, le Seigneur, Dieu de l'univers !...

Vraiment, tu es Saint et digne de louange, Dieu qui aimes tes enfants, toi qui es toujours avec eux sur les chemins de cette vie. Vraiment, ton Fils, Jésus, est béni, lui qui se tient au milieu de nous, quand son amour nous réunit ; comme autrefois pour ses disciples, il nous ouvre les Écritures et il rompt le pain.
C'est pourquoi, Père très aimant, nous t'en prions, envoie ton Esprit Saint afin qu'il sanctifie nos offrandes : que ce pain et ce vin deviennent pour nous le Corps ✠ et le Sang de notre Seigneur Jésus, le Christ.

La veille de sa passion, la nuit de la dernière Cène, il prit le pain, dit la bénédiction, le rompit et le donna à ses disciples, en disant :

« PRENEZ, ET MANGEZ-EN TOUS :
CECI EST MON CORPS
LIVRÉ POUR VOUS. »

De même, après le repas, il prit la coupe, te rendit grâce, et la donna à ses disciples, en disant :

« PRENEZ, ET BUVEZ-EN TOUS,
CAR CECI EST LA COUPE DE MON SANG,
LE SANG DE L'ALLIANCE NOUVELLE ET ÉTERNELLE,
QUI SERA VERSÉ
POUR VOUS ET POUR LA MULTITUDE
EN RÉMISSION DES PÉCHÉS.
VOUS FEREZ CELA EN MÉMOIRE DE MOI. »

*Acclamations, p. 56.*

Voilà pourquoi, Père très saint, nous faisons mémoire de ton Fils, le Christ, notre Sauveur, que tu as conduit, par la passion et la mort sur la croix, à la gloire de la résurrection pour qu'il siège à ta droite ; nous annonçons, jusqu'à ce qu'il vienne, l'œuvre de ton amour, et nous t'offrons le pain de la vie et la coupe de bénédiction.
Regarde avec bonté l'offrande de ton Église qui te présente par nos mains ce qu'elle a reçu de toi : le sacrifice pascal du Christ. Que la force de ton Esprit d'amour fasse de nous, dès maintenant et pour l'éternité, les membres de ton Fils, nous qui communions à son Corps et à son Sang.

Seigneur, fais grandir ton Église dans la foi et la charité, en union avec notre pape **N.** et notre évêque **N.**, avec l'ensemble des évêques, les prêtres, les diacres et tout le peuple que tu as racheté.
Ouvre nos yeux aux détresses de nos frères et sœurs, inspire-nous la parole et le geste qui conviennent pour réconforter ceux qui peinent sous le poids du fardeau ; donne-nous de les servir avec un cœur sincère selon l'exemple et le comman-

dement du Christ lui-même. Fais de ton Église un vivant témoignage de vérité et de liberté, de justice et de paix, afin que l'humanité tout entière se lève pour une espérance nouvelle.

Souviens-toi de nos frères et sœurs (N. et N.) qui se sont endormis dans la paix du Christ, et de tous les morts dont toi seul connais la foi : accueille-les dans la joie et la clarté de ton visage et donne-leur, par la résurrection, la plénitude de la vie. Et lorsque prendra fin notre pèlerinage sur la terre, reçois-nous dans la demeure où nous vivrons près de toi pour toujours. Alors, avec la Vierge Marie, la bienheureuse Mère de Dieu, avec les Apôtres, les martyrs, (saint N. : le saint du jour ou le saint patron) et tous les saints, nous pourrons te louer et te magnifier, par ton Fils, Jésus, le Christ.

Par lui, avec lui et en lui, à toi, Dieu le Père tout-puissant, dans l'unité du Saint-Esprit, tout honneur et toute gloire, pour les siècles des siècles. R/. **Amen.**

*Suite de la célébration : Notre Père, p. 69.*

# Première prière eucharistique pour les assemblées avec enfants

Dieu notre Père, tu nous as réunis, et nous sommes devant toi pour te fêter, pour t'acclamer et te dire l'émerveillement de nos cœurs. Sois loué pour ce qui est beau dans le monde et pour la joie que tu mets en nous. Sois loué pour la lumière du jour et pour ta parole qui nous éclaire. Sois loué pour la terre et les hommes qui l'habitent, sois loué pour la vie qui nous vient de toi. Oui, tu es très bon, tu nous aimes et tu fais pour nous des merveilles. Alors, tous ensemble, nous chantons :

**Le ciel et la terre sont remplis de ta gloire.**
**Hosanna au plus haut des cieux.** CL 5-3

Toi, tu penses toujours aux hommes. Tu ne veux pas être loin d'eux, tu as envoyé parmi nous Jésus, ton Fils bien-aimé. Il est venu nous sauver : il a guéri les malades, il a pardonné aux pécheurs. À tous, il a montré ton amour ; il a accueilli et béni les enfants. Pleins de reconnaissance, nous acclamons :

**Béni soit celui qui vient au nom du Seigneur.**
**Hosanna au plus haut des cieux.**

Nous ne sommes pas seuls pour te fêter, Seigneur. Partout sur la terre, ton peuple te rend gloire. Nous te prions avec l'Église entière, avec le Pape **N.** et notre évêque **N.** Dans le ciel, la Vierge Marie, les Apôtres et tous les saints te bénissent. Avec eux, avec les anges, nous t'adorons en chantant :

**Saint ! Saint ! Saint,**
**le Seigneur, Dieu de l'univers !**
**Hosanna au plus haut des cieux.**

Père très saint, nous voudrions te montrer notre reconnaissance. Nous avons apporté ce pain et ce vin : qu'ils deviennent pour nous le corps et le sang de Jésus ressuscité. Alors nous pourrons t'offrir ce qui vient de toi.

Un soir, en effet, juste avant sa mort, Jésus mangeait avec ses apôtres. Il a pris du pain sur la table. Dans sa prière, il t'a béni. Puis il a partagé le pain, en disant à ses amis :

« PRENEZ, ET MANGEZ-EN TOUS :
CECI EST MON CORPS
LIVRÉ POUR VOUS. »

À la fin du repas, il a pris une coupe de vin. Il dit encore une action de grâce. Puis il donna la coupe à ses amis en leur disant :

« PRENEZ, ET BUVEZ-EN TOUS,
CAR CECI EST LA COUPE DE MON SANG,
LE SANG DE L'ALLIANCE NOUVELLE ET ÉTERNELLE,
QUI SERA VERSÉ
POUR VOUS ET POUR LA MULTITUDE
EN RÉMISSION DES PÉCHÉS.
VOUS FEREZ CELA EN MÉMOIRE DE MOI. »

Ce que Jésus nous a dit de faire, nous le faisons dans cette eucharistie : en proclamant sa mort et sa résurrection, nous te présentons le pain de la vie et la coupe du salut. Il nous conduit vers toi, notre Père : nous t'en prions, accueille-nous avec lui :

**Christ est mort pour nous ! Christ est ressuscité !**
**Nous t'attendons, Seigneur Jésus !**

Père, toi qui nous aimes tant, laisse-nous venir à cette table, unis dans la joie de l'Esprit Saint, pour recevoir le corps et le sang de ton Fils. Toi qui n'oublies jamais personne, nous te prions pour ceux que nous aimons, N. et N., et pour ceux qui sont partis vers toi. Souviens-toi de ceux qui souffrent et qui ont de la peine, de la grande famille des chrétiens et de tous les hommes dans le monde entier. Nous te prions aussi pour nous, et nous prions les uns pour les autres. Devant ce que tu fais par ton Fils, Dieu notre Père, nous sommes émerveillés, et nous chantons encore :

Par lui, avec lui et en lui, à toi, Dieu le Père tout-puissant, dans l'unité du Saint-Esprit, tout honneur et toute gloire, pour les siècles des siècles. R/. **Amen.**

*Suite de la célébration : Notre Père, p. 69.*

# Deuxième prière eucharistique pour les assemblées avec enfants

*On peut choisir d'autres acclamations que celles qui sont proposées.*

Oui, Père très bon, c'est une fête pour nous ; notre cœur est plein de reconnaissance : avec Jésus, nous te chantons notre joie.

> **Gloire à toi : tu nous aimes !** CL 6
> Tu nous aimes tellement que tu inventes pour nous ce monde immense et beau.
> **[Gloire à toi : tu nous aimes !]**
> [Tu nous aimes tellement que] tu nous donnes ton Fils, Jésus,
> pour nous conduire à toi.
> **[Gloire à toi : tu nous aimes !]**
> [Tu nous aimes tellement que] tu nous rassembles en lui,
> comme les enfants d'une même famille.
> **Gloire à toi : tu nous aimes !**

Pour tant d'amour, nous voulons te rendre grâce et chanter notre merci avec les anges et les saints qui t'adorent dans les cieux :

- **Saint ! Saint ! Saint, le Seigneur...** *(p. 48)*
- **Louange et gloire à notre Dieu !**

**Saint est le Seigneur, le Dieu de l'univers.**
**Louange et gloire à notre Dieu !**
**Le ciel et la terre nous disent ta splendeur.**
**Louange et gloire à notre Dieu !**
**Qu'il soit béni, celui qui vient d'auprès de toi.**
**Louange et gloire à notre Dieu !** CL 6

Oui, béni soit Jésus, ton envoyé, l'ami des petits et des pauvres. Il est venu nous montrer comment nous pouvons t'aimer et nous aimer les uns les autres. Il est venu arracher du cœur des hommes le mal qui empêche l'amitié, la haine qui empêche d'être heureux.

Il a promis que l'Esprit Saint serait avec nous chaque jour, pour que nous vivions de ta vie.

• **Béni soit celui qui vient au nom du Seigneur.**
**Hosanna au plus haut des cieux.**
• **Qu'il soit béni, celui qui vient d'auprès de toi.**
**Louange et gloire à notre Dieu !**

Dieu, notre Père, nous te prions d'envoyer ton Esprit, pour que ce pain et ce vin deviennent le corps et le sang de Jésus, notre Seigneur.

La veille de sa mort, il nous a prouvé ton amour : il était à table avec ses disciples ; il prit un morceau de pain, il dit une prière pour te bénir et te rendre grâce ; il partagea le pain et le donna aux disciples, en leur disant :

« PRENEZ, ET MANGEZ-EN TOUS :
CECI EST MON CORPS
LIVRÉ POUR VOUS. »
**Jésus Christ, livré pour nous !**

Il prit ensuite une coupe remplie de vin ; il dit encore une prière pour te rendre grâce ; il fit passer la coupe à chacun en leur disant :

« PRENEZ, ET BUVEZ-EN TOUS,
CAR CECI EST LA COUPE DE MON SANG,
LE SANG DE L'ALLIANCE NOUVELLE ET ÉTERNELLE,
QUI SERA VERSÉ
POUR VOUS ET POUR LA MULTITUDE
EN RÉMISSION DES PÉCHÉS.
**Jésus Christ, livré pour nous !**

Et puis il leur dit : « VOUS FEREZ CELA, EN MÉMOIRE DE MOI. »

Nous rappelons ici, Père très bon, la mort et la résurrection de Jésus, le Sauveur du monde. Il s'est donné lui-même entre nos mains pour être maintenant notre offrande et nous attirer vers toi.

• **Louange et gloire à notre Dieu !**
• **À toi nos cœurs, à toi nos chants, nos actions de grâce !**

Exauce-nous, Seigneur notre Dieu : donne ton Esprit d'amour à ceux qui partagent ce repas ; qu'ils soient de plus en plus unis dans ton Église, avec le Pape N., l'évêque N., les autres évêques, et tous ceux qui travaillent pour ton peuple.

**Un seul corps pour ta gloire !**

N'oublie pas ceux que nous aimons (N.), et ceux que nous n'aimons pas assez. Souviens-toi de ceux qui sont morts (N.) ; accueille-les avec amour dans ta maison.

**Un seul corps pour ta gloire !**

Rassemble-nous un jour près de toi, avec la Vierge Marie, la Mère du Christ et notre mère, pour la grande fête du ciel dans ton Royaume. Alors, tous les amis de Jésus, le Christ, notre Seigneur, pourront te chanter sans fin.

**Un seul corps pour ta gloire !**

• Par lui, avec lui et en lui,
à toi, Dieu le Père tout-puissant,
dans l'unité du Saint-Esprit,
tout honneur et toute gloire, pour les siècles des siècles.
R/. **Amen.**

*ou bien*

• **Avec lui nous te chantons,**
**Avec lui nous te bénissons,**
**Gloire à toi, ô notre Père,**
**Maintenant et pour toujours !**
**Amen, Amen, Amen, Amen !** CL 6-1

*Suite de la célébration : Notre Père, p. 69.*

# Troisième prière eucharistique pour les assemblées avec enfants

Père, nous te disons merci, nous te rendons grâce. C'est toi qui nous as créés ; et tu nous appelles à vivre pour toi, à nous aimer les uns les autres. Nous pouvons nous rencontrer, parler ensemble. Grâce à toi, nous pouvons partager nos difficultés et nos joies.

*Pour le temps pascal*

Père, nous te disons merci, nous te rendons grâce avec Jésus ton Fils : car tu aimes la vie, tu nous as appelés à la vie, tu veux notre bonheur pour toujours. Jésus est le premier que tu as ressuscité des morts. Tu lui as donné la vie nouvelle. Cette vie est en nous aussi depuis notre baptême ; et nous savons que nous ressusciterons comme lui près de toi. Alors, il n'y aura plus de mort : nous n'aurons plus à souffrir.

À cause de tout cela, Dieu, notre Père, nous sommes heureux de te rendre grâce tous ensemble. Avec ceux qui croient en toi, avec les saints et les anges, nous te louons en chantant :

**Saint ! Saint ! Saint, le Seigneur, Dieu de l'univers !...**

Oui, Dieu, tu es saint, tu es bon pour nous, tu es bon pour tous les hommes. Nous te disons merci, et nous voulons surtout te rendre grâce à cause de Jésus, ton Fils.
Il est venu chez les hommes qui se détournent de toi et n'arrivent pas à s'entendre. Par l'Esprit Saint, il ouvre nos yeux et nos oreilles, il change notre cœur : alors nous arrivons à nous aimer, et nous reconnaissons que tu es notre Père et que nous sommes tes enfants.

*Pour le temps pascal* Il est venu nous apporter la bonne nouvelle : nous sommes faits pour vivre, pour être dans la gloire du ciel avec toi. Il nous a montré le chemin qui mène à cette vie : c'est l'amour des autres. Il a pris ce chemin avant nous.

C'est lui, Jésus, le Christ, qui nous rassemble maintenant autour de cette table où nous apportons notre offrande.

Sanctifie, Père très bon, ce pain et ce vin : ils deviendront pour nous le corps et le sang de Jésus, ton Fils, qui nous dit de faire à notre tour ce qu'il a fait lui-même la veille de sa passion.

Au cours du dernier repas qu'il partageait avec ses disciples, Jésus prit le pain. Il te rendit grâce. Il partagea le pain et le donna à ses amis, en leur disant :

« PRENEZ, ET MANGEZ-EN TOUS :
CECI EST MON CORPS
LIVRÉ POUR VOUS. »

Il prit aussi la coupe de vin. Il te rendit grâce. Il donna la coupe à ses amis en leur disant :

« PRENEZ, ET BUVEZ-EN TOUS,
CAR CECI EST LA COUPE DE MON SANG,
LE SANG DE L'ALLIANCE NOUVELLE ET ÉTERNELLE,
QUI SERA VERSÉ
POUR VOUS ET POUR LA MULTITUDE
EN RÉMISSION DES PÉCHÉS.
VOUS FEREZ CELA EN MÉMOIRE DE MOI. »

Voilà pourquoi nous sommes ici, rassemblés devant toi, Père. Et tout remplis de joie, nous rappelons ce que Jésus a fait pour nous sauver : dans cette offrande qu'il a confiée à l'Église, nous célébrons sa mort et sa résurrection ; Père du ciel, accueille-nous avec ton Fils bien-aimé.

Pour nous, Jésus a voulu donner sa vie.
Toi, tu l'as ressuscité. Nous t'acclamons : MNA 26.35
**Dieu, tu es bon ! Loué sois-tu ! Gloire à toi !**
Il vit maintenant près de toi. Il est avec nous toujours et partout.
**Dieu, tu es bon ! Loué sois-tu ! Gloire à toi !**
Un jour, il viendra dans la gloire du Royaume. Il n'y aura plus de gens tristes, malades ou malheureux.
**Dieu, tu es bon ! Loué sois-tu ! Gloire à toi !**

Père, nous allons recevoir à cette table, dans la joie de l'Esprit Saint, le corps et le sang du Christ : que cette communion nous rende capables de vivre comme Jésus, entièrement donnés à toi et aux autres. Viens en aide, Seigneur, à notre Pape **N.**, à notre évêque **N.**, et à tous les évêques.
Accorde-nous, et à tous les disciples de Jésus Christ, d'être de ceux qui font la paix et le bonheur autour d'eux.

*Pour le temps pascal* Mets au cœur des chrétiens la vraie joie de Pâques ; et qu'ils pensent à communiquer cette joie à ceux qui ne savent pas encore que Jésus est ressuscité.

Et puis, donne-nous un jour d'être près de toi, avec la Vierge Marie, la Mère de Dieu, et avec les saints du ciel, tous ensemble, dans le Christ.

Par lui, avec lui et en lui,
à toi, Dieu le Père tout-puissant,
dans l'unité du Saint-Esprit,
tout honneur et toute gloire,
pour les siècles des siècles.
R/. **Amen.**

*Suite de la célébration : Notre Père, p. 69.*

# L'AVENT
# Temps de l'Espérance

La complexité de notre monde, les multiples défis auxquels l'humanité est confrontée n'invitent pas toujours à l'optimisme. Le risque est alors grand d'entretenir la nostalgie d'époques révolues ou de se laisser aller à la désespérance. Et voilà que l'Église, au début de l'année liturgique, nous invite à tourner nos regards vers le Christ qui vient, à sortir de nos désespoirs pour retrouver l'espérance. Cette vertu fondamentale de l'existence que vient réveiller le temps pour retrouver l'espérance : une Espérance don de Dieu qui a pris un visage humain, celui de Jésus, Dieu fait homme. C'est cette vertu fondamentale de l'existence que vient réveiller le temps de l'Avent. Attendant la manifestation glorieuse du Seigneur, l'Église se réveille pour être trouvée vigilante lorsque l'Époux viendra.

Au cours de ce temps de l'Avent, nous allons vivre un parcours de vigilance où, par la bouche du prophète Isaïe, nous est annoncée une promesse : elle nous mettra en marche avec toutes les nations, se précisera à nous non pas comme un discours mais comme un visage, celui d'un descendant royal qui établira un monde de justice et de paix. On l'appellera « l'Emmanuel », « Dieu-avec-nous ».

Ce parcours se poursuivra avec saint Paul et saint Jacques qui, de dimanche en dimanche, définiront l'attitude de ceux qui adhèrent au Christ : sortir du sommeil et se revêtir pour le combat de la lumière ; nous accueillir les uns les autres comme le Christ nous a accueillis, avoir de la patience et aussi nous laisser travailler par la parole de Dieu qui fera de nous les témoins et les messagers de l'Espérance. Quant à saint Matthieu, il nous fera cheminer vers Noël où s'incarnera la Promesse.

Avec le temps de l'Avent nous voici appelés à retrouver le sens profond de l'Histoire et de notre histoire, à nous tenir dans une attente active au cœur du monde, à nous convertir sans tarder pour accueillir Celui qui vient, à ouvrir nos yeux et nos oreilles pour discerner, au milieu de nous, les signes du Royaume, à nommer l'Espérance des hommes : Jésus, c'est-à-dire le « Seigneur sauve ».

« Tout ce qui t'est demandé, c'est d'entretenir en toi cette joie humble et discrète de la foi qui vit dans l'attente ardente du monde à venir ». (Karl Rahner, *L'homme au miroir de l'année chrétienne, Paris,* Mame, 1966).

---

**CHANTER EN AVENT**

- Le répertoire proposé pour les quatre dimanches de l'Avent unifie ce temps qui demande une certaine sobriété musicale pour mieux se préparer aux fêtes de Noël.
- On retiendra un même ordinaire de la messe pour ces dimanches, un ordinaire qui leur donne une couleur propre au temps de l'Avent et que l'on retrouvera d'année en année.
- Pour la procession d'ouverture : ***Réveille ta puissance*** EA2, ***Viens, Seigneur, ne tarde plus*** E 57-31, ***Aube Nouvelle*** E 130 CNA 363, ***Préparons le chemin du Seigneur*** E 63-42, ***Préparez le chemin du Seigneur*** E 13-95 CNA 371.
- Pour la procession de communion : ***Recevez le Corps du Christ*** SYL F 520, ***En mémoire du Seigneur*** D 304 CNA 327, ***Prenez et mangez*** D 52-67.
- Après la communion : ***Toi qui viens pour tout sauver*** EP 68 CNA 374, ***Dieu est à l'œuvre en cet âge*** EP 50 CNA 541, ***Vienne la paix M 150-1*** CNA 771.
- À la fin de la célébration : ***Venez, divin Messie*** E 52-47 CNA 375.
- À ces propositions, on peut ajouter :
- Pour le 2e dimanche : ***La voix qui crie dans le désert*** EA 330.
- Pour le 3e dimanche : ***Joie sur terre*** E 32 ou ***Danse de joie, cité de paix*** F 20-52 CNA 365.
- Pour le 4e dimanche : À la fin de la célébration : ***Toi qui ravis le cœur de Dieu*** VP 136-2 CNA 372, ***Je vous salue, Marie, Vierge très pauvre*** VP 57-68, ***Réjouis-toi,* comblée *de grâce*** IEV 16-14.

---

# 1er dimanche de l'Avent

**27 NOVEMBRE 2022**

## Il est Celui qui vient

**L'année liturgique ne cesse de nous surprendre.** On pourrait s'attendre à une lecture linéaire, historique, de la vie de Jésus. Or, nous commençons par un discours sur l'avènement du Fils de l'Homme. L'histoire nous est présentée comme le lieu d'enfantement d'un monde nouveau qui sera manifesté en pleine lumière, lors du retour du Seigneur à la fin des temps. Si le Christ est Celui qui vient, nous sommes un peuple d'espérance, en marche vers sa rencontre. Dès lors, il nous faut veiller, vivre sans crainte et dans la foi, cultiver une attente active. Rien ne serait pire que l'imprévoyance et nous sommes invités à vivre comme si le jour du jugement était déjà là (*évangile*). Et comment vivre cette attente sinon en prenant nos responsabilités dans le monde et dans l'Église, sinon en accomplissant sereinement la mission qui nous est confiée ?

La première lecture rappelle et confirme la promesse de Dieu de conduire à son terme son projet : rassembler tous ses enfants dans l'unité et dans la paix. Cette promesse nous concerne et dynamise notre espérance d'un monde nouveau voulu par Dieu, monde de paix et d'unité. Nous sommes appelés à y collaborer en marchant à la lumière du Seigneur, éclairés par le Christ, parole du Père.

Dès lors, pas un instant à perdre. En effet, le Christ n'est pas seulement celui qui vient à la fin des temps. Il vient tout le temps, à chaque instant, dans le monde et dans nos vies. Le chrétien, s'il vit cette attente, ne peut se laisser aller à une douce somnolence. Fils de lumière, engagé dans la lutte contre les œuvres du mal, il lui faut revêtir le Christ, seule arme qui lui donnera la victoire sur les ténèbres (*deuxième lecture*). Attendant la venue du Seigneur, le chrétien est déjà signe et témoin du monde nouveau déjà promis. Espérer et attendre le Christ qui vient en demeurant attentif au monde présent, voilà ce qu'est vivre l'Avent.

*Des chants sont proposés p. 102.*

## Antienne d'ouverture

cf. Ps 24,1-3

Vers toi, Seigneur, j'élève mon âme.
Mon Dieu, je m'appuie sur toi :
épargne-moi la honte ;
ne laisse pas triompher mon ennemi.
Pour qui espère en toi, pas de honte.

*On ne dit pas le Gloria (il en est ainsi chaque fois que le Gloria n'est pas indiqué).*

## Prière

Donne à tes fidèles, Dieu tout-puissant, la volonté d'aller par les chemins de la justice à la rencontre de celui qui vient, le Christ, afin qu'ils soient admis à sa droite et méritent d'entrer en possession du royaume des Cieux. Par Jésus Christ, ton Fils, notre Seigneur, qui vit et règne avec toi dans l'unité du Saint-Esprit, Dieu, pour les siècles des siècles. R/. **Amen.**

## 1re Lecture

*Le Seigneur rassemble toutes les nations*

**→ Lecture du livre du prophète Isaïe** 2, 1-5

**Parole d'Isaïe,** – ce qu'il a vu au sujet de Juda et de Jérusalem. Il arrivera dans les derniers jours que la montagne de la maison du Seigneur se tiendra plus haut que les monts, s'élèvera au-dessus des collines. Vers elle afflueront toutes les nations et viendront des peuples nombreux.

Ils diront : « Venez ! montons à la montagne du Seigneur, à la maison du Dieu de Jacob ! Qu'il nous enseigne ses chemins, et nous irons par ses sentiers. » Oui, la loi sortira de Sion, et de Jérusalem, la parole du Seigneur. Il sera juge entre les nations et l'arbitre de peuples nombreux. De leurs épées, ils forgeront des socs, et de leurs lances, des faucilles. Jamais nation contre nation ne lèvera l'épée ; ils n'apprendront plus la guerre.

Venez, maison de Jacob ! Marchons à la lumière du Seigneur.

## Psaume 121

**R/. Dans la joie, nous irons à la maison du Seigneur.**

Quelle joie quand on m'a dit :
« Nous irons à la maison du Seigneur ! »
Maintenant notre marche prend fin
devant tes portes, Jérusalem !

Jérusalem, te voici dans tes murs :
ville où tout ensemble ne fait qu'un.
C'est là que montent les tribus,
les tribus du Seigneur,

C'est là qu'Israël doit rendre grâce
au nom du Seigneur.
C'est là le siège du droit,
le siège de la maison de David.

Appelez le bonheur sur Jérusalem :
« Paix à ceux qui t'aiment !
Que la paix règne dans tes murs,
le bonheur dans tes palais ! »

À cause de mes frères et de mes proches,
je dirai : « Paix sur toi ! »
À cause de la maison du Seigneur notre Dieu,
je désire ton bien.

## 2e Lecture

*« Le salut est plus près de nous »*

→ **Lecture de la lettre de saint Paul apôtre aux Romains** 13, 11-14a

**Frères**, vous le savez : c'est le moment, l'heure est déjà venue de sortir de votre sommeil. Car le salut est plus près de nous maintenant qu'à l'époque où nous sommes devenus croyants. La nuit est bientôt finie, le jour est tout proche. Rejetons les œuvres des ténèbres, revêtons-nous des armes de la lumière. Conduisons-nous honnêtement, comme on le fait en plein jour, sans orgies ni beuveries, sans luxure ni débauches, sans rivalité ni jalousie, mais revêtez-vous du Seigneur Jésus Christ.

**Alléluia. Alléluia.** Fais-nous voir, Seigneur, ton amour, et donne-nous ton salut. **Alléluia.**

## Évangile

*Veillez pour être prêts*

**➜ Évangile de Jésus Christ selon saint Matthieu** 24, 37-44

E**n ce temps-là**, Jésus disait à ses disciples : « Comme il en fut aux jours de Noé, ainsi en sera-t-il lors de la venue du Fils de l'homme. En ces jours-là, avant le déluge, on mangeait et on buvait, on prenait femme et on prenait mari, jusqu'au jour où Noé entra dans l'arche ; les gens ne se sont doutés de rien, jusqu'à ce que survienne le déluge qui les a tous engloutis : telle sera aussi la venue du Fils de l'homme. Alors deux hommes seront aux champs : l'un sera pris, l'autre laissé. Deux femmes seront au moulin en train de moudre : l'une sera prise, l'autre laissée. Veillez donc, car vous ne savez pas quel jour votre Seigneur vient. Comprenez-le bien : si le maître de maison avait su à quelle heure de la nuit le voleur viendrait, il aurait veillé et n'aurait pas laissé percer le mur de sa maison. Tenez-vous donc prêts, vous aussi : c'est à l'heure où vous n'y penserez pas que le Fils de l'homme viendra. »

**POUR LA PRIÈRE UNIVERSELLE**

Veilleurs au cœur du monde, ouvrons notre prière à tous nos frères humains :

– pour les Églises chrétiennes en marche vers l'unité, prions le Seigneur ;

– pour les communautés qui se renouvellent pour mieux répondre aux appels de l'Évangile, prions le Seigneur ;

– pour les responsables politiques qui recherchent des chemins vers la paix, prions le Seigneur ;

– pour les hommes et les femmes de bonne volonté qui, dans leur vie quotidienne, se font artisans de paix, prions le Seigneur ;
– pour notre communauté qui, dans l'Espérance, attend le Seigneur qui vient, prions le Seigneur.

## Prière sur les offrandes

Nous t'offrons, Seigneur, ces dons prélevés sur les bienfaits reçus de toi : nous t'en prions, accueille-les ; puisse la célébration fervente, que tu nous donnes d'accomplir dans le temps présent, nous obtenir la rédemption éternelle. Par le Christ, notre Seigneur. R/. **Amen.**

## Préface de l'Avent nº 1

*Les deux avènements du Christ*

*Cette préface se dit aux messes du temps de l'Avent, jusqu'au 16 décembre.*

Vraiment, il est juste et bon, pour ta gloire et notre salut, de t'offrir notre action de grâce, toujours et en tout lieu, Seigneur, Père très saint, Dieu éternel et tout-puissant, par le Christ, notre Seigneur.
Car il est déjà venu, en assumant l'humble condition de notre chair, pour accomplir l'éternel dessein de ton amour et nous ouvrir à jamais le chemin du salut ; il viendra de nouveau, revêtu de sa gloire, afin que nous possédions dans la pleine lumière les biens que tu nous as promis et que nous attendons en veillant dans la foi.
C'est pourquoi, avec les anges et les archanges, avec les puissances d'en haut et tous les esprits bienheureux, nous chantons l'hymne de ta gloire et sans fin nous proclamons :
Saint ! Saint ! Saint, le Seigneur, Dieu de l'univers !...

*Dans les prières eucharistiques I, II et III, il y a des textes propres pour le dimanche.*

## Antienne de la communion

Ps 84, 13

Le Seigneur donnera ses bienfaits,
et notre terre donnera son fruit.

## Prière après la communion

Nous t'en prions, Seigneur, fais fructifier en nous les mystères que nous avons célébrés : tandis que nous marchons dans ce monde qui passe, tu nous enseignes par eux à aimer dès maintenant les biens du ciel, et à nous attacher à ceux qui demeurent. Par le Christ, notre Seigneur.

### L'Avent, anamnèse et attente

« Avec ce dimanche, nous entrons en Avent. L'Avent, "la venue", implique dans son vocable même l'idée d'avenir... La liturgie célèbre en effet non seulement la mémoire de l'Incarnation du Verbe de Dieu, ce fait historique devenu une réalité permanente, mais l'attente du Retour du Christ qui sera notre jugement et nous marquera à jamais du sceau de la Rédemption ; si ce retour n'est encore qu'une perspective, chaque jour nous en rapproche irrésistiblement. La liturgie de l'Avent est une anamnèse qui concentre simultanément sous notre regard intérieur toute l'histoire de notre salut. »

Karl Rahner, *L'homme au miroir de l'année chrétienne*,
Mame, pp. 12-13.

## CALENDRIER LITURGIQUE

| | |
|---|---|
| Di 27 | **1^er^ dimanche de l'Avent A.** *Liturgie des Heures : Psautier semaine I.* |
| Lu 28 | Isaïe 4, 2-6 ; Ps 121 ; Matthieu 8, 5-11 : « Beaucoup viendront de l'orient et de l'occident et prendront place au festin du royaume des Cieux » |
| Ma 29 | Isaïe 11, 1-10 ; Ps 71 ; Luc 10, 21-24 : « Jésus exulta de joie sous l'action de l'Esprit Saint » |
| Me 30 | S. ANDRÉ, Apôtre. Lectures propres : Romains 10,9-18 ; Ps 18 A ; Matthieu 4,18-22 : « Aussitôt, laissant leurs filets, ils le suivirent » |
| Je 1er | *En Afrique du Nord,* S. Charles de Foucauld, prêtre, ermite dans le Sahara, à Tamanrasset, où il fut tué le 1er décembre 1916. Il a été canonisé par le pape François le 15 mai 2022. Isaïe 26, 1-6 ; Ps 117 ; Matthieu 7, 21.24-27 : « Pour entrer dans le royaume des Cieux, il faut faire la volonté de mon Père » |
| Ve 2 | Isaïe 29, 17-24 ; Ps 26 ; Matthieu 9, 27-31 : Croyant en Jésus, deux aveugles sont guéris |
| Sa 3 | S. François Xavier, prêtre, jésuite missionnaire, † 1552 dans l'île de San-Choan (Chine). Isaïe 30, 19-21.23-26 ; Ps 146 ; Matthieu 9, 35–10, 1.5a.6-8 : « Voyant les foules, Jésus fut saisi de compassion » |

**Bonne fête !** 27 : Astrid, Séverin, Séverine. 28 : Jacques. 29 : Saturnin. 30 : André, Andrée. 1er : Florence, Éloi, Loïc. 2 : Viviane. 3 : Xavier.

**Saint Séverin (23 ou 27 novembre)** est un ermite qui vécut à Paris au VIe siècle. Attiré par la vie contemplative, il priait et méditait sur les bords de la Seine. Il attira de nombreux disciples dont S. Cloud. Il est enterré sur son lieu d'ermitage devenu la paroisse S. Séverin à Paris.

# 2e dimanche de l'Avent

**4 DÉCEMBRE 2022**

## Éveiller l'intelligence du cœur

**Cette expression** peut paraître bien surprenante. N'y aurait-il pas contradiction entre intelligence et cœur, comme si le cœur échappait à l'intelligence et à la raison ? En réalité, le cœur possède cette forme d'intelligence qui nous aide à discerner le bien du mal et donc à nous convertir. Parce que c'est bien de conversion dont il s'agit en ce temps de l'Avent. Mais de quelle conversion ?

Le mot peut même faire peur ; saint Jean Baptiste nous rassure. Loin de contraindre à des pratiques vertueuses, ennuyeuses et légalistes, la conversion qu'il propose consiste à nous tourner vers Celui qui, par amour, vient à notre rencontre. Elle consiste à apprendre de Lui des attitudes nouvelles qui porteront du fruit. Jean Baptiste vient annoncer que du nouveau est possible, que nous pouvons changer et changer le monde à condition d'avoir cette « intelligence du cœur » qui nous fait distinguer la lumière des ténèbres. Alors les chemins tortueux deviendront droits et les obstacles s'aplaniront (*évangile*).

Ce monde nouveau, le prophète Isaïe l'annonce en confirmant la promesse de Dieu qui s'accomplira dans un nouveau David. Sur lui reposera l'Esprit de Dieu. Roi de justice et de paix, il réconciliera les inconciliables, signe que la connaissance de Dieu, c'est-à-dire l'intelligence du cœur, aura profondément transformé celles et ceux qui se seront laissé toucher par l'amour infini d'un Dieu qui veut le salut du monde (*première lecture*).

Sauver les hommes, les rassembler dans son amour, tel est le projet de Dieu en son Fils Jésus. Par fidélité à la promesse, saint Paul nous invite à imiter le comportement de Dieu : accueillir les autres et les aimer comme Dieu ; convertir nos comportements pour faire du monde un foyer d'amour (*deuxième lecture*).

Oui, Seigneur, éveille en nous l'intelligence du cœur.

*Des chants sont proposés p. 102.*

## Antienne d'ouverture

cf. Is 30, 19.30

Peuple de Sion, voici que le Seigneur va venir
pour sauver les nations.
Il fera entendre sa voix majestueuse
pour la joie de vos cœurs.

## Prière

Dieu de puissance et de miséricorde, ne laisse pas le souci de nos tâches présentes entraver la marche de ceux qui se hâtent à la rencontre de ton Fils ; mais forme-nous à la sagesse d'en-haut, qui nous fait entrer en communion avec lui. Lui qui vit et règne avec toi dans l'unité du Saint-Esprit, Dieu, pour les siècles des siècles.

## 1re Lecture

*Sur lui repose l'Esprit du Seigneur*

→ **Lecture du livre du prophète Isaïe** 11, 1-10

**En ce jour-là**, un rameau sortira de la souche de Jessé, père de David, un rejeton jaillira de ses racines. Sur lui reposera l'esprit du Seigneur : esprit de sagesse et de discernement, esprit de conseil et de force, esprit de connaissance et de crainte du Seigneur – qui lui inspirera la crainte du Seigneur. Il ne jugera pas sur l'apparence ; il ne se prononcera pas sur des rumeurs. Il jugera les petits avec justice ; avec droiture, il se prononcera en faveur des humbles du pays. Du bâton de sa parole, il frappera le pays ; du souffle de ses lèvres, il fera mourir le méchant. La justice est la ceinture de ses hanches ; la fidélité est la ceinture de ses reins. Le loup habitera avec l'agneau, le léopard se couchera près du chevreau, le veau et le lionceau seront nourris ensemble, un petit garçon les conduira. La vache et l'ourse auront même pâture, leurs petits auront même gîte. Le lion, comme le bœuf, mangera du fourrage. Le nourrisson s'amusera sur le nid du cobra ; sur le trou de la vipère, l'enfant étendra la main. Il n'y aura plus de mal ni de corruption sur toute ma montagne sainte ; car la connaissance du Seigneur remplira le pays comme les eaux recouvrent le fond de la mer.

Ce jour-là, la racine de Jessé sera dressée comme un étendard pour les peuples, les nations la chercheront, et la gloire sera sa demeure.

## Psaume 71

**R/. En ces jours-là, fleurira la justice,
grande paix jusqu'à la fin des temps.**

Dieu, donne au roi tes pouvoirs,
à ce fils de roi ta justice.
Qu'il gouverne ton peuple avec justice,
qu'il fasse droit aux malheureux !

En ces jours-là, fleurira la justice,
grande paix jusqu'à la fin des lunes !
Qu'il domine de la mer à la mer,
et du Fleuve jusqu'au bout de la terre !

Il délivrera le pauvre qui appelle
et le malheureux sans recours.
Il aura souci du faible et du pauvre,
du pauvre dont il sauve la vie.

Que son nom dure toujours ;
sous le soleil, que subsiste son nom !
En lui, que soient bénies toutes les familles de la terre ;
que tous les pays le disent bienheureux !

## 2e Lecture

*Le Christ sauve tous les hommes*

**→ Lecture de la lettre de saint Paul apôtre aux Romains** 15, 4-9

F**rères**, tout ce qui a été écrit à l'avance dans les livres saints l'a été pour nous instruire, afin que, grâce à la persévérance et au réconfort des Écritures, nous ayons l'espérance. Que le Dieu de la persévérance et du réconfort vous donne d'être d'accord les uns avec les autres selon le Christ Jésus. Ainsi, d'un même cœur, d'une seule voix, vous rendrez gloire à Dieu, le Père de notre Seigneur Jésus Christ.

Accueillez-vous donc les uns les autres, comme le Christ vous a accueillis pour la gloire de Dieu. Car je vous le déclare : le Christ s'est fait le serviteur des Juifs, en raison de la fidélité de Dieu, pour réaliser les promesses faites à nos pères ; quant aux nations, c'est en raison de sa miséricorde qu'elles rendent gloire à Dieu, comme le dit l'Écriture : *C'est pourquoi je proclamerai ta louange parmi les nations, je chanterai ton nom.*

**Alléluia. Alléluia.** Préparez le chemin du Seigneur, rendez droits ses sentiers :tout être vivant verra le salut de Dieu. **Alléluia.**

## Évangile

*Convertissez-vous*

**→ Évangile de Jésus Christ selon saint Matthieu** 3, 1-12

E**n ces jours-là**, paraît Jean le Baptiste, qui proclame dans le désert de Judée : « Convertissez-vous, car le royaume des Cieux est tout proche. » Jean est celui que désignait la parole prononcée par le prophète Isaïe : *Voix de celui qui crie dans le désert : Préparez le chemin du Seigneur, rendez droits ses sentiers.*

Lui, Jean, portait un vêtement de poils de chameau, et une ceinture de cuir autour des reins ; il avait pour nourriture des sauterelles et du miel sauvage. Alors Jérusalem, toute la Judée et toute la région du Jourdain se rendaient auprès de lui, et ils étaient baptisés par lui dans le Jourdain en reconnaissant leurs péchés. Voyant beaucoup de pharisiens et de sadducéens se présenter à son baptême, il leur dit : « Engeance de vipères ! Qui vous a appris à fuir la colère qui vient ? Produisez donc un fruit digne de la conversion. N'allez pas dire en vous-mêmes : "Nous avons Abraham pour père" ; car, je vous le dis : des pierres que voici, Dieu peut faire surgir des enfants à Abraham. Déjà la cognée se trouve à la racine des arbres : tout arbre qui ne produit pas de bons fruits va être coupé et jeté au feu.

Moi, je vous baptise dans l'eau, en vue de la conversion. Mais celui qui vient derrière moi est plus fort que moi, et je ne suis pas digne de lui retirer ses sandales. Lui vous baptisera dans l'Esprit Saint et le feu. Il tient dans sa main la pelle à vanner, il va nettoyer son aire à battre le blé, et il amassera son grain dans le grenier ; quant à la paille, il la brûlera au feu qui ne s'éteint pas. »

---

**POUR LA PRIÈRE UNIVERSELLE**

Pleins de confiance, tournons-nous vers le Dieu qui veut sauver tous les hommes :

– nous te confions, Seigneur, les personnes qui préparent tes chemins et convertissent leur cœur ;

– nous te confions, Seigneur, les personnes qui ouvrent entre les hommes des chemins de justice et de paix ;

– nous te confions, Seigneur, les personnes qui risquent leurs pas sur les chemins du pardon et de la miséricorde ;

– nous te confions, Seigneur, les personnes qui engagent leurs pas sur les chemins de la solidarité et du partage.

---

## Prière sur les offrandes

Laisse-toi fléchir, Seigneur, par nos offrandes et nos humbles prières ; nous ne pouvons pas invoquer nos mérites, viens par ta grâce à notre secours. Par le Christ, notre Seigneur.

*Préface de l'Avent, nº 1, p. 112*

## Antienne de la communion

Ba 5, 5 ; 4, 36

Debout, Jérusalem ! tiens-toi sur la hauteur,
et vois l'allégresse qui te vient de ton Dieu.

## Prière après la communion

Comblés par cette nourriture spirituelle, nous te supplions, Seigneur : quand nous participons à ce mystère, apprends-nous à évaluer avec sagesse les réalités de ce monde et à nous attacher aux biens du ciel. Par le Christ, notre Seigneur.

### L'Événement qui est notre salut

« La foi fit de nous des hommes de Dieu et des enfants de la vie éternelle, des êtres en qui les énergies du monde de l'éternité sont déjà à l'œuvre. La foi et l'amour, à la mesure de leur intensité, provoquent au plus intime de nous-mêmes l'irruption et l'invasion de l'Événement qui est notre salut, et qui demeure unique tout en se déroulant en plusieurs étapes. Il nous affecte maintenant, mais il a commencé avec l'Incarnation du Fils de Dieu, qui marque la réconciliation réelle de Dieu et du monde et il s'achèvera au jour de son "Retour" ».

Karl Rahner, *L'homme au miroir de l'année chrétienne*,
Mame, pp. 16-17.

## CALENDRIER LITURGIQUE

| | |
|---|---|
| Di 4 | **2e dimanche de l'Avent A.**<br>*Liturgie des Heures : Psautier semaine II.*<br>*[S. Jean de Damas, prêtre, docteur de l'Église, † vers 749 près de Jérusalem.*<br>*À Monaco, Ste Barbe, vierge et martyre, † premiers siècles]* |
| Lu 5 | *En Afrique du Nord,* Ste Crispine, martyrisée à Tébessa le 5 décembre 304.<br>Isaïe 35, 1-10 ; Ps 84 ; Luc 5, 17-26 : « Nous avons vu des choses extraordinaires aujourd'hui ! » |
| Ma 6 | *S. Nicolas, évêque de Myre, (Asie Mineure), † vers 350.*<br>Isaïe 40, 1-11 ; Ps 95 ; Matthieu 18, 12-14 : « Dieu ne veut pas qu'un seul de ces petits soit perdu » |
| Me 7 | S. Ambroise, évêque de Milan, docteur de l'Église, † vers 397.<br>Isaïe 40, 25-31 ; Ps 102 ; Matthieu 11, 28-30 : « Venez à moi, vous tous qui peinez » |
| Je 8 | **IMMACULÉE CONCEPTION DE LA VIERGE MARIE, p. 117.** |
| Ve 9 | *S. Juan Diego Cuauhtlatoatzin, † 1548, près de Mexico.*<br>Isaïe 48, 17-19 ; Ps 1 ; Matthieu 11, 16-19 : Ils n'écoutent ni Jean ni le Fils de l'homme |
| Sa 10 | *Bienheureuse Vierge Marie de Lorette*<br>Ben Sira 48, 1-4.9-11 ; Ps 79 ; Matthieu 17, 10-13 : « Élie est déjà venu et ils ne l'ont pas reconnu » |

**Bonne fête !** 4 : Barbara, Barbe. 5 : Gérard, Géraldine. 6 : Nicolas, Colas, Nils. 7 : Ambroise. 8 : Conception, Sabine, Édith. 9 : Valérie. 10 : Romaric, Eulalie.

**Sainte Barbe (4 décembre)** aurait vécu au IIIe siècle. Selon la légende, elle refuse de se marier et se consacre au Christ. Enfermée par son père dans une tour, elle s'enfuit. Reprise, elle est condamnée aux pires supplices. Son père finit par la décapiter mais meurt aussitôt foudroyé.

# Immaculée Conception

## 8 DÉCEMBRE 2022

**Venue d'Orient où elle est attestée depuis le VIIIe siècle**, la fête de l'Immaculée Conception ne sera étendue à l'Église universelle qu'au XVIIIe siècle. Le dogme sera proclamé par le pape Pie IX en 1854. Le 8 décembre, l'Église célèbre le fait que Marie, dès sa conception, a été préservée de la tache et de la blessure du péché originel. « Par la grâce de Dieu, celle qui deviendrait la mère du Christ n'a pas été affectée par cette souillure : elle est immaculée dès sa conception et, au moment de l'Annonciation, l'Ange Gabriel la salue comme "pleine de grâce". En effet, pour pouvoir donner l'assentiment libre de sa foi à l'annonce de sa vocation, il fallait qu'elle fût toute portée par la grâce de Dieu (...). Par la grâce de Dieu, Marie est restée pure de tout péché personnel tout au long de sa vie » (*Catéchisme de l'Église catholique*, nos 490 et 491).

**CHANTER**

Dans l'abondant répertoire marial, on pourra retenir : ***Béni sois tu, Seigneur*** **V 24 CNA 617,** ***Réjouis-toi, comblée de grâce*** **IEV 16-14,** ***Vierge sainte, Dieu t'a choisie*** **V 136 CNA 632,** ***Couronnée d'étoiles*** **V 44-58.**

## Prière

Seigneur Dieu, tu as préparé à ton Fils une demeure digne de lui par la Conception immaculée de la Vierge, que tu as préservée de tout péché par une grâce venant déjà de la mort de ton Fils ; à son intercession, accorde-nous d'être purs, nous aussi, et de parvenir jusqu'à toi. Par Jésus Christ, ton Fils, notre Seigneur, qui vit et règne avec toi dans l'unité du Saint-Esprit, Dieu, pour les siècles des siècles.

## Lectures

| | |
|---|---|
| 1re Lecture | Gn 3, 9-15.20 L'hostilité entre le serpent et la femme |
| Psaume 97 | R./ Chantez au Seigneur un chant nouveau, car il a fait des merveilles. |
| 2e Lecture | Ep 1, 3-6.11-12 « Dieu nous a choisis, dans le Christ, avant la fondation du monde » |
| Évangile | Lc 1, 26-38 : « Comblée de Grâce » |

## Préface

*Le mystère de Marie et de l'Église*

Vraiment, il est juste et bon, pour ta gloire et notre salut, de t'offrir notre action de grâce, toujours et en tout lieu, Seigneur, Père très saint, Dieu éternel et tout-puissant.
Car tu as préservé la bienheureuse Vierge Marie de toute souillure du péché originel, tu l'as comblée de ta grâce en plénitude pour préparer en elle une mère vraiment digne de ton Fils et manifester l'origine de l'Église, l'Épouse sans tache ni ride, resplendissante de beauté. Cette vierge très pure devait nous donner le Fils, l'Agneau innocent qui effacerait nos fautes. Pour ton peuple, tu la disposais à être, parmi toutes les femmes, l'avocate de la grâce et le modèle de la sainteté.
C'est pourquoi, unissant nos voix à celles des anges, nous te louons dans la joie en proclamant :
Saint ! Saint ! Saint, le Seigneur, Dieu de l'univers !...

# 3$^{e}$ dimanche de l'Avent

## 11 DÉCEMBRE 2022

## La joie de l'espérance

**Nous vivons des temps où le pessimisme et le découragement nous guettent.** Pourtant la liturgie de ce dimanche nous invite à la joie. Mais de quelle joie s'agit-il ? Isaïe nous le révèle : la joie est celle qu'engendre l'espérance. À ses frères découragés par l'aridité du présent, Isaïe lance un appel à se tourner vers l'horizon d'un nouvel exode plus merveilleux que le premier : avec la venue de Dieu, le désert refleurira, ouvrant la voie au cortège des rachetés qui reviennent vers la terre de la Promesse (*première lecture*). Cette espérance fait bondir et crier de joie ceux qui accueillent comme une bonne nouvelle l'annonce de leur libération. Ce sera le retour de l'exil à Babylone qui aura duré de 597 à 538.

À Jean-Baptiste emprisonné, déconcerté par ce qui pourrait paraître comme l'échec de sa mission, Jésus répond par la prophétie d'Isaïe. Il l'invite à porter un regard d'espérance sur les signes, déjà visibles, de la Promesse qui s'accomplit. Prophète de la conversion, Jean doit lui-même se convertir à l'espérance que donne la foi. Les signes du Royaume sont là. En Jésus, Dieu tient sa Promesse (*évangile*). Il suffit de regarder les miracles que fait Jésus. Ils nous parlent, au présent, du monde à venir, monde où l'amour de Dieu est plus fort que les forces de mort. Ils renouvellent notre espérance et affermissent notre foi. Ainsi nous pouvons nous réjouir.

Pourtant, comme les chrétiens auxquels s'adresse saint Jacques, nous pourrions être découragés face aux épreuves présentes. Nous avons à faire preuve de patience, à tenir dans l'espérance, même si le Royaume tarde à s'instaurer. Dieu a le temps. Il agit dans le temps et avec le temps. Il ne s'agit donc ni de se résigner, ni de désespérer mais de croire qu'au creux de notre hiver germent déjà les moissons du Royaume (*deuxième lecture*). Cette espérance est la source de notre foi.

*Des chants sont proposés p. 102.*

**CÉLÉBRER**

En cette messe, le prêtre utilise, si possible, la couleur rose pour exprimer la joie de la venue du Christ dans notre monde.

## Antienne d'ouverture

Ph 4, 4.5

Soyez toujours dans la joie du Seigneur ;
je le redis : soyez dans la joie.
Le Seigneur est proche.

## Prière

Tu le vois, Seigneur Dieu, ton peuple attend avec foi la fête de la naissance de ton Fils ; nous t'en prions, accorde-nous de parvenir au bonheur d'un tel salut, et de le célébrer solennellement avec une joie toujours nouvelle. Par Jésus Christ, ton Fils, notre Seigneur, qui vit et règne avec toi dans l'unité du Saint-Esprit, Dieu, pour les siècles des siècles.

## 1re Lecture

*« Dieu vient lui-même et va vous sauver »*

→ **Lecture du livre du prophète Isaïe** 35, 1-6a.10

**Le désert et la terre de la soif**, qu'ils se réjouissent ! Le pays aride, qu'il exulte et fleurisse comme la rose, qu'il se couvre de fleurs des champs, qu'il exulte et crie de joie ! La gloire du Liban lui est donnée, la splendeur du Carmel et du Sarone. On verra la gloire du Seigneur, la splendeur de notre Dieu. Fortifiez les mains défaillantes, affermissez les genoux qui fléchissent, dites aux gens qui s'affolent : « Soyez forts, ne craignez pas. Voici votre Dieu : c'est la vengeance qui vient, la revanche de Dieu. Il vient lui-même et va vous sauver. » Alors se dessilleront les yeux des aveugles, et s'ouvriront les oreilles des sourds. Alors le boiteux bondira comme un cerf, et la bouche du muet criera de joie. Ceux qu'a libérés le Seigneur reviennent, ils entrent dans Sion avec des cris de fête, couronnés de l'éternelle joie. Allégresse et joie les rejoindront, douleur et plainte s'enfuient.

## Psaume 145

**R/. Viens, Seigneur, et sauve-nous !**
*ou* : Alléluia.

Le Seigneur fait justice aux opprimés,
aux affamés, il donne le pain,
le Seigneur délie les enchaînés.

Le Seigneur ouvre les yeux des aveugles,
le Seigneur redresse les accablés,
le Seigneur aime les justes.

Le Seigneur protège l'étranger,
il soutient la veuve et l'orphelin.
D'âge en âge, le Seigneur régnera.

## 2e Lecture

*« Tenez ferme vos cœurs car la venue du Seigneur est proche »*

→ **Lecture de la lettre de saint Jacques** 5, 7-10

**Frères**, en attendant la venue du Seigneur, prenez patience. Voyez le cultivateur : il attend les fruits précieux de la terre avec patience, jusqu'à ce qu'il ait fait la récolte précoce et la récolte tardive. Prenez patience, vous aussi, et tenez ferme car la venue du Seigneur est proche. Frères, ne gémissez pas les uns contre les autres, ainsi vous ne serez pas jugés. Voyez : le Juge est à notre porte. Frères, prenez pour modèles d'endurance et de patience les prophètes qui ont parlé au nom du Seigneur.

**Alléluia. Alléluia.** L'Esprit du Seigneur est sur moi : il m'a envoyé porter la Bonne Nouvelle aux pauvres. **Alléluia.**

## Évangile

*« Es-tu celui qui doit venir ? »*

### → Évangile de Jésus Christ selon saint Matthieu 11, 2-11

**En ce temps-là**, Jean le Baptiste entendit parler, dans sa prison, des œuvres réalisées par le Christ. Il lui envoya ses disciples et, par eux, lui demanda : « Es-tu celui qui doit venir, ou devons-nous en attendre un autre ? » Jésus leur répondit : « Allez annoncer à Jean ce que vous entendez et voyez : *Les aveugles retrouvent la vue*, et les boiteux marchent, les lépreux sont purifiés, et *les sourds entendent, les morts ressuscitent*, et les pauvres reçoivent la Bonne Nouvelle. Heureux celui pour qui je ne suis pas une occasion de chute ! »

Tandis que les envoyés de Jean s'en allaient, Jésus se mit à dire aux foules à propos de Jean : « Qu'êtes-vous allés regarder au désert ? un roseau agité par le vent ? Alors, qu'êtes-vous donc allés voir ? un homme habillé de façon raffinée ? Mais ceux qui portent de tels vêtements vivent dans les palais des rois. Alors, qu'êtes-vous allés voir ? un prophète ? Oui, je vous le dis, et bien plus qu'un prophète. C'est de lui qu'il est écrit : *Voici que j'envoie mon messager en avant de toi, pour préparer le chemin devant toi.* Amen, je vous le dis : Parmi ceux qui sont nés d'une femme, personne ne s'est levé de plus grand que Jean le Baptiste ; et cependant le plus petit dans le royaume des Cieux est plus grand que lui. »

---

**POUR LA PRIÈRE UNIVERSELLE**

Les oreilles et les yeux ouverts aux signes du Royaume qui germe en notre temps, prions le Seigneur :

– nous te prions, Seigneur, pour l'Église : qu'elle vive, malgré les difficultés de notre époque, l'espérance et la joie que procure le Seigneur qui vient ;

– nous te prions, Seigneur, pour ceux qui gouvernent : que leurs yeux et leur cœur les aident à préparer un monde de justice et de paix ;

– nous te prions, Seigneur, pour celles et ceux qui souffrent dans leur corps et dans leur cœur : qu'ils gardent l'espérance et reprennent courage ;
– nous te prions, Seigneur, pour tous les baptisés : qu'ils sachent lire les signes du Royaume et témoigner au monde de leur espérance.

## Prière sur les offrandes

Nous t'en prions, Seigneur, accorde-nous de t'offrir toujours ce sacrifice d'un cœur généreux : qu'il réalise le mystère sacré que tu as institué, et opère en nous ton salut avec puissance. Par le Christ, notre Seigneur.

*Préface de l'Avent, nº 1, p. 107.*

## Antienne de la communion

cf. Is 35, 4

Dites aux esprits abattus :
Soyez forts, ne craignez pas.
Voici notre Dieu :
Il vient et va nous sauver.

## Prière après la communion

Nous implorons, Seigneur, ta bonté : que ce réconfort divin nous délivre de nos penchants mauvais et nous prépare aux fêtes qui approchent. Par le Christ, notre Seigneur.

## Je crois à cette éternité qui s'est abaissée

« En ce temps qui n'est plus l'automne, mais qui n'est pas encore l'hiver, en ce temps de l'Avent, vivons notre foi avec plus d'intensité et plus d'intériorité que jamais. Une telle *période d'entre-deux* est susceptible, pour peu que nous ayons un grain de foi, de nous inviter à une intériorisation plus intime de cette même foi.

Eh bien, c'est le moment de vaincre cette mélancolie qu'engendre la considération du temps, et de se murmurer obstinément au-dedans de soi-même l'affirmation de la foi : "je crois à l'éternité de Dieu, à cette éternité qui s'est abaissée jusqu'à s'introduire dans le temps, ce temps qui sert de cadre à ma propre existence" ».

Karl Rahner, *L'homme au miroir de l'année chrétienne*, Mame, pp. 17-19.

## CALENDRIER LITURGIQUE

| | |
|---|---|
| Di 11 | **3e dimanche de l'Avent A.**<br>*Liturgie des Heures : Psautier semaine III.*<br>[*S. Damase Ier, pape, † 384 à Rome*] |
| Lu 12 | Notre-Dame de Guadaloupé (Mexique). Au Canada, fête, patronne des Amériques.<br>Nombres 24, 2-7.15-17a ; Ps 24 ; Matthieu 21, 23-27 : « Le baptême de Jean, d'où venait-il ? » |
| Ma 13 | Ste Lucie, vierge et martyre, à Syracuse, premiers siècles.<br>Sophonie 3, 1-2.9-13 ; Ps 33 ; Matthieu 21, 28-32 : « Jésus est venu : les publicains et les prostituées ont cru à sa parole » |
| Me 14 | S. Jean de la Croix, prêtre carme, docteur de l'Église, † 1591 à Ubeda (Espagne).<br>Isaïe 45, 6b-8.18.21b-25 ; Ps 84 ; Luc 7, 18b-23 : « Allez annoncer à Jean ce que vous avez vu et entendu » |
| Je 15 | Isaïe 54, 1-10 ; Ps 29 ; Lc 7, 24-30 : Jésus est le messager qui prépare le chemin du Seigneur |
| Ve 16 | Isaïe 56, 1-3a.6-8 ; Ps 66 ; Jean 5, 33-36 « Jean était la lampe qui brûle et qui brille » |
| Sa 17 | Genèse 49, 1-2.8-10 ; Ps 71 ; Matthieu 1, 1-17 : « Jésus, fils de David, fils d'Abraham » |

**Bonne fête !** 11 : Damase, Daniel, Dany. 12 : Corentin. 13 : Lucie, Aurore, Josseline ou Jocelyne. 14 : Odile. 15 : Christine, Ninon. 16 : Adélaïde, Alice. 17 : Gaël, Tessa.

**Pour mémoire :** en ce troisième dimanche de l'Avent, journée Pax Christi.

**Saint Corentin (12 décembre)** fait partie des sept saints évangélisateurs de la Bretagne. D'abord ermite dans les monts d'Arrée, il est choisi comme évêque de Quimper. Il reste fidèle à sa vie d'ermite et partage son temps entre sa tâche épiscopale et son ermitage.

# 4e dimanche de l'Avent

## 18 DÉCEMBRE 2022

## Et la promesse prend corps

**Temps de l'Avent** : temps de la Promesse, d'une promesse qui n'est pas faite de vains mots. Voici qu'elle s'accomplit ; elle prend un visage et un nom. Déjà, au temps du roi Acaz (736-716), alors que la descendance royale de David semblait compromise, Dieu, par la voix du prophète Isaïe, avait donné un signe au roi : un enfant royal naîtra, son nom sera « Emmanuel », ce qui signifie « Dieu-avec-nous ». La Promesse portera un nom et un visage (*première lecture*). Les premiers chrétiens y verront l'annonce de la venue de Jésus, le Messie.

Cette promesse autrefois annoncée s'accomplit ; Joseph en reçoit l'héritage. Homme juste, il s'ajuste à la parole de Dieu et lui fait confiance même lorsque les évènements le mettent à l'épreuve. Il assume pleinement, malgré ses doutes, le rôle de père que Dieu lui confie : c'est lui qui nommera l'enfant, « Jésus » (c'est-à-dire : le Seigneur sauve). Ainsi Joseph annonce le salut. Le nom « Jésus » contient déjà toute la vie terrestre du Christ et son mystère pascal. Il sonne comme une anticipation car « Dieu-avec-nous » est le fruit de Pâques. Les disciples le comprendront lorsque le Christ ressuscité, les enverra vers leur mission : « Et moi, je suis avec vous tous les jours jusqu'à la fin du monde ». Ils saisiront alors l'ultime portée de l'annonce à Joseph (*évangile*).

La promesse de Dieu, s'accomplissant en Jésus, est vraiment une Bonne Nouvelle que Paul a reçu la mission d'annoncer : Jésus Christ, venu en notre chair et ressuscité d'entre les morts, accomplit toutes les annonces prophétiques. En lui, Dieu a manifesté sa présence à notre histoire. Jésus, mort et ressuscité, est bien ce « Dieu-avec-nous ». Ainsi Noël et Pâques se rejoignent dans le même mystère du salut. Nous voilà au cœur de notre foi.

*Des chants sont proposés p. 102.*

## Antienne d'ouverture

cf. Is 45, 8 (Vg)

Cieux, distillez d'en haut votre rosée,
que descende le Juste, comme une pluie,
que la terre s'ouvre, et que germe le Sauveur.

## Prière

Nous te prions, Seigneur, de répandre ta grâce en nos cœurs ; par le message de l'Ange, tu nous as fait connaître l'incarnation de ton Fils bien-aimé ; conduis-nous par sa passion et par sa croix jusqu'à la gloire de la résurrection. Par Jésus Christ, ton Fils, notre Seigneur, qui vit et règne avec toi dans l'unité du Saint-Esprit, Dieu, pour les siècles des siècles.

## 1re Lecture

*La prophétie de l'Emmanuel*

→ **Lecture du livre du prophète Isaïe** 7, 10-16

**En ces jours-là**, le Seigneur parla ainsi au roi Acaz : « Demande pour toi un signe de la part du Seigneur ton Dieu, au fond du séjour des morts ou sur les sommets, là-haut. » Acaz répondit : « Non, je n'en demanderai pas, je ne mettrai pas le Seigneur à l'épreuve. » Isaïe dit alors : « Écoutez, maison de David ! Il ne vous suffit donc pas de fatiguer les hommes : il faut encore que vous fatiguiez mon Dieu ! C'est pourquoi le Seigneur lui-même vous donnera un signe : Voici que la vierge est enceinte, elle enfantera un fils, qu'elle appellera Emmanuel (c'est-à-dire : Dieu-avec-nous). De crème et de miel il se nourrira, jusqu'à ce qu'il sache rejeter le mal et choisir le bien. Avant que cet enfant sache rejeter le mal et choisir le bien, la terre dont les deux rois te font trembler sera laissée à l'abandon. »

## Psaume 23

**R/. Qu'il vienne, le Seigneur : c'est lui, le roi de gloire !**

Au Seigneur, le monde et sa richesse,
la terre et tous ses habitants !
C'est lui qui l'a fondée sur les mers
et la garde inébranlable sur les flots.

Qui peut gravir la montagne du Seigneur
et se tenir dans le lieu saint ?
L'homme au cœur pur, aux mains innocentes,
qui ne livre pas son âme aux idoles.

Il obtient, du Seigneur, la bénédiction,
et de Dieu son Sauveur, la justice.
Voici le peuple de ceux qui le cherchent,
qui recherche la face de Dieu !

## 2e Lecture

*S. Paul, apôtre de la Bonne Nouvelle*

→ **Lecture de la lettre de saint Paul apôtre aux Romains** 1, 1-7

**Paul**, serviteur du Christ Jésus, appelé à être Apôtre, mis à part pour l'Évangile de Dieu, à tous les bien-aimés de Dieu qui sont à Rome. Cet Évangile, que Dieu avait promis d'avance par ses prophètes dans les saintes Écritures, concerne son Fils qui, selon la chair, est né de la descendance de David et, selon l'Esprit de sainteté, a été établi dans sa puissance de Fils de Dieu par sa résurrection d'entre les morts, lui, Jésus Christ, notre Seigneur. Pour que son nom soit reconnu, nous avons reçu par lui grâce et mission d'Apôtre, afin d'amener à l'obéissance de la foi toutes les nations païennes, dont vous faites partie, vous aussi que Jésus Christ a appelés. À vous qui êtes appelés à être saints, la grâce et la paix de la part de Dieu notre Père et du Seigneur Jésus Christ.

**Alléluia. Alléluia.** Voici que la Vierge concevra : elle enfantera un fils, on l'appellera Emmanuel, « Dieu-avec-nous ». **Alléluia.**

## Évangile

*L'Annonciation à Joseph*

→ **Évangile de Jésus Christ selon saint Matthieu** 1, 18-24

**Voici comment fut engendré Jésus Christ** : Marie, sa mère, avait été accordée en mariage à Joseph ; avant qu'ils aient habité ensemble, elle fut enceinte par l'action de l'Esprit Saint. Joseph, son époux, qui était un homme juste, et ne voulait pas la dénoncer publiquement, décida de la renvoyer en secret. Comme il avait formé ce projet, voici que l'ange du Seigneur lui apparut en songe et lui dit : « Joseph, fils de David, ne crains pas de prendre chez toi Marie, ton épouse, puisque l'enfant qui est engendré en elle vient de l'Esprit Saint ; elle enfantera un fils, et tu lui donneras le nom de Jésus (c'est-à-dire : Le-Seigneur-sauve), car c'est lui qui sauvera son peuple de ses péchés. » Tout cela est arrivé pour que soit accomplie la parole du Seigneur prononcée par le prophète : *Voici que la Vierge concevra, et elle enfantera un fils ; on lui donnera le nom d'Emmanuel,* qui se traduit : *« Dieu-avec-nous ».*

Quand Joseph se réveilla, il fit ce que l'ange du Seigneur lui avait prescrit : il prit chez lui son épouse.

---

**POUR LA PRIÈRE UNIVERSELLE**

À quelques jours de Noël, prions pour tous les hommes qui attendent la Bonne Nouvelle :

– pour l'Église, signe de l'Emmanuel, Dieu présent parmi les hommes, nous te prions, Seigneur ;

– pour le monde auquel la venue du Christ délivre un message de salut et de paix, nous te prions, Seigneur ;

– pour les croyants appelés à accueillir Jésus, humble signe de la Promesse, nous te prions, Seigneur ;

– pour celles et ceux qui doutent de ton amour et de ta présence dans leur vie, nous te prions, Seigneur.

## Prière sur les offrandes

Ces offrandes déposées sur ton autel, Seigneur, que l'Esprit les sanctifie, lui dont la puissance a fécondé le sein de la bienheureuse Marie. Par le Christ, notre Seigneur.

## Préface de l'Avent nº 2 *L'attente des deux avènements du Christ*

Vraiment, il est juste et bon, pour ta gloire et notre salut, de t'offrir notre action de grâce, toujours et en tout lieu, Seigneur, Père très saint, Dieu éternel et tout-puissant, par le Christ, notre Seigneur. Il est celui que tous les prophètes avaient annoncé, celui que la Vierge Mère attendait dans le secret de son amour, celui dont Jean Baptiste a proclamé la venue et manifesté la présence. C'est lui qui nous donne la joie d'entrer déjà dans le mystère de Noël, pour qu'il nous trouve, quand il viendra, vigilants dans la prière et remplis d'allégresse. C'est pourquoi, avec les anges et les archanges, avec les puissances d'en haut et tous les esprits bienheureux, nous chantons l'hymne de ta gloire et sans fin nous proclamons :
Saint ! Saint ! Saint, le Seigneur, Dieu de l'univers !...

## Antienne de la communion

Is 7, 14 (Mt 1, 23)

Voici que la Vierge concevra,
elle enfantera un fils,
auquel on donnera le nom d'Emmanuel :
Dieu-avec-nous.

## Prière après la communion

Après avoir reçu le gage de la rédemption éternelle, Dieu tout-puissant, nous te prions : à mesure qu'approche le jour où nous fêterons le salut, donne-nous une ferveur de plus en plus grande, pour célébrer dignement le mystère de la nativité de ton Fils. Lui qui vit et règne pour les siècles des siècles.

## L'Avent en personne

« Allons, ne pose pas de questions, ne doute pas. Ô mon cœur, tu as déjà choisi la joie de l'Avent. Dis donc courageusement, en luttant contre ta propre incertitude : "C'est l'Avent de notre grand Dieu !" L'instant même où tu dis cela, dans la foi et dans l'amour, devient le point qui intègre ton passé et ton avenir : ton passé placé désormais sous le signe du salut, un avenir qui sera éternel et sans limite. Car ce qui entre alors dans ton cœur, c'est Quelqu'un : l'Avent en personne, l'Avènement de l'avenir infini ; c'est le Seigneur lui-même, déjà venu dans le temps de notre chair pour le racheter. »

Karl Rahner, *L'homme au miroir de l'année chrétienne*, Mame, p. 21.

## CALENDRIER LITURGIQUE

| | |
|---|---|
| Di 18 | **4e dimanche de l'Avent A.**<br>*Liturgie des Heures : Psautier semaine IV.* |
| Lu 19 | Juges 13, 2-7.24-25a ; Ps 70 ; Luc 1, 5-25 : L'ange Gabriel annonce la naissance de Jean le Baptiste |
| Ma 20 | Isaïe 7, 10-14 ; Ps 23 ; Luc 1, 26-38 : « Voici que tu vas concevoir et enfanter un fils » |
| Me 21 | S. Pierre Canisius, prêtre jésuite, docteur de l'Église, † 1597 à Fribourg (Suisse) (En Suisse, 27 avril).<br>Cantique des Cantiques 2, 8-14 ou Sophonie 3, 14-18a ; Ps 32 ; Luc 1, 39-45 : « D'où m'est-il donné que la mère de mon Seigneur vienne jusqu'à moi ? » |
| Je 22 | 1 Samuel 1, 24-28 ; Cant. 1 Samuel 2 ; Luc 1, 46-56 : « Le Puissant fit pour moi des merveilles » |
| Ve 23 | S. Jean de Kenty, prêtre, † 1473 à Cracovie (Pologne).<br>Malachie 3,1-4.23-24 ; Ps 24 ; Lc 1, 57-66 : Naissance de Jean le Baptiste |
| Sa 24 | À la messe du matin : 2 Samuel 7, 1-5.8b-12.14a.16 ; Ps 88 ; Luc 1, 67-79 : « Le soleil levant nous visitera »<br>À la messe du soir, Nativité du Seigneur, messe de la Veille au soir, p. 136 |

**Bonne fête !** 18 : Gratien. 19 : Urbain. 20 : Abraham, Isaac, Jacob. 21 : Théophile, Zéphirin. 22 : Xavière. 23 : Armand. 24 : Adèle, Eugénie.

**Pour mémoire** 18 décembre, journée internationale des migrants et réfugiés (Unesco).

**Sainte Françoise-Xavière Cabrini (22 décembre)**, née en Italie en 1850, désirait être missionnaire en Chine. D'abord institutrice, elle fonde « Les missionnaires du Sacré-Cœur ». À la demande du Pape, elle part aux U.S.A. pour accompagner les émigrants italiens. Elle fonde écoles et hôpitaux et meurt d'épuisement en 1917.

# LE TEMPS DE NOËL

Au terme de l'Avent, nous célébrons l'Avènement du Sauveur, la manifestation du Seigneur. Cette manifestation commence à Noël sous la forme d'un nouveau-né, humble et pauvre, que seuls les yeux de la foi peuvent discerner. Ce sont les bergers qui, les premiers, entendent le chant des anges et reçoivent la Bonne Nouvelle. Prenant notre chair dans sa naissance, Dieu ne se manifeste pas seulement comme un Dieu humble mais encore comme un Dieu qui aime tellement l'humanité qu'il se fait homme pour mieux la sauver. À Noël, Dieu a manifesté son amour et sa tendresse pour les hommes » (*Tite* 3, 4).

Vient ensuite la révélation aux païens à travers la venue des Mages. Ce qui était caché depuis le commencement du monde est révélé à tous les hommes : le Dieu d'Israël n'est pas que le Dieu des Juifs. Sous l'aspect encore fragile d'un enfant, il s'offre à toutes les nations. Son amour n'est plus privilégié : il est universel. Et si un peuple a jadis été choisi, c'était pour annoncer à l'univers le salut que Dieu lui offre.

Puis viendra le baptême de Jésus. La voix du Père désigne Jésus comme « son Fils Bien Aimé », et Dieu lui-même se révèle Père, Fils et Esprit.

Dans ce temps de Noël, toute la révélation repose sur Jésus et il est inutile de chercher ailleurs. Depuis Noël, le chrétien n'a rien d'autre à faire que de se tourner vers le Christ, de le contempler, de le recevoir comme le plus merveilleux des cadeaux, et de le suivre. Aujourd'hui encore, le Seigneur se manifeste et se révèle à notre monde. Encore faut-il en voir les signes et nous laisser toucher, au plus profond de notre cœur, par le mystère d'un Dieu qui vient se révéler pour nous partager sa divinité.

Une grande idée unifie donc tout ce temps : la manifestation du Seigneur. Ce n'est pas seulement selon son aspect historique ou chronologique, mais selon son sens dans l'Histoire. En célébrant l'avènement du Christ parmi les hommes, nous avivons l'espérance de sa venue dans la gloire à la fin des temps. Cette venue dans la gloire est le fruit du mystère pascal. À Noël, ce n'est pas seulement un petit enfant que nous fêtons mais le Seigneur ressuscité. Noël, Pâques et sa venue dans la gloire à la fin des temps sont étroitement liés : « Chaque année, Seigneur Dieu, tu nous réjouis tandis que nous attendons notre rédemption ; nous accueillons avec joie ton Fils unique, le Rédempteur : fais que nous puissions aussi le regarder avec confiance, lorsque viendra comme Juge ce même Jésus Christ notre Seigneur » (Prière d'ouverture de la messe de la veille au soir).

---

**CHANTER PENDANT LE TEMPS DE NOËL**

- Le répertoire est proposé pour tout le temps de Noël. Les chants de l'ordinaire seront, bien entendu, communs.
- Pour la procession d'ouverture : ***Il est né le divin enfant*** **F 160 CNA 397,** ***À pleine voix chantons pour Dieu*** **FP 180-2,** ***Peuple fidèle*** **F 5 CNA 402.**
- Pour la préparation pénitentielle, la litanie ***Jésus, Emmanuel*** **CNA 382.**
- On retiendra un ***Gloire à Dieu*** festif et bien connu comme **AL 40-83-23** ou **AL 23-09.**
- Pour l'acclamation à l'Évangile ***Alléluia, louez le Seigneur*** CNA **p. 178, Alléluia de Noël U 13-74,** ***Alléluia aujourd'hui la lumière*** UL **31-13** CNA **215-2.**
- ***Saint le Seigneur*** **Saint-Séverin AL 20 CNA 243** ou **AL 32-41 CNA 247.**
- ***Agneau de Dieu*** **: AL 200** ou **AL 51-69.**
- Pour la procession de communion : ***Le Verbe s'est fait chair*** F 155, ***Venez prendre le Corps*** **D 50-06-2.**
- Après la communion, ***Aujourd'hui le roi des Cieux*** F 2 CNA 393, ***Aujourd'hui dans notre monde*** FP 47 CNA 801, ***Dans l'ombre d'une étable*** **FP 11-49-2,** ***Une lumière s'est levée*** **SYL J 160.**
- À la fin de la célébration : ***Les anges dans nos campagnes*** **F 9 CNA 399.**

---

# La Nativité du Seigneur

## 25 DÉCEMBRE 2022



## Une lumière a resplendi

**Noël !** La perspective de la fête et sa préparation ont déjà illuminé les rues de nos villes, les vitrines des commerces et souvent l'intérieur de nos maisons. Ces lumières, bien éphémères, n'ont guère de lendemain. La fête passée, elles s'éteignent et disparaissent à nos yeux. Le thème de la lumière unifie pourtant toute la liturgie de Noël. Et le contraste avec le monde est saisissant.

À Noël, rien d'une lumière éclatante mais une humble étincelle dans la nuit du monde. Pourtant, le prophète Isaïe évoquait, dans la nuit de la déportation à Babylone, une « grande lumière », annonce d'un enfant roi donné par Dieu, et qui inaugurera un royaume de justice et de paix. Dieu, dont l'amour est indicible, ne peut abandonner ses enfants aux ténèbres de l'exil (*première lecture*).

À Noël, en pleine nuit de Palestine, la promesse de Dieu prend corps en Jésus. Cette Bonne Nouvelle, annoncée aux petits et aux humbles, passe par des chemins d'humilité, de pauvreté, de discrétion, qui surprennent nos attentes humaines. Contrastant avec le silence, l'obscurité et la pauvreté de la naissance, la nuit porte une clarté nouvelle et la parole retentit, dévoilant le sens de l'évènement. La nuit de Palestine s'illumine du chant des anges et de la joie des bergers : le ciel et la terre sont en fête (*évangile*).

À Noël, la manifestation du Seigneur, si humble et fragile soit-elle, offre aux chrétiens de vivre d'une vie nouvelle dans l'attente de la manifestation du Seigneur dans la gloire, à la fin des temps. Située entre ces deux venues, l'attente chrétienne prend tout son sens et y puise son dynamisme (*deuxième lecture*).

« Seigneur Dieu, ... puisque nous connaissons la splendeur des mystères du Christ sur la terre, accorde-nous aussi de goûter pleinement sa joie dans le ciel » (*Prière d'ouverture de la messe de la nuit*).

*Des chants sont proposés p. 134.*

# Messe de la veille au soir

## Antienne d'ouverture

cf. Ex 16, 6-7

Aujourd'hui vous saurez que le Seigneur vient nous sauver ; et demain vous verrez sa gloire.

*Gloria.*

## Prière

Chaque année, Seigneur Dieu, tu nous réjouis tandis que nous attendons notre rédemption ; nous accueillons avec joie ton Fils unique, le Rédempteur : fais que nous puissions aussi le regarder avec confiance, lorsque viendra comme Juge ce même Jésus Christ notre Seigneur. Lui qui vit et règne avec toi dans l'unité du Saint-Esprit, Dieu, pour les siècles des siècles.

## 1re Lecture

*« Tu seras la joie de ton Dieu »*

→ **Lecture du livre du prophète Isaïe** 62,1-5

**Pour la cause de Sion**, je ne me tairai pas, et pour Jérusalem, je n'aurai de cesse que sa justice ne paraisse dans la clarté, et son salut comme une torche qui brûle. Et les nations verront ta justice ; tous les rois verront ta gloire. On te nommera d'un nom nouveau que la bouche du Seigneur dictera. Tu seras une couronne brillante dans la main du Seigneur, un diadème royal entre les doigts de ton Dieu. On ne te dira plus : « Délaissée ! » À ton pays, nul ne dira : « Désolation ! » Toi, tu seras appelée « Ma Préférence », cette terre se nommera « L'Épousée ». Car le Seigneur t'a préférée, et cette terre deviendra « L'Épousée ». Comme un jeune homme épouse une vierge, ton Bâtisseur t'épousera. Comme la jeune mariée fait la joie de son mari, tu seras la joie de ton Dieu.



## Psaume 88

**R/. Ton amour, Seigneur, sans fin je le chante.**

« Avec mon élu, j'ai fait une alliance,
j'ai juré à David, mon serviteur :
J'établirai ta dynastie pour toujours,
je te bâtis un trône pour la suite des âges. »

Heureux le peuple qui connaît l'ovation !
Seigneur, il marche à la lumière de ta face ;
tout le jour, à ton nom il danse de joie,
fier de ton juste pouvoir.

« Il me dira : Tu es mon Père,
mon Dieu, mon roc et mon salut !
Sans fin je lui garderai mon amour,
mon alliance avec lui sera fidèle. »

## 2e Lecture

*Jésus, le descendant de David*

→ **Lecture du livre des Actes des Apôtres** 13, 16-17.22-25

**Invité à prendre la parole** dans la synagogue d'Antioche de Pisidie, Paul se leva, fit un signe de la main et dit : « Israélites, et vous aussi qui craignez Dieu, écoutez : Le Dieu de ce peuple, le Dieu d'Israël a choisi nos pères ; il a fait grandir son peuple pendant le séjour en Égypte et il l'en a fait sortir à bras étendu. Plus tard, Dieu a, pour eux, suscité David comme roi, et il lui a rendu ce témoignage : *J'ai trouvé David, fils de Jessé ; c'est un homme selon mon cœur qui réalisera toutes mes volontés.* De la descendance de David, Dieu, selon la promesse, a fait sortir un sauveur pour Israël : c'est Jésus, dont Jean le Baptiste a préparé l'avènement, en proclamant avant lui un baptême de conversion pour tout le peuple d'Israël. Au moment d'achever sa course, Jean disait : "Ce que vous pensez que je suis, je ne le suis pas. Mais le voici qui vient après moi, et je ne suis pas digne de retirer les sandales de ses pieds." »

**Alléluia. Alléluia.** Demain sera détruit le péché de la terre, et sur nous régnera le Sauveur du monde. **Alléluia.**

## Évangile

*Généalogie de Jésus*

→ **Évangile de Jésus Christ selon saint Matthieu** 1, 1-25 (lecture brève : 1, 18-25)

*La lecture du texte entre crochets est facultative.*

[Généalogie de Jésus Christ, fils de David, fils d'Abraham. Abraham engendra Isaac, Isaac engendra Jacob, Jacob engendra Juda et ses frères, Juda, de son union avec Thamar, engendra Pharès et Zara, Pharès engendra Esrom, Esrom engendra Aram, Aram engendra Aminadab, Aminadab engendra Naassone, Naassone engendra Salmone, Salmone, de son union avec Rahab, engendra Booz, Booz, de son union avec Ruth, engendra Jobed, Jobed engendra Jessé, Jessé engendra le roi David.

David, de son union avec la femme d'Ourias, engendra Salomon, Salomon engendra Roboam, Roboam engendra Abia, Abia engendra Asa, Asa engendra Josaphat, Josaphat engendra Joram, Joram engendra Ozias, Ozias engendra Joatham, Joatham engendra Acaz, Acaz engendra Ézékias, Ézékias engendra Manassé, Manassé engendra Amone, Amone engendra Josias, Josias engendra Jékonias et ses frères à l'époque de l'exil à Babylone.

Après l'exil à Babylone, Jékonias engendra Salathiel, Salathiel engendra Zorobabel, Zorobabel engendra Abioud,

Abioud engendra Éliakim, Éliakim engendra Azor, Azor engendra Sadok, Sadok engendra Akim, Akim engendra Élioud, Élioud engendra Éléazar, Éléazar engendra Mattane, Mattane engendra Jacob, Jacob engendra Joseph, l'époux de Marie, de laquelle fut engendré Jésus, que l'on appelle Christ. Le nombre total des générations est donc : depuis Abraham jusqu'à David, quatorze générations ; depuis David jusqu'à l'exil à Babylone, quatorze générations ; depuis l'exil à Babylone jusqu'au Christ, quatorze générations.]

Voici comment fut engendré Jésus Christ : Marie, sa mère, avait été accordée en mariage à Joseph ; avant qu'ils aient habité ensemble, elle fut enceinte par l'action de l'Esprit Saint. Joseph, son époux, qui était un homme juste, et ne voulait pas la dénoncer publiquement, décida de la renvoyer en secret. Comme il avait formé ce projet, voici que l'ange du Seigneur lui apparut en songe et lui dit : « Joseph, fils de David, ne crains pas de prendre chez toi Marie, ton épouse, puisque l'enfant qui est engendré en elle vient de l'Esprit Saint ; elle enfantera un fils, et tu lui donneras le nom de Jésus (c'est-à-dire : Le-Seigneur-sauve), car c'est lui qui sauvera son peuple de ses péchés. »

Tout cela est arrivé pour que soit accomplie la parole du Seigneur prononcée par le prophète : Voici que la Vierge concevra, et elle enfantera un fils ; on lui donnera le nom d'Emmanuel, qui se traduit : « Dieu-avec-nous ». Quand Joseph se réveilla, il fit ce que l'ange du Seigneur lui avait prescrit : il prit chez lui son épouse, mais il ne s'unit pas à elle, jusqu'à ce qu'elle enfante un fils, auquel il donna le nom de Jésus.

*Credo. On s'agenouille à : il a pris chair de la Vierge Marie.*

**POUR LA PRIÈRE UNIVERSELLE**

À la suite de ceux qui ont attendu le Messie, prions le Seigneur :
– pour l'Église chargée d'apporter au monde le message d'amour de Dieu, nous te prions, Seigneur ;
– pour tous ceux qui te cherchent et espèrent te trouver, nous te prions, Seigneur ;
– pour les nouveau-nés appelés à vivre de ta vie divine, nous te prions, Seigneur ;
– pour notre communauté attentive à vivre des grâces dont tu la combles, nous te prions, Seigneur.

## Prière sur les offrandes

Donne-nous, Seigneur, nous t'en prions, de célébrer déjà cette solennité, avec une ferveur d'autant plus grande que tu nous montres dans ce mystère le commencement de notre salut. Par le Christ, notre Seigneur.

*Préface de la Nativité, nº 1, 2 ou 3, pp. 40-41.*

*Dans les Prières eucharistiques, textes propres à Noël.*

## Antienne de la communion

cf. Is 40, 5

La gloire du Seigneur va se révéler,
et tout être de chair verra le salut de notre Dieu.

## Prière après la communion

Nous t'en prions, Seigneur : accorde-nous de reprendre vie en rappelant la naissance de ton Fils unique, puisque notre faim et notre soif sont apaisées par le sacrement du ciel. Par le Christ, notre Seigneur.

# Messe de la nuit

## Antienne d'ouverture

Ps 2, 7

Le Seigneur m'a dit :
Tu es mon Fils ;
moi, aujourd'hui, je t'ai engendré.

*Gloria.*

## Prière

Seigneur Dieu, tu as fait resplendir cette nuit très sainte des clartés de la vraie lumière ; nous t'en prions, puisque nous reconnaissons la splendeur des mystères du Christ sur la terre, accorde-nous aussi de goûter pleinement sa joie dans le ciel. Lui qui vit et règne avec toi dans l'unité du Saint-Esprit, Dieu, pour les siècles des siècles.

## 1re Lecture

*Dans les ténèbres, une grande lumière*

→ **Lecture du livre du prophète Isaïe** 9, 1-6

**Le peuple qui marchait dans les ténèbres** a vu se lever une grande lumière ; et sur les habitants du pays de l'ombre, une lumière a resplendi. Tu as prodigué la joie, tu as fait grandir l'allégresse : ils se réjouissent devant toi, comme on se réjouit de la moisson, comme on exulte au partage du butin. Car le joug qui pesait sur lui, la barre qui meurtrissait son épaule, le bâton du tyran, tu les as brisés comme au jour de Madiane. Et les bottes qui frappaient le sol, et les manteaux couverts de sang, les voilà tous brûlés : le feu les a dévorés.

Oui, un enfant nous est né, un fils nous a été donné ! Sur son épaule est le signe du pouvoir ; son nom est proclamé : « Conseiller-merveilleux, Dieu-Fort, Père-à-jamais, Prince-de-la-Paix. » Et le pouvoir s'étendra, et la paix sera sans fin pour le trône de David et pour son règne qu'il établira, qu'il affermira sur le droit et la justice dès maintenant et pour toujours. Il fera cela, l'amour jaloux du Seigneur de l'univers !

## Psaume 95

**R/. Aujourd'hui, un Sauveur nous est né :**
**c'est le Christ, le Seigneur.**

Chantez au Seigneur un chant nouveau,
chantez au Seigneur, terre entière,
chantez au Seigneur et bénissez son nom !

De jour en jour, proclamez son salut,
racontez à tous les peuples sa gloire,
à toutes les nations ses merveilles !

Joie au ciel ! Exulte la terre !
Les masses de la mer mugissent,
la campagne tout entière est en fête.

Les arbres des forêts dansent de joie
devant la face du Seigneur, car il vient,
car il vient pour juger la terre.

Il jugera le monde avec justice
et les peuples selon sa vérité.

## 2e Lecture

*La grâce de Dieu s'est manifestée*

→ **Lecture de la lettre de saint Paul apôtre à Tite** 2, 11-14

**Bien-aimé**, la grâce de Dieu s'est manifestée pour le salut de tous les hommes. Elle nous apprend à renoncer à l'impiété et aux convoitises de ce monde, et à vivre dans le temps présent de manière raisonnable, avec justice et piété, attendant que se réalise la bienheureuse espérance : la manifestation de la gloire de notre grand Dieu et Sauveur, Jésus Christ. Car il s'est donné pour nous afin de nous racheter de toutes nos fautes, et de nous purifier pour faire de nous son peuple, un peuple ardent à faire le bien.

**Alléluia. Alléluia.** Je vous annonce une grande joie : Aujourd'hui vous est né un Sauveur qui est le Christ, le Seigneur ! **Alléluia.**



## Évangile

*La naissance de Jésus*

**→ Évangile de Jésus Christ selon saint Luc** 2, 1-14

**En ces jours-là**, parut un édit de l'empereur Auguste, ordonnant de recenser toute la terre – ce premier recensement eut lieu lorsque Quirinius était gouverneur de Syrie. Et tous allaient se faire recenser, chacun dans sa ville d'origine. Joseph, lui aussi, monta de Galilée, depuis la ville de Nazareth, vers la Judée, jusqu'à la ville de David appelée Bethléem. Il était en effet de la maison et de la lignée de David. Il venait se faire recenser avec Marie, qui lui avait été accordée en mariage et qui était enceinte. Or, pendant qu'ils étaient là, le temps où elle devait enfanter fut accompli. Et elle mit au monde son fils premier-né ; elle l'emmaillota et le coucha dans une mangeoire, car il n'y avait pas de place pour eux dans la salle commune.

Dans la même région, il y avait des bergers qui vivaient dehors et passaient la nuit dans les champs pour garder leurs troupeaux. L'ange du Seigneur se présenta devant eux, et la gloire du Seigneur les enveloppa de sa lumière. Ils furent saisis d'une grande crainte. Alors l'ange leur dit : « Ne craignez pas, car voici que je vous annonce une bonne nouvelle, qui sera une grande joie pour tout le peuple : Aujourd'hui, dans la ville de David, vous est né un Sauveur qui est le Christ, le Seigneur. Et voici le signe qui vous est donné : vous trouverez un nouveau-né emmailloté et couché dans une mangeoire. » Et soudain, il y eut avec l'ange une troupe céleste innombrable, qui louait Dieu en disant : « Gloire à Dieu au plus haut des cieux, et paix sur la terre aux hommes, qu'Il aime. »

*Credo. On s'agenouille à : il a pris chair de la Vierge Marie.*

---

**POUR LA PRIÈRE UNIVERSELLE**

En cette nuit de Noël, prions Dieu notre Père qui nous manifeste sa grâce :
– pour les chrétiens appelés à annoncer l'amour de Dieu et à en témoigner, prions le Seigneur ;
– pour tous les peuples en guerre et pour ceux qui retrouvent le chemin de la paix, prions le Seigneur ;
– pour les familles réunies en cette nuit de Noël et pour les familles dispersées, prions le Seigneur ;
– pour les oubliés de la fête, les isolés, les exilés, les prisonniers, prions le Seigneur.

---

## Prière sur les offrandes

Reçois favorablement, Seigneur, l'offrande présentée en cette nuit de fête, afin que, par ce mystérieux échange, nous soyons configurés à ton Fils en qui notre nature est unie à la tienne. Lui qui vit et règne pour les siècles des siècles.

## Préface

*Le Christ lumière*

*Préface de la Nativité, nº 1, 2 ou 3, pp. 40-41.*

*Dans les Prières eucharistiques, textes propres à Noël.*

## Antienne de la communion

Jn 1, 14

Le Verbe s'est fait chair,
et nous avons vu sa gloire.

## Prière après la communion

Joyeux de célébrer la naissance de notre Rédempteur, nous te prions, Seigneur notre Dieu : donne-nous de parvenir, par notre manière de vivre, à la communion avec lui, qui vit et règne pour les siècles des siècles.



## Bénédiction solennelle

Dans son infinie bonté, Dieu a dissipé les ténèbres du monde par l'incarnation de son Fils ; par sa nativité glorieuse, il a fait resplendir cette nuit très sainte (ce jour très saint) : qu'il éloigne de vous les ténèbres des péchés, qu'il éclaire vos cœurs pour que vous pratiquiez le bien. R/. **Amen.**
Il a voulu que l'Ange annonce aux bergers une grande joie : la naissance du Sauveur ; qu'il mette en vos cœurs sa propre joie et vous envoie annoncer son Évangile. R/. **Amen.**
Par l'incarnation de son Fils, il a scellé l'Alliance du ciel et de la terre : qu'il vous comble de sa paix et de sa bienveillance, qu'il vous unisse à l'Église du ciel. R/. **Amen.**
Et que la bénédiction de Dieu tout-puissant, le Père, et le Fils, ✠ et le Saint-Esprit, descende sur vous et y demeure toujours.
R/. **Amen.**

# Messe de l'aurore

## Antienne d'ouverture

cf. Is 9, 1.5 ; Lc 1, 33

Aujourd'hui, la lumière va resplendir sur nous,
car le Seigneur nous est né.
On l'appelle : Dieu admirable,
Père-à-jamais, Prince-de-la-Paix.
Et son règne n'aura pas de fin.

*Gloria.*

## Prière

Dieu tout-puissant, en ton Verbe fait chair, nous sommes inondés d'une clarté nouvelle ; fais que resplendisse en nos actes cette lumière que la foi fait briller dans nos esprits. Par Jésus Christ, ton Fils, notre Seigneur, qui vit et règne avec toi dans l'unité du Saint-Esprit, Dieu, pour les siècles des siècles.

## 1re Lecture

*Voici ton Sauveur qui vient*

→ **Lecture du livre du prophète Isaïe** 62, 11-12

**Voici que le Seigneur** se fait entendre jusqu'aux extrémités de la terre : Dites à la fille de Sion : Voici ton Sauveur qui vient ; avec lui, le fruit de son travail, et devant lui, son ouvrage. Eux seront appelés « Peuple-saint », « Rachetés-par-le-Seigneur », et toi, on t'appellera « La-Désirée », « La-Ville-qui-n'est-plus-délaissée ».

## Psaume 96

R/. **La lumière aujourd'hui a resplendi sur nous :**
**un Sauveur nous est né !**

Le Seigneur est roi ! Exulte la terre !
Joie pour les îles sans nombre !
Les cieux ont proclamé sa justice,
et tous les peuples ont vu sa gloire.

Une lumière est semée pour le juste,
et pour le cœur simple, une joie.
Que le Seigneur soit votre joie, hommes justes ;
rendez grâce en rappelant son nom très saint.

## 2e Lecture

*Dieu nous a sauvés par sa miséricorde*

→ **Lecture de la lettre de saint Paul apôtre à Tite** 3, 4-7

**Bien-aimé**, lorsque Dieu, notre Sauveur, a manifesté sa bonté et son amour pour les hommes, il nous a sauvés, non pas à cause de la justice de nos propres actes, mais par sa miséricorde. Par le bain du baptême, il nous a fait renaître et nous a renouvelés dans l'Esprit Saint. Cet Esprit, Dieu l'a répandu sur nous en abondance, par Jésus Christ notre Sauveur, afin que, rendus justes par sa grâce, nous devenions en espérance héritiers de la vie éternelle.

**Alléluia. Alléluia.** Gloire à Dieu au plus haut des cieux, et paix sur la terre aux hommes, qu'Il aime ! **Alléluia.**

## Évangile

*Les bergers découvrent Jésus*

→ **Évangile de Jésus Christ selon saint Luc** 2, 15-20

**Lorsque les anges** eurent quitté les bergers pour le ciel, ceux-ci se disaient entre eux : « Allons jusqu'à Bethléem pour voir ce qui est arrivé, l'événement que le Seigneur nous a fait connaître. » Ils se hâtèrent d'y aller, et ils découvrirent Marie et Joseph, avec le nouveau-né couché dans la mangeoire. Après avoir vu, ils racontèrent ce qui leur avait été annoncé au sujet de cet enfant. Et tous ceux qui entendirent s'étonnaient de ce que leur racontaient les bergers. Marie, cependant, retenait tous ces événements et les méditait dans son cœur. Les bergers repartirent ; ils glorifiaient et louaient Dieu pour tout ce qu'ils avaient entendu et vu, selon ce qui leur avait été annoncé.

*Credo. On s'agenouille à : il a pris chair de la Vierge Marie.*

## Prière sur les offrandes

Puissent nos offrandes, Seigneur, s'accorder au mystère de la nativité que nous célébrons en ce jour ; celui qui est né d'une naissance humaine a resplendi aussi comme Dieu : de même, fais que ces fruits de la terre nous communiquent tes dons divins. Par le Christ, notre Seigneur.

*Préface de la Nativité, nº 1, 2 ou 3, pp. 40-41.*

*Dans les Prières eucharistiques, textes propres à Noël.*

## Antienne de la communion

cf. Za 9, 9

Exulte, fille de Sion,
pousse des cris de joie, fille de Jérusalem :
Voici ton Roi qui vient,
lui, le saint et le sauveur du monde.

## Prière après la communion

Seigneur, nous célébrons la nativité de ton Fils avec une joyeuse ferveur, accorde-nous d'approfondir la connaissance de ce mystère par une foi sans réserve et de l'aimer d'un amour toujours plus ardent. Par le Christ, notre Seigneur.

# Messe du jour de Noël

## Antienne d'ouverture

cf. Is 9, 5

Un enfant nous est né,
un fils nous a été donné !
Sur son épaule est le signe du pouvoir ;
on proclame son nom : Ange du grand conseil.

*Gloria.*

## Prière

Seigneur Dieu, tu as merveilleusement créé l'être humain dans sa dignité, et tu l'as rétabli plus merveilleusement encore : accorde-nous d'être unis à la divinité de ton Fils, qui a voulu prendre notre humanité. Lui qui vit et règne avec toi dans l'unité du Saint-Esprit, Dieu, pour les siècles des siècles.

## 1re Lecture

*Tous verront le salut de Dieu*

→ **Lecture du livre du prophète Isaïe** 52, 7-10

**Comme ils sont beaux** sur les montagnes, les pas du messager, celui qui annonce la paix, qui porte la bonne nouvelle, qui annonce le salut, et vient dire à Sion : « Il règne, ton Dieu ! » Écoutez la voix des guetteurs : ils élèvent la voix, tous ensemble ils crient de joie car, de leurs propres yeux, ils voient le Seigneur qui revient à Sion. Éclatez en cris de joie, vous, ruines de Jérusalem, car le Seigneur console son peuple, il rachète Jérusalem ! Le Seigneur a montré la sainteté de son bras aux yeux de toutes les nations. Tous les lointains de la terre ont vu le salut de notre Dieu.

## Psaume 97

R/. **La terre tout entière a vu**
**le salut que Dieu nous donne.**

Chantez au Seigneur un chant nouveau,
car il a fait des merveilles ;
par son bras très saint, par sa main puissante,
il s'est assuré la victoire.

Le Seigneur a fait connaître sa victoire
et révélé sa justice aux nations ;
il s'est rappelé sa fidélité, son amour,
en faveur de la maison d'Israël.

La terre tout entière a vu
la victoire de notre Dieu.
Acclamez le Seigneur, terre entière,
sonnez, chantez, jouez !

Jouez pour le Seigneur sur la cithare,
sur la cithare et tous les instruments ;
au son de la trompette et du cor,
acclamez votre roi, le Seigneur !

## 2e Lecture

*Dieu nous a parlé par son Fils*

→ **Lecture de la lettre aux Hébreux** 1, 1-6

À **bien des reprises et de bien des manières,** Dieu, dans le passé, a parlé à nos pères par les prophètes ; mais à la fin, en ces jours où nous sommes, il nous a parlé par son Fils qu'il a établi héritier de toutes choses et par qui il a créé les mondes. Rayonnement de la gloire de Dieu, expression parfaite de son être, le Fils, qui porte l'univers par sa parole puissante, après avoir accompli la purification des péchés, s'est assis à la droite de la Majesté divine dans les hauteurs des cieux ; et il est devenu bien supérieur aux anges, dans la mesure même où il a reçu en héritage un nom si différent du leur. En effet, Dieu déclara-t-il jamais à un ange : *Tu es mon Fils, moi, aujourd'hui, je t'ai engendré ?* Ou bien encore : *Moi, je serai pour lui un père, et lui sera pour moi un fils ?* À l'inverse, au moment d'introduire le Premier-né dans le monde à venir, il dit : *Que se prosternent devant lui tous les anges de Dieu.*

**Alléluia. Alléluia.** Aujourd'hui la lumière a brillé sur la terre. Peuples de l'univers, entrez dans la clarté de Dieu ; venez tous adorer le Seigneur. **Alléluia.**

## Évangile

*Le Verbe s'est fait chair, il a habité parmi nous*

→ **Évangile de Jésus Christ**
**selon saint Jean** 1, 1-18 (lect. brève : 1,1-5.9-14)

*Les textes entre crochets sont facultatifs.*



Au commencement était le Verbe,
et le Verbe était auprès de Dieu,
et le Verbe était Dieu.
Il était au commencement auprès de Dieu.
C'est par lui que tout est venu à l'existence,
et rien de ce qui s'est fait ne s'est fait sans lui.
En lui était la vie,
et la vie était la lumière des hommes ;
la lumière brille dans les ténèbres,
et les ténèbres ne l'ont pas arrêtée.

[Il y eut un homme envoyé par Dieu ; son nom était Jean. Il est venu comme témoin, pour rendre témoignage à la Lumière, afin que tous croient par lui. Cet homme n'était pas la Lumière, mais il était là pour rendre témoignage à la Lumière.]

Le Verbe était la vraie Lumière, qui éclaire tout homme en venant dans le monde. Il était dans le monde, et le monde était venu par lui à l'existence, mais le monde ne l'a pas reconnu. Il est venu chez lui, et les siens ne l'ont pas reçu. Mais à tous ceux qui l'ont reçu, il a donné de pouvoir devenir enfants de Dieu, eux qui croient en son nom. Ils ne sont pas nés du sang, ni d'une volonté charnelle, ni d'une volonté d'homme : ils sont nés de Dieu. Et le Verbe s'est fait chair, il a habité parmi nous, et nous avons vu sa gloire, la gloire qu'il tient de son Père comme Fils unique, plein de grâce et de vérité.

[Jean le Baptiste lui rend témoignage en proclamant : « C'est de lui que j'ai dit : Celui qui vient derrière moi est passé devant moi, car avant moi il était. » Tous, nous avons eu part à sa plénitude, nous avons reçu grâce après grâce ; car la Loi fut donnée par Moïse, la grâce et la vérité sont venues par Jésus Christ.

Dieu, personne ne l'a jamais vu ; le Fils unique, lui qui est Dieu, lui qui est dans le sein du Père, c'est lui qui l'a fait connaître. ]

*Credo. On s'agenouille à : il a pris chair de la Vierge Marie.*

---

**POUR LA PRIÈRE UNIVERSELLE**

Par le Christ, Verbe de Dieu fait chair, prions le Seigneur :
– pour nos frères et sœurs chrétiens qui, aujourd'hui, célèbreront la naissance de ton Fils, nous te prions, Seigneur ;
– pour celles et ceux qui cherchent un sens à leur vie et auxquels le Christ Lumière est aussi donné, nous te prions, Seigneur ;
– pour les pauvres, les victimes de violences et d'injustices, celles et ceux qui n'ont plus d'espérance, nous te prions, Seigneur ;
– pour notre communauté qui accueille le Christ Jésus, lumière venue dans le monde, nous te prions, Seigneur.

---

## Prière sur les offrandes

Que l'offrande présentée en ce jour de solennité te soit agréable, Seigneur, car elle nous a réconciliés avec toi, parfaitement rétablis dans ta paix, et introduits dans la plénitude de l'adoration véritable. Par le Christ, notre Seigneur.

*Préface de la Nativité, nº 1, 2 ou 3, pp. 40-41.*

*Dans les Prières eucharistiques, textes propres à Noël.*

## Antienne de la communion

cf. Ps 97, 3

Tous les lointains de la terre ont vu
le salut de notre Dieu.

## Prière après la communion

Dieu de miséricorde, nous t'en prions : puisque le Sauveur du monde, en naissant aujourd'hui, nous fait naître à la vie divine, que sa générosité nous accorde aussi l'immortalité. Lui qui vit et règne pour les siècles des siècles.

## Bénédiction solennelle

*Voir à la messe de la nuit.*

## Croire à Noël

« N'allons donc pas réduire Noël à de la poésie, à une fête bonne pour les enfants. Croire à Noël n'est autre chose que confesser la foi sans laquelle l'homme ne saurait être justifié et selon laquelle Dieu, sortant de sa ténèbre sacrée, a déjà dit son dernier mot dans le drame de l'Histoire, quoi qu'il en soit des discours et des cris qui retentiront encore sur la scène de notre monde. La fête de Noël ne peut être autre chose que l'écho qui monte du plus profond de notre être en réponse à cette Parole divine, l'amen de notre foi à cette Parole qui, sans cesser d'être l'expression de la vérité de Dieu et de son bienheureux amour, est venue des horizons infinis de l'éternité dans le cadre étroit de ce monde ».

Karl Rahner, *L'homme au miroir de l'année chrétienne*, Mame, p. 32.

## CALENDRIER LITURGIQUE

| | |
|---|---|
| Di 25 | **NATIVITÉ DU SEIGNEUR, solennité.** *Liturgie des Heures : Psautier semaine I.* |
| Lu 26 | S. ÉTIENNE, premier martyr. Lectures propres : Actes 6,8-10 ; 7,54-60 ; Ps 30 ; Matthieu 10,17-22 : « Ce n'est pas vous qui parlerez, c'est l'Esprit de votre Père » |
| Ma 27 | S. JEAN, Apôtre et évangéliste. Lectures propres : 1 Jean 1,1-4 ; Ps 96 ; Jean 20,2-8 : « L'autre disciple courut plus vite que Pierre et arriva le premier au tombeau » |
| Me 28 | LES SAINTS INNOCENTS, martyrs. Lectures propres : 1 Jean 1,5–2,2 ; Ps 123 ; Matthieu 2,13-18 : « Hérode envoya tuer tous les enfants de Bethléem » |
| Je 29 | *S. Thomas Becket, évêque de Cantorbéry, martyr, † 1170.* 5e jour dans l'Octave de la Nativité :1 Jean 2, 3-11 ; Ps 95 ; Luc 2, 22-35 : « Lumière qui se révèle aux nations » |
| Ve 30 | LA SAINTE FAMILLE A. Au choix : Ben Sira 3, 2-6.12-14 ou Lettre aux Colossiens 3, 12-21 ; Ps 127 ; Matthieu 2, 13-15.19-23 « Prends l'enfant et sa mère, et fuis en Égypte » |
| Sa 31 | *S. Sylvestre Ier, pape*, † 335, à Rome. 7e jour dans l'Octave de la Nativité : 1re lettre de Jean 2, 18-21 ; Ps 95 ; Jean 1, 1-18 : « Le Verbe s'est fait chair » |

**Bonne fête !** 25 : Noël, Emmanuel, Nelly. 26 : Étienne, Stéphane, Stéphanie, Fanny. 27 : Jean, Yvan, Fabiola. 28 : Innocent, Gaspard. 29 : David. 30 : Roger. 31 : Sylvestre, Colombe.

**Saint Roger (30 décembre)** né vers 1060, a vécu dans le sud de l'Italie. Cannes, dont il fut l'évêque, fut ravagée par la guerre en 1083. Roger servit son peuple en allant lui-même chercher, pieds-nus, de la nourriture pour lui permettre de survivre. Il fut consulté par les papes sur des questions de droit.

# La Sainte Famille

## 30 DÉCEMBRE 2022



**Instituée par Léon XIII** et étendue à l'Église universelle en 1921 par le pape Benoît XV, la fête de la Sainte Famille oriente notre prière dans une double direction. Les oraisons et les deux premières lectures présentent Marie et Joseph, Sainte Famille de Jésus, comme le modèle de la famille chrétienne : « Tu as voulu, Seigneur, que la Sainte Famille nous soit donnée en exemple » *(prière d'ouverture).*

Quant à l'Évangile, il nous situe dans le prolongement de la fête de la Nativité. D'une manière qui pourrait sembler peu logique, nous lisons la fuite en Égypte avant la visite des Mages. Peut-être faut-il y voir une invitation, à la veille d'une nouvelle année, à prendre la route en famille à la suite de Jésus, une route déjà pascale où l'amour envers les parents passe par des actes concrets, où l'amour entre chrétiens passe par le pardon des offenses et le support mutuel, à la manière du Seigneur, où la route à la suite de Jésus est un chemin de libération qui passe par l'épreuve.

Ce chemin, Jésus l'a parcouru dans une famille humaine comme la nôtre. Que sa grâce aide nos familles à devenir des cellules d'Église, peuple de Dieu et Corps du Christ.

**CHANTER**

▸ ***Tu fais ta demeure en nous*** **D 56-49,** ***En accueillant l'amour*** **DP 126 CNA 325.**

## Prière

Tu as voulu, Seigneur Dieu, que la Sainte Famille nous soit donnée en exemple ; accorde-nous, dans ta bonté, de pratiquer, comme elle, les vertus familiales et d'être unis par les liens de ton amour, afin de goûter la récompense éternelle dans la joie de ta maison. Par Jésus Christ, ton Fils, notre Seigneur, qui vit et règne avec toi dans l'unité du Saint-Esprit, Dieu, pour les siècles des siècles.

| | |
|---|---|
| 1re Lecture | Si 3, 2-6.12-14 : *Honore ton père et ta mère* |
| Psaume 127 | R./ Heureux qui craint le Seigneur et marche selon ses voies ! |
| 2e Lecture | Co 3, 12-21 : *Dans la famille, les devoirs de chacun* |
| Évangile | Mt 2,13-15.19-23 : *La fuite en Égypte* |

## Prière sur les offrandes

En t'offrant, Seigneur, le sacrifice qui nous réconcilie avec toi, nous te supplions humblement : à la prière de la Vierge, la Mère de Dieu, et à la prière de saint Joseph, affermis nos familles dans ta grâce et dans ta paix. Par le Christ, notre Seigneur.

*Préface de la Nativité n<sup>o</sup> 1, 2 ou 3, pp. 40-41.*

*Prière eucharistique : textes propres.*

## Antienne de la communion

cf. Ba 3, 38

Notre Dieu est apparu sur la terre
et il a vécu parmi les hommes.

## Prière après la communion

Tu refais nos forces, Père très aimant, par le sacrement du ciel : donne-nous de toujours imiter les vertus de la sainte Famille et, après les épreuves de cette vie, d'obtenir avec elle le bonheur sans fin. Par le Christ, notre Seigneur.

# Sainte Marie, Mère de Dieu

## DIMANCHE 1er JANVIER 2023

## Jésus, fils de Marie et Fils de Dieu

**Huit jours après la naissance de Jésus,** l'Église invite les chrétiens à fêter celle qui a eu la mission, le privilège et la joie de le mettre au monde : la Vierge Marie. Nous la fêtons sous un vocable assez audacieux, Marie, Mère de Dieu, qui dit bien la foi chrétienne : Jésus, né de Marie, est Dieu. En disant Jésus, nous nommons Dieu, Dieu qui sauve. Ce Nom au-dessus de tout nom, c'est Marie qui, dans l'Évangile de Luc, le donne à l'enfant qui est bien son enfant (bien qu'en Matthieu 1,21, ce soit Joseph qui en est chargé). Le Nom vient de Dieu comme l'enfant lui-même vient de Dieu. Et cela se fait par Marie.

L'attitude de Marie ne cesse de nous étonner. Elle pourrait se glorifier d'être la mère du Sauveur ; elle pourrait, à la manière des bergers, raconter l'évènement qui bouleverse sa vie et l'histoire de l'humanité. Il n'en est rien. Le centre de la révélation, ce n'est pas elle, mais Jésus. Pour Marie, être mère de Dieu consiste à vivre son « oui » à Dieu, à interpréter tout ce qui concerne son enfant, à méditer ce qu'elle vit à la lumière de l'Esprit *(évangile)*.

Vierge bénie, Marie est choisie et préparée par le Père pour recevoir son Fils. Comme le Seigneur avait béni Israël, son peuple, et s'était penché sur lui, il a béni Marie pour que sa bénédiction s'étende sur toutes les nations par Jésus, le Christ, fils de Marie. C'est désormais Jésus qui nous révèle le nom du Père. Ainsi se réalise pleinement le dessein de Dieu *(première lecture)*.

La bénédiction de Dieu, nous la recevons par le « oui » de Marie. Grâce à la réponse de Marie à la sollicitation de l'Ange, Dieu nous a envoyé son propre Fils. Cette venue nous a libérés de la domination de la loi et nous devenons enfants de Dieu, héritiers du Royaume. Désormais, nous sommes soumis à la seule loi du Christ : la loi de l'amour *(deuxième lecture)*.

Le premier jour de l'année est aussi la journée de prière pour la paix. Marie nous invite à célébrer celui que nous avons accueilli à Noël : Jésus, le prince de la paix.

**CHANTER**

- Nous sommes toujours dans le temps de Noël dont le répertoire convien-dra pour ce dimanche On pourra y ajouter, pour la procession d'ouverture, ***Litanies de la Sainte Mère de Dieu* VY 298.**
- Après la communion : le ***Magnificat.***
- À la fin de la célébration : ***Toi qui ravis le cœur de Dieu* VP 136-2 CNA 372** ou le ***Je vous salue Marie.***

## Antienne d'ouverture

Nous te saluons, Mère très sainte :
tu as mis au monde le Roi
qui gouverne le ciel et la terre
pour les siècles sans fin.

*Gloria.*

## Prière

Seigneur Dieu, par la virginité féconde de la bienheureuse Marie, tu as offert au genre humain les bienfaits du salut éternel ; accorde-nous d'éprouver qu'intercède en notre faveur celle qui nous permit d'accueillir l'auteur de la vie, Jésus Christ, ton Fils, notre Seigneur. Lui qui vit et règne avec toi dans l'unité du Saint-Esprit, Dieu, pour les siècles des siècles.

## 1re Lecture

*Dieu indique à Moïse une formule de bénédiction*

→ **Lecture du livre des Nombres** Nb 6, 22-27

**Le Seigneur parla à Moïse.** Il dit : « Parle à Aaron et à ses fils. Tu leur diras : Voici en quels termes vous bénirez les fils d'Israël : "Que le Seigneur te bénisse et te garde ! Que le Seigneur fasse briller sur toi son visage, qu'il te prenne en grâce ! Que le Seigneur tourne vers toi son visage, qu'il t'apporte la paix !" Ils invoqueront ainsi mon nom sur les fils d'Israël, et moi, je les bénirai. »



## Psaume 66

**R/. Que Dieu nous prenne en grâce et qu'il nous bénisse !**

Que son visage s'illumine pour nous,
et ton chemin sera connu sur la terre,
ton salut, parmi toutes les nations.

Que les nations chantent leur joie,
car tu gouvernes le monde avec justice ;
sur la terre, tu conduis les nations.

La terre a donné son fruit ;
Dieu, notre Dieu, nous bénit.
Que la terre tout entière l'adore !

## 2e Lecture

*Le Fils de Dieu est né d'une femme*

→ **Lecture de la lettre de saint Paul apôtre aux Galates** Ga 4, 4-7

F**rères,** lorsqu'est venue la plénitude des temps, Dieu a envoyé son Fils, né d'une femme et soumis à la loi de Moïse, afin de racheter ceux qui étaient soumis à la Loi et pour que nous soyons adoptés comme fils. Et voici la preuve que vous êtes des fils : Dieu a envoyé l'Esprit de son Fils dans nos cœurs, et cet Esprit crie « *Abba !* », c'est-à-dire : Père ! Ainsi tu n'es plus esclave, mais fils, et puisque tu es fils, tu es aussi héritier : c'est l'œuvre de Dieu.

**Alléluia. Alléluia.** À bien des reprises, Dieu, dans le passé, a parlé à nos pères par les prophètes ; à la fin, en ces jours où nous sommes, il nous a parlé par son Fils. **Alléluia.**

## Évangile

*« L'enfant reçut le nom de Jésus »*

→ **Évangile de Jésus Christ selon saint Luc** Lc 2, 16-21

**En ce temps-là**, les bergers se hâtèrent d'aller à Bethléem, et ils découvrirent Marie et Joseph, avec le nouveau-né couché dans la mangeoire. Après avoir vu, ils racontèrent ce qui leur avait été annoncé au sujet de cet enfant. Et tous ceux qui entendirent s'étonnaient de ce que leur racontaient les bergers. Marie, cependant, retenait tous ces événements et les méditait dans son cœur. Les bergers repartirent ; ils glorifiaient et louaient Dieu pour tout ce qu'ils avaient entendu et vu, selon ce qui leur avait été annoncé. Quand fut arrivé le huitième jour, celui de la circoncision, l'enfant reçut le nom de Jésus, le nom que l'ange lui avait donné avant sa conception.

**POUR LA PRIÈRE UNIVERSELLE**

En ce premier jour d'une année nouvelle, faisons monter nos prières vers Dieu par Marie :

– pour l'Église : qu'elle soit le lieu d'où rayonne l'espérance d'un monde plus fraternel, prions le Dieu de paix ;

– pour les chefs d'État : qu'ils persévèrent à lutter pour la paix et un monde plus juste, prions le Dieu de paix ;

– pour tous les hommes : qu'ils puissent reconnaître en Jésus le Fils de Dieu, prions le Dieu de paix ;

– pour tous les chrétiens : qu'ils aient toujours le courage de proclamer leur foi et leur joie de croire, prions le Dieu de paix.

## Prière sur les offrandes

Seigneur Dieu, dans ta bonté, tu es à l'origine de tout bien, et tu le mènes à sa perfection ; puisque la solennité de la sainte Mère de Dieu nous fait célébrer dans l'allégresse les premiers temps de ta grâce, donne-nous la joie d'en recueillir tous les fruits. Par le Christ, notre Seigneur.

## Préface

*La maternité de la bienheureuse Vierge Marie*

Vraiment, il est juste et bon, pour ta gloire et notre salut, de t'offrir notre action de grâce, toujours et en tout lieu, Seigneur, Père très saint, Dieu éternel et tout-puissant.
En ce jour où nous célébrons la maternité de la bienheureuse Vierge Marie, nous voulons te chanter, te bénir et te glorifier.
Car elle a conçu ton Fils unique lorsque le Saint-Esprit la couvrit de son ombre, et, gardant pour toujours la gloire de sa virginité, elle a donné au monde la lumière éternelle, Jésus, le Christ, notre Seigneur.
Par lui, les anges célèbrent ta grandeur, et les esprits bienheureux adorent ta gloire ; par lui s'inclinent devant toi les puissances d'en haut et tressaillent d'une même allégresse les innombrables créatures des cieux.
À leur hymne de louange, laisse-nous joindre nos voix pour chanter et proclamer :
Saint ! Saint ! Saint, le Seigneur, Dieu de l'univers !...

*Prière eucharistique : textes propres*

## Antienne de la communion

He 13, 8

Jésus Christ, hier et aujourd'hui, est le même,
il l'est pour l'éternité.

## Prière après la communion

Nous avons reçu dans la joie le sacrement du ciel, et nous te prions, Seigneur : qu'il fasse grandir en nous la vie éternelle en ce jour où nous proclamons avec fierté la bienheureuse Marie toujours vierge Mère de ton Fils et Mère de l'Église. Par le Christ, notre Seigneur.

## Le vrai Noël

« Si Noël est autre chose que les bougies, la joie des enfants et la poussière lumineuse des sapins ; si Noël est l'adhésion de notre cœur à la parole de l'amour divin qui s'exprime dans cet enfant, alors c'est le vrai Noël, alors on a bien autre chose que l'atmosphère de Noël, alors on a Noël dans tout l'éclat de sa vérité. Ce "oui" de notre cœur n'est possible en effet que par l'action de la sainte grâce de Dieu... Dieu même entre dans nos cœurs comme il entrait à Bethléem dans le monde, aussi vraiment et aussi réellement, et même avec plus d'intensité et plus d'intériorité que jadis ».

Karl Rahner, *L'homme au miroir de l'année chrétienne*,
Mame, pp. 32-33.

**Pour mémoire**: 1er janvier, aujourd'hui – depuis 1968 – journée mondiale de la paix.

**Sainte Élisabeth Seton (4 janvier)** est née à New-York en 1774. Mariée à 19 ans, mère de cinq enfants, elle se consacre à des œuvres de charité. Devenue veuve, elle se convertit au catholicisme et fonde, en 1809, la première congrégation religieuse enseignante des États-Unis

## CALENDRIER LITURGIQUE

**Di 1er** Octave de la Nativité : **SAINTE MARIE, MÈRE DE DIEU.**
*Liturgie des Heures : Psautier semaine II.*

**Lu 2** S. Basile le Grand, évêque de Césarée (Asie mineure), † 379 et S. Grégoire de Nazianze, évêque de Constantinople, † vers 389, docteurs de l'Église.
1re lettre de Jean 2, 22-28 ; Ps 97 ; Jean 1, 19-28 « C'est lui qui vient derrière moi »

**Ma 3** *Le Saint Nom de Jésus.*
*En Afrique du Nord, S. Fulgence, évêque † 527.*
*En France, Ste Geneviève, vierge, vers † 500 à Paris.*
*Au Luxembourg, Ste Irmine, religieuse, vers † 710 à Wissembourg.*
1re lettre de Jean 2, 29–3, 6 ; Ps 97 ; Jean 1, 29-34 « Voici l'Agneau de Dieu, qui enlève le péché du monde »

**Me 4** 1re lettre de Jean 3, 7-10 ; Ps 97 ; Jean 1, 35-42 : « Nous avons trouvé le Messie »

**Je 5** *En Afrique du Nord, Ss. Longin, Eugène et Vindémial, évêques † ve siècle.*
1re lettre de Jean 3, 11-21 ; Ps 99 ; Jean 43-51 « C'est toi le Fils de Dieu ! C'est toi le roi d'Israël »

**Ve 6** 1re lettre de Jean 5, 5-13 ; Ps 147 ; Marc 1, 7-11 « Tu es mon Fils bien-aimé ; en toi, je trouve ma joie » ou bien Luc 3,23-38 Généalogie de Jésus Christ, fils d'Adam, fils de Dieu

**Sa 7** *S. Raymond de Penyafort, prêtre, dominicain, † 1275 à Barcelone.*
*Au Canada*, S. André Bessette, religieux, fondateur de l'Oratoire Saint-Joseph, † 1937 à Montréal.
1re lettre de Jean 5, 14-21 ; Ps 149 ; Jean 2, 1-11 « Tel fut le commencement des signes que Jésus accomplit. C'était à Cana de Galilée »

**Bonne fête !** 1er : Fulgence. 2 : Basile, Vassili. 3 : Geneviève, Ginette. 4 : Odilon. 5 : Édouard, Teddy, Emilien. 6 : Melaine, Tiphaine. 7 : Raymond, Raymonde, Cédric, Virginie.

# Épiphanie du Seigneur

**8 JANVIER 2023**

## Tous les hommes appelés au salut

**À Noël,** Jésus se manifeste aux bergers. Lors de son baptême dans les eaux du Jourdain, il sera manifesté comme « Fils bien-aimé de Dieu ». Aujourd'hui nous célébrons sa manifestation aux païens, en la personne des mages venus d'Orient. Ainsi la liturgie souligne l'universalité du projet de Dieu. Déjà, après le retour de l'exil à Babylone, le prophète Isaïe annonce la marche des peuples vers une Jérusalem renouvelée. La joie et le bonheur de Jérusalem viendront, non seulement du retour de ses propres enfants mais aussi de la marche des rois, c'est-à-dire de tout l'univers vers elle (*première lecture*).

Avec les mages venus d'Orient, s'inaugure la marche de tous les peuples venant reconnaître en Jésus le Messie et se prosterner devant lui. Cette rencontre se fait sous le signe de la contradiction. Quand Hérode est pris d'inquiétude, les mages païens éprouvent une grande joie. Là où le peuple de la promesse voit le Fils annoncé, rejeté par Hérode, les peuples païens se mettent en marche à la recherche du Sauveur de tous les hommes. Ainsi nous est dévoilé le projet de Dieu pour l'humanité (*évangile*).

Quant à saint Paul, il a reçu la révélation du mystère que nous célébrons en ce dimanche : dans son amour sans limite, Dieu appelle tous les hommes au même salut. Par Jésus, son Fils né de Marie, Dieu veut abattre les murs qui séparent les hommes pour les réconcilier avec lui et entre eux. Voilà la mission des Apôtres et de l'Église : annoncer au monde que Dieu le sauve, que le Christ est l'étoile qui le guide sur le chemin du salut *(deuxième lecture)*.

« Aujourd'hui, le Christ, lumière qui luit dans les ténèbres, s'est manifesté au monde ; puisque vous le suivez avec confiance, qu'il vous donne d'être, vous aussi, lumière pour vos frères » (*bénédiction solennelle*).

**CHANTER**

◗ Outre les chants proposés pour tout le temps de Noël, p. 134, les chants suivants conviendront :

◗ Pour la procession d'ouverture ***Un astre nouveau s'est levé*** **FX 23-18,** ***Lève-toi, Jérusalem*** **FA 39.**

◗ Après la communion ***Jubilez tous les peuples*** **T 25-91,** ***Qu'exulte tout l'univers*** **DEV 44-72.**



# Messe de la veille au soir

## Antienne d'ouverture

cf. Ba 5, 5

Debout, Jérusalem, et regarde vers l'orient :
vois tes enfants rassemblés du levant au couchant.

*Gloria.*

## Prière

Seigneur, nous t'en prions, fais briller en nos cœurs la splendeur de ta gloire ; nous pourrons ainsi traverser les ténèbres de ce monde et parvenir à la lumière éternelle du ciel, notre patrie. Par Jésus Christ, ton Fils, notre Seigneur, qui vit et règne avec toi dans l'unité du Saint-Esprit, Dieu, pour les siècles des siècles.

*Pour les lectures et la prière universelle, voir la messe du jour.*

*Credo.*

## Prière sur les offrandes

Nous te prions, Seigneur : accueille les offrandes que nous te consacrons pour célébrer la manifestation de ton Fils unique et le premier hommage des nations ; alors montera vers toi la louange et s'accomplira pour nous le salut éternel. Par le Christ, notre Seigneur.

*Préface de l'Épiphanie, p. 170.*

*Dans les prières eucharistiques, textes propres à l'Épiphanie.*

### Antienne de communion

cf. Ap 21,23-24

La gloire de Dieu illumina la ville sainte, Jérusalem,
et les nations marchaient à sa lumière.

### Prière après la communion

Renouvelés par cette nourriture sainte, nous implorons, Seigneur, ta miséricorde : que l'étoile de justice brille toujours en nos esprits et que le témoignage de notre foi soit le trésor que nous t'offrons. Par le Christ, notre Seigneur.

## Messe du jour

### Antienne d'ouverture

cf. Ml 3, 1 ; 1 Ch 19, 12

Voici venir le Seigneur souverain ;
il tient en main la royauté, la puissance et l'empire.

*Gloria.*

### Prière

Aujourd'hui, Seigneur Dieu, tu as révélé ton Fils unique aux nations, grâce à l'étoile qui les guidait ; accorde-nous dans ta bonté, à nous qui te connaissons déjà par la foi, d'être conduits jusqu'à la claire vision de ta splendeur. Par Jésus Christ, ton Fils, notre Seigneur, qui vit et règne avec toi dans l'unité du Saint-Esprit, Dieu, pour les siècles des siècles.

## 1re Lecture

*Les nations marchent vers ta lumière*

→ **Lecture du livre du prophète Isaïe** 60, 1-6

**Debout,** Jérusalem, resplendis ! Elle est venue, ta lumière, et la gloire du Seigneur s'est levée sur toi. Voici que les ténèbres couvrent la terre, et la nuée obscure couvre les peuples. Mais sur toi se lève le Seigneur, sur toi sa gloire apparaît. Les nations marcheront vers ta lumière, et les rois, vers la clarté de ton aurore. Lève les yeux alentour, et regarde : tous, ils se rassemblent, ils viennent vers toi ; tes fils reviennent de loin, et tes filles sont portées sur la hanche. Alors tu verras, tu seras radieuse, ton cœur frémira et se dilatera. Les trésors d'au-delà des mers afflueront vers toi, vers toi viendront les richesses des nations. En grand nombre, des chameaux t'envahiront, de jeunes chameaux de Madiane et d'Épha. Tous les gens de Saba viendront, apportant l'or et l'encens ; ils annonceront les exploits du Seigneur.

## Psaume 71

R/. **Toutes les nations, Seigneur,**
**se prosterneront devant toi.**

Dieu, donne au roi tes pouvoirs,
à ce fils de roi ta justice.
Qu'il gouverne ton peuple avec justice,
qu'il fasse droit aux malheureux !

En ces jours-là fleurira la justice,
grande paix jusqu'à la fin des lunes !
Qu'il domine de la mer à la mer,
et du Fleuve jusqu'au bout de la terre !

Les rois de Tarsis et des Îles apporteront des présents,
les rois de Saba et de Seba feront leur offrande.
Tous les rois se prosterneront devant lui,
tous les pays le serviront.

Il délivrera le pauvre qui appelle
et le malheureux sans recours.
Il aura souci du faible et du pauvre,
du pauvre dont il sauve la vie.

## 2e Lecture

*Toutes les nations ont le même héritage*

→ **Lecture de la lettre de saint Paul apôtre aux Éphésiens** 3,2-3a.5-6

**Frères**, vous avez appris, je pense, en quoi consiste la grâce que Dieu m'a donnée pour vous : par révélation, il m'a fait connaître le mystère. Ce mystère n'avait pas été porté à la connaissance des hommes des générations passées, comme il a été révélé maintenant à ses saints Apôtres et aux prophètes, dans l'Esprit. Ce mystère, c'est que toutes les nations sont associées au même héritage, au même corps, au partage de la même promesse, dans le Christ Jésus, par l'annonce de l'Évangile.

**Alléluia. Alléluia.** Nous avons vu son étoile à l'orient, et nous sommes venus adorer le Seigneur. **Alléluia.**

## Évangile

*Les mages venus d'Orient*

→ **Évangile de Jésus Christ selon saint Matthieu** 2, 1-12

**Jésus était né à Bethléem en Judée**, au temps du roi Hérode le Grand. Or, voici que des mages venus d'Orient arrivèrent à Jérusalem et demandèrent : « Où est le roi des Juifs qui vient de naître ? Nous avons vu son étoile à l'orient et nous sommes venus nous prosterner devant lui. » En apprenant cela, le roi Hérode fut bouleversé, et tout Jérusalem avec lui. Il réunit tous les grands prêtres et les scribes du peuple, pour leur demander où devait naître le Christ. Ils lui répondirent : « À Bethléem en Judée, car voici ce qui est écrit par le prophète : *Et toi, Bethléem, terre de Juda, tu n'es certes pas le dernier parmi les chefs-lieux de Juda, car de toi sortira un chef, qui sera le berger de mon peuple Israël.* » Alors Hérode convoqua les mages en secret pour leur faire préciser à quelle date l'étoile était apparue : puis il les envoya à Bethléem, en leur disant : « Allez vous renseigner avec précision sur l'enfant. Et quand vous l'aurez trouvé, venez me l'annoncer pour que j'aille, moi aussi, me prosterner devant lui. » Après avoir entendu le roi, ils partirent.

Et voici que l'étoile qu'ils avaient vue à l'orient les précédait, jusqu'à ce qu'elle vienne s'arrêter au-dessus de l'endroit où se trouvait l'enfant. Quand ils virent l'étoile, ils se réjouirent d'une très grande joie. Ils entrèrent dans la maison, ils virent l'enfant avec Marie sa mère ; et, tombant à ses pieds, ils se prosternèrent devant lui. Ils ouvrirent leurs coffrets, et lui offrirent leurs présents : de l'or, de l'encens et de la myrrhe.

Mais, avertis en songe de ne pas retourner chez Hérode, ils regagnèrent leur pays par un autre chemin.



## Annonce de Pâques et des fêtes mobiles

*Le jour de l'Épiphanie du Seigneur, après le chant de l'Évangile, le diacre ou un chantre peut proclamer depuis l'ambon, selon un usage ancien de l'Église, les fêtes mobiles de l'année en cours selon la formule suivante :*

Vous le savez, frères (et sœurs) bien-aimés : à l'invitation de la miséricorde de Dieu, nous nous sommes réjouis de la Nativité de notre Seigneur Jésus Christ ; de même, nous vous annonçons la joie de la Résurrection de notre Sauveur.

Le Mercredi des Cendres, 22 février, commencera l'entraînement du Carême.

Vous célébrerez dans la joie la sainte Pâque de notre Seigneur Jésus Christ le dimanche 9 avril.

L'Ascension de notre Seigneur Jésus Christ sera fêtée le 18 mai.

La Pentecôte sera fêtée le 28 mai.

La fête du Corps et du Sang du Christ aura lieu le 11 juin.

Le dimanche 3 décembre sera le premier dimanche de l'Avent de notre Seigneur Jésus Christ, à qui soient l'honneur et la gloire, pour les siècles des siècles. Amen.

*Credo.*

**POUR LA PRIÈRE UNIVERSELLE**

Que notre prière, en cette fête de l'Épiphanie, rejoigne tous nos frères et sœurs du monde :
– pour l'Église appelée à rassembler des hommes et des femmes de toutes langues, races et cultures, Seigneur, nous te prions ;
– pour nos frères et sœurs des Églises d'Orient qui célèbrent aujourd'hui la fête de Noël, Seigneur, nous te prions ;
– pour tous les chercheurs de Dieu, pour celles et ceux qui cherchent un sens à leur vie, Seigneur, nous te prions ;
– pour notre communauté qui témoigne chaque jour de ta lumière, Seigneur, nous te prions.

## Prière sur les offrandes

Regarde avec bonté, nous t'en prions, Seigneur, les dons de ton Église qui ne t'offre plus ni l'or, ni l'encens, ni la myrrhe, mais Celui que ces présents révélaient, qui s'immole et se donne en nourriture : Jésus, le Christ. Lui qui vit et règne pour les siècles des siècles.

## Préface

*Le Christ, lumière des nations*

Vraiment, il est juste et bon, pour ta gloire et notre salut, de t'offrir notre action de grâce, toujours et en tout lieu, Seigneur, Père très saint, Dieu éternel et tout-puissant.

Aujourd'hui tu as dévoilé dans le Christ le mystère de notre salut pour que tous les peuples en soient illuminés ; et quand le Christ s'est manifesté dans notre nature mortelle, tu nous as renouvelés par la gloire de son immortalité. C'est pourquoi, avec les anges et les archanges, avec les puissances d'en haut et tous les esprits bienheureux, nous chantons l'hymne de ta gloire et sans fin nous proclamons :
Saint ! Saint ! Saint, le Seigneur, Dieu de l'univers !...

*Dans les Prières eucharistiques, textes propres à l'Épiphanie.*



## Antienne de la communion

cf. Mt 2, 2

Nous avons vu son étoile à l'orient
et nous sommes venus avec des présents
adorer le Seigneur.

## Prière après la communion

Que la clarté d'en haut, nous t'en prions, Seigneur, nous devance toujours et partout, afin que nous puissions contempler d'un regard pur et accueillir dans un cœur aimant le mystère auquel tu as voulu nous faire participer. Par le Christ, notre Seigneur.

## Bénédiction solennelle

Dieu vous a appelés des ténèbres à son admirable lumière ; dans sa bonté, qu'il répande sur vous sa bénédiction, qu'il établisse vos cœurs dans la foi, l'espérance et la charité.
R/. **Amen.**
Aujourd'hui, le Christ, lumière qui luit dans les ténèbres, s'est manifesté au monde ; puisque vous le suivez avec confiance, qu'il vous donne d'être, vous aussi, lumière pour vos frères.
R/. **Amen.**
Quand vous serez au terme de votre pèlerinage, puissiez-vous rejoindre celui que les mages, conduits par l'étoile, ont

cherché et trouvé avec grande joie : le Christ Seigneur, lumière née de la lumière. R/. **Amen.**
Et que la bénédiction de Dieu tout-puissant, le Père, et le Fils, ✠ et le Saint-Esprit, descende sur vous et y demeure toujours. R/. **Amen.**

## Leur cœur s'est mis en route

« Les Mages ont ouvert leur cœur. Oui, *leur cœur s'est mis en route vers Dieu* en même temps que leurs pas se dirigeaient vers Bethléem. Ils ont cherché Dieu, mais c'est Dieu qui conduisait leur recherche dès le moment où ils l'ont entreprise. Ils sont de ceux qui, dévorés par la faim et la soif de justice, aspirent vers le Sauveur, et repoussent la pensée que l'homme pourrait, sur la route de sa rencontre avec Dieu, négliger de faire le petit pas qui lui est demandé, sous prétexte que Dieu, lui, doit en faire mille.

Ils le cherchent donc, lui, le Salut. Ils le cherchent au firmament du ciel, mais aussi dans leur cœur. »

Karl Rahner, *L'homme au miroir de l'année chrétienne*, Mame, p. 67.

**Saint Lucien de Beauvais (8 janvier)** est un prêtre romain qui évangélise l'Italie au III^e^ siècle. Ordonné évêque, il vient en Gaule et évangélise la région de Beauvais. Il sera martyrisé vers 290, lors de la persécution de Dioclétien, avec ses deux compagnons Maximien et Julien.

**Di 8** **ÉPIPHANIE DU SEIGNEUR.**
*Liturgie des Heures : Psautier semaine I.*
[*En Afrique du Nord, S. Quodvultdeus et Deogratias, évêques de Carthage* † *v*[e] *siècle*].

**Lu 9** BAPTÊME DU SEIGNEUR A : 1re lecture au choix : Isaïe 42, 1-4.6-7 ; ou bien Actes des Apôtres 10, 34-38 ; Ps 28 ; Matthieu 3, 13-17 « Dès que Jésus fut baptisé, il vit l'Esprit de Dieu venir sur lui »
1re semaine du Temps ordinaire

**Ma 10** Hébreux 2, 5-12 ; Ps 8 ; Marc 1, 21-28 : « Il enseignait en homme qui a autorité »

**Me 11** *En Afrique du Nord,* S. Victor Ier († 199), S. Miltiade († 314) et S. Gélase Ier († 496), papes d'origine africaine.
Hébreux 2, 14-18 ; Ps 104 ; Marc 1, 29-39 « Il guérit beaucoup de gens »

**Je 12** *Au Canada,* Ste Marguerite Bourgeoys, vierge, fondatrice, † 1700 à Montréal.
Hébreux 3, 7-14 ; Ps 94 ; Marc 1, 40-45 : « La lèpre le quitta et il fut purifié »

**Ve 13** *S. Hilaire, évêque de Poitiers, docteur de l'Église, † 367.*
Hébreux 4, 1-5.11 ; Ps 77 ; Marc 2, 1-12 : « Le Fils de l'homme a autorité pour pardonner les péchés sur la terre »

**Sa 14** Hébreux 4, 12-16 ; Ps 18B ; Marc 2, 13-17 : « Je ne suis pas venu appeler des justes, mais des pécheurs »

**Bonne fête !** 8 : Lucien, Lucienne, Gudule, Peggy. 9 : Alix, Alexia. 10 : Guillaume, Guillemette, William, Willy. 11 : Paulin. 12 : Césarine, Tatiana, Tania. 13 : Hilaire, Yvette. 14 : Nina.

**Pour mémoire :** dimanche de l'Épiphanie, en France et en Belgique, quête pour l'Aide aux Églises d'Afrique (AEA).

# Baptême du Seigneur

## 9 JANVIER 2023

## Jésus, le Fils bien-aimé

**Après sa manifestation aux bergers puis aux mages,** Jésus est manifesté comme le Fils bien-aimé de Dieu. Isaïe avait déjà annoncé la venue d'un serviteur de Dieu qui, par des chemins inattendus, serait la lumière des nations. Arracher les hommes à leurs ténèbres, les libérer de leurs prisons, manifester la puissance libératrice de l'amour de Dieu en faveur des humbles, des petits, des exclus, voilà la mission du serviteur de Dieu, la mission de Jésus *(première lecture).*

Le baptême de Jésus par Jean n'est pas un évènement anecdotique. Il a toujours tenu une place importante dans la Révélation. En effet, il représente, en même temps que l'accomplissement des annonces prophétiques, l'annonce, le commencement de tout ce qui allait se déployer dans la vie de Jésus, dans sa mort et sa résurrection et dans l'envoi de l'Esprit Saint « accomplir toute justice » *(Évangile).*

Dans les Actes des Apôtres, Pierre annonce, pour la première fois, la Bonne Nouvelle de Jésus aux païens. Cette annonce fait référence au baptême du Seigneur. Ainsi, Pierre dévoile la dimension universelle de la mission confiée aux disciples : Dieu ne fait pas de différence entre les hommes et il accueille tous ceux « dont les œuvres sont justes ». Tous sont appelés, à la suite de Jésus, à recevoir l'onction de l'Esprit Saint et à devenir des enfants du Père *(deuxième lecture).* La force libératrice de l'amour de Dieu, annoncée par Isaïe, révélé en Jésus, donne désormais tout son sens à la mission de l'Église et à notre mission de baptisés.

**CHANTER**

- Pour la procession d'ouverture : ***Peuple de baptisés* K 106 CNA 573, *Peuples, criez de joie* MY 27 CNA 579.**
- Pour l'aspersion : ***J'ai vu des fleuves d'eau vive* I 44-62.**
- Pour la procession de communion : ***En marchant vers toi, Seigneur* D 380 CNA 326.**



## Prière

Dieu éternel et tout-puissant, quand le Christ fut baptisé dans le Jourdain, et que l'Esprit Saint descendit sur lui, tu l'as manifesté solennellement comme ton Fils bien-aimé ; accorde à tes enfants d'adoption, qui ont reçu la nouvelle naissance de l'eau et de l'Esprit, d'être toujours fidèles à ce qui te plaît. Par Jésus Christ, ton Fils, notre Seigneur, qui vit et règne avec toi dans l'unité du Saint-Esprit, Dieu, pour les siècles des siècles.

*ou bien*

Seigneur Dieu, c'est dans la réalité de notre chair que ton Fils unique est apparu ; puisqu'à son aspect extérieur, nous l'avons reconnu semblable à nous, fais que par lui nous soyons intérieurement transformés. Lui qui vit et règne avec toi dans l'unité du Saint-Esprit, Dieu, pour les siècles des siècles.

## 1re Lecture

Is 42, 1-4.6-7

*Voici mon serviteur qui a toute ma faveur*

## Psaume 28

**R/. Le Seigneur bénit son peuple en lui donnant la paix**

## 2e Lecture

Ac 10, 34-38

*Dieu lui a donné l'onction d'Esprit Saint*

## Évangile

*Celui-ci est mon Fils bien-aimé*

**→ Évangile de Jésus Christ selon saint Matthieu** 3, 13-17

**En ces jours-là paraît Jésus.** Il était venu de Galilée jusqu'au Jourdain auprès de Jean, pour être baptisé par lui. Jean voulait l'en empêcher et disait : « C'est moi qui ai besoin d'être baptisé par toi, et c'est toi qui viens à moi ! » Mais Jésus lui répondit : « Laisse faire pour le moment, car il convient que nous accomplissions ainsi toute justice. » Alors Jean le laisse faire.

Dès que Jésus fut baptisé, il remonta de l'eau, et voici que les cieux s'ouvrirent : il vit l'Esprit de Dieu descendre comme une colombe et venir sur lui. Et des cieux, une voix disait : « Celui-ci est mon Fils bien-aimé en qui je trouve ma joie. »

## Préface

*Le Baptême du Seigneur*

Vraiment, il est juste et bon, pour ta gloire et notre salut, de t'offrir notre action de grâce, toujours et en tout lieu, Seigneur, Père très saint, Dieu éternel et tout-puissant.
Dans les eaux du Jourdain, tu as préfiguré par d'admirables mystères le baptême nouveau. Une voix venue du ciel atteste que ton Verbe habite parmi les hommes. Par l'Esprit descendu sous l'aspect d'une colombe, le Christ, ton Serviteur, reçoit l'onction d'allégresse : il est reconnu comme le messager de la Bonne Nouvelle aux pauvres.
C'est pourquoi, avec les puissances des cieux, nous pouvons te bénir sur la terre et t'adorer sans fin en proclamant :
Saint ! Saint ! Saint, le Seigneur, Dieu de l'univers !...

# L'ÉVANGILE DE JÉSUS CHRIST SELON SAINT MATTHIEU

L'évangile selon saint Matthieu, le premier des livres du Nouveau Testament, nous rapporte abondamment les enseignements de Jésus. Il a été écrit dans le contexte d'une communauté d'origine juive. Sa rédaction se situe après la destruction du Temple de Jérusalem en 70 et sans doute avant 85 quand la rupture entre le judaïsme et les jeunes communautés chrétiennes a été consommée.

Il semble que l'auteur s'est appuyé sur l'évangile selon saint Marc et sur d'autres sources mais le cœur de ce texte consiste à attester que Jésus de Nazareth est bien le Messie qu'on a attendu, Celui qui réalise les promesses de Dieu faites à son peuple Israël. Dès les deux premiers chapitres, par exemple, nous découvrirons les titres donnés à Jésus par Matthieu : Sauveur, Emmanuel, roi, Messie, Fils de Dieu.

Composé pour des chrétiens d'origine juive, ce récit contient de très nombreuses citations de l'Ancien Testament. C'est pour saint Matthieu le moyen de montrer que les actes, les paroles de Jésus et les événements qui le concernent sont l'accomplissement des Écritures.

Ses lecteurs, sans doute menacés par le doute et les attaques venant autant des Juifs que du pouvoir politique, avaient besoin de se renforcer dans les paroles du Christ. On lira donc cette année de nombreux discours propres à l'évangile selon saint Matthieu.

Profitons de cette année matthéenne pour nous nourrir davantage des enseignements du Christ et, comme ses premiers lecteurs, puisons dans les mots de Jésus les forces dont nous avons besoin pour rendre compte de notre foi et agir en disciples-missionnaires.

# LE TEMPS ORDINAIRE

## Déployer les mystères du Christ

L'année liturgique s'est organisée autour des fêtes de Pâques puis de Noël. La résurrection du Seigneur est toujours apparue comme le sommet de la vie des chrétiens et donc des cycles liturgiques. À partir du IVe siècle, l'Incarnation de Dieu en Jésus a été comprise comme étant aussi un élément du mystère du salut. Ainsi deux cycles dans le calendrier liturgique rythment le temps : d'une part, l'Avent et le Temps de Noël et d'autre part, le Carême et le Temps pascal. On se prépare puis on célèbre alors les « mystères du Christ », c'est-à-dire les grands événements de sa vie, par lesquels il a communiqué le salut aux hommes.

Entre ces périodes se situe le Temps ordinaire que l'on retrouve aussi entre la Pentecôte et la fin de l'année. Ce temps qui nous est offert permet d'abord de mettre en lumière le dimanche, le jour de la célébration du mystère pascal. Avant même qu'une date annuelle fût déterminée pour fêter plus solennellement la résurrection du Seigneur, les premiers chrétiens se sont réunis régulièrement pour faire de cet événement le mémorial de leur foi. Ces nombreux dimanches donnent aussi l'opportunité de se mettre à l'écoute du Seigneur : nous entendrons cette année dans l'évangile selon saint Matthieu, entre autres, le discours de Jésus sur la montagne mais aussi sa prédication au bord du lac de Génésareth. Le pape François a voulu que nous prêtions davantage d'attention à l'Écriture en établissant que « le IIIe Dimanche du Temps Ordinaire soit consacré à la célébration, à la réflexion et à la proclamation de la parole de Dieu. »

Voilà qui rappelle la place importante de la parole de Dieu. Elle a toujours fait partie de l'eucharistie, quel qu'en soit le déroulement qui a connu de profondes modifications au cours des siècles. Le concile Vatican II le souligne quand il rappelle que dans les actions liturgiques le Christ est « présent dans sa parole, car c'est lui qui parle tandis qu'on lit dans l'Église les Saintes Écritures » (Constitution sur la liturgie *Sacrosanctum Concilium* n° 7).

Ainsi avons-nous davantage à l'esprit que « les deux parties qui constituent en quelque sorte la messe, c'est-à-dire la liturgie de la Parole et la liturgie eucharistique, sont si étroitement unies entre elles qu'elles constituent un seul acte de culte. » (*Sacrosanctum Concilium* n° 56). La liturgie de la Parole n'est pas une préparation qui nous guiderait vers l'eucharistie ou qui serait un premier stade dans un crescendo se déployant dans la communion sacramentelle. Le Cardinal Arinze le rappelait en 2004 dans l'instruction *Redemptionis Sacramentum* de la Congrégation pour la Culte Divin : « Il n'est donc pas licite de les séparer l'une de l'autre » (n° 60).

Mettons-nous donc à l'écoute du Seigneur tout au long de ce Temps ordinaire puisque sa parole et son eucharistie sont des manifestations de sa présence à son peuple qui est son Corps.

# 2^e^ dimanche

## 15 JANVIER 2023

## Destinés à être l'image du Fils

**Au début du Temps ordinaire,** les textes de ce jour nous indiquent le chemin pour devenir de vrais disciples du Christ. C'est en portant nos regards vers lui, comme l'a fait le Baptiste, que nous saurons vivre en baptisés. Il s'agit bien de voir : à quatre reprises, ce verbe a pour sujet le Précurseur et c'est ce qui lui permet de découvrir la divinité de Jésus et de le « connaître » comme tel. De cette rencontre, Jean nous dit qu'elle est pour lui l'accomplissement d'un ordre qu'il a reçu de Celui qui l'a envoyé baptiser (*évangile*).

Il ressort du témoignage de Jean que Jésus est celui qui va accomplir la vocation du peuple de Dieu. La prophétie d'Isaïe (*première lecture*) évoque le rassemblement d'Israël et de ses rescapés mais aussi sa vocation à être la lumière pour les nations, par la force que Dieu lui donnera, afin que « le salut parvienne jusqu'aux extrémités de la terre ». Nous savons que la mission de Jésus est de rassembler tous les peuples en un seul corps et qu'il inaugurera ce dessein de Dieu par son mystère pascal. Le Baptiste se réfère au sacrifice du Christ par l'expression « Agneau de Dieu » qu'il applique à Jésus. Alors les hommes comprendront que Dieu est sa force, selon l'expression du prophète Isaïe. Jean présente son propre rôle de baptiste comme une subordination au ministère du Christ : il n'est là que pour permettre la manifestation du Fils de Dieu venu en notre chair.

Le chrétien devra garder les yeux sur le Christ pour vivre, comme Jésus, en fidèle serviteur de Dieu et répondre à sa vocation d'être saint comme le présente l'Apôtre Paul aux Corinthiens (*deuxième lecture*). Cette vocation a de plus une ampleur universelle puisqu'elle concerne « tous ceux qui, en tout lieu, invoquent le nom de notre Seigneur Jésus Christ » parce qu'ils ont été baptisés dans l'Esprit Saint. Ainsi déjà prend forme la large perspective que présentait Isaïe.

**CHANTER**

- Pour la procession d'ouverture : ***Dieu nous éveille à la foi*** **IA 20-70-3 CNA 546,** ***Dieu nous a tous appelés*** **KD 14-56-1 CNA 571,** ***Acclamez votre Dieu*** **A 67-19,** ***Par la musique et par nos voix*** **Y 43-38 CNA 572.**
- On retiendra, pour le Temps ordinaire, un ordinaire de la messe qui pourra servir plusieurs dimanches.
- Après la Parole : ***Voici l'Agneau de Dieu*** **X 55-57.**
- Pour la procession de communion : ***Nous formons un même corps*** **D 105 CNA 570**
- Après la communion : ***Tenons en éveil*** **Y 243-1 CNA 591.**

## Antienne d'ouverture

cf. Ps 65, 4

Toute la terre se prosterne devant toi,
qu'elle chante pour toi,
qu'elle chante un psaume pour ton nom, Dieu très-haut.

*Gloria.*

## Prière

Dieu éternel et tout-puissant, qui régis et le ciel et la terre, exauce, en ta bonté, les supplications de ton peuple et donne à notre temps la paix qui vient de toi. Par Jésus Christ, ton Fils, notre Seigneur, qui vit et règne avec toi dans l'unité du Saint-Esprit, Dieu, pour les siècles des siècles.

## 1re Lecture

*Le Seigneur fonde la force de son peuple*

**→ Lecture du livre du prophète Isaïe** 49, 3.5-6

**Le Seigneur m'a dit** : « Tu es mon serviteur, Israël, en toi je manifesterai ma splendeur. » Maintenant le Seigneur parle, lui qui m'a façonné dès le sein de ma mère pour que je sois son serviteur, que je lui ramène Jacob, que je lui rassemble Israël. Oui, j'ai de la valeur aux yeux du Seigneur, c'est mon Dieu qui est ma force.

Et il dit : « C'est trop peu que tu sois mon serviteur pour relever les tribus de Jacob, ramener les rescapés d'Israël : je fais de toi la lumière des nations, pour que mon salut parvienne jusqu'aux extrémités de la terre. »

## Psaume 39

**R/. Me voici, Seigneur, je viens faire ta volonté.**

D'un grand espoir j'espérais le Seigneur :
il s'est penché vers moi
Dans ma bouche il a mis un chant nouveau,
une louange à notre Dieu.

Tu ne voulais ni offrande ni sacrifice,
tu as ouvert mes oreilles ;
tu ne demandais ni holocauste ni victime,
alors j'ai dit : « Voici, je viens. »

Dans le livre, est écrit pour moi
ce que tu veux que je fasse.
Mon Dieu, voilà ce que j'aime :
ta loi me tient aux entrailles.

Vois, je ne retiens pas mes lèvres,
Seigneur, tu le sais.
J'ai dit ton amour et ta vérité
à la grande assemblée.

## 2e Lecture *Adresse fraternelle aux Corinthiens*

**→ Lecture de la première lettre de saint Paul apôtre aux Corinthiens** 1, 1-3

**Paul**, appelé par la volonté de Dieu pour être apôtre du Christ Jésus, et Sosthène notre frère, à l'Église de Dieu qui est à Corinthe, à ceux qui ont été sanctifiés dans le Christ Jésus et sont appelés à être saints avec tous ceux qui, en tout lieu, invoquent le nom de notre Seigneur Jésus Christ, leur Seigneur et le nôtre. À vous, la grâce et la paix, de la part de Dieu notre Père et du Seigneur Jésus Christ.

**Alléluia. Alléluia.** Le Verbe s'est fait chair, il a habité parmi nous. À tous ceux qui l'ont reçu, il a donné de pouvoir devenir enfants de Dieu. **Alléluia.**

## Évangile

*Le témoignage du Baptiste rendu au Christ*

→ **Évangile de Jésus Christ selon saint Jean** 1, 29-34

**En ce temps-là**, voyant Jésus venir vers lui, Jean le Baptiste déclara : « Voici l'Agneau de Dieu, qui enlève le péché du monde ; c'est de lui que j'ai dit : L'homme qui vient derrière moi est passé devant moi, car avant moi il était. Et moi, je ne le connaissais pas ; mais, si je suis venu baptiser dans l'eau, c'est pour qu'il soit manifesté à Israël. »

Alors Jean rendit ce témoignage : « J'ai vu l'Esprit descendre du ciel comme une colombe et il demeura sur lui. Et moi, je ne le connaissais pas, mais celui qui m'a envoyé baptiser dans l'eau m'a dit : "Celui sur qui tu verras l'Esprit descendre et demeurer, celui-là baptise dans l'Esprit Saint." Moi, j'ai vu, et je rends témoignage : c'est lui le Fils de Dieu. »

### POUR LA PRIÈRE UNIVERSELLE

Invoquons notre Seigneur pour l'Église et pour le monde :
– prions pour tous les baptisés : que, selon l'invocation de l'Apôtre Paul, ils reçoivent « la grâce et la paix, de la part de Dieu notre Père et du Seigneur Jésus Christ » afin d'en être ses fidèles missionnaires ;
– prions pour toutes les nations disséminées à travers le monde : qu'elles accueillent la lumière de Jésus, l'Agneau de Dieu ;
– prions pour les chrétiens des différentes confessions dans l'Église qui partagent un seul baptême et une seule foi : qu'ils resserrent leurs liens d'unité afin que le monde croie ;
– prions pour ceux qui, dans notre communauté paroissiale, préparent les baptêmes des petits enfants : laïcs, diacres et prêtres : que, par leurs paroles et par leurs actes, ils favorisent la reconnaissance de Jésus, le Fils de Dieu.

## Prière sur les offrandes

Accorde-nous, Seigneur, nous t'en prions, de participer dignement à ces mystères, car chaque fois qu'est célébré ce sacrifice en mémorial, c'est l'œuvre de notre Rédemption qui s'accomplit. Par le Christ, notre Seigneur.

## Antienne de la communion

cf. Ps 22, 5

Tu prépares la table pour moi ;
la coupe qui m'enivre, comme elle est admirable !

## Prière après la communion

Répands en nous, Seigneur, ton Esprit de charité, afin d'unir dans un même amour ceux que tu as nourris du même pain du ciel. Par le Christ, notre Seigneur.



### Jésus : la joie du Père

« L'admirable dans l'épisode (*le baptême de Jésus*) est que, si la conscience de Jésus demeure enveloppée de silence, le sentiment du Père s'exprime en pleine clarté. Comme si Jésus n'était là que pour laisser le Père manifester sa joie et son amour. Depuis des siècles déjà, depuis qu'il avait communiqué à Israël sa certitude de tenir entre les mains un serviteur dont il était absolument sûr, Dieu en annonçant la venue de ce personnage, avait fait part de la joie qu'il trouverait en lui (Is 42, 1 ; 49, 8 ; cf. 53, 10). Aujourd'hui la promesse est tenue, le Serviteur est là, et Dieu lui communique sa joie. Tout cela se fait par l'Esprit. Entre Jésus et le ciel, c'est lui qui opère la communication, c'est son mouvement qui assure l'unité. »

Jacques Guillet, *Jésus Christ dans notre monde*,
DDB, 1974, p. 207.

## CALENDRIER LITURGIQUE

| | |
|---|---|
| **Di 15** | **2e dimanche A.**<br>*Liturgie des Heures : Psautier semaine II.*<br>[*En France, S. Remi, évêque de Reims, † vers 530*]. |
| **Lu 16** | *À Monaco,* S. Honorat, fondateur du monastère de Lérins, évêque de Fréjus puis d'Arles, † 430.<br>Hébreux 5, 1-10 ; Ps 109 ; Marc 2, 18-22 : « L'Époux est avec eux » |
| **Ma 17** | S. Antoine, ermite en Égypte, † 356.<br>Hébreux 6, 10-20 ; Ps 110 ; Marc 2, 23-28 : « Le sabbat a été fait pour l'homme, et non pas l'homme pour le sabbat » |
| **Me 18** | Hébreux 7, 1-3.15-17 ; Ps 109 ; Marc 3, 1-6 « Est-il permis, le jour du sabbat, de sauver une vie ou de tuer ? » |
| **Je 19** | Hébreux 7, 25–8, 6 ; Ps 55 ; Marc 3, 7-12 « Les esprits impurs criaient : "Toi, tu es le Fils de Dieu !" Mais il leur défendait vivement de le faire connaître » |
| **Ve 20** | *S. Fabien, pape et martyr, † 250.*<br>*S. Sébastien, martyr à Rome au début du IVe siècle.*<br>Hébreux 8, 6-13 ; Ps 84 ; Marc 3, 13-19 : « Jésus appela ceux qu'il voulait pour qu'ils soient avec lui » |
| **Sa 21** | Ste Agnès, vierge et martyre, † 305 à Rome.<br>Hébreux 9, 2-3.11-14 ; Ps 46 ; Marc 3, 20-21 : « Les gens de chez lui affirmaient : Il a perdu la tête » |

**Bonne fête !** 15 : Remi. 16 : Marcel, Priscilla, Honoré. 17 : Antoine, Anthony, Toinon, Toinette. 18 : Prisca. 19 : Marius. 20 : Fabien, Fabienne, Sébastien, Bastien. 21 : Agnès, Inès.

**Pour mémoire :** du 18 au 25 janvier, semaine de prière pour l'unité des chrétiens.

**Saint Fabien (20 janvier)** fut pape à partir de 236. Son pontificat fut marqué par une période de paix et d'essor missionnaire. Contemporain de saint Cyprien à Carthage et de saint Denis à Paris, il connut la persécution de Dèce dont il fut l'une des premières victimes. Martyrisé à Rome en 250, il fut inhumé dans le cimetière de Calixte sur la voie Appienne.

# 3e dimanche

## 22 JANVIER 2023

## Voici que s'ouvrent des temps nouveaux !



**Avec le début de l'activité missionnaire de Jésus,** nous allons découvrir que s'accomplit le dessein de Dieu, annoncé par les prophètes. La Bonne Nouvelle que Jésus apporte dépasse le stade d'une prédication, fût-elle novatrice. Il s'agit de transformer le monde et la vie des hommes pour leur apporter la liberté. Le prophète Isaïe oppose la honte, les ténèbres, le joug et le bâton du tyran qu'a connus le peuple d'Israël à ce qui l'attend : la gloire, la lumière et l'allégresse (*première lecture*). De même, le Christ après l'arrestation de Jean le Baptiste annonce l'Évangile du Royaume, guérit toute maladie et toute infirmité dans le peuple (*évangile*). Mais il introduit deux éléments nouveaux : l'appel des premiers disciples nous montre que Jésus ne veut pas agir seul ; il interpelle ces pêcheurs au bord du lac pour en faire des pêcheurs d'hommes. D'autre part, la scène se situe, non pas au cœur d'Israël mais en ses périphéries, les pays de Nephtali et de Zabulon, c'est-à-dire entre Nazareth et la mer de Génésareth. Ainsi, l'action du Sauveur sera en faveur de tous les peuples. Le Christ dévoile aussi son projet : l'Évangile qu'il prêche n'est pas qu'une doctrine. Il consiste pour les hommes à fonder leur vie sur sa propre personne, gage d'unité entre ses disciples (*deuxième lecture*).

Aujourd'hui encore, nous sommes appelés par le Christ, d'aussi loin que nous venions, à entrer dans l'esprit du royaume des Cieux. Pour cela il nous faut écouter sa Parole, particulièrement en ce « dimanche de la parole de Dieu » souhaité par le pape François. Il nous faut aussi, comme les premiers disciples, savoir abandonner quelque chose pour être disponibles à l'Auteur de la vie : des activités superflues, des préoccupations égocentriques, un défaitisme contagieux… Alors nous pourrons chanter avec les mots du psaume de ce dimanche : « J'en suis sûr, je verrai les bontés du Seigneur sur la terre des vivants ».

**CHANTER**

- Les chants proposés ce dimanche conviendront du 3e au 7e dimanche du Temps ordinaire.
- Si l'on souhaite retenir un chant plus spécifique pour le 3e dimanche : ***Écoute, ton Dieu t'appelle*** **(Fr. Jean-Baptiste).**
- Pour la procession d'ouverture : ***Pour avancer ensemble*** **KD 20-38 CNA 524,** ***Dieu nous a tous appelés*** **KD 14-56-1 CNA 571,** ***Sur les chemins de Palestine*** **X 973,** ***Jubilez, criez de joie*** **Y 68-11,** ***Acclamez votre Dieu*** **A 67-19,** ***Par la musique et par nos voix*** **Y 43-38 CNA 572,** ***Appelés pour bâtir le Royaume*** **TK 51-32.**
- Pour la procession de communion : ***Venez, approchons-nous*** **EDIT 16-18,** ***En marchant vers toi, Seigneur*** **D 380 CNA326,** ***Approchons-nous de la table*** **D 19-30,** ***Le Seigneur a dressé une table*** **D 580 CNA 332,** ***Voici le Corps et le Sang du Seigneur*** **D 44-80.**
- Pour l'action de grâce : ***En accueillant l'amour*** **DP 126 CNA 325,** ***Par la musique et par nos voix*** **Y 43-38 CNA572,** ***Jubilez, criez de joie*** **Y 68-11,** ***N'oublions pas les merveilles de Dieu*** **ZL 33-34.**

## Antienne d'ouverture

Ps 95, 1.6

Chantez au Seigneur un chant nouveau,
chantez au Seigneur, terre entière.
Devant lui, splendeur et majesté,
dans son sanctuaire, puissance et beauté.

*Gloria.*

## Prière

Dieu éternel et tout-puissant, dans ta bienveillance, dirige nos actions, afin qu'au nom de ton Fils bien-aimé, nous portions des fruits en abondance. Par Jésus Christ, ton Fils, notre Seigneur, qui vit et règne avec toi dans l'unité du Saint-Esprit, Dieu, pour les siècles des siècles.

*ou pour l'unité des chrétiens*

Seigneur, nous t'en prions : porte sur ton peuple un regard favorable ; et, dans ta bonté, répands sur lui les dons de ton Esprit, pour qu'il ne cesse de progresser dans l'amour de la vérité et mette tout son cœur et toutes ses forces à rechercher la parfaite unité des chrétiens. Par Jésus Christ, ton Fils, notre Seigneur, qui vit et règne avec toi dans l'unité du Saint-Esprit, Dieu, pour les siècles des siècles.

*ou bien*

Montre-nous, Seigneur, à quel point tu nous aimes, et par la puissance de ton Esprit fais que cessent les divisions entre chrétiens ; que ton Église apparaisse plus clairement comme un signe dressé au milieu des nations, et que le monde, illuminé par ton Esprit, mette sa foi dans le Christ, que tu as envoyé. Lui qui vit et règne avec toi dans l'unité du Saint-Esprit, Dieu, pour les siècles des siècles.



## 1re Lecture *Le Seigneur libère son peuple du joug qui pesait sur lui*

→ **Lecture du livre du prophète Isaïe** 8, 23b – 9, 3

D**ans un premier temps**, le Seigneur a couvert de honte le pays de Zabulon et le pays de Nephtali ; mais ensuite, il a couvert de gloire la route de la mer, le pays au-delà du Jourdain, et la Galilée des nations. Le peuple qui marchait dans les ténèbres a vu se lever une grande lumière ; et sur les habitants du pays de l'ombre, une lumière a resplendi.

Tu as prodigué la joie, tu as fait grandir l'allégresse : ils se réjouissent devant toi, comme on se réjouit de la moisson, comme on exulte au partage du butin. Car le joug qui pesait sur lui, la barre qui meurtrissait son épaule, le bâton du tyran, tu les as brisés comme au jour de Madiane.

## Psaume 26

**R/. Le Seigneur est ma lumière et mon salut.**

Le Seigneur est ma lumière et mon salut,
de qui aurais-je crainte ?
Le Seigneur est le rempart de ma vie,
devant qui tremblerais-je ?

J'ai demandé une chose au Seigneur,
la seule que je cherche :
habiter la maison du Seigneur
tous les jours de ma vie,

Mais j'en suis sûr, je verrai les bontés du Seigneur
sur la terre des vivants.
« Espère le Seigneur, sois fort et prends courage ;
espère le Seigneur. »

## 2e Lecture

*Le Christ est la source de l'unité de l'Église*

→ **Lecture de la première lettre de saint Paul apôtre aux Corinthiens** 1, 10-13.17

**Frères,** je vous exhorte au nom de notre Seigneur Jésus Christ : ayez tous un même langage ; qu'il n'y ait pas de division entre vous, soyez en parfaite harmonie de pensées et d'opinions. Il m'a été rapporté à votre sujet, mes frères, par les gens de chez Chloé, qu'il y a entre vous des rivalités.

Je m'explique. Chacun de vous prend parti en disant : « Moi, j'appartiens à Paul », ou bien : « Moi, j'appartiens à Apollos », ou bien : « Moi, j'appartiens à Pierre », ou bien : « Moi, j'appartiens au Christ ».

Le Christ est-il donc divisé ? Est-ce Paul qui a été crucifié pour vous ? Est-ce au nom de Paul que vous avez été baptisés ? Le Christ, en effet, ne m'a pas envoyé pour baptiser, mais pour annoncer l'Évangile, et cela sans avoir recours au langage de la sagesse humaine, ce qui rendrait vaine la croix du Christ.

**Alléluia. Alléluia.** Jésus proclamait l'Évangile du Royaume, et guérissait toute maladie dans le peuple. **Alléluia.**

## Évangile *Début de la prédication de Jésus*

→ **Évangile de Jésus Christ selon saint Matthieu** 4, 12-23

Quand **Jésus** apprit l'arrestation de Jean le Baptiste, il se retira en Galilée. Il quitta Nazareth et vint habiter à Capharnaüm, ville située au bord de la mer de Galilée, dans les territoires de Zabulon et de Nephtali. C'était pour que soit accomplie la parole prononcée par le prophète Isaïe :

*Pays de Zabulon et pays de Nephtali,*
*route de la mer et pays au-delà du Jourdain,*
*Galilée des nations !*
*Le peuple qui habitait dans les ténèbres*
*a vu une grande lumière.*
*Sur ceux qui habitaient dans le pays et l'ombre de la mort,*
*une lumière s'est levée.*

À partir de ce moment, Jésus commença à proclamer : « Convertissez-vous, car le royaume des Cieux est tout proche. »

Comme il marchait le long de la mer de Galilée, il vit deux frères, Simon, appelé Pierre, et son frère André, qui jetaient leurs filets dans la mer ; car c'étaient des pêcheurs. Jésus leur dit : « Venez à ma suite, et je vous ferai pêcheurs d'hommes. » Aussitôt, laissant leurs filets, ils le suivirent. De là, il avança et il vit deux autres frères, Jacques, fils de Zébédée, et son frère Jean, qui étaient dans la barque avec leur père, en train de réparer leurs filets. Il les appela. Aussitôt, laissant la barque et leur père, ils le suivirent.

Jésus parcourait toute la Galilée ; il enseignait dans leurs synagogues, proclamait l'Évangile du Royaume, guérissait toute maladie et toute infirmité dans le peuple.

**POUR LA PRIÈRE UNIVERSELLE**

Avec confiance, prions le Seigneur, lui qui appelle tous les hommes :

– « Qu'il n'y ait pas de division entre vous ». Seigneur, nous te prions pour l'unité des chrétiens : qu'en accueillant le Saint Esprit, leurs rencontres, leurs dialogues et leurs recherches théologiques favorisent la compréhension mutuelle ;

– « Jésus apprit l'arrestation de Jean le Baptiste ». Seigneur, nous te prions pour les responsables politiques : qu'ils agissent selon la justice et qu'ils permettent à tous les chrétiens de vivre dans la paix ;

– « Le joug qui pesait sur lui, tu l'as brisé ». Seigneur, nous te prions pour les personnes qui ploient sous le fardeau des violences : qu'elles trouvent des soutiens efficaces et des disciples pleins d'attention auprès d'elles ;

– « Venez à ma suite ». Seigneur, nous te prions pour notre communauté : qu'elle soit à l'écoute de ta Parole, particulièrement dans les groupes bibliques, et que chacun réponde aux appels que tu lui adresses.

## Prière sur les offrandes

Accueille avec bienveillance nos présents, nous t'en prions, Seigneur : qu'ils soient sanctifiés et servent ainsi à notre salut. Par le Christ, notre Seigneur.

*ou pour l'unité des chrétiens*

Dans le sacrifice que nous t'offrons, Seigneur, accorde-nous d'être purifiés, et donne à tous ceux qui sont unis par un seul baptême de participer un jour à la même eucharistie. Par le Christ, notre Seigneur.

## Antienne de la communion

cf. Ps 33, 6

Approchez du Seigneur : resplendissez de sa lumière,
sans ombre ni trouble au visage.

## Prière après la communion

Nous t'en prions, Dieu tout-puissant ; nous recevons de toi la grâce qui fait vivre : fais que nous trouvions toujours notre gloire dans ce que tu nous donnes. Par le Christ, notre Seigneur.

*ou pour l'unité des chrétiens*

En recevant le sacrement du Christ, nous te demandons, Seigneur, de renouveler dans ton Église la grâce de sainteté que tu lui as accordée ; à tous ceux qui ont l'honneur de porter le nom de chrétiens donne de pouvoir te servir dans l'unité de la foi. Par le Christ, notre Seigneur.



## Libres des biens terrestres

« Je veux vous inviter à tout abandonner, sans vous y obliger. Si vous ne pouvez pas abandonner entièrement le monde, retenez les biens de ce monde, mais de telle façon qu'ils ne vous retiennent pas dans le monde. Possédez, mais ne vous laissez pas posséder. Il faut que votre esprit domine ce que vous avez ; autrement, si votre esprit est vaincu par l'amour des biens terrestres, c'est plutôt lui qui sera possédé par les biens qui lui appartiennent. (...)

Tout ce qui se passe dans ce monde, regardez-le comme à la dérobée. Que votre regard intérieur se dirige en avant et considère avant tout les réalités qui sont votre but. (...)

Ceux qui agissent ainsi ont tous les biens du monde à leur disposition pour en user, non pour les désirer. De la sorte, qu'il n'y ait rien pour freiner le désir de votre esprit, aucune jouissance pour vous lier aux embarras du monde. »

Grégoire le Grand, *Homélies sur l'Évangile*, livre II, homélie XXXVI, Sources chrétiennes n° 22, Cerf, 2008, p. 415.

## CALENDRIER LITURGIQUE

| | |
|---|---|
| Di 22 | **3e dimanche A.**<br>*Liturgie des Heures: Psautier semaine III.*<br>[*S. Vincent, diacre et martyr, † 304 à Valence (Espagne)*]. |
| Lu 23 | Hébreux 9, 15.24-28 ; Ps 97 ; Marc 3, 22-30 : « C'en est fini de Satan » |
| Ma 24 | S. François de Sales, évêque de Genève, docteur de l'Église, † 1622 à Lyon.<br>Hébreux 10, 1-10 ; Ps 39 ; Marc 3, 31-35 : « Celui qui fait la volonté de Dieu, celui-là est pour moi un frère, une sœur, une mère » |
| Me 25 | CONVERSION DE SAINT PAUL, Apôtre. Lectures propres : Ac 22,3-16 ou Ac 9,1-22 ; Ps 116 ; Marc 16,15-18 : « Allez dans le monde entier, proclamez l'Évangile » |
| Je 26 | S. Timothée et S. Tite, compagnons de S. Paul. Lecture propre : 2 Tm 1,1-8 ou Tt 1,1-5. Puis, ou bien Ps 95 ; Luc 10,1-9 ; ou bien, férie : Ps 23 ; Marc 4, 21-25 : « La lampe est apportée pour être mise sur le lampadaire. La mesure que vous utilisez sera utilisée pour vous » |
| Ve 27 | *Ste Angèle Merici, vierge, fondatrice des Ursulines, † 1540 à Brescia (Italie).*<br>*À Monaco*, Ste DÉVOTE, vierge et martyre, patronne principale de l'Archidiocèse et de la Principauté.<br>Hébreux 10, 32-39 ; Ps 36 ; Marc 4, 26-34 : « L'homme qui jette en terre la semence, qu'il dorme ou qu'il se lève, la semence grandit, il ne sait comment » |
| Sa 28 | S. Thomas d'Aquin, prêtre, dominicain, docteur de l'Église, † 1274 (7 mars) à Fossanova (Italie), enseveli à Toulouse.<br>Hébreux 11, 1-2.8-19 ; Cant. de Zacharie Luc 30 ; Marc 4, 35-41 « Qui est-il donc, celui-ci, pour que même le vent et la mer lui obéissent ? » |

**Bonne fête !** 22 : Vincent. 23 : Barnard. 24 : François, Francis, Franck. 25 : Priest. 26 : Timothée, Tite, Paule, Pauline, Mélanie. 27 : Angèle, Angélique, Julien. 28 : Thomas.

**Pour mémoire :** 3e dimanche du Temps ordinaire, « Dimanche de la Parole de Dieu », « jour solennel » consacré « à la célébration, à la réflexion et à la proclamation de la

Parole de Dieu » (Pape François, Motu proprio *Aperuit illis* publié le 30 septembre 2019).
– 24 janvier, S. François de Sales : journée des communications sociales (selon pape François) (voir aussi le dimanche avant la Pentecôte).

**Saint Julien (27 janvier)** fut le premier évêque du Mans dans la Sarthe. Une hésitation concerne l'époque où il a vécu : peut-être faut-il placer sa mort au début du IV^e siècle plutôt qu'en 250.

# 4e dimanche

## 29 JANVIER 2023

## Un esprit nouveau pour des temps nouveaux

**Dans notre société où les religions sont remises en question,** les chrétiens peuvent s'interroger sur leur manière de vivre au quotidien. L'Église doit-elle s'adapter aux valeurs du monde moderne pour être mieux comprise comme le souhaiteraient certains ou, pour se protéger, faudrait-il se mettre à distance du monde pour s'en préserver et vivre selon ses propres références ?

Le prophète Sophonie connaît la Stupeur d'une invasion d'Israël telle que le peuple de Dieu pourrait disparaître, mais le Seigneur s'appuiera sur le « petit reste » du peuple, les humbles qui eux-mêmes trouvent leur abri en Dieu. Dans ce mouvement de l'histoire, le prophète appelle à résister en se fiant à Dieu plutôt que de contracter des alliances politiques dont le « langage trompeur » détournerait la foi d'Israël (*première lecture*).

L'enseignement de Jésus, donné sur la montagne, n'invite pas non plus ses disciples à déserter le monde mais à agir selon l'esprit du Royaume que leur maître a déjà entrepris d'annoncer (*évangile*). Les Béatitudes consistent à renverser les valeurs du monde pour transformer celui-ci dans l'esprit du dessein de Dieu. Le bonheur promis par le Christ est à envisager, non pas selon la vision limitée de l'histoire des hommes, mais dans la perspective de son retour à la fin des temps.

Sans doute pour entrer dans cet esprit d'un monde nouveau faut-il être un peu fou, au moins aux yeux du monde. C'est la voie présentée par l'Apôtre Paul aux Corinthiens : il les appelle à s'appuyer sur le Christ, lui « qui est devenu pour nous sagesse venant de Dieu » (*deuxième lecture*). Ce qui est « fou », « faible », « modeste » et « méprisé », caractéristiques du Christ Jésus, voilà ce que Dieu a choisi pour réaliser son dessein. À notre tour, imitons le Christ pour vivre dans le monde comme ses véritables disciples.

**CHANTER**

On se réfèrera au 3e dimanche pour les chants proposés. Si l'on souhaite retenir un chant plus spécifique pour le 4e dimanche : ***Heureux, bienheureux* U 589.**

## Antienne d'ouverture

Ps 105, 47

Sauve-nous, Seigneur notre Dieu ;
rassemble-nous du milieu des nations,
que nous rendions grâce à ton saint nom,
fiers de chanter ta louange !

*Gloria.*

## Prière

Accorde-nous, Seigneur notre Dieu, de pouvoir t'adorer de tout notre esprit, et d'avoir envers tous une vraie charité. Par Jésus Christ, ton Fils, notre Seigneur, qui vit et règne avec toi dans l'unité du Saint-Esprit, Dieu, pour les siècles des siècles.

## 1re Lecture

*« Je laisserai chez toi un peuple pauvre et petit »*

→ **Lecture du livre du prophète Sophonie** 2, 3 ; 3, 12-13

**Cherchez le Seigneur**, vous tous, les humbles du pays, qui accomplissez sa loi. Cherchez la justice, cherchez l'humilité : peut-être serez-vous à l'abri au jour de la colère du Seigneur.

Je laisserai chez toi un peuple pauvre et petit ; il prendra pour abri le nom du Seigneur. Ce reste d'Israël ne commettra plus d'injustice ; ils ne diront plus de mensonge ; dans leur bouche, plus de langage trompeur. Mais ils pourront paître et se reposer, nul ne viendra les effrayer.

TEMPS ORDINAIRE

## Psaume 145

**R/. Heureux les pauvres de cœur,**
**car le royaume des Cieux est à eux !**
*ou* : Alléluia.

Le Seigneur fait justice aux opprimés ;
aux affamés, il donne le pain,
le Seigneur délie les enchaînés.

Le Seigneur ouvre les yeux des aveugles,
le Seigneur redresse les accablés,
le Seigneur aime les justes.

Le Seigneur protège l'étranger,
il soutient la veuve et l'orphelin,
Le Seigneur est ton Dieu pour toujours.

## 2e Lecture

*Être sage aux yeux de Dieu*

→ **Lecture de la première lettre de saint Paul apôtre aux Corinthiens** 1, 26-31

**Frères**, vous qui avez été appelés par Dieu, regardez bien : parmi vous, il n'y a pas beaucoup de sages aux yeux des hommes, ni de gens puissants ou de haute naissance. Au contraire, ce qu'il y a de fou dans le monde, voilà ce que Dieu a choisi, pour couvrir de confusion les sages ; ce qu'il y a de faible dans le monde, voilà ce que Dieu a choisi, pour couvrir de confusion ce qui est fort ; ce qui est d'origine modeste, méprisé dans le monde, ce qui n'est pas, voilà ce que Dieu a choisi, pour réduire à rien ce qui est ; ainsi aucun être de chair ne pourra s'enorgueillir devant Dieu. C'est grâce à Dieu, en effet, que vous êtes dans le Christ Jésus, lui qui est devenu pour nous sagesse venant de Dieu, justice, sanctification, rédemption. Ainsi, comme il est écrit :
*Celui qui veut être fier,*
*qu'il mette sa fierté dans le Seigneur.*

**Alléluia. Alléluia.** Réjouissez-vous, soyez dans l'allégresse, car votre récompense est grande dans les cieux ! **Alléluia.**

## Évangile

*Les Béatitudes*

**→ Évangile de Jésus Christ selon saint Matthieu** 5, 1-12a

**En ce temps-là,** voyant les foules, Jésus gravit la montagne. Il s'assit, et ses disciples s'approchèrent de lui. Alors, ouvrant la bouche, il les enseignait. Il disait :

« Heureux les pauvres de cœur,
car le royaume des Cieux est à eux.
Heureux ceux qui pleurent,
car ils seront consolés.
Heureux les doux,
car ils recevront la terre en héritage.
Heureux ceux qui ont faim et soif de la justice,
car ils seront rassasiés.
Heureux les miséricordieux,
car ils obtiendront miséricorde.
Heureux les cœurs purs,
car ils verront Dieu.
Heureux les artisans de paix,
car ils seront appelés fils de Dieu.
Heureux ceux qui sont persécutés pour la justice,
car le royaume des Cieux est à eux.

Heureux êtes-vous si l'on vous insulte, si l'on vous persécute et si l'on dit faussement toute sorte de mal contre vous, à cause de moi. Réjouissez-vous, soyez dans l'allégresse, car votre récompense est grande dans les cieux ! »

### POUR LA PRIÈRE UNIVERSELLE

Prions le Seigneur qui nous promet le bonheur selon le Royaume :

– Seigneur notre Dieu, nous te prions pour les pauvres de cœur de notre Église : qu'ils inspirent les pasteurs et ceux qui ont la charge de leurs frères ;

– nous t'implorons, Seigneur, pour les artisans de paix : qu'ils soient entendus par nos responsables politiques ;
– nous te confions ceux qui pleurent devant leurs conditions matérielles, dans leurs souffrances affectives ou qui sont atteints de la lèpre : qu'ils trouvent des frères miséricordieux à leurs côtés ;
– nous te présentons les doux et les miséricordieux de notre communauté : que leur sagesse soit reconnue par tous ceux qu'ils rencontrent.

## Prière sur les offrandes

Pour te servir, Seigneur, nous déposons nos présents sur ton autel : accueille-les favorablement, pour qu'ils deviennent le sacrement de notre rédemption. Par le Christ, notre Seigneur.

## Antienne de la communion

cf. Ps 30, 17-18

Sur ton serviteur, que s'illumine ta face ;
sauve-moi dans ta miséricorde.
Seigneur, garde-moi d'être humilié,
car je t'ai invoqué.

## Prière après la communion

Nous avons été fortifiés par le sacrement de notre Rédemption, et nous t'en prions, Seigneur : que cette nourriture pour le salut éternel nous fasse progresser dans la foi véritable. Par le Christ, notre Seigneur.

## Les artisans de paix sont les vrais disciples du Christ

« "Heureux les artisans de paix : ils seront appelés fils de Dieu" Mt 5, 9). Voyez comme le mérite des artisans de paix est grand, puisqu'on ne les appelle plus serviteurs mais fils de Dieu. À juste raison, car celui qui aime la paix, aime le Christ auteur de la paix, lui que l'Apôtre Paul a nommé "paix", quand il a dit "C'est lui, en effet, qui est notre paix" (Ep 2, 14). Celui qui, au contraire, n'aime pas la paix, s'attache à la discorde, parce qu'il aime le diable, auteur de la discorde. »

Saint Chromace d'Aquilée (407), *Sermon* 39,
*Les Pères de l'Église commentent l'Évangile*, Brepols, 1991, p. 90.

## CALENDRIER LITURGIQUE

| | |
|---|---|
| Di 29 | **4e dimanche A.**<br>*Liturgie des Heures : Psautier semaine IV.* |
| Lu 30 | Hébreux 11, 32-40 ; Ps 30 ; Marc 5, 1-20 : « Esprit impur, sors de cet homme ! » |
| Ma 31 | S. Jean Bosco, prêtre, fondateur des Salésiens, † 1888 à Turin.<br>Hébreux 12, 1-4 ; Ps 21 ; Marc 5, 21-43 : « Jeune fille, je te le dis, lève-toi ! » |
| Me 1er | Hébreux 12, 4-7.11-15 ; Ps 102 ; Marc 6, 1-6 : « Un prophète n'est méprisé que dans son pays » |
| Je 2 | PRÉSENTATION DU SEIGNEUR AU TEMPLE, p. 202. |
| Ve 3 | *S. Blaise, évêque de Sébaste (Asie Mineure), martyr, † vers 316.*<br>*S. Anschaire, évêque de Hambourg, † 865]*<br>Hébreux 13, 1-8 ; Ps 26 ; Marc 6, 14-29 : « Celui que j'ai fait décapiter, Jean, le voilà ressuscité ! » |
| Sa 4 | Hébreux 13, 15-17.20-21 ; Ps 22 ; Marc 6, 30-34 : « Ils étaient comme des brebis sans berger » |

**Bonne fête !** 29 : Gildas. 30 : Bathilde, Jacinthe, Martine. 31 : Marcelle, Alban. 1er février : Ella, Véridiana. 2 : Théophane. 3 : Blaise, Anatole, Oscar. 4 : Gilbert, Véronique, Bérénice, Vanessa.

**Pour mémoire :** dernier dimanche de janvier, journée mondiale des lépreux, fondée en 1954 par Raoul Follereau. – 2 février : Journée de la vie consacrée (religieuses, religieux, instituts séculiers, etc.).

**Saint Gildas (29 janvier)** naquit en Écosse à la fin du Ve siècle mais c'est au Pays de Galles qu'il reçut sa formation. Prédicateur éloquent, il prêcha en Écosse puis en Irlande et finalement en Bretagne. Il fonda sur la presqu'île de Rhuys un monastère qui porte toujours son nom.

# Présentation du Seigneur

## 2 FÉVRIER 2023

**La fête de la Présentation de Jésus** au Temple unit les personnages de l'Ancienne Alliance (Anne et Syméon) et de la Nouvelle : Jésus, Marie et Joseph. En étant soumis aux prescriptions de l'Ancienne Loi par ce rite liturgique, le Christ manifeste qu'il est vraiment entré dans l'histoire des hommes afin de la transformer. Son mystère pascal ouvrira une perspective nouvelle à tous les croyants, celle de la vie éternelle. En raison de cette consécration de Jésus, le pape Jean-Paul II a choisi cette date en 1997 pour fêter la vie consacrée.

**CHANTER**

- Pour la procession des lumières : ***Joyeuse lumière* I 17, *Lumière des hommes* G 127-2.**
- Après la communion : ***Tu es la vraie lumière* D 86 CNA 595, *Jésus, le Christ, lumière intérieure* Taizé.**

### Prière de bénédiction des cierges

Dieu, source et origine de toute lumière, en ce jour tu as montré à Syméon le Juste la Lumière qui se révèle aux nations ; nous te supplions humblement : bénis ✠ et sanctifie ces cierges ; accueille les prières de ton peuple, qui s'est rassemblé pour les porter à la louange de ton Nom : qu'en avançant au droit chemin, nous parvenions à la lumière qui ne s'éteint jamais. Par le Christ, notre Seigneur.

### Prière d'ouverture de la messe

Dieu éternel et tout-puissant, Dieu de majesté, nous t'adressons cette prière : puisque ton Fils unique, ayant pris notre chair, fut en ce jour présenté dans le Temple, fais que nous puissions, avec une âme purifiée, être présentés devant toi. Par Jésus Christ.

## Titre des lectures

| | |
|---|---|
| 1re lecture | Ml 3, 1-4 : Le Seigneur enverra son messager *ou* He 2,14-18 : Le Christ s'est rendu semblable aux hommes |
| Psaume 23 | R/. C'est le Seigneur, Dieu de l'univers ; c'est lui, le roi de gloire. |
| Évangile | Lc 2, 22-40 : Jésus est présenté au Temple |

## Préface

*Le mystère de la Présentation du Seigneur*

Vraiment, il est juste et bon, pour ta gloire et notre salut, de t'offrir notre action de grâce, toujours et en tout lieu, Seigneur, Père très saint, Dieu éternel et tout-puissant.
Aujourd'hui, ton Fils éternel est présenté dans le Temple, et l'Esprit Saint le désigne comme la gloire d'Israël ton peuple et la lumière des nations.
Joyeux, nous aussi, d'aller à la rencontre du Sauveur, nous te chantons avec les anges et tous les saints, et sans fin nous proclamons :
Saint ! Saint ! Saint, le Seigneur, Dieu de l'univers !...

**Pour mémoire :** 2 février : Journée de la vie consacrée (religieuses, religieux, instituts séculiers, vierges consacrées, etc.)

# 5e dimanche

## 5 FÉVRIER 2023

## Disciples en paroles et en actes

**S'il est évident** que les disciples du Seigneur ne doivent pas déserter le monde pour s'isoler en petits groupes en attendant la fin des temps mais qu'ils doivent l'habiter pour le transformer, se pose la question de leur manière de vivre pour être fidèles au Christ.

Jésus inaugure sa mission avec le discours sur la montagne. Il a commencé par la proclamation des Béatitudes qui décrivent les multiples facettes des témoins du Royaume. Il poursuit maintenant avec deux images qui caractérisent les disciples : le sel et la lumière (*évangile*). La première comparaison fait référence aux sacrifices offerts dans l'Ancien Testament : même comme offrandes au Seigneur, les mets devaient avoir du goût et il fallait donc les saler. Aujourd'hui, nous sommes appelés à offrir, non des animaux mais nos vies, en nous mêlant aux hommes comme le sel imprègne les aliments. La lumière de la parole de Dieu, elle, guide les hommes sur leurs chemins. Le livre de la Sagesse (18, 4) parle de « la lumière incorruptible de la Loi », ce que rappellera aussi le psaume 118. Jérusalem a ainsi vocation à être la lumière des nations (Is 42, 6) ; encore faut-il pour cela que le peuple pratique la justice (*première lecture*). Plus tard le Christ se présentera comme la lumière du monde. N'est-il pas le Verbe de Dieu, la Parole qui éclaire ?

C'est donc dans une étroite communion avec lui que les disciples pourront être ses témoins. Paul se présente ainsi aux Corinthiens : « Je n'ai rien voulu connaître d'autre que Jésus Christ, ce Messie crucifié » (*deuxième lecture*).

Les temps nouveaux ont été inaugurés par la venue du Christ dans notre monde. Il a commencé l'annonce du royaume des Cieux et choisi ses premiers disciples. Maintenant, suivons-le dans son enseignement donné sur la montagne, cet enseignement qui fera de nous aujourd'hui ses disciples en paroles et en actes.

**CHANTER**

- On se réfèrera au 3e dimanche pour les chants proposés.
- Si l'on souhaite retenir un chant plus spécifique pour le 5e dimanche : ***Vous êtes le sel de la terre*** **X 512.**

## Antienne d'ouverture

cf. Ps 94, 6-7

Venez, adorons Dieu,
prosternons-nous devant le Seigneur qui nous a faits,
car il est notre Dieu

*Gloria.*

## Prière

Dans ton inlassable tendresse, nous t'en prions, Seigneur, veille sur ta famille : elle s'appuie sur la grâce du ciel, son unique espérance ; qu'elle soit toujours assurée de ta protection. Par Jésus Christ, ton Fils, notre Seigneur, qui vit et règne avec toi dans l'unité du Saint-Esprit, Dieu, pour les siècles des siècles.

## 1re Lecture

*« Ta lumière jaillira comme l'aurore »*

→ **Lecture du livre du prophète Isaïe** 58, 7-10

**Ainsi parle le Seigneur** : Partage ton pain avec celui qui a faim, accueille chez toi les pauvres sans abri, couvre celui que tu verras sans vêtement, ne te dérobe pas à ton semblable. Alors ta lumière jaillira comme l'aurore, et tes forces reviendront vite. Devant toi marchera ta justice, et la gloire du Seigneur fermera la marche. Alors, si tu appelles, le Seigneur répondra ; si tu cries, il dira : « Me voici. » Si tu fais disparaître de chez toi le joug, le geste accusateur, la parole malfaisante, si tu donnes à celui qui a faim ce que toi, tu désires, et si tu combles les désirs du malheureux, ta lumière se lèvera dans les ténèbres et ton obscurité sera lumière de midi.

## Psaume 111

**R/. Lumière des cœurs droits,**
**le juste s'est levé dans les ténèbres.**
*ou* : **Alléluia.**

Lumière des cœurs droits, il s'est levé dans les ténèbres,
homme de justice, de tendresse et de pitié.
L'homme de bien a pitié, il partage ;
il mène ses affaires avec droiture.

Cet homme jamais ne tombera ;
toujours on fera mémoire du juste.
Il ne craint pas l'annonce d'un malheur :
le cœur ferme, il s'appuie sur le Seigneur.

Son cœur est confiant, il ne craint pas.
À pleines mains, il donne au pauvre ;
à jamais se maintiendra sa justice,
sa puissance grandira, et sa gloire !

## 2e Lecture

*Le mystère de Dieu, c'est Jésus Christ crucifié*

**→ Lecture de la première lettre de saint Paul apôtre aux Corinthiens** 2, 1-5

**Frères**, quand je suis venu chez vous, je ne suis pas venu vous annoncer le mystère de Dieu avec le prestige du langage ou de la sagesse. Parmi vous, je n'ai rien voulu connaître d'autre que Jésus Christ, ce Messie crucifié. Et c'est dans la faiblesse, craintif et tout tremblant, que je me suis présenté à vous. Mon langage, ma proclamation de l'Évangile, n'avaient rien d'un langage de sagesse qui veut convaincre ; mais c'est l'Esprit et sa puissance qui se manifestaient, pour que votre foi repose, non pas sur la sagesse des hommes, mais sur la puissance de Dieu.

**Alléluia. Alléluia.** Moi, je suis la lumière du monde, dit le Seigneur. Celui qui me suit aura la lumière de la vie. **Alléluia.**

## Évangile

*« Vous êtes la lumière du monde »*

**→ Évangile de Jésus Christ selon saint Matthieu** 5, 13-16

**En ce temps-là**, Jésus disait à ses disciples : « Vous êtes le sel de la terre. Mais si le sel devient fade, comment lui rendre de la saveur ? Il ne vaut plus rien : on le jette dehors et il est piétiné par les gens.

Vous êtes la lumière du monde. Une ville située sur une montagne ne peut être cachée. Et l'on n'allume pas une lampe pour la mettre sous le boisseau ; on la met sur le lampadaire, et elle brille pour tous ceux qui sont dans la maison. De même, que votre lumière brille devant les hommes : alors, voyant ce que vous faites de bien, ils rendront gloire à votre Père qui est aux cieux. »

### POUR LA PRIÈRE UNIVERSELLE

Prions le Seigneur de faire luire sa lumière pour tous les hommes de la terre :
– Seigneur, tu fais de tes disciples le sel de la terre et la lumière du monde. Nous te prions pour que l'Église rayonne de ton amour auprès des hommes et pour que ses responsables prennent de décisions adaptées pour l'annonce de l'Évangile ;
– Seigneur, nous te prions pour les responsables politiques et économiques : qu'ils fassent disparaître le joug qui pèsent sur les épaules des sans abri, des malheureux et des affamés ;

– cette semaine, nous avons fêté la Présentation de Jésus au Temple et la journée de la vie consacrée. Seigneur, nous te prions pour celles et ceux qui ont répondu à cet appel : qu'ils trouvent leur joie dans le don d'eux-mêmes ;
– samedi prochain aura lieu la journée du malade. Seigneur, nous te prions pour les malades et les personnes dépendantes de notre entourage : qu'ils trouvent des frères et des sœurs pour les visiter et les aider au quotidien.

## Prière sur les offrandes

Seigneur notre Dieu, tu as choisi dans ta création ces aliments qui soutiennent notre fragilité ; nous t'en prions : fais qu'ils deviennent aussi pour nous le sacrement de la vie éternelle. Par le Christ, notre Seigneur.

## Antienne de la communion

cf. Ps 106, 8-9

Qu'ils rendent grâce au Seigneur pour sa miséricorde,
pour ses merveilles envers les hommes :
car il rassasie l'âme épuisée,
il comble de biens celle qui a faim !

## Prière après la communion

Tu as voulu, Seigneur Dieu, que nous ayons part au même pain et à la même coupe ; nous t'en prions : puisque nous sommes devenus un dans le Christ, que notre manière de vivre nous donne la joie de porter du fruit pour le salut du monde. Par le Christ, notre Seigneur.

## Illuminés à notre baptême par le Christ

« Celui qui fait cette expérience (celle de la grâce du baptême) a part à la lumière qui vient du Christ. Lui-même et tout ce qui l'entoure entrent alors dans un jour nouveau. Il reçoit des yeux neufs pour contempler toutes choses dans la lumière de Dieu. "Dans ta lumière nous voyons la lumière" (Psaume 35, 10). La création, les hommes avec qui il entre en contact, tout vivant, il les voit à présent d'un regard surnaturel. Tout est situé dans le plan de salut que Dieu voudrait tant mettre en œuvre. Dieu n'attend que le premier pas de l'homme pour l'aider davantage de sa grâce et lui témoigner un amour qui le comble tout entier. »

André Louf, *Seigneur, apprends-nous à prier*, Lumen vitae, 1979, p. 58.

**Sainte Joséphine Bakhita (8 février)** est née au Soudan en 1869. Vers l'âge de 7 ans, elle fut enlevée et vendue comme esclave. En 1885 une famille italienne l'a recueillie ; confiée à une communauté religieuse, elle y devient réellement libre, découvre la foi et devient chrétienne en 1890 puis religieuse chez les Filles de la Charité en 1893. Elle y passera le reste de sa vie. Morte en 1947, elle sera canonisée en 2000.

## CALENDRIER LITURGIQUE

| | |
|---|---|
| **Di 5** | **5e dimanche A.**<br>*Liturgie des Heures : Psautier semaine I.*<br>[Ste Agathe, vierge et martyre, † 251 à Catane (Italie)] |
| **Lu 6** | S. Paul Miki, prêtre, et ses compagnons, martyrs, † 1597 à Nagasaki.<br>*En Belgique, S. Amand, évêque de Maastricht, † 679 ou 684 à Saint-Amand-les-Eaux.*<br>Genèse 1, 1-19 ; Ps 103 ; Marc 6, 53-56 : « Tous ceux qui touchèrent la frange de son manteau étaient sauvés » |
| **Ma 7** | Genèse 1, 20–2, 4a ; Ps 8 ; Marc 7, 1-13 : « Vous laissez de côté le commandement de Dieu, pour vous attacher à la tradition des hommes » |
| **Me 8** | *S. Jérôme Émilien, fondateur des Serviteurs des pauvres, † 1537, à Somasca (Italie).*<br>*Ste Joséphine Bakhita, vierge, esclave soudanaise, puis religieuse, † 1947 à Schio (Italie).*<br>Genèse 2, 4b-9.15-17 ; Ps 103 ; Marc 7, 14-23 : « Ce qui sort de l'homme, voilà ce qui rend l'homme impur » |
| **Je 9** | Genèse 2, 18-25 ; Ps 127 ; Marc 7, 24-30 « Les petits chiens, sous la table, mangent bien les miettes des petits enfants » |
| **Ve 10** | Ste Scholastique, moniale, sœur de S. Benoît, † vers 547 au Mont-Cassin.<br>Genèse 3, 1-8 ; Ps 31 ; Marc 7, 31-37 : « Il fait entendre les sourds et parler les muets » |
| **Sa 11** | *Notre Dame de Lourdes (en France, mémoire)*<br>Genèse 3, 9-24 ; Ps 89 ; Marc 8, 1-10 : « Les gens mangèrent et furent rassasiés » |

**Bonne fête !** 5 : Agathe. 6 : Amand, Gaston, Dorothée, Doris. 7 : Eugénie. 8 : Joséphine, Jacqueline, Jackie. 9 : Apolline. 10 : Scholastique, Arnaud. 11 : Lourdes.

**Pour mémoire :** le 11 février, Notre-Dame de Lourdes, journée mondiale du malade.

# 6e dimanche

## 12 FÉVRIER 2023

## Avec Dieu, choisir la vie

**Au nom de la liberté des enfants de Dieu,** la religion peut-elle se passer de règles ? Suivant l'image qu'on se fait de Jésus, on peut être surpris ou conforté de le trouver encore plus exigeant que les scribes et les pharisiens dans les prescriptions que ceux-ci faisaient respecter. Mais pour Jésus il y a une perspective qu'il faut garder à l'esprit et qui justifie ses propos : celle du royaume des Cieux (*évangile*). Il ne faut pas vivre aujourd'hui sur terre comme si celle-ci devait subsister éternellement. Ce monde doit disparaître parce que les hommes sont appelés à une autre vie : celle du Royaume dont « le grand Roi » est Dieu lui-même. En replaçant son Père au centre de cette question des prescriptions, le Christ veut nous faire vivre en frères. On comprend alors que la justice qui doit marquer nos relations fraternelles ne relève pas d'un esprit juridique mais de la miséricorde.

Paul, dans la lettre aux Corinthiens, oppose aussi la logique des hommes à celle de Dieu. Ce n'est pas par les sens ou par la raison que l'on peut comprendre le salut de Dieu mais par l'amour qui vient de lui. Selon l'Apôtre, c'est la voie qui ouvre à la gloire de Dieu, autrement dit qui donne accès à son Royaume (*deuxième lecture*).

Déjà dans l'Ancien Testament, les livres de sagesse faisaient appel au cœur des hommes pour qu'ils agissent librement et fassent le choix de la fidélité envers Dieu. Ben Sira le Sage place son interlocuteur face à ses responsabilités puisque les commandements de Dieu ne sont pas au-dessus de ses forces mais son choix sera radical puisqu'il est question de vie et de mort.

À notre tour, écoutons la parole du Seigneur pour la mettre en pratique et nous chanterons avec le psalmiste : « J'observerai ta parole. Ouvre mes yeux, que je contemple les merveilles de ta loi » (*psaume*).

**CHANTER**

- On se réfèrera au 3e dimanche pour les chants proposés.
- Si l'on souhaite retenir un chant plus spécifique pour le 6e dimanche : ***Goûtez la Parole* X 56-94.**

## Antienne d'ouverture

cf. Ps 30, 3-4

Sois pour moi le Dieu qui protège,
un lieu de refuge pour me sauver.
Car tu es mon appui et mon refuge :
à cause de ton nom, tu seras mon guide et tu me nourriras.

*Gloria.*

## Prière

Seigneur Dieu, tu as promis d'habiter les cœurs droits et sincères ; donne-nous, par ta grâce, de vivre de telle manière que tu puisses faire en nous ta demeure. Par Jésus Christ, ton Fils, notre Seigneur, qui vit et règne avec toi dans l'unité du Saint-Esprit, Dieu, pour les siècles des siècles.

## 1re Lecture

*« Il dépend de ton choix de rester fidèle »*

→ **Lecture du livre de Ben Sira le Sage** 15, 15-20

**Si tu le veux**, tu peux observer les commandements, il dépend de ton choix de rester fidèle. Le Seigneur a mis devant toi l'eau et le feu : étends la main vers ce que tu préfères. La vie et la mort sont proposées aux hommes, l'une ou l'autre leur est donnée selon leur choix. Car la sagesse du Seigneur est grande, fort est son pouvoir, et il voit tout. Ses regards sont tournés vers ceux qui le craignent, il connaît toutes les actions des hommes. Il n'a commandé à personne d'être impie, il n'a donné à personne la permission de pécher.

## Psaume 118

**R/. Heureux ceux qui marchent suivant la loi du Seigneur.**

Heureux les hommes intègres dans leurs voies
qui marchent suivant la loi du Seigneur !
Heureux ceux qui gardent ses exigences,
ils le cherchent de tout cœur !

Toi, tu promulgues des préceptes
à observer entièrement.
Puissent mes voies s'affermir
à observer tes commandements !

Sois bon pour ton serviteur, et je vivrai,
j'observerai ta parole.
Ouvre mes yeux,
que je contemple les merveilles de ta loi.

Enseigne-moi, Seigneur, le chemin de tes ordres ;
à les garder, j'aurai ma récompense.
Montre-moi comment garder ta loi,
que je l'observe de tout cœur.

## 2e Lecture

*« Nous parlons de la sagesse du mystère de Dieu »*

→ **Lecture de la première lettre de saint Paul apôtre aux Corinthiens** 2, 6-10

**Frères,** c'est bien de sagesse que nous parlons devant ceux qui sont adultes dans la foi, mais ce n'est pas la sagesse de ce monde, la sagesse de ceux qui dirigent ce monde et qui vont à leur destruction. Au contraire, ce dont nous parlons, c'est de la sagesse du mystère de Dieu, sagesse tenue cachée, établie par lui dès avant les siècles, pour nous donner la gloire. Aucun de ceux qui dirigent ce monde ne l'a connue, car, s'ils l'avaient connue, ils n'auraient jamais crucifié le Seigneur de gloire. Mais ce que nous proclamons, c'est, comme dit l'Écriture :

*ce que l'œil n'a pas vu,*
*ce que l'oreille n'a pas entendu,*
*ce qui n'est pas venu à l'esprit de l'homme,*
*ce que Dieu a préparé pour ceux dont il est aimé.*

Et c'est à nous que Dieu, par l'Esprit, en a fait la révélation. Car l'Esprit scrute le fond de toutes choses, même les profondeurs de Dieu.

**Alléluia. Alléluia.** Tu es béni, Père, Seigneur du ciel et de la terre, tu as révélé aux tout-petits les mystères du Royaume. **Alléluia.**

## Évangile

*« Que votre parole soit "oui", si c'est "oui", "non", si c'est "non". »*

**→ Évangile de Jésus Christ selon saint Matthieu** 5, 17-37

*La lecture du texte entre crochets est facultative.*

**En ce temps-là,** Jésus disait à ses disciples : [« Ne pensez pas que je sois venu abolir la Loi ou les Prophètes : je ne suis pas venu abolir, mais accomplir. Amen, je vous le dis : Avant que le ciel et la terre disparaissent, pas un seul iota, pas un seul trait ne disparaîtra de la Loi jusqu'à ce que tout se réalise. Donc, celui qui rejettera un seul de ces plus petits commandements, et qui enseignera aux hommes à faire ainsi, sera déclaré le plus petit dans le royaume des Cieux. Mais celui qui les observera et les enseignera, celui-là sera déclaré grand dans le royaume des Cieux. Je vous le dis en effet :] Si votre justice ne surpasse pas celle des scribes et des pharisiens, vous n'entrerez pas dans le royaume des Cieux.

Vous avez appris qu'il a été dit aux anciens : *Tu ne commettras pas de meurtre,* et si quelqu'un commet un meurtre, il devra passer en jugement. Eh bien ! moi, je vous dis : Tout homme qui se met en colère contre son frère devra passer en jugement. [Si quelqu'un insulte son frère, il devra passer devant le tribunal. Si quelqu'un le traite de fou, il sera passible de la géhenne de feu. Donc, lorsque tu vas présenter ton offrande à l'autel, si, là, tu te souviens que ton frère a quelque chose contre toi, laisse ton offrande, là, devant l'autel, va d'abord te réconcilier avec ton frère, et ensuite viens présenter ton offrande. Mets-toi vite d'accord avec ton adversaire pendant que tu es en chemin avec lui, pour éviter que ton adversaire ne te livre au juge, le juge au garde, et qu'on ne te jette en prison. Amen, je te le dis : tu n'en sortiras pas avant d'avoir payé jusqu'au dernier sou.]

Vous avez appris qu'il a été dit : *Tu ne commettras pas d'adultère.* Eh bien ! moi, je vous dis : Tout homme qui regarde une femme avec convoitise a déjà commis l'adultère avec elle dans son cœur. [Si ton œil droit entraîne ta chute, arrache-le et jette-le loin de toi, car mieux vaut pour toi perdre un de tes membres que d'avoir ton corps tout entier jeté dans la géhenne. Et si ta main droite entraîne ta chute, coupe-la et jette-la loin de toi, car mieux vaut pour toi perdre un de tes membres que d'avoir ton corps tout entier qui s'en aille dans la géhenne.

Il a été dit également : *Si quelqu'un renvoie sa femme, qu'il lui donne un acte de répudiation.* Eh bien ! moi, je vous dis : Tout homme qui renvoie sa femme, sauf en cas d'union illégitime, la pousse à l'adultère ; et si quelqu'un épouse une femme renvoyée, il est adultère.]

Vous avez encore appris qu'il a été dit aux anciens : *Tu ne manqueras pas à tes serments, mais tu t'acquitteras de tes serments envers le Seigneur.* Eh bien ! moi, je vous dis de ne pas jurer du tout, ni par le ciel, car c'est le trône de Dieu, ni par la terre, car elle est son marchepied, ni par Jérusalem, car elle est la Ville du grand Roi. Et ne jure pas non plus sur ta tête, parce que tu ne peux pas rendre un seul de tes cheveux blanc ou noir. Que votre parole soit "oui", si c'est "oui", "non", si c'est "non". Ce qui est en plus vient du Mauvais. »

**POUR LA PRIÈRE UNIVERSELLE**

Avant de présenter notre offrande à l'autel, mettons-nous au service de nos frères en implorant le Seigneur pour eux :

– prions pour l'Église : que l'Évangile y soit toujours reçu comme une règle de miséricorde et d'amour fraternel et non pas comme la soumission à un ensemble de préceptes ;

– prions pour ceux qui doivent rendre la justice : qu'ils exercent leur pouvoir avec droiture et attention à tous ;

– prions pour ceux qui marchent en suivant la loi du Seigneur et pour ceux qui l'étudient ou la méditent : qu'ils y trouvent la joie de découvrir le Seigneur ;

– prions pour notre communauté : que tous, en accueillant la parole du Seigneur, marchent vers le royaume des Cieux.

## Prière sur les offrandes

Que cette offrande, nous t'en prions, Seigneur, nous purifie et nous renouvelle ; qu'elle devienne pour ceux qui accomplissent ta volonté la cause de la récompense éternelle. Par le Christ, notre Seigneur.

## Antienne de la communion

Ps 77, 29-30 (Vg)

Ils mangèrent, ils furent rassasiés,
Dieu comblait leur désir,
leur attente ne fut pas trompée.

## Prière après la communion

Tu nous as fait goûter, Seigneur, aux joies du ciel, et nous te prions : donne-nous de toujours désirer ce qui nous fait vivre en vérité. Par le Christ, notre Seigneur.

## La tendresse au cœur de la vie de la famille

« Dans la perspective de l'amour, central dans l'expérience chrétienne du mariage et de la famille, une autre vertu se démarque également, quelque peu ignorée en ces temps de relations frénétiques et superficielles : la tendresse.

Par ce regard, fait de foi et d'amour, de grâce et d'engagement, de famille humaine et de Trinité divine, nous contemplons la famille que la Parole de Dieu remet entre les mains de l'homme, de la femme et des enfants pour qu'ils forment une communion de personnes, qui soit image de l'union entre le Père, le Fils et l'Esprit Saint. »

Pape François, Exhortation apostolique *Amoris laetitia*, 2016, n° 28-29.

## CALENDRIER LITURGIQUE

| | |
|---|---|
| **Di 12** | **6e dimanche A.**<br>*Liturgie des Heures : Psautier semaine II.* |
| **Lu 13** | Genèse 4, 1-15.25 ; Ps 49 ; Marc 8, 11-13 : « Pourquoi cette génération cherche-t-elle un signe ? » |
| **Ma 14** | S. CYRILLE, moine, † 869 à Rome, et son frère S. MÉTHODE, évêque de Moravie, † 895, patrons de l'Europe. En Europe, lectures propres : Ac 13,46-49 ou 2 Co 4,1-2.5-7 ; Ps 116 ; Lc 10,1-9 : « La moisson est abondante, mais les ouvriers sont peu nombreux » |
| **Me 15** | Genèse 8, 6-13.20-22 ; Ps 115 ; Marc 8, 22-26 : « L'aveugle se trouva guéri, et il distinguait tout avec netteté » |
| **Je 16** | Genèse 9, 1-13 ; Ps 101 ; Marc 8, 27-33 : « Toi, tu es le Christ. – Il fallait que le Fils de l'homme souffre beaucoup » |
| **Ve 17** | *Les sept saints fondateurs des Servites de Marie à Florence, 14e siècle.*<br>Genèse 11, 1-9 ; Ps 32 ; Marc 8, 34-9, 1 « Celui qui perdra sa vie à cause de moi et de l'Évangile la sauvera » |
| **Sa 18** | En France, Ste Bernadette Soubirous, vierge, † 1879 à Nevers.<br>Hébreux 11, 1-7 ; Ps 144 ; Marc 9, 2-13 : « Il fut transfiguré devant eux » |

**Bonne fête !** 12 : Félix. 13 : Béatrice, Jourdain. 14 : Cyrille, Méthode, Valentin, Tino. 15 : Faustin, Georgina, Claude. 16 : Juliette, Paméla. 17 : Alexis. 18 : Bernadette, Siméon, Nadine, Flavien.

**Saint Félix (12 février)** fait partie du groupe des martyrs associés au prêtre saint Saturnin, dont il était l'un des quatre enfants, qui ont bravé l'interdiction de se réunir pour célébrer le jour du Seigneur. Saint Félix avait été institué lecteur comme son frère Saturnin le jeune. Tous deux ainsi que leur frère Hilarion et leur sœur Marie, vierge consacrée, ont donné leur vie pour le Christ à Carthage en 304.

# 7e dimanche

## 19 FÉVRIER 2023

## Aimer ses ennemis pour être parfait

**« Tendre l'autre joue »** : on connaît bien l'expression passée dans le langage courant. C'est même, par dérision, une attitude qu'on applique parfois aux chrétiens ou, à l'inverse, un comportement qu'on leur reproche comme signe de faiblesse ou de naïveté. Alors, comment comprendre cet enseignement du Christ que nous retrouvons dans l'*évangile ?*

Jésus continue à prêcher la venue du Royaume et appelle ses disciples à adopter une manière de vivre qui lui soit adaptée. À la loi du talion, Jésus oppose son commandement nouveau d'aimer ses frères. Face au mal, nous sommes tentés de haïr celui qui l'a pratiqué, ce qui nous pousse à la vengeance. Par l'expression « tendre l'autre joue » Jésus, à l'inverse, invite à lutter contre le mal en pratiquant le bien. La référence pour un chrétien doit être l'attitude du Père : « vous serez parfaits comme votre Père céleste est parfait ». Si pour nous la perfection est une vertu morale, l'étymologie de ce mot signifie « ce qui est accompli, achevé, ce à quoi rien ne manque ». Ainsi, en nous tournant vers Dieu, nous pourrons recevoir ce qui nous manque naturellement pour aimer, même nos ennemis.

Déjà les commandements de Dieu transmis à Moïse encourageaient le peuple d'Israël à pratiquer une vraie justice en réprimant les fautes mais sans oublier d'aimer son prochain (*première lecture*). C'est l'attitude de Dieu que chante le psalmiste : « Il n'agit pas envers nous selon nos fautes, ne nous rend pas selon nos offenses. » (*psaume*).

Sans doute nous faut-il toujours davantage reconnaître qui est notre prochain ; même s'il est notre ennemi, il est une créature de Dieu, notre semblable. Tous les hommes ont même vocation à devenir le sanctuaire de Dieu par le sacrement du baptême. Saint Paul nous le rappelle en ce dimanche (*deuxième lecture*).

**CHANTER**

- On se réfèrera au 3e dimanche pour les chants proposés.
- Si l'on souhaite retenir un chant plus spécifique pour le 7e dimanche : ***Aimer c'est tout donner* X 59-79.**

## Antienne d'ouverture

cf. Ps 12, 6

Seigneur, j'ai mis mon espoir en ta miséricorde ;
mon cœur a exulté dans ton salut !
Je chanterai le Seigneur
pour le bien qu'il m'a fait.

*Gloria.*

## Prière

Dieu tout-puissant, nous t'en prions : accorde-nous de conformer à ta volonté nos paroles et nos actes dans une inlassable recherche des biens spirituels. Par Jésus Christ, ton Fils, notre Seigneur, qui vit et règne avec toi dans l'unité du Saint-Esprit, Dieu, pour les siècles des siècles.

## 1re Lecture

*« Soyez saints, car moi, je suis saint »*

→ **Lecture du livre des Lévites** 19, 1-2.17-18

**Le Seigneur parla à Moïse et dit** : « Parle à toute l'assemblée des fils d'Israël. Tu leur diras : Soyez saints, car moi, le Seigneur votre Dieu, je suis saint.

Tu ne haïras pas ton frère dans ton cœur. Mais tu devras réprimander ton compatriote, et tu ne toléreras pas la faute qui est en lui. Tu ne te vengeras pas. Tu ne garderas pas de rancune contre les fils de ton peuple. Tu aimeras ton prochain comme toi-même. Je suis le Seigneur. »

## Psaume 102

**R/. Le Seigneur est tendresse et pitié.**

Bénis le Seigneur, ô mon âme,
bénis son nom très saint, tout mon être !
Bénis le Seigneur, ô mon âme,
n'oublie aucun de ses bienfaits !

Car il pardonne toutes tes offenses
et te guérit de toute maladie ;
il réclame ta vie à la tombe
et te couronne d'amour et de tendresse.

Le Seigneur est tendresse et pitié,
lent à la colère et plein d'amour ;
il n'agit pas envers nous selon nos fautes,
ne nous rend pas selon nos offenses.

Aussi loin qu'est l'orient de l'occident,
il met loin de nous nos péchés ;
comme la tendresse du père pour ses fils,
la tendresse du Seigneur pour qui le craint !

## 2e Lecture *« Vous, vous êtes au Christ, et le Christ est à Dieu »*

→ **Lecture de la première lettre de saint Paul apôtre aux Corinthiens** 3, 16-23

**Frères,** ne savez-vous pas que vous êtes un sanctuaire de Dieu, et que l'Esprit de Dieu habite en vous ? Si quelqu'un détruit le sanctuaire de Dieu, cet homme, Dieu le détruira, car le sanctuaire de Dieu est saint, et ce sanctuaire, c'est vous. Que personne ne s'y trompe : si quelqu'un parmi vous pense être un sage à la manière d'ici-bas, qu'il devienne fou pour devenir sage. Car la sagesse de ce monde est folie devant Dieu. Il est écrit en effet :

*C'est lui qui prend les sages*
*au piège de leur propre habileté.*

TEMPS ORDINAIRE

Il est écrit encore :
*Le Seigneur le sait :*
*les raisonnements des sages n'ont aucune valeur !*
Ainsi, il ne faut pas mettre sa fierté en tel ou tel homme. Car tout vous appartient, que ce soit Paul, Apollos, Pierre, le monde, la vie, la mort, le présent, l'avenir : tout est à vous, mais vous, vous êtes au Christ, et le Christ est à Dieu.

**Alléluia. Alléluia.** En celui qui garde la parole du Christ l'amour de Dieu atteint vraiment sa perfection. **Alléluia.**

## Évangile

*« Aimez vos ennemis »*

→ **Évangile de Jésus Christ selon saint Matthieu** 5, 38-48

E**n ce temps-là,** Jésus disait à ses disciples : « Vous avez appris qu'il a été dit : *Œil pour œil,* et *dent pour dent.* Eh bien ! moi, je vous dis de ne pas riposter au méchant ; mais si quelqu'un te gifle sur la joue droite, tends-lui encore l'autre.

Et si quelqu'un veut te poursuivre en justice et prendre ta tunique, laisse-lui encore ton manteau. Et si quelqu'un te réquisitionne pour faire mille pas, fais-en deux mille avec lui. À qui te demande, donne ; à qui veut t'emprunter, ne tourne pas le dos !

Vous avez appris qu'il a été dit : *Tu aimeras ton prochain* et tu haïras ton ennemi. Eh bien ! moi, je vous dis : Aimez vos ennemis, et priez pour ceux qui vous persécutent, afin d'être vraiment les fils de votre Père qui est aux cieux ; car il fait lever son soleil sur les méchants et sur les bons, il fait tomber la pluie sur les justes et sur les injustes. En effet, si vous aimez ceux qui vous aiment, quelle récompense méritez-vous ? Les publicains eux-mêmes n'en font-ils pas autant ? Et si vous ne saluez que vos frères, que faites-vous d'extraordinaire ? Les païens eux-mêmes n'en font-ils pas autant ?

Vous donc, vous serez parfaits comme votre Père céleste est parfait. »

**POUR LA PRIÈRE UNIVERSELLE**
Ouvrons notre prière aux dimensions de l'Église et du monde :
– pour l'Église qui a la mission de témoigner de l'amour de Dieu pour tous les hommes, nous t'implorons, Seigneur ;
– pour ceux qui gouvernent les peuples, afin qu'ils agissent avec justice et qu'ils rejettent toute tentation de vengeance, nous te prions, Seigneur ;
– pour ceux qui ont été atteints par des violences physiques ou psychologiques et qui ne peuvent aimer leurs ennemis, nous te supplions, Seigneur ;
– pour que les membres de notre communauté découvrent qu'ils sont habités par ton Esprit, nous te prions, Seigneur.

## Prière sur les offrandes

En célébrant tes mystères, Seigneur, pour te servir comme il convient, nous te supplions humblement : que les dons offerts pour honorer ta gloire nous fassent progresser vers le salut. Par le Christ, notre Seigneur.

## Antienne de la communion

Ps 9, 2-3

De tout mon cœur, Seigneur, je rendrai grâce,
je dirai tes innombrables merveilles ;
pour toi, j'exulterai, je danserai,
je fêterai ton nom, Dieu Très-Haut.

## Prière après la communion

Nous t'en prions, Dieu tout-puissant : donne-nous de recueillir tous les fruits de salut dont ces mystères sont déjà la promesse et le gage. Par le Christ, notre Seigneur.

### Humblement, aimer ses ennemis

« Que les frères prêtent attention à ce qu'ils doivent par-dessus tout désirer : avoir l'Esprit du Seigneur et sa sainte opération, le prier toujours d'un cœur pur et avoir l'humilité, la patience dans la persécution et dans la maladie, et aimer ceux qui nous persécutent, nous réprimandent et nous accusent, car le Seigneur dit : "Aimez vos ennemis et priez pour ceux qui vous persécutent et vous calomnient" (Mt 5, 44) ».

Saint François d'Assise, *Règle bullata* (chapitre 10).

## CALENDRIER LITURGIQUE

| | |
|---|---|
| Di 19 | **7e dimanche A.** *Liturgie des Heures : Psautier semaine III.* |
| Lu 20 | Ben Sira 1, 1-10 ; Ps 92 ; Marc 9, 14-29 : « Je crois ! Viens au secours de mon manque de foi ! » |
| Ma 21 | *S. Pierre Damien, cardinal-évêque d'Ostie, docteur de l'Église, † 1072.* Ben Sira 2, 1-11 ; Ps 36 ; Marc 9, 30-37 : « Le Fils de l'homme est livré. Si quelqu'un veut être le premier, qu'il soit le dernier de tous » |
| Me 22 | MERCREDI DES CENDRES, jour de jeûne et d'abstinence, p. 229. [CHAIRE DE SAINT PIERRE, Apôtre] |
| Je 23 | S. Polycarpe, évêque de Smyrne (Asie mineure) et martyr, † 155. Jeudi après les Cendres : Deutéronome 30, 15-20 ; Ps 1 ; Luc 9, 22-25 : « Celui qui perdra sa vie à cause de moi la sauvera » |
| Ve 24 | *Vendredi après les Cendres* : Isaïe 58, 1-9a ; Ps 50 ; Matthieu 9, 14-15 : « Des jours viendront où l'Époux leur sera enlevé ; alors ils jeûneront » |
| Sa 25 | Samedi après les Cendres : Isaïe 58, 9b-14 ; Ps 85 ; Luc 5, 27-32 : « Je ne suis pas venu appeler des justes mais des pécheurs, pour qu'ils se convertissent » |

**Bonne fête !** 19 : Gabin, Boniface. 20 : Aimée. 21 : Damien. 22 : Isabelle. 23 : Lazare, Polycarpe. 24 : Modeste, Robert. 25 : Roméo.

**La bienheureuse Isabelle (22 février)**, née en 1225, était la sœur de saint Louis. Tant qu'elle vivait à la cour, elle s'occupa surtout des pauvres, des malades et des lépreux. Puis elle fonda le monastère des religieuses « Notre-Dame de l'humilité », sur la plaine de Longchamp près de Paris, détruit au XIXe siècle. (Non loin de cet endroit eut lieu la messe finale des JMJ en 1997.) Elle finit sa vie dans une petite maison près de ce monastère, dans la piété et l'austérité où elle mourut en 1270.

# INTRODUCTION AU CARÊME. LE DÉBUT DE LA CONVERSION : FAIRE LA VÉRITÉ

Quarante jours – c'est le sens du mot « Carême » (en latin « *quadragesima* ») – vont nous préparer à célébrer la Passion du Seigneur, puisque ce laps de temps s'écoule du mercredi des Cendres au Jeudi saint. Plus qu'un temps de privations ou d'efforts, c'est une chance à saisir pour recevoir et vivre la Vérité manifestée dans le Christ, en se laissant interroger par la parole de Dieu. C'est aussi un temps pour croire, c'est-à-dire pour accueillir Dieu dans notre vie, afin qu'il y établisse sa demeure.

En observant cette durée, les chrétiens mettent leurs pas dans ceux du Christ qui a jeûné au désert et dans ceux du peuple hébreu qui, pendant quarante ans, a cheminé vers la Terre promise. Au long de ces semaines, nous écouterons les évangiles du dimanche qui nous mettent face aux grandes questions de la foi : comme Jésus nous sommes tentés dans notre humanité et nous devons faire usage de notre liberté pour répondre vraiment à l'amour de Dieu, en enfants de Dieu. La Transfiguration nous révèlera le vrai visage du Christ, le Fils bien-aimé qui donnera sa vie et qui se manifeste comme le vainqueur du Mal. Puis, cette année, nous accueillerons les trois grands évangiles, toujours choisis en présence des catéchumènes, pour découvrir combien le baptême nous donne la lumière de la foi (guérison de l'aveugle-né), nous abreuve largement par la présence du Christ Jésus (la Samaritaine) et nous fait passer de la mort à la vie (résurrection de Lazare). Ainsi, en faisant révision de notre vie et de notre foi, nous parcourrons un chemin catéchuménal : que renaisse ainsi l'esprit de notre baptême qui sera rénové, en communauté d'Église, la nuit de Pâques.

La pénitence (prière, aumône, jeûne) fait bien partie du Carême mais elle ne portera de fruits que si nous l'envisageons pour

« rallumer le feu de la charité », selon l'expression du pape François. Avec lui nous pouvons nous interroger : « Comment la charité se refroidit-elle en nous ? Quels sont les signes qui nous avertissent que l'amour risque de s'éteindre en nous ? ». Il poursuit : « Ce qui éteint la charité, c'est avant tout l'avidité de l'argent, la racine de tous les maux » (1 Tm 6, 10) ; elle est suivie du refus de Dieu, et donc du refus de trouver en lui notre consolation, préférant notre désolation au réconfort de sa Parole et de ses Sacrements » (Message pour le Carême 2018).

Passons de la tristesse du péché et de l'égoïsme à la joie de la rencontre du Seigneur ressuscité qui nous interpellera comme il a interpelé Marie-Madeleine dans le jardin de la Vie.

## CÉLÉBRER

- On ne chante plus l'Alléluia et ce jusqu'à ce qu'il retentisse à nouveau lors de la Vigile pascale. Néanmoins, on continue d'acclamer l'évangile avec d'autres formules tournées vers le Christ, parole de Dieu (cf. Chanter en Carême ci-dessous). On ne chante pas non plus le Gloria.
- On utilise les préfaces de Carême pour la prière eucharistique.
- Comme chaque année, les évangiles des 1er et 2e dimanches de Carême sont ceux des Tentations et de la Transfiguration.
- Le 4e dimanche est appelé dimanche de « *Laetare* » (Réjouis-toi !). La couleur des ornements est le rose (à défaut le violet). Elle anticipe la joie de Pâques qu'exprime l'antienne du jour : « Réjouis-toi, Jérusalem, et rassemblez-vous, vous tous qui l'aimez. Soyez dans la joie et l'allégresse, vous qui étiez dans la tristesse. »
- De manière générale, la sobriété liturgique est de mise. Le Missel romain prescrit qu'il n'y ait pas de fleurs sur l'autel et que l'orgue et les instruments soient utilisés uniquement pour l'accompagnement des chants (sauf au 4e dimanche).
- La liturgie des Heures peut constituer une ressource importante si on est dans l'incapacité de célébrer en paroisse. C'est pourquoi nous donnons ici quelques indications pour le Carême. Pour chaque jour mais aussi chaque dimanche, la liturgie des Heures propose des psaumes et des lectures et des oraisons spécifiques. On peut les retrouver dans le livre *Prière du temps présent* ou encore sur le site *aelf.org*. Il est possible d'adapter la liturgie des Heures en utilisant l'évangile du dimanche comme lecture. On se rappellera

aussi que le cantique évangélique (cantique de Zacharie, Magnificat), comme son nom l'indique, est en soi un évangile. Comme pour la messe, l'alléluia est omis. Lors des vigiles dominicales, on omet aussi le *Te Deum* (À toi Dieu).

- Enfin le Carême fait partie des temps forts où l'Église demande que soient proposées des célébrations pénitentielles (cf. p. 283).

## CHANTER AU TEMPS DU CARÊME

- Nous proposons un répertoire commun aux cinq dimanches de manière à unifier le temps du Carême. On retiendra un même ordinaire de la messe.
- Ainsi, pour la préparation pénitentielle, une litanie pénitentielle : ***Seigneur Jésus, toi qui es venu*** **CNA 177**, ***Jésus ami des hommes*** **CNA 185 c**, le ***Kyrie XVII*** précédé du ***Je confesse à Dieu.***
- Pour l'acclamation de l'Évangile : ***Gloire au Christ, Parole éternelle*** **U 640 CNA 211**, ***Ta parole, Seigneur, est vérité, Ta parole est lumière*** **U 11-19 CNA 213.**
- Après l'homélie : ***Parle, Seigneur, à notre cœur*** **G 47-93.**
- Pour le « Saint le Seigneur » : **AL 73, AL 50-64.**
- Pour la fraction du pain : **AL 32-12 CNA 295, AL 51-61.**
- Pour la procession d'ouverture : ***Rends-nous la joie de ton salut*** **G 268**, ***Avec toi nous irons au désert*** **GP 229 CNA 414**, ***Sur les routes de l'Alliance*** **G 321**, ***En quel pays de solitude*** **GP 184 CNA 416.**
- Pour la procession de communion : ***T'approcher, Seigneur*** **GP 22-68-6 CNA 590**, ***Mendiant du jour*** **DP 574** ou **D 150-5 CNA 334**, ***Seigneur, je ne suis pas digne*** **D 590**, ***Corps livré, sang versé*** **D 54-18.**
- Après la communion : ***En toi, Seigneur, mon espérance*** **GP 45-35 CNA 417** ou **418**, ***En quel pays de solitude*** **GP 184 CNA 416**, ***Pour que l'homme soit un fils*** **GP 297-1 CNA 426.**
- À la fin de la célébration : ***Vivons en enfants de lumière*** **G 14-57-1 CNA 430** dont chaque strophe correspond à un dimanche de Carême et aux étapes du catéchuménat.
- Si l'on veut caractériser davantage chaque dimanche, on pourra retenir :
- Pour le 1er dimanche : ***Vivons en enfants de lumière*** **GP 14-57-1 CNA 430.**
- Pour le 2e dimanche : ***Lumière des hommes*** **GX 128-2 CNA 422 ou GX 46-21-4.**
- Pour le 3e dimanche : ***Si tu savais le don de Dieu*** **G 14-59-1 ou GA 300.**
- Pour le 4e dimanche : ***Ouvre mes yeux, Seigneur Jésus*** **GA 400.**
- Pour le 5e dimanche : ***Il a passé la mort*** **G 14-63-1.**

# Mercredi des Cendres

**22 FÉVRIER 2023**

## À la rencontre de Dieu « tendre et miséricordieux »

**En ouvrant le Carême** par un jour de pénitence, nous voulons marquer notre désir de conversion et la nécessité de demander le pardon de nos péchés. Les attitudes formelles ne comptent pas aux yeux du Seigneur, nous le savons, mais nous avons besoin de signifier notre désir de perfectionner nos vies par des actes concrets, comme la prière, le jeûne et le partage.

L'enjeu de ce temps de conversion nous est donné par les textes de ce jour. Le Seigneur nous désire, il veut que nous soyons avec lui : c'est une question de présence mais aussi de ne pas être contre lui, c'est-à-dire de ne pas rejeter la Loi du Seigneur. Cette démarche nous engage tous ensemble, c'est une démarche de l'Église, du peuple de Dieu comme le rappelle le prophète Joël. Si nous revenons vers Dieu, alors nous le découvrirons tel qu'il est, lui qui « s'est ému en faveur de son pays » (*première lecture*).

Cet appel à revenir vers le Seigneur traverse toute la prédication du Christ et c'est le fil rouge de la vie du chrétien. C'est l'appel adressé par l'Apôtre Paul aux Corinthiens : « Laissez-vous réconcilier avec Dieu » (*deuxième lecture*).

Le temps du Carême est un temps de recentrement sur notre vie baptismale, vie de conversion et d'accueil du Seigneur, vie d'efforts pour mener le combat spirituel. Jésus nous indique quelle est la voie par laquelle nous pourrons recevoir le salut qui donne la vie éternelle. Il ne s'agit pas de multiplier des actes formels de pénitence qui dompteraient notre corps ou satisferaient notre conscience, le jeûne, la prière, l'aumône. Le Christ, en exigeant le secret qui doit entourer ces actes, veut nous situer dans un cœur à cœur avec Dieu qui nous permettra de découvrir ce qu'il est vraiment pour nous : un Père. Alors, nous pourrons le reconnaître dans les mots-mêmes exprimés par le prophète Joël : « tendre et miséricordieux, lent à la colère et plein d'amour ».

---

**CHANTER**

- Cette célébration demande silence et sobriété. On veillera à ne pas trop chanter. Ainsi, on pourra retenir :
- Pour l'ouverture de la célébration : ***Avec toi, nous irons au désert* GP 229 CNA 414, *Changez vos cœurs* GA 162 CNA 415, *Chemin de Pâques* GX 545.**
- Pour l'imposition des cendres : le ***Psaume 50, Oui, je me lèverai* G 48 CNA 423, *Puisque tu fais miséricorde* Z 129-15.**
- Pour la procession de communion : ***Devenez ce que vous recevez* D 68-39.**
- Après la communion : ***Rends-moi la joie de ton salut*, G 268.**
- À la fin de la célébration : ***Vivons en enfants de lumière* G 14-57-1 CNA 430.**

---

## RITE D'OUVERTURE ET LITURGIE DE LA PAROLE

### Antienne d'ouverture

Sg 11, 23a.24a.23cd.26a

Seigneur, tu as pitié de tous les hommes,
et tu n'as de répulsion envers aucune de tes œuvres ;
tu fermes les yeux sur leurs péchés :
pour qu'ils se convertissent,
et tu leur pardonnes,
car tu es le Seigneur notre Dieu.

*La messe commence comme de coutume, mais on omet la Préparation pénitentielle : l'imposition des cendres en tient lieu.*

## Prière

Accorde-nous, Seigneur, de savoir commencer saintement par le jeûne l'entraînement au combat spirituel : que nos privations nous rendent plus forts pour lutter contre l'esprit du mal. Par Jésus Christ, ton Fils, notre Seigneur, qui vit et règne avec toi dans l'unité du Saint-Esprit, Dieu, pour les siècles des siècles.

## 1re Lecture

*Que tous reviennent vers le Seigneur !*

→ **Lecture du livre du prophète Joël** 2, 12-18

**Maintenant** – oracle du Seigneur – revenez à moi de tout votre cœur, dans le jeûne, les larmes et le deuil ! Déchirez vos cœurs et non pas vos vêtements, et revenez au Seigneur votre Dieu, car il est tendre et miséricordieux, lent à la colère et plein d'amour, renonçant au châtiment. Qui sait ? Il pourrait revenir, il pourrait renoncer au châtiment, et laisser derrière lui sa bénédiction : alors, vous pourrez présenter offrandes et libations au Seigneur votre Dieu. Sonnez du cor dans Sion : prescrivez un jeûne sacré, annoncez une fête solennelle, réunissez le peuple, tenez une assemblée sainte, rassemblez les anciens, réunissez petits enfants et nourrissons ! Que le jeune époux sorte de sa maison, que la jeune mariée quitte sa chambre ! Entre le portail et l'autel, les prêtres, serviteurs du Seigneur, iront pleurer et diront : « Pitié, Seigneur, pour ton peuple, n'expose pas ceux qui t'appartiennent à l'insulte et aux moqueries des païens ! Faudra-t-il qu'on dise : "Où donc est leur Dieu ?" »

Et le Seigneur s'est ému en faveur de son pays, il a eu pitié de son peuple.

CARÊME

## Psaume 50

**R/. Pitié, Seigneur, car nous avons péché.**

Pitié pour moi, mon Dieu, dans ton amour,
selon ta grande miséricorde, efface mon péché.
Lave-moi tout entier de ma faute,
purifie-moi de mon offense.

Oui, je connais mon péché,
ma faute est toujours devant moi.
Contre toi, et toi seul, j'ai péché,
ce qui est mal à tes yeux, je l'ai fait.

Crée en moi un cœur pur, ô mon Dieu,
renouvelle et raffermis au fond de moi mon esprit.
Ne me chasse pas loin de ta face,
ne me reprends pas ton esprit saint.

Rends-moi la joie d'être sauvé ;
que l'esprit généreux me soutienne.
Seigneur, ouvre mes lèvres,
et ma bouche annoncera ta louange.

## 2e Lecture

*« Laissez-vous réconcilier avec Dieu »*

→ **Lecture de la deuxième lettre de saint Paul apôtre aux Corinthiens** 5, 20 – 6, 2

**Frères**, nous sommes les ambassadeurs du Christ, et par nous c'est Dieu lui-même qui lance un appel : nous le demandons au nom du Christ, laissez-vous réconcilier avec Dieu. Celui qui n'a pas connu le péché, Dieu l'a pour nous identifié au péché, afin qu'en lui nous devenions justes de la justice même de Dieu. En tant que coopérateurs de Dieu, nous vous exhortons encore à ne pas laisser sans effet la grâce reçue de lui. Car il dit dans l'Écriture : *Au moment favorable je t'ai exaucé, au jour du salut je t'ai secouru.* Le voici maintenant le moment favorable, le voici maintenant le jour du salut.

**Ta Parole, Seigneur, est vérité, et ta loi, délivrance**. Aujourd'hui, ne fermez pas votre cœur, mais écoutez la voix du Seigneur. **Ta Parole, Seigneur, est vérité, et ta loi, délivrance.**

## Évangile

*« Ton Père qui voit dans le secret te le rendra »*

**→ Évangile de Jésus Christ selon saint Matthieu** 6, 1-6.16-18

**En ce temps-là,** Jésus disait à ses disciples : « Ce que vous faites pour devenir des justes, évitez de l'accomplir devant les hommes pour vous faire remarquer. Sinon, il n'y a pas de récompense pour vous auprès de votre Père qui est aux cieux. Ainsi, quand tu fais l'aumône, ne fais pas sonner la trompette devant toi, comme les hypocrites qui se donnent en spectacle dans les synagogues et dans les rues, pour obtenir la gloire qui vient des hommes. Amen, je vous le déclare : ceux-là ont reçu leur récompense. Mais toi, quand tu fais l'aumône, que ta main gauche ignore ce que fait ta main droite, afin que ton aumône reste dans le secret ; ton Père qui voit dans le secret te le rendra.

Et quand vous priez, ne soyez pas comme les hypocrites : ils aiment à se tenir debout dans les synagogues et aux carrefours pour bien se montrer aux hommes quand ils prient. Amen, je vous le déclare : ceux-là ont reçu leur récompense. Mais toi, quand tu pries, retire-toi dans ta pièce la plus retirée, ferme la porte, et prie ton Père qui est présent dans le secret ; ton Père qui voit dans le secret te le rendra.

Et quand vous jeûnez, ne prenez pas un air abattu, comme les hypocrites : ils prennent une mine défaite pour bien montrer aux hommes qu'ils jeûnent. Amen, je vous le déclare : ceux-là ont reçu leur récompense. Mais toi, quand tu jeûnes, parfume-toi la tête et lave-toi le visage ; ainsi, ton jeûne ne sera pas connu des hommes, mais seulement de ton Père qui est présent au plus secret ; ton Père qui voit au plus secret te le rendra. »

*La bénédiction et l'imposition des cendres peuvent se faire également en dehors de la messe. En ce cas, le rite est précédé de la liturgie de la Parole, avec le chant d'entrée, la prière d'ouverture, les lectures avec leurs chants, comme à la messe. Viennent ensuite l'homélie, la bénédiction et l'imposition des cendres. La célébration se conclut par la Prière universelle, la bénédiction et le renvoi des fidèles.*

## BÉNÉDICTION ET IMPOSITION DES CENDRES

*Après l'homélie, le prêtre, debout et les mains jointes, dit :*

Frères et sœurs bien-aimés, supplions humblement Dieu notre Père de bénir, par l'abondance de sa grâce, les cendres dont nos fronts vont être marqués en signe de pénitence.

*Après un bref temps de prière en silence, il poursuit, les mains étendues :*

Seigneur Dieu, toi qui te laisses fléchir par ceux qui s'humilient et apaiser par ceux qui réparent leurs torts, prête une oreille bienveillante à nos prières ; en ta tendresse, répands sur tes serviteurs qui vont recevoir les cendres la grâce de ta bénédiction ✠ : par leur fidélité à l'observance de ce temps de Carême, qu'ils parviennent avec un esprit purifié à la célébration du mystère pascal de ton Fils. Lui qui vit et règne pour les siècles des siècles.

*ou bien*

Seigneur Dieu, toi qui ne veux pas la mort des pécheurs mais leur conversion, exauce avec bonté notre prière ; dans ta tendresse, bénis ✠ les cendres dont nous serons marqués en reconnaissant que nous sommes poussière et cendre et devons retourner en poussière. En nous appliquant à observer le Carême, puissions-nous obtenir le pardon de nos péchés et vivre de la vie nouvelle à l'image de ton Fils ressuscité. Lui qui vit et règne pour les siècles des siècles.

*Le prêtre asperge d'eau bénite les cendres, sans rien dire. Ensuite, il impose les cendres à tous les fidèles, qui s'approchent de lui. Il dit à chacun :*

Convertissez-vous
et croyez à l'Évangile. Mc 1, 15

*ou bien*

Souviens-toi que tu es poussière,
et que tu retourneras en poussière. cf. Gn 3, 19

*On peut chanter un chant adapté.*

*L'imposition des cendres une fois terminée, le prêtre se lave les mains, et le rite s'achève par la Prière universelle.*

*On ne dit pas le Credo.*



**POUR LA PRIÈRE UNIVERSELLE**

En ce jour d'appel à la conversion, tournons-nous vers le Dieu de miséricorde :
– ton Église, Seigneur, doit toujours se convertir. Pour que ceux qui en ont la responsabilité sachent demander pardon à celles et ceux qui ont été offensés, Seigneur, nous te prions ;
– des catéchumènes, enfants, jeunes et adultes, se préparent au baptême et à la confirmation. Pour que le Carême, ultime étape de leur préparation, soit un temps de fidélité sur leur chemin de conversion et d'accueil de ta grâce, Seigneur, nous te prions ;
– des familles sont déchirées par des conflits ou des divisions. Pour que, pendant le Carême de gestes de réconciliation soient possibles, Seigneur, nous te prions.

## LITURGIE EUCHARISTIQUE

### Prière sur les offrandes

En t'offrant solennellement ce sacrifice au début du Carême, nous te supplions, Seigneur : fais que, par des actes de pénitence et de charité, nous évitions tout mauvais plaisir, et que, purifiés de nos péchés, nous méritions de célébrer avec ferveur la passion de ton Fils. Lui qui vit et règne pour les siècles des siècles.

*Préface du Carême, nº 3 ou 4, pp. 41-42*

### Antienne de la communion

Ps 1, 2-3

Qui murmure la loi du Seigneur jour et nuit
donne du fruit en son temps.

### Prière après la communion

Puisse le sacrement que nous avons reçu, Seigneur, nous procurer ton secours, afin que notre jeûne te soit agréable et contribue à notre guérison. Par le Christ, notre Seigneur.

### Prière sur le peuple

Dans ta bonté, Dieu souverain, répands sur ceux qui s'inclinent devant toi un esprit de contrition, afin que ta miséricorde leur obtienne la récompense promise à ceux qui font pénitence. Par le Christ, notre Seigneur.

### Le feu de l'amour de Dieu consumera nos péchés

« Oui, recevoir les cendres, c'est prendre conscience que le feu de l'amour de Dieu consume nos péchés : consumés par la miséricorde de Dieu, ils sont de peu de poids. Regarder ces cendres, c'est confirmer notre foi pascale : nous serons cendre, mais destinée à la résurrection. »

Enzo Bianchi, dans *Trésors de la prière des moines*,
Bayard, 2006, p. 352.

# 1er dimanche du Carême

**26 FÉVRIER 2023**

## Librement le Christ s'est fait obéissant

**Ce premier dimanche de Carême nous place davantage dans la question essentielle de ce temps de conversion** : voulons-nous vraiment choisir le Seigneur ? Loin des sujets de privations et d'efforts, les textes de ce jour nous rappellent l'importance de la Loi de Dieu. En autorisant l'homme et la femme des origines à manger de tous les fruits du jardin, sauf un, Dieu leur offrait la liberté, celle de choisir, celle d'obéir ou de désobéir (*première lecture*). L'enjeu est bien d'écouter sa parole et de la recevoir comme un chemin de vie. Désobéir, c'est ne pas écouter au sens étymologique de ce mot.

À l'inverse, Jésus, confronté aux tentations du diable, s'appuie sur l'Écriture pour déjouer les pièges qui lui sont tendus. Ainsi, dans son obéissance, il se montre vraiment Fils, le Fils de Dieu (*évangile*). Il exerce sa propre liberté pour rester fidèle à la place que son Père lui a donnée. L'obéissance à la parole de Dieu mène à la vie, mais l'expérience du Christ nous montrera que cette vie passe par la mort, au moment où le Sauveur affrontera le Mal dans un combat définitif.

C'est ce que saint Paul appelle « l'accomplissement de la justice par un seul », le Christ. La justification, ou pardon des péchés, nous a été donnée gratuitement par Dieu en la personne de son Fils (*deuxième lecture*). Il n'est plus question des actions des hommes mais bien de celle de Dieu qui, seul, pouvait libérer l'humanité des conséquences du péché originel.

Le Christ, tenté par le diable (littéralement « celui qui divise »), nous offre le visage de l'obéissance fondée sur la confiance en Dieu. Par là, il nous appelle à transformer nos vies, à les convertir, pendant le Carême, en écoutant la parole de Dieu et en nous laissant guider par elle.

### CHANTER

- On se reportera aux propositions pour le Carême, p. 227.
- Si l'on souhaite retenir un chant plus spécifique pour ce 1er dimanche : ***Vivons en enfants de lumière* GP 14-57-1 CNA 430.**

### CÉLÉBRER

- En ce dimanche, on célèbre le rite de « l'appel décisif » et de « l'inscription du nom » pour les catéchumènes qui, lors de la Vigile pascale, seront admis aux sacrements de l'initiation chrétienne. On utilise les prières et les intercessions propres, prévues par le Missel romain (messe rituelle).

## Antienne d'ouverture

cf. Ps 90, 15-16

Quand mon serviteur m'appelle, dit le Seigneur,
moi, je lui réponds.
Je veux le libérer, le glorifier ;
de longs jours, je veux le rassasier.

*On ne dit pas le Gloria.*

## Prière

Dieu tout-puissant, toi qui nous invites chaque année à vivre le Carême en vérité, donne-nous de progresser dans l'intelligence du mystère du Christ et d'en rechercher la réalisation par une vie qui lui corresponde. Lui qui vit et règne avec toi dans l'unité du Saint-Esprit, Dieu, pour les siècles des siècles.

## 1re Lecture

*La désobéissance originelle*

→ **Lecture du livre de la Genèse** 2, 7-9 ; 3, 1-7

**Le Seigneur Dieu modela** l'homme avec la poussière tirée du sol ; il insuffla dans ses narines le souffle de vie, et l'homme devint un être vivant. Le Seigneur Dieu planta un jardin en Éden, à l'orient, et y plaça l'homme qu'il avait modelé. Le Seigneur Dieu fit pousser du sol toutes sortes d'arbres à l'aspect désirable et aux fruits savoureux ; il y avait aussi l'arbre de vie au milieu du jardin, et l'arbre de la connaissance du bien et du mal.

Or le serpent était le plus rusé de tous les animaux des champs que le Seigneur Dieu avait faits. Il dit à la femme : « Alors, Dieu vous a vraiment dit : "Vous ne mangerez d'aucun arbre du jardin" ? » La femme répondit au serpent : « Nous mangeons les fruits des arbres du jardin. Mais, pour le fruit de l'arbre qui est au milieu du jardin, Dieu a dit : "Vous n'en mangerez pas, vous n'y toucherez pas, sinon vous mourrez." » Le serpent dit à la femme : « Pas du tout ! Vous ne mourrez pas ! Mais Dieu sait que, le jour où vous en mangerez, vos yeux s'ouvriront, et vous serez comme des dieux, connaissant le bien et le mal. » La femme s'aperçut que le fruit de l'arbre devait être savoureux, qu'il était agréable à regarder et qu'il était désirable, cet arbre, puisqu'il donnait l'intelligence. Elle prit de son fruit, et en mangea. Elle en donna aussi à son mari, et il en mangea.

Alors leurs yeux à tous deux s'ouvrirent et ils se rendirent compte qu'ils étaient nus. Ils attachèrent les unes aux autres des feuilles de figuier, et ils s'en firent des pagnes.



## Psaume 50

**R/. Pitié, Seigneur, car nous avons péché !**

Pitié pour moi, mon Dieu, dans ton amour,
selon ta grande miséricorde, efface mon péché.
Lave-moi tout entier de ma faute,
purifie-moi de mon offense.

Oui, je connais mon péché,
ma faute est toujours devant moi.
Contre toi, et toi seul, j'ai péché,
ce qui est mal à tes yeux, je l'ai fait.

Crée en moi un cœur pur, ô mon Dieu,
renouvelle et raffermis au fond de moi mon esprit.
Ne me chasse pas loin de ta face,
ne me reprends pas ton esprit saint.

Rends-moi la joie d'être sauvé ;
que l'esprit généreux me soutienne.
Seigneur, ouvre mes lèvres,
et ma bouche annoncera ta louange.

## 2e Lecture *Le Christ nous a justifiés et nous a rendu la vie*

**→ Lecture de la lettre de saint Paul apôtre aux Romains** 5, 12-19

*La lecture du texte entre crochets est facultative.*

**Frères,** nous savons que par un seul homme, le péché est entré dans le monde, et que par le péché est venue la mort ; et ainsi, la mort est passée en tous les hommes, étant donné que tous ont péché.

[Avant la loi de Moïse, le péché était déjà dans le monde, mais le péché ne peut être imputé à personne tant qu'il n'y a pas de loi. Pourtant, depuis Adam jusqu'à Moïse, la mort a établi son règne, même sur ceux qui n'avaient pas péché par une transgression semblable à celle d'Adam. Or, Adam préfigure celui qui devait venir. Mais il n'en va pas du don gratuit comme de la faute. En effet, si la mort a frappé la multitude par la faute d'un seul, combien plus la grâce de Dieu s'est-elle répandue en abondance sur la multitude, cette grâce qui est donnée en un seul homme, Jésus Christ. Le don de Dieu et les conséquences du péché d'un seul n'ont pas la même mesure non plus : d'une part, en effet, pour la faute d'un seul, le jugement a conduit à la condamnation ; d'autre part, pour une multitude de fautes, le don gratuit de Dieu conduit à la justification.]

Si, en effet, à cause d'un seul homme, par la faute d'un seul, la mort a établi son règne, combien plus, à cause de Jésus

Christ et de lui seul, régneront-ils dans la vie, ceux qui reçoivent en abondance le don de la grâce qui les rend justes. Bref, de même que la faute commise par un seul a conduit tous les hommes à la condamnation, de même l'accomplissement de la justice par un seul a conduit tous les hommes à la justification qui donne la vie. En effet, de même que par la désobéissance d'un seul être humain la multitude a été rendue pécheresse, de même par l'obéissance d'un seul la multitude sera-t-elle rendue juste.

**Ta Parole, Seigneur, est vérité, et ta loi, délivrance.** L'homme ne vit pas seulement de pain, mais de toute parole qui sort de la bouche de Dieu. **Ta Parole, Seigneur, est vérité, et ta loi, délivrance.**

## Évangile

*Les tentations du Christ*

→ **Évangile de Jésus Christ selon saint Matthieu** 4, 1-11

**En ce temps-là,** Jésus fut conduit au désert par l'Esprit pour être tenté par le diable. Après avoir jeûné quarante jours et quarante nuits, il eut faim. Le tentateur s'approcha et lui dit : « Si tu es Fils de Dieu, ordonne que ces pierres deviennent des pains. » Mais Jésus répondit : « Il est écrit : L'homme ne vit pas seulement de pain, mais de toute parole qui sort de la bouche de Dieu. »

Alors le diable l'emmène à la Ville sainte, le place au sommet du Temple et lui dit : « Si tu es Fils de Dieu, jette-toi en bas ; car il est écrit : Il donnera pour toi des ordres à ses anges, et : Ils te porteront sur leurs mains, de peur que ton pied ne heurte une pierre. » Jésus lui déclara : « Il est encore écrit : Tu ne mettras pas à l'épreuve le Seigneur ton Dieu. »

Le diable l'emmène encore sur une très haute montagne et lui montre tous les royaumes du monde et leur gloire. Il lui dit : « Tout cela, je te le donnerai, si, tombant à mes pieds, tu te prosternes devant moi. » Alors, Jésus lui dit : « Arrière, Satan ! car il est écrit : *C'est le Seigneur ton Dieu que tu adoreras, à lui seul tu rendras un culte.* »

Alors le diable le quitte. Et voici que des anges s'approchèrent, et ils le servaient.

---

**POUR LA PRIÈRE UNIVERSELLE**

Au début du Carême, avec une ferveur plus grande, présentons au Seigneur les hommes et les femmes de ce monde :

– pour que, dans l'Église, à l'image du Christ qui a résisté aux appels trompeurs du diable, tous les chrétiens parlent et agissent en vérité, nous te prions, Seigneur ;

– pour les personnes qui sont soumises à des tentations ou qui sont victimes des séductions de ce monde, afin qu'elles découvrent la force de ta présence au milieu des hommes, nous te prions, Seigneur ;

– pour les catéchumènes qui sont appelés au baptême par leur évêque en ce début de Carême, afin que s'affermisse leur foi en Jésus ressuscité d'entre les morts, nous te prions, Seigneur ;

– ce 4 mars sera la journée mondiale de lutte contre l'exploitation sexuelle. Pour toutes les victimes de cette forme de violence et pour qu'aucun homme ne soit atteint d'esprit de cupidité, nous te prions, Seigneur.

---

## Prière sur les offrandes

Alors que nous célébrons les débuts de ce temps très saint, nous te prions, Seigneur : fais que nos cœurs correspondent vraiment aux offrandes que nous allons présenter. Par le Christ, notre Seigneur.

## Préface

*La tentation du Seigneur*

Vraiment, il est juste et bon, pour ta gloire et notre salut, de t'offrir notre action de grâce, toujours et en tout lieu, Seigneur, Père très saint, Dieu éternel et tout-puissant, par le Christ, notre Seigneur.

En jeûnant quarante jours au désert, il consacrait le temps du Carême ; lorsqu'il déjouait les pièges du Tentateur des origines, il nous apprenait à écarter le ferment du mal ; ainsi pourrons-nous célébrer dignement le mystère pascal et enfin passer à la Pâque éternelle.
C'est pourquoi, avec la multitude des anges et des saints, nous chantons l'hymne de ta gloire et sans fin nous proclamons : Saint, Saint, Saint, le Seigneur, Dieu de l'univers !...

## Antienne de la communion

Mt 4, 4

L'homme ne vit pas seulement de pain,
mais de toute parole qui sort de la bouche de Dieu.

## Prière après la communion

Restaurés par le pain du ciel, qui nourrit la foi, stimule l'espérance et fortifie la charité, nous t'en prions, Seigneur : apprends-nous à toujours avoir faim de celui qui est le pain vivant et vrai, et à vivre de toute parole qui sort de ta bouche. Par le Christ, notre Seigneur.

## Prière sur le peuple

Que descende sur ton peuple, Seigneur, l'abondance de ta bénédiction, afin que dans l'épreuve grandisse l'espérance, que dans la tentation s'affermisse le courage, et que soit accordée la Rédemption éternelle. Par le Christ, notre Seigneur.

### Obéir, c'est faire la volonté de Dieu

« Il mange de l'arbre de la science du bien, celui qui s'approprie sa volonté et qui s'exalte du bien que le Seigneur dit et opère en lui ; et c'est ainsi que, par la suggestion du diable et la transgression du commandement, la pomme est devenue pour lui la pomme de la science du mal. Dès lors, il faut qu'il en supporte la peine. »

Saint François d'Assise, *Admonition 2*,
dans *Écrits, Vies, témoignages*, Cerf, 2010, p. 283.

## CALENDRIER LITURGIQUE

| | |
|---|---|
| Di 26 | **1er dimanche du Carême A.** *Liturgie des Heures : Psautier semaine I.* |
| Lu 27 | S. Grégoire de Narek, abbé et docteur de l'Église, † vers 1005 au monastère de Narek en Arménie. Lévitique 19, 1-2.11-18 ; Ps 18 B ; Matthieu 25, 31-46 : « Chaque fois que vous l'avez fait à l'un de ces plus petits de mes frères, c'est à moi que vous l'avez fait » |
| Ma 28 | Isaïe 55, 10-11 ; Ps 33 ; Matthieu 6, 7-15 : « Vous donc, priez ainsi » |
| Me 1er mars | Jonas 3, 1-10 ; Ps 50 ; Luc 11, 29-32 : « À cette génération il ne sera donné que le signe de Jonas le prophète » |
| Je 2 | Esther 4, 17n.p-r.aa-bb.gg-hh (Néovulgate) ; Ps 137 ; Matthieu 7, 7-12 : « Quiconque demande reçoit » |
| Ve 3 | Ézékiel 18, 21-28 ; Ps 129 ; Matthieu 5, 20-26 : « Va d'abord te réconcilier avec ton frère » |
| Sa 4 | *S. Casimir, prince de Lituanie, † 1484 à Grodno.* Deutéronome 26, 16-19 ; Ps 118 ; Matthieu 5, 43-48 : « Soyez parfaits comme votre Père céleste est parfait » |

**Bonne fête !** 26 : Nestor. 27 : Honorine. 28 : Romain. 1er mars : Aubin, Albin. 2 : Charles. 3 : Guénolé. 4 : Casimir.

**Saint Aubin (1er mars)** né en 468 en Bretagne fut d'abord moine à l'abbaye de Nantilly (ou Tintillant) près de Saumur où il fut élu abbé. Devenu évêque d'Angers, il a marqué son temps en adoucissant le sort des prisonniers et des malheureux. Au troisième concile d'Orléans, il s'opposa aux seigneurs qui n'hésitaient pas à épouser leur sœur ou leur fille.

# 2e dimanche du Carême

**5 MARS 2023**

## Le Fils de Dieu s'est manifesté

**Le Carême est souvent comparé à une marche qui conduit à Pâques.** Mais, d'expérience, nous savons que nous pouvons rencontrer des faiblesses, des lassitudes, des remises en cause qui alourdissent le pas. Les Apôtres ont suivi Jésus, mais eux aussi ont eu besoin d'être fortifiés dans leurs interrogations et leurs doutes.

La Transfiguration du Christ est d'abord une manifestation de sa divinité à l'image des grandes théophanies de l'Ancien Testament. Alors que bien des lieux sont décrits et identifiés dans les évangiles, la « haute montagne » se présente comme la montagne de Dieu, lieu de sa manifestation à Moïse ou à Élie. Ce sont d'ailleurs ces deux personnages qui échangent avec Jésus au cours du récit (*évangile*). Les éléments qui révèlent la divinité de Jésus sont à percevoir dans la perspective de la résurrection : Jésus est brillant, la lumière l'inonde, il transcende le temps et dialogue avec Moïse et Élie ; enfin, les mots employés par le Christ « soyez sans crainte », « relevez-vous » appartiennent au vocabulaire des récits de Pâques. Jésus évoque même son passage par la mort et sa résurrection.

Comme Pierre, Jacques et Jean, nous espérons que Dieu se manifeste à nous pour relancer notre marche mais nous ne pourrons jamais faire l'économie du déplacement pour aller vers le Seigneur. Les Apôtres ont abandonné leur quotidien, pour un temps, afin de se rendre sur la « haute montagne » comme Abraham qui a obéi à l'ordre du Seigneur de quitter son pays, afin de recevoir sa bénédiction et devenir une grande nation (*première lecture*).

La Transfiguration donne une visibilité à la divinité de Jésus, mais elle nous enseigne aussi que cette divinité se manifestera pleinement dans la souffrance quand le Fils de Dieu donnera sa vie sur la Croix. C'est ce qu'affirme l'apôtre Paul à Timothée, l'exhortant de prendre sa part de souffrance dans l'annonce de l'Évangile (*deuxième lecture*).

---

**CHANTER**

- On se reportera aux propositions pour le Carême p. 227.
- Si l'on souhaite retenir un chant plus spécifique pour le 2e dimanche : ***Lumière des hommes*** **GX 128-2 CNA 422 ou GX 46-21-4.**

## Antienne d'ouverture

cf. Ps 26, 8-9 (Vg)

En mon cœur je t'ai dit : Je cherche ton visage,
c'est ta face, Seigneur, que je cherche :
ne me cache pas ta face.

*On ne dit pas le Gloria.*

## Prière

Seigneur Dieu, tu nous as dit d'écouter ton Fils bien-aimé ; fais-nous trouver dans ta parole la nourriture de notre vie spirituelle, afin que, d'un regard purifié, nous ayons la joie de contempler ta gloire. Par Jésus Christ, ton Fils, notre Seigneur, qui vit et règne avec toi dans l'unité du Saint-Esprit, Dieu, pour les siècles des siècles.

## 1re Lecture

*Vocation d'Abraham*

→ **Lecture du livre de la Genèse** 12, 1-4a

**Le Seigneur dit à Abram** : « Quitte ton pays, ta parenté et la maison de ton père, et va vers le pays que je te montrerai. Je ferai de toi une grande nation, je te bénirai, je rendrai grand ton nom, et tu deviendras une bénédiction. Je bénirai ceux qui te béniront ; celui qui te maudira, je le réprouverai. En toi seront bénies toutes les familles de la terre. » Abram s'en alla, comme le Seigneur le lui avait dit, et Loth s'en alla avec lui.

## Psaume 32

R/. **Que ton amour, Seigneur, soit sur nous,**
**comme notre espoir est en toi !**

Oui, elle est droite, la parole du Seigneur ;
il est fidèle en tout ce qu'il fait.
Il aime le bon droit et la justice ;
la terre est remplie de son amour.

Dieu veille sur ceux qui le craignent,
qui mettent leur espoir en son amour,
pour les délivrer de la mort,
les garder en vie aux jours de famine.

Nous attendons notre vie du Seigneur :
il est pour nous un appui, un bouclier.
Que ton amour, Seigneur, soit sur nous
comme notre espoir est en toi !



## 2e Lecture

*La grâce de Dieu est devenue visible*

→ **Lecture de la deuxième lettre de saint Paul apôtre à Timothée** 1, 8b-10

**Fils bien-aimé**, avec la force de Dieu, prends ta part des souffrances liées à l'annonce de l'Évangile. Car Dieu nous a sauvés, il nous a appelés à une vocation sainte, non pas à cause de nos propres actes, mais à cause de son projet à lui et de sa grâce. Cette grâce nous avait été donnée dans le Christ Jésus avant tous les siècles, et maintenant elle est devenue visible, car notre Sauveur, le Christ Jésus, s'est manifesté : il a détruit la mort, et il a fait resplendir la vie et l'immortalité par l'annonce de l'Évangile.

**Gloire au Christ, Parole éternelle du Dieu vivant. Gloire à toi, Seigneur**. De la nuée lumineuse, la voix du Père a retenti : « Celui-ci est mon Fils bien-aimé, écoutez-le ! » **Gloire au Christ, Parole éternelle du Dieu vivant. Gloire à toi, Seigneur.**

## Évangile

*La Transfiguration*

→ **Évangile de Jésus Christ selon saint Matthieu** 17, 1-9

E**n ce temps-là,** Jésus prit avec lui Pierre, Jacques et Jean son frère, et il les emmena à l'écart, sur une haute montagne. Il fut transfiguré devant eux ; son visage devint brillant comme le soleil, et ses vêtements, blancs comme la lumière. Voici que leur apparurent Moïse et Élie, qui s'entretenaient avec lui. Pierre alors prit la parole et dit à Jésus : « Seigneur, il est bon que nous soyons ici ! Si tu le veux, je vais dresser ici trois tentes, une pour toi, une pour Moïse, et une pour Élie. »

Il parlait encore, lorsqu'une nuée lumineuse les couvrit de son ombre, et voici que, de la nuée, une voix disait : « Celui-ci est mon Fils bien-aimé, en qui je trouve ma joie : écoutez-le ! » Quand ils entendirent cela, les disciples tombèrent face contre terre et furent saisis d'une grande crainte. Jésus s'approcha, les toucha et leur dit : « Relevez-vous et soyez sans crainte ! » Levant les yeux, ils ne virent plus personne, sinon lui, Jésus, seul.

En descendant de la montagne, Jésus leur donna cet ordre : « Ne parlez de cette vision à personne, avant que le Fils de l'homme soit ressuscité d'entre les morts. »

---

**POUR LA PRIÈRE UNIVERSELLE**

Dieu nous a appelés à une vocation sainte ; demandons-lui de sanctifier les hommes d'aujourd'hui :

– pour toute la descendance d'Abraham qui, à travers diverses religions, partage le monothéisme, afin qu'elle soit porteuse de paix et de justice, prions ;

– pour les personnes qui attendent des manifestations de Dieu dans leur vie, afin qu'elles le cherchent d'abord dans sa parole accueillie en Église, prions ;
– pour ceux qui ont la charge de gouverner, afin qu'ils gardent l'attention à tous et spécialement aux plus fragiles, prions ;
– pour les catéchistes qui dans notre communauté prennent leur part du service de l'Évangile, afin qu'ils aient la joie d'annoncer que Jésus a détruit la mort, prions.

## Prière sur les offrandes

Que cette offrande, nous t'en prions, Seigneur, nous purifie de nos péchés : qu'elle sanctifie le corps et l'esprit de tes fidèles, pour les préparer à célébrer les fêtes pascales. Par le Christ, notre Seigneur.

## Préface

*La transfiguration du Seigneur*

Vraiment, il est juste et bon, pour ta gloire et notre salut, de t'offrir notre action de grâce, toujours et en tout lieu, Seigneur, Père très saint, Dieu éternel et tout-puissant, par le Christ, notre Seigneur.
Après avoir prédit sa mort à ses disciples, il leur a manifesté sa splendeur sur la montagne sainte en présence de Moïse et d'Élie. Ainsi la Loi et les Prophètes témoignaient qu'il parviendrait par la passion jusqu'à la gloire de la résurrection.
C'est pourquoi, avec les puissances des cieux, nous pouvons te bénir sur la terre et t'adorer sans fin en proclamant :
Saint, Saint, Saint, le Seigneur, Dieu de l'univers !...

## Antienne de la communion

cf. Mt 17, 5

Celui-ci est mon Fils bien-aimé,
en qui je trouve ma joie :
écoutez-le !

## Prière après la communion

Après avoir communié, Seigneur, aux mystères de ta gloire, nous tenons à te rendre grâce, car tu nous donnes déjà sur cette terre d'avoir part aux biens du ciel. Par le Christ, notre Seigneur.

## Prière sur le peuple

Seigneur, ne cesse pas de répandre ta bénédiction sur tes fidèles et donne-leur de s'attacher à l'Évangile de ton Fils unique ; alors, ils auront la force de tendre sans relâche vers la gloire dont il manifesta le rayonnement à ses Apôtres, et d'y parvenir eux-mêmes pour leur bonheur. Par le Christ, notre Seigneur.

## Le Fils est placé au-dessus des serviteurs

« Pierre, Jacques et Jean entrèrent donc dans la nue pour connaître ce qui est secret et caché, et c'est là qu'ils entendirent la voix de Dieu disant : "Celui-ci est mon Fils bien-aimé en qui j'ai mis tout mon amour : écoutez-le" (Mt 17, 5). Que signifie : "Celui-ci est mon Fils bien-aimé" ? Cela veut dire : - Simon, ne t'y trompe pas ! – que tu ne dois pas placer le Fils de Dieu sur le même rang que les serviteurs. "Celui-ci est mon Fils : Moïse n'est pas mon Fils, Élie n'est pas mon Fils, bien que l'un ait ouvert le ciel, et que l'autre ait fermé le ciel." L'un et l'autre, en effet, à la parole du Seigneur, ont vaincu un élément, mais ils n'ont fait que prêter leur ministère à celui qui a affermi les eaux et fermé par la sécheresse le ciel, qu'il a fait fondre en pluie dès qu'il l'a voulu.

Là où le témoignage sur la résurrection est invoqué, on fait appel au ministère des serviteurs, mais là où se montre la gloire du Seigneur qui ressuscite, la gloire des serviteurs tombe dans l'obscurité. »

Saint Ambroise, Homélie sur le psaume 45,
dans *Les Pères de l'Église commentent l'Évangile*,
sous la dir. de Henri Delhougne, Brepols, 1991, p. 187.

| | |
|---|---|
| Di 5 | **2e dimanche de Carême A.**<br>*Liturgie des Heures : psautier semaine II.* |
| Lu 6 | Daniel 9, 4-10 ; Ps 78 ; Luc 6, 36-38 « Pardonnez, et vous serez pardonnés » |
| Ma 7 | Stes Perpétue et Félicité, martyres, † 203 à Carthage. *En Afrique du Nord,* fête.<br>Isaïe 1, 10.16-20, Ps 49 ; Matthieu 23, 1-12 « Ils disent et ne font pas » |
| Me 8 | *S. Jean de Dieu, fondateur des Frères hospitaliers, † 1550 à Grenade.*<br>Jérémie 18, 18-20 ; Ps 30 ; Matthieu 20, 17-28 : « Ils le condamneront à mort » |
| Je 9 | *Ste Françoise Romaine, mère de famille, puis religieuse, † 1440 à Rome.*<br>Jérémie 17, 5-10 ; Ps 1 ; Luc 16, 19-31 : Maintenant, lui, il trouve ici la consolation, et toi, la souffrance » |
| Ve 10 | Genèse 37, 3-4.12-13a.17b-28 ; Ps 104 ; Matthieu 21, 33-43.45-46 : « Voici l'héritier : venez ! tuons-le ! » |
| Sa 11 | Michée 7, 14-15.18-20 ; Ps 102 ; Luc 15, 1-3.11-32 : « Ton frère que voilà était mort, et il est revenu à la vie » |



**Bonne fête !** 5 : Olivia, Olive. 6 : Colette. 7 : Félicité. 8 : Urbain. 9 : Françoise, France, Francine. 10 : Viviane. 11 : Rosine.

**Pour mémoire :** 8 mars, journée internationale de la femme.

**Sainte Colette (6 mars)** dont l'origine du nom est « Nicole » est née en Picardie en 1381. À 18 ans, elle entra chez les Béguines d'Amiens puis chez les Bénédictines, puis chez les Clarisses parce qu'elle recherchait une vie plus austère. Avec l'autorisation de l'antipape Benoit XIII, puis du pape Alexandre V, elle réforma l'ordre des Clarisses en vue d'une plus grande pauvreté. Elle mourut en 1447.

# 3e dimanche du Carême

**12 MARS 2023**

## Nous manquons d'eau

**Nous allons mourir de soif,** les troupeaux vont mourir de soif : telle est la peur du peuple nomade qui a suivi Moïse (*première lecture*). Histoire ancienne, réalité contemporaine : comment ne pas entendre ici la détresse de ceux que l'on appelle aujourd'hui « les réfugiés climatiques », notamment en Afrique sub-saharienne, qui en raison des sécheresses à répétition perdent leurs moyens de subsistance ? La crise est bien réelle : celle qui fait craindre pour la vie, celle qui met à mal la confiance en Dieu. Dieu veut-il notre mort ? L'eau que Moise fera jaillir du rocher est le signe que Dieu n'abandonne pas son peuple. Tel un sourcier pour trouver de l'eau, Moïse, sur la parole de Dieu, va prendre son bâton. Ce bâton n'est pas une baguette magique mais l'instrument, le signe visible de l'action de Dieu qui ne laisse pas mourir son peuple.

C'est bien aussi d'eau et de soif qu'il est question dans l'évangile de la Samaritaine (*évangile*) mais les rôles semblent inversés : c'est Jésus, en plein midi et sous une chaleur que l'on imagine torride, qui demande à boire à une femme de Samarie. Cependant, au lieu de boire de l'eau, ils engagent un dialogue. La parole devient plus essentielle que l'eau, dévoilant les points clés d'une histoire personnelle : ses racines, ses histoires conjugales, ses croyances. Le dialogue qui s'engage est un itinéraire qui en révélant l'identité de Jésus, révèle la femme à elle-même.

Avec la Samaritaine, nous parcourons notre chemin de foi baptismale qui nous a conduits de la première interrogation : « Mais qui es-tu pour me demander à boire ? » à l'affirmation au terme de l'échange : « Je sais qu'il vient, le Messie ».

Ne laissons pas notre foi en stress hydrique, en manque de ressources vitales. Reconnaitre le Christ, source de la vie qui ne s'épuise pas, nous demande de renoncer à être notre propre source pour s'ouvrir à Lui.

**CHANTER**

- Se reporter au choix proposé p. 227.
- ***Si tu savais le don de Dieu*** **G 14-59-1** ou **GA 300**.

**CÉLÉBRER**

- Les 3e, 4e et 5e dimanches du Carême sont les dimanches dits « des scrutins ». Il s'agit d'un rite spécifique à destination des catéchumènes qui seront baptisés dans la nuit de Pâques.
- Après l'homélie, le prêtre et l'assemblée prient pour que la force du Seigneur, lui qui scrute les cœurs, accompagne les catéchumènes dans les dernières étapes vers le baptême. Le prêtre impose les mains sur eux en silence. Le Rituel de l'initiation chrétienne prévoit que les catéchumènes quittent ensuite l'assemblée qui poursuit la liturgie eucharistique. Il est bon alors qu'ils sortent accompagnés des personnes de leur groupe de préparation qui pourraient leur proposer une catéchèse mystagogique inspirée de la liturgie qu'ils viennent de vivre.

## Antienne d'ouverture

cf. Ez 36, 23-26

Quand je manifesterai, par vous, ma sainteté,
je vous rassemblerai de tous les pays, dit le Seigneur.

Je répandrai sur vous une eau pure,
et vous serez purifiés de toutes vos souillures.
Et je mettrai en vous un esprit nouveau.

## Prière

Seigneur Dieu, source de toute bonté, et de toute miséricorde, tu nous as montré comment guérir du péché par le jeûne, la prière et le partage ; accueille favorablement l'aveu de notre faiblesse, et puisque nous prenons humblement conscience de nos fautes, que ta miséricorde nous relève sans cesse. Par Jésus Christ, ton Fils, notre Seigneur, qui vit et règne avec toi dans l'unité du Saint-Esprit, Dieu, pour les siècles des siècles.

## 1re Lecture

*Dieu ne laisse pas mourir son peuple de soif*

→ **Lecture du livre de l'Exode** 17, 3-7

En ces jours-là, dans le désert, le peuple, manquant d'eau, souffrit de la soif. Il récrimina contre Moïse et dit : « Pourquoi nous as-tu fait monter d'Égypte ? Était-ce pour nous faire mourir de soif avec nos fils et nos troupeaux ? » Moïse cria vers le Seigneur : « Que vais-je faire de ce peuple ? Encore un peu, et ils me lapideront ! » Le Seigneur dit à Moïse : « Passe devant le peuple, emmène avec toi plusieurs des anciens d'Israël, prends en main le bâton avec lequel tu as frappé le Nil, et va ! Moi, je serai là, devant toi, sur le rocher du mont Horeb. Tu frapperas le rocher, il en sortira de l'eau, et le peuple boira ! » Et Moïse fit ainsi sous les yeux des anciens d'Israël.

Il donna à ce lieu le nom de Massa (c'est-à-dire : Épreuve) et Mériba (c'est-à-dire : Querelle), parce que les fils d'Israël avaient cherché querelle au Seigneur, et parce qu'ils l'avaient mis à l'épreuve, en disant : « Le Seigneur est-il au milieu de nous, oui ou non ? »

## Psaume 94

R/. **Aujourd'hui, ne fermez pas votre cœur,**
**mais écoutez la voix du Seigneur !**

Venez, crions de joie pour le Seigneur,
acclamons notre Rocher, notre salut !
Allons jusqu'à lui en rendant grâce,
par nos hymnes de fête acclamons-le !

Entrez, inclinez-vous, prosternez-vous,
adorons le Seigneur qui nous a faits.
Oui, il est notre Dieu ;
nous sommes le peuple qu'il conduit.

Aujourd'hui écouterez-vous sa parole ?
« Ne fermez pas votre cœur comme au désert,
où vos pères m'ont tenté et provoqué,
et pourtant ils avaient vu mon exploit. »

## 2e Lecture

*« L'espérance ne déçoit pas »*

→ **Lecture de la lettre de saint Paul apôtre aux Romains** 5, 1-2.5-8

**Frères**, nous qui sommes devenus justes par la foi, nous voici en paix avec Dieu par notre Seigneur Jésus Christ, lui qui nous a donné, par la foi, l'accès à cette grâce dans laquelle nous sommes établis ; et nous mettons notre fierté dans l'espérance d'avoir part à la gloire de Dieu. Et l'espérance ne déçoit pas, puisque l'amour de Dieu a été répandu dans nos cœurs par l'Esprit Saint qui nous a été donné.

Alors que nous n'étions encore capables de rien, le Christ, au temps fixé par Dieu, est mort pour les impies que nous étions. Accepter de mourir pour un homme juste, c'est déjà difficile ; peut-être quelqu'un s'exposerait-il à mourir pour un homme de bien. Or, la preuve que Dieu nous aime, c'est que le Christ est mort pour nous, alors que nous étions encore pécheurs.

**Gloire au Christ, Sagesse éternelle du Dieu vivant. Gloire à toi, Seigneur.** Tu es vraiment le Sauveur du monde, Seigneur ! Donne-moi de l'eau vive : que je n'aie plus soif. **Gloire au Christ, Sagesse éternelle du Dieu vivant. Gloire à toi, Seigneur.**

## Évangile

*Le Christ, source d'eau vive*

→ **Évangile de Jésus Christ selon saint Jean** 4, 5-42

*La lecture du texte entre crochets est facultative.*

CARÊME

**En ce temps-là,** Jésus arriva à une ville de Samarie, appelée Sykar, près du terrain que Jacob avait donné à son fils Joseph. Là se trouvait le puits de Jacob. Jésus, fatigué par la route, s'était donc assis près de la source. C'était la sixième heure, environ midi. Arrive une femme de Samarie, qui venait puiser de l'eau. Jésus lui dit : « Donne-moi à boire. » – En effet, ses disciples étaient partis à la ville pour acheter des provisions. La Samaritaine lui dit : « Comment ! Toi, un Juif, tu me demandes à boire, à moi, une Samaritaine ? » – En effet, les Juifs ne fréquentent pas les Samaritains. Jésus lui répondit : « Si tu savais le don de Dieu et qui est celui qui te dit : "Donne-moi à boire", c'est toi qui lui aurais demandé, et il t'aurait donné de l'eau vive. »

Elle lui dit : « Seigneur, tu n'as rien pour puiser, et le puits est profond. D'où as-tu donc cette eau vive ? Serais-tu plus grand que notre père Jacob qui nous a donné ce puits, et qui en a bu lui-même, avec ses fils et ses bêtes ? »

Jésus lui répondit : « Quiconque boit de cette eau aura de nouveau soif ; mais celui qui boira de l'eau que moi je lui donnerai n'aura plus jamais soif ; et l'eau que je lui donnerai deviendra en lui une source d'eau jaillissant pour la vie éternelle. »

La femme lui dit : « Seigneur, donne-moi de cette eau, que je n'aie plus soif, et que je n'aie plus à venir ici pour puiser. »

[Jésus lui dit : « Va, appelle ton mari, et reviens. »

La femme répliqua : « Je n'ai pas de mari. »

Jésus reprit : « Tu as raison de dire que tu n'as pas de mari : des maris, tu en a eu cinq, et celui que tu as maintenant n'est pas ton mari ; là, tu dis vrai. »

La femme lui dit : « Seigneur,] je vois que tu es un prophète !... Eh bien ! Nos pères ont adoré sur la montagne qui est là, et vous, les Juifs, vous dites que le lieu où il faut adorer est à Jérusalem. »

Jésus lui dit : « Femme, crois-moi : l'heure vient où vous n'irez plus ni sur cette montagne ni à Jérusalem pour adorer le

Père. Vous, vous adorez ce que vous ne connaissez pas ; nous, nous adorons ce que nous connaissons, car le salut vient des Juifs. Mais l'heure vient – et c'est maintenant – où les vrais adorateurs adoreront le Père en esprit et vérité : tels sont les adorateurs que recherche le Père. Dieu est esprit, et ceux qui l'adorent, c'est en esprit et vérité qu'ils doivent l'adorer. »

La femme lui dit : « Je sais qu'il vient, le Messie, celui qu'on appelle Christ. Quand il viendra, c'est lui qui nous fera connaître toutes choses. »

Jésus lui dit : « Je le suis, moi qui te parle. »

[À ce moment-là, ses disciples arrivèrent ; ils étaient surpris de le voir parler avec une femme. Pourtant, aucun ne lui dit : « Que cherches-tu ? » ou bien : « Pourquoi parles-tu avec elle ? »

La femme, laissant là sa cruche, revint à la ville et dit aux gens : « Venez voir un homme qui m'a dit tout ce que j'ai fait. Ne serait-il pas le Christ ? » Ils sortirent de la ville, et ils se dirigeaient vers lui.

Entre-temps, les disciples l'appelaient : « Rabbi, viens manger. » Mais il répondit : « Pour moi, j'ai de quoi manger : c'est une nourriture que vous ne connaissez pas. » Les disciples se disaient entre eux : « Quelqu'un lui aurait-il apporté à manger ? »

Jésus leur dit : « Ma nourriture, c'est de faire la volonté de Celui qui m'a envoyé et d'accomplir son œuvre. Ne dites-vous pas : "Encore quatre mois et ce sera la moisson" ? Et moi, je vous dis : Levez les yeux et regardez les champs déjà dorés pour la moisson. Dès maintenant, le moissonneur reçoit son salaire : il récolte du fruit pour la vie éternelle, si bien que le semeur se réjouit en même temps que le moissonneur. Il est bien vrai, le dicton : "L'un sème, l'autre moissonne." Je vous ai envoyés moissonner ce qui ne vous a coûté aucun effort ; d'autres ont fait l'effort, et vous en avez bénéficié. »]

Beaucoup de Samaritains de cette ville crurent en Jésus, à cause de la parole de la femme qui rendait ce témoignage : « Il m'a dit tout ce que j'ai fait. » Lorsqu'ils arrivèrent auprès de lui, ils l'invitèrent à demeurer chez eux. Il y demeura deux jours.

Ils furent encore beaucoup plus nombreux à croire à cause de sa parole à lui, et ils disaient à la femme : « Ce n'est plus à cause de ce que tu nous as dit que nous croyons : nous-mêmes, nous l'avons entendu, et nous savons que c'est vraiment lui le Sauveur du monde. »

**POUR LA PRIÈRE UNIVERSELLE**

Seigneur, source de toute vie, nous te confions :
– les personnes « déplacées climatiques » qui n'ont d'autres possibilités que de quitter leurs terres : qu'elles trouvent des frères qui les secourent et œuvrent à une conversion écologique ;
– les pasteurs, prêtres et évêques, de notre Église : qu'ils donnent soif de la Parole qui révèle Jésus Christ ;
– les personnes malades ou en fin de vie : que la vie divine qui coule en eux les rassure et les garde dans l'espérance ;
– les catéchumènes qui se préparent à devenir chrétiens, par le baptême, la confirmation et l'eucharistie : qu'ils grandissent dans la foi et trouvent leur joie dans le Seigneur.

## Prière sur les offrandes

Par ce sacrifice, Seigneur de bonté, alors que nous implorons le pardon de nos fautes, accorde-nous d'avoir à cœur de pardonner celles de nos frères. Par le Christ, notre Seigneur.

*Puisque l'évangile de la Samaritaine a été lu, on dit la Préface correspondante.*

## Préface

*La Samaritaine*

Vraiment, il est juste et bon, pour ta gloire et notre salut, de t'offrir notre action de grâce, toujours et en tout lieu, Seigneur, Père très saint, Dieu éternel et tout-puissant, par le Christ, notre Seigneur.
Quand il demandait à la Samaritaine de lui donner à boire, il lui faisait déjà le don de la foi ; de cette foi, il manifesta une telle soif qu'il fit naître en elle le feu de l'amour de Dieu.
C'est pourquoi nous te rendons grâce et, avec les anges, nous chantons tes merveilles en proclamant :
Saint, Saint, Saint, le Seigneur, Dieu de l'univers !...

## Antienne de la communion

cf. Jn 4, 13-14

L'eau que moi, je donnerai, dit le Seigneur,
deviendra en celui qui en boira
source d'eau jaillissant pour la vie éternelle.

## Prière après la communion

Nous avons reçu de toi, Seigneur, un avant-goût des mystères du ciel, et, dès cette terre, nous sommes rassasiés par le pain venu d'en haut ; nous t'en supplions : donne-nous de mettre en œuvre ce que le sacrement réalise en nous. Par le Christ, notre Seigneur.

## Prière sur le peuple

Dirige, Seigneur, le cœur de tes fidèles et, dans ta bienveillance, donne à ceux qui te servent la grâce d'accomplir la plénitude de tes commandements en demeurant dans l'amour pour toi et pour le prochain. Par le Christ, notre Seigneur.

## Mettre Dieu au centre

« Nous ne pouvons pas avoir une spiritualité qui oublie le Dieu tout-puissant et créateur. Autrement, nous finirions par adorer d'autres pouvoirs du monde, ou bien nous prendrions la place du Seigneur au point de prétendre piétiner la réalité créée par lui, sans connaître de limite. La meilleure manière de mettre l'être humain à sa place, et de mettre fin à ses prétentions d'être un dominateur absolu de la terre, c'est de proposer la figure d'un Père créateur et unique maître du monde, parce qu'autrement l'être humain aura toujours tendance à vouloir imposer à la réalité ses propres lois et intérêts. »

Pape François, *Laudato si, Lettre encyclique sur la sauvegarde de la maison commune*, 2015, n° 45.

## CALENDRIER LITURGIQUE

**Di 12** **3e dimanche du Carême A.**
*Liturgie des Heures : Psautier semaine III.*

*À partir du lundi, messe au choix : on peut employer ces lectures n'importe quel jour de cette semaine, surtout les années B et C, quand on ne lit pas l'évangile de la Samaritaine le troisième dimanche de Carême.*
Exode 17, 1-7 ; Ps 94 ; Jean 4, 5-42 : « Une source d'eau jaillissant pour la vie éternelle »

**Lu 13** 2e livre des Rois ; Ps 41 ; Luc 4, 24-30 Jésus, comme Élie et Élisée, n'est pas envoyé qu'aux seuls Juifs

**Ma 14** Daniel 3, 25.34-43 ;
Ps 24 ; Matthieu 18, 21-35 : « C'est ainsi que mon Père du ciel vous traitera, si chacun de vous ne pardonne pas à son frère »

**Me 15** Deutéronome 4, 1.5-9 ; Ps 147 ; Matthieu 5, 17-19 : « Celui qui les observera et les enseignera, celui-là sera déclaré grand »

**Je 16** Jérémie 7, 23-28 ; Ps 94 ; Luc 11, 14-23 : « Celui qui n'est pas avec moi est contre moi »

**Ve 17** *S. Patrick, évêque, apôtre de l'Irlande, † 461.*
Osée 14, 2-10 ; Ps 80 ; Marc 12, 28b-34 : « Le Seigneur notre Dieu est l'unique Seigneur : tu l'aimeras »

**Sa 18** *S. Cyrille, évêque de Jérusalem, docteur de l'Église, † 386.*
Osée 6, 1-6 ; Ps 50 ; Luc 18, 9-14 : « Le publicain était devenu un homme juste, plutôt que l'autre »

**Bonne fête !** 12 : Justine, Pol. 13 : Rodrigue. 14 : Mathilde, Maud. 15 : Louise. 16 : Bénédicte. 17 : Patrick, Patrice, Patricia. 18 : Cyrille, Salvatore.

**Saint Patrick (17 mars).** Qui n'a pas entendu parler des fêtes irlandaises de la Saint-Patrick ? Originaire d'une famille chrétienne galloise, Patrick fut vendu comme esclave en Irlande où il passa six ans avant de s'enfuir. Il y revint comme évêque en 432 et sa prédication contribua à l'évangélisation du pays. On lui doit l'emblème de l'Irlande, la feuille de trèfle, qu'il associa à la Trinité.

# 4e dimanche du Carême

## 19 MARS 2023

## Discernement

**Si distinguer** ce qui est mauvais de ce qui est bien est relativement simple, en revanche, discerner entre deux biens lequel s'avère le meilleur est une véritable épreuve. C'est ce qui arrive au prophète Samuel qui doit choisir parmi les sept fils du roi Jessé, lequel sera le roi d'Israël (*première lecture*). Mais Dieu a transmis ses critères à Samuel : ne pas regarder l'apparence comme le font les hommes mais adopter le regard de Dieu, le regard du cœur. C'est donc le plus petit, David, dont le texte dit qu'« il avait de beaux yeux », qui recevra l'onction d'huile et deviendra roi.

C'est encore le regard du cœur qui est en jeu dans l'évangile de l'aveugle-né (*évangile*). Les pharisiens voient en ce mendiant aveugle le péché de ses parents. Autant dire que le regard est perverti : personne ne voit clair, ni le mendiant et ses parents, ni les pharisiens. Le fond de cette histoire est le procès engagé par les pharisiens contre Jésus. Ce procès porte sur la reconnaissance de son identité de « oint » de Dieu (ce que signifie le nom « Christ »). On imagine aisément le climat de crainte et d'exclusion qui règne. Car en même temps que la vue, la parole aussi est malade. Or, dès que l'aveugle est guéri, il se met à parler, sans barrières, comme si ses digues intérieures créées par la peur et le rejet avaient lâché. Manifestement, les pharisiens n'écoutent pas l'homme guéri, lui qui pourtant sait d'un savoir d'expérience que Jésus est le Messie envoyé par Dieu.

Les Pères de l'Église ont vu dans ce texte une figure du baptême : la lumière qui est remise au baptême, prise au cierge pascal, est le signe de la transformation du regard : un regard du cœur afin de discerner ce qui est le meilleur pour nous-mêmes et pour nos frères. Souvenons-nous-en quand, lors de la Vigile pascale, nous chanterons : « Lumière du Christ, nous rendons grâce à Dieu ! »

**CHANTER**

- Se reporter au choix proposé p. 227.
- ***Ouvre mes yeux, Seigneur Jésus*** **GA 400.**

**CÉLÉBRER**

- En cette messe, on utilise la couleur violette ou rose, le son des instruments est admis et l'autel peut être orné de fleurs.
- En ce dimanche, là où il y a des catéchumènes, on célèbre le deuxième scrutin préparatoire au baptême pour ceux qui seront admis aux sacrements de l'initiation chrétienne lors de la Vigile pascale ; au lieu du formulaire du dimanche, on emploie le formulaire prévu pour ce scrutin parmi les messes rituelles, avec des oraisons et des intercessions propres.

## Antienne d'ouverture

cf. Is 66, 10-11

Réjouis-toi, Jérusalem ;
vous tous qui l'aimez, rassemblez-vous.
Jubilez de sa joie, vous qui étiez dans la tristesse ;
alors vous exulterez, vous serez rassasiés de consolation.

## Prière

Seigneur Dieu, par ton Verbe incarné tu as merveilleusement réconcilié avec toi le genre humain ; accorde au peuple chrétien de se hâter avec un amour généreux et une foi ardente au-devant des fêtes pascales qui approchent. Par Jésus Christ.

## 1re Lecture

*Samuel donne l'onction royale à David*

→ **Lecture du premier livre de Samuel** 16, 1b.6-7.10-13a

En ces jours-là, le Seigneur dit à Samuel : « Prends une corne que tu rempliras d'huile, et pars ! Je t'envoie auprès de Jessé de Bethléem, car j'ai vu parmi ses fils mon roi. » Lorsqu'ils arrivèrent et que Samuel aperçut Éliab, il se dit : « Sûrement, c'est lui le messie, lui qui recevra l'onction du Seigneur ! » Mais le Seigneur dit à Samuel : « Ne considère pas son apparence ni sa haute taille, car je l'ai écarté. Dieu ne regarde pas comme les hommes : les hommes regardent l'apparence, mais le Seigneur regarde le cœur. » Jessé présenta ainsi à Samuel ses sept fils, et Samuel lui dit : « Le Seigneur n'a choisi aucun de ceux-là. »

Alors Samuel dit à Jessé : « N'as-tu pas d'autres garçons ? » Jessé répondit : « Il reste encore le plus jeune, il est en train de garder le troupeau. » Alors Samuel dit à Jessé : « Envoie-le chercher : nous ne nous mettrons pas à table tant qu'il ne sera pas arrivé. »

Jessé le fit donc venir : le garçon était roux, il avait de beaux yeux, il était beau. Le Seigneur dit alors : « Lève-toi, donne-lui l'onction : c'est lui ! » Samuel prit la corne pleine d'huile, et lui donna l'onction au milieu de ses frères. L'Esprit du Seigneur s'empara de David à partir de ce jour-là.

## Psaume 22

R/. **Le Seigneur est mon berger :**
**rien ne saurait me manquer.**

Le Seigneur est mon berger :
je ne manque de rien.
Sur des prés d'herbe fraîche,
il me fait reposer.

Il me mène vers les eaux tranquilles
et me fait revivre ;
il me conduit par le juste chemin
pour l'honneur de son nom.

Si je traverse les ravins de la mort,
je ne crains aucun mal,
car tu es avec moi :
ton bâton me guide et me rassure.

Tu prépares la table pour moi
devant mes ennemis ;

tu répands le parfum sur ma tête,
ma coupe est débordante.

Grâce et bonheur m'accompagnent
tous les jours de ma vie ;
j'habiterai la maison du Seigneur
pour la durée de mes jours.

## 2e Lecture

*« Le Christ t'illuminera »*

**→ Lecture de la lettre de saint Paul apôtre aux Éphésiens** 5, 8-14

**Frères,** autrefois, vous étiez ténèbres ; maintenant, dans le Seigneur, vous êtes lumière ; conduisez-vous comme des enfants de lumière – or la lumière a pour fruit tout ce qui est bonté, justice et vérité – et sachez reconnaître ce qui est capable de plaire au Seigneur. Ne prenez aucune part aux activités des ténèbres, elles ne produisent rien de bon ; démasquez-les plutôt. Ce que ces gens-là font en cachette, on a honte même d'en parler. Mais tout ce qui est démasqué est rendu manifeste par la lumière, et tout ce qui devient manifeste est lumière. C'est pourquoi l'on dit : Réveille-toi, ô toi qui dors, relève-toi d'entre les morts, et le Christ t'illuminera.

**Gloire et louange à toi Seigneur Jésus**. Moi, je suis la lumière du monde, dit le Seigneur. Celui qui me suit aura la lumière de la vie. Gloire et louange **à toi Seigneur Jésus.**

## Évangile

*La guérison de l'aveugle-né*

**→ Évangile de Jésus Christ selon saint Jean** 9, 1-41

*La lecture du texte entre crochets est facultative.*

**En ce temps-là**, sortant du Temple, Jésus vit sur son passage un homme aveugle de naissance. [Ses disciples l'interrogèrent : « Rabbi, qui a péché, lui ou ses parents, pour qu'il soit né aveugle ? » Jésus répondit : « Ni lui, ni ses parents n'ont péché. Mais c'était pour que les œuvres de Dieu se manifestent en lui. Il nous faut travailler aux œuvres de Celui qui m'a envoyé, tant qu'il fait jour ; la nuit vient où personne ne pourra plus y travailler. Aussi longtemps que je suis dans le monde, je suis la lumière du monde. » Cela dit,] il cracha à terre et, avec la salive, il fit de la boue ; puis il appliqua la boue sur les yeux de l'aveugle, et lui dit : « Va te laver à la piscine de Siloé » – ce nom se traduit : Envoyé. L'aveugle y alla donc, et il se lava ; quand il revint, il voyait.

Ses voisins, et ceux qui l'avaient observé auparavant – car il était mendiant – dirent alors : « N'est-ce pas celui qui se tenait là pour mendier ? » Les uns disaient : « C'est lui. » Les autres disaient : « Pas du tout, c'est quelqu'un qui lui ressemble. » Mais lui disait : « C'est bien moi. » [Et on lui demandait : « Alors, comment tes yeux se sont-ils ouverts ? » Il répondit : « L'homme qu'on appelle Jésus a fait de la boue, il me l'a appliquée sur les yeux et il m'a dit : "Va à Siloé et lave-toi." J'y suis donc allé et je me suis lavé ; alors, j'ai vu. » Ils lui dirent : « Et lui, où est-il ? » Il répondit : « Je ne sais pas. »] On l'amène aux pharisiens, lui, l'ancien aveugle.

Or, c'était un jour de sabbat que Jésus avait fait de la boue et lui avait ouvert les yeux. À leur tour, les pharisiens lui demandaient comment il pouvait voir. Il leur répondit : « Il m'a mis de la boue sur les yeux, je me suis lavé, et je vois. » Parmi les pharisiens, certains disaient : « Cet homme-là n'est pas de Dieu, puisqu'il n'observe pas le repos du sabbat. » D'autres disaient : « Comment un homme pécheur peut-il accomplir des signes pareils ? » Ainsi donc ils étaient divisés. Alors ils s'adressent de nouveau à l'aveugle : « Et toi, que dis-tu de lui, puisqu'il t'a ouvert les yeux ? » Il dit : « C'est un prophète. »

[Or, les Juifs ne voulaient pas croire que cet homme avait été aveugle et que maintenant il pouvait voir. C'est pourquoi ils convoquèrent ses parents et leur demandèrent : « Cet homme est bien votre fils, et vous dites qu'il est né aveugle ? Comment se fait-il qu'à présent il voie ? » Les parents répondirent : « Nous savons bien que c'est notre fils, et qu'il est né aveugle. Mais comment peut-il voir maintenant, nous ne le savons pas ; et qui lui a ouvert les yeux, nous ne le savons pas non plus. Interrogez-le, il est assez grand pour s'expliquer. » Ses parents parlaient ainsi parce qu'ils avaient peur des Juifs. En effet, ceux-ci s'étaient déjà mis d'accord pour exclure de leurs assemblées tous ceux qui déclareraient publiquement que Jésus est le Christ. Voilà pourquoi les parents avaient dit : « Il est assez grand, interrogez-le ! »

Pour la seconde fois, les pharisiens convoquèrent l'homme qui avait été aveugle, et ils lui dirent : « Rends gloire à Dieu ! Nous savons, nous, que cet homme est un pécheur. » Il répondit : « Est-ce un pécheur ? Je n'en sais rien. Mais il y a une chose que je sais : j'étais aveugle, et à présent je vois. » Ils lui dirent alors : « Comment a-t-il fait pour t'ouvrir les yeux ? » Il leur répondit : « Je vous l'ai déjà dit, et vous n'avez pas écouté. Pourquoi voulez-vous m'entendre encore une fois ? Serait-ce que vous voulez, vous aussi, devenir ses disciples ? » Ils se mirent à l'injurier : « C'est toi qui es son disciple ; nous, c'est de Moïse que nous sommes les disciples. Nous savons que Dieu a parlé à Moïse ; mais celui-là, nous ne savons pas d'où il est. » L'homme leur répondit : « Voilà bien ce qui est étonnant ! Vous ne savez pas d'où il est, et pourtant il m'a ouvert les yeux. Dieu, nous le savons, n'exauce pas les pécheurs, mais si quelqu'un l'honore et fait sa volonté, il l'exauce. Jamais encore on n'avait entendu dire que quelqu'un ait ouvert les yeux à un aveugle de naissance. Si lui n'était pas de Dieu, il ne pourrait rien faire. »]

Ils répliquèrent : « Tu es tout entier dans le péché depuis ta naissance, et tu nous fais la leçon ? » Et ils le jetèrent dehors.

Jésus apprit qu'ils l'avaient jeté dehors. Il le retrouva et lui dit : « Crois-tu au Fils de l'homme ? » Il répondit : « Et qui est-il, Seigneur, pour que je croie en lui ? » Jésus lui dit : « Tu le vois, et c'est lui qui te parle. » Il dit : « Je crois, Seigneur ! » Et il se prosterna devant lui.

[Jésus dit alors : « Je suis venu en ce monde pour rendre un jugement : que ceux qui ne voient pas puissent voir, et que ceux qui voient deviennent aveugles. » Parmi les pharisiens, ceux qui étaient avec lui entendirent ces paroles et lui dirent : « Serions-nous aveugles, nous aussi ? » Jésus leur répondit : « Si vous étiez aveugles, vous n'auriez pas de péché ; mais du moment que vous dites : "Nous voyons !", votre péché demeure. »]

---

**POUR LA PRIÈRE UNIVERSELLE**

Seigneur, ta lumière guérit nos peurs et guide nos pas vers Pâques. Entends les prières que nous t'adressons :
– pour les personnes en précarité sociale, culturelle ou affective : qu'elles soient accueillies et reconnues comme des frères en humanité ;
– pour ceux et celles qui luttent contre les exclusions, qui s'engagent pour que soient réparées les injustices : qu'ils soient soutenus par les responsables politiques et économiques ;
– pour les personnes aveugles et mal voyantes : qu'en prenant toute leur place dans les communautés chrétiennes, elles témoignent avec assurance de la lumière du cœur ;
– pour les communautés chrétiennes et les catéchumènes qui se préparent à célébrer Pâques : que le Christ, Messie de Dieu, soit leur seul maître et Seigneur ;
– pour les accompagnateurs spirituels, les responsables de formation chrétienne : qu'ils adoptent le regard du Christ envers ceux qui se confient à eux.

---

## Prière sur les offrandes

Seigneur, nous te présentons dans la joie l'eucharistie qui assure la guérison éternelle, et nous te prions humblement : accorde-nous de la vénérer avec foi et de l'offrir avec respect pour le salut du monde. Par le Christ, notre Seigneur.

*Puisque l'évangile de l'aveugle-né a été lu, on dit la Préface correspondante.*

## Préface

*L'aveugle-né*

Vraiment, il est juste et bon, pour ta gloire et notre salut, de t'offrir notre action de grâce, toujours et en tout lieu, Seigneur, Père très saint, Dieu éternel et tout-puissant, par le Christ, notre Seigneur.
Par le mystère de son Incarnation, il a guidé vers la clarté de la foi l'humanité qui marchait dans les ténèbres ; et par le bain qui fait renaître, il a élevés à la dignité de fils, en les adoptant, ceux qui étaient nés esclaves du péché.
Voilà pourquoi le ciel et la terre t'adorent ; ils te chantent leur hymne toujours nouvelle, et nous-mêmes, unissant notre voix à celle des anges, nous t'acclamons :
Saint, Saint, Saint, le Seigneur, Dieu de l'univers !...

## Antienne de la communion

cf. Jn 9, 11.38

Le Seigneur a mis de la boue sur mes yeux,
je suis allé me laver, j'ai vu,
et j'ai cru en Dieu.

## Prière après la communion

Dieu qui éclaires tout homme venant dans ce monde, nous t'en prions, illumine nos cœurs par la splendeur de ta grâce : que nos pensées soient toujours dignes de toi, et accordées à ta grandeur, et qu'ainsi nous puissions t'aimer sincèrement. Par le Christ, notre Seigneur.

## Prière sur le peuple

Protège, Seigneur, ceux qui te supplient, soutiens les faibles, fais revivre sans cesse par ta lumière ceux qui marchent dans les ténèbres de la mort, et accorde à ceux que ton amour a délivrés de tout mal, de parvenir aux biens suprêmes. Par le Christ, notre Seigneur.

## La violence des idéologies

« La teneur spirituelle d'une vie humaine est caractérisée par l'amour qui est somme toute "le critère pour la décision définitive concernant la valeur ou la non-valeur d'une vie humaine". Cependant, il y a des croyants qui pensent que leur grandeur réside dans l'imposition de leurs idéologies aux autres, ou dans la défense violente de la vérité ou encore dans de grandes manifestations de force. Nous, croyants, nous devons tous le reconnaître : l'amour passe en premier, ce qui ne doit jamais être mis en danger, c'est l'amour ; le plus grand danger, c'est de ne pas aimer (cf. 1 Co 13, 1-13). »

Pape François, Lettre encyclique *Fratelli Tutti, Tous frères,* 2020, nº 92.

**Bienheureuse Clémence (21 mars)** Après la mort de son époux, le comte de Spanheim, Clémence de Hohenberg vend tous ses biens aux pauvres et devient moniale bénédictine à Trèves (Allemagne). Elle y meurt en 1176. Le prénom de Clémence vient du terme latin *clementia* qui signifie « bonté », « douceur ».

## CALENDRIER LITURGIQUE

| | |
|---|---|
| Di 19 | **4e dimanche du Carême A.** *Liturgie des Heures : psautier semaine IV.* |
| Lu 20 | **S. JOSEPH, ÉPOUX DE LA VIERGE MARIE**, patron principal de la Belgique et du Canada. Lectures propres : 2 Samuel 7, 4-5a.12-14a.16 ; Ps 88 ; Romains 4, 13.16-18.22 ; Matthieu 1, 16.18-21.24a : « Joseph fit ce que l'ange du Seigneur lui avait prescrit » ou Luc 2, 41-51 : « Vois comme ton père et moi, nous avons souffert en te cherchant ! » |
| | *En semaine, messe au choix. On peut employer ces lectures n'importe quel jour de cette semaine à partir du mardi, sauf ce samedi, surtout les années B et C, quand on ne lit pas l'évangile de l'aveugle-né le quatrième dimanche de Carême :* Michée 7, 7-9 ; Ps 26 ; Jean 9, 1-41 : « Il s'en alla et se lava ; quand il revint, il voyait » |
| Ma 21 | Ézékiel 47, 1-9.12 ; Ps 45 ; Jean 5, 1-16 : « Aussitôt l'homme fut guéri » |
| Me 22 | Isaïe 49, 8-15 ; Ps 144 ; Jean 5, 17-30 : « Comme le Père relève les morts et les fait vivre, ainsi le Fils fait vivre qui il veut » |
| Je 23 | *S. Turibio de Mogrovejo, évêque de Lima, † 1606.* Exode 32, 7-14 ; Ps 105 ; Jean 5, 31-47 : « Votre accusateur, c'est Moïse, en qui vous avez mis votre espérance » |
| Ve 24 | Sagesse 2, 1a.12-22 ; Ps 33 ; Jean 1-2.10.14.25-30 : « On cherchait à l'arrêter, mais son heure n'était pas encore venue » |
| Sa 25 | **ANNONCIATION DU SEIGNEUR**, p. 272. |

**Bonne fête !** 19 : Joseph, José, Josette, Josiane. 20 : Herbert. 21 : Clémence, Axel. 22 : Léa, Leïla, Lia, Lila. 23 : Victorien, Rébecca. 24 : Catherine, Aldemar. 25 : Annuntiata, Annonciation.

**Pour mémoire** : dans la nuit du 25 au 26 mars, passage à l'heure d'été.

# Annonciation du Seigneur

## 25 MARS 2023

**Neuf mois avant la fête de la Nativité**, l'Église célèbre l'annonce faite à Marie par l'ange Gabriel, de la venue du Sauveur. Elle rend grâce pour ce don de Dieu en Marie et, par elle, offert à l'humanité entière. De nombreux tableaux, comme aussi des œuvres littéraires, ont été inspirés par cet épisode biblique.

Au cœur du Carême, Marie ouvre le chemin de la vie nouvelle reçue de Dieu. Ainsi située dans l'année liturgique, cette fête fait apparaître le mystère unique en Jésus, en reliant sa Nativité et sa Résurrection. Avec la Vierge Marie, nous marchons de Noël à Pâques, en apprenant d'elle à accueillir la promesse de vie qu'elle a portée pour nous.

### Prière

Seigneur Dieu, tu as voulu que ton Verbe prît chair en toute vérité dans le sein de la Vierge Marie ; puisque nous reconnaissons en lui notre Rédempteur, à la fois Dieu et homme, accorde-nous d'être participants de sa nature divine. Lui qui vit et règne avec toi dans l'unité du Saint-Esprit, Dieu, pour les siècles des siècles.

### Lectures

| | |
|---|---|
| Is 7, 10-14 | La vierge enfantera. |
| Ps 39 | R/. Me voici, Seigneur, je viens faire ta volonté. |
| He 10, 4-10 | Je viens faire ta volonté. |
| Lc 1, 26-38 | L'annonce à Marie. |

### Prière sur les offrandes

Daigne accepter, Dieu tout-puissant, les dons offerts par ton Église : elle reconnaît son origine dans l'incarnation de ton

Fils unique ; en ce jour de fête, qu'elle trouve sa joie à célébrer les mystères du Christ. Lui qui vit et règne pour les siècles des siècles.

## Préface

*L'annonce à Marie*

Vraiment, il est juste et bon, pour ta gloire et notre salut, de t'offrir notre action de grâce, toujours et en tout lieu, Seigneur, Père très saint, Dieu éternel et tout-puissant, par le Christ, notre Seigneur.
C'est lui qui pour sauver les hommes devait naître parmi les hommes, par la puissance de l'Esprit Saint qui couvrit Marie de son ombre ; c'est lui que le messager du ciel annonça à la Vierge, lui qu'elle accueillit dans la foi, lui qu'elle porta avec amour dans son corps immaculé. Il venait accomplir en vérité les promesses faites aux enfants d'Israël, combler, et même dépasser, l'espérance des nations.
C'est par lui que les anges adorent ta majesté et se réjouissent en ta présence à jamais. À leur hymne de louange, laisse-nous joindre nos voix, pour chanter et proclamer :
Saint, Saint, Saint, le Seigneur, Dieu de l'univers !...

## Antienne de la communion

cf. Lc 1, 48-49

Tous les âges me diront bienheureuse :
le Puissant fit pour moi des merveilles.

## Prière après la communion

Nous t'en prions, Seigneur, affermis dans nos cœurs les mystères de la vraie foi ; puisque nous proclamons vrai Dieu et vrai homme celui qui a été conçu dans le sein de la Vierge, puissions-nous parvenir à la joie éternelle par la puissance de sa résurrection qui nous sauve. Lui qui vit et règne pour les siècles des siècles.

# 5e dimanche du Carême

**26 MARS 2023**

## Lazare, sors de ta mort !

**« Je vais ouvrir vos tombeaux »** (*première lecture*). Quel souffle contenu dans cette promesse : le souffle du Dieu des vivants, notre Dieu ! L'apôtre Paul l'écrit d'une autre manière : c'est par l'Esprit qui a ressuscité Jésus que nous vivrons (*deuxième lecture*). Voilà la plénitude du dessein de Dieu : nous ne sommes pas destinés à la mort mais à la vie. Et pourquoi ne pas céder alors à une certaine euphorie missionnaire et crier cette éclatante nouvelle dans tous nos lieux de vie ?

Mais avec l'histoire de Lazare (*évangile*), la vérité de la condition humaine nous rattrape : Lazare, l'ami de Jésus, le frère de Marthe et Marie, est malade, et Jésus n'arrive pas à temps. Devant la mort de Lazare, larmes et chagrin : Lazare est au tombeau, ses sœurs et Jésus lui-même le pleurent. La vie qui est enlevée à Lazare, la peine de ses proches, la mobilisation du voisinage pour apporter du réconfort ne sont en rien anecdotiques. C'est ce que nous appellerions « la vraie vie », celle qui nous arrive et sur laquelle nous peinons à mettre du sens : nos parents, nos amis, décèdent, nous connaissons le deuil et la tristesse, des proches sont malades… il n'y pas ici de complaisance au malheur mais il y a réellement à considérer que l'annonce de la résurrection (et donc la mission) ne peut être détachée de la réalité de « nos corps mortels ».

Pour nous sortir de la mort, Jésus met au premier plan la confiance. D'abord sa propre confiance, intégralement acquise à son Père : « Je savais bien que tu m'exauces toujours » ; ensuite celle qu'il suscite chez ses amis : « Quiconque vit et croit en moi ne mourra jamais. Crois-tu cela ? ». Le Ressuscité rend possible une vie dans la confiance, une vie libérée car déliée des angoisses.

Jour après jour, et à tous les âges de notre vie, nous pouvons nous en remettre à Lui pour sortir de nos tombeaux et vivre pleinement. Pâques est devant nous.

**CHANTER**

- Se reporter au choix proposé p. 227.
- ***Il a passé la mort*** **G 14-63-1.**

**CÉLÉBRER**

- L'usage de couvrir les croix et les statues dans l'église à partir de ce dimanche peut être conservé, selon la décision de la Conférence épiscopale. Les croix demeurent voilées jusqu'à ce que la célébration de la Passion du Seigneur soit terminée, le Vendredi saint. Mais les statues demeurent voilées jusqu'au début de la Vigile pascale.
- En ce dimanche, là où il y a des catéchumènes, on célèbre le troisième scrutin préparatoire au baptême pour ceux qui seront admis aux sacrements de l'initiation chrétienne lors de la Vigile pascale ; au lieu du formulaire du dimanche, on emploie le formulaire prévu pour ce scrutin parmi les messes rituelles, avec des oraisons et des intercessions propres.



## Antienne d'ouverture

Ps 42, 1-2

Rends-moi justice, ô mon Dieu, défends ma cause
contre un peuple sans foi ;
de l'homme qui ruse et trahit, libère-moi ;
c'est toi, Dieu, ma forteresse.

## Prière

Viens à notre secours, Seigneur notre Dieu : accorde-nous de marcher avec joie dans la charité de ton Fils qui a aimé le monde jusqu'à donner sa vie pour lui. Lui qui vit et règne avec toi dans l'unité du Saint-Esprit, Dieu, pour les siècles des siècles.

## 1re Lecture *« Je mettrai en vous mon esprit, et vous vivrez »*

→ **Lecture du livre du prophète Ézékiel** 37, 12-14

**Ainsi parle le Seigneur Dieu** : Je vais ouvrir vos tombeaux et je vous en ferai remonter, ô mon peuple, et je vous ramènerai sur la terre d'Israël. Vous saurez que Je suis le Seigneur, quand j'ouvrirai vos tombeaux et vous en ferai remonter, ô mon peuple ! Je mettrai en vous mon esprit, et vous vivrez ; je vous donnerai le repos sur votre terre. Alors vous saurez que Je suis le Seigneur : j'ai parlé et je le ferai – oracle du Seigneur.

## Psaume 129

**R/. Près du Seigneur est l'amour,
près de lui abonde le rachat.**

Des profondeurs je crie vers toi, Seigneur,
Seigneur, écoute mon appel !
Que ton oreille se fasse attentive
au cri de ma prière !

Si tu retiens les fautes, Seigneur,
Seigneur, qui subsistera ?
Mais près de toi se trouve le pardon
pour que l'homme te craigne.

J'espère le Seigneur de toute mon âme ;
je l'espère, et j'attends sa parole.
Mon âme attend le Seigneur
plus qu'un veilleur ne guette l'aurore.

Oui, près du Seigneur, est l'amour ;
près de lui, abonde le rachat.
C'est lui qui rachètera Israël
de toutes ses fautes.

## 2e Lecture *« L'Esprit de celui qui a ressuscité Jésus habite en vous »*

**→ Lecture de la lettre de saint Paul apôtre aux Romains** 8, 8-11

**Frères,** ceux qui sont sous l'emprise de la chair ne peuvent pas plaire à Dieu. Or, vous, vous n'êtes pas sous l'emprise de la chair, mais sous celle de l'Esprit, puisque l'Esprit de Dieu habite en vous. Celui qui n'a pas l'Esprit du Christ ne lui appartient pas. Mais si le Christ est en vous, le corps, il est vrai, reste marqué par la mort à cause du péché, mais l'Esprit vous fait vivre, puisque vous êtes devenus des justes. Et si l'Esprit de celui qui a ressuscité Jésus d'entre les morts habite en vous, celui qui a ressuscité Jésus, le Christ, d'entre les morts donnera aussi la vie à vos corps mortels par son Esprit qui habite en vous.

**Gloire à toi, Seigneur, gloire à toi.** Moi, je suis la résurrection et la vie, dit le Seigneur. Celui qui croit en moi ne mourra jamais. **Gloire à toi, Seigneur, gloire à toi.**



## Évangile *« Je suis la résurrection et la vie »*

**→ Évangile de Jésus Christ selon saint Jean** 11, 1-45

*La lecture du texte entre crochets est facultative.*

[**En ce temps-là,** il y avait quelqu'un de malade, Lazare, de Béthanie, le village de Marie et de Marthe, sa sœur. Or Marie était celle qui répandit du parfum sur le Seigneur et lui essuya les pieds avec ses cheveux. C'était son frère Lazare qui était malade. Donc,] les deux sœurs envoyèrent dire à Jésus : « Seigneur, celui que tu aimes est malade. » En apprenant cela, Jésus dit : « Cette maladie ne conduit pas à la mort, elle est pour la gloire de Dieu, afin que par elle le Fils de Dieu soit glorifié. » Jésus aimait Marthe et sa sœur, ainsi que Lazare. Quand il apprit que celui-ci était malade, il demeura deux jours encore à l'endroit où il se trouvait.

Puis, après cela, il dit aux disciples : « Revenons en Judée. » [Les disciples lui dirent : « Rabbi, tout récemment, les Juifs, là-bas, cherchaient à te lapider, et tu y retournes ? » Jésus répondit : « N'y a-t-il pas douze heures dans une journée ? Celui qui marche pendant le jour ne trébuche pas, parce qu'il voit la lumière de ce monde ; mais celui qui marche pendant la nuit trébuche, parce que la lumière n'est pas en lui. » Après ces paroles, il ajouta : « Lazare, notre ami, s'est endormi ; mais je vais aller le tirer de ce sommeil. » Les disciples lui dirent alors : « Seigneur, s'il s'est endormi, il sera sauvé. » Jésus avait parlé de la mort ; eux pensaient qu'il parlait du repos du sommeil. Alors il leur dit ouvertement : « Lazare est mort, et je me réjouis de n'avoir pas été là, à cause de vous, pour que vous croyiez. Mais allons auprès de lui ! » Thomas, appelé Didyme (c'est-à-dire Jumeau), dit aux autres disciples : « Allons-y, nous aussi, pour mourir avec lui ! »]

À son arrivée, Jésus trouva Lazare au tombeau depuis quatre jours déjà. [Comme Béthanie était tout près de Jérusalem – à une distance de quinze stades (c'est-à-dire une demi-heure de marche environ) –, beaucoup de Juifs étaient venus réconforter Marthe et Marie au sujet de leur frère.]

Lorsque Marthe apprit l'arrivée de Jésus, elle partit à sa rencontre, tandis que Marie restait assise à la maison. Marthe dit à Jésus : « Seigneur, si tu avais été ici, mon frère ne serait pas mort. Mais maintenant encore, je le sais, tout ce que tu demanderas à Dieu, Dieu te l'accordera. » Jésus lui dit : « Ton frère ressuscitera. » Marthe reprit : « Je sais qu'il ressuscitera à la résurrection, au dernier jour. » Jésus lui dit : « Moi, je suis la résurrection et la vie. Celui qui croit en moi, même s'il meurt, vivra ; quiconque vit et croit en moi ne mourra jamais. Crois-tu cela ? » Elle répondit : « Oui, Seigneur, je le crois : tu es le Christ, le Fils de Dieu, tu es celui qui vient dans le monde. »

[Ayant dit cela, elle partit appeler sa sœur Marie, et lui dit tout bas : « Le Maître est là, il t'appelle. » Marie, dès qu'elle l'entendit, se leva rapidement et alla rejoindre Jésus. Il n'était pas encore entré dans le village, mais il se trouvait toujours à l'endroit où Marthe l'avait rencontré. Les Juifs qui étaient à la maison avec Marie et la réconfortaient, la voyant se lever et sortir si vite, la suivirent ; ils pensaient qu'elle allait au tombeau pour y pleurer. Marie arriva à l'endroit où se trouvait Jésus. Dès qu'elle le vit, elle se jeta à ses pieds et lui dit : « Seigneur, si tu avais été ici, mon frère ne serait pas mort. »

Quand il vit qu'elle pleurait, et que les Juifs venus avec elle pleuraient aussi, Jésus, en son esprit, fut saisi d'émotion, il fut bouleversé, et] il demanda : « Où l'avez-vous déposé ? » Ils lui répondirent : « Seigneur, viens, et vois. » Alors Jésus se mit à pleurer. Les Juifs disaient : « Voyez comme il l'aimait ! » Mais certains d'entre eux dirent : « Lui qui a ouvert les yeux de l'aveugle, ne pouvait-il pas empêcher Lazare de mourir ? »

Jésus, [repris par l'émotion,] arriva au tombeau. C'était une grotte fermée par une pierre. Jésus dit : « Enlevez la pierre. » Marthe, la sœur du défunt, lui dit : « Seigneur, il sent déjà ; c'est le quatrième jour qu'il est là. » Alors Jésus dit à Marthe : « Ne te l'ai-je pas dit ? Si tu crois, tu verras la gloire de Dieu. » On enleva donc la pierre. Alors Jésus leva les yeux au ciel et dit : « Père, je te rends grâce parce que tu m'as exaucé. Je le savais bien, moi, que tu m'exauces toujours ; mais je le dis à cause de la foule qui m'entoure, afin qu'ils croient que c'est toi qui m'as envoyé. » Après cela, il cria d'une voix forte : « Lazare, viens dehors ! » Et le mort sortit, les pieds et les mains liés par des bandelettes, le visage enveloppé d'un suaire. Jésus leur dit : « Déliez-le, et laissez-le aller. »

Beaucoup de Juifs, qui étaient venus auprès de Marie et avaient donc vu ce que Jésus avait fait, crurent en lui.



**POUR LA PRIÈRE UNIVERSELLE**

Seigneur notre Dieu, Père de toute miséricorde, nous te prions avec confiance :
– pour les familles en deuil : qu'elles trouvent en toi la source de la consolation et de l'espérance ;

– pour les équipes d'accompagnement aux funérailles : qu'elles trouvent les mots et les attitudes de compassion à l'image du Christ ;
– pour les catéchumènes qui seront baptisés à Pâques : qu'ils avancent avec persévérance sur le chemin pascal du Christ qui les mène de la mort à la vie ;
– pour les personnes en précarité matérielle, affective, spirituelle : qu'elles rencontrent des frères chrétiens capables d'attention et d'amitié ;
– pour l'Église qui se prépare à célébrer Pâques : qu'elle soit véritablement une communauté de disciples témoignant de la joie de l'Évangile.

## Prière sur les offrandes

Exauce-nous, Dieu tout-puissant, et accorde à tes serviteurs, formés par l'enseignement de la foi chrétienne, d'être purifiés par l'action de ce sacrifice. Par le Christ, notre Seigneur.

*Puisque l'évangile de la résurrection de Lazare a été lu, on dit la Préface correspondante.*

## Préface

*Lazare*

Vraiment, il est juste et bon, pour ta gloire et notre salut, de t'offrir notre action de grâce, toujours et en tout lieu, Seigneur, Père très saint, Dieu éternel et tout-puissant, par le Christ, notre Seigneur.
Lui-même, homme véritable, il a pleuré son ami Lazare ; Dieu éternel, il le releva du tombeau ; ainsi, dans sa compassion pour le genre humain, il nous conduit par les sacrements de Pâques jusqu'à la vie nouvelle.
Par lui les anges adorent ta majesté et se réjouissent en ta présence à jamais. À leur hymne de louange, laisse-nous joindre nos voix, pour chanter et proclamer :
Saint, Saint, Saint, le Seigneur, Dieu de l'univers !...

## Antienne de la communion

Jn, 11, 26

Quiconque vit et croit en moi
ne mourra jamais, dit le Seigneur.

## Prière après la communion

Accorde-nous, Dieu tout-puissant, d'être toujours comptés parmi les membres du Christ, nous qui communions à son Corps et à son Sang. Lui qui vit et règne pour les siècles des siècles.

## Prière sur le peuple

Seigneur, bénis ton peuple qui attend le bienfait de ta compassion ; accorde-lui, dans ta largesse, de voir exaucés les désirs que toi-même lui inspires. Par le Christ, notre Seigneur.

### Lazare et moi

« Nous passons à côté de ce texte si nous ne l'incarnons pas dans notre propre existence en nous demandant : ne suis-je pas mort moi-même ? Où est ce qui est mort en moi ? La Vie est-elle encore possible pour moi ? Puis-je encore sortir du tombeau, même pieds et poings liés, c'est-à-dire sortir non pas tout seul, par moi-même, mais par la seule puissance de la parole du Vivant ?

La personne qui sort du tombeau, c'est Lazare, celui-là même dont le nom signifie "mon aide vient de Dieu". (...) Il a des sœurs et des frères, c'est-à-dire une communauté. Il partage le repas avec eux et le Seigneur, mais il est pourchassé, atteint par la mort, malade, il va mourir, et puis il a des ennemis. La mort prend plusieurs aspects : le sommeil, la mort physique, la mort spirituelle, la mort que veulent faire subir les ennemis de la Vie. Lazare meurt de multiples manières. »

Élian Cuvillier, « Tombe, excellent état, vue vie imprenable. Une lecture de Jean 11 », *Études théologiques et religieuses*, vol. 91, nº 1, 2016, p. 84.

CARÊME

## CALENDRIER LITURGIQUE

| | |
|---|---|
| Di 26 | **5e dimanche du Carême A.**<br>*Liturgie des Heures : Psautier semaine I.* |
| | En semaine, messe au choix.<br>On peut employer ces lectures n'importe quel jour de cette semaine, surtout les années B et C, quand on ne lit pas l'évangile de Lazare le cinquième dimanche du Carême.<br>2 Rois 4, 18b-21.32-37 ; Ps 16 ; Jean 11, 1-45 : « Je suis la résurrection et la vie » |
| Lu 27 | Daniel 13, 1-9.15-17.19-30.33-62 ; lecture brève : 42-62 ; Ps 22 ; |
| Ma 28 | Nombres 21, 4-9 ; Ps 101 ; Jean 8, 21-30 : « Quand vous aurez élevé le Fils de l'homme, alors vous comprendrez que moi, JE SUIS » |
| Me 29 | Daniel 3, 14-20.91-92.95 ; Cant. Daniel 3 ; Jean 8, 31-42 : « Si le Fils vous rend libres, réellement vous serez libres » |
| Je 30 | Genèse 17,3-9 ; Ps 104 ; Jean 8,51-59 : « Abraham votre père a exulté, sachant qu'il verrait mon Jour » |
| Ve 31 | Jérémie 20, 10-13 ; Ps 17 ; Jean 10, 31-42 : « Ils cherchaient à l'arrêter, mais il échappa à leurs mains » |
| Sa 1er | Ézékiel 37, 21-28 ; Cant. Jérémie 31 ; Jean 11, 45-57 : « Afin de rassembler dans l'unité les enfants de Dieu dispersés » |

**Bonne fête !** 26 : Larissa, Lara. 27 : Habib. 28 : Gontran. 29 : Gladys. 30 : Amédée. 31 : Benjamin, Balbine. 1er avril : Hugues, Valérie.

**Pour mémoire :** en ce 5e dimanche du Carême, en France, quête pour le CCFD ; en Belgique, quête pour Entraide et Fraternité.

**Sainte Gladys (30 mars).** Veuve et ermite (Ve siècle). Reine du pays de Galles, après une vie conjugale dissolue, elle devint veuve et elle choisit la vie d'ermite pour faire pénitence. Elle fit du reste de sa vie une action de grâce, en témoignage du pardon de Dieu.

# Célébration pénitentielle

Dans l'esprit de la conversion écologique « pour la sauvegarde de la maison commune » (Pape François, Encyclique *Laudato si*, 2015).

## Proposition en trois étapes pendant tout le Carême (*Rituel* nº 51 -52[1])

1. *En début de Carême* : une liturgie de la Parole qui met en valeur le caractère communautaire du pardon. C'est une étape vers la réconciliation sacramentelle. Cette célébration peut être organisée par un diacre, un(e) catéchiste...
2. *Pendant tout le temps du Carême*, on favorise les confessions individuelles.
3. *Dans la dernière semaine du Carême*, on fera une célébration festive afin de rendre grâce pour le pardon reçu. Il peut s'agir aussi d'une célébration communautaire avec confession et absolution individuelles (*Rituel* nº 34 à 42 et nº 94 à 150).

Cette proposition est à associer aux différents gestes de partage et de solidarité proposés dans les paroisses.

## Célébration communautaire

Quatre étapes pour les célébrations communautaires, comme pour la confession individuelle :
- s'accueillir mutuellement ;
- écouter la parole de Dieu ;
- confesser l'amour de Dieu en même temps que notre péché ;
- s'ouvrir au pardon de Dieu pour en être les témoins.

1. *Célébrer la pénitence et la réconciliation*, AELF 1978-1991, Paris, Mame, 2019.

**CHANTER**

- Pour l'ouverture de la célébration : ***Ouvre mes yeux, Seigneur* G 79-3 CNA 699, *Dans nos obscurités*** (Taizé), ***Prenons la main que Dieu nous tend* T 42 CNA 580.**
- Pour accompagner l'examen de conscience : **Pitié, Seigneur G 248 CNA 701.**
- Pour conclure la célébration : le ***Magnificat*** ou ***Nous chanterons pour toi, Seigneur* K 38. CNA 569**, strophes 1, 7, 12, 16 ; ***Laudato si, o mi Signore.***

## Examen de conscience

On propose un examen de conscience sous forme de relecture de nos relations à Dieu, aux autres et à la terre.
Dans *Laudato si* (LS), nº 66, le pape François écrit : « Les récits de la création dans le livre de la Genèse contiennent, dans leur langage symbolique et narratif, de profonds enseignements sur l'existence humaine et sur sa réalité historique. Ces récits suggèrent que l'existence humaine repose sur trois relations fondamentales intimement liées : la relation avec Dieu, avec le prochain, et avec la terre. Selon la Bible, les trois relations vitales ont été rompues, non seulement à l'extérieur, mais aussi à l'intérieur de nous. Cette rupture est le péché ».

### → Ma relation à Dieu

« L'harmonie entre le Créateur, l'humanité et l'ensemble de la création a été détruite par le fait d'avoir prétendu prendre la place de Dieu, en refusant de nous reconnaître comme des créatures limitées. » (LS 11).
*Pistes de lectures bibliques et d'examen* : Gn **1**,1 – **2**,4 : le récit de la Création ; Psaume 104 : louange à la création ; Jn 1, 1-5 : Prologue, Mt 6, 25-36 : les oiseaux des champs. Ou encore la prière de saint François d'Assise.
– Que signifie pour moi que Dieu est « créateur » ?
– À quelle conversion suis-je appelé pour reconnaître la bonté de Dieu à l'œuvre dans ma vie ?

## → Ma relation aux autres

« Dans le récit concernant Caïn et Abel, nous voyons que la jalousie a conduit Caïn à commettre l'injustice extrême contre son frère. Ce qui a provoqué à son tour une rupture de la relation entre Caïn et Dieu, et entre Caïn et la terre dont il a été exilé. Ce passage est résumé dans la conversation dramatique entre Dieu et Caïn : "Où est ton frère Abel ? (...) Qu'as-tu fait ? Écoute le sang de ton frère crier vers moi du sol ! Maintenant sois maudit et chassé du sol fertile" (4,9-11). La négligence dans la charge de cultiver et de garder une relation adéquate avec le voisin, envers lequel j'ai le devoir d'attention et de protection, détruit ma relation intérieure avec moi-même, avec les autres, avec Dieu et avec la terre. Quand toutes ces relations sont négligées, quand la justice n'habite plus la terre, la Bible nous dit que toute la vie est en danger » (LS 170).
*Pistes de lectures bibliques et d'examen* : Gn 4, 1-17 : Caïn et Abel ; Ez 36, 28-38 : un cœur neuf ; Mt 6, 34-44 : La multiplication des pains ; Ac 2, 44-45 : le partage des biens.
– Que signifie pour moi « cultiver et garder une relation adéquate » avec les autres ?
– À quelle conversion suis-je appelé pour restaurer des relations abîmées et vivre le partage ?

## → Ma relation à la terre

« Il suffit de regarder la réalité "avec sincérité" pour constater qu'il y a une grande détérioration de notre maison commune. L'espérance nous invite à reconnaître qu'il y a toujours une voie de sortie, que nous pouvons toujours repréciser le cap, que nous pouvons toujours faire quelque chose pour résoudre les problèmes » (LS 61).
*Pistes de lectures bibliques et d'examen* : Gn 12, la promesse de la terre ; Os 14 2-10 : l'appel à revenir ; Jb 28, 1-11 : l'exploitation de la nature.

– Que signifie pour moi partager les ressources, prendre soin de la terre ?
– À quelle conversion suis-je appelé pour changer de comportement ? Pour rétablir une relation harmonieuse à la terre ?

# POURQUOI LA SEMAINE SAINTE ?

Souvent, nous entendons dire qu'être chrétien, c'est tenir à des valeurs (le partage, la solidarité, la famille...). Sans doute, mais cela n'est pas spécifique aux chrétiens ; d'autres partagent ces valeurs et les vivent remarquablement. Mais alors, quelle est la caractéristique déterminante de la foi chrétienne ? Saint Paul écrit : « Si le Christ n'est pas ressuscité des morts, votre foi est vaine. » (1 Co 15...) ou encore que : « Ressuscité d'entre les morts, le Christ ne meurt plus ; sur lui la mort n'a plus aucun pouvoir » (Rm 6, 8-9). Le mystère pascal est au cœur de notre foi, comme l'annonce Pierre : « Dieu l'a fait Seigneur et Christ, ce Jésus que vous aviez crucifié » (Ac 2, 36). C'est aussi ce que nous confessons dans le Credo : « Il a souffert sa passion, est mort, a été enseveli, est descendu aux enfers, le troisième jour est ressuscité des morts... » Chaque dimanche, nous confessons notre foi en la Pâque du Christ et la nôtre, Pâque que nous allons célébrer dans toute son amplitude pendant la Semaine sainte.

Deux rythmes spirituels s'entrelacent dans la Semaine sainte : le premier est ancré dans la foi pascale de notre baptême. Jésus est déjà ressuscité et, dans cette semaine, il n'est pas question d'une nouvelle résurrection ou d'une nouvelle passion. Quand nous lisons l''évangile de la Passion, le Vendredi saint, nous sommes déjà habités par la foi en la résurrection. L'eucharistie nous incorpore au Christ mort et ressuscité ; elle est véritablement la nourriture pascale de chacun de ces jours saints.

Le deuxième rythme est celui du récit historique. Chacun des jours déploie une facette du mystère pascal. Nous avançons progressivement en mettant nos pas dans ceux de Jésus et nous en faisons mémoire. Les processions des liturgies de la Semaine sainte le signifient : de la procession des Rameaux en suivant la croix, à la procession de la vigile marchant derrière le cierge pascal, nous passons, en ces quelques jours, de la mort de la croix à la lumière de la vie nouvelle.

Par la richesse des lectures bibliques, par la force des gestes liturgiques, par la joie de célébrer ensemble, cette semaine sainte nous immerge totalement dans le mystère pascal : ne négligeons pas cette grande semaine où, en communauté, Dieu refait nos forces.

## Notre Dieu…

« Notre Dieu, accorde aux chrétiens que nous sommes
de vivre l'Évangile
Et de pouvoir découvrir le Christ en tout être humain,
Pour le voir crucifié
Dans les angoisses des abandonnés et des oubliés de ce monde
Et ressuscité en tout frère qui se relève. »

Extrait de la prière d'Assise, 3 octobre 2020
(pape François, *Fratelli tutti*).

### CÉLÉBRER

- C'est une semaine où les prêtres et les diacres ainsi que les personnes qui préparent les célébrations de la Semaine sainte ont fort à faire. C'est pourquoi, on ne peut que conseiller de s'en tenir aux indications liturgiques du Missel romain, majoritairement reproduites dans notre Missel des dimanches. Il serait aussi utile dans les paroisses de prévoir, en amont, une catéchèse liturgique des célébrations afin que tous puissent les vivre en profondeur.
- Notre missel ne détaille pas la messe chrismale qui est concélébrée par l'évêque et les prêtres, en présence des diacres et des fidèles du diocèse, pendant la Semaine sainte, en général à la cathédrale. Cependant, nous encourageons à y porter attention et à y participer car c'est lors de cette célébration qu'est consacré le saint Chrême utilisé pour les baptêmes et les confirmations, les ordinations, ou encore la dédicace d'un autel. L'évêque bénit aussi l'huile pour l'onction des malades et l'huile des catéchumènes.

# Dimanche des Rameaux et de la Passion

**2 AVRIL 2023**

## Humble et pauvre

**Au seuil de la Semaine sainte,** l'Église fait mémoire de l'entrée de Jésus dans Jérusalem, venu célébrer la Pâque juive avec ses disciples.

Jésus avance librement au milieu des cris des foules qui l'acclament comme un roi (*évangile*), ces mêmes foules qui, quelques jours après, réclameront sa mort (*évangile de la Passion*). Quel contraste entre le paroxysme de la foule et la douceur dont est empreinte l'image de l'ânesse et de son petit qui accompagnent l'entrée de Jésus. Et combien est assourdissante la sobriété des paroles de Jésus répondant aux questions de Pilate sur son identité. Décidément, ce messie n'utilise pas les armes habituelles du pouvoir et du combat : pas de signes ostentatoires, pas de joutes verbales. Un antihéros, dirions-nous aujourd'hui. Ces récits nous montrent celui qui est le Messie, le Fils de Dieu, le Ressuscité… humble et pauvre, magnifiquement humain. De même, l'hymne aux Philippiens présente le Christ comme le serviteur des hommes (*deuxième lecture*). La puissance de Dieu ne peut plus être comprise et traduite comme une emprise ou un super pouvoir. L'expression « Dieu tout-puissant » que nous entendons dans la liturgie signifie que le Seigneur se met au service de la réconciliation de l'humanité et de la croissance de tout homme.

C'est dans la réalité de l'humilité de Dieu que la foi en la résurrection, qui est l'objet des fêtes pascales, s'élabore et oblige l'Église. La parole du prophète Isaïe indique en quelque sorte comment entrer dans cette attitude non-violente et non surplombante : « Le Seigneur mon Dieu m'a donné le langage des disciples, pour que je puisse, d'une parole, soutenir celui qui est épuisé. Chaque matin, il éveille mon oreille pour qu'en disciple, j'écoute » (*première lecture*). Vivons l'ouverture de cette sainte semaine dans cette détermination sans faille à devenir des disciples qui écoutent la parole de leur Dieu humble et pauvre.

---

## CHANTER

- Pour l'ouverture de la célébration : ***Hosanna* AL 179 CNA 441**, ou ***Hosanna, Portes levez vos frontons*** (répertoire de Lourdes).
- Pour la procession des rameaux : ***Gloire à toi, Sauveur des hommes*** H 27 CNA 442, ***Gloire à toi, Seigneur, notre chef et notre Roi*** HY 112, ***Peuple où s'avance le Seigneur*** K 82 CNA 578.
- En entrant dans l'église : ***Voici que s'ouvrent pour le Roi*** HY 43-82-5, ou HA 96-3 CNA 444, ***Sion, crie d'allégresse*** HA 113.
- En acclamation à l'évangile : ***Gloire et louange à toi*** U 701 CNA 555.
- Après la Parole ou au cours de la lecture de la Passion : ***Mystère du calvaire*** H 44 CNA 464, ***C'était nos péchés qu'il portait*** ZL 8-1 CNA 463.
- Pour l'anamnèse : ***Jésus, Messie humilié*** C 246-1.
- Pendant la communion : ***Partageons le pain du Seigneur*** D 39-31 CNA 342, ***Corps livré, Sang versé*** D 54-18.
- Après la communion : ***Pas de plus grand amour*** EDIT 10-64, ***Pour ton corps qui se livre*** HY 103-2
- À la fin de la célébration : ***Victoire, tu règneras*** H 32 CNA 468, ***Envoyés dans ce monde*** HY 20-35 CNA 443.

## CÉLÉBRER

- Aujourd'hui, l'Église commémore le jour où le Seigneur entra à Jérusalem pour y accomplir son mystère pascal. C'est pourquoi, à toutes les messes, on fait mémoire de cette entrée du Seigneur : avant la messe principale, par la procession ou par l'entrée solennelle ; à toutes les autres messes, par l'entrée simple. On peut aussi, avant les messes qui sont habituellement célébrées avec un grand concours de peuple, réitérer l'entrée solennelle, mais non la procession.
- Là où il n'est pas possible de faire la procession ni l'entrée solennelle, il convient de célébrer la liturgie de la Parole, comprenant l'entrée messianique et la Passion du Seigneur, soit à la messe du samedi soir, soit le dimanche à l'heure qui conviendra le mieux.

---

# COMMÉMORATION DE L'ENTRÉE DU SEIGNEUR À JÉRUSALEM

## Première forme : la Procession

*Les fidèles se rassemblent dans une église secondaire ou dans un autre lieu convenable, distinct de l'église vers laquelle doit se diriger la procession. Ils tiennent en mains des rameaux.*

### Antienne

cf. Mt 21, 9

Hosanna au fils de David !
Béni soit celui qui vient au nom du Seigneur, le Roi d'Israël !
Hosanna au plus haut des cieux !

### Prière de bénédiction

*Après une monition, le prêtre, les mains étendues, dit l'une des deux prières suivantes :*

Dieu éternel et tout-puissant, bénis et sanctifie ? ces rameaux, afin qu'en suivant dans l'allégresse le Christ notre Roi, nous puissions parvenir par lui jusqu'à la Jérusalem éternelle. Lui qui vit et règne pour les siècles des siècles.

*ou bien*

Augmente la foi de ceux qui espèrent en toi, Seigneur Dieu, exauce en ta bonté les prières de ceux qui te supplient : aujourd'hui, nous tenons à la main ces rameaux pour acclamer le Christ en son triomphe ; puissions-nous, par nos œuvres bonnes, porter en lui du fruit à ta gloire. Lui qui vit et règne pour des siècles des siècles.

*Puis le prêtre asperge d'eau bénite les rameaux, sans rien dire.*

## Évangile

*Un roi doux et humble*

### → Évangile de Jésus Christ selon saint Matthieu 21, 1-11

**Jésus et ses disciples**, approchant de Jérusalem, arrivèrent en vue de Bethphagé, sur les pentes du mont des Oliviers. Alors Jésus envoya deux disciples en leur disant : « Allez au village qui est en face de vous ; vous trouverez aussitôt une ânesse attachée et son petit avec elle. Détachez-les et amenez-les moi. Et si l'on vous dit quelque chose, vous répondrez : "Le Seigneur en a besoin". Et aussitôt on les laissera partir. »

Cela est arrivé pour que soit accomplie la parole prononcée par le prophète : Dites à la fille de Sion : Voici ton roi qui vient vers toi, plein de douceur, monté sur une ânesse et un petit âne, le petit d'une bête de somme.

Les disciples partirent et firent ce que Jésus leur avait ordonné. Ils amenèrent l'ânesse et son petit, disposèrent sur eux leurs manteaux, et Jésus s'assit dessus. Dans la foule, la plupart étendirent leurs manteaux sur le chemin ; d'autres coupaient des branches aux arbres et en jonchaient la route. Les foules qui marchaient devant Jésus et celles qui suivaient criaient : « *Hosanna* au fils de David ! *Béni soit celui qui vient au nom du Seigneur ! Hosanna* au plus haut des cieux ! »

Comme Jésus entrait à Jérusalem, toute la ville fut en proie à l'agitation, et disait : « Qui est cet homme ? » Et les foules répondaient : « C'est le prophète Jésus, de Nazareth en Galilée. »

*Après l'évangile, il peut y avoir une brève homélie. Pour donner le signal du départ de la procession, le prêtre ou le diacre ou bien un ministre laïc peut faire une monition en ces termes ou en d'autres semblables :*

Et maintenant, frères et sœurs bien-aimés, imitons les foules de Jérusalem heureuses d'acclamer Jésus, et avançons dans la paix.

*ou bien seulement :*

Avançons dans la paix.

*Dans ce cas, tous répondent :*

Au nom du Christ. Amen.

*On part alors en procession vers l'église où l'on doit célébrer la messe. Tous ont des rameaux en mains. On chante des chants en l'honneur du Christ Roi.*

## Deuxième forme : l'Entrée solennelle

*Les fidèles se rassemblent devant la porte de l'église ou dans l'église elle-même tenant en main leurs rameaux. Le prêtre et les ministres, ainsi qu'une députation de fidèles, se rendent en un endroit de l'église autre que le sanctuaire mais qui permette à la majeure partie de l'assemblée de suivre la célébration.*
*Quand le prêtre est arrivé au lieu prévu, on chante l'antienne Hosanna ou un autre chant qui convienne. On fait ensuite la bénédiction des Rameaux et on proclame l'évangile de l'entrée du Seigneur à Jérusalem comme indiqué ci-dessus (Première forme). Après l'évangile, le prêtre, accompagné des ministres et de la députation des fidèles, s'avance à travers l'église vers le sanctuaire, tandis que l'on chante le répons À l'entrée du Seigneur ou un autre chant adapté.*

## Troisième forme : l'Entrée simple

*À toutes les autres messes de ce dimanche dans lesquelles il n'y a pas d'entrée solennelle, on fait mémoire de l'entrée du Seigneur à Jérusalem par une entrée simple.*
*Tandis que le prêtre gagne l'autel, on chante l'Antienne d'ouverture avec le psaume ou un autre chant évoquant l'entrée du Seigneur. Quand le prêtre est arrivé à l'autel, il le vénère, puis il se rend à son siège. Après le signe de la croix, il salue le peuple ; et la messe se poursuit comme d'habitude.*

## Antienne d'ouverture

cf. Jn 12,1.12-13 ; Ps 23,9-10

Six jours avant la fête de la Pâque,
lorsque le Seigneur fit son entrée à Jérusalem,
les enfants allèrent à sa rencontre.
Ils tenaient en main des branches de palmier,
et criaient à pleine voix :
R/. Hosanna au plus haut des cieux !
Sois béni, toi qui viens dans l'abondance de ta miséricorde !

# MESSE DE LA PASSION

*Après la Procession ou l'Entrée solennelle, on peut omettre le Kyrie. Le prêtre commence alors la messe par la prière d'ouverture.*

## Prière

Dieu éternel et tout-puissant, pour donner au genre humain un exemple d'humilité, tu as voulu que notre Sauveur prenne chair et qu'il subisse la croix : accorde-nous, dans ta bonté, d'accueillir le témoignage de sa force dans la souffrance et d'avoir part à sa résurrection. Lui qui vit et règne avec toi dans l'unité du Saint-Esprit, Dieu, pour les siècles des siècles.

## 1re Lecture

*« Je n'ai pas caché ma face devant les outrages »*
*(Troisième chant du Serviteur du Seigneur)*

**→ Lecture du livre du prophète Isaïe** 50, 4-7

**Le Seigneur mon Dieu** m'a donné le langage des disciples, pour que je puisse, d'une parole, soutenir celui qui est épuisé. Chaque matin, il éveille, il éveille mon oreille pour qu'en disciple, j'écoute. Le Seigneur mon Dieu m'a ouvert l'oreille, et moi, je ne me suis pas révolté, je ne me suis pas dérobé. J'ai présenté mon dos à ceux qui me frappaient, et mes joues à ceux qui m'arrachaient la barbe. Je n'ai pas caché ma face devant les outrages et les crachats. Le Seigneur mon Dieu vient à mon secours ; c'est pourquoi je ne suis pas atteint par les outrages, c'est pourquoi j'ai rendu ma face dure comme pierre : je sais que je ne serai pas confondu.

## Psaume 21

**R/. Mon Dieu, mon Dieu, pourquoi m'as-tu abandonné ?**

Tous ceux qui me voient me bafouent ;
ils ricanent et hochent la tête :
« Il comptait sur le Seigneur : qu'il le délivre !
Qu'il le sauve, puisqu'il est son ami ! »

Oui, des chiens me cernent,
une bande de vauriens m'entoure ;
Ils me percent les mains et les pieds,
je peux compter tous mes os.

Ils partagent entre eux mes habits
et tirent au sort mon vêtement.
Mais toi, Seigneur, ne sois pas loin :
ô ma force, viens vite à mon aide !

Mais tu m'as répondu !
Et je proclame ton nom devant mes frères,
je te loue en pleine assemblée.
Vous qui le craignez, louez le Seigneur.



## 2e Lecture

*Il s'est abaissé : c'est pourquoi Dieu l'a exalté.*

→ **Lecture de la lettre de saint Paul apôtre aux Philippiens** 2, 6-11

Le Christ Jésus,
ayant la condition de Dieu,
ne retint pas jalousement
le rang qui l'égalait à Dieu.

Mais il s'est anéanti,
prenant la condition de serviteur,
devenant semblable aux hommes.

Reconnu homme à son aspect,
il s'est abaissé,
devenant obéissant jusqu'à la mort,
et la mort de la croix.

C'est pourquoi Dieu l'a exalté :
il l'a doté du Nom
qui est au-dessus de tout nom,

afin qu'au nom de Jésus
tout genou fléchisse
au ciel, sur terre et aux enfers,

et que toute langue proclame :
« Jésus Christ est Seigneur »
à la gloire de Dieu le Père.

**Gloire et louange à toi, Seigneur Jésus.** Pour nous, le Christ est devenu obéissant, jusqu'à la mort, et la mort de la croix. C'est pourquoi Dieu l'a exalté : il l'a doté du Nom qui est au-dessus de tout nom. **Gloire et louange à toi, Seigneur Jésus.**

## Évangile

*Passion de notre Seigneur Jésus Christ*

→ **La Passion de notre Seigneur Jésus Christ selon saint Matthieu**[1] 26, 14 – 27, 66 ; lecture brève Mt 27 ; 11-54 ; voir nº 4

*La lecture du texte entre crochets est facultative.*

**L.** [En ce temps-là, l'un des Douze, nommé Judas Iscariote, se rendit chez les grands prêtres et leur dit :

**D.** « Que voulez-vous me donner, si je vous le livre ? »

**L.** Ils lui *remirent trente pièces d'argent*. Et depuis, Judas cherchait une occasion favorable pour le livrer.

Le premier jour de la fête des pains sans levain, les disciples s'approchèrent et dirent à Jésus :

**D.** « Où veux-tu que nous te fassions les préparatifs pour manger la Pâque ? »

**L.** Il leur dit :

**+** « Allez à la ville, chez un tel, et dites-lui : "Le Maître te fait dire : Mon temps est proche ; c'est chez toi que je veux célébrer la Pâque avec mes disciples." »

**L.** Les disciples firent ce que Jésus leur avait prescrit et ils préparèrent la Pâque.

### 1. La Pâque avec les disciples

Le soir venu, Jésus se trouvait à table avec les Douze. Pendant le repas, il déclara :

**+** « Amen, je vous le dis : l'un de vous va me livrer. »

**L.** Profondément attristés, ils se mirent à lui demander, chacun son tour :

---

1. *Indication pour la lecture dialoguée :* Les sigles désignant les divers interlocuteurs sont les suivants : **+** = Jésus ; **L** = Lecteur ; **D** = Disciples et amis ; **F** = Foule ; **A** = Autres personnages.

**D.** « Serait-ce moi, Seigneur ? »

**L.** Prenant la parole, il dit :

**+** « Celui qui s'est servi au plat en même temps que moi, celui-là va me livrer. Le Fils de l'homme s'en va, comme il est écrit à son sujet ; mais malheureux celui par qui le Fils de l'homme est livré ! Il vaudrait mieux pour lui qu'il ne soit pas né, cet homme-là ! »

**L.** Judas, celui qui le livrait, prit la parole :

**D.** « Rabbi, serait-ce moi ? »

**D.** Jésus lui répond :

**+** « C'est toi-même qui l'as dit ! »

**L.** Pendant le repas, Jésus, ayant pris du pain et prononcé la bénédiction, le rompit et, le donnant aux disciples, il dit :

**+** « Prenez, mangez :
ceci est mon corps. »

**L.** Puis, ayant pris une coupe et ayant rendu grâce, il la leur donna, en disant :

**+** « Buvez-en tous, car ceci est mon sang, le sang de l'Alliance, versé pour la multitude en rémission des péchés. Je vous le dis : désormais je ne boirai plus de ce fruit de la vigne, jusqu'au jour où je le boirai, nouveau, avec vous dans le royaume de mon Père. »

### 2. À Gethsémani

**L.** Après avoir chanté les psaumes, ils partirent pour le mont des Oliviers. Alors Jésus leur dit :

**+** « Cette nuit, je serai pour vous tous une occasion de chute ; car il est écrit : *Je frapperai le berger, et les brebis du troupeau seront dispersées.* Mais, une fois ressuscité, je vous précéderai en Galilée. »

**L.** Prenant la parole, Pierre lui dit :

**D.** « Si tous viennent à tomber à cause de toi, moi, je ne tomberai jamais. »

**L.** Jésus lui répondit :

**+** « Amen, je te le dis : cette nuit même, avant que le coq chante, tu m'auras renié trois fois. »

**L.** Pierre lui dit :

**D.** « Même si je dois mourir avec toi, je ne te renierai pas. »

**L.** Et tous les disciples dirent de même.

Alors Jésus parvient avec eux à un domaine appelé Gethsémani et leur dit :

**+** « Asseyez-vous ici, pendant que je vais là-bas pour prier. »

**L.** Il emmena Pierre, ainsi que Jacques et Jean, les deux fils de Zébédée, et il commença à ressentir tristesse et angoisse. Il leur dit alors :

**+** « Mon âme est triste à en mourir. Restez ici et veillez avec moi. »

**L.** Allant un peu plus loin, il tomba face contre terre en priant, et il disait :

**+** « Mon Père, s'il est possible, que cette coupe passe loin de moi ! Cependant, non pas comme moi, je veux, mais comme toi, tu veux. »

**L.** Puis il revient vers ses disciples et les trouve endormis ; il dit à Pierre :

**+** « Ainsi, vous n'avez pas eu la force de veiller seulement une heure avec moi ? Veillez et priez, pour ne pas entrer en tentation ; l'esprit est ardent, mais la chair est faible. »

**L.** De nouveau, il s'éloigna et pria, pour la deuxième fois ; il disait :

**+** « Mon Père, si cette coupe ne peut passer sans que je la boive, que ta volonté soit faite ! »

**L.** Revenu près des disciples, de nouveau il les trouva endormis, car leurs yeux étaient lourds de sommeil. Les laissant, de nouveau il s'éloigna et pria pour la troisième fois, en répétant les mêmes paroles. Alors il revient vers les disciples et leur dit :

**+** « Désormais, vous pouvez dormir et vous reposer. Voici qu'elle est proche, l'heure où le Fils de l'homme est livré aux mains des pécheurs. Levez-vous ! Allons ! Voici qu'il est proche, celui qui me livre. »

**L.** Jésus parlait encore, lorsque Judas, l'un des Douze, arriva, et avec lui une grande foule armée d'épées et de bâtons, envoyée par les grands prêtres et les anciens du peuple. Celui qui le livrait leur avait donné un signe :

**D.** « Celui que j'embrasserai, c'est lui : arrêtez-le. »

**L.** Aussitôt, s'approchant de Jésus, il lui dit :

**D.** « Salut, Rabbi ! »

**L.** Et il l'embrassa.

Jésus lui dit :

**+** « Mon ami, ce que tu es venu faire, fais-le ! »

**L.** Alors ils s'approchèrent, mirent la main sur Jésus et l'arrêtèrent.

L'un de ceux qui étaient avec Jésus, portant la main à son épée, la tira, frappa le serviteur du grand prêtre, et lui trancha l'oreille. Alors Jésus lui dit :

**+** « Rentre ton épée, car tous ceux qui prennent l'épée périront par l'épée. Crois-tu que je ne puisse pas faire appel à mon Père ? Il mettrait aussitôt à ma disposition plus de douze légions d'anges. Mais alors, comment s'accompliraient les Écritures selon lesquelles il faut qu'il en soit ainsi ? »

**L.** À ce moment-là, Jésus dit aux foules :

**+** « Suis-je donc un bandit, pour que vous soyez venus vous saisir de moi, avec des épées et des bâtons ? Chaque jour, dans le Temple, j'étais assis en train d'enseigner, et vous ne m'avez pas arrêté. »

**L.** Mais tout cela est arrivé pour que s'accomplissent les écrits des prophètes. Alors tous les disciples l'abandonnèrent et s'enfuirent.

### 3. Chez le Grand prêtre

**L.** Ceux qui avaient arrêté Jésus l'amenèrent devant Caïphe, le grand prêtre, chez qui s'étaient réunis les scribes et les anciens. Quant à Pierre, il le suivait à distance, jusqu'au palais du grand prêtre ; il entra dans la cour et s'assit avec les serviteurs pour voir comment cela finirait. Les grands prêtres et tout le Conseil suprême cherchaient un faux témoignage contre Jésus pour le faire mettre à mort. Ils n'en trouvèrent pas ; pourtant beaucoup de faux témoins s'étaient présentés. Finalement il s'en présenta deux, qui déclarèrent :

**A.** « Celui-là a dit : “Je peux détruire le Sanctuaire de Dieu et, en trois jours, le rebâtir.” »

**L.** Alors le grand prêtre se leva et lui dit :

**A.** « Tu ne réponds rien ? Que dis-tu des témoignages qu'ils portent contre toi ? »

**L.** Mais Jésus gardait le silence.

Le grand prêtre lui dit :

**A.** « Je t'adjure, par le Dieu vivant, de nous dire si c'est toi qui es le Christ, le Fils de Dieu. »

**L.** Jésus lui répond :

**+** « C'est toi-même qui l'as dit ! En tout cas, je vous le déclare : désormais vous verrez *le Fils de l'homme siéger à la droite du Tout-Puissant et venir sur les nuées du ciel.* »

**L.** Alors le grand prêtre déchira ses vêtements, en disant :

**A.** « Il a blasphémé ! Pourquoi nous faut-il encore des témoins ? Vous venez d'entendre le blasphème ! Quel est votre avis ? »

**L.** Ils répondirent :

**F.** « Il mérite la mort. »

**L.** Alors ils lui crachèrent au visage et le giflèrent ; d'autres le rouèrent de coups en disant :

**F.** « Fais-nous le prophète, ô Christ ! Qui t'a frappé ? »

**L.** Cependant Pierre était assis dehors dans la cour. Une jeune servante s'approcha de lui et lui dit :

**A.** « Toi aussi, tu étais avec Jésus, le Galiléen ! »

**L.** Mais il le nia devant tout le monde et dit :

**D.** « Je ne sais pas de quoi tu parles. »

Une autre servante le vit sortir en direction du portail et elle dit à ceux qui étaient là :

**A.** « Celui-ci était avec Jésus, le Nazaréen. »

**L.** De nouveau, Pierre le nia en faisant ce serment :

**D.** « Je ne connais pas cet homme. »

**L.** Peu après, ceux qui se tenaient là s'approchèrent et dirent à Pierre :

**A.** « Sûrement, toi aussi, tu es l'un d'entre eux ! D'ailleurs, ta façon de parler te trahit. »

**L.** Alors, il se mit à protester violemment et à jurer :

**D.** « Je ne connais pas cet homme. »

**L.** Et aussitôt un coq chanta. Alors Pierre se souvint de la parole que Jésus lui avait dite : « Avant que le coq chante, tu m'auras renié trois fois. » Il sortit et, dehors, pleura amèrement.

Le matin venu, tous les grands prêtres et les anciens du peuple tinrent conseil contre Jésus pour le faire mettre à mort. Après l'avoir ligoté, ils l'emmenèrent et le livrèrent à Pilate, le gouverneur.

Alors, en voyant que Jésus était condamné, Judas, qui l'avait livré, fut pris de remords ; il rendit les trente pièces d'argent aux grands prêtres et aux anciens. Il leur dit :

**D.** « J'ai péché en livrant à la mort un innocent. »

**L.** Ils répliquèrent :

**A.** « Que nous importe ? Cela te regarde ! »

**L.** Jetant alors les pièces d'argent dans le Temple, il se retira et alla se pendre. Les grands prêtres ramassèrent l'argent et dirent :

**A.** « Il n'est pas permis de le verser dans le trésor, puisque c'est le prix du sang. »

Après avoir tenu conseil, ils achetèrent avec cette somme le champ du potier pour y enterrer les étrangers. Voilà pourquoi ce champ est appelé jusqu'à ce jour le Champ-du-Sang. Alors fut accomplie la parole prononcée par le prophète Jérémie :

*Ils ramassèrent les trente pièces d'argent,*
*le prix de celui qui fut mis à prix,*
*le prix fixé par les fils d'Israël,*
*et ils les donnèrent pour le champ du potier,*
*comme le Seigneur me l'avait ordonné.*]

*Début de la lecture brève.*

### 4. Devant Pilate

**L.** On fit comparaître Jésus devant Pilate, le gouverneur, qui l'interrogea :

**A.** « Es-tu le roi des Juifs ? »

**L.** Jésus déclara :

**+** « C'est toi-même qui le dis. »

**L.** Mais, tandis que les grands prêtres et les anciens l'accusaient, il ne répondit rien.

Alors Pilate lui dit :

**A.** « Tu n'entends pas tous les témoignages portés contre toi ? »

**L.** Mais Jésus ne lui répondit plus un mot, si bien que le gouverneur fut très étonné. Or, à chaque fête, celui-ci avait coutume de relâcher un prisonnier, celui que la foule demandait. Il y avait alors un prisonnier bien connu, nommé Barabbas. Les foules s'étant donc rassemblées, Pilate leur dit :

**A.** « Qui voulez-vous que je vous relâche : Barabbas ? ou Jésus, appelé le Christ ? »

**L.** Il savait en effet que c'était par jalousie qu'on avait livré Jésus.

Tandis qu'il siégeait au tribunal, sa femme lui fit dire :

**A.** « Ne te mêle pas de l'affaire de ce juste, car aujourd'hui j'ai beaucoup souffert en songe à cause de lui. »

**L.** Les grands prêtres et les anciens poussèrent les foules à réclamer Barabbas et à faire périr Jésus.

Le gouverneur reprit :

**A.** « Lequel des deux voulez-vous que je vous relâche ? »

**L.** Ils répondirent :

**F.** « Barabbas ! »

**L.** Pilate leur dit :

**A.** « Que ferai-je donc de Jésus appelé le Christ ? »

**L.** Ils répondirent tous :

**F.** « Qu'il soit crucifié ! »

**L.** Pilate demanda :

**A.** « Quel mal a-t-il donc fait ? »

**L.** Ils criaient encore plus fort :

**F.** « Qu'il soit crucifié ! »

**L.** Pilate, voyant que ses efforts ne servaient à rien, sinon à augmenter le tumulte, prit de l'eau et se lava les mains devant la foule, en disant :

**A.** « Je suis innocent du sang de cet homme : cela vous regarde ! »

**L.** Tout le peuple répondit :

**F.** « Son sang, qu'il soit sur nous et sur nos enfants ! »

**L.** Alors, il leur relâcha Barabbas ; quant à Jésus, il le fit flageller, et il le livra pour qu'il soit crucifié.

Alors les soldats du gouverneur emmenèrent Jésus dans la salle du Prétoire et rassemblèrent autour de lui toute la garde. Ils lui enlevèrent ses vêtements et le couvrirent d'un manteau rouge. Puis, avec des épines, ils tressèrent une couronne, et la posèrent sur sa tête ; ils lui mirent un roseau dans la main droite et, pour se moquer de lui, ils s'agenouillaient devant lui en disant :

**F.** « Salut, roi des Juifs ! »

**L.** Et, après avoir craché sur lui, ils prirent le roseau, et ils le frappaient à la tête. Quand ils se furent bien moqués de lui, ils lui enlevèrent le manteau, lui remirent ses vêtements, et l'emmenèrent pour le crucifier.

### 5. Au Calvaire

**L.** En sortant, ils trouvèrent un nommé Simon, originaire de Cyrène, et ils le réquisitionnèrent pour porter la croix de Jésus. Arrivés en un lieu dit Golgotha, c'est-à-dire : Lieu-du-Crâne (ou Calvaire), ils donnèrent à boire à Jésus du vin mêlé de fiel ; il en goûta, mais ne voulut pas boire. Après l'avoir crucifié, *ils se partagèrent ses vêtements en tirant au sort* ; et ils restaient là, assis, à le garder.

Au-dessus de sa tête ils placèrent une inscription indiquant le motif de sa condamnation : « Celui-ci est Jésus, le roi des Juifs. » Alors on crucifia avec lui deux bandits, l'un à droite et l'autre à gauche. Les passants l'injuriaient en hochant la tête ; ils disaient :

**F.** « Toi qui détruis le Sanctuaire et le rebâtis en trois jours, sauve-toi toi-même, si tu es Fils de Dieu, et descends de la croix ! »

**L.** De même, les grands prêtres se moquaient de lui avec les scribes et les anciens, en disant :

**A.** « Il en a sauvé d'autres, et il ne peut pas se sauver lui-même ! Il est roi d'Israël : qu'il descende maintenant de la croix, et nous croirons en lui ! *Il a mis sa confiance en Dieu. Que Dieu le délivre maintenant, s'il l'aime !* Car il a dit : "Je suis Fils de Dieu." »

**L.** Les bandits crucifiés avec lui l'insultaient de la même manière.

À partir de la sixième heure (c'est-à-dire : midi), l'obscurité se fit sur toute la terre jusqu'à la neuvième heure.

Vers la neuvième heure, Jésus cria d'une voix forte :

**+** « *Éli, Éli, lema sabactani ?* »,

**L.** ce qui veut dire :

**+** « *Mon Dieu, mon Dieu, pourquoi m'as-tu abandonné ?* »

**L.** L'ayant entendu, quelques-uns de ceux qui étaient là disaient :

**F.** « Le voilà qui appelle le prophète Élie ! »

**L.** Aussitôt l'un d'eux courut prendre une éponge qu'il trempa dans une boisson vinaigrée ; il la mit au bout d'un roseau, et il lui donnait à boire.

Les autres disaient :

**F.** « Attends ! Nous verrons bien si Élie vient le sauver. »

**L.** Mais Jésus, poussant de nouveau un grand cri, rendit l'esprit.

*(Ici on fléchit le genou et on s'arrête un instant)*

Et voici que le rideau du Sanctuaire se déchira en deux, depuis le haut jusqu'en bas ; la terre trembla et les rochers se fendirent. Les tombeaux s'ouvrirent ; les corps de nombreux saints qui étaient morts ressuscitèrent, et, sortant des tombeaux après la résurrection de Jésus, ils entrèrent dans la Ville sainte, et se montrèrent à un grand nombre de gens.

À la vue du tremblement de terre et de ces événements, le centurion et ceux qui, avec lui, gardaient Jésus, furent saisis d'une grande crainte et dirent :

**A.** « Vraiment, celui-ci était Fils de Dieu ! »

*Fin de la lecture brève.*

**L.** [Il y avait là de nombreuses femmes qui observaient de loin. Elles avaient suivi Jésus depuis la Galilée pour le servir. Parmi elles se trouvaient Marie Madeleine, Marie, mère de Jacques et de Joseph, et la mère des fils de Zébédée.

Comme il se faisait tard, arriva un homme riche, originaire d'Arimathie, qui s'appelait Joseph, et qui était devenu, lui aussi, disciple de Jésus. Il alla trouver Pilate pour demander le corps de Jésus. Alors Pilate ordonna qu'on le lui remette. Prenant le corps, Joseph l'enveloppa dans un linceul immaculé, et le déposa dans le tombeau neuf qu'il s'était fait creuser dans le roc. Puis il roula une grande pierre à l'entrée du tombeau et s'en alla. Or Marie Madeleine et l'autre Marie étaient là, assises en face du sépulcre.

Le lendemain, après le jour de la Préparation, les grands prêtres et les pharisiens s'assemblèrent chez Pilate, en disant :

**A.** « Seigneur, nous nous sommes rappelé que cet imposteur a dit, de son vivant : "Trois jours après, je ressusciterai." Alors, donne l'ordre que le sépulcre soit surveillé jusqu'au troisième jour, de peur que ses disciples ne viennent voler le corps et ne disent au peuple : "Il est ressuscité d'entre les morts." Cette dernière imposture serait pire que la première. »

**L.** Pilate leur déclara :

**A.** « Vous avez une garde. Allez, organisez la surveillance comme vous l'entendez ! »

**L.** Ils partirent donc et assurèrent la surveillance du sépulcre en mettant les scellés sur la pierre et en y plaçant la garde.]

*On dit le Credo et on fait la prière universelle.*

---

**POUR LA PRIÈRE UNIVERSELLE**

Seigneur Jésus, fils de David et fils de Dieu, écoute nos prières :
– pour les chrétiens qui se préparent à célébrer Pâques, qu'ils ne soient victimes d'aucune violence et manifestent l'humilité et la paix qui viennent de Dieu ;
– pour les ministres de l'Église, les diacres, les prêtres, les évêques, qu'ils soient les témoins du Christ serviteur en paroles et en actes ;
– pour les habitants des pays en guerre, qu'ils puissent vivre des moments de trêve et de réconciliation lors des fêtes pascales ;
– pour les personnes endeuillées qui apportent des rameaux bénits sur les tombes, qu'elles soient habitées par la foi en la résurrection.

---

## Prière sur les offrandes

Par la passion de ton Fils unique, nous te prions, Seigneur : ne tarde pas à nous réconcilier avec toi ; et même si nos œuvres ne méritent pas ton pardon, nous comptons sur ta miséricorde pour le recevoir, grâce à l'unique sacrifice du Christ. Lui qui vit et règne pour les siècles des siècles.

## Préface

*Le dimanche de la Passion*

Vraiment, il est juste et bon, pour ta gloire et notre salut, de t'offrir notre action de grâce, toujours et en tout lieu, Seigneur, Père très saint, Dieu éternel et tout-puissant, par le Christ, notre Seigneur.
Alors qu'il était innocent, il a voulu souffrir pour les coupables, et, sans avoir commis le mal, il s'est laissé condamner pour les criminels ; sa mort a effacé nos fautes et sa résurrection a fait de nous des justes. C'est pourquoi nous te louons avec tous les anges et, dans la joie, nous te célébrons en proclamant :
Saint, Saint, Saint, le Seigneur, Dieu de l'univers !...

## Antienne de communion

Mt 26, 42

Mon Père,
si cette coupe ne peut passer sans que je la boive,
que ta volonté soit faite !

## Prière après la communion

Rassasiés par ce don sacré, nous te supplions humblement, Seigneur : toi qui nous as donné, dans la mort de ton Fils, d'espérer les biens auxquels nous croyons, donne-nous, par sa résurrection, de parvenir au but vers lequel nous tendons. Par le Christ, notre Seigneur.

## Prière sur le peuple

Regarde, Seigneur, nous t'en prions, la famille qui t'appartient : c'est pour elle que Jésus, le Christ, notre Seigneur, n'hésita pas à se livrer aux mains des méchants et à subir le supplice de la croix. Lui qui vit et règne pour les siècles des siècles.

## L'humilité de Dieu

« L'humiliation du Christ n'est pas un avatar exceptionnel de la gloire. Elle manifeste dans le temps que l'humilité est au cœur de la gloire. Ce que j'énonce ici tranquillement est un paradoxe si fort, que la raison d'abord vacille, décontenancée, et comme découragée d'avance. Si pourtant, abandonnant provisoirement les concepts à leur apparente opposition, on choisit de se référer, sans plus attendre, à l'expérience toute simple qu'on a de l'amour, même mêlée de péché, un rai de lumière filtre déjà à travers la nuit des mots. On pressent qu'aimer avec orgueil n'est pas vraiment aimer. Si Dieu est Amour, il est humble. »

François Varillon, *L'humilité de Dieu*,
1974, Le Centurion, p. 59.

## CALENDRIER LITURGIQUE

**Di 2** **DIMANCHE DES RAMEAUX ET DE LA PASSION A.**
*Liturgie des Heures : Psautier semaine II.*
[*S. François de Paule, ermite italien † 1507 à Plessis-Lès-Tours*]

**Lu 3** Lundi saint : Isaïe 42,1-7 ; Ps 26 ; Jean 12,1-11 : « Laisse-la observer cet usage en vue du jour de mon ensevelissement ! »

**Ma 4** Mardi saint : Isaïe 49,1-6 ; Ps 70 ; Jean 13,21-33.36-38 : « L'un de vous me livrera... Le coq ne chantera pas avant que tu m'aies renié trois fois »
[*S. Isidore, évêque de Séville, docteur de l'Église, † 636*].

**Me 5** Mercredi saint : Isaïe 50,4-9 ; Ps 68 ; Matthieu 26,14-25 : « Le Fils de l'homme s'en va, comme il est écrit ; mais malheureux celui par qui il est livré ! »
[*S. Vincent Ferrier, prêtre, dominicain espagnol, † 1419 à Vannes*]

**Je 6** JEUDI SAINT (p. 312).

**Ve 7** VENDREDI SAINT (p. 320) Journée de jeûne et d'abstinence.
[S. Jean-Baptiste de la Salle, prêtre, fondateur des Frères des écoles chrétiennes, † 1719 à Rouen]

**Sa 8** SAMEDI SAINT. Il n'y a pas de célébration de mariage. Le tabernacle reste vide : c'est l'attente de la célébration de la Résurrection du Seigneur.

**Bonne fête !** 2 : Sandra. 3 : Richard. 4 : Isidore, Aleth. 5 : Irène, Ève, Juliana. 6 : Marcellin. 7 : Saturnin. 8 : Constance, Julie.

**Pour mémoire :** depuis le rassemblement de Rome en 1985, le dimanche des Rameaux était devenu journée mondiale des jeunes. Il a été déplacé au dimanche du Christ Roi de l'univers par le pape François.

**Sainte Irène de Thessalonique (5 avril).** Comme ses deux sœurs, Agapè et Chionia, la jeune Irène connut le martyre à Thessalonique en 304, lors des persécutions de l'empereur Dioclétien. Elle avait caché des livres saints et refusait d'abjurer sa foi. Elle fut brûlée vive.

En grec, le prénom Irène signifie « paix ».

# TRIDUUM PASCAL

# Jeudi saint
# Messe du soir en mémoire de la Cène du Seigneur

**6 AVRIL 2022**

## Une vie tout entière eucharistique

**Aujourd'hui encore quand une famille juive célèbre la Pâque,** le plus jeune de la tablée interroge l'ancien sur les raisons de cette fête. Le père de famille lui répond : « C'est en mémoire de ce que l'Éternel a fait pour moi quand il m'a fait sortir du pays d'Égypte ». La fête de la Pâque juive est déjà en elle-même un véritable mémorial : La libération de l'esclavage en Égypte au temps de Moise s'accomplit aujourd'hui. Chacun se considère comme « libéré d'Égypte ». La première lecture que nous entendons est le récit de cette libération puisqu'après la mort des premiers-nés égyptiens, le Pharaon a mis fin à la captivité du peuple juif (*première lecture*).

La deuxième lecture relate le repas de Jésus avec ses disciples lors des fêtes de la Pâque juive. Ce repas suit un rituel dans lequel le maître de maison prononce des bénédictions sur les pains et sur la coupe de vin, puis les partage entre les convives. Mais ce qui est nouveau, ce sont les paroles que prononce Jésus et que nous entendons à chaque eucharistie : « Ceci est mon corps... ceci est la coupe de la nouvelle Alliance en mon sang... vous ferez cela en mémoire de moi » (*deuxième lecture*). L'enjeu n'est plus seulement la libération du peuple dans l'histoire mais de célébrer la libération définitive pour tout homme. Elle nous est acquise par le passage (Pâques veut dire passage) du Christ de la mort à la vie.

La signification profonde de la Pâque du Christ devient manifeste dans l'évangile : le don sans mesure de Jésus s'exprime par le geste du lavement des pieds de ses disciples. L'amour prend acte. L'eucharistie sort alors des rites liturgiques, elle devient mode d'existence, témoignage, humilité : « C'est un exemple que je vous ai donné afin que vous le fassiez, vous aussi, comme je l'ai fait pour vous » (*évangile*). C'est, en somme, toute notre vie qui devient eucharistique.

## CÉLÉBRER

Le lavement des pieds :

- « la variété et l'unité de chaque portion du peuple de Dieu »
- « En accomplissant ce rite, les évêques et les prêtres sont invités à se conformer intimement au Christ, qui n'est pas venu pour être servi, mais pour servir (Mt 20,28) (...) Pour manifester ce sens plénier du rite à ceux qui participent, il a paru bon au Souverain Pontife François de changer la norme qu'on lit dans les rubriques du *Missale Romanum* (p. 300 n° 11) : Les hommes qui ont été choisis sont conduits..., qui doit être changée de la manière suivante : Ceux qui ont été choisis parmi le peuple de Dieu sont conduits... de manière à ce que les pasteurs puissent choisir un petit groupe de fidèles qui représentent la variété et l'unité de chaque portion du peuple de Dieu. Ce petit groupe peut être composé d'hommes et de femmes et, comme il convient, de jeunes et d'anciens, de personnes en santé ou malades, de clercs, de consacrés et de laïcs. »
- Décret de la Congrégation pour le culte divin, *In Cena Domini*, 2016. Dans la nouvelle traduction du Missel romain, cette rubrique a été intégrée.

## CHANTER

- Pour la procession d'ouverture : ***Quand vint le jour* HP 128-5 CNA 454, *Avec le Christ, vivons* HA 149, *Nous formons un même corps* D 105 CNA 570, *L'Église ouvre le livre* HP 47-83-1 CNA 450.**
- Pendant le lavement des pieds : ***Ubi Caritas* Taizé CNA 448, *Où sont amour et charité* D 29-78, *Pas de plus grand amour* EDIT 1-64 CNA 452.**
- Pour la procession des dons : ***Dieu notre Père, voici le pain* B 57-30.**
- Pendant la communion : ***Qui mange ma chair* D 290 CNA 343, *Recevez le corps du Christ* D 585 CNA 545, *Tu fais ta demeure en nous* D 56-49, *C'est toi, Seigneur, le pain rompu* D 293 CNA 322.**
- Pour la procession au reposoir : ***La nuit qu'il fut livré* HP 3 CNA 449, *Pange lingua* CNA 775.**
- Au reposoir : ***Tantum ergo* CNA 776, *Âme du Christ* CNA 778, *Litanies du Sacré-Cœur* MY 22-83 CNA 787.**

## Antienne d'ouverture

cf. Ga 6, 14

Que notre seule fierté
soit la croix de notre Seigneur Jésus Christ.
En lui, nous avons le salut, la vie et la résurrection,
par lui, nous sommes sauvés et délivrés.

*Gloria.*

*Pendant le chant, les cloches sonnent. Elles se taisent ensuite jusqu'au même chant de la Vigile pascale.*

## Prière

Seigneur Dieu, tu nous appelles à célébrer la très sainte Cène où ton Fils unique, avant de se livrer lui-même à la mort, a remis pour toujours à son Église le sacrifice nouveau, le repas qui est le sacrement de son amour ; donne-nous de puiser à ce grand mystère la charité et la vie en plénitude. Par Jésus Christ, ton Fils, notre Seigneur, qui vit et règne avec toi dans l'unité du Saint-Esprit, Dieu, pour les siècles des siècles.

## 1re Lecture

*Le mémorial de la Pâque juive*

→ **Lecture du livre de l'Exode**

12, 1-8.11-14

**En ces jours-là**, dans le pays d'Égypte, le Seigneur dit à Moïse et à son frère Aaron : « Ce mois-ci sera pour vous le premier des mois, il marquera pour vous le commencement de l'année. Parlez ainsi à toute la communauté d'Israël :

Le dix de ce mois, que l'on prenne un agneau par famille, un agneau par maison. Si la maisonnée est trop peu nombreuse pour un agneau, elle le prendra avec son voisin le plus proche, selon le nombre des personnes. Vous choisirez l'agneau d'après ce que chacun peut manger. Ce sera une bête sans défaut, un mâle, de l'année. Vous prendrez un agneau ou un chevreau. Vous le garderez jusqu'au quatorzième jour du mois. Dans toute l'assemblée de la communauté d'Israël, on l'immolera au coucher du soleil. On prendra du sang, que l'on mettra sur les deux montants et sur le linteau des maisons où on le mangera. On mangera sa chair cette nuit-là, on la mangera rôtie au feu, avec des pains sans levain et des herbes amères. Vous mangerez ainsi : la ceinture aux reins, les sandales aux pieds, le bâton à la main. Vous mangerez en toute hâte : c'est la Pâque du Seigneur.

Je traverserai le pays d'Égypte, cette nuit-là ; je frapperai tout premier-né au pays d'Égypte, depuis les hommes jusqu'au bétail. Contre tous les dieux de l'Égypte j'exercerai mes jugements : Je suis le Seigneur. Le sang sera pour vous un signe, sur les maisons où vous serez. Je verrai le sang, et je passerai : vous ne serez pas atteints par le fléau dont je frapperai le pays d'Égypte.

Ce jour-là sera pour vous un mémorial. Vous en ferez pour le Seigneur une fête de pèlerinage. C'est un décret perpétuel : d'âge en âge vous la fêterez. »

## Psaume 115

**R/. La coupe de bénédiction est communion au sang du Christ.**

Comment rendrai-je au Seigneur
tout le bien qu'il m'a fait ?
J'élèverai la coupe du salut,
j'invoquerai le nom du Seigneur.

Il en coûte au Seigneur
de voir mourir les siens !
Ne suis-je pas, Seigneur, ton serviteur,
moi, dont tu brisas les chaînes ?

Je t'offrirai le sacrifice d'action de grâce,
j'invoquerai le nom du Seigneur.
Je tiendrai mes promesses au Seigneur,
oui, devant tout son peuple.

## 2e Lecture

*Le mémorial du mystère pascal*

→ **Lecture de la première lettre de saint Paul apôtre aux Corinthiens** 11, 23-26

**Frères,** moi, Paul, j'ai moi-même reçu ce qui vient du Seigneur, et je vous l'ai transmis : la nuit où il était livré, le Seigneur Jésus prit du pain, puis, ayant rendu grâce, il le rompit, et dit : « Ceci est mon corps, qui est pour vous. Faites cela en mémoire de moi. » Après le repas, il fit de même avec la coupe, en disant : « Cette coupe est la nouvelle Alliance en mon sang. Chaque fois que vous en boirez, faites cela en mémoire de moi. » Ainsi donc, chaque fois que vous mangez ce pain et que vous buvez cette coupe, vous proclamez la mort du Seigneur, jusqu'à ce qu'il vienne.

**Gloire et louange à toi, Seigneur Jésus.** Je vous donne un commandement nouveau, dit le Seigneur. Aimez-vous les uns les autres comme je vous ai aimés. **Gloire et louange à toi, Seigneur Jésus.**

## Évangile

*Le lavement des pieds*

→ **Évangile de Jésus Christ selon saint Jean** 13, 1-15

**Avant la fête de la Pâque**, sachant que l'heure était venue pour lui de passer de ce monde à son Père, Jésus, ayant aimé les siens qui étaient dans le monde, les aima jusqu'au bout. Au cours du repas, alors que le diable a déjà mis dans le cœur de Judas, fils de Simon l'Iscariote, l'intention de le livrer, Jésus, sachant que le Père a tout remis entre ses mains, qu'il est sorti de Dieu et qu'il s'en va vers Dieu, se lève de table, dépose son vêtement, et prend un linge qu'il se noue à la ceinture ; puis il verse de l'eau dans un bassin. Alors il se mit à laver les pieds des disciples et à les essuyer avec le linge qu'il avait à la ceinture.

Il arrive donc à Simon-Pierre, qui lui dit : « C'est toi, Seigneur, qui me laves les pieds ? » Jésus lui répondit : « Ce que je veux faire, tu ne le sais pas maintenant ; plus tard tu comprendras. » Pierre lui dit : « Tu ne me laveras pas les pieds ; non, jamais ! » Jésus lui répondit : « Si je ne te lave pas, tu n'auras pas de part avec moi. » Simon-Pierre lui dit : « Alors, Seigneur, pas seulement les pieds, mais aussi les mains et la tête ! » Jésus lui dit : « Quand on vient de prendre un bain, on n'a pas besoin de se laver, sinon les pieds : on est pur tout entier. Vous-mêmes, vous êtes purs, mais non pas tous. » Il savait bien qui allait le livrer ; et c'est pourquoi il disait : « Vous n'êtes pas tous purs. »

Quand il leur eut lavé les pieds, il reprit son vêtement, se remit à table et leur dit : « Comprenez-vous ce que je viens de faire pour vous ? Vous m'appelez "Maître" et "Seigneur", et vous avez raison, car vraiment je le suis. Si donc moi, le Seigneur et le Maître, je vous ai lavé les pieds, vous aussi, vous devez vous laver les pieds les uns aux autres. C'est un exemple que je vous ai donné afin que vous fassiez, vous aussi, comme j'ai fait pour vous. »

## Lavement des pieds

*Après l'homélie, on procède au lavement des pieds, là où, pastoralement, il semble bon de le faire. Ceux qui ont été choisis parmi le peuple de Dieu sont conduits aux sièges qui leur ont été préparés à l'endroit le plus approprié.*

## Antienne

cf. Jn 13, 4.5.15

Après s'être levé de table,
le Seigneur versa de l'eau dans un bassin
et se mit à laver les pieds des disciples.
C'est l'exemple qu'il leur a donné.

*Aujourd'hui, on ne dit pas le Credo.*

**POUR LA PRIÈRE UNIVERSELLE**

Seigneur Jésus, Pain vivant pour que nous devenions ton corps, intercède auprès du Père :
– pour les Églises chrétiennes : que leur foi en l'eucharistie s'approfondisse et les conduise à l'unité ;
– pour les prêtres, ministres de l'eucharistie : que leur existence soit le signe du don de Dieu pour tous les hommes ;
– pour les baptisés enfants et adultes qui se préparent à communier pour la première fois lors de la Vigile pascale : qu'ils entrent avec joie dans la nouvelle alliance ;
– pour ceux qui ont faim et soif de justice : que le sacrement de Pâques soit la source de leur action.

## Prière sur les offrandes

Accorde-nous, Seigneur, nous t'en prions, de participer dignement à ces mystères, car chaque fois qu'est célébré ce sacrifice en mémorial, c'est l'œuvre de notre Rédemption qui s'accomplit. Par le Christ, notre Seigneur.

## Préface

*Le sacrifice et le sacrement du Christ*

Vraiment, il est juste et bon, pour ta gloire et notre salut, de t'offrir notre action de grâce, toujours et en tout lieu, Seigneur, Père très saint, Dieu éternel et tout-puissant, par le Christ, notre Seigneur.
Il est le Prêtre éternel et véritable, qui institua le sacrement destiné à perpétuer son sacrifice ; il s'est d'abord offert à toi en victime pour notre salut et nous a prescrit de faire cette offrande en mémoire de lui. Quand nous recevons sa chair immolée pour nous, nous sommes fortifiés ; quand nous buvons le sang qu'il a versé pour nous, nous sommes purifiés.
C'est pourquoi, avec les anges et les archanges, avec les puissances d'en haut et tous les esprits bienheureux, nous chantons l'hymne de ta gloire et sans fin nous proclamons : Saint, Saint, Saint, le Seigneur, Dieu de l'univers !...

*Dans les Prières eucharistiques, textes propres au Jeudi saint.*

## Antienne de la communion

1 Co 11, 24. 25

« Ceci est mon corps, livré pour vous, dit le Seigneur.
Faites cela en mémoire de moi.
Cette coupe est la nouvelle Alliance en mon sang.
Chaque fois que vous en boirez,
faites cela en mémoire de moi. »

*La distribution de la communion étant achevée, le ciboire avec les hosties pour la communion du lendemain, reste sur l'autel. Le prêtre, se tenant debout au siège, dit la prière après la communion.*

## Prière après la communion

Nous avons repris des forces, Dieu tout-puissant, en célébrant aujourd'hui la Cène de ton Fils ; accorde-nous d'être rassasiés au banquet de l'éternité. Par le Christ, notre Seigneur.

*Ensuite le prêtre porte solennellement au lieu prévu le pain eucharistique pour la communion du lendemain et pour l'adoration dans la soirée.*



## Liturgie de saint Basile

La liturgie de saint Basile est utilisée lors du Jeudi saint dans les Églises orthodoxes. Voici un extrait de la prière d'action de grâce après la communion.

« Nous te remercions, Seigneur notre Dieu, pour notre communion à tes mystères saints, purs, immortels et célestes, que tu nous as donnés pour le bien-être, la sanctification et la guérison de nos âmes et de nos corps.

Toi-même, ô Maître de toute chose, fais que la communion au Corps sacré et au Sang de ton Christ devienne en nous foi sans peur, charité sans hypocrisie, plénitude de sagesse, guérison de l'âme et du corps, victoire sur tout adversaire, observation de tes préceptes, (...)

Car tu es notre sanctification, et nous te rendons gloire, Père, Fils et Saint-Esprit, maintenant et toujours et dans les siècles des siècles. »

# Vendredi saint
# Célébration de la Passion du Seigneur

**7 AVRIL 2023**

## Visage de Dieu, visages des hommes

**La contemplation de Jésus crucifié appelle le silence.** Silence face à cet homme désigné comme le serviteur « qui était si défiguré qu'il ne ressemblait plus à un homme » (*première lecture*) ; silence face à ce Grand prêtre « éprouvé en toute chose » (*deuxième lecture) ;* silence enfin devant le visage couronné d'épines du Fils de Dieu (*évangile de la Passion*).

Seul le silence nous permet d'entendre, dans les lectures du Vendredi saint, le cri de l'homme défiguré et mis à mort. Mais ces descriptions bibliques de la crucifixion pourraient nous paraître abstraites ou intemporelles si nous n'y associions pas les réalités humaines. S'avance alors le long cortège des comptés pour rien, des souffrants et des méprisés de notre temps, celui des enfants abusés, des migrants noyés, des vieillards dans un couloir d'Ephad… Tous sont le visage du crucifié.

Du néant de ces défigurations, le visage du Christ pascal surgit. Le prophète Isaïe l'annonce : « Devant lui les rois resteront bouche bée, car ils verront ce que, jamais, on ne leur avait dit » (*première lecture*) ; il est repris par le psaume : « Sur ton serviteur, que s'illumine ta face » (*psaume*). C'est une promesse et une espérance qui nous est accessible : le visage du Seigneur est « tout au fond de vos cœurs », chantait-on dans un ancien cantique, en réponse à celui qui « cherche le visage, le visage du Seigneur… ».

Dans la silencieuse liturgie du Vendredi saint, la croix se fait visage. Sa contemplation se conjugue nécessairement avec l'évocation des visages d'hommes et de femmes dont la vie est crucifiée : la grande prière universelle pour tous les hommes affecte la vénération de la croix.

### CÉLÉBRER

L'après-midi de ce jour, certains font un chemin de croix. Mais, vers trois heures, à moins qu'une raison pastorale ne fasse choisir une heure plus tardive, on célèbre la Passion du Seigneur. Cette action liturgique comporte trois parties :
– la liturgie de la Parole,
– l'adoration de la Croix,
– la sainte Communion.

### CHANTER

▸ L'office débute dans le silence. Le premier chant sera le psaume 30.
▸ Avant la lecture de la Passion, on pourra chanter : ***Le Christ s'est fait obéissant* HX 43-76.**
▸ Après la Passion : ***C'est pour nous que le Christ a souffert* ZL 8-1 CNA 463, *Mystère du Calvaire* H 44 CNA 464, *Ô croix qui fais mourir* HP 38-84.**
▸ Pendant la vénération de la Croix, **les *Impropères* HP 64-44-4, *Ô croix plus noble que les cèdres* HY 10-22-1 ou HY 164 CNA 466, *Per Crucem* Répertoire de Taizé, *Ô croix dressée sur le monde* H 30 CNA 465.**
▸ Pendant la communion : ***Corps livré, sang versé* D 54-18, *Partageons le pain du Seigneur* D 39-31 CNA 342, *Pain donné pour notre vie* D 32-10.**
La célébration se termine par le silence.

## Entrée

*Le prêtre et le diacre, s'il y en a un, revêtus des vêtements de la messe, qui sont de couleur rouge, s'avancent vers l'autel en silence, et, après l'avoir salué, se prosternent face contre terre ou se mettent à genoux. Tous prient en silence pendant quelque temps. Tous les autres se mettent à genoux. Ensuite, le prêtre avec les ministres gagne le siège, où, se tenant tourné vers le peuple, il dit, les mains étendues, l'une des prières suivantes, en omettant l'invitation Prions le Seigneur.*

## Prière

Souviens-toi, Seigneur, de ta miséricorde, sanctifie ceux qui veulent te servir et protège-les toujours, car c'est pour eux que ton Fils Jésus Christ a institué par son sang répandu le sacrement pascal. Lui qui vit et règne pour les siècles des siècles.

*ou bien*

Seigneur Dieu, par la passion du Christ, ton Fils, notre Seigneur, tu as détruit la mort héritée du premier péché, elle qui tenait l'humanité sous sa loi ; accorde-nous de ressembler à ton Fils : du fait de notre nature, nous sommes à l'image de l'homme pétri d'argile ; de même, que ta grâce nous sanctifie pour que nous soyons à l'image de celui qui vient du ciel. Par le Christ, notre Seigneur.

# 1. LITURGIE DE LA PAROLE

## 1re Lecture

*« Il était si défiguré qu'il ne ressemblait plus à un homme »*

→ **Lecture du livre du prophète Isaïe** 52, 13–53, 12

**Mon serviteur réussira**, dit le Seigneur ; il montera, il s'élèvera, il sera exalté ! La multitude avait été consternée en le voyant, car il était si défiguré qu'il ne ressemblait plus à un homme ; il n'avait plus l'apparence d'un fils d'homme. Il étonnera de même une multitude de nations ; devant lui les rois resteront bouche bée, car ils verront ce que, jamais, on ne leur avait dit, ils découvriront ce dont ils n'avaient jamais entendu parler. Qui aurait cru ce que nous avons entendu ? Le bras puissant du Seigneur, à qui s'est-il révélé ? Devant lui, le serviteur a poussé comme une plante chétive, une racine dans une terre aride ; il était sans apparence ni beauté qui attire nos regards, son aspect n'avait rien pour nous plaire. Méprisé, abandonné des hommes, homme de douleurs, familier de la souffrance, il était pareil à celui devant qui on se voile la face ; et nous l'avons méprisé, compté pour rien. En fait, c'étaient nos souffrances qu'il portait, nos douleurs dont il était chargé. Et nous, nous pensions qu'il était frappé, meurtri par Dieu, humilié. Or, c'est à cause de nos révoltes qu'il a été transpercé, à cause de nos fautes qu'il a été broyé. Le châtiment qui nous donne la paix a pesé sur lui : par ses blessures, nous sommes guéris.

Nous étions tous errants comme des brebis, chacun suivait son propre chemin. Mais le Seigneur a fait retomber sur lui nos fautes à nous tous. Maltraité, il s'humilie, il n'ouvre pas la bouche : comme un agneau conduit à l'abattoir, comme une brebis muette devant les tondeurs, il n'ouvre pas la bouche. Arrêté, puis jugé, il a été supprimé. Qui donc s'est inquiété de son sort ? Il a été retranché de la terre des vivants, frappé à mort pour les révoltes de son peuple. On a placé sa tombe avec les méchants, son tombeau avec les riches ; et pourtant il n'avait pas commis de violence, on ne trouvait pas de tromperie dans sa bouche. Broyé par la souffrance, il a plu au Seigneur. S'il remet sa vie en sacrifice de réparation, il verra une descendance, il prolongera ses jours : par lui, ce qui plaît au Seigneur réussira.

Par suite de ses tourments, il verra la lumière, la connaissance le comblera. Le juste, mon serviteur, justifiera les multitudes, il se chargera de leurs fautes. C'est pourquoi, parmi les grands, je lui donnerai sa part, avec les puissants il partagera le butin, car il s'est dépouillé lui-même jusqu'à la mort, et il a été compté avec les pécheurs, alors qu'il portait le péché des multitudes et qu'il intercédait pour les pécheurs.

## Psaume 30

**R/. Ô Père, en tes mains je remets mon esprit.**

En toi, Seigneur, j'ai mon refuge ;
garde-moi d'être humilié pour toujours.
En tes mains je remets mon esprit ;
tu me rachètes, Seigneur, Dieu de vérité.

Je suis la risée de mes adversaires
et même de mes voisins,
je fais peur à mes amis,
s'ils me voient dans la rue, ils me fuient.

On m'ignore comme un mort oublié,
comme une chose qu'on jette.
J'entends les calomnies de la foule ;
ils s'accordent pour m'ôter la vie.

Moi, je suis sûr de toi, Seigneur,
je dis : « Tu es mon Dieu ! »
Mes jours sont dans ta main : délivre-moi
des mains hostiles qui s'acharnent.

Sur ton serviteur, que s'illumine ta face ;
sauve-moi par ton amour.
Soyez forts, prenez courage,
vous tous qui espérez le Seigneur !

## 2e Lecture

*« Un grand prêtre éprouvé en toutes choses »*

**→ Lecture de la lettre aux Hébreux** 4, 14-16 ; 5, 7-9

**Frères**, en Jésus, le Fils de Dieu, nous avons le grand prêtre par excellence, celui qui a traversé les cieux ; tenons donc ferme l'affirmation de notre foi. En effet, nous n'avons pas un grand prêtre incapable de compatir à nos faiblesses, mais un grand prêtre éprouvé en toutes choses, à notre ressemblance, excepté le péché. Avançons-nous donc avec assurance vers le Trône de la grâce, pour obtenir miséricorde et recevoir, en temps voulu, la grâce de son secours.

Le Christ, pendant les jours de sa vie dans la chair, offrit, avec un grand cri et dans les larmes, des prières et des supplications à Dieu qui pouvait le sauver de la mort, et il fut exaucé en raison de son grand respect. Bien qu'il soit le Fils, il apprit par ses souffrances l'obéissance et, conduit à sa perfection, il est devenu pour tous ceux qui lui obéissent la cause du salut éternel.

**Le Christ s'est anéanti, prenant la condition de serviteur.** Pour nous, le Christ est devenu obéissant, jusqu'à la mort, et la mort sur une croix. C'est pourquoi Dieu l'a exalté : il l'a doté du Nom qui est au-dessus de tout nom. **Le Christ s'est anéanti, prenant la condition de serviteur.**

## Évangile

*La Passion de notre Seigneur Jésus Christ*

→ **La Passion de notre Seigneur Jésus Christ selon saint Jean** 18, 1–19, 42[1]

### 1. Jésus est arrêté

**L.** En ce temps-là, après le repas, Jésus sortit avec ses disciples et traversa le torrent du Cédron ; il y avait là un jardin, dans lequel il entra avec ses disciples. Judas, qui le livrait, connaissait l'endroit, lui aussi, car Jésus et ses disciples s'y étaient souvent réunis. Judas, avec un détachement de soldats ainsi que des gardes envoyés par les grands prêtres et les pharisiens, arrive à cet endroit. Ils avaient des lanternes, des torches et des armes. Alors Jésus, sachant tout ce qui allait lui arriver, s'avança et leur dit :

**+** « Qui cherchez-vous ? »

**L.** Ils lui répondirent :

1. *Indications pour la lecture dialoguée : Les sigles désignant les divers interlocuteurs sont les suivants :* **+** *= Jésus ;* **L** *= Lecteur ;* **D** *= Disciples et amis ;* **F** *= Foule ;* **A** *= Autres personnages.*

**F.** « Jésus le Nazaréen. »

**L.** Il leur dit :

**+** « C'est moi, je le suis. »

**L.** Judas, qui le livrait, se tenait avec eux. Quand Jésus leur répondit : « C'est moi, je le suis », ils reculèrent, et ils tombèrent à terre. Il leur demanda de nouveau :

**+** « Qui cherchez-vous ? »

**L.** Ils dirent :

**F.** « Jésus le Nazaréen. »

**L.** Jésus répondit :

**+** « Je vous l'ai dit : c'est moi, je le suis. Si c'est bien moi que vous cherchez, ceux-là, laissez-les partir. »

**L.** Ainsi s'accomplissait la parole qu'il avait dite : « Je n'ai perdu aucun de ceux que tu m'as donnés ». Or Simon-Pierre avait une épée ; il la tira, frappa le serviteur du grand prêtre et lui coupa l'oreille droite. Le nom de ce serviteur était Malcus. Jésus dit à Pierre :

**+** « Remets ton épée au fourreau. La coupe que m'a donnée le Père, vais-je refuser de la boire ? »

**L.** Alors la troupe, le commandant et les gardes juifs se saisirent de Jésus et le ligotèrent. Ils l'emmenèrent d'abord chez Hanne, beau-père de Caïphe, qui était grand prêtre cette année-là. Caïphe était celui qui avait donné aux Juifs ce conseil : « Il vaut mieux qu'un seul homme meure pour le peuple. »

### 2. Jésus est renié par Pierre

**L.** Or Simon-Pierre, ainsi qu'un autre disciple, suivait Jésus. Comme ce disciple était connu du grand prêtre, il entra avec Jésus dans le palais du grand prêtre. Pierre se tenait près de la porte, dehors. Alors l'autre disciple – celui qui était connu du grand prêtre – sortit, dit un mot à la servante qui gardait la porte, et fit entrer Pierre. Cette jeune servante dit alors à Pierre :

**A.** « N'es-tu pas, toi aussi, l'un des disciples de cet homme ? »

**L.** Il répondit :

**D.** « Non, je ne le suis pas ! »

**L.** Les serviteurs et les gardes se tenaient là ; comme il faisait froid, ils avaient fait un feu de braise pour se réchauffer. Pierre était avec eux, en train de se chauffer.

### 3. Jésus est interrogé par le grand prêtre

**L.** Le grand prêtre interrogea Jésus sur ses disciples et sur son enseignement. Jésus lui répondit :

**+** « Moi, j'ai parlé au monde ouvertement. J'ai toujours enseigné à la synagogue et dans le Temple, là où tous les Juifs se réunissent, et je n'ai jamais parlé en cachette. Pourquoi m'interroges-tu ? Ce que je leur ai dit, demande-le à ceux qui m'ont entendu. Eux savent ce que j'ai dit. »

**L.** À ces mots, un des gardes, qui était à côté de Jésus, lui donna une gifle en disant :

**A.** « C'est ainsi que tu réponds au grand prêtre ! »

**L.** Jésus lui répliqua :

**+** « Si j'ai mal parlé, montre ce que j'ai dit de mal. Mais si j'ai bien parlé, pourquoi me frappes-tu ? »

**L.** Hanne l'envoya, toujours ligoté, au grand prêtre Caïphe.

### 4. Jésus est renié par Pierre pour la seconde fois

**L.** Simon-Pierre était donc en train de se chauffer. On lui dit :

**A.** « N'es-tu pas, toi aussi, l'un de ses disciples ? »

**L.** Pierre le nia et dit :

**D.** « Non, je ne le suis pas ! »

**L.** Un des serviteurs du grand prêtre, parent de celui à qui Pierre avait coupé l'oreille, insista :

**A.** « Est-ce que moi, je ne t'ai pas vu dans le jardin avec lui ? »

**L.** Encore une fois, Pierre le nia. Et aussitôt un coq chanta.

### 5. Jésus est emmené chez Pilate

**L.** Alors on emmène Jésus de chez Caïphe au Prétoire. C'était le matin. Ceux qui l'avaient amené n'entrèrent pas dans le Prétoire, pour éviter une souillure et pouvoir manger l'agneau pascal. Pilate sortit donc à leur rencontre et demanda :

**A.** « Quelle accusation portez-vous contre cet homme ? »

**L.** Ils lui répondirent :

**F.** « S'il n'était pas un malfaiteur, nous ne t'aurions pas livré cet homme. »

**L.** Pilate leur dit :

**A.** « Prenez-le vous-mêmes et jugez-le suivant votre loi. »

**L.** Les Juifs lui dirent :

**F.** « Nous n'avons pas le droit de mettre quelqu'un à mort. »

**L.** Ainsi s'accomplissait la parole que Jésus avait dite pour signifier de quel genre de mort il allait mourir.

### 6. Jésus est interrogé par Pilate

**L.** Alors Pilate rentra dans le Prétoire ; il appela Jésus et lui dit :

**A.** « Es-tu le roi des Juifs ? »

**L.** Jésus lui demanda :

**+** « Dis-tu cela de toi-même, ou bien d'autres te l'ont dit à mon sujet ? »

**L.** Pilate répondit :

**A.** « Est-ce que je suis juif, moi ? Ta nation et les grands prêtres t'ont livré à moi : qu'as-tu donc fait ? »

**L.** Jésus déclara :

**+** « Ma royauté n'est pas de ce monde ; si ma royauté était de ce monde, j'aurais des gardes qui se seraient battus pour que je ne sois pas livré aux Juifs. En fait, ma royauté n'est pas d'ici. »

**L.** Pilate lui dit :

**A.** « Alors, tu es roi ? »

**L.** Jésus répondit :

**+** « C'est toi-même qui dis que je suis roi. Moi, je suis né, je suis venu dans le monde pour ceci : rendre témoignage à la vérité. Quiconque appartient à la vérité écoute ma voix. »

**L.** Pilate lui dit :

**A.** « Qu'est-ce que la vérité ? »

### 7. Jésus est flagellé et couronné d'épines

**L.** Ayant dit cela, il sortit de nouveau à la rencontre des Juifs, et il leur déclara :

**A.** « Moi, je ne trouve en lui aucun motif de condamnation. Mais, chez vous, c'est la coutume que je vous relâche quelqu'un pour la Pâque : voulez-vous donc que je vous relâche le roi des Juifs ? »

**L.** Alors ils répliquèrent en criant :

**F.** « Pas lui ! Mais Barabbas ! »

**L.** Or ce Barabbas était un bandit. Alors Pilate fit saisir Jésus pour qu'il soit flagellé. Les soldats tressèrent avec des épines une couronne qu'ils lui posèrent sur la tête ; puis ils le revêtirent d'un manteau pourpre. Ils s'avançaient vers lui et ils disaient :

**F.** « Salut à toi, roi des Juifs ! »

**L.** Et ils le giflaient.

### 8. Jésus est interrogé par Pilate pour la deuxième fois

**L.** Pilate, de nouveau, sortit dehors et leur dit :

**A.** « Voyez, je vous l'amène dehors pour que vous sachiez que je ne trouve en lui aucun motif de condamnation. »

**L.** Jésus donc sortit dehors, portant la couronne d'épines et le manteau pourpre. Et Pilate leur déclara :

**A.** « Voici l'homme. »

**L.** Quand ils le virent, les grands prêtres et les gardes se mirent à crier :

**F.** « Crucifie-le ! Crucifie-le ! »

**L.** Pilate leur dit :

**A.** « Prenez-le vous-mêmes, et crucifiez-le ; moi, je ne trouve en lui aucun motif de condamnation. »

**L.** Ils lui répondirent :

**F.** « Nous avons une Loi, et suivant la Loi il doit mourir, parce qu'il s'est fait Fils de Dieu. »

**L.** Quand Pilate entendit ces paroles, il redoubla de crainte. Il rentra dans le Prétoire, et dit à Jésus :

**A.** « D'où es-tu ? »

**L.** Jésus ne lui fit aucune réponse. Pilate lui dit alors :

**A.** « Tu refuses de me parler, à moi ? Ne sais-tu pas que j'ai pouvoir de te relâcher, et pouvoir de te crucifier ? »

**L.** Jésus répondit :

**+** « Tu n'aurais aucun pouvoir sur moi si tu ne l'avais reçu d'en haut ; c'est pourquoi celui qui m'a livré à toi porte un péché plus grand. »

**L.** Dès lors, Pilate cherchait à le relâcher ; mais des Juifs se mirent à crier :

**F.** « Si tu le relâches, tu n'es pas un ami de l'empereur. Quiconque se fait roi s'oppose à l'empereur. »

**L.** En entendant ces paroles, Pilate amena Jésus au-dehors ; il le fit asseoir sur une estrade au lieu dit le Dallage – en hébreu : Gabbatha. C'était le jour de la Préparation de la Pâque, vers la sixième heure, environ midi. Pilate dit aux Juifs :

**A.** « Voici votre roi. »

**L.** Alors ils crièrent :

**F.** « À mort ! À mort ! Crucifie-le ! »

**L.** Pilate leur dit :

**A.** « Vais-je crucifier votre roi ? »

**L.** Les grands prêtres répondirent :

**F.** « Nous n'avons pas d'autre roi que l'empereur. »

**L.** Alors, il leur livra Jésus pour qu'il soit crucifié.

### 9. Jésus est crucifié

**L.** Ils se saisirent de Jésus. Et lui-même, portant sa croix, sortit en direction du lieu dit Le Crâne (ou Calvaire), qui se dit en hébreu Golgotha. C'est là qu'ils le crucifièrent, et deux autres avec lui, un de chaque côté, et Jésus au milieu. Pilate avait rédigé un écriteau qu'il fit placer sur la croix ; il était écrit : « Jésus le Nazaréen, roi des Juifs. » Beaucoup de Juifs lurent cet écriteau, parce que l'endroit où l'on avait crucifié Jésus était proche de la ville, et que c'était écrit en hébreu, en latin et en grec. Alors les grands prêtres des Juifs dirent à Pilate :

**F.** « N'écris pas : "Roi des Juifs" ; mais : "Cet homme a dit : Je suis le roi des Juifs". » Pilate répondit :

**A.** « Ce que j'ai écrit, je l'ai écrit. »

### 10. Les vêtements de Jésus sont tirés au sort

**L.** Quand les soldats eurent crucifié Jésus, ils prirent ses habits ; ils en firent quatre parts, une pour chaque soldat.

Ils prirent aussi la tunique ; c'était une tunique sans couture, tissée tout d'une pièce de haut en bas. Alors ils se dirent entre eux :

**A.** « Ne la déchirons pas, désignons par le sort celui qui l'aura. »

**L.** Ainsi s'accomplissait la parole de l'Écriture : *Ils se sont partagé mes habits ; ils ont tiré au sort mon vêtement.* C'est bien ce que firent les soldats.

### 11. La mère de Jésus était là

**L.** Or, près de la croix de Jésus se tenaient sa mère et la sœur de sa mère, Marie, femme de Cléophas, et Marie Madeleine. Jésus, voyant sa mère, et près d'elle le disciple qu'il aimait, dit à sa mère :

**+** « Femme, voici ton fils. »

**L.** Puis il dit au disciple :

**+** « Voici ta mère. »

**L.** Et à partir de cette heure-là, le disciple la prit chez lui.

### 12. Jésus meurt sur la croix

**L.** Après cela, sachant que tout, désormais, était achevé pour que l'Écriture s'accomplisse jusqu'au bout, Jésus dit :

**+** « J'ai soif. »

**L.** Il y avait là un récipient plein d'une boisson vinaigrée. On fixa donc une éponge remplie de ce vinaigre à une branche d'hysope, et on l'approcha de sa bouche. Quand il eut pris le vinaigre, Jésus dit :

**+** « Tout est accompli. »

**L.** Puis, inclinant la tête, il remit l'esprit.

*Ici on fléchit le genou et on s'arrête un instant.*

## 13. LE CŒUR DE JÉSUS EST PERCÉ D'UN COUP DE LANCE

**L.** Comme c'était le jour de la Préparation (c'est-à-dire le vendredi), il ne fallait pas laisser les corps en croix durant le sabbat, d'autant plus que ce sabbat était le grand jour de la Pâque. Aussi les Juifs demandèrent à Pilate qu'on enlève les corps après leur avoir brisé les jambes. Les soldats allèrent donc briser les jambes du premier, puis de l'autre homme crucifié avec Jésus. Quand ils arrivèrent à Jésus, voyant qu'il était déjà mort, ils ne lui brisèrent pas les jambes, mais un des soldats avec sa lance lui perça le côté ; et aussitôt, il en sortit du sang et de l'eau. Celui qui a vu rend témoignage, et son témoignage est véridique ; et celui-là sait qu'il dit vrai afin que vous aussi, vous croyiez. Cela, en effet, arriva pour que s'accomplisse l'Écriture : *Aucun de ses os ne sera brisé.* Un autre passage de l'Écriture dit encore : *Ils lèveront les yeux vers celui qu'ils ont transpercé.*

## 14. JÉSUS EST MIS AU TOMBEAU

**L.** Après cela, Joseph d'Arimathie, qui était disciple de Jésus, mais en secret par crainte des Juifs, demanda à Pilate de pouvoir enlever le corps de Jésus. Et Pilate le permit. Joseph vint donc enlever le corps de Jésus. Nicodème – celui qui, au début, était venu trouver Jésus pendant la nuit – vint lui aussi ; il apportait un mélange de myrrhe et d'aloès pesant environ cent livres. Ils prirent donc le corps de Jésus, qu'ils lièrent de linges, en employant les aromates selon la coutume juive d'ensevelir les morts. À l'endroit où Jésus avait été crucifié, il y avait un jardin et, dans ce jardin, un tombeau neuf dans lequel on n'avait encore déposé personne. À cause de la Préparation de la Pâque juive, et comme ce tombeau était proche, c'est là qu'ils déposèrent Jésus.

## Prière universelle

*L'invitatoire précédant chaque intention peut être dit par un diacre. On peut prévoir une acclamation du peuple avant chaque oraison. Le prêtre peut choisir, parmi les intentions proposées, celles seulement qui sont les plus aptes à nourrir la prière de l'assemblée, de manière toutefois que soient conservées les séries habituelles de la prière universelle.*

### *1. Pour l'Église*

Prions, frères et sœurs bien-aimés, pour la sainte Église de Dieu : que notre Dieu et Seigneur lui donne la paix, la rassemble dans l'unité et la garde par toute la terre ; qu'il nous accorde une vie calme et paisible, pour glorifier Dieu le Père tout-puissant.

*Tous prient en silence. Puis le prêtre dit :*

Dieu éternel et tout-puissant, dans le Christ, tu as révélé ta gloire à tous les peuples ; protège l'œuvre de ta miséricorde, afin que ton Église répandue par tout l'univers demeure inébranlable dans la foi pour proclamer ton nom. Par le Christ, notre Seigneur. R/. **Amen.**

### *2. Pour le pape*

Prions pour notre saint Père le pape N., choisi par Dieu notre Seigneur dans le collège des évêques : qu'il le garde sain et sauf au service de son Église pour gouverner le peuple saint de Dieu.
Dieu éternel et tout-puissant dont la sagesse organise toutes choses, écoute en ta bonté notre prière : protège avec amour l'évêque de Rome que tu nous as choisi, afin que, sous la conduite de ce pasteur suprême, le peuple chrétien que tu gouvernes progresse toujours dans la foi. Par le Christ, notre Seigneur. R/. **Amen.**

### *3. Pour le Clergé et le peuple fidèle*

Prions pour notre évêque N., pour tous les évêques, les prêtres, les diacres de l'Église et pour l'ensemble du peuple des fidèles.
Dieu éternel et tout-puissant dont l'Esprit sanctifie et gouverne le corps entier de l'Église, exauce les prières que nous t'adressons pour tes ministres : afin que, par le don de ta grâce, tout ton peuple te serve avec fidélité. Par le Christ, notre Seigneur. R/. **Amen.**

### *4. Pour les catéchumènes*

Prions pour les (nos) catéchumènes : Que Dieu notre Seigneur ouvre leur cœur à sa parole, et les accueille dans sa miséricorde ; après avoir reçu le pardon de tous leurs péchés par le bain de la naissance nouvelle, qu'ils soient reconnus comme appartenant au Christ Jésus notre Seigneur.
Dieu éternel et tout-puissant, toi qui assures la fécondité de ton Église en lui donnant toujours de nouveaux enfants, augmente en nos catéchumènes la foi et l'intelligence de la foi : qu'ils renaissent à la source du baptême et prennent place parmi tes enfants d'adoption. Par le Christ, notre Seigneur. R/. **Amen.**

### *5. Pour l'unité des Chrétiens*

Prions pour tous nos frères et sœurs qui croient au Christ et cherchent à faire la vérité : que le Seigneur notre Dieu les rassemble et les garde dans son unique Église.
Dieu éternel et tout-puissant, toi qui rassembles ce qui est dispersé, et qui gardes ce que tu as rassemblé, jette un regard de paix sur le troupeau conduit par ton Fils : accorde à ceux qu'un même baptême a consacrés d'être unis dans la plénitude de la foi et de demeurer en communion par le lien de la charité. Par le Christ, notre Seigneur. R/. **Amen.**

### *6. Pour le peuple juif*

Prions pour les Juifs à qui le Seigneur notre Dieu a parlé en premier : qu'il leur donne de progresser dans l'amour de son nom et dans la fidélité à son alliance.
Dieu éternel et tout-puissant, toi qui as confié tes promesses à Abraham et à sa descendance, écoute avec bonté les prières de ton Église : donne au peuple que tu as choisi en premier de parvenir à la plénitude de la rédemption. Par le Christ, notre Seigneur. R/. **Amen.**

### *7. Pour ceux qui ne croient pas au Christ*

Prions pour ceux qui ne croient pas au Christ : demandons qu'à la lumière de l'Esprit Saint, ils puissent s'engager, eux aussi, sur le chemin du salut.
Dieu éternel et tout-puissant, donne à ceux qui ne reconnaissent pas le Christ de marcher en ta présence d'un cœur sincère, afin de découvrir la vérité ; et donne-nous de progresser sans cesse dans l'amour mutuel, attentifs à percevoir plus pleinement le mystère de ta vie, pour être dans le monde des témoins plus parfaits de ton amour. Par le Christ, notre Seigneur. R/. **Amen.**

### *8. Pour ceux qui ne croient pas en Dieu*

Prions pour ceux qui ne connaissent pas Dieu : demandons qu'en recherchant d'un cœur sincère ce qui est droit, ils puissent parvenir jusqu'à Dieu lui-même.
Dieu éternel et tout-puissant, tu as créé l'être humain pour qu'il te cherche dans un désir inlassable et que son cœur s'apaise en te trouvant ; nous t'en prions, fais que tous, au milieu des difficultés qui leur font obstacle, discernent les signes de ta tendresse et perçoivent le témoignage des œuvres bonnes de ceux qui croient en toi, afin d'avoir le bonheur de te reconnaître, toi, le seul vrai Dieu et notre Père. Par le Christ, notre Seigneur. R/. **Amen.**

*9. Pour les responsables des pouvoirs publics*

Prions pour les chefs d'État et tous les responsables des affaires publiques : que le Seigneur notre Dieu dirige leur esprit et leur cœur selon sa volonté pour la paix véritable et la liberté de tous.

Dieu éternel et tout-puissant, le cœur humain et les droits des peuples sont dans ta main ; regarde avec bienveillance ceux qui exercent le pouvoir sur nous ; que par ta grâce s'affermissent partout sur la terre la sécurité et la paix, la prospérité des nations et la liberté religieuse. Par le Christ, notre Seigneur. R/. **Amen.**

*10. Pour ceux qui sont dans l'épreuve*

Frères et sœurs bien-aimés, prions Dieu le Père tout-puissant, pour qu'il purifie le monde de toute erreur, chasse les maladies et repousse la famine, ouvre les prisons et brise les chaînes, protège ceux qui voyagent, ramène chez eux les exilés, donne la force aux malades, et, aux mourants, accorde le salut.

Dieu éternel et tout-puissant, consolation des affligés, force de ceux qui peinent, entends les prières de ceux qui crient vers toi, quelles que soient leurs souffrances : que tous aient la joie de trouver dans leurs détresses le secours de ta miséricorde. Par le Christ, notre Seigneur. R/. **Amen.**



## 2. ADORATION DE LA SAINTE CROIX

*La présentation de la Croix peut se faire sous deux formes. On choisira celle des deux qui est la mieux adaptée à l'assemblée, selon les exigences pastorales. Une grande croix est apportée dans l'église, en passant au milieu de l'assemblée, ou bien une croix voilée est découverte peu à peu. Lors de chacune des trois stations, on chante :*

Voici le bois de la Croix,
qui a porté le salut du monde.

Venez, adorons le Seigneur.

*Puis tous s'agenouillent et adorent en silence durant quelques instants tandis que le prêtre reste debout et tient la Croix élevée.*

*Puis chacun vient vénérer la croix.*

*Pendant l'adoration de la Croix, on chante des chants adaptés, notamment les Impropères ou, si les traditions populaires s'y prêtent, le Stabat Mater.*

Ta croix, Seigneur, nous l'adorons,
et ta sainte résurrection, nous la chantons :
c'est par le bois de la Croix
que la joie est venue dans le monde. *cf. Ps 66, 2*
V/. Que Dieu nous prenne en grâce et nous bénisse,
que son visage s'illumine pour nous,
et qu'il nous prenne en pitié.

## 3. SAINTE COMMUNION

*On apporte sur l'autel le pain consacré à la messe du Jeudi saint.*

### Notre Père...

*On omet le rite de paix, le rite de la fraction et l'Agnus Dei.*

### Prière après la communion

Dieu éternel et tout-puissant, tu nous as renouvelés par la mort et la résurrection bienheureuse de ton Christ ; entretiens en nous l'œuvre de ta miséricorde : que notre communion à ce mystère consacre à ton service notre vie tout entière. Par le Christ, notre Seigneur.

## Bénédiction

*Le prêtre étend les mains sur l'assemblée et dit :*

Que ta bénédiction, nous t'en prions, Seigneur, descende en abondance sur ton peuple qui a célébré la mort de ton Fils dans l'espérance de sa propre résurrection : accorde-lui pardon et réconfort, augmente sa foi, assure son éternelle rédemption. Par le Christ, notre Seigneur.

*La célébration se termine dans le silence et le recueillement.*

## Quand un A-Dieu s'envisage

« Cette vie perdue totalement mienne et totalement leur, je rends grâce à Dieu qui semble l'avoir voulue tout entière pour cette JOIE-là, envers et malgré tout. Dans ce MERCI où tout est dit, désormais, de ma vie, je vous inclus bien sûr, amis d'hier et d'aujourd'hui, et vous, ô mes amis d'ici, aux côtés de ma mère et de mon père, de mes sœurs et de mes frères et des leurs, centuple accordé comme il était promis ! Et toi aussi, l'ami de la dernière minute, qui n'aura pas su ce que tu faisais. Oui, pour toi aussi je le veux ce MERCI, et cet "À-DIEU" envisagé de toi. Et qu'il nous soit donné de nous retrouver, larrons heureux, en paradis, s'il plaît à Dieu, notre Père à tous deux. AMEN ! Inch'Allah ! »

Bx Christian de Chergé, moine de Tibhirine, 1993-1994,
Extrait du *Testament spirituel*
publié dans le journal La Croix du 29 mai 1996.

# Dimanche de Pâques
# La Résurrection du Seigneur
# Vigile pascale dans la nuit sainte

## DANS LA NUIT DU 8 AU 9 AVRIL 2023

## Une veillée en quatre actes

**Préparons-nous à veiller.** Peut-être avons-nous connu ces antiques veillées où l'on se rassemblait pour évoquer ceux qui étaient au loin ou décédés. Lors de cette veillée pascale, nous allons aussi faire mémoire ; cependant nous n'allons pas pleurer un mort mais acclamer un vivant car « Christ est ressuscité ! ».

Premier acte de la Vigile : la lumière. Le nouveau cierge pascal est allumé au feu nouveau. Nous marchons derrière lui et sa flamme se diffuse dans l'assemblée. Nous acclamons dans la joie (chant de l'*Exsultet*) la lumière du Christ. Nous pouvons avancer sans crainte dans l'existence car sa lumière éclaire nos nuits.

Deuxième acte : le cheminement des lectures bibliques. Pourquoi évoquer le passé si ce n'est parce qu'il concerne le présent. Quand nous entendons le récit de la Création (*première lecture*), nous pouvons comprendre aujourd'hui que concevoir la Création sans Dieu revient à mettre l'homme en situation de toute puissance, conduisant à la destruction des ressources (cf. *Laudato si,* n° 67). Ce périple biblique nous entraîne jusqu'à l'évangile de la résurrection : deux femmes vont au tombeau où le corps de Jésus a été déposé et le tombeau est vide. Premier témoignage paradoxal de la résurrection qui éclaire notre présent : des femmes, et non les apôtres, qui ont pour toute preuve un tombeau vide et les paroles d'un ange.

Troisième acte : le baptême. Écoutons la bénédiction de l'eau qui raconte l'histoire du Salut depuis l'origine. Les catéchumènes s'avancent et sont baptisés avec cette eau, puis ils reçoivent l'onction (saint chrême) pour être confirmés. Ils sont maintenant au terme de leur initiation chrétienne qu'ils ont entamée depuis de nombreux mois car, dans quelques instants, ils prendront part avec les autres fidèles au repas du Seigneur.

Quatrième acte : l'eucharistie, le sacrement pascal. Quand nous communierons, croyons que l'hostie que nous recevons est le Corps du Seigneur ressuscité. Partageant son Corps, nous avons déjà part à sa résurrection qu'Il nous envoie annoncer.

---

## CHANTER

- Pour la bénédiction du feu et la procession des lumières, l'acclamation : ***Lumière du Christ*** **MNA 34-71** ou **34-72**, ***Joyeuse lumière*** **I 17 CNA 477.**
- Pour l'annonce de Pâques : ***Exsultet*** **IL 20-18-4** ou ***Qu'éclate dans le ciel*** **IL 111-1.**
- Dans la liturgie de la Parole, un psaume est proposé par le Missel après chaque lecture. On en soignera la mise en œuvre.
- On retiendra un *Gloire à Dieu* qui sera le même pendant tout le Temps pascal.
- Pour l'acclamation à l'évangile : ***Alléluia pascal*** **CNA 530** ou **CNA 215-38.**
- Si un baptême est célébré : ***Baptisés dans l'eau et dans l'Esprit*** **I 14-67-1 CNA 673,** ***Baptisé dans la lumière de Jésus*** **N 298-7 CNA 672,** ***Vous tous qui avez été baptisés en Christ*** **IX 231.**
- Pour un baptême d'enfant : ***Tu es devenu enfant de Dieu*** **N 507.**
- Pour le rite d'aspersion : ***J'ai vu des fleuves d'eau vive*** **I 44-62,** ***J'ai vu l'eau vive*** **I 132-1 CNA 191** ou **I 18-65-11 CNA 481.**
- Pour la procession de communion : le ***psaume*** **22, 26** ou **33,** ***De la table du Seigneur*** **D 80 CNA 324,** ***Venez manger la Pâque*** **I 119-2 CNA 347.**
- Après la communion : ***Chantez au Seigneur un cantique nouveau*** **I 82 CNA 483,** ***Tu as triomphé de la mort*** **ILH 165 CNA 594,** ***Christ est vraiment ressuscité*** **I 64-21** ou **I 169 CNA 487.**
- À la fin de la célébration : ***Le Seigneur est ressuscité*** **I 13 CNA 491,** ***Exultez de joie, peuples de la terre*** **I 508,** ***Surrexit Christus*** **(Taizé).**

**CÉLÉBRER**

Voici quelques indications données par le Missel romain.

– La Vigile pascale doit se célébrer entièrement de nuit. Elle ne peut commencer avant la tombée de la nuit, et elle doit être achevée avant l'aube du dimanche.

– La messe de la Vigile, même si elle est célébrée avant minuit, est la messe pascale du dimanche de Pâques.

– Quiconque participe à la messe de la Vigile peut communier une seconde fois à la messe du jour de Pâques.

## 1. OUVERTURE SOLENNELLE DE LA VIGILE OU OFFICE DE LA LUMIÈRE

Frères et sœurs bien-aimés, en cette nuit très sainte où notre Seigneur Jésus Christ est passé de la mort à la vie, l'Église invite tous ses enfants disséminés de par le monde à se réunir pour veiller et prier. Nous allons donc commémorer la Pâque du Seigneur en écoutant sa parole et en célébrant ses mystères ; ainsi nous aurons l'espérance d'avoir part à son triomphe sur la mort et de vivre avec lui en Dieu.

### Bénédiction du feu

Seigneur Dieu, par ton Fils tu as apporté à tes fidèles le feu de ta splendeur ; sanctifie ce feu ✠ nouveau ; accorde-nous, durant ces fêtes pascales, d'être enflammés d'un si grand désir du ciel que nous puissions parvenir, avec un cœur pur, aux fêtes de l'éternelle lumière. Par le Christ, notre Seigneur. R/. **Amen.**

### Préparation du cierge pascal

Le Christ, hier et aujourd'hui, commencement et fin de toutes choses, Alpha et Oméga ; à lui, le temps et l'éternité, à lui, la gloire et la puissance pour les siècles sans fin. R/. **Amen.**

Par ses saintes plaies, ses plaies glorieuses, que le Christ Seigneur nous garde et nous protège. R/. **Amen.**
Que la lumière du Christ, ressuscitant dans la gloire, dissipe les ténèbres de notre cœur et de notre esprit. R/. **Amen.**

## Procession d'entrée

Lumière du Christ !
**Nous rendons grâce à Dieu !**

## Annonce de Pâques

*(forme brève)*

Exultez dans le ciel, multitude des anges !
Exultez, célébrez les mystères divins !
Résonne, trompette du salut,
pour la victoire d'un si grand Roi !

Que la terre, elle aussi, soit heureuse,
irradiée de tant de feux :
illuminée de la splendeur du Roi éternel,
qu'elle voie s'en aller l'obscurité
qui recouvrait le monde entier !

Réjouis-toi, Église notre mère,
parée d'une lumière si éclatante !
Que retentisse dans ce lieu saint
l'acclamation de tous les peuples !

(Le Seigneur soit avec vous. R/. **Et avec votre esprit.**)
Élevons notre cœur. R/. **Nous le tournons vers le Seigneur.**
Rendons grâce au Seigneur notre Dieu. R/. **Cela est juste et bon.**
Vraiment, il est juste et bon de chanter à pleine voix,
dans tout l'élan du cœur et de l'esprit,
le Père tout-puissant, Dieu invisible,
et son Fils unique, Jésus Christ, notre Seigneur.

C'est lui qui a remis pour nous au Père éternel
le prix de la dette encourue par Adam ;
c'est lui qui répandit son sang par amour
pour effacer la condamnation du premier péché.
Car voici la fête de la Pâque
dans laquelle est mis à mort l'Agneau véritable
dont le sang consacre les portes des croyants.
Voici la nuit où tu as tiré d'Égypte
les enfants d'Israël, nos pères,
et leur as fait passer la mer Rouge à pied sec.
Voici la nuit où le feu d'une colonne lumineuse
a dissipé les ténèbres du péché.
Voici la nuit
qui arrache au monde corrompu, aveuglé par le mal,
ceux qui, aujourd'hui et dans tout l'univers,
ont mis leur foi dans le Christ :
nuit qui les rend à la grâce
et leur ouvre la communion des saints.
Voici la nuit où le Christ,
brisant les liens de la mort,
s'est relevé, victorieux, du séjour des morts.
Ô merveilleuse condescendance de ta tendresse envers nous !
inestimable choix de ton amour :
pour racheter l'esclave, tu as livré le Fils !
Il fallait le péché d'Adam
que la mort du Christ abolit.
Ô bienheureuse faute
qui nous valut pareil Rédempteur !
Car le pouvoir sanctifiant de cette nuit
chasse les crimes et lave les fautes,
rend l'innocence aux coupables et l'allégresse aux affligés.
Ô nuit de vrai bonheur,
nuit où le ciel s'unit à la terre,
où l'homme rencontre Dieu.
Dans la grâce de cette nuit,
accueille, Père saint, en sacrifice du soir

(la flamme montant de) cette colonne de cire (œuvre des abeilles)
que la sainte Église t'offre par nos mains.
Aussi nous t'en prions, Seigneur :
permets que ce cierge consacré en l'honneur de ton nom
brûle sans déclin pour dissiper les ténèbres de cette nuit.
Qu'il te soit d'un parfum agréable
et joigne sa clarté à celle des étoiles.
Qu'il brûle encore quand se lèvera l'astre du matin,
cet astre sans pareil qui ne connaît pas de couchant,
le Christ, ton Fils, revenu du séjour des morts,
qui répand sur le genre humain sa lumière et sa paix,
lui qui vit et règne pour les siècles des siècles. R/. **Amen.**

*Tous éteignent leur cierge et s'assoient.*

## 2. LITURGIE DE LA PAROLE

*En cette Vigile qui est « la mère de toutes les Vigiles », sont proposées neuf lectures, à savoir sept de l'Ancien Testament et deux du Nouveau (l'épître et l'évangile). Ces lectures doivent être lues partout où c'est possible, pour que soit conservée la nature de la Vigile qui exige une longue durée.*
*Cependant, pour de graves raisons d'ordre pastoral, on peut réduire le nombre des lectures de l'Ancien Testament ; mais on respectera toujours la règle selon laquelle la Parole de Dieu constitue un élément fondamental de la Vigile dans la nuit de Pâques. On fera donc au moins trois lectures de l'Ancien Testament, tirées de la Loi et des Prophètes, et l'on chantera leurs psaumes responsoriaux respectifs. On n'omettra jamais le récit du chap. 4 de l'Exode (3e lecture), avec son cantique.*

## 1re Lecture *« Dieu vit tout ce qu'il avait fait : cela était très bon »*

### → Lecture du livre de la Genèse

1, 1–2, 2 (lecture brève : 1, 1.26-31a)

*La lecture du texte entre crochets est facultative.*

**Au commencement,** Dieu créa le ciel et la terre. [La terre était informe et vide, les ténèbres étaient au-dessus de l'abîme et le souffle de Dieu planait au-dessus des eaux. Dieu dit : « Que la lumière soit. » Et la lumière fut. Dieu vit que la lumière était bonne, et Dieu sépara la lumière des ténèbres. Dieu appela la lumière « jour », il appela les ténèbres « nuit ». Il y eut un soir, il y eut un matin : premier jour.

Et Dieu dit : « Qu'il y ait un firmament au milieu des eaux, et qu'il sépare les eaux. » Dieu fit le firmament, il sépara les eaux qui sont au-dessous du firmament et les eaux qui sont au-dessus. Et ce fut ainsi. Dieu appela le firmament « ciel ». Il y eut un soir, il y eut un matin : deuxième jour.

Et Dieu dit : « Les eaux qui sont au-dessous du ciel, qu'elles se rassemblent en un seul lieu, et que paraisse la terre ferme. » Et ce fut ainsi. Dieu appela la terre ferme « terre », et il appela la masse des eaux « mer ». Et Dieu vit que cela était bon. Dieu dit : « Que la terre produise l'herbe, la plante qui porte sa semence, et que, sur la terre, l'arbre à fruit donne, selon son espèce, le fruit qui porte sa semence. » Et ce fut ainsi. La terre produisit l'herbe, la plante qui porte sa semence, selon son espèce, et l'arbre qui donne, selon son espèce, le fruit qui porte sa semence. Et Dieu vit que cela était bon. Il y eut un soir, il y eut un matin : troisième jour.

Et Dieu dit : « Qu'il y ait des luminaires au firmament du ciel, pour séparer le jour de la nuit ; qu'ils servent de signes pour marquer les fêtes, les jours et les années ; et qu'ils soient, au firmament du ciel, des luminaires pour éclairer la terre. » Et ce fut ainsi. Dieu fit les deux grands luminaires : le plus grand pour commander au jour, le plus petit pour commander à la nuit ; il fit aussi les étoiles. Dieu les plaça au firmament du ciel pour éclairer la terre, pour commander au jour et à la nuit, pour séparer la lumière des ténèbres. Et Dieu vit que cela était bon. Il y eut un soir, il y eut un matin : quatrième jour.

Et Dieu dit : « Que les eaux foisonnent d'une profusion d'êtres vivants, et que les oiseaux volent au-dessus de la terre, sous le firmament du ciel. » Dieu créa, selon leur espèce, les grands monstres marins, tous les êtres vivants qui vont et viennent et foisonnent dans les eaux, et aussi, selon leur espèce, tous les oiseaux qui volent. Et Dieu vit que cela était bon. Dieu les bénit par ces paroles : « Soyez féconds et multipliez-vous, remplissez les mers, que les oiseaux se multiplient sur la terre. » Il y eut un soir, il y eut un matin : cinquième jour.

Et Dieu dit : « Que la terre produise des êtres vivants selon leur espèce, bestiaux, bestioles et bêtes sauvages selon leur espèce. » Et ce fut ainsi. Dieu fit les bêtes sauvages selon leur espèce, les bestiaux selon leur espèce, et toutes les bestioles de la terre selon leur espèce. Et Dieu vit que cela était bon.]

Dieu dit : « Faisons l'homme à notre image, selon notre ressemblance. Qu'il soit le maître des poissons de la mer, des oiseaux du ciel, des bestiaux, de toutes les bêtes sauvages, et de toutes les bestioles qui vont et viennent sur la terre. » Dieu créa l'homme à son image, à l'image de Dieu il le créa, il les créa homme et femme. Dieu les bénit et leur dit : « Soyez féconds et multipliez-vous, remplissez la terre et soumettez-la. Soyez les maîtres des poissons de la mer, des oiseaux du ciel, et de tous les animaux qui vont et viennent sur la terre. » Dieu dit encore : « Je vous donne toute plante qui porte sa semence sur toute la surface de la terre, et tout arbre dont le fruit porte sa semence : telle sera votre nourriture. À tous les animaux de la terre, à tous les oiseaux du ciel, à tout ce qui va et vient sur la terre et qui a souffle de vie, je donne comme nourriture toute herbe verte. » Et ce fut ainsi. Et Dieu vit tout ce qu'il avait fait ; et voici : cela était très bon. Il y eut un soir, il y eut un matin : sixième jour.

[Ainsi furent achevés le ciel et la terre, et tout leur déploiement. Le septième jour, Dieu avait achevé l'œuvre qu'il avait faite. Il se reposa, le septième jour, de toute l'œuvre qu'il avait faite.]

## Psaume 103

**R/. Ô Seigneur, envoie ton Esprit**
**qui renouvelle la face de la terre !**

Bénis le Seigneur, ô mon âme ;
Seigneur mon Dieu, tu es si grand !
Revêtu de magnificence,
tu as pour manteau la lumière !

Tu as donné son assise à la terre :
qu'elle reste inébranlable au cours des temps.
Tu l'as vêtue de l'abîme des mers :
les eaux couvraient même les montagnes.

Dans les ravins tu fais jaillir des sources
et l'eau chemine aux creux des montagnes ;
les oiseaux séjournent près d'elle :
dans le feuillage on entend leurs cris.

De tes demeures tu abreuves les montagnes,
et la terre se rassasie du fruit de tes œuvres ;
tu fais pousser les prairies pour les troupeaux,
et les champs pour l'homme qui travaille.

Quelle profusion dans tes œuvres, Seigneur !
Tout cela, ta sagesse l'a fait ;
la terre s'emplit de tes biens.
Bénis le Seigneur, ô mon âme !

*ou bien*

## Psaume 32

**R/. Toute la terre, Seigneur, est remplie de ton amour.**

Oui, elle est droite, la parole du Seigneur ;
il est fidèle en tout ce qu'il fait.
Il aime le bon droit et la justice ;
la terre est remplie de son amour.

Le Seigneur a fait les cieux par sa parole,
l'univers, par le souffle de sa bouche.
Il amasse, il retient l'eau des mers ;
les océans, il les garde en réserve.

Heureux le peuple dont le Seigneur est le Dieu,
heureuse la nation qu'il s'est choisie pour domaine !
Du haut des cieux, le Seigneur regarde :
il voit la race des hommes.

Nous attendons notre vie du Seigneur :
il est pour nous un appui, un bouclier.
Que ton amour, Seigneur, soit sur nous
comme notre espoir est en toi !

## Prière

Dieu éternel et tout-puissant, toi qui es admirable dans la réalisation de toutes tes œuvres, donne à ceux que tu as rachetés de comprendre que le sacrifice du Christ, notre Pâque, à la plénitude des temps, est une œuvre plus merveilleuse encore que la création au commencement du monde. Lui qui vit et règne pour les siècles des siècles.

*ou bien, au sujet de la création de l'homme*

Seigneur Dieu, tu as créé l'être humain d'une manière admirable et tu l'as racheté d'une manière plus admirable encore ; nous t'en prions, donne-nous de résister aux attraits du péché par un esprit de sagesse, et de parvenir ainsi aux joies éternelles. Par le Christ, notre Seigneur.

## 2e Lecture

*Sacrifice et délivrance d'Isaac, le fils bien-aimé*

**→ Lecture du livre de la Genèse** 22, 1-18

(lecture brève : 22, 1-2.9a.10-13.15-18)

*La lecture du texte entre crochets est facultative.*

**En ces jours-là**, Dieu mit Abraham à l'épreuve. Il lui dit : « Abraham ! » Celui-ci répondit : « Me voici ! » Dieu dit : « Prends ton fils, ton unique, celui que tu aimes, Isaac, va au pays de Moriah, et là tu l'offriras en holocauste sur la montagne que je t'indiquerai. »

[Abraham se leva de bon matin, sella son âne, et prit avec lui deux de ses serviteurs et son fils Isaac. Il fendit le bois pour l'holocauste, et se mit en route vers l'endroit que Dieu lui avait indiqué. Le troisième jour, Abraham, levant les yeux, vit l'endroit de loin. Abraham dit à ses serviteurs : « Restez ici avec l'âne. Moi et le garçon, nous irons jusque là-bas pour adorer, puis nous reviendrons vers vous. » Abraham prit le bois pour l'holocauste et le chargea sur son fils Isaac ; il prit le feu et le couteau, et tous deux s'en allèrent ensemble. Isaac dit à son père Abraham : « Mon père ! – Eh bien, mon fils ? » Isaac reprit : « Voilà le feu et le bois, mais où est l'agneau pour l'holocauste ? » Abraham répondit : « Dieu saura bien trouver l'agneau pour l'holocauste, mon fils. » Et ils s'en allaient tous les deux ensemble.]

Ils arrivèrent à l'endroit que Dieu avait indiqué. [Abraham y bâtit l'autel et disposa le bois, puis il lia son fils Isaac et le mit sur l'autel, par-dessus le bois.] Abraham étendit la main et saisit le couteau pour immoler son fils. Mais l'ange du Seigneur l'appela du haut du ciel et dit : « Abraham ! Abraham ! » Il répondit : « Me voici ! » L'ange lui dit : « Ne porte pas la main sur le garçon ! Ne lui fais aucun mal ! Je sais maintenant que tu crains Dieu : tu ne m'as pas refusé ton fils, ton unique. »

Abraham leva les yeux et vit un bélier retenu par les cornes dans un buisson. Il alla prendre le bélier et l'offrit en holocauste à la place de son fils. [Abraham donna à ce lieu le nom de « Le-Seigneur-voit ». On l'appelle aujourd'hui : « Sur-le-mont-le-Seigneur-est-vu. »] Du ciel, l'ange du Seigneur appela une seconde fois Abraham. Il déclara : « Je le jure par moi-même, oracle du Seigneur : parce que tu as fait cela, parce que tu ne m'as pas refusé ton fils, ton unique, je te comblerai de bénédictions, je rendrai ta descendance aussi nombreuse que les étoiles du ciel et que le sable au bord de la mer, et ta descendance occupera les places fortes de ses ennemis. Puisque tu as écouté ma voix, toutes les nations de la terre s'adresseront l'une à l'autre la bénédiction par le nom de ta descendance. »

## Psaume 15

R/. **Garde-moi, mon Dieu : j'ai fait de toi mon refuge.**

Seigneur, mon partage et ma coupe :
de toi dépend mon sort.
Je garde le Seigneur devant moi sans relâche ;
il est à ma droite : je suis inébranlable.

Mon cœur exulte, mon âme est en fête,
ma chair elle-même repose en confiance :
tu ne peux m'abandonner à la mort
ni laisser ton ami voir la corruption.

Tu m'apprends le chemin de la vie :
devant ta face, débordement de joie !
À ta droite, éternité de délices !

## Prière

Dieu très-haut, Père des croyants, en répandant la grâce de l'adoption, tu multiplies sur toute la terre les fils de ta promesse ; par le mystère pascal, tu établis ton serviteur Abraham père de toutes les nations, comme tu en as fait le serment ; accorde aux peuples qui t'appartiennent la grâce d'entrer dignement dans cet appel. Par le Christ, notre Seigneur.

## 3e Lecture *Les fils d'Israël traversèrent la mer à pied sec*

→ **Lecture du livre de l'Exode** 14, 15–15, 1a

En ces jours-là, le Seigneur dit à Moïse : « Pourquoi crier vers moi ? Ordonne aux fils d'Israël de se mettre en route ! Toi, lève ton bâton, étends le bras sur la mer, fends-la en deux, et que les fils d'Israël entrent au milieu de la mer à pied sec. Et moi, je ferai en sorte que les Égyptiens s'obstinent : ils y entreront derrière eux ; je me glorifierai aux dépens de Pharaon et de toute son armée, de ses chars et de ses guerriers. Les Égyptiens sauront que je suis le Seigneur, quand je me serai glorifié aux dépens de Pharaon, de ses chars et de ses guerriers. » L'ange de Dieu, qui marchait en avant d'Israël, se déplaça et marcha à l'arrière. La colonne de nuée se déplaça depuis l'avant-garde et vint se tenir à l'arrière, entre le camp des Égyptiens et le camp d'Israël. Cette nuée était à la fois ténèbres et lumière dans la nuit, si bien que, de toute la nuit, ils ne purent se rencontrer. Moïse étendit le bras sur la mer. Le Seigneur chassa la mer toute la nuit par un fort vent d'est ; il mit la mer à sec, et les eaux se fendirent. Les fils d'Israël entrèrent au milieu de la mer à pied sec, les eaux formant une muraille à leur droite et à leur gauche. Les Égyptiens les poursuivirent ; tous les chevaux de Pharaon, ses chars et ses guerriers entrèrent derrière eux jusqu'au milieu de la mer.

Aux dernières heures de la nuit, le Seigneur observa, depuis la colonne de feu et de nuée, l'armée des Égyptiens, et il la frappa de panique. Il faussa les roues de leurs chars, et ils eurent beaucoup de peine à les conduire.

Les Égyptiens s'écrièrent : « Fuyons devant Israël, car c'est le Seigneur qui combat pour eux contre nous ! » Le Seigneur dit à Moïse : « Étends le bras sur la mer : que les eaux reviennent sur les Égyptiens, leurs chars et leurs guerriers ! » Moïse étendit le bras sur la mer. Au point du jour, la mer reprit sa place ; dans leur fuite, les Égyptiens s'y heurtèrent, et le Seigneur les précipita au milieu de la mer. Les eaux refluèrent et recouvrirent les chars et les guerriers, toute l'armée de Pharaon qui était entrée dans la mer à la poursuite d'Israël. Il n'en resta pas un seul. Mais les fils d'Israël avaient marché à pied sec au milieu de la mer, les eaux formant une muraille à leur droite et à leur gauche.

Ce jour-là, le Seigneur sauva Israël de la main de l'Égypte, et Israël vit les Égyptiens morts sur le bord de la mer. Israël vit avec quelle main puissante le Seigneur avait agi contre l'Égypte. Le peuple craignit le Seigneur, il mit sa foi dans le Seigneur et dans son serviteur Moïse. Alors Moïse et les fils d'Israël chantèrent ce cantique au Seigneur :

## Cantique d'Exode 15

**R/. Chantons pour le Seigneur ! Éclatante est sa gloire.**

Je chanterai pour le Seigneur !
Éclatante est sa gloire :
il a jeté dans la mer
cheval et cavalier.

Ma force et mon chant, c'est le Seigneur :
il est pour moi le salut.
Il est mon Dieu, je le célèbre ;
j'exalte le Dieu de mon père.

Le Seigneur est le guerrier des combats ;
son nom est « Le Seigneur ».
Les chars du Pharaon et ses armées, il les lance dans la mer.
L'élite de leurs chefs a sombré dans la mer Rouge.

L'abîme les recouvre :
ils descendent, comme la pierre, au fond des eaux.
Ta droite, Seigneur, magnifique en sa force,
ta droite, Seigneur, écrase l'ennemi.

Tu les amènes, tu les plantes sur la montagne, ton héritage,
le lieu que tu as fait, Seigneur, pour l'habiter,
le sanctuaire, Seigneur, fondé par tes mains.
Le Seigneur régnera pour les siècles des siècles.

## Prière

Maintenant encore, Seigneur Dieu, nous voyons resplendir tes merveilles d'autrefois : alors que jadis, par ta main puissante, tu as délivré un seul peuple de la poursuite de Pharaon, tu assures désormais le salut de toutes les nations en les faisant renaître par les eaux du baptême ; fais que tous, de par le monde, deviennent des fils d'Abraham et accèdent à la dignité des enfants d'Israël. Par le Christ, notre Seigneur.

*ou bien*

Seigneur Dieu, dans la lumière de la Nouvelle Alliance, tu as donné leur sens aux merveilles accomplies autrefois : on reconnaît dans la mer Rouge l'image de la fontaine baptismale, et le peuple délivré de la servitude préfigure les sacrements du peuple chrétien ; fais que toutes les nations, grâce à la foi, participent au privilège d'Israël, et soient régénérées en recevant ton Esprit. Par le Christ, notre Seigneur.

## 4e Lecture

*Dans sa miséricorde éternelle, le Seigneur, ton rédempteur a pitié de toi*

**→ Lecture du livre du prophète Isaïe** 54, 5-14

**Parole du Seigneur adressée à Jérusalem** : Ton époux, c'est Celui qui t'a faite, son nom est « Le Seigneur de l'univers ». Ton rédempteur, c'est le Saint d'Israël, il s'appelle « Dieu de toute la terre ». Oui, comme une femme abandonnée, accablée, le Seigneur te rappelle. Est-ce que l'on rejette la femme de sa jeunesse ? – dit ton Dieu.

Un court instant, je t'avais abandonnée, mais dans ma grande tendresse, je te ramènerai. Quand ma colère a débordé, un instant, je t'avais caché ma face. Mais dans mon éternelle fidélité, je te montre ma tendresse, – dit le Seigneur, ton rédempteur. Je ferai comme au temps de Noé, quand j'ai juré que les eaux ne submergeraient plus la terre : de même, je jure de ne plus m'irriter contre toi, et de ne plus te menacer.

Même si les montagnes s'écartaient, si les collines s'ébranlaient, ma fidélité ne s'écarterait pas de toi, mon alliance de paix ne serait pas ébranlée, – dit le Seigneur, qui te montre sa tendresse. Jérusalem, malheureuse, battue par la tempête, inconsolée, voici que je vais sertir tes pierres et poser tes fondations sur des saphirs. Je ferai tes créneaux avec des rubis, tes portes en cristal de roche, et toute ton enceinte avec des pierres précieuses. Tes fils seront tous disciples du Seigneur, et grande sera leur paix. Tu seras établie sur la justice : loin de toi l'oppression, tu n'auras plus à craindre ; loin de toi la terreur, elle ne t'approchera plus.

## Psaume 29

**R/. Je t'exalte, Seigneur : tu m'as relevé.**

Quand j'ai crié vers toi, Seigneur,
mon Dieu, tu m'as guéri ;
Seigneur, tu m'as fait remonter de l'abîme
et revivre quand je descendais à la fosse.

Fêtez le Seigneur, vous, ses fidèles,
rendez grâce en rappelant son nom très saint.
Sa colère ne dure qu'un instant,
sa bonté, toute la vie.

Avec le soir, viennent les larmes,
mais au matin, les cris de joie !
Tu as changé mon deuil en une danse,
mes habits funèbres en parure de joie !

Que mon cœur ne se taise pas,
qu'il soit en fête pour toi ;
et que sans fin, Seigneur, mon Dieu,
je te rende grâce !

## Prière

Dieu éternel et tout-puissant, pour l'honneur de ton nom, multiplie la postérité promise à nos pères à cause de leur foi ; augmente, selon ta promesse, le nombre de tes enfants d'adoption, afin que l'Église reconnaisse à quel point s'accomplit déjà ce que les saints patriarches avaient vu d'avance. Par le Christ, notre Seigneur.

*Ou bien l'une des prières qui suivent les autres lectures, si elles sont omises.*

## 5e Lecture

*« Venez à moi, et vous vivrez ; je m'engagerai envers vous par une alliance éternelle »*

→ **Lecture du livre du prophète Isaïe** 55, 1-11

**Ainsi parle le Seigneur** : Vous tous qui avez soif, venez, voici de l'eau ! Même si vous n'avez pas d'argent, venez acheter et consommer, venez acheter du vin et du lait sans argent, sans rien payer. Pourquoi dépenser votre argent pour ce qui ne nourrit pas, vous fatiguer pour ce qui ne rassasie pas ? Écoutez-moi bien, et vous mangerez de bonnes choses, vous vous régalerez de viandes savoureuses ! Prêtez l'oreille ! Venez à moi ! Écoutez, et vous vivrez. Je m'engagerai envers vous par une alliance éternelle : ce sont les bienfaits garantis à David. Lui, j'en ai fait un témoin pour les peuples, pour les peuples, un guide et un chef. Toi, tu appelleras une nation inconnue de toi ; une nation qui ne te connaît pas accourra vers toi, à cause du Seigneur ton Dieu, à cause du Saint d'Israël, car il fait ta splendeur.

Cherchez le Seigneur tant qu'il se laisse trouver ; invoquez-le tant qu'il est proche. Que le méchant abandonne son chemin, et l'homme perfide, ses pensées ! Qu'il revienne vers le Seigneur qui lui montrera sa miséricorde, vers notre Dieu qui est riche en pardon. Car mes pensées ne sont pas vos pensées, et vos chemins ne sont pas mes chemins, – oracle du Seigneur. Autant le ciel est élevé au-dessus de la terre, autant mes chemins sont élevés au-dessus de vos chemins, et mes pensées, au-dessus de vos pensées.

La pluie et la neige qui descendent des cieux n'y retournent pas sans avoir abreuvé la terre, sans l'avoir fécondée et l'avoir fait germer, donnant la semence au semeur et le pain à celui qui doit manger ; ainsi ma parole, qui sort de ma bouche, ne me reviendra pas sans résultat, sans avoir fait ce qui me plaît, sans avoir accompli sa mission.

## Cantique d'Isaïe 12

R/. **Exultant de joie, vous puiserez les eaux aux sources du salut !**

Voici le Dieu qui me sauve :
j'ai confiance, je n'ai plus de crainte.
Ma force et mon chant, c'est le Seigneur ;
il est pour moi le salut.

Rendez grâce au Seigneur,
proclamez son nom,
annoncez parmi les peuples ses hauts faits !
Redites-le : « Sublime est son nom ! »

Jouez pour le Seigneur, il montre sa magnificence,
et toute la terre le sait.
Jubilez, criez de joie, habitants de Sion,
car il est grand au milieu de toi, le Saint d'Israël !

## Prière

Dieu éternel et tout-puissant, unique espoir du monde, toi qui annonçais par la voix des prophètes les mystères qui s'accomplissent en ce temps présent, dans ta bonté, fais grandir les désirs de ton peuple, car, sans ton inspiration, aucun de tes fidèles ne peut progresser en vertu. Par le Christ, notre Seigneur.

*Ou bien l'une des prières qui suivent les lectures 4, 6 et 7.*

## 6e Lecture

*Marche vers la splendeur du Seigneur*

→ **Lecture du livre du prophète Baruc** 3, 9-15.32 – 4, 4

É**coute**, Israël, les commandements de vie, prête l'oreille pour acquérir la connaissance.

Pourquoi donc, Israël, pourquoi es-tu exilé chez tes ennemis, vieillissant sur une terre étrangère, souillé par le contact des cadavres, inscrit parmi les habitants du séjour des morts ? – Parce que tu as abandonné la Source de la Sagesse ! Si tu avais suivi les chemins de Dieu, tu vivrais dans la paix pour toujours. Apprends où se trouvent et la connaissance, et la force, et l'intelligence ; pour savoir en même temps où se trouvent de longues années de vie, la lumière des yeux et la paix.

Mais qui donc a découvert la demeure de la Sagesse, qui a pénétré jusqu'à ses trésors ? Celui qui sait tout en connaît le chemin, il l'a découvert par son intelligence. Il a pour toujours aménagé la terre, et l'a peuplée de troupeaux. Il lance la lumière, et elle prend sa course ; il la rappelle, et elle obéit en tremblant. Les étoiles brillent, joyeuses, à leur poste de veille ; il les appelle, et elles répondent : « Nous voici ! » Elles brillent avec joie pour celui qui les a faites. C'est lui qui est notre Dieu : aucun autre ne lui est comparable. Il a découvert les chemins du savoir, et il les a confiés à Jacob, son serviteur, à Israël, son bien-aimé.

Ainsi, la Sagesse est apparue sur la terre, elle a vécu parmi les hommes. Elle est le livre des préceptes de Dieu, la Loi qui demeure éternellement : tous ceux qui l'observent vivront, ceux qui l'abandonnent mourront.

Reviens, Jacob, saisis-la de nouveau ; à sa lumière, marche vers la splendeur : ne laisse pas ta gloire à un autre, tes privilèges à un peuple étranger. Heureux sommes-nous, Israël ! Car ce qui plaît à Dieu, nous le connaissons.



## Psaume 18

R/. **Seigneur, tu as les paroles de la vie éternelle.**

La loi du Seigneur est parfaite,
qui redonne vie ;
la charte du Seigneur est sûre,
qui rend sages les simples.

Les préceptes du Seigneur sont droits,
ils réjouissent le cœur ;
le commandement du Seigneur est limpide,
il clarifie le regard.

La crainte qu'il inspire est pure,
elle est là pour toujours ;
les décisions du Seigneur sont justes

et vraiment équitables :
plus désirables que l'or,
qu'une masse d'or fin,
plus savoureuses que le miel
qui coule des rayons.

## Prière

Seigneur Dieu, tu ne cesses de faire grandir ton Église en appelant à elle toutes les nations ; dans ta bonté, nous te le demandons : garde sous ta constante protection ceux que tu purifies dans l'eau du baptême. Par le Christ, notre Seigneur.

*Ou bien l'une des prières qui suivent les lectures 4, 5 et 7.*

## 7e Lecture

*« Je répandrai sur vous une eau pure et je vous donnerai un cœur nouveau »*

→ **Lecture du livre du prophète Ézékiel** 36, 16-17a.18-28

**La parole du Seigneur me fut adressée** : « Fils d'homme, lorsque les gens d'Israël habitaient leur pays, ils le rendaient impur par leur conduite et leurs actes. Alors j'ai déversé sur eux ma fureur, à cause du sang qu'ils avaient versé dans le pays, à cause des idoles immondes qui l'avaient rendu impur. Je les ai dispersés parmi les nations, ils ont été disséminés dans les pays étrangers. Selon leur conduite et leurs actes, je les ai jugés. Dans les nations où ils sont allés, ils ont profané mon saint nom, car on disait : "C'est le peuple du

Seigneur, et ils sont sortis de son pays !" Mais j'ai voulu épargner mon saint nom, que les gens d'Israël avaient profané dans les nations où ils sont allés.

Eh bien ! tu diras à la maison d'Israël : Ainsi parle le Seigneur Dieu : Ce n'est pas pour vous que je vais agir, maison d'Israël, mais c'est pour mon saint nom que vous avez profané dans les nations où vous êtes allés. Je sanctifierai mon grand nom, profané parmi les nations, mon nom que vous avez profané au milieu d'elles. Alors les nations sauront que Je suis le Seigneur – oracle du Seigneur Dieu – quand par vous je manifesterai ma sainteté à leurs yeux. Je vous prendrai du milieu des nations, je vous rassemblerai de tous les pays, je vous conduirai dans votre terre. Je répandrai sur vous une eau pure, et vous serez purifiés ; de toutes vos souillures, de toutes vos idoles, je vous purifierai. Je vous donnerai un cœur nouveau, je mettrai en vous un esprit nouveau. J'ôterai de votre chair le cœur de pierre, je vous donnerai un cœur de chair. Je mettrai en vous mon esprit, je ferai que vous marchiez selon mes lois, que vous gardiez mes préceptes et leur soyez fidèles. Vous habiterez le pays que j'ai donné à vos pères : vous, vous serez mon peuple, et moi, je serai votre Dieu. »

*S'il n'y a pas de baptême :*

## Psaume 41

R/. **Comme un cerf altéré cherche l'eau vive,**
**ainsi mon âme te cherche, toi, mon Dieu.**

Mon âme a soif de Dieu,
le Dieu vivant ;
quand pourrai-je m'avancer,
paraître face à Dieu ?

Je conduisais vers la maison de mon Dieu
la multitude en fête,

parmi les cris de joie
et les actions de grâce.

Envoie ta lumière et ta vérité :
qu'elles guident mes pas
et me conduisent à ta montagne sainte,
jusqu'en ta demeure.

J'avancerai jusqu'à l'autel de Dieu,
vers Dieu qui est toute ma joie ;
je te rendrai grâce avec ma harpe,
Dieu, mon Dieu.

*Lorsqu'il y a baptême, Cantique d'Isaïe 12, comme après la 5e lecture, p. 358.*

*ou bien*

## Psaume 50

**R/. Crée en moi un cœur pur, ô mon Dieu.**

Crée en moi un cœur pur, ô mon Dieu,
renouvelle et raffermis au fond de moi mon esprit.
Ne me chasse pas loin de ta face,
ne me reprends pas ton esprit saint.

Rends-moi la joie d'être sauvé ;
que l'esprit généreux me soutienne.
Aux pécheurs, j'enseignerai tes chemins ;
vers toi, reviendront les égarés.

Si j'offre un sacrifice, tu n'en veux pas,
tu n'acceptes pas d'holocauste.
Le sacrifice qui plaît à Dieu,
c'est un esprit brisé ;
tu ne repousses pas, ô mon Dieu,
un cœur brisé et broyé.

## Prière

Seigneur Dieu, puissance inaltérable et lumière sans déclin, regarde avec bonté le sacrement que constitue l'Église entière. Comme tu l'as prévu de toute éternité, poursuis dans la paix l'œuvre du salut de l'humanité ; que le monde entier éprouve et reconnaisse la merveille : ce qui était abattu est relevé, ce qui avait vieilli est rénové, et tout retrouve son intégrité première en celui qui est le principe de tout : le Christ. Lui qui vit et règne pour les siècles des siècles.

*ou bien*

Seigneur Dieu, tu veux nous former à célébrer le mystère pascal en nous faisant écouter l'Ancien et le Nouveau Testament ; ouvre-nous à l'intelligence de ta miséricorde : ainsi la conscience des grâces déjà reçues affermira en nous l'espérance des biens à venir. Par le Christ, notre Seigneur.

*Ou l'une des prières qui suivent les lectures 4, 5 et 6.*

*Gloria.*

*Nous retrouvons le chant du Gloire à Dieu. Là où les conditions locales le permettent, les cloches annoncent alors la joie de Pâques.*

## Prière

Seigneur Dieu, tu fais resplendir cette nuit très sainte par la gloire de la résurrection du Seigneur ; ravive en ton Église l'esprit qui fait de nous des fils, afin que, renouvelés dans notre corps et notre âme, nous te rendions le culte véritable. Par Jésus Christ, ton Fils, notre Seigneur, qui vit et règne avec toi dans l'unité du Saint-Esprit, Dieu, pour les siècles des siècles.

## Épître

*« Ressuscité d'entre les morts, le Christ ne meurt plus »*

**→ Lecture de la lettre de saint Paul apôtre aux Romains** 6, 3b-11

**Frères**, nous tous qui par le baptême avons été unis au Christ Jésus, c'est à sa mort que nous avons été unis par le baptême. Si donc, par le baptême qui nous unit à sa mort, nous avons été mis au tombeau avec lui, c'est pour que nous menions une vie nouvelle, nous aussi, comme le Christ qui, par la toute-puissance du Père, est ressuscité d'entre les morts. Car, si nous avons été unis à lui par une mort qui ressemble à la sienne, nous le serons aussi par une résurrection qui ressemblera à la sienne.

Nous le savons : l'homme ancien qui est en nous a été fixé à la croix avec lui pour que le corps du péché soit réduit à rien, et qu'ainsi nous ne soyons plus esclaves du péché. Car celui qui est mort est affranchi du péché.

Et si nous sommes passés par la mort avec le Christ, nous croyons que nous vivrons aussi avec lui. Nous le savons en effet : ressuscité d'entre les morts, le Christ ne meurt plus ; la mort n'a plus de pouvoir sur lui. Car lui qui est mort, c'est au péché qu'il est mort une fois pour toutes ; lui qui est vivant, c'est pour Dieu qu'il est vivant. De même, vous aussi, pensez que vous êtes morts au péché, mais vivants pour Dieu en Jésus Christ.

*Quand la lecture de l'épître est terminée, tous se lèvent, et le prêtre entonne trois fois solennellement l'Alléluia, en prenant un ton de plus en plus élevé. Tous reprennent. Si c'est nécessaire, le psalmiste entonne l'Alléluia à la place du prêtre.*

*Ensuite un psalmiste ou un chantre, à l'ambon, chante le Psaume 117, auquel le peuple répond Alléluia.*

## Psaume 117

R/. **Alléluia, alléluia, alléluia !**

Rendez grâce au Seigneur : Il est bon !
Éternel est son amour !
Oui, que le dise Israël :
Éternel est son amour !

Le bras du Seigneur se lève,
le bras du Seigneur est fort !
Non, je ne mourrai pas, je vivrai,
pour annoncer les actions du Seigneur.

La pierre qu'ont rejetée les bâtisseurs
est devenue la pierre d'angle :
c'est là l'œuvre du Seigneur,
la merveille devant nos yeux.

## Évangile

*« Il est ressuscité et il vous précède en Galilée »*

→ **Évangile de Jésus Christ selon saint Matthieu** 28, 1-10

**Après le sabbat**, à l'heure où commençait à poindre le premier jour de la semaine, Marie Madeleine et l'autre Marie vinrent pour regarder le sépulcre. Et voilà qu'il y eut un grand tremblement de terre ; l'ange du Seigneur descendit du ciel, vint rouler la pierre et s'assit dessus. Il avait l'aspect de l'éclair, et son vêtement était blanc comme neige. Les gardes, dans la crainte qu'ils éprouvèrent, se mirent à trembler et devinrent comme morts.

L'ange prit la parole et dit aux femmes : « Vous, soyez sans crainte ! Je sais que vous cherchez Jésus le Crucifié. Il n'est pas ici, car il est ressuscité, comme il l'avait dit. Venez voir l'endroit où il reposait. Puis, vite, allez dire à ses disciples : "Il est ressuscité d'entre les morts, et voici qu'il vous précède en Galilée ; là, vous le verrez." Voilà ce que j'avais à vous dire. »

Vite, elles quittèrent le tombeau, remplies à la fois de crainte et d'une grande joie, et elles coururent porter la nouvelle à ses disciples.

Et voici que Jésus vint à leur rencontre et leur dit : « Je vous salue. » Elles s'approchèrent, lui saisirent les pieds et se prosternèrent devant lui. Alors Jésus leur dit : « Soyez sans crainte, allez annoncer à mes frères qu'ils doivent se rendre en Galilée : c'est là qu'ils me verront. »

*Homélie.*

## 3. LITURGIE BAPTISMALE

*La célébration s'organise comme suit :*
*– monition du prêtre ;*
*– chant des Litanies (sauf s'il n'y a ni baptême ni fonts baptismaux) ;*
*– bénédiction de l'eau ;*
*– baptême, s'il y a lieu, et éventuellement confirmation.*

# A. Bénédiction de l'eau baptismale et baptême

*Après l'homélie, on procède à la liturgie baptismale. Si la fontaine baptismale est aménagée de telle sorte que le peuple puisse facilement participer à une célébration qui s'y déroule, le prêtre s'y rend avec les ministres. Autrement, on apporte dans le chœur une cuve contenant l'eau à bénir.*
*S'il y a des baptêmes, on invite les catéchumènes à s'approcher de la fontaine baptismale. Les adultes sont accompagnés par leurs parrains et marraines ; les enfants, par leurs parents, leurs parrains et marraines ; les tout-petits sont portés par leurs parents accompagnés des parrains et marraines, devant l'assemblée.*

*S'il y a une procession vers le baptistère, ou vers les fonts baptismaux, aussitôt on commence la procession. Durant la procession, on chante les litanies (nº 43). Les litanies étant achevées, le prêtre fait la monition (nº 40).*

## Monition

*Si la liturgie baptismale se fait dans le chœur, aussitôt le prêtre fait la monition d'introduction en ces termes ou d'autres semblables :*
*– S'il y a des baptêmes :*

Frères et sœurs bien-aimés, en priant tous ensemble pour ceux d'entre nous qui vont être baptisés, soutenons leur espérance. Tandis qu'ils s'approchent de la fontaine baptismale où ils vont naître à la vie nouvelle, demandons au Père tout-puissant de les entourer de toute sa miséricorde.

*– Si on doit bénir la fontaine baptismale, mais s'il n'y a pas de baptême :*

Frères et sœurs bien-aimés, supplions Dieu, le Père tout-puissant, de sanctifier par sa grâce cette fontaine baptismale, et de compter au nombre de ses enfants d'adoption dans le Christ ceux qui renaîtront par le baptême.

*S'il n'y a pas de baptême à la Vigile pascale et si l'on ne doit pas non plus bénir de l'eau baptismale pour les baptêmes qui auront lieu pendant le Temps pascal, on passe directement à la bénédiction de l'eau comme indiqué au nº 54, p. 372.*

## Litanies

*Dans les litanies, on peut ajouter quelques noms à la liste des saints, notamment ceux du titulaire de l'église et des patrons du lieu et ceux des futurs baptisés.*

Kyrie, eleison. R/. **Kyrie, eleison.**
Christe eleison. R/. **Christe, eleison.**
Kyrie eleison. R/. **Kyrie, eleison.**

*ou bien*

| | |
|---|---|
| Seigneur, prends pitié. | R./ **Seigneur, prends pitié.** |
| Ô Christ, prends pitié. | R./ **Ô Christ, prends pitié.** |
| Seigneur, prends pitié. | R./ **Seigneur, prends pitié.** |

| | |
|---|---|
| Sainte Marie, Mère de Dieu, | **priez pour nous.** |
| Saint Michel, | **priez pour nous.** |
| Saints Anges de Dieu, | **priez pour nous.** |
| Saint Jean Baptiste, | **priez pour nous.** |
| Saint Joseph, | **priez pour nous.** |
| Saint Pierre et saint Paul, | **priez pour nous.** |
| Saint André, | **priez pour nous.** |
| Saint Jean, | **priez pour nous.** |
| Sainte Marie Madeleine, | **priez pour nous.** |
| Saint Étienne, | **priez pour nous.** |
| Saint Ignace d'Antioche, | **priez pour nous.** |
| Saint Laurent, | **priez pour nous.** |
| Sainte Perpétue et sainte Félicité, | **priez pour nous.** |
| Sainte Agnès, | **priez pour nous.** |
| Saint Grégoire, | **priez pour nous.** |
| Saint Augustin, | **priez pour nous.** |
| Saint Athanase, | **priez pour nous.** |
| Saint Basile, | **priez pour nous.** |
| Saint Martin, | **priez pour nous.** |
| Saint Benoît, | **priez pour nous.** |
| Saint François et saint Dominique, | **priez pour nous.** |
| Saint François Xavier, | **priez pour nous.** |
| Saint Jean-Marie Vianney, | **priez pour nous.** |
| Sainte Catherine de Sienne, | **priez pour nous.** |
| Sainte Thérèse d'Avila, | **priez pour nous.** |
| Vous tous, saints et saintes de Dieu, | **priez pour nous.** |
| Montre-toi favorable, | **délivre-nous, Seigneur.** |
| De tout mal, | **délivre-nous, Seigneur.** |
| De tout péché, | **délivre-nous, Seigneur.** |
| De la mort éternelle, | **délivre-nous, Seigneur.** |
| Par ton incarnation, | **délivre-nous, Seigneur.** |

Par ta mort et ta résurrection, **délivre-nous, Seigneur.**
Par le don de l'Esprit Saint, **délivre-nous, Seigneur.**
Nous qui sommes pécheurs, **de grâce, écoute-nous.**

*S'il y a des baptêmes :*

Pour qu'il te plaise d'accorder à ceux que tu as choisis la vie nouvelle par la grâce du baptême, **de grâce, écoute-nous**

*Si l'on bénit l'eau baptismale, sans toutefois célébrer de baptême :*

Pour qu'il te plaise de sanctifier par ta grâce cette eau d'où renaîtront pour toi de nouveaux enfants, **de grâce, écoute-nous.**

*On continue :*

Jésus, Fils du Dieu vivant, **de grâce, écoute-nous.**
Ô Christ, écoute-nous. **Ô Christ, écoute-nous.**
Ô Christ, exauce-nous. **Ô Christ, exauce-nous.**

*À la fin des litanies, s'il y a des baptêmes, le prêtre dit cette oraison :*

Dieu éternel tout tout-puissant, viens agir dans les sacrements qui révèlent ta grande tendresse ; envoie ton Esprit d'adoption pour recréer des peuples nouveaux qui naissent pour toi de la fontaine baptismale : rends efficaces par ta puissance les gestes de notre humble ministère. Par le Christ, notre Seigneur.

## Bénédiction de l'eau baptismale

Seigneur Dieu, par ta puissance invisible, tu accomplis des merveilles dans les sacrements, et, de bien des manières, tu as préparé l'eau, ta créature, à devenir un signe de la grâce baptismale.
Aux origines du monde, ton Esprit planait sur les eaux pour qu'elles reçoivent déjà la force qui sanctifie.

Par les flots du déluge, tu annonçais le baptême qui fait revivre, puisque, dans un seul et même mystère, l'eau marquait la fin du péché et le commencement de la sainteté.
Aux enfants d'Abraham, tu as donné de traverser la mer Rouge à pied sec pour que cette multitude, libérée de l'esclavage de Pharaon, préfigure le peuple des baptisés.
Ton Fils bien-aimé, baptisé par Jean dans les eaux du Jourdain, a reçu l'onction du Saint-Esprit ; suspendu à la croix, il laissa couler de son côté ouvert du sang et de l'eau ;
et quand il fut ressuscité, il donna cet ordre à ses disciples : « Allez ! Enseignez toutes les nations : baptisez-les au nom du Père, et du Fils, et du Saint-Esprit. »
Maintenant, Seigneur Dieu, regarde le visage de ton Église et fais jaillir en elle la source du baptême.
Que cette eau reçoive de l'Esprit Saint, la grâce de ton Fils unique, afin que, par le sacrement du baptême, l'homme, créé à ton image, soit lavé de toutes les souillures de sa condition ancienne et renaisse de l'eau et de l'Esprit Saint pour la vie nouvelle d'enfant de Dieu.

*Le ministre peut, si cela lui paraît opportun, plonger le cierge pascal dans l'eau une fois ou trois fois ; puis il continue :*

Nous t'en prions, Seigneur : par ton Fils, que la puissance de l'Esprit Saint descende dans l'eau qui remplit cette fontaine

*(il peut maintenir le cierge dans l'eau)*

afin que, par le baptême, tous ceux qui seront ensevelis dans la mort avec le Christ ressuscitent avec lui pour la vie. Lui qui vit et règne avec toi dans l'unité du Saint-Esprit, Dieu, pour les siècles des siècles. R/. **Amen.**

*Le cierge est ensuite retiré de l'eau, tandis que le peuple acclame :*

Fontaines du Seigneur, bénissez le Seigneur !
À lui, haute gloire, louange éternelle !

*S'il n'y a pas de baptême à la Vigile pascale, on passe immédiatement à la rénovation de la Profession de foi baptismale n<sup>o</sup> 55, p. 373.*

## Baptême et confirmation

*La bénédiction de l'eau baptismale achevée, et le peuple ayant chanté l'acclamation, le prêtre, debout, interroge les adultes, ainsi que les parents ou les parrains et marraines des petits enfants, pour la renonciation à Satan, comme cela est prévu dans les parties du Rituel Romain correspondantes.*
*Si l'onction des adultes avec l'huile des catéchumènes n'a pas été faite auparavant lors des rites préparatoires, on la fait à ce moment-ci.*
*Ensuite, le prêtre interroge chaque adulte sur la foi, et, s'il y a des petits enfants, il invite tous les parents, parrains et marraines, à faire en même temps la triple profession de foi, comme c'est indiqué dans les Rituels respectifs.*

*Après les interrogations, le prêtre baptise les adultes et les petits enfants en disant :*

Je te baptise au nom du Père, et du Fils, et du Saint-Esprit.

*Après le baptême, le prêtre donne aux enfants l'onction du Saint Chrême. Puis, on remet le vêtement blanc à tous les nouveaux baptisés, qu'ils soient adultes ou petits enfants. Ensuite, le prêtre ou le diacre reçoit de la main d'un ministre le cierge pascal, auquel sont allumés les cierges des nouveaux baptisés.*

*Lors de la remise du vêtement blanc, il dit :*

Vous avez revêtu le Christ...

*Lors de la remise du cierge allumé, il dit :*

Vous êtes devenus lumière dans le Christ...

*Après cela, sauf si le baptême et les autres rites (indiqués ci-dessus) ont eu lieu dans le chœur, on y retourne. Pendant la procession, on chante le cantique baptismal Vidi aquam (J'ai vu l'eau vive) ou un autre chant adapté (nº 56).*

*Si ce sont des adultes qui ont été baptisés, l'évêque, ou en son absence, le prêtre qui a conféré le baptême, administre aussitôt le sacrement de la confirmation dans le chœur, comme c'est indiqué dans le Pontifical ou le Rituel romain.*

*Il impose les mains aux nouveaux baptisés :*

Dieu tout-puissant, Père de Jésus, le Christ, notre Seigneur, tu as fait renaître ces baptisés de l'eau et de l'Esprit, tu les as libérés du péché ; répands maintenant sur eux ton Esprit Saint...

*Puis, avec le saint chrême, il trace le signe de la croix sur le front de chacun des confirmands en disant :*

**N.**, sois marqué de l'Esprit Saint, le don de Dieu. R/. **Amen.**

*La confirmation des nouveaux baptisés étant achevée, le prêtre descend dans l'allée centrale pour asperger tous les participants qui tiennent leur cierge allumé.*

## B. Bénédiction de l'eau

*54. Lorsqu'il n'y a pas lieu de bénir de l'eau baptismale (pas de baptême ni de fonts baptismaux à bénir), le prêtre bénit l'eau dont il aspergera le peuple à la fin de la rénovation de la profession de foi baptismale, en disant :*

Frères et sœurs bien-aimés, supplions humblement Dieu notre Seigneur de bénir cette eau qu'il a créée ; nous allons en être aspergés en souvenir de notre baptême ; que Dieu lui-même nous renouvelle afin que nous demeurions fidèles à l'Esprit que nous avons reçu.

*Tous prient quelques instants en silence. Puis le prêtre continue, les mains étendues :*

Seigneur notre Dieu, sois favorable aux prières de ton peuple qui veille en cette nuit très sainte ; alors que nous célébrons la merveille de notre création et la merveille plus grande encore de notre rédemption, daigne bénir cette eau.
Tu l'as créée pour féconder la terre et donner à nos corps fraîcheur et pureté. Tu en as fait aussi l'instrument de ta miséricorde : par elle tu as libéré ton peuple de la servitude et tu as étanché sa soif dans le désert ; par elle les prophètes ont annoncé la nouvelle Alliance que tu voulais sceller avec les hommes ; par elle enfin, eau sanctifiée quand le Christ fut baptisé au Jourdain, tu as renouvelé notre nature pécheresse dans le bain de la nouvelle naissance.
Que cette eau, maintenant, nous rappelle notre baptême, et nous fasse participer à la joie de nos frères et sœurs, les baptisés de Pâques. Par le Christ, notre Seigneur.

## C. Renouvellement des promesses du baptême

*55. La célébration du baptême (et de la confirmation) achevée, ou immédiatement après la bénédiction de l'eau s'il n'y a pas de célébration des sacrements, tous, debout et tenant en mains leurs cierges allumés, renouvellent la profession de foi baptismale, en même temps que ceux qui vont être baptisés, sauf si cette rénovation a déjà eu lieu en même temps que la profession de foi de ceux qui viennent d'être baptisés (cf. n° 49).*

*Le prêtre s'adresse aux fidèles dans les termes suivants, ou d'autres, équivalents :*

Frères et sœurs bien-aimés, par le mystère pascal nous avons été mis au tombeau avec le Christ dans le baptême, afin que nous menions avec lui une vie nouvelle. C'est pourquoi, après avoir terminé l'entraînement du Carême, renouvelons les promesses faites au moment de notre baptême, quand nous avons renoncé à Satan et à ses œuvres, et promis de servir Dieu dans la sainte Église catholique.
Ainsi donc :

*Le prêtre propose au choix l'une des deux formulations de la renonciation à Satan qui suivent :*

Le prêtre : Renoncez-vous à Satan ?
Tous : J'y renonce.
Le prêtre : Renoncez-vous à toutes ses œuvres, c'est-à-dire au péché ?
Tous : J'y renonce.
Le prêtre : Renoncez-vous à toutes ses séductions, qui conduisent au péché ?
Tous : J'y renonce.

*Ou bien*

Le prêtre : Pour vivre dans la liberté des enfants de Dieu, renoncez-vous au péché ?
Tous : J'y renonce.
Le prêtre : Pour échapper au pouvoir du péché, renoncez-vous à ce qui conduit au mal ?
Tous : J'y renonce.
Le prêtre : Pour suivre Jésus Christ, renoncez-vous à Satan, auteur et instigateur du péché ?
Tous : J'y renonce.

*Le cas échéant, cette seconde formule peut être adaptée par les Conférences épiscopales, selon les nécessités locales, par exemple (Rituel de l'initiation chrétienne des adultes 1997) :*

Renoncez-vous aux séductions du monde,
elles étouffent la parole de Dieu semée en vous ? R/. **Je renonce.**
Renoncez-vous au péché, il empêche la parole de Dieu de porter du fruit ? R/. **Je renonce.**
Renoncez-vous à Satan, votre ennemi, il sème l'ivraie au milieu du bon grain ? R/. **Je renonce.**

*Ensuite, le prêtre poursuit :*

Croyez-vous en Dieu le Père tout-puissant, créateur du ciel et de la terre ?
Tous : Je crois.
Le prêtre : Croyez-vous en Jésus Christ, son Fils unique, notre Seigneur, qui est né de la Vierge Marie, a souffert la passion, a été enseveli, est ressuscité d'entre les morts, et qui est assis à la droite du Père ?
Tous : Je crois.
Le prêtre : Croyez-vous en l'Esprit Saint, à la sainte Église catholique, à la communion des saints, au pardon des péchés, à la résurrection de la chair, et à la vie éternelle ?
Tous : Je crois.

*Le prêtre conclut :*

Que Dieu tout-puissant, Père de notre Seigneur Jésus Christ, qui nous a fait renaître par l'eau et l'Esprit Saint, et qui nous a accordé le pardon des péchés, nous garde encore par sa grâce dans le Christ Jésus notre Seigneur pour la vie éternelle. Tous : **Amen.**

*Ensuite, le prêtre asperge le peuple d'eau bénite (en circulant dans l'église si c'est utile pour la signification du geste). Pendant ce temps, on chante l'antienne Vidi aquam :*

J'ai vu l'eau jaillissant du côté droit du temple, alléluia ;
tous ceux que cette eau a touchés
furent sauvés et ils chanteront : Alléluia, alléluia.

*On peut chanter un autre chant baptismal, par exemple :*

– J'ai vu l'eau vive jaillissant du cœur du Christ, alléluia !
Tous ceux que lave cette eau seront sauvés et chanteront : alléluia !
– J'ai vu la source devenir un fleuve immense, alléluia !
Les fils de Dieu rassemblés chantaient leur joie d'être sauvés, alléluia ! **R/. Alléluia, alléluia, alléluia !**

*Entre-temps, les nouveaux baptisés sont conduits à leur place parmi les fidèles.*
*Si la bénédiction de l'eau baptismale n'a pas été faite au baptistère, le diacre et des ministres portent avec respect la cuve d'eau baptismale au baptistère.*
*Si l'on n'a pas béni d'eau baptismale mais de l'eau ordinaire, cette eau bénite est portée là où il convient.*
*Après l'aspersion, le prêtre revient au siège. On omet le Credo.*
*On fait la Prière universelle, à laquelle les nouveaux baptisés participent pour la première fois.*

---

## POUR LA PRIÈRE UNIVERSELLE

Père source de vie, Christ ressuscité, Esprit créateur de nouveauté, Dieu, notre Dieu, nous te prions :
– pour ton Église qui par toute la terre célèbre, dans la joie, les fêtes pascales, prions le Seigneur ;
– pour les nouveaux baptisés de cette nuit qui vont prendre place à la table du repas pascal et communier au corps au sang du Christ, prions le Seigneur ;

– pour les exilés, les migrants, et les personnes qui les aident et les soutiennent cette nuit encore, prions le Seigneur ;
– pour les responsables politiques et économiques qui cherchent à construire la paix et la fraternité, prions le Seigneur.

## 4. LITURGIE EUCHARISTIQUE

### Prière sur les offrandes

Accueille, nous t'en supplions, Seigneur, les prières de ton peuple qui t'offre ce sacrifice ; fais que les mystères inaugurés dans la célébration pascale nous procurent, avec l'aide de ta grâce, la guérison éternelle. Par le Christ, notre Seigneur.

### Préface

*Le mystère pascal*

Vraiment, il est juste et bon, pour ta gloire et notre salut, de te louer, Seigneur, en tout temps, mais plus encore de te glorifier en cette nuit où le Christ, notre Pâque, a été immolé.
Car il est l'Agneau véritable qui a enlevé les péchés du monde : en mourant, il a détruit notre mort ; en ressuscitant, il nous a rendu la vie.
C'est pourquoi la joie pascale rayonne par tout l'univers, la terre entière exulte, les puissances d'en haut et les anges dans le ciel chantent sans fin l'hymne de ta gloire :
Saint, Saint, Saint, le Seigneur, Dieu de l'univers !...

*Dans la prière eucharistique, on mentionne les baptisés et leurs parrains et marraines, selon les formules qui se trouvent dans le Missel et le Rituel Romain pour chaque Prière eucharistique.*
*Il convient que les nouveaux baptisés reçoivent la sainte Communion sous les deux espèces, avec les parrains, marraines, parents et époux catholiques, ainsi que les catéchistes laïcs. Il convient également, que, avec le consentement de l'évêque diocésain, et si les circonstances s'y prêtent, tous les fidèles soient admis à la sainte Communion sous les deux espèces.*

## Antienne de la communion

cf. 1 Co 5, 7-8

Le Christ, notre agneau pascal, a été immolé.
Célébrons la fête en partageant un pain non fermenté,
signe de droiture et de vérité, alléluia.

*Il serait bon de chanter le psaume 117.*

## Prière après la communion

Répands en nous, Seigneur, ton Esprit de charité, afin que soient unis par ta tendresse ceux que tu as nourris des sacrements de Pâques. Par le Christ, notre Seigneur.

## Bénédiction solennelle

Que Dieu tout-puissant vous bénisse, en ce jour où nous célébrons la solennité de Pâques et, dans sa bonté, qu'il vous protège des assauts du péché. R/. **Amen.**
Il vous régénère pour la vie éternelle par la résurrection de son Fils unique : qu'il vous comble de la vie sans fin. R/. **Amen.**
Ils sont finis, les jours de la passion du Seigneur : vous qui célébrez avec allégresse la fête de Pâques, venez, avec son aide, prendre part en exultant aux fêtes qui s'accomplissent dans la joie de l'éternité. R/. **Amen.**
Et que la bénédiction de Dieu tout-puissant, le Père, et le Fils, ✠ et le Saint-Esprit, descende sur vous et y demeure toujours.
R/. **Amen.**

*On peut employer aussi la formule de bénédiction finale du Rituel du baptême des adultes ou des petits enfants, adaptée selon les cas.*

## Envoi

Allez, dans la paix du Christ, alléluia, alléluia !
R/. **Nous rendons grâce à Dieu, alléluia, alléluia !**

## Au Seigneur, la terre

« Nous ne sommes pas Dieu. La terre nous précède et nous a été donnée (...) Les textes bibliques (...) nous invitent à "cultiver et garder" le jardin du monde (cf. Gn 2, 15). Alors que "cultiver" signifie labourer, défricher ou travailler, "garder" signifie protéger, sauvegarder, préserver, soigner, surveiller. Cela implique une relation de réciprocité responsable entre l'être humain et la nature. Chaque communauté peut prélever de la bonté de la terre ce qui lui est nécessaire pour survivre, mais elle a aussi le devoir de la sauvegarder et de garantir la continuité de sa fertilité pour les générations futures ; car, en définitive, "au Seigneur la terre" (Ps 24, 1), à lui appartiennent "la terre et tout ce qui s'y trouve" (Dt 10, 14). Pour cette raison, Dieu dénie toute prétention de propriété absolue : "La terre ne sera pas vendue avec perte de tout droit, car la terre m'appartient, et vous n'êtes pour moi que des étrangers et des hôtes" (Lv 25, 23). »

Pape François, Lettre encyclique *Laudato si*, 2015, n° 67.

# Messe du jour de Pâques

## 9 AVRIL 2023

## Ça change la vie !

**Le premier matin du premier jour :** pour les disciples, ce matin de Pâques semble comme un réveil après des heures sombres et déprimantes. L'énergie est là, chez Pierre et Jean qui courent au tombeau pour voir si les femmes ont dit vrai : le corps de Jésus n'y est plus ; il ne reste que son suaire (*évangile*). Alors que « jusque-là ils n'avaient pas compris », le passage à la foi s'accomplit en eux : Jésus est ressuscité comme les Écritures l'avaient promis. Dieu a tenu parole. Aujourd'hui encore, nous fêtons Pâques sur le témoignage de ces femmes et des Apôtres qui ont cru en la parole de Dieu.

Les Écritures sont au centre de la foi en la résurrection. Tout concourt à montrer que l'annonce des prophètes vient de se réaliser : Dieu ne nous a pas abandonnés. En ressuscitant le Fils, homme parmi les hommes, il a ouvert la voie de notre propre résurrection. Si l'on disait, paradoxalement, que Dieu en Jésus ressuscite, cela pourrait ne pas nous concerner, mais que l'homme en Jésus ressuscite, cela change notre vie. Et c'est bien de l'homme Jésus qu'il s'agit : celui qui a guéri des malades, qui faisait le bien là où il passait, qui a mangé et bu avec ses disciples (*première lecture*). Celui-là même qui a été mis sur une croix est le Ressuscité.

L'homme en Jésus ressuscite et nous portons l'espérance de cette résurrection. C'est pourquoi, selon saint Paul, nous devons maintenant rechercher les réalités d'en haut (*deuxième lecture*). La résurrection que nous célébrons dessine un nouveau projet de vie. Rechercher les réalités d'en haut ne signifie pas planer dans une louange intemporelle mais, au jour le jour, discerner ce qui est le mieux, ce qui contribue à tirer l'humanité vers le haut, selon le dessein de Dieu. Chacun sait intimement quelles sont les conversions que cela suppose. Mais aujourd'hui, réjouissons-nous : la Bonne nouvelle de la résurrection nous donne confiance en l'avenir.

**CHANTER**

- Pour la procession d'ouverture : ***Jour du vivant* IP 34-92-8 CNA 561, *Chrétiens, chantons* I 36 CNA 485, *Jour de fête et jour de joie* I 57-89-3, *Christ est vraiment ressuscité* I 169 CNA 487** ou **I 64-21.**
- Pour le rite d'aspersion : ***J'ai vu des fleuves d'eau vive* I 44-62, *Sauvés des mêmes eaux* ID 20-72.**
- Après la deuxième lecture, on chante la ***séquence du jour de Pâques* IX 40-80** ou **I 60-80-2** ou ***Victimae paschali laudes*** en grégorien.
- Pour l'acclamation à l'Évangile : ***Alléluia pascal* CNA 215-38**, ***Alléluia pour le temps de Pâques* IU 56-65.**
- Avec l'Alléluia, le ***Saint le Seigneur*** et l'***Agneau de Dieu***, on constituera un ordinaire de la messe pour tout le Temps pascal
- Pendant la procession de communion : ***De la table du Seigneur* D 80 CNA 324, *Venez manger la Pâque* D 38-93-3, *Pain de Dieu, pain rompu* D 294 CNA 338.**
- Pour l'action de grâce : ***Tu as triomphé de la mort* IP 165 CNA 594, *Christ est vraiment ressuscité* I 169 CNA 487, *Tu es la vraie lumière* D 86 CNA 595.**
- Pour l'envoi : ***Le Seigneur est ressuscité* I 13 CNA 491, *Par la musique et par nos voix* Y 43-38 CNA 572, *Surrexit Dominus vere*** (Taizé).

## Antienne d'ouverture

cf. Ps 138, 18. 5-6 (Vg)

Je suis ressuscité, et je suis avec toi, alléluia.
Ta main s'est posée sur moi, alléluia,
ta sagesse s'est montrée admirable, alléluia, alléluia.

*Gloria.*

## Prière

Aujourd'hui, Seigneur Dieu, par ton Fils unique, vainqueur de la mort, tu nous as ouvert les portes de l'éternité ; tandis que nous fêtons solennellement la résurrection du Seigneur, nous t'en prions : accorde-nous d'être renouvelés par ton

Esprit pour que nous ressuscitions dans la lumière de la vie. Par Jésus Christ, ton Fils, notre Seigneur, qui vit et règne avec toi dans l'unité du Saint-Esprit, Dieu, pour les siècles des siècles.

## 1re Lecture

*« Nous avons mangé et bu avec lui, après sa résurrection »*

**→ Lecture du livre des Actes des Apôtres** 10, 34a.37-43

**En ces jours-là,** quand Pierre arriva à Césarée chez un centurion de l'armée romaine, il prit la parole et dit : « Vous savez ce qui s'est passé à travers tout le pays des Juifs, depuis les commencements en Galilée, après le baptême proclamé par Jean : Jésus de Nazareth, Dieu lui a donné l'onction d'Esprit Saint et de puissance. Là où il passait, il faisait le bien et guérissait tous ceux qui étaient sous le pouvoir du diable, car Dieu était avec lui. Et nous, nous sommes témoins de tout ce qu'il a fait dans le pays des Juifs et à Jérusalem. Celui qu'ils ont supprimé en le suspendant au bois du supplice, Dieu l'a ressuscité le troisième jour. Il lui a donné de se manifester, non pas à tout le peuple, mais à des témoins que Dieu avait choisis d'avance, à nous qui avons mangé et bu avec lui après sa résurrection d'entre les morts. Dieu nous a chargés d'annoncer au peuple et de témoigner que lui-même l'a établi Juge des vivants et des morts. C'est à Jésus que tous les prophètes rendent ce témoignage : Quiconque croit en lui reçoit par son nom le pardon de ses péchés. »

## Psaume 117

R/. **Voici le jour que fit le Seigneur,**
**qu'il soit pour nous jour de fête et de joie !**
*ou :* **Alléluia.**

Rendez grâce au Seigneur : Il est bon !
Éternel est son amour !

Oui, que le dise Israël :
Éternel est son amour !

Le bras du Seigneur se lève,
le bras du Seigneur est fort !
Non, je ne mourrai pas, je vivrai,
pour annoncer les actions du Seigneur.

La pierre qu'ont rejetée les bâtisseurs
est devenue la pierre d'angle :
c'est là l'œuvre du Seigneur,
la merveille devant nos yeux.

## 2e Lecture *« Recherchez les réalités d'en haut, là où est le Christ »*

→ **Lecture de la lettre de saint Paul apôtre aux Colossiens** 3, 1-4

**Frères**, si vous êtes ressuscités avec le Christ, recherchez les réalités d'en haut : c'est là qu'est le Christ, assis à la droite de Dieu. Pensez aux réalités d'en haut, non à celles de la terre. En effet, vous êtes passés par la mort, et votre vie reste cachée avec le Christ en Dieu. Quand paraîtra le Christ, votre vie, alors vous aussi, vous paraîtrez avec lui dans la gloire.

*ou bien* *« Purifiez-vous des vieux ferments, et vous serez une Pâque nouvelle »*

→ **Lecture de la première lettre de saint Paul apôtre aux Corinthiens** 5, 6b-8

**Frères,** ne savez-vous pas qu'un peu de levain suffit pour que fermente toute la pâte ? Purifiez-vous donc des vieux ferments, et vous serez une pâte nouvelle, vous qui êtes le pain de la Pâque, celui qui n'a pas fermenté. Car notre agneau pascal a été immolé : c'est le Christ. Ainsi, célébrons la Fête, non pas avec de vieux ferments, non pas avec ceux de la perversité et du vice, mais avec du pain non fermenté, celui de la droiture et de la vérité.

## Séquence

À la Victime pascale,
chrétiens, offrez le sacrifice de louange.

L'Agneau a racheté les brebis ;
le Christ innocent a réconcilié
l'homme pécheur avec le Père.

La mort et la vie s'affrontèrent
en un duel prodigieux.
Le Maître de la vie mourut ; vivant, il règne.

« Dis-nous, Marie Madeleine,
qu'as-tu vu en chemin ? »

« J'ai vu le sépulcre du Christ vivant,
j'ai vu la gloire du Ressuscité.

J'ai vu les anges ses témoins,
le suaire et les vêtements.
Le Christ, mon espérance, est ressuscité !
Il vous précédera en Galilée. »

Nous le savons : le Christ
est vraiment ressuscité des morts.

Roi victorieux,
prends-nous tous en pitié !
Amen.

**Alléluia. Alléluia.** Notre Pâque immolée, c'est le Christ ! Célébrons la Fête dans le Seigneur ! **Alléluia.**

## Évangile

*« Il fallait que Jésus ressuscite »*

### → Évangile de Jésus Christ selon saint Jean 20, 1-9

**Le premier jour de la semaine**, Marie Madeleine se rend au tombeau de grand matin ; c'était encore les ténèbres. Elle s'aperçoit que la pierre a été enlevée du tombeau. Elle court donc trouver Simon-Pierre et l'autre disciple, celui que Jésus aimait, et elle leur dit : « On a enlevé le Seigneur de son tombeau, et nous ne savons pas où on l'a déposé. »

Pierre partit donc avec l'autre disciple pour se rendre au tombeau. Ils couraient tous les deux ensemble, mais l'autre disciple courut plus vite que Pierre et arriva le premier au tombeau. En se penchant, il s'aperçoit que les linges sont posés à plat ; cependant il n'entre pas. Simon-Pierre, qui le suivait, arrive à son tour. Il entre dans le tombeau ; il aperçoit les linges, posés à plat, ainsi que le suaire qui avait entouré la tête de Jésus, non pas posé avec les linges, mais roulé à part à sa place. C'est alors qu'entra l'autre disciple, lui qui était arrivé le premier au tombeau. Il vit, et il crut. Jusque-là, en effet, les disciples n'avaient pas compris que, selon l'Écriture, il fallait que Jésus ressuscite d'entre les morts.

*Au lieu de cet évangile, on peut aussi lire celui de la Vigile pascale,* *p. 365.*

*À la messe du soir de Pâques, on peut lire :*

*« Il fallait que Jésus ressuscite d'entre les morts »*

### → Évangile de Jésus Christ selon saint Luc 24, 13-35

**Le même jour** (c'est-à-dire le premier jour de la semaine), deux disciples faisaient route vers un village appelé Emmaüs, à deux heures de marche de Jérusalem, et ils parlaient entre eux de tout ce qui s'était passé.

Or, tandis qu'ils s'entretenaient et s'interrogeaient, Jésus lui-même s'approcha, et il marchait avec eux. Mais leurs yeux étaient empêchés de le reconnaître. Jésus leur dit : « De quoi discutez-vous en marchant ? » Alors, ils s'arrêtèrent, tout tristes. L'un des deux, nommé Cléophas, lui répondit : « Tu es bien le seul étranger résidant à Jérusalem qui ignore les événements de ces jours-ci. » Il leur dit : « Quels événements ? » Ils lui répondirent : « Ce qui est arrivé à Jésus de Nazareth, cet homme qui était un prophète puissant par ses actes et ses paroles devant Dieu et devant tout le peuple : comment les grands prêtres et nos chefs l'ont livré, ils l'ont fait condamner à mort et ils l'ont crucifié. Nous, nous espérions que c'était lui qui allait délivrer Israël. Mais avec tout cela, voici déjà le troisième jour qui passe depuis que c'est arrivé. À vrai dire, des femmes de notre groupe nous ont remplis de stupeur. Quand, dès l'aurore, elles sont allées au tombeau, elles n'ont pas trouvé son corps ; elles sont venues nous dire qu'elles avaient même eu une vision : des anges, qui disaient qu'il est vivant. Quelques-uns de nos compagnons sont allés au tombeau, et ils ont trouvé les choses comme les femmes l'avaient dit ; mais lui, ils ne l'ont pas vu. » Il leur dit alors : « Esprits sans intelligence ! Comme votre cœur est lent à croire tout ce que les prophètes ont dit ! Ne fallait-il pas que le Christ souffrît cela pour entrer dans sa gloire ? » Et, partant de Moïse et de tous les Prophètes, il leur interpréta, dans toute l'Écriture, ce qui le concernait. Quand ils approchèrent du village où ils se rendaient, Jésus fit semblant d'aller plus loin. Mais ils s'efforcèrent de le retenir : « Reste avec nous, car le soir approche et déjà le jour baisse. » Il entra donc pour rester avec eux.

Quand il fut à table avec eux, ayant pris le pain, il prononça la bénédiction et, l'ayant rompu, il le leur donna. Alors leurs yeux s'ouvrirent, et ils le reconnurent, mais il disparut à leurs regards. Ils se dirent l'un à l'autre : « Notre cœur n'était-il pas brûlant en nous, tandis qu'il nous parlait sur la route et nous ouvrait les Écritures ? » À l'instant même, ils se levèrent et retournèrent à Jérusalem. Ils y trouvèrent réunis les onze Apôtres et leurs compagnons, qui leur dirent : « Le Seigneur est réellement ressuscité : il est apparu à Simon-Pierre. » À leur tour, ils racontaient ce qui s'était passé sur la route, et comment le Seigneur s'était fait reconnaître par eux à la fraction du pain.

---

**POUR LA PRIÈRE UNIVERSELLE**

Père très bon, ami des hommes, toi qui dans l'Esprit Saint as ressuscité Jésus, écoute nos prières :
– toi notre Père, regarde avec amitié les nouveaux baptisés, les néophytes de Pâques : ils ont choisi de suivre le Christ ; fortifie leur cœur de nouveaux disciples ;
– toi notre Père, protège les familles qui se réunissent aujourd'hui pour fêter Pâques : que la joie du repas partagé soit signe d'amour et de pardon ;
– toi, notre Père, accompagne ton Église dans son chemin de réconciliation : que la foi pascale soit un véritable chemin d'unité entre les différentes confessions chrétiennes ;
– toi notre Père, rends-toi proche de ceux qui sont isolés, tentés par toutes formes de mort : que la bonne nouvelle de la résurrection touche leur cœur.

---

## Prière sur les offrandes

Dans l'exultation de la joie pascale, Seigneur, nous t'offrons ce sacrifice : c'est par lui que ton Église, de manière admirable, naît à la vie nouvelle et reçoit sa nourriture. Par le Christ, notre Seigneur.

*Préface de Pâques, p. 43.*

## Antienne de la communion

cf. 1 Co 5, 7-8

Le Christ, notre agneau pascal, a été immolé.
Célébrons la fête en partageant un pain non fermenté,
signe de droiture et de vérité, alléluia.

## Prière après la communion

Seigneur Dieu, ne cesse pas de veiller avec tendresse sur ton Église, afin que, déjà renouvelée par les sacrements de Pâques, elle parvienne à la lumière de la résurrection. Par le Christ, notre Seigneur.

*Bénédiction solennelle, p. 378.*

## Envoi

Allez, dans la paix du Christ, alléluia, alléluia !
R/. **Nous rendons grâce à Dieu, alléluia, alléluia !**

## Relecture au terme de la Semaine sainte

« L'homme est créé pour louer, révérer et servir Dieu notre Seigneur et par là sauver son âme, et les autres choses sur la face de la terre sont créées pour l'homme, et pour l'aider dans la poursuite de la fin pour laquelle il est créé.

D'où il suit que l'homme doit user de ces choses dans la mesure où elles l'aident pour sa fin et qu'il doit s'en dégager dans la mesure où elles sont, pour lui, un obstacle à cette fin. Pour cela il est nécessaire de nous rendre indifférents à toutes les choses créées, en tout ce qui est laissé à la liberté de notre libre-arbitre et qui ne lui est pas défendu ; de telle manière que nous ne voulions pas, pour notre part, davantage la santé que la maladie, la richesse que la pauvreté, l'honneur que le déshonneur, une vie longue qu'une vie courte et ainsi de suite pour tout le reste, mais que nous désirions et choisissions uniquement ce qui nous conduit davantage à la fin pour laquelle nous sommes créés. »

Ignace de Loyola, « Principe et fondements »,
dans *Exercices spirituels,* n° 23.

## CALENDRIER LITURGIQUE

| | |
|---|---|
| Di 9 | **DIMANCHE DE PÂQUES, RÉSURRECTION DU SEIGNEUR.**<br>*Liturgie des Heures : Psautier semaine propre.*<br>*Tous les jours de cette semaine ont une messe propre l'emportant sur toute autre fête.* |
| Lu 10 | Actes 2, 14.22b-33 ; Ps 15 ; Matthieu 28,8-15 « Allez annoncer à mes frères qu'ils doivent se rendre en Galilée : c'est là qu'ils me verront » |
| Ma 11 | Actes 2, 36-41 ; Ps 32 ; Jean 20,11-18 « "J'ai vu le Seigneur !", et elle raconta ce qu'il lui avait dit »<br>[S. Stanislas, évêque de Cracovie, martyr, † 1079] |
| Me 12 | Actes 3, 1-10 ; Ps 104 ; Luc 24,13-35 Il se fit reconnaître à la fraction du pain |
| Je 13 | Actes 3, 11-26 ; Ps 8 ; Luc 24,35-48 « Ainsi est-il écrit que le Christ souffrirait, qu'il ressusciterait d'entre les morts le troisième jour »<br>[*S. Martin Ier, pape, martyr en Crimée, † 656*] |
| Ve 14 | Actes 4, 1-12 ; Ps 117 ; Jean 21,1-14 « Jésus s'approche ; il prend le pain et le leur donne ; et de même pour le poisson » |
| Sa 15 | Actes 4, 13-21 ; Ps 117 ; Marc 16,9-15 « Allez dans le monde entier. Proclamez l'Évangile ». |



**Bonne fête !** 9 : Gautier, Walter. 10 : Fulbert. 11 : Stanislas, Gemma. 12 : Jules. 13 : Ida. 14 : Maxime, Ludivine. 15 : Paterne.

**Saint Stanislas (11 avril).** « Sois et glorifie Dieu », s'exclama son père à sa naissance ; d'où l'origine de son nom qui signifie « gloire ». Patron de la Pologne, formé en France puis évêque de Cracovie, il entre en conflit avec le roi Boleslas en raison de la débauche de ce dernier. Cela lui vaudra le martyre. Le roi l'égorge au pied de l'autel alors qu'il célébrait la messe (1079). « Il fut un défenseur sans relâche de la civilisation et des mœurs chrétiennes, il gouverna son Église en bon pasteur, vint en aide aux pauvres, visita chaque année son clergé... » (Jean-Paul II).

# LE TEMPS PASCAL

## Ouvrons le Temps pascal

Nous ouvrons le troisième volet du triptyque pascal : le premier était la préparation pascale (Carême) ; le deuxième, la fête de Pâques (Triduum pascal commençant à la Cène du Seigneur et s'achevant le jour de Pâques) ; et voici enfin le troisième : le Temps pascal, qui nous emmène du dimanche de Pâques au dimanche de la Pentecôte. C'est le temps festif le plus long de l'année liturgique.

Comme le marcheur qui prévoit son itinéraire, commençons par regarder d'où nous partons et où nous arriverons. À la différence du Carême qui commence le mercredi des Cendres, le début du Temps pascal commence un dimanche et cela n'est pas sans signification. Quel que soit le moment de l'année, le dimanche, c'est Pâques. Chaque dimanche nous célébrons, notamment par l'eucharistie, la mémoire vivante du Christ mort et ressuscité ; le dimanche de Pâques en est le prototype. Ainsi les dimanches qui suivent directement Pâques sont totalement marqués par l'esprit de la fête pascale, à tel point qu'ils portent le nom de deuxième, troisième... dimanche de Pâques, etc. La fête de Pâques infuse la vie liturgique de l'Église : le cierge pascal est allumé ; la couleur liturgique du blanc ou de l'or évoque la lumière pascale.

Quarante jours après Pâques, la fête de l'Ascension du Seigneur nous familiarise avec le don de l'Esprit Saint, l'Esprit du ressuscité. En effet, elle nous révèle la pédagogie divine : » Il vaut mieux pour vous que je m'en aille, car, si je ne m'en vais pas, le Défenseur ne viendra pas à vous ; mais si je pars, je vous l'enverrai » (Jn 16, 7).

La clôture du Temps pascal advient avec la fête de la Pentecôte. Elle constitue comme la deuxième face du mystère pascal. L'évangéliste Luc sépare la Pentecôte de Pâques, en situant le don de l'Esprit lors de la fête juive *des Tentes*, 50 jours après Pâques, *Pentèconta* signifie cinquante ; mais l'évangéliste Jean situe le don de l'Esprit Saint le soir de Pâques.

## La source du Nouveau Testament

Qu'allons-nous entendre lors des lectures ? Les passages de l'évangile selon saint Jean, excepté le 3e dimanche où on lit dans saint Luc le récit des disciples d'Emmaüs ; en première lecture, on lit les Actes des Apôtres et en deuxième lecture, des extraits de la première lettre de Pierre.

Les évangiles de Jean, notamment ceux des 5e, 6e et 7e dimanches, déploient l'unité divine entre le Père et le Fils. C'est l'événement de la résurrection qui révèle plus profondément cette relation de communion aux disciples de Jésus. Leur foi devient véritablement pascale car ils intègrent maintenant leur expérience de la rencontre de Jésus, dans la nouveauté de la résurrection. Cette transformation est spirituelle au sens où elle résulte de l'œuvre de l'Esprit Saint.

Les Actes des Apôtres colorent de manière particulière la liturgie de la Parole des dimanches du Temps pascal. Lors de ces dimanches, l'Église lit uniquement le Nouveau Testament, signe de l'alliance nouvelle déployée dans le mystère pascal. En écoutant les Actes des Apôtres, nous revivons le temps de l'Église, de cette Église naissante constituée des premiers chrétiens encore si proches du Christ. Ces récits laissent percevoir le style des premières communautés, la diversité des nouveaux chrétiens venus du judaïsme ou de communautés hellénistiques et, surtout, nous percevons l'urgence de la mission qui presse les Apôtres. Tout au long des Actes, l'effusion de l'Esprit Saint constitue le marqueur d'un devenir chrétien qu'il faut inventer et qui se construit progressivement. L'Esprit est donné avec largesse lors de la Pentecôte (Ac 2, 1-11).

# Les nouveaux baptisés

Pour ceux qui ont reçu à Pâques les sacrements de l'Initiation chrétienne (baptême, confirmation et eucharistie), le Temps pascal est le temps de la mystagogie. Cette période d'expérience nouvelle les enracine comme fidèles du Christ. Une place particulière doit être prévue dans l'assemblée dominicale pour qu'ils se sentent accueillis et intégrés à la communauté chrétienne : ainsi se déploie ce que les rites baptismaux ont réalisé. Les nouveaux baptisés de Pâques sont les témoins du chemin de Dieu en eux. Ils témoignent, comme les nouveaux chrétiens des Actes des Apôtres, que Dieu se fait proche. Ils découvrent que le mystère de Dieu, mystère de vie et de résurrection, s'approfondit par la fréquentation des Écritures, la participation à l'eucharistie et par la communion fraternelle. Comme pour les nouveaux baptisés, le Temps pascal est pour chaque chrétien un temps d'approfondissement pour habiter le monde de manière authentique.

---

**CHANTER**

- On retiendra un même ordinaire de la messe pour unifier le Temps pascal, en vérifiant que l'ordinaire choisi corresponde à la joie et à la paix qui marquent ce temps liturgique.
- Pour la procession d'ouverture : ***Jour du Vivant*** IP 34-92-8 CNA 561, ***Nous te chantons, Ressuscité*** IP 262-1, ***Exultez de joie, peuples de la terre*** I 508, ***Peuple de baptisés*** K 106 CNA 573, ***Tu as triomphé de la mort*** IP 165 CNA 594.
- Pour l'un ou l'autre des dimanches, on pourrait chanter pendant la procession des dons : ***Dieu notre Père, voici le pain*** B 58-7-30.
- Pour la procession de communion : ***Prenez et mangez*** D 52-67, ***Venez, approchons-nous*** IEV 19-19, ***La Sagesse a dressé une table*** D 580 CNA 332, ***Prenez et mangez*** D 52-67, ***N'oublions pas les merveilles de Dieu*** ZL 33-34, ***En marchant vers toi, Seigneur*** D 380 CNA 326.
- Pour l'action de grâce : ***Celui qui a mangé de ce pain*** D 140-2 CNA 321, ***Chantez au Seigneur un cantique nouveau*** Y 82 CNA 483, ***Depuis l'aube où sur la terre*** IP 29 CNA 489, ***Tu as triomphé de la mort*** IP 165 CNA 594.

▸ Pour l'envoi : ***Proclamez que le Seigneur est bon*** **Z 558,** ***Criez de joie, Christ est ressuscité*** **I 52-51,** ***Jubilez, criez de joie*** **U 522-42.**
▸ On pourra aussi, pendant les dimanches du mois de Mai, chanter un chant à Marie en fin de célébration.

## CÉLÉBRER

▸ Le geste liturgique le plus significatif du Temps pascal est le rite de l'aspersion. Il est préconisé car il reprend l'aspersion avec l'eau bénite qui a eu lieu dans la liturgie baptismale de la Vigile pascale. C'est un geste-mémoire de notre baptême.
▸ L'aspersion remplace les autres formes de l'acte pénitentiel au début de la messe, rappelant ainsi que le baptême est le premier des sacrements du pardon.

---

# 2$^{e}$ dimanche de Pâques ou de la divine Miséricorde

**16 AVRIL 2023**

## Que la paix soit avec vous

**On imagine** sans peine l'état d'esprit des disciples le soir de Pâques (*évangile*) : par peur après la mort de Jésus, ils se sont enfermés. Mais celui-ci les rejoint et ils vivent une sorte d'expérience intégrale : alors qu'ils le croyaient mort, Jésus est vivant. Ce n'est pas seulement une idée qui circule, c'est une rencontre où les disciples voient son corps et ils reçoivent son Esprit. Une semaine après, le deuxième dimanche, les portes de leur refuge sont toujours fermées. Thomas, qui était absent dimanche dernier, doit vivre lui aussi l'expérience de la reconnaissance du Ressuscité. Pas d'impatience dans les paroles du Christ, il se laisse toucher, il laisse Thomas aller jusqu'au bout de son incrédulité, afin que librement celui-ci en revienne transformé. Nous sommes appelés au même chemin spirituel que Thomas : le ressuscité vient nous rejoindre et nous donner sa paix, non pas dans une maison à Jérusalem mais dans nos enfermements personnels.

La reconnaissance du ressuscité est le point de départ d'une vie nouvelle. Parfois radicalement, parfois progressivement, l'authenticité de la rencontre avec le Christ se mesure à la joie et à la paix que nous éprouvons. Cependant, cette expérience de reconnaissance n'est pas uniquement un chemin individuel, elle s'authentifie dans la communion fraternelle. On peut se prendre à rêver de ce temps béni où les premiers chrétiens mettaient tout en commun et partageaient en fonction des besoins de chacun (*première lecture*). C'est pourtant la conséquence directe de la résurrection : le monde nouveau est advenu ; l'Esprit Saint est répandu. Le christianisme naissant n'est pas d'abord une organisation mais un art de vivre ensemble, un style nouveau qui attire, une justice en acte. Puissions-nous conjuguer au présent l'héritage de ces premières communautés chrétiennes.

*Des chants sont proposés, p. 393.*

---

**CHANTER**
Pour le deuxième dimanche, ***Misericordias Domini*** ou ***Sans avoir vu*** **I 168 CNA 494.**

---

## Antienne d'ouverture

1 P 2, 2

Comme des enfants nouveau-nés,
soyez avides du lait pur de la Parole,
qui vous fera grandir pour arriver au salut, alléluia.

*Gloria.*

## Prière

Dieu d'éternelle miséricorde, chaque année, par les célébrations pascales, tu ranimes la foi du peuple qui t'est consacré : fais grandir le don de ta grâce, afin que tous comprennent vraiment quel baptême les a purifiés, quel Esprit les a fait renaître, et quel sang les a rachetés. Par Jésus Christ, ton Fils, notre Seigneur, qui vit et règne avec toi dans l'unité du Saint-Esprit, Dieu, pour les siècles des siècles.

## 1re Lecture

*« Tous les croyants vivaient ensemble, et ils avaient tout en commun »*

### → Lecture du livre des Actes des Apôtres

2, 42-47

**Les frères** étaient assidus à l'enseignement des Apôtres et à la communion fraternelle, à la fraction du pain et aux prières. La crainte de Dieu était dans tous les cœurs à la vue des nombreux prodiges et signes accomplis par les Apôtres.

Tous les croyants vivaient ensemble, et ils avaient tout en commun ; ils vendaient leurs biens et leurs possessions, et ils en partageaient le produit entre tous en fonction des besoins de chacun.

Chaque jour, d'un même cœur, ils fréquentaient assidûment le Temple, ils rompaient le pain dans les maisons, ils prenaient leurs repas avec allégresse et simplicité de cœur ; ils louaient Dieu et avaient la faveur du peuple tout entier. Chaque jour, le Seigneur leur adjoignait ceux qui allaient être sauvés.

## Psaume 117

R/. **Rendez grâce au Seigneur : Il est bon !**
**Éternel est son amour !**
*ou :* **Alléluia.**

Oui, que le dise Israël :
Éternel est son amour !
Que le dise la maison d'Aaron :
Éternel est son amour !
Qu'ils le disent, ceux qui craignent le Seigneur :
Éternel est son amour !

On m'a poussé, bousculé pour m'abattre ;
mais le Seigneur m'a défendu.
Ma force et mon chant, c'est le Seigneur ;
il est pour moi le salut.
Clameurs de joie et de victoire
sous les tentes des justes.

La pierre qu'ont rejetée les bâtisseurs
est devenue la pierre d'angle ;
c'est là l'œuvre du Seigneur,
la merveille devant nos yeux.
Voici le jour que fit le Seigneur,
qu'il soit pour nous jour de fête et de joie !

## 2e Lecture

*Nous aimons le Christ sans l'avoir vu*

→ **Lecture de la première lettre de saint Pierre apôtre** 1, 3-9

**Béni soit Dieu**, le Père de notre Seigneur Jésus Christ : dans sa grande miséricorde, il nous a fait renaître pour une vivante espérance grâce à la résurrection de Jésus Christ d'entre les morts, pour un héritage qui ne connaîtra ni corruption, ni souillure, ni flétrissure. Cet héritage vous est réservé dans les cieux, à vous que la puissance de Dieu garde par la foi, pour un salut prêt à se révéler dans les derniers temps. Aussi vous exultez de joie, même s'il faut que vous soyez affligés, pour un peu de temps encore, par toutes sortes d'épreuves ; elles vérifieront la valeur de votre foi qui a bien plus de prix que l'or – cet or voué à disparaître et pourtant vérifié par le feu –, afin que votre foi reçoive louange, gloire et honneur quand se révélera Jésus Christ. Lui, vous l'aimez sans l'avoir vu ; en lui, sans le voir encore, vous mettez votre foi, vous exultez d'une joie inexprimable et remplie de gloire, car vous allez obtenir le salut des âmes qui est l'aboutissement de votre foi.

**Alléluia. Alléluia.** Thomas, parce que tu m'as vu, tu crois, dit le Seigneur. Heureux ceux qui croient sans avoir vu ! **Alléluia.**

## Évangile

*Heureux ceux qui croient sans avoir vu*

→ **Évangile de Jésus Christ selon saint Jean** 20, 19-31

**C'était après la mort de Jésus.** Le soir venu, en ce premier jour de la semaine, alors que les portes du lieu où se trouvaient les disciples étaient verrouillées par crainte des Juifs, Jésus vint, et il était là au milieu d'eux. Il leur dit : « La paix soit avec vous ! » Après cette parole, il leur montra ses mains et son côté. Les disciples furent remplis de joie en voyant le Seigneur. Jésus leur dit de nouveau : « La paix soit avec vous ! De même que le Père m'a envoyé, moi aussi, je vous envoie. »

Ayant ainsi parlé, il souffla sur eux et il leur dit : « Recevez l'Esprit Saint. À qui vous remettrez ses péchés, ils seront remis ; à qui vous maintiendrez ses péchés, ils seront maintenus. »

Or, l'un des Douze, Thomas, appelé Didyme (c'est-à-dire Jumeau), n'était pas avec eux quand Jésus était venu. Les autres disciples lui disaient : « Nous avons vu le Seigneur ! » Mais il leur déclara : « Si je ne vois pas dans ses mains la marque des clous, si je ne mets pas mon doigt dans la marque des clous, si je ne mets pas la main dans son côté, non, je ne croirai pas ! »

Huit jours plus tard, les disciples se trouvaient de nouveau dans la maison, et Thomas était avec eux. Jésus vient, alors que les portes étaient verrouillées, et il était là au milieu d'eux. Il dit : « La paix soit avec vous ! » Puis il dit à Thomas : « Avance ton doigt ici, et vois mes mains ; avance ta main, et mets-la dans mon côté : cesse d'être incrédule, sois croyant. » Alors Thomas lui dit : « Mon Seigneur et mon Dieu ! » Jésus lui dit : « Parce que tu m'as vu, tu crois. Heureux ceux qui croient sans avoir vu. » Il y a encore beaucoup d'autres signes que Jésus a faits en présence des disciples et qui ne sont pas écrits dans ce livre. Mais ceux-là ont été écrits pour que vous croyiez que Jésus est le Christ, le Fils de Dieu, et pour qu'en croyant, vous ayez la vie en son nom.

**POUR LA PRIÈRE UNIVERSELLE**

Dieu de miséricorde qui entends nos prières, regarde avec bienveillance :
– les nouveaux baptisés : que la joie et l'espérance neuve des fils de Dieu habitent leurs cœurs ;
– les personnes en quête de sens : que la rencontre de chrétiens les invite à découvrir le Christ ;
– les familles qui partagent des temps de vacances : qu'elles cherchent sans relâche l'affection véritable et la simplicité du cœur ;
– l'Église qui naît de l'expérience pascale des disciples : qu'elle cherche de mieux en mieux à témoigner de la joie du salut.

## Prière sur les offrandes

Accueille, nous t'en prions, Seigneur, les offrandes de ton peuple, et, en particulier, de ceux que tu as fait renaître ; ils ont été renouvelés en confessant ton nom et en recevant le baptême : accorde-leur de parvenir au bonheur sans fin. Par le Christ, notre Seigneur.

*Préface de Pâques, nº 1 (aujourd'hui), p. 41.*

*Prière eucharistique : textes propres, I, p. 50 ; II, p. 55 ; III, p. 60.*

## Antienne de la communion

cf. Jn 20, 27

Jésus dit à Thomas :
Avance ta main, touche du doigt l'endroit des clous ;
cesse d'être incrédule, sois croyant, alléluia.

## Prière après la communion

Nous t'en prions, Dieu tout-puissant : que le mystère pascal accueilli dans cette communion ne cesse jamais d'agir en nos cœurs. Par le Christ, notre Seigneur.

*Bénédiction solennelle, p. 378.*

## Envoi

Allez, dans la paix du Christ, alléluia, alléluia !
R/. **Nous rendons grâce à Dieu, alléluia, alléluia !**

## Chant d'allégresse

« Explore avec ta main les plaies de mes mains et de mes pieds ;

Thomas, ne refuse pas de croire en moi qui pour toi fus blessé ;

Au chœur des Apôtres qui m'ont vu, joins ta voix pour annoncer le Dieu vivant.

Aujourd'hui le printemps exhale son parfum de fleurs écloses et la création nouvelle exulte d'allégresse ;

Aujourd'hui le Seigneur enfonce les portes closes et brise les verrous du doute par sa présence ;

Thomas l'apôtre du Christ dans un acte de foi le confesse : Tu es en vérité mon Seigneur et mon Dieu. »

Extrait d'une hymne de la liturgie byzantine
pour le dimanche dit « de Thomas »

## CALENDRIER LITURGIQUE

| | |
|---|---|
| Di 16 | **2e dimanche de Pâques A ou de la divine Miséricorde.**<br>*Liturgie des Heures : Psautier semaine II.* |
| Lu 17 | Au Canada, Ste Kateri Tekakwitha, vierge, jeune indienne, † 1680 à Kahnawake, en face de Montréal.<br>Actes 4, 23-31 ; Ps 2 ; Jean 3, 1-8 « Personne, à moins de naître de l'eau et de l'Esprit, ne peut entrer dans le royaume de Dieu » |
| Ma 18 | *Au Canada, Bse Marie-Anne Blondin, vierge, † 1890.*<br>Actes 4, 32-37 ; Ps 92 ; Jean 3, 7-15 : « Nul n'est monté au ciel sinon celui qui est descendu du ciel, le Fils de l'homme » |
| Me 19 | Actes 5, 17-26 ; Ps 33 ; Jean 3, 16-21 : « Dieu a envoyé son Fils dans le monde, pour que, par lui, le monde soit sauvé » |
| Je 20 | Actes 5, 27-33 ; Ps 33 ; Jean 3, 31-36 : « Le Père aime le Fils et il a tout remis dans sa main » |
| Ve 21 | S. Anselme, évêque de Cantorbéry, bénédictin, docteur de l'Église, † 1109.<br>Actes 5, 34-42 ; Ps 26 ; Jean 6, 1-15 « Il en distribua aux convives, autant qu'ils en voulaient » |
| Sa 22 | Actes 6, 1-7 ; Ps 32 ; Jean 6, 16-21 : « Ils virent Jésus qui marchait sur la mer » |

**Bonne fête !** 16 : Benoît-Joseph. 17 : Étienne. 18 : Parfait. 19 : Emma. 20 : Odette, Giraud. 21 : Anselme, Selma. 22 : Alexandre.

**Pour mémoire :** le 22 avril, journée de la terre (ONU).

**Saint Parfait de Cordoue (19 avril).** Prêtre et martyr à Cordoue (850), il a été confronté à l'hostilité en cherchant à convertir des musulmans et en voulant démontrer la primauté de la foi chrétienne face au Coran, jusque devant le tribunal arabe qui le condamna à mort par l'épée.

# 3$^{e}$ dimanche de Pâques

## 23 AVRIL 2023

## Reconnaître le Vivant

**Les deux disciples** « s'arrêtèrent, tout tristes. » Ils s'éloignaient de Jérusalem, le lieu où s'étaient d'abord catalysés leurs espoirs mais où ceux-ci avaient été radicalement déçus. Celui en qui ils avaient vu le Messie, libérateur de leur peuple, venait de mourir du supplice des esclaves, sur une croix (*évangile*). Il n'y avait plus qu'à fermer la parenthèse et à rentrer chez soi.

Beaucoup de nos contemporains s'éloignent, eux aussi, de la foi chrétienne qui, à leurs yeux, ne fait plus sens pour leur existence quotidienne. Certes, ils ont entendu dire qu'au-delà de sa mort infâme le pseudo-messie est redevenu vivant. Mais quelle valeur accorder à de tels propos ? Ne relèvent-ils pas de la crédulité naïve de quelques illuminés ?

Pour retrouver – ou trouver – sens et foi, il faudrait qu'ils puissent rencontrer Jésus. Est-ce totalement utopique ? Le récit évangélique nous dit que non. Pour les deux marcheurs désemparés, il y a eu une rencontre sur le chemin, qui a changé leur vie, et par la suite celle de beaucoup d'autres.

Cette rencontre se fait souvent par des témoins : ainsi, à Jérusalem, le jour de la Pentecôte, où Pierre se présente, avec les autres apôtres, comme témoin, annonçant que Dieu a ressuscité Jésus (*première lecture*). Ce que Pierre redira dans sa première lettre, afin que ses destinataires mettent leur foi et leur espérance en Dieu (*deuxième lecture*).

Il y a aussi une autre rencontre qui risque trop souvent de passer inaperçue, celle qui advient dans l'eucharistie. Elle correspond à celle du chemin d'Emmaüs que l'évangile décrit en deux temps : le temps de l'écoute de l'Écriture interprétée à la lumière de Pâques, et le temps du partage du pain rompu après une bénédiction adressée à Dieu. Ces deux temps constituent toute célébration eucharistique. Puisse le Seigneur, aujourd'hui encore, se faire reconnaître à la fraction du pain, redevenue pleinement signifiante.

*Des chants sont proposés, p. 393.*

---

**CHANTER**
Pour le 3e dimanche : ***Jésus qui m'as brûlé le cœur*** **IP 144-1.**

---

## Antienne d'ouverture

Ps 65, 1.2

Acclamez Dieu, toute la terre ;
fêtez la gloire de son nom,
glorifiez-le en célébrant sa louange, alléluia.

*Gloria.*

## Prière

Garde à ton peuple sa joie, Seigneur Dieu, car tu renouvelles la jeunesse de son âme ; il se réjouit d'avoir retrouvé la gloire de l'adoption filiale : qu'il attende désormais le jour de la résurrection, dans la ferme espérance du bonheur que tu donnes. Par Jésus Christ, ton Fils, notre Seigneur, qui vit et règne avec toi dans l'unité du Saint-Esprit, Dieu, pour les siècles des siècles.

## 1re Lecture

*La première prédication de Pierre*

**→ Lecture du livre des Actes des Apôtres** 2, 14.22b-33

**Le jour de la Pentecôte,** Pierre, debout avec les onze autres Apôtres, éleva la voix et leur fit cette déclaration : « Vous, Juifs, et vous tous qui résidez à Jérusalem, sachez bien ceci, prêtez l'oreille à mes paroles. Il s'agit de Jésus le Nazaréen, homme que Dieu a accrédité auprès de vous en accomplissant par lui des miracles, des prodiges et des signes au milieu de vous, comme vous le savez vous-mêmes. Cet homme, livré selon le dessein bien arrêté et la prescience de Dieu, vous l'avez supprimé en le clouant sur le bois par la main des impies. Mais Dieu l'a ressuscité en le délivrant des douleurs de la mort, car il n'était pas possible qu'elle le retienne en son pouvoir. En effet, c'est de lui que parle David dans le psaume :

*Je voyais le Seigneur devant moi sans relâche :*
*il est à ma droite, je suis inébranlable.*
*C'est pourquoi mon cœur est en fête,*
*et ma langue exulte de joie ;*
*ma chair elle-même reposera dans l'espérance :*
*tu ne peux m'abandonner au séjour des morts*
*ni laisser ton fidèle voir la corruption.*
*Tu m'as appris des chemins de vie,*
*tu me rempliras d'allégresse par ta présence.*

Frères, il est permis de vous dire avec assurance, au sujet du patriarche David, qu'il est mort, qu'il a été enseveli, et que son tombeau est encore aujourd'hui chez nous. Comme il était prophète, il savait que Dieu lui avait juré de *faire asseoir sur son trône un homme issu de lui.* Il a vu d'avance la résurrection du Christ, dont il a parlé ainsi :

*Il n'a pas été abandonné à la mort,*
*et sa chair n'a pas vu la corruption.*

Ce Jésus, Dieu l'a ressuscité ; nous tous, nous en sommes témoins. Élevé par la droite de Dieu, il a reçu du Père l'Esprit Saint qui était promis, et il l'a répandu sur nous, ainsi que vous le voyez et l'entendez.

## Psaume 15

**R/. Tu m'apprends, Seigneur, le chemin de la vie.**
*ou :* **Alléluia.**

Garde-moi, mon Dieu : j'ai fait de toi mon refuge.
J'ai dit au Seigneur : « Tu es mon Dieu !
Seigneur, mon partage et ma coupe :
de toi dépend mon sort. »

Je bénis le Seigneur qui me conseille :
même la nuit mon cœur m'avertit.
Je garde le Seigneur devant moi sans relâche ;
il est à ma droite : je suis inébranlable.

Mon cœur exulte, mon âme est en fête,
ma chair elle-même repose en confiance :
tu ne peux m'abandonner à la mort
ni laisser ton ami voir la corruption.

Tu m'apprends le chemin de la vie :
devant ta face, débordement de joie !
À ta droite, éternité de délices !

## 2e Lecture

*Tous sauvés par le sang du Christ*

→ **Lecture de la première lettre de saint Pierre apôtre** 1, 17-21

**Bien-aimés,** si vous invoquez comme Père celui qui juge impartialement chacun selon son œuvre, vivez donc dans la crainte de Dieu, pendant le temps où vous résidez ici-bas en étrangers. Vous le savez : ce n'est pas par des biens corruptibles, l'argent ou l'or, que vous avez été rachetés de la conduite superficielle héritée de vos pères ; mais c'est par un sang précieux, celui d'un agneau sans défaut et sans tache, le Christ. Dès avant la fondation du monde, Dieu l'avait désigné d'avance et il l'a manifesté à la fin des temps à cause de vous. C'est bien par lui que vous croyez en Dieu, qui l'a ressuscité d'entre les morts et qui lui a donné la gloire; ainsi vous mettez votre foi et votre espérance en Dieu.

**Alléluia. Alléluia.** Seigneur Jésus, ouvre-nous les Écritures! Que notre cœur devienne brûlant tandis que tu nous parles. **Alléluia.**

## Évangile

*Apparition aux disciples d'Emmaüs*

→ **Évangile de Jésus Christ selon saint Luc** 24, 13-35

L**e même jour** (c'est-à-dire le premier jour de la semaine), deux disciples faisaient route vers un village appelé Emmaüs, à deux heures de marche de Jérusalem, et ils parlaient entre eux de tout ce qui s'était passé.

Or, tandis qu'ils s'entretenaient et s'interrogeaient, Jésus lui-même s'approcha, et il marchait avec eux. Mais leurs yeux étaient empêchés de le reconnaître. Jésus leur dit: « De quoi discutez-vous en marchant? » Alors, ils s'arrêtèrent, tout tristes. L'un des deux, nommé Cléophas, lui répondit: « Tu es bien le seul étranger résidant à Jérusalem qui ignore les événements de ces jours-ci. » Il leur dit: « Quels événements? » Ils lui répondirent: « Ce qui est arrivé à Jésus de Nazareth, cet homme qui était un prophète puissant par ses actes et ses paroles devant Dieu et devant tout le peuple: comment les grands prêtres et nos chefs l'ont livré, ils l'ont fait condamner à mort et ils l'ont crucifié. Nous, nous espérions que c'était lui qui allait délivrer Israël. Mais avec tout cela, voici déjà le troisième jour qui passe depuis que c'est arrivé. À vrai dire, des femmes de notre groupe nous ont remplis de stupeur. Quand, dès l'aurore, elles sont allées au tombeau, elles n'ont pas trouvé son corps; elles sont venues nous dire qu'elles avaient même eu une vision: des anges, qui disaient qu'il est vivant. Quelques-uns de nos compagnons sont allés au tombeau, et ils ont trouvé les choses comme les femmes l'avaient dit ; mais lui, ils ne l'ont pas vu. » Il leur dit alors : « Esprits sans intelligence ! Comme votre cœur est lent à croire tout ce que les prophètes ont dit ! Ne fallait-il pas que le Christ souffrît cela pour entrer dans sa gloire ? » Et, partant de Moïse et de tous les Prophètes, il leur interpréta, dans toute l'Écriture, ce qui le concernait.

Quand ils approchèrent du village où ils se rendaient, Jésus fit semblant d'aller plus loin. Mais ils s'efforcèrent de le retenir : « Reste avec nous, car le soir approche et déjà le jour baisse. » Il entra donc pour rester avec eux.

Quand il fut à table avec eux, ayant pris le pain, il prononça la bénédiction et, l'ayant rompu, il le leur donna. Alors leurs yeux s'ouvrirent, et ils le reconnurent, mais il disparut à leurs regards. Ils se dirent l'un à l'autre : « Notre cœur n'était-il pas brûlant en nous, tandis qu'il nous parlait sur la route et nous ouvrait les Écritures ? » À l'instant même, ils se levèrent et retournèrent à Jérusalem. Ils y trouvèrent réunis les onze Apôtres et leurs compagnons, qui leur dirent : « Le Seigneur est réellement ressuscité : il est apparu à Simon-Pierre. » À leur tour, ils racontaient ce qui s'était passé sur la route, et comment le Seigneur s'était fait reconnaître par eux à la fraction du pain.

---

**POUR LA PRIÈRE UNIVERSELLE**

Après avoir accueilli la parole de Dieu qui devrait rendre nos cœurs tout brûlants comme celui des disciples d'Emmaüs, demandons au Seigneur de rester auprès de son peuple quand le jour baisse.

– pour tous ceux à qui le Christ a confié un ministère, en particulier le pape et les évêques, afin qu'ils soient les ardents témoins de sa résurrection, ensemble prions ;

– pour ceux qui ne réussissent pas à surmonter le scandale de la souffrance et de la mort, afin que le Christ, mort et ressuscité, leur donne son Esprit de lumière, ensemble prions ;

– pour les chrétiens frappés par la mort d'un être aimé et qui éprouvent des difficultés à croire en un Dieu bon, afin qu'ils gardent confiance en Celui qui est mort pour eux sur la croix, ensemble prions ;

– pour nous tous qui trouvons notre nourriture spirituelle dans la parole de Dieu et le pain eucharistique, afin que nous vivions davantage dans l'action de grâce, ensemble prions.

## Prière sur les offrandes

Accueille, nous t'en prions, Seigneur, les dons de ton Église en fête ; tu es pour elle à l'origine d'un si grand bonheur : qu'il s'épanouisse en joie éternelle. Par le Christ, notre Seigneur.

*Préface du Temps pascal, nº 1-5, pp. 43-44.*

## Antienne de la communion

Année A Lc 24, 35

Les disciples reconnurent le Seigneur Jésus
à la fraction du pain, alléluia.

## Prière après la communion

Regarde avec bonté, Seigneur, nous t'en prions, le peuple que tu as rénové par tes sacrements ; accorde-nous de parvenir à la vie incorruptible lorsque notre chair ressuscitera dans la gloire. Par le Christ, notre Seigneur.

## Où trouver le Seigneur ?

« Quand donc le Seigneur s'est-il fait connaître ? À la fraction du pain. Voilà notre certitude : en partageant le pain, nous reconnaissons le Seigneur. Il a choisi d'être reconnu là, à cause de nous qui, sans voir sa chair, mangerions sa chair. Qui que tu sois, toi qui crois, que le partage du pain te réconforte ! L'absence du Seigneur n'est pas une absence. Celui que tu ne vois pas est avec toi. Quand Jésus leur parlait, les disciples ne croyaient pas qu'il fût ressuscité. Eux-mêmes n'espéraient pas revivre : ils avaient perdu l'espérance. Ils marchaient, morts, avec la Vie. Et la Vie marchait avec eux, sans ressusciter en leur cœur. Et toi-même, veux-tu la vie ? Fais comme les disciples, et tu reconnaîtras le Seigneur. Le Seigneur était semblable à un voyageur qui va très loin, mais ils ont su le retenir. Dans le partage du pain, le Seigneur s'est fait présent. Apprends où le chercher, où le trouver : c'est lorsque tous ensemble, vous le mangez. »

S. Augustin (430), *Sermon* 235, 3.

**Sainte Catherine de Sienne (29 avril)** (1347-1380) « fut partagée, sa vie durant, entre la soif de contempler le Christ en croix et le service de l'Église, que déchiraient les factions. Pénétrée de l'esprit de saint Dominique, elle puisa dans son amour pour Dieu les énergies qui lui permirent de ramener le pape d'Avignon à Rome et de faire entendre aux pécheurs l'appel du sang rédempteur » (Missel romain).

## CALENDRIER LITURGIQUE

**Di 23** **3e dimanche de Pâques A.**
*Liturgie des Heures : Psautier semaine III.*
*[S. Georges, martyr à Lod en Palestine, 3e-4e siècle.*
*S. Adalbert, évêque de Prague, martyr, † 997 près de Gdansk (Pologne)].*

**Lu 24** *[S. Fidèle de Sigmaringen, capucin, martyr à Seewis (Suisse), † 1622]*
Actes 6, 8-15 ; Ps 118 ; Jean 6, 22-29 : « Travaillez non pas pour la nourriture qui se perd, mais pour la nourriture qui demeure jusque dans la vie éternelle »

**Ma 25** S. MARC, évangéliste. Lectures propres : 1 Pierre 5, 5b-14 ; Ps 88 ; Marc 16, 15-20 : « Proclamez l'Évangile à toute la création »

**Me 26** *Au Canada, Bse Vierge Marie du Bon Conseil.*
Actes 8, 1b-8 ; Ps 65 ; Jean 6, 35-40 : « Telle est la volonté de mon Père : que celui qui voit le Fils et croit en lui ait la vie éternelle »

**Je 27** *En Suisse,* S. Pierre Canisius, prêtre jésuite, † 21 décembre 1597 à Fribourg (Suisse). *Ailleurs, mémoire facultative le 21 décembre*
Actes 8, 26-40 ; Ps 65 ; Jean 6, 44-51 : « Moi, je suis le pain vivant, qui est descendu du ciel »

**Ve 28** *S. Pierre Chanel, prêtre mariste français, premier martyr de l'Océanie, † 1841 à Futuna.*
*S. Louis-Marie Grignion de Montfort, prêtre, fondateur de congrégations religieuses, † 1716 à Saint-Laurent-sur-Sèvre (Vendée).*
Actes 9, 1-20 ; Ps 116 ; Jean 6, 52-59 : « Ma chair est la vraie nourriture, et mon sang est la vraie boisson »

**Sa 29** Ste CATHERINE DE SIENNE, vierge, tertiaire dominicaine, docteur de l'Église, † 1380 à Rome, patronne de l'Europe. En Europe, lectures propres : 1 Jean 1,5–2, 2 ; Ps 102 ; Luc 10,38-42 : « Ce que tu as caché aux sages et aux savants, tu l'as révélé aux tout-petits »

**Bonne fête !** 23 : Georges, Georgina, Youri, Fortunat. 24 : Fidèle, Euphrasie. 25 : Marc. 26 : Alida, Clet. 27 : Zita. 28 : Louis-Marie, Vital. 29 : Catherine.

# 4e dimanche de Pâques

## 30 AVRIL 2023

## Le Berger qui conduit à la vie

**L'être humain** se demande parfois quelle relation il peut avoir avec Dieu. En ce dimanche du Bon Pasteur, on trouve une réponse dans les lectures bibliques. Au lieu d'un discours métaphysique, Jésus propose l'image du berger. Une profonde familiarité existe entre le berger et ses brebis : il appelle chacune d'elles par son nom ; ses brebis le connaissent et le reconnaissent à sa voix ; elles le suivent, alors qu'elles ne suivraient pas un étranger (*évangile*).

Déjà, dans l'Ancien Testament, le psalmiste décrit le Seigneur comme un berger plein d'attentions envers lui : « Il me mène vers les eaux tranquilles et me fait revivre », « tu prépares la table pour moi », « tu répands le parfum sur ma tête, ma coupe est débordante… » (*psaume*). Dans ces eaux, ce parfum et cette table avec la coupe, la tradition a vu l'annonce des trois sacrements de l'initiation chrétienne : baptême, confirmation, eucharistie. Mais sur les lèvres de Pierre, au jour de Pentecôte, la triple démarche initiatique est plutôt celle de la conversion, du baptême et du don de l'Esprit : « Convertissez-vous, et que chacun de vous soit baptisé au nom de Jésus Christ pour le pardon de ses péchés ; vous recevrez alors le don du Saint-Esprit » (*première lecture*).

Cette triple démarche, attestée dès le début de l'Église, correspond aux étapes vécues par le croyant, car celui-ci doit d'abord prendre conscience de ses péchés et accepter que Dieu le convertisse, le retourne. Comme l'écrira plus tard le même apôtre Pierre : « Vous étiez errants comme des brebis ; mais à présent vous êtes retournés vers votre berger, le gardien de vos âmes » (*deuxième lecture*). Pour que cela soit possible, il a fallu que le berger souffre pour ses brebis : « par ses blessures, nous sommes guéris » du péché qui nous a éloignés de Dieu. À nous, aujourd'hui, d'unir nos souffrances à celles du Christ.

Alors certains d'entre nous, qui le suivent jusque-là, pourront, à son appel, devenir de véritables pasteurs au service des brebis qui en ont besoin. En ce quatrième dimanche de Pâques, nous prions pour que beaucoup répondent à l'appel du Seigneur.

*Des chants sont proposés, p. 393.*

Pour le 4e dimanche : ***Je suis le bon pasteur*** **IX 65-50.**

## Antienne d'ouverture

Ps 32, 1.5.6

La terre est remplie de l'amour du Seigneur ;
il a fait les cieux par sa parole, alléluia.

*Gloria.*

## Prière

Dieu éternel et tout-puissant, guide-nous jusqu'au bonheur du ciel ; que le troupeau parvienne, malgré sa faiblesse, là où son Pasteur est entré victorieux. Lui qui vit et règne avec toi dans l'unité du Saint-Esprit, Dieu, pour les siècles des siècles.

## 1re Lecture

*Appel à la conversion le jour de Pentecôte*

→ **Lecture du livre des Actes des Apôtres** 2, 14a.36-41

**Le jour de la Pentecôte**, Pierre, debout avec les onze autres Apôtres, éleva la voix et fit cette déclaration : « Que toute la maison d'Israël le sache donc avec certitude : Dieu l'a fait Seigneur et Christ, ce Jésus que vous aviez crucifié. » Les auditeurs furent touchés au cœur ; ils dirent à Pierre et aux autres Apôtres : « Frères, que devons-nous faire ? »

Pierre leur répondit : « Convertissez-vous, et que chacun de vous soit baptisé au nom de Jésus Christ pour le pardon de ses péchés ; vous recevrez alors le don du Saint-Esprit. Car la promesse est pour vous, pour vos enfants et pour tous ceux qui sont loin, aussi nombreux que le Seigneur notre Dieu les appellera. »

Par bien d'autres paroles encore, Pierre les adjurait et les exhortait en disant : « Détournez-vous de cette génération tortueuse, et vous serez sauvés. »

Alors, ceux qui avaient accueilli la parole de Pierre furent baptisés. Ce jour-là, environ trois mille personnes se joignirent à eux.

## Psaume 22

**R/. Le Seigneur est mon berger :**
**rien ne saurait me manquer.**
*ou :* **Alléluia.**

Le Seigneur est mon berger :
je ne manque de rien.
Sur des prés d'herbe fraîche,
il me fait reposer.

Il me mène vers les eaux tranquilles
et me fait revivre ;
il me conduit par le juste chemin
pour l'honneur de son nom.

Si je traverse les ravins de la mort,
je ne crains aucun mal,
car tu es avec moi :
ton bâton me guide et me rassure.

Tu prépares la table pour moi
devant mes ennemis ;
tu répands le parfum sur ma tête,
ma coupe est débordante.

Grâce et bonheur m'accompagnent
tous les jours de ma vie ;
j'habiterai la maison du Seigneur
pour la durée de mes jours.

## 2e Lecture *Jésus, le bon berger, a souffert pour notre salut*

→ **Lecture de la première lettre de saint Pierre apôtre** 2, 20b-25

**Bien-aimés,** si vous supportez la souffrance pour avoir fait le bien, c'est une grâce aux yeux de Dieu. C'est bien à cela que vous avez été appelés, car c'est pour vous que le Christ, lui aussi, a souffert ; il vous a laissé un modèle afin que vous suiviez ses traces. Lui n'a pas commis de péché ; dans sa bouche, on n'a pas trouvé de mensonge. Insulté, il ne rendait pas l'insulte, dans la souffrance, il ne menaçait pas, mais il s'abandonnait à Celui qui juge avec justice. Lui-même a porté nos péchés, dans son corps, sur le bois, afin que, morts à nos péchés, nous vivions pour la justice. Par ses blessures, nous sommes guéris. Car vous étiez errants comme des brebis ; mais à présent vous êtes retournés vers votre berger, le gardien de vos âmes.

**Alléluia. Alléluia.** Je suis le bon Pasteur, dit le Seigneur ; je connais mes brebis et mes brebis me connaissent. **Alléluia.**

## Évangile *Jésus est le bon pasteur qui donne sa vie*

→ **Évangile de Jésus Christ selon saint Jean** 10, 1-10

**En ce temps-là,** Jésus déclara : « Amen, amen, je vous le dis : celui qui entre dans l'enclos des brebis sans passer par la porte, mais qui escalade par un autre endroit, celui-là est un voleur et un bandit. Celui qui entre par la porte, c'est le pasteur, le berger des brebis. Le portier lui ouvre, et les brebis écoutent sa voix. Ses brebis à lui, il les appelle chacune par son nom, et il les fait sortir. Quand il a poussé dehors toutes les siennes, il marche à leur tête, et les brebis le suivent, car elles connaissent sa voix. Jamais elles ne suivront un étranger, mais elles s'enfuiront loin de lui, car elles ne connaissent pas la voix des étrangers. »

Jésus employa cette image pour s'adresser aux pharisiens, mais eux ne comprirent pas de quoi il leur parlait. C'est pourquoi Jésus reprit la parole : « Amen, amen, je vous le dis : Moi, je suis la porte des brebis. Tous ceux qui sont venus avant moi sont des voleurs et des bandits ; mais les brebis ne les ont pas écoutés. Moi, je suis la porte. Si quelqu'un entre en passant par moi, il sera sauvé ; il pourra entrer ; il pourra sortir et trouver un pâturage. Le voleur ne vient que pour voler, égorger, faire périr. Moi, je suis venu pour que les brebis aient la vie, la vie en abondance. »

**POUR LA PRIÈRE UNIVERSELLE**

Notre Sauveur se présente comme un berger qui connaît ses brebis et les guide par sa voix. Par lui, prions le Père :

– pour le pape, qui, tel un bon pasteur, va à la rencontre de toute détresse, afin que son message de réconciliation et de solidarité soit largement reçu ;

– pour les malades, afin qu'ils trouvent espérance et sérénité dans la confiance qu'ils mettent dans le Christ ;

– pour ceux que le Bon Pasteur appelle à le suivre dans le sacerdoce, le diaconat ou la vie religieuse, en ce dimanche des vocations, prions le Seigneur ;

– pour nous-mêmes, afin que, quel que soit notre état de vie, nous soyons heureux d'entendre dans l'Évangile la voix du Bon Berger qui nous indique la route à suivre.

## Prière sur les offrandes

Donne-nous, Seigneur, nous t'en prions, de toujours te rendre grâce par ces mystères de Pâques ; qu'ils continuent l'œuvre de notre relèvement et deviennent pour nous une source intarissable de joie. Par le Christ, notre Seigneur.

*Préface du Temps pascal, n° 1-5, pp. 43-44.*

## Antienne de la communion

Le bon Pasteur est ressuscité,
lui qui a donné sa vie pour ses brebis,
lui qui a choisi de mourir pour son troupeau, alléluia.

## Prière après la communion

Seigneur, Pasteur plein de bonté, regarde avec bienveillance ton troupeau ; tu l'as racheté par le sang précieux de ton Fils : ouvre-lui les pâturages de la vie éternelle. Par le Christ, notre Seigneur.

### La porte qui ouvre à la vérité

« Il a dit qu'il est la porte de la bergerie, ce qui veut dire qu'il les introduit dans la vérité. Sa doctrine se présente dans sa singularité, mais il a voulu qu'elle appelle tous les hommes. Il a établi des lois comme il l'a jugé bon, afin que grâce à ces lois les hommes mènent une vie conforme à sa volonté. Il a été la cause qui a fait connaître le Père à tous les hommes. C'est pourquoi nous avons abandonné les œuvres de la Loi, et nous nous appliquons à obéir aux préceptes du Christ. Nous avons donné notre vie aux règles de l'Évangile et nous mettons tous nos soins à accomplir ses commandements. Le Seigneur s'est donc très justement nommé la porte des brebis. Il est impossible de parvenir à la vérité, à moins de croire d'abord en notre Seigneur, et d'arriver par ses préceptes à entrer dans la vérité. »

Théodore de Mopsueste (428), *Commentaire de saint Jean*, dans *L'évangile selon Jean expliqué par les Pères, textes choisis et traduits* par S. Bouquet, *Les Pères dans la foi*, Paris, Desclée De Brouwer, 1985, pp. 96-97.

## CALENDRIER LITURGIQUE

| | |
|---|---|
| Di 30 | **4e dimanche de Pâques A.**<br>*Liturgie des Heures : Psautier semaine IV.*<br>*[S. Pie V, pape, † 1572 à Rome.*<br>*En Afrique du Nord,* NOTRE-DAME D'AFRIQUE.<br>*Au Canada,* Ste Marie de l'Incarnation, veuve, puis religieuse ursuline, † 1672 à Québec] |
| Lu 1er mai | *S. Joseph travailleur.* Si on célèbre cette mémoire, l'évangile Matthieu 13, 54-58 est obligatoire.<br>Actes 11, 1-18 ; Ps 41. Pour l'année A, où l'évangile ci-dessus a été lu la veille : Jean 10, 11-18 « Le bon pasteur donne sa vie pour ses brebis » |
| Ma 2 | S. Athanase, évêque d'Alexandrie, docteur de l'Église, † 373.<br>Actes 11, 19-26 ; Ps 86 ; Jean 10, 22-30 « Le Père et moi, nous sommes un » |
| Me 3 | S. PHILIPPE et S. JACQUES, Apôtres. Lectures propres : 1 Corinthiens 15,1-8 ; Ps 18 A ; Jean 14, 6-14 : « Il y a si longtemps que je suis avec vous, et tu ne me connais pas ! » |
| Je 4 | *Au Canada, Bse Marie-Léonie Paradis, vierge, † 1912.*<br>Actes 13, 13-25 ; Ps 88 ; Jean 13, 16-20 : « Si quelqu'un reçoit celui que j'envoie, il me reçoit moi-même » |
| Ve 5 | Actes 13, 26-33 ; Ps 2 ; Jean 14, 1-6 : « Moi, je suis le Chemin, la Vérité et la Vie » |
| Sa 6 | En Afrique du Nord, Ss. Jacques, diacre, Marien, lecteur, et leurs compagnons, martyrs, † 259 Cirta (Constantine). Au Canada, S. François de Laval, premier évêque de Québec, † 1708 à Québec.<br>Actes 13, 44-52 ; Ps 97 ; Jean 14, 7-14 : « Celui qui m'a vu a vu le Père »<br>*Au Luxembourg,* samedi de la 4e semaine de Pâques : LA VIERGE MARIE CONSOLATRICE DES AFFLIGÉS, patronne principale du Luxembourg. |

**Bonne fête !** 30 : Robert, Robin, Rosemonde. 1er mai : Tamara, Jérémie, Brieuc. 2 : Athanase, Antonin, Boris, Zoé. 3 : Jacques, James, Jim, Juvénal, Philippe. 4 : Florian, Sylvain. 5 : Ange, Judith. 6 : Prudence.

**Pour mémoire :** le quatrième dimanche de Pâques, dimanche du Bon Pasteur, journée des vocations.
– 30 avril, dernier dimanche d'avril, souvenir des déportés.
– 1er mai, fête du travail.

**Saint Athanase (2 mai)** fut « évêque d'Alexandrie de 328 à 373. Il n'eut qu'un objectif : défendre la foi en la divinité du Christ, qui avait été définie au concile de Nicée (325), mais se trouvait battue en brèche de partout. Ni la pusillanimité des évêques, ni les tracasseries policières, ni cinq exils ne vinrent à bout de son caractère et surtout de son amour pour le Seigneur Jésus, Dieu fait homme » (Missel romain).

# 5$^{e}$ dimanche de Pâques

**7 MAI 2023**

## Quelle Église ?

**Étrange Église** : elle est la « demeure spirituelle » faite de « pierres vivantes », afin de « présenter des sacrifices spirituels, agréables à Dieu, par Jésus Christ » (*deuxième lecture*). Mais elle est aussi un groupe humain, marqué par des conflits, des abus d'autorité, des opinions divergentes, des factions qui s'opposent, ce qui aboutit parfois à des ruptures qu'on appelle schismes.

La difficulté qui surgit peu après la Pentecôte dans le groupe des disciples paraît plus anodine : « Les veuves de langue grecque étaient désavantagées dans le service quotidien » (*première lecture*). Les Douze, déjà surchargés, trouvent une solution en créant un nouveau ministère pour s'occuper d'elles : « les Sept ». Mais cette difficulté était peut-être moins anodine qu'il n'y paraît, car sa solution a sans doute permis d'éviter un conflit, voire une rupture, entre chrétiens issus du judaïsme et chrétiens issus du paganisme. Conflit déjà attesté par la lettre de Paul aux Galates.

Assez rapidement, les fonctions des Sept seront élargies : non seulement le service des personnes en difficultés, les pauvres surtout, mais aussi, comme le montre le cas de Philippe, le service de la Parole, l'annonce de l'Évangile, et la célébration de certains sacrements, en particulier le baptême. On les appellera « diacres ».

Cependant, au-delà des divisions, au-delà des diversités ethniques et rituelles, existe, dès les débuts de l'Église, une unité profonde dont la source est la personne du Seigneur Jésus. Il est « la pierre vivante » de l'édifice ecclésial, « rejetée par les hommes, mais choisie et précieuse aux yeux de Dieu » (*deuxième lecture*). Aux fondements de l'Église, il y a l'accueil renouvelé de la parole de celui qui se déclare « le Chemin, la Vérité et la Vie », en même temps que la contemplation incessante de la mystérieuse unité de cet homme avec le Père qui demeure en lui : « Celui qui m'a vu a vu le Père », et dont il fait les œuvres. Œuvres de salut que, dans la foi, tous ses disciples sont fermement invités à imiter : « Celui qui croit en moi fera les œuvres que je fais » (*évangile*).

*Des chants sont proposés, p. 393.*

**CHANTER**

- Pour le 5e dimanche : ***Jésus chemin de vie* I 52-84.**
- On pourra aussi, pendant les dimanches du mois de mai, chanter un chant à Marie en fin de célébration (avant l'envoi).

## Antienne d'ouverture

Ps 97, 1-2

Chantez au Seigneur un chant nouveau,
car il a fait des merveilles ;
aux nations, il a révélé sa justice, alléluia.

*Gloria.*

## Prière

Dieu éternel et tout-puissant, continue d'accomplir en nous le mystère pascal ; soutiens et protège ceux que tu as voulu renouveler dans le saint baptême : qu'ils portent beaucoup de fruits et parviennent aux joies de la vie éternelle. Par Jésus Christ, ton Fils, notre Seigneur, qui vit et règne avec toi dans l'unité du Saint-Esprit, Dieu, pour les siècles des siècles.

## 1re Lecture

*L'appel au service des tables*

→ **Lecture du livre des Actes des Apôtres** 6, 1-7

**En ces jours-là**, comme le nombre des disciples augmentait, les frères de langue grecque récriminèrent contre ceux de langue hébraïque, parce que les veuves de leur groupe étaient désavantagées dans le service quotidien. Les Douze convoquèrent alors l'ensemble des disciples et leur dirent : « Il n'est pas bon que nous délaissions la parole de Dieu pour servir aux tables. Cherchez plutôt, frères, sept d'entre vous, des hommes qui soient estimés de tous, remplis d'Esprit Saint et de sagesse, et nous les établirons dans cette charge. En ce qui nous concerne, nous resterons assidus à la prière et au service de la Parole. »

Ces propos plurent à tout le monde, et l'on choisit : Étienne, homme rempli de foi et d'Esprit Saint, Philippe, Procore, Nicanor, Timon, Parménas et Nicolas, un converti au judaïsme, originaire d'Antioche. On les présenta aux Apôtres, et après avoir prié, ils leur imposèrent les mains.

La parole de Dieu était féconde, le nombre des disciples se multipliait fortement à Jérusalem, et une grande foule de prêtres juifs parvenaient à l'obéissance de la foi.

## Psaume 32

R/. **Que ton amour, Seigneur, soit sur nous,**
**comme notre espoir est en toi !**
*ou :* **Alléluia.**

Criez de joie pour le Seigneur, hommes justes !
Hommes droits, à vous la louange !
Rendez grâce au Seigneur sur la cithare,
jouez pour lui sur la harpe à dix cordes.

Oui, elle est droite, la parole du Seigneur ;
il est fidèle en tout ce qu'il fait.

Il aime le bon droit et la justice ;
la terre est remplie de son amour.

Dieu veille sur ceux qui le craignent,
qui mettent leur espoir en son amour,
pour les délivrer de la mort,
les garder en vie aux jours de famine.

## 2e Lecture

*« Vous êtes une descendance choisie, un sacerdoce royal »*

**→ Lecture de la première lettre de saint Pierre apôtre** 2, 4-9

**Bien-aimés,** approchez-vous du Seigneur Jésus : il est *la pierre vivante rejetée par les hommes*, mais choisie et précieuse devant Dieu. Vous aussi, comme pierres vivantes, entrez dans la construction de la demeure spirituelle, pour devenir le sacerdoce saint et présenter des sacrifices spirituels, agréables à Dieu, par Jésus Christ.

En effet, il y a ceci dans l'Écriture :
*Je vais poser en Sion une pierre angulaire,*
*une pierre choisie, précieuse ;*
*celui qui met en elle sa foi*
*ne saurait connaître la honte.*

Ainsi donc, honneur à vous les croyants, mais, pour ceux qui refusent de croire, il est écrit :
*La pierre qu'ont rejetée les bâtisseurs*
*est devenue la pierre d'angle,*
*une pierre d'achoppement,*
*un rocher sur lequel on trébuche.*

Ils achoppent, ceux qui refusent d'obéir à la Parole, et c'est bien ce qui devait leur arriver. Mais vous, vous êtes une descendance choisie, un sacerdoce royal, une nation sainte, un peuple destiné au salut, pour que vous annonciez les merveilles de celui qui vous a appelés des ténèbres à son admirable lumière.

**Alléluia. Alléluia.** Moi, je suis le Chemin, la Vérité et la Vie, dit le Seigneur. Personne ne va vers le Père sans passer par moi. **Alléluia.**

## Évangile

*« Je suis le Chemin, la Vérité et la Vie »*

**→ Évangile de Jésus Christ selon saint Jean** 14, 1-12

**En ce temps-là**, Jésus disait à ses disciples : « Que votre cœur ne soit pas bouleversé : vous croyez en Dieu, croyez aussi en moi. Dans la maison de mon Père, il y a de nombreuses demeures ; sinon, vous aurais-je dit : “Je pars vous préparer une place” ? Quand je serai parti vous préparer une place, je reviendrai et je vous emmènerai auprès de moi, afin que là où je suis, vous soyez, vous aussi. Pour aller où je vais, vous savez le chemin. »

Thomas lui dit : « Seigneur, nous ne savons pas où tu vas. Comment pourrions-nous savoir le chemin ? »

Jésus lui répond : « Moi, je suis le Chemin, la Vérité et la Vie ; personne ne va vers le Père sans passer par moi. Puisque vous me connaissez, vous connaîtrez aussi mon Père. Dès maintenant vous le connaissez, et vous l'avez vu. »

Philippe lui dit : « Seigneur, montre-nous le Père ; cela nous suffit. »

Jésus lui répond : « Il y a si longtemps que je suis avec vous, et tu ne me connais pas, Philippe ! Celui qui m'a vu a vu le Père. Comment peux-tu dire : “Montre-nous le Père” ? Tu ne crois donc pas que je suis dans le Père et que le Père est en moi ! Les paroles que je vous dis, je ne les dis pas de moi-même ; le Père qui demeure en moi fait ses propres œuvres. Croyez-moi : je suis dans le Père, et le Père est en moi ; si vous ne me croyez pas, croyez du moins à cause des œuvres elles-mêmes. Amen, amen, je vous le dis : celui qui croit en moi fera les œuvres que je fais. Il en fera même de plus grandes, parce que je pars vers le Père »

**POUR LA PRIÈRE UNIVERSELLE**
Dans la foi, prions le Père qui se donne à voir dans le Christ :
– pour l'Église, peuple qui appartient à Dieu, mais qui connaît aussi la division et les conflits : afin que soient trouvées des solutions justes et apaisantes, comme le firent les Apôtres, prions le Seigneur ;
– pour tous ceux qui, en ce monde, cherchent Dieu plus ou moins explicitement : afin qu'ils le découvrent davantage en contemplant la personne de Jésus qui est profondément uni à son Père, prions le Seigneur ;
– pour les diacres, afin qu'ils soient soutenus dans leur service par la communauté chrétienne, prions le Seigneur ;
– pour nous-mêmes, qui, comme Philippe, ne voyons pas toujours la grâce que nous avons d'être disciples du Christ : afin que nous cherchions à mieux le connaître et à l'aimer davantage, prions le Seigneur.

## Prière sur les offrandes

Seigneur notre Dieu, dans l'admirable échange du sacrifice eucharistique, tu nous fais participer à ton unique et souveraine divinité ; nous avons reçu la connaissance de ta vérité : accorde-nous de lui être fidèles par toute notre vie. Par le Christ, notre Seigneur.

*Préface du Temps pascal, n° 1-5, pp. 43-44.*

## Antienne de la communion

Jn 15, 1.5

Je suis la vraie vigne, et vous, les sarments, dit le Seigneur.
Celui qui demeure en moi et en qui je demeure,
celui-là porte beaucoup de fruit, alléluia.

## Prière après la communion

Dans ta bienveillance, reste auprès de ton peuple, nous t'en prions, Seigneur ; puisque tu l'as initié aux sacrements du ciel, fais-le passer de ce qui est ancien à la vie nouvelle. Par le Christ, notre Seigneur.

## Entendre Jésus, c'est entendre le Père

« On lit parfois des pages très belles sur Dieu, ses attributs, sa grandeur, son mystère. On les qualifierait volontiers de mystiques, si l'on ne redoutait de galvauder ce mot. Mais si le nom de Jésus Christ est absent, on n'évite pas le soupçon. Ce que dit l'auteur, comment le sait-il ? d'où le tient-il ? Les chrétiens ont raison de se méfier de propos théologiques qui ne procèdent pas de la connaissance du Christ, ou qui se développent sans se référer explicitement à son Évangile. Il ne faut pas se lasser de répéter la phrase-clé que nous lisons en saint Jean : "Il y a si longtemps que je suis avec vous, et tu ne me connais pas, Philippe" (Jn 14,9). Elle signifie que l'unité de Dieu et de l'homme en Jésus manifeste temporellement l'unité éternelle du Père et du Fils dans le Saint-Esprit. La voix du Fils est la voix du Père. Entendre Jésus, c'est entendre le Père. L'image que propose Urs von Balthasar est suggestive : le croyant, dit-il, saisit cette voix "comme en stéréophonie". »

François Varillon, *La souffrance de Dieu*,
Paris, Centurion, 1975, p. 33.

**Saint Jean d'Avila (10 mai)** est né vers 1500 à Almodovar de Campo, en Espagne. Ordonné prêtre, il parcourut toute l'Andalousie en prêchant le Christ. Par de nombreux écrits, il montra aux prêtres quelle était l'importance du concile de Trente qui avait décrété la réforme de l'Église catholique. Injustement soupçonné d'hérésie, il accepta d'être soumis à des interrogatoires et emprisonné. Mais cela ne l'empêcha pas d'enseigner la doctrine catholique jusqu'à sa mort (10 mai 1569) (D'après le Missel romain).

## CALENDRIER LITURGIQUE

**Di 7** **5e dimanche de Pâques A.**
*Liturgie des Heures : Psautier semaine I.*

**Lu 8** *En Afrique du Nord, Bx Pierre Claverie, dominicain, évêque † 1996, et ses compagnons, religieux et martyrs, en particulier les moines cisterciens de Tibhirine † 1996.*
Au Canada, Bse Catherine de Saint-Augustin, vierge, † 1668.
Actes 14, 5-18 ; Ps 113 B ; Jean 14, 21-26 : « L'Esprit Saint que le Père enverra en mon nom, lui, vous enseignera tout »

**Ma 9** *En France, Ste Louise de Marillac, fondatrice des Filles de la Charité,* † 1660 à Paris.
Actes 14, 19-28 ; Ps 144 ; Jean 14, 27-31a : « Je vous donne ma paix »

**Me 10** *S. Jean d'Avila, prêtre et docteur de l'Église, auteur spirituel et fondateur de séminaires, † 1569 à Montilla près de Cordoue.*
*En Belgique*, S. Damien De Veuster, prêtre, religieux des Sacrés-Cœurs, apôtre des lépreux, † 1889 (15 avril) à Molokaï (archipel des Hawaï).
Actes 15, 1-6 ; Ps 121 ; Jean 15, 1-8 : « Celui qui demeure en moi et en qui je demeure, celui-là porte beaucoup de fruit »

**Je 11** Actes 15, 7-21 ; Ps 95 ; Jean 15, 9-11 : « Demeurez dans mon amour pour que votre joie soit parfaite »

**Ve 12** *S. Nérée et S. Achille, martyrs, † 304-305 à Rome.*
*S. Pancrace, martyr, † 304-305 à Rome.*
Actes 15, 22-31 ; Ps 56 ; Jean 15, 12-17 : « Voici ce que je vous commande : c'est de vous aimer les uns les autres »

**Sa 13** *Notre-Dame de Fatima (1917).*
Actes 16, 1-10 ; Ps 99 ; Jean 15, 18-21 : « Vous n'appartenez pas au monde, puisque je vous ai choisis en vous prenant dans le monde »

***Bonne fête !*** 7 : Flavie. 8 : Désiré. 9 : Pacôme, Isaïe. 10 : Solange, Damien. 11 : Mayeul, Estelle, Stella. 12 : Achille, Nérée, Simon. 13 : Rolande.

# 6$^{e}$ dimanche de Pâques

**14 MAI 2023**

## La spirale d'amour

**Le temps de Pâques** se poursuit en dévoilant des éléments-clés de la vie chrétienne. Tout commence par une proclamation concernant le Christ, faite par Philippe, l'un des Sept (*première lecture)*. Elle s'adresse à tous, même à des Samaritains, ces fils d'Israël considérés comme hérétiques par les Juifs orthodoxes. Mais à la différence de la plupart de ces derniers, les Samaritains acceptent la Bonne nouvelle, le message et les signes qui l'accompagnent. En conséquence, ils trouvent la joie et peuvent être baptisés. Une nouvelle étape de l'évangélisation est franchie. Mais l'initiation chrétienne n'est pas achevée : après le baptême au nom de Jésus, le don de l'Esprit Saint est conféré par l'imposition des mains accomplie par deux apôtres, Pierre et Jean. Déjà apparaît une distinction entre le baptême et la confirmation.

Le contenu du message de l'évangile est précisé par l'apôtre Pierre (*deuxième lecture*). Dans les conditions difficiles où se trouvent les premiers disciples qui, rapidement, souffrent la persécution, il redit les points centraux du message pascal : « Le Christ, lui aussi, a souffert » ; c'était « pour les péchés » ; « il a été mis à mort dans la chair ; mais vivifié dans l'Esprit. » Telle est l'espérance qui est au cœur des disciples et qu'ils sont invités à défendre devant quiconque leur demande d'en rendre raison. Cette défense, *apologia* en grec, sera largement pratiquée par les générations suivantes, saint Justin par exemple, philosophe martyrisé à Rome vers 165, qui a écrit deux Apologies. Elle est une exigence permanente de la foi qui cherche à comprendre et à se transmettre.

L'accueil de l'Esprit par l'être humain le fait participer à la vie nouvelle du Christ « vivifié dans l'Esprit ». Cette vie est faite de tout un jeu de relations entre diverses personnes : Jésus, le Père, l'Esprit de vérité, le(s) disciple(s), comme le montre l'évangile de Jean (*évangile*).

Ces relations ne sont pas autre chose que l'amour unissant les trois personnes divines entre elles, et débordant sur les humains qui entrent dans la spirale de cet amour.

*Des chants sont proposés, p. 43-44.*

**CHANTER**

- Pour le 6e dimanche : ***Celui qui aime son frère* DL 32-89.**
- On pourra aussi, pendant les dimanches du mois de mai, chanter un chant à Marie en fin de célébration (avant l'envoi).

## Antienne d'ouverture

cf. Is 48, 20

Avec des cris de joie, répandez la nouvelle,
portez-la jusqu'aux extrémités de la terre :
le Seigneur a libéré son peuple, alléluia.

*Gloria.*

## Prière

Dieu tout-puissant, accorde-nous, en ces jours de fête, de célébrer avec ferveur le Seigneur ressuscité : puissions-nous mettre en œuvre fidèlement tout ce dont nous faisons mémoire. Par Jésus Christ, ton Fils, notre Seigneur, qui vit et règne avec toi dans l'unité du Saint-Esprit, Dieu, pour les siècles des siècles.

## 1re Lecture

*Évangélisation de la Samarie*

→ **Lecture du livre des Actes des Apôtres** 8, 5-8.14-17

**En ces jours-là,** Philippe, l'un des Sept, arriva dans une ville de Samarie, et là il proclamait le Christ. Les foules, d'un même cœur, s'attachaient à ce que disait Philippe, car

TEMPS PASCAL

elles entendaient parler des signes qu'il accomplissait, ou même les voyaient. Beaucoup de possédés étaient délivrés des esprits impurs, qui sortaient en poussant de grands cris. Beaucoup de paralysés et de boiteux furent guéris. Et il y eut dans cette ville une grande joie.

Les Apôtres, restés à Jérusalem, apprirent que la Samarie avait accueilli la parole de Dieu. Alors ils y envoyèrent Pierre et Jean. À leur arrivée, ceux-ci prièrent pour ces Samaritains afin qu'ils reçoivent l'Esprit Saint ; en effet, l'Esprit n'était encore descendu sur aucun d'entre eux : ils étaient seulement baptisés au nom du Seigneur Jésus. Alors Pierre et Jean leur imposèrent les mains, et ils reçurent l'Esprit Saint.

## Psaume 65

R/. **Terre entière, acclame Dieu, chante le Seigneur !**
*ou :* **Alléluia.**

Acclamez Dieu, toute la terre ;
fêtez la gloire de son nom,
glorifiez-le en célébrant sa louange.
Dites à Dieu : « Que tes actions sont redoutables ! »

Toute la terre se prosterne devant toi,
elle chante pour toi, elle chante pour ton nom.
Venez et voyez les hauts faits de Dieu,
ses exploits redoutables pour les fils des hommes.

Il changea la mer en terre ferme :
ils passèrent le fleuve à pied sec.
De là, cette joie qu'il nous donne.
Il règne à jamais par sa puissance.

Venez, écoutez, vous tous qui craignez Dieu :
je vous dirai ce qu'il a fait pour mon âme ;
Béni soit Dieu qui n'a pas écarté ma prière,
ni détourné de moi son amour !

## 2e Lecture *Prêcher par la parole et par l'exemple*

**→ Lecture de la première lettre de saint Pierre apôtre** 3, 15-18

**Bien-aimés**, honorez dans vos cœurs la sainteté du Seigneur, le Christ. Soyez prêts à tout moment à présenter une défense devant quiconque vous demande de rendre raison de l'espérance qui est en vous ; mais faites-le avec douceur et respect. Ayez une conscience droite, afin que vos adversaires soient pris de honte sur le point même où ils disent du mal de vous pour la bonne conduite que vous avez dans le Christ. Car mieux vaudrait souffrir en faisant le bien, si c'était la volonté de Dieu, plutôt qu'en faisant le mal. Car le Christ, lui aussi, a souffert pour les péchés, une seule fois, lui, le juste, pour les injustes, afin de vous introduire devant Dieu ; il a été mis à mort dans la chair ; mais vivifié dans l'Esprit.

**Alléluia. Alléluia.** Si quelqu'un m'aime, il gardera ma parole, dit le Seigneur ; mon Père l'aimera, et nous viendrons vers lui. **Alléluia**

## Évangile *Promesse de la venue de l'Esprit Saint*

**→ Évangile de Jésus Christ selon saint Jean** 14, 15-21

**En ce temps-là**, Jésus disait à ses disciples : « Si vous m'aimez, vous garderez mes commandements. Moi, je prierai le Père, et il vous donnera un autre Défenseur qui sera pour toujours avec vous : l'Esprit de vérité, lui que le monde ne peut recevoir, car il ne le voit pas et ne le connaît pas ; vous, vous le connaissez, car il demeure auprès de vous, et il sera en vous. Je ne vous laisserai pas orphelins, je reviens vers vous. D'ici peu de temps, le monde ne me verra plus, mais vous, vous me verrez vivant, et vous vivrez aussi. En ce jour-là, vous reconnaîtrez que je suis en mon Père, que vous êtes en moi, et moi en vous. Celui qui reçoit mes commandements et les garde, c'est celui-là qui m'aime ; et celui qui m'aime sera aimé de mon Père ; moi aussi, je l'aimerai, et je me manifesterai à lui. »

---

**POUR LA PRIÈRE UNIVERSELLE**

Nous appuyant sur le Christ qui a promis de prier le Père pour les siens, supplions le Seigneur :
– pour les ministres de l'Église, diacres, prêtres et évêques, afin qu'ils transmettent dans la joie la parole du Christ et la vie dans l'Esprit Saint ;
– pour les témoins de l'Évangile, en particulier les catéchistes et les théologiens, afin qu'ils aient toujours la force de présenter, avec douceur et respect, une défense devant quiconque leur demande de rendre raison de l'espérance qui est en eux ;
– pour les personnes qui souffrent dans leur corps ou dans leur âme, afin qu'elles se souviennent que le Christ, lui aussi, a souffert ;
– pour les membres de notre assemblée, afin que notre conduite exprime toujours l'amour que le Christ nous offre et nous demande de pratiquer à son exemple.

---

## Prière sur les offrandes

Que nos prières montent vers toi, Seigneur, avec ces offrandes pour le sacrifice ; dans ta bonté, purifie-nous, et nous serons mieux préparés au sacrement de ton amour infini. Par le Christ, notre Seigneur.

*Préface du Temps pascal, nº 1-5, pp. 43-44.*

## Antienne de la communion

Jn 14, 15-16

Si vous m'aimez, dit le Seigneur,
vous garderez mes commandements.
Moi, je prierai le Père et il vous donnera un autre Défenseur
qui sera pour toujours avec vous, alléluia.

## Prière après la communion

Dieu éternel et tout-puissant, dans la résurrection du Christ, tu nous recrées pour la vie éternelle ; multiplie en nous les fruits du sacrement pascal : répands en nos cœurs la force de cette nourriture qui apporte le salut. Par le Christ, notre Seigneur.

## L'Esprit vient parfaire la présence de Jésus

« "Je reviens vers vous" (Jn 14,8). On peut être conduit à expliquer cette déclaration de la façon suivante : "Jésus est revenu, mais dans son Esprit, c'est-à-dire que son Esprit est venu à sa place, et quand il dit qu'il est avec nous, cela signifierait seulement que son Esprit est avec nous." Certes, nul ne peut nier cette vérité si belle et si consolante que le Saint-Esprit est bien venu. Mais pourquoi est-il venu ? Pour suppléer à l'absence du Christ, ou bien pour parfaire sa présence ? Incontestablement pour le rendre présent. L'Esprit de Dieu n'est pas venu pour que le Christ ne vienne pas, mais il vient plutôt de telle sorte que le Christ puisse venir en sa venue. Par le Saint-Esprit, nous sommes en communion avec le Père et le Fils. Le Saint-Esprit cause, provoque la foi, l'habitation du Christ dans le cœur. Ainsi l'Esprit ne prend-il pas la place du Christ dans l'âme, mais il assure au Christ cette place. »

John Henry Newman (1890), *Parochial and Plain Sermons*, VI, 10, London – Oxford - Cambridge Rivingtons. 1868, pp. 125-126.

## CALENDRIER LITURGIQUE

| | |
|---|---|
| Di 14 | **6e dimanche de Pâques A.**<br>*Liturgie des Heures : Psautier semaine II.*<br>[S. MATTHIAS, Apôtre] |
| Lu 15 | *À Monaco, S. Pons, né à Rome et converti, martyr à Cimiez † 258*<br>Actes 16, 11-15 ; Ps 149 ; Jean 15, 26–16, 4a : « L'Esprit de vérité rendra témoignage en ma faveur » |
| Ma 16 | Actes 16, 22-34 ; Ps 137 ; Jean 16, 5-11 : « Si je ne m'en vais pas, le Défenseur ne viendra pas à vous » |
| Me 17 | Actes 17, 15.22–18, 1 ; Ps 148 ; Jean 16, 12-15 : « L'Esprit de vérité vous conduira dans la vérité tout entière » |
| Je 18 | **ASCENSION DU SEIGNEUR, p. 435.**<br>[S. Jean Ier, pape et martyr, † 526 à Ravenne] |
| Ve 19 | *En France, S. Yves, prêtre et juge, † 1303 à Tréguier.*<br>Actes 18, 9-18 ; Ps 46 ; Jn 16, 20-23a : « Votre joie, personne ne vous l'enlèvera » |
| Sa 20 | *S. Bernardin de Sienne, prêtre, franciscain, † 1444 à L'Aquila (Italie).*<br>Actes 18, 23-28 ; Ps 46 ; Jean 16, 23b-28 : « Le Père lui-même vous aime, parce que vous m'avez aimé et vous avez cru » |

**Bonne fête !** 14 : Matthias. 15 : Denise, Victorin. 16 : Honoré. 17 : Pascal. 18 : Éric, Corinne, Coralie. 19 : Yves, Yvon, Yvonne, Célestin, Erwin. 20 : Bernardin.

**Pour mémoire :** 2e dimanche de mai, en Belgique, fête des mères.

**Saint Bernardin de Sienne (20 mai)**, religieux « franciscain (1380-1444), prit en quelque sorte la relève du dominicain Vincent Ferrier (connu en Bretagne) comme prédicateur populaire pour inviter les chrétiens à regarder au-delà d'un monde déchiré. De Milan à Rome, il parcourait les villes, prêchant l'amour infini de Dieu et présentant le nom de Jésus comme la sauvegarde contre tous les maux » (*Missel rom.*).

# Ascension du Seigneur

**18 MAI 2023**

## Sur la terre comme au ciel

**Le mystère pascal** comporte plusieurs dimensions : l'élévation sur la croix, qui est l'abaissement radical du Fils de Dieu venu partager notre condition mortelle ; au troisième jour, le surgissement du tombeau, qui est le dépassement de la condition biologique pour accéder à une vie toute nouvelle par l'Esprit de Dieu ; puis les rencontres du Ressuscité avec les siens, en sorte qu'ils puissent témoigner de sa Pâque ; la dernière rencontre étant, au quarantième jour, l'élévation du Fils unique : avec sa chair humaine transfigurée, il est accueilli dans la gloire du Père.

Jésus s'élève, mais il ne cesse pas d'être avec nous, quoique sous une autre forme. Comme le dit l'une des prières : « le Fils monte au ciel », mais, « selon sa promesse, il est toujours avec nous sur la terre » (*prière de la veille au soir*). Comme le dit la première préface, « sans quitter notre condition humaine, le premier, il entre au ciel, tête de l'Église [...], et il donne aux membres de son Corps l'espérance de le rejoindre un jour. » Et la deuxième préface : « il s'éleva au ciel pour nous rendre participants de sa divinité. » La célébration de l'Ascension du Seigneur manifeste la double condition du chrétien qui appartient désormais à la fois à la terre et au ciel.

Notre vie auprès de Dieu fait encore l'objet de notre espérance, mais, déjà, elle est partiellement réalisée puisque, par le don de l'Esprit reçu à la Pentecôte et à notre baptême, nous participons déjà à la condition divine du Ressuscité dont nous devenons les frères et les sœurs (*évangile*). Il est bon d'en prendre conscience, et de prier Dieu de nous accorder « d'habiter en esprit dans la demeure des cieux » (*2e prière de la messe du jour*).

La pleine participation à cette condition nouvelle se réalisera lors de la venue du Christ : « Ce Jésus qui a été enlevé au ciel d'auprès de vous,

TEMPS PASCAL

viendra de la même manière que vous l'avez vu s'en aller vers le ciel » (*première lecture*).

Chaque eucharistie le rappelle, à « nous qui attendons que se réalise cette bienheureuse espérance : l'avènement de Jésus Christ, notre Sauveur » (*prière après le Notre Père*).

**CHANTER**

- Pour la procession d'ouverture : ***Le Seigneur monte au ciel* I 35, *Dans la joie, le Seigneur* JU 108, *Vers le ciel où tu t'élèves* JP 35-78, *Christ est vraiment ressuscité* I 169 CNA 487.**
- Après la Parole : ***Entré dans la gloire* JP 15-52-5.**
- Pour la procession de communion : ***L'homme qui prit le pain* D 254, *Nous partageons le pain nouveau* D 184-4 CNA 335.**
- Pour l'action de grâce : ***N'oublions pas les merveilles de Dieu* ZL 33-34, *Par la musique et par nos voix* Y 43-38 CNA 572.**
- Pour l'envoi : ***Allez par toute la terre* TL 20-76 CNA 533, *Exultez de joie, peuple de la terre* I 508.**

**CÉLÉBRER**

- Pour l'Ascension, l'édition de 2008 du Missel latin présente deux séries de prières et d'antiennes, l'une pour la messe de la veille au soir, qui est nouvelle, et l'autre pour la messe du jour, qui est celle que nous avions auparavant, et qui a en outre une deuxième prière d'ouverture au choix. Le formulaire est donc plus riche.

# Messe de la veille au soir

## Antienne d'ouverture

cf. Ps 67, 33-35

Royaumes de la terre, chantez pour Dieu,
jouez pour le Seigneur ;
il monte au plus haut des cieux ;
dans la nuée, sa splendeur et sa puissance. Alléluia.

*Gloria.*

## Prière

Aujourd'hui, Seigneur Dieu, ton Fils monte au ciel en présence des Apôtres ; nous t'en prions : puisque, selon sa promesse, il est toujours avec nous sur la terre, accorde-nous de vivre avec lui dans le ciel. Lui qui vit et règne avec toi dans l'unité du Saint-Esprit, Dieu, pour les siècles des siècles.

*Pour les lectures et la prière universelle, voir la messe du jour.*

## Prière sur les offrandes

Seigneur Dieu, ton Fils unique, notre souverain Prêtre, est vivant à jamais et siège à ta droite, pour intercéder en notre faveur : accorde-nous d'avancer avec assurance vers le trône de la grâce pour obtenir ta miséricorde. Par le Christ, notre Seigneur.

*Préface de l'Ascension, voir à la messe du jour.*

*Dans les prières eucharistiques, textes propres à l'Ascension.*

## Antienne de communion

cf. He 10,12

Jésus Christ, après avoir offert pour les péchés
un unique sacrifice,
siège pour toujours à la droite de Dieu, alléluia.

## Prière après la communion

Que les dons reçus à ton autel, Seigneur, embrasent nos cœurs du désir du ciel, notre patrie, afin qu'en marchant sur les traces du Sauveur, nous cherchions à parvenir là où il est entré pour nous en précurseur. Lui qui vit et règne pour les siècles des siècles.

*Bénédiction solennelle, p. 443.*

# Messe du jour

## Antienne d'ouverture

cf. Ac 1, 11

Hommes de Galilée, pourquoi restez-vous là
à regarder vers le ciel ?
Il viendra de la même manière,
celui que vous avez vu s'en aller vers le ciel, alléluia.

*Gloria.*

## Prière

Dieu tout-puissant, fais-nous exulter d'une joie sainte et nous réjouir dans une fervente action de grâce, car l'ascension de ton Fils, le Christ, nous introduit déjà auprès de toi, nous, les membres du corps dont il est la tête, appelés à vivre en espérance dans la gloire où il nous a précédés. Lui qui vit et règne avec toi dans l'unité du Saint-Esprit, Dieu, pour les siècles des siècles.

*ou bien*

Nous t'en prions, Dieu tout-puissant : puisque nous croyons que ton Fils unique, notre Rédempteur, est aujourd'hui monté au ciel, accorde-nous d'habiter en esprit dans la demeure des cieux. Par Jésus Christ, ton Fils, notre Seigneur, qui vit et règne avec toi dans l'unité du Saint-Esprit, Dieu, pour les siècles des siècles.

## 1re Lecture

*L'Ascension du Seigneur*

→ **Commencement du livre des Actes des Apôtres** 1, 1-11

**Cher Théophile,** dans mon premier livre j'ai parlé de tout ce que Jésus a fait et enseigné depuis le moment où il commença, jusqu'au jour où il fut enlevé au ciel, après avoir, par l'Esprit Saint, donné ses instructions aux Apôtres qu'il avait choisis. C'est à eux qu'il s'est présenté vivant après sa Passion ; il leur en a donné bien des preuves, puisque, pendant quarante jours, il leur est apparu et leur a parlé du royaume de Dieu.

Au cours d'un repas qu'il prenait avec eux, il leur donna l'ordre de ne pas quitter Jérusalem, mais d'y attendre que s'accomplisse la promesse du Père. Il déclara : « Cette promesse, vous l'avez entendue de ma bouche : alors que Jean a baptisé avec l'eau, vous, c'est dans l'Esprit Saint que vous serez baptisés d'ici peu de jours. » Ainsi réunis, les Apôtres l'interrogeaient : « Seigneur, est-ce maintenant le temps où tu vas rétablir le royaume pour Israël ? » Jésus leur répondit : « Il ne vous appartient pas de connaître les temps et les moments que le Père a fixés de sa propre autorité. Mais vous allez recevoir une force quand le Saint-Esprit viendra sur vous ; vous serez alors mes témoins à Jérusalem, dans toute la Judée et la Samarie, et jusqu'aux extrémités de la terre. » Après ces paroles, tandis que les Apôtres le regardaient, il s'éleva, et une nuée vint le soustraire à leurs yeux. Et comme ils fixaient encore le ciel où Jésus s'en allait, voici que, devant eux, se tenaient deux hommes en vêtements blancs, qui leur dirent : « Galiléens, pourquoi restez-vous là à regarder vers le ciel ? Ce Jésus qui a été enlevé au ciel d'auprès de vous, viendra de la même manière que vous l'avez vu s'en aller vers le ciel. »

## Psaume 46

R/. **Dieu s'élève parmi les ovations,**
**le Seigneur, aux éclats du cor.**
*ou* : **Alléluia.**

Tous les peuples, battez des mains,
acclamez Dieu par vos cris de joie !
Car le Seigneur est le Très-Haut, le redoutable,
le grand roi sur toute la terre.

Dieu s'élève parmi les ovations,
le Seigneur, aux éclats du cor.
Sonnez pour notre Dieu, sonnez,
sonnez pour notre roi, sonnez !

Car Dieu est le roi de la terre :
que vos musiques l'annoncent !
Il règne, Dieu, sur les païens,
Dieu est assis sur son trône sacré.

## 2e Lecture

*Héritiers de la gloire du Christ*

**→ Lecture de la lettre de saint Paul apôtre aux Éphésiens** 1, 17-23

**Frères**, que le Dieu de notre Seigneur Jésus Christ, le Père dans sa gloire, vous donne un esprit de sagesse qui vous le révèle et vous le fasse vraiment connaître. Qu'il ouvre à sa lumière les yeux de votre cœur, pour que vous sachiez quelle espérance vous ouvre son appel, la gloire sans prix de l'héritage que vous partagez avec les fidèles, et quelle puissance incomparable il déploie pour nous, les croyants : c'est l'énergie, la force, la vigueur qu'il a mise en œuvre dans le Christ quand il l'a ressuscité d'entre les morts et qu'il l'a fait asseoir à sa droite dans les cieux. Il l'a établi au-dessus de tout être céleste : Principauté, Souveraineté, Puissance et Domination, au-dessus de tout nom que l'on puisse nommer, non seulement dans le monde présent mais aussi dans le monde à venir. Il a tout mis sous ses pieds et, le plaçant plus haut que tout, il a fait de lui la tête de l'Église qui est son corps, et l'Église, c'est l'accomplissement total du Christ, lui que Dieu comble totalement de sa plénitude.

**Alléluia. Alléluia.** Allez ! De toutes les nations faites des disciples, dit le Seigneur. Moi, je suis avec vous tous les jours jusqu'à la fin du monde. **Alléluia.**

## Évangile

*Ultime envoi en mission*

→ **Évangile de Jésus Christ selon saint Matthieu** 28, 16-20

**En ce temps-là**, les onze disciples s'en allèrent en Galilée, à la montagne où Jésus leur avait ordonné de se rendre. Quand ils le virent, ils se prosternèrent, mais certains eurent des doutes. Jésus s'approcha d'eux et leur adressa ces paroles : « Tout pouvoir m'a été donné au ciel et sur la terre. Allez ! De toutes les nations faites des disciples : baptisez-les au nom du Père, et du Fils, et du Saint-Esprit, apprenez-leur à observer tout ce que je vous ai commandé. Et moi, je suis avec vous tous les jours jusqu'à la fin du monde. »

**POUR LA PRIÈRE UNIVERSELLE**

Jésus est avec nous jusqu'à la fin du monde. Par lui, prions le Père avec confiance :

– pour le pape et les évêques, afin que, comme les Apôtres, ils soient des témoins dynamiques du Christ ressuscité dans toutes les nations ;

– pour les contemplatifs, afin que, dans l'Église, ils soient les veilleurs qui gardent vive l'attente du Christ qui viendra dans la gloire pour être tout en tous ;

– pour nous-mêmes, afin que, sans négliger nos tâches terrestres, nous ayons le désir de vivre avec Dieu à jamais.

## Prière sur les offrandes

Seigneur, en ce jour où nous fêtons l'admirable ascension de ton Fils auprès de toi, nous te présentons humblement ce sacrifice ; nous t'en prions, fais que cet échange très saint élève nos cœurs vers les réalités célestes. Par le Christ, notre Seigneur.

## Préface

*Le mystère de l'Ascension*

*Ou préface de Pâques, n° 1-5, pp. 43-44, ou de l'Ascension, n° 2, p. 448 (au 7e dimanche).*

Vraiment, il est juste et bon, pour ta gloire et notre salut, de t'offrir notre action de grâce, toujours et en tout lieu, Seigneur, Père très saint, Dieu éternel et tout-puissant.
Car le Seigneur Jésus, le Roi de gloire, vainqueur du péché et de la mort, s'élève aujourd'hui au plus haut des cieux devant les anges émerveillés, lui, le Médiateur entre Dieu et les hommes, Juge du monde et Seigneur de l'univers.
Sans quitter notre condition humaine, le premier, il entre au ciel, tête de l'Église et commencement de tout ce qui existe, et il donne aux membres de son Corps l'espérance de le rejoindre un jour.
C'est pourquoi la joie pascale rayonne par tout l'univers, la terre entière exulte, les puissances d'en haut et les anges dans le ciel chantent sans fin l'hymne de ta gloire :
Saint ! Saint ! Saint, le Seigneur, Dieu de l'univers !...

*Dans les Prières eucharistiques, textes propres à l'Ascension.*

## Antienne de la communion

Mt 28, 20

Je suis avec vous tous les jours,
jusqu'à la fin du monde, alléluia.

## Prière après la communion

Dieu éternel et tout-puissant, tu nous donnes d'avoir part aux mystères divins alors que nous sommes encore sur la terre ; mets en nos cœurs un grand désir d'être unis au Christ en qui notre nature humaine est déjà près de toi. Lui qui vit et règne pour les siècles des siècles.

## Bénédiction solennelle

Aujourd'hui, le Fils unique est entré au plus haut des cieux, il a ouvert la voie pour que vous puissiez vous élever jusqu'à lui ; que Dieu tout-puissant vous comble de sa bénédiction. R/. **Amen.**
Après sa résurrection, le Christ s'est manifesté à ses disciples : quand il viendra pour le jugement, qu'il vous soit favorable à jamais. R/. **Amen.**
Le Christ, vous le croyez, siège avec le Père dans la gloire : puissiez-vous éprouver, avec joie, qu'il reste auprès de vous jusqu'à la fin du monde, comme il vous l'a promis. R/. **Amen.**
Et que la bénédiction de Dieu tout-puissant, le Père, et le Fils, ✠ et le Saint-Esprit, descende sur vous et y demeure toujours. R/. **Amen.**

## Rechercher l'absence ardente du Christ

« C'est l'effacement de Jésus le jour de l'Ascension qui a rendu possible la vie et le témoignage de l'Église depuis vingt siècles. Son absence n'a pas seulement permis l'Écriture qui nous transmet son message. Elle engendre encore aujourd'hui cette Écriture vive, Écriture imprévisible que tracent jour après jour les disciples de Jésus disséminés sur tous les chemins du monde. Ce Jésus que nous aimons sans l'avoir vu, ce Jésus qui peuple nos solitudes et qui hante nos communions, il nous échappe toujours dès que nous cherchons à mettre la main dessus. Il est devant nous, au-delà des personnages dans lesquels nous voulons l'enfermer. Et cela est bien ainsi, car le posséder une fois pour toutes selon son visage historique, dogmatique, culturel, politique, ce serait déjà ne plus rechercher son absence ardente. »

Claude Geffré, *Un espace pour Dieu*, Cerf, 1980, p. 73.

# 7e dimanche de Pâques

**21 MAI 2023**

## Prier avec Jésus qui prie pour nous

**Entre l'Ascension et la Pentecôte,** les Apôtres ainsi que des femmes, dont Marie, et des membres de sa parenté, qui avaient vu Jésus monter au ciel, se réunirent dans « la chambre haute » à Jérusalem, afin de prier (*première lecture*) comme Jésus l'avait fait avec eux avant son grand passage, et comme il ne cesse de le faire. Lui, il n'était plus dans le monde ; mais eux y étaient encore, et ils avaient besoin d'être soutenus par la force que donne la prière et par le souvenir des paroles qu'il leur avait données.

Pendant cette dizaine de jours, nous pouvons, nous aussi, à leur exemple, intensifier notre prière et notre lecture de la Bible, en préparation de la fête de la Pentecôte où nous accueillerons à nouveau le don de l'Esprit qui nous accompagne depuis notre baptême et notre confirmation. Nous pourrions, avec la liturgie, relire et méditer ce qui est un sommet de l'Évangile et du Nouveau Testament : la prière dite sacerdotale du Christ à son Père (Jean 17), dont nous entendons aujourd'hui les premiers versets (*évangile*).

Cette prière sublime nous tourne vers le Père à la suite du Fils qui lui est profondément uni. Elle nous révèle l'immense tendresse du Père. En quelque sorte, elle anticipe la vie éternelle qui consiste à le connaître, lui le seul vrai Dieu, et celui qu'il a envoyé, Jésus Christ. Dans ce texte, le monde a une double signification : positive, le monde créé par Dieu, et négative : le monde hostile à Dieu et à ses fidèles. Le chrétien est appelé à vivre dans le monde voulu par le Créateur et à y témoigner du Christ, qui vient sauver tous les hommes. Mais, en même temps, il y est en bute à l'incompréhension, voire à l'opposition violente, d'un monde où les puissances du mal exercent encore leur domination.

Pour garder courage, le chrétien a besoin de redire cette prière débordant de l'amour que Jésus porte à son Père, et aussi de celui qu'il porte à ses disciples, en particulier à ceux qui rencontrent des difficultés à cause de la foi qu'ils professent (*deuxième lecture*).

**CHANTER**

- Ce dimanche nous tourne déjà vers la venue de l'Esprit Saint, à la Pentecôte. Le choix des chants portera cette orientation.
- Pour la procession d'ouverture : ***À ce monde que tu fais*** **RT 146-1 CNA 526**, ***Dans la puissance de l'Esprit*** **K 26-29 CNA 488,** ***Appelés pour bâtir le Royaume*** **TK 51-32.**
- Pour la procession de communion : ***N'oublions pas les merveilles de Dieu*** **ZL 33-34,** ***Celui qui a mangé de ce pain*** **D 140-2 CNA 321.**
- Pour l'action de grâce : ***Dieu très haut qui fais merveilles*** **Y 127-1 CNA 548.**
- On pourra aussi, pendant les dimanches du mois de mai, chanter un chant à Marie en fin de célébration (avant l'envoi).

## Antienne d'ouverture

Ps 26, 7-9

Écoute, Seigneur, je t'appelle.
Mon cœur m'a redit ta parole :
Cherchez ma face.
C'est ta face, Seigneur, que je cherche :
ne me cache pas ta face, alléluia.

*Gloria.*

## Prière

Sois favorable à nos supplications, Seigneur : nous croyons que le Sauveur du genre humain est auprès de toi dans la gloire ; puissions-nous éprouver qu'il demeure avec nous jusqu'à la fin du monde, comme lui-même l'a promis. Lui qui vit et règne avec toi dans l'unité du Saint-Esprit, Dieu, pour les siècles des siècles.

## 1re Lecture *« Tous, d'un même cœur, étaient assidus à la prière »*

**→ Lecture du livre des Actes des Apôtres** 1, 12-14

Les **Apôtres**, après avoir vu Jésus s'en aller vers le ciel, retournèrent à Jérusalem depuis le lieu-dit « mont des Oliviers » qui en est proche, – la distance de marche ne dépasse pas ce qui est permis le jour du sabbat. À leur arrivée, ils montèrent dans la chambre haute où ils se tenaient habituellement ; c'était Pierre, Jean, Jacques et André, Philippe et Thomas, Barthélemy et Matthieu, Jacques fils d'Alphée, Simon le Zélote, et Jude fils de Jacques.

Tous, d'un même cœur, étaient assidus à la prière, avec des femmes, avec Marie la mère de Jésus, et avec ses frères.

## Psaume 26

**R/. J'en suis sûr, je verrai les bontés du Seigneur**
**sur la terre des vivants.**
*ou :* **Alléluia.**

Le Seigneur est ma lumière et mon salut ;
de qui aurais-je crainte ?
Le Seigneur est le rempart de ma vie ;
devant qui tremblerais-je ?

J'ai demandé une chose au Seigneur,
la seule que je cherche :
habiter la maison du Seigneur
tous les jours de ma vie,
pour admirer le Seigneur dans sa beauté

et m'attacher à son temple.
Écoute, Seigneur, je t'appelle !
Pitié ! Réponds-moi !
Mon cœur m'a redit ta parole :
« Cherchez ma face. »

## 2e Lecture

*Heureux de souffrir avec le Christ*

→ **Lecture de la première lettre de saint Pierre apôtre** 4, 13-16

**Bien-aimés**, dans la mesure où vous communiez aux souffrances du Christ, réjouissez-vous, afin d'être dans la joie et l'allégresse quand sa gloire se révélera. Si l'on vous insulte pour le nom du Christ, heureux êtes-vous, parce que l'Esprit de gloire, l'Esprit de Dieu, repose sur vous. Que personne d'entre vous, en effet, n'ait à souffrir comme meurtrier, voleur, malfaiteur, ou comme agitateur. Mais si c'est comme chrétien, qu'il n'ait pas de honte, et qu'il rende gloire à Dieu pour ce nom-là.

**Alléluia. Alléluia.** Je ne vous laisserai pas orphelins, dit le Seigneur ; je reviens vers vous, et votre cœur se réjouira. **Alléluia.**

## Évangile

*L'ultime prière du Christ*

→ **Évangile de Jésus Christ selon saint Jean** 17, 1b-11a

**En ce temps-là**, Jésus leva les yeux au ciel et dit : « Père, l'heure est venue. Glorifie ton Fils afin que le Fils te glorifie. Ainsi, comme tu lui as donné pouvoir sur tout être de chair, il donnera la vie éternelle à tous ceux que tu lui as donnés. Or, la vie éternelle, c'est qu'ils te connaissent, toi le seul vrai Dieu, et celui que tu as envoyé, Jésus Christ.

Moi, je t'ai glorifié sur la terre en accomplissant l'œuvre que tu m'avais donnée à faire. Et maintenant, glorifie-moi auprès de toi, Père, de la gloire que j'avais auprès de toi avant que le monde existe. J'ai manifesté ton nom aux hommes que tu as pris dans le monde pour me les donner. Ils étaient à toi, tu me les as donnés, et ils ont gardé ta parole. Maintenant, ils ont reconnu que tout ce que tu m'as donné vient de toi, car je leur ai donné les paroles que tu m'avais données : ils les ont reçues, ils ont vraiment reconnu que je suis sorti de toi, et ils ont cru que tu m'as envoyé.

Moi, je prie pour eux ; ce n'est pas pour le monde que je prie, mais pour ceux que tu m'as donnés, car ils sont à toi. Tout ce qui est à moi est à toi, et ce qui est à toi est à moi ; et je suis glorifié en eux. Désormais, je ne suis plus dans le monde ; eux, ils sont dans le monde, et moi, je viens vers toi. »

### POUR LA PRIÈRE UNIVERSELLE

Avec Jésus et par Jésus qui prie pour nous, faisons monter nos supplications vers le Père :
– pour les personnes qui souffrent dans leur corps ou dans leur âme, afin qu'elles vivent leurs souffrances en communion à celles du Christ et qu'elles gardent la paix intérieure ;
– pour les chrétiens insultés ou persécutés pour le nom du Christ, afin qu'ils tiennent bon dans la patience et la foi ;
– pour nos défunts, afin que notre Dieu qui est miséricorde leur donne la vie éternelle, là où le Père et son Fils se donnent à connaître en plénitude ;
– pour qu'en ces jours qui nous rapprochent de la Pentecôte, notre prière se fasse plus fervente et notre cœur se prépare à accueillir l'Esprit qui donne la vie nouvelle.

## Prière sur les offrandes

Avec l'offrande de ce sacrifice, accueille, Seigneur, les prières de tes fidèles ; que cette liturgie célébrée avec ferveur nous fasse parvenir à la gloire du ciel. Par le Christ, notre Seigneur.

## Préface

*Le mystère de l'Ascension*

*Ou préface de Pâques, nº 1-5, pp. 43-44, ou de l'Ascension nº 1, p. 442 (à la messe du jour).*

Vraiment, il est juste et bon, pour ta gloire et notre salut, de t'offrir notre action de grâce, toujours et en tout lieu, Seigneur, Père très saint, Dieu éternel et tout-puissant, par le Christ, notre Seigneur.

Car il s'est manifesté après sa résurrection, en apparaissant à tous ses disciples, et, devant leurs yeux, il s'éleva au ciel pour nous rendre participants de sa divinité.
C'est pourquoi la joie pascale rayonne par tout l'univers, la terre entière exulte, les puissances d'en haut et les anges dans le ciel chantent sans fin l'hymne de ta gloire :
Saint ! Saint ! Saint, le Seigneur, Dieu de l'univers !...

*Dans les Prières eucharistiques, textes propres à l'Ascension.*

## Antienne de la communion

cf. Jn 17, 22

Père, dit Jésus, je prie
pour qu'ils soient un
comme nous sommes un, alléluia.

## Prière après la communion

Exauce-nous, Dieu notre Sauveur : par ces mystères très saints, confirme-nous dans cette assurance que s'accomplira pour le corps entier de l'Église ce qui s'est déjà réalisé pour celui qui en est la tête : le Christ. Lui qui vit et règne pour les siècles des siècles.

## La gloire du Christ, c'est la croix

« À l'approche de sa mort, le Sauveur s'écriait : "Père, l'Heure est venue, glorifie ton Fils" (Jn 17,1). Or, sa gloire, c'est la croix. Comment donc pourrait-il avoir cherché à éviter ce qu'il sollicite à un autre moment ? Que sa gloire soit la croix, l'Évangile nous l'enseigne en disant : "L'Esprit Saint n'avait pas encore été donné, parce que Jésus n'avait pas encore été glorifié" (Jn 7, 39). Voici le sens de cette parole : la grâce n'avait pas encore été donnée parce que le Christ n'était pas encore monté sur la croix. »

S. Jean Chrysostome (407), Homélie sur « Père, si c'est possible », dans *Les Pères de l'Église commentent l'Évangile*, Brepols, p. 72.

## CALENDRIER LITURGIQUE

| | |
|---|---|
| Di 21 | **7e dimanche de Pâques A.**<br>*Liturgie des Heures : Psautier semaine III.*<br>*[S. Christophe Magallanès, prêtre, et ses compagnons, martyrs au Mexique, † 1926-1928.*<br>*Au Canada, S. Eugène de Mazenod, évêque de Marseille, fondateur des Missionnaires Oblats de Marie Immaculée, † 1861 à Marseille*<br>*À Monaco, S. Hospice, ermite, † près du Cap Ferrat, VIe siècle]* |
| Lu 22 | *Ste Rita de Cascia, religieuse augustine, † 1453 à Cascia (Italie).*<br>Actes 19, 1-8 ; Ps 67 ; Jean 16, 29-33 : « Courage ! Moi, je suis vainqueur du monde » |
| Ma 23 | Actes 20, 17-27 ; Ps 67 ; Jean 17, 1-11a : « Père, glorifie ton Fils » |
| Me 24 | *Au Canada, Bx Louis-Zéphyrin Moreau, évêque, † 1901.*<br>Actes 20, 28-38 ; Ps 67 ; Jean 17, 11b-19 : « Qu'ils soient un comme nous-mêmes » |
| Je 25 | *S. Bède le Vénérable, prêtre, bénédictin, docteur de l'Église, † 735 à Jarrow (Angleterre).*<br>*S. Grégoire VII, pape, † 1085 à Salerne (Italie).*<br>*Ste Marie-Madeleine de Pazzi, vierge, carmélite, † 1607 à Florence.*<br>Actes 22, 30 ; 23, 6-11 ; Ps 15 ; Jean 17, 20-26 : « Qu'ils deviennent parfaitement un ! » |
| Ve 26 | S. Philippe Néri, prêtre, fondateur de l'Oratoire, † 1595 à Rome.<br>Actes 25, 13-21 ; Ps 102 ; Jean 21, 15-19 : « Sois le berger de mes agneaux. Sois le pasteur de mes brebis » |
| Sa 27 | S. Augustin, évêque de Cantorbéry, † 604 ou 605.<br>Messe du matin : Actes 28, 16-20.30-31 ; Ps 10 ; Jean 21, 20-25 : « C'est ce disciple qui a écrit ces choses ; son témoignage est vrai » |

**Bonne fête !** 21 : Christophe, Constantin. 22 : Émilie, Rita. 23 : Didier. 24 : Donatien, Rogatien. 25 : Bède, Sophie. 26 : Béranger, Bérangère. 27 : Augustin.

**Pour mémoire :** en ce dimanche avant la Pentecôte, journée chrétienne de la communication.

# Pentecôte, messe de la veille

**27 MAI 2023**

## L'irruption de l'Esprit crée le monde nouveau

**D'après les Actes des Apôtres,** c'est au cinquantième jour après Pâques qu'eut lieu une effusion décisive du Saint-Esprit sur l'Église naissante (*1re lecture de la messe du jour*). Notre fête de la Pentecôte la commémore et la célèbre. Elle correspond à la Pentecôte juive, fête des prémices de la moisson. Elle est la conclusion du Temps pascal, qui est une fête s'étendant sur cinquante jours. Elle exulte d'une allégresse qui fait sans cesse retentir l'alléluia : « Oui, louez le Seigneur, car il a fait des merveilles ! » Mais désormais, ces merveilles, qui viennent après un confinement de cinquante jours pour les disciples, vont être annoncées à toute la terre, en commençant par Jérusalem. C'est là en effet qu'a eu lieu l'événement source du salut : la mort et la résurrection du Christ ; c'est de là que va s'étendre la diffusion de cette vie nouvelle jusqu'aux limites de la terre. L'action de l'Esprit Saint ne connaît pas de frontières, elle s'offre à l'humanité de tous les pays et de tous les siècles.

Ses prémices sont présentées dans les lectures de la Vigile : quatre sont tirées de l'Ancien Testament. La lecture du Nouveau Testament tirée de la lettre aux Romains rappelle que « la création tout entière gémit dans les douleurs d'un enfantement qui dure encore » car la vie nouvelle des sauvés a aussi un impact sur la nature. Mais cette vie nouvelle concerne en premier lieu les humains en qui l'Esprit a commencé à habiter (*2e lecture de la messe de la veille au soir*). Cela ne supprime aucunement les souffrances du monde et des hommes. Mais dans les gémissements qui s'y élèvent douloureusement, on peut aussi voir le travail d'un accouchement qui fait naître un monde renouvelé.

Le don de l'Esprit a commencé à Pâques (*évangile du jour de Pâques*). Mais il ne touchait d'abord qu'un petit groupe de disciples. Au cinquantième jour, l'Esprit en fait des porteurs du feu qui va embraser le monde.

**CHANTER**

- Pour la procession d'ouverture : ***Envoie ton Esprit Saint* K 47-40 CNA 502, *Esprit de Pentecôte* K 138, *Esprit de Dieu, viens nous donner la vie* IEV 10-12, *Esprit des origines* KY 17-18-1.**
- Après la 2e lecture, on chante la séquence : ***Veni Sancte Spiritus*** en grégorien ou en français **KL 29-79, *Viens, Esprit Saint, viens en nos cœurs* IEV 957** ou **KY 500, *Veni Sancte Spiritus*** Taizé **CNA 689.**
- Après la Parole : ***Viens, Esprit de Dieu* KX 55-62-1.**
- Pour la procession de communion : ***Esprit d'amour, Esprit d'unité* D 47-42, *Nous formons un même corps* D 105 CNA 570, *En marchant vers toi, Seigneur* D 380 CNA 326.**
- Pour l'action de grâce : ***Ouvrez vos cœur* KP 79-1 CNA 812, *Jubilez, criez de joie* U 52-42.**
- Pour l'envoi : ***Église de ce temps* K 35-64 CNA 661, *Allez par toute la terre* TL 20-76 CNA 533.**

# Messe de la veille au soir

*Dans les églises où on célèbre la messe de la veille au soir sous la forme développée, voir p. 454.*

## Antienne d'ouverture

Rm 5, 5 ; cf. 8, 11

L'amour de Dieu a été répandu dans nos cœurs
par son Esprit qui habite en nous, alléluia.

*Gloria.*

## Prière

Dieu éternel et tout-puissant, tu as voulu que le mystère de Pâques soit célébré durant cinquante jours ; accorde aux nations dispersées dans le monde et que divisent les langues, d'être rassemblées par le don de l'Esprit Saint dans l'unique confession de ton nom. Par Jésus Christ, ton Fils, notre Seigneur, qui vit et règne avec toi dans l'unité du Saint-Esprit, Dieu, pour les siècles des siècles.

*ou bien*

Nous t'en prions, Dieu tout-puissant : que brille sur nous la splendeur de ta gloire ; que le Christ, lumière de ta lumière, affermisse le cœur de ceux que tu as fait renaître par ta grâce en leur donnant à profusion la lumière du Saint-Esprit. Par Jésus Christ, ton Fils, notre Seigneur, qui vit et règne avec toi dans l'unité du Saint-Esprit, Dieu, pour les siècles des siècles.

*Pour la prière universelle, voir celle du jour*

## Prière sur les offrandes

Sur les offrandes que voici, nous t'en prions, Seigneur, répands la bénédiction de ton Esprit : que l'Église en reçoive cette charité qui fera resplendir, pour le monde entier, la vérité du mystère du salut. Par le Christ, notre Seigneur.

*Préface p. 466.*

*Dans les Prières eucharistiques, textes propres à la Pentecôte.*

## Antienne de la communion

Jn 7, 37

Au jour solennel où se terminait la fête,
Jésus, debout, s'écria :
Si quelqu'un a soif, qu'il vienne à moi,
et qu'il boive, alléluia.

## Prière après la communion

Que les dons reçus dans cette communion, Seigneur, nous soient profitables et nous remplissent toujours de la ferveur de l'Esprit que tu as répandu de manière ineffable sur tes Apôtres. Par le Christ, notre Seigneur.

*On peut employer la formule de bénédiction solennelle, p. 467.*

# Messe de la veille au soir ou vigile

## Sous la forme développée

*Si la messe commence de la manière habituelle, après le Kyrie, le prêtre dit l'oraison.*

Nous t'en prions, Dieu tout-puissant : que brille sur nous la splendeur de ta gloire ; que le Christ, lumière de ta lumière, affermisse le cœur de ceux que tu as fait renaître par ta grâce en leur donnant à profusion la lumière du Saint-Esprit. Par Jésus Christ, ton Fils, notre Seigneur, qui vit et règne avec toi dans l'unité du Saint-Esprit, Dieu, pour les siècles des siècles.

*Puis il adresse au peuple une monition, en ces termes ou en d'autres semblables :*

Frères et sœurs bien-aimés, nous voici entrés dans la Vigile de la Pentecôte : comme les Apôtres et les disciples qui, avec Marie, la Mère de Jésus, assidus à la prière, attendaient l'Esprit Saint promis par le Seigneur, écoutons maintenant d'un cœur paisible la parole de Dieu. Méditons tout ce que Dieu a fait pour son peuple et demandons que l'Esprit Saint, envoyé par le Père comme premier don fait aux croyants, poursuive son œuvre dans le monde.

*Quatre textes au choix : Genèse, Exode, Ézékiel, Joël.*

### 1re Lecture (1) — *L'unité perdue à Babel*

→ **Lecture du livre de la Genèse** — 11, 1-9

**Toute la terre** avait alors la même langue et les mêmes mots. Au cours de leurs déplacements du côté de l'orient, les hommes découvrirent une plaine en Mésopotamie, et s'y établirent. Ils se dirent l'un à l'autre : « Allons ! fabriquons des briques et mettons-les à cuire ! » Les briques leur servaient de pierres, et le bitume, de mortier. Ils dirent : « Allons ! bâtissons-nous une ville, avec une tour dont le sommet soit dans les cieux. Faisons-nous un nom, pour ne pas être disséminés sur toute la surface de la terre. » Le Seigneur descendit pour voir la ville et la tour que les hommes avaient bâties. Et le Seigneur dit : « Ils sont un seul peuple, ils ont tous la même langue : s'ils commencent ainsi, rien ne les empêchera désormais de faire tout ce qu'ils décideront. Allons ! descendons, et là, embrouillons leur langue : qu'ils ne se comprennent plus les uns les autres. » De là, le Seigneur les dispersa sur toute la surface de la terre. Ils cessèrent donc de bâtir la ville. C'est pourquoi on l'appela Babel, car c'est là que le Seigneur embrouilla la langue des habitants de toute la terre ; et c'est de là qu'il les dispersa sur toute la surface de la terre.

## Psaume 32

10-11, 12-13, 14-15

R/. **Heureux le peuple**
**que le Seigneur s'est choisi pour domaine.**

## Prière

Nous t'en prions, Dieu tout-puissant : accorde à ton Église d'être toujours ce peuple saint qui tient son unité de celle du Père, du Fils et du Saint-Esprit ; qu'elle soit pour le monde le sacrement de ta sainteté et de ton unité, et qu'elle le conduise à la plénitude de ta charité. Par le Christ, notre Seigneur.

## 1re Lecture (2)

*La Loi sur des tables de pierre*

→ **Lecture du livre de l'Exode** 19, 3-8a.16-20b

**En ces jours-là** Moïse monta vers Dieu. Le Seigneur l'appela du haut de la montagne : « Tu diras à la maison de Jacob, et tu annonceras aux fils d'Israël : Vous avez vu ce que j'ai fait à l'Égypte, comment je vous ai portés comme sur les ailes d'un aigle et vous ai amenés jusqu'à moi. Maintenant donc, si vous écoutez ma voix et gardez mon alliance, vous serez mon domaine particulier parmi tous les peuples car toute la terre m'appartient ; mais vous, vous serez pour moi un royaume de prêtres, une nation sainte. Voilà ce que tu diras aux fils d'Israël. » Moïse revint et convoqua les anciens du peuple, il leur exposa tout ce que le Seigneur avait ordonné. Le peuple tout entier répondit, unanime : « Tout ce que le Seigneur a dit, nous le mettrons en pratique. »

Le troisième jour, dès le matin, il y eut des coups de tonnerre, des éclairs, une lourde nuée sur la montagne, et une puissante sonnerie de cor ; dans le camp, tout le peuple trembla. Moïse fit sortir le peuple hors du camp, à la rencontre de Dieu, et ils restèrent debout au pied de la montagne. La montagne du Sinaï était toute fumante, car le Seigneur y était descendu dans le feu ; la fumée montait, comme la fumée d'une fournaise, et toute la montagne tremblait violemment. La sonnerie du cor était de plus en plus puissante. Moïse parlait, et la voix de Dieu lui répondait. Le Seigneur descendit sur le sommet du Sinaï, il appela Moïse sur le sommet de la montagne.

## Cantique de Daniel

3, 52, 53, 54, 55, 56

**R/. À toi, louange et gloire éternellement ! 3, 52b**

*ou bien*

## Psaume

18 B, 8, 9, 10, 11

**R/. Seigneur, tu as les paroles de la vie éternelle.**

## Prière

Seigneur Dieu, dans les éclairs et le feu, sur la montagne du Sinaï, tu as donné à Moïse l'ancienne loi, et dans le feu de l'Esprit, au jour de la Pentecôte, tu as révélé l'Alliance nouvelle ; accorde-nous de toujours brûler de cet Esprit dont tu as comblé tes Apôtres, et donne à l'Israël nouveau, rassemblé de toutes les nations, d'accueillir avec joie l'éternel commandement de ton amour. Par le Christ, notre Seigneur.

## 1re Lecture (3)

*L'Esprit rend la vie aux morts*

→ **Lecture du livre d'Ézékiel** 37, 1-14

**En ces jours-là,** la main du Seigneur se posa sur moi, par son esprit il m'emporta et me déposa au milieu d'une vallée ; elle était pleine d'ossements. Il me fit circuler parmi eux ; le sol de la vallée en était couvert, et ils étaient tout à fait desséchés. Alors le Seigneur me dit : « Fils d'homme, ces ossements peuvent-ils revivre ? » Je lui répondis : « Seigneur Dieu, c'est toi qui le sais ! » Il me dit alors : « Prophétise sur ces ossements. Tu leur diras : Ossements desséchés, écoutez la parole du Seigneur : Ainsi parle le Seigneur Dieu à ces ossements : Je vais faire entrer en vous l'esprit, et vous vivrez. Je vais mettre sur vous des nerfs, vous couvrir de chair, et vous revêtir de peau ; je vous donnerai l'esprit, et vous vivrez. Alors vous saurez que Je suis le Seigneur. » Je prophétisai, comme j'en avais reçu l'ordre. Pendant que je prophétisais, il y eut un bruit, puis une violente secousse, et les ossements se rapprochèrent les uns des autres. Je vis qu'ils se couvraient de nerfs, la chair repoussait, la peau les recouvrait, mais il n'y avait pas d'esprit en eux.

Le Seigneur me dit alors : « Adresse une prophétie à l'esprit, prophétise, fils d'homme. Dis à l'esprit : Ainsi parle le Seigneur Dieu : Viens des quatre vents, esprit ! » Souffle sur ces morts, et qu'ils vivent ! » Je prophétisai, comme il m'en avait donné l'ordre, et l'esprit entra en eux ; ils revinrent à la vie, et ils se dressèrent sur leurs pieds : c'était une armée immense !

Puis le Seigneur me dit : « Fils d'homme, ces ossements, c'est toute la maison d'Israël. Car ils disent : "Nos ossements sont desséchés, notre espérance est détruite, nous sommes perdus !" C'est pourquoi, prophétise. Tu leur diras : Ainsi parle le Seigneur Dieu : Je vais ouvrir vos tombeaux et je vous en ferai remonter, ô mon peuple, et je vous ramènerai sur la terre d'Israël. Vous saurez que Je suis le Seigneur, quand j'ouvrirai vos tombeaux et vous en ferai remonter, ô mon peuple ! Je mettrai en vous mon esprit, et vous vivrez ; je vous donnerai le repos sur votre terre. Alors vous saurez que Je suis le Seigneur : j'ai parlé et je le ferai – oracle du Seigneur. »

## Psaume 106

2-3, 4-5, 8-9

R/. **Rendez grâce au Seigneur ! Éternel et son amour !**
*ou :* **Alléluia !**

## Prière

Seigneur, Dieu puissant et fort, tu relèves ce qui est tombé, tu protèges ce que tu as relevé ; fais grandir le peuple de ceux que tu renouvelles en leur donnant de sanctifier ton nom : que ton Esprit dirige toujours ceux que purifie le sacrement du baptême. Par le Christ, notre Seigneur.

*ou bien*

Seigneur Dieu, tu nous as régénérés par la parole de vie ; répands sur nous ton Esprit Saint, afin qu'en avançant dans l'unité de la foi nous méritions de parvenir à la vie incorruptible lorsque notre chair ressuscitera dans la gloire. Par le Christ, notre Seigneur.

*ou bien*

Que ton peuple exulte toujours, Seigneur Dieu, car ton Esprit Saint renouvelle la jeunesse de son âme ; joyeux d'avoir retrouvé la gloire de l'adoption filiale, qu'il attende désormais le jour de la résurrection, dans la ferme espérance du bonheur que tu donnes. Par le Christ, notre Seigneur.

## 1re Lecture (4)

*L'Esprit répandu sur toute créature*

→ **Lecture du livre de Joël** 3, 1-5a

**Ainsi parle le Seigneur** : Je répandrai mon esprit sur tout être de chair, vos fils et vos filles prophétiseront, vos anciens seront instruits par des songes, et vos jeunes gens par des visions. Même sur les serviteurs et sur les servantes je répandrai mon esprit en ces jours-là. Je ferai des prodiges au ciel et sur la terre : du sang, du feu, des nuages de fumée. Le soleil sera changé en ténèbres, et la lune sera changée en sang, avant que vienne le jour du Seigneur, jour grand et redoutable. Alors, quiconque invoquera le nom du Seigneur sera sauvé.

## Psaume 103

R/. **Ô Seigneur, envoie ton Esprit**
**qui renouvelle la face de la terre !**
*ou :* **Alléluia.**

Bénis le Seigneur, ô mon âme ;
Seigneur mon Dieu, tu es si grand !
Revêtu de magnificence,
tu as pour manteau la lumière !

Quelle profusion dans tes œuvres, Seigneur !
Tout cela, ta sagesse l'a fait ;
la terre s'emplit de tes biens.
Bénis le Seigneur, ô mon âme !

Tous, ils comptent sur toi
pour recevoir leur nourriture au temps voulu.
Tu donnes : eux, ils ramassent ;
tu ouvres la main : ils sont comblés.

Tu reprends leur souffle, ils expirent
et retournent à leur poussière.
Tu envoies ton souffle : ils sont créés ;
tu renouvelles la face de la terre.

## Prière

Dans ta bonté, Seigneur, accomplis ta promesse : que vienne sur nous l'Esprit Saint et qu'il nous rende, à la face du monde, témoins de l'Évangile de notre Seigneur Jésus, le Christ. Lui qui vit et règne avec toi pour les siècles des siècles.

*Gloria.*

## Prière

Dieu éternel et tout-puissant, tu as voulu que le mystère de Pâques soit célébré durant cinquante jours ; accorde aux nations dispersées dans le monde et marquées par la diversité des langues, d'être rassemblées par le don de l'Esprit Saint dans l'unique confession de ton nom. Par Jésus Christ, ton Fils, notre Seigneur, qui vit et règne avec toi dans l'unité du Saint-Esprit, Dieu, pour les siècles des siècles.

## 2e Lecture

*La création dans les douleurs de l'enfantement*

**→ Lecture de la lettre de saint Paul Apôtre aux Romains** 8, 22-27

**Frères**, nous le savons bien, la création tout entière gémit, elle passe par les douleurs d'un enfantement qui dure encore. Et elle n'est pas seule. Nous aussi, en nous-mêmes, nous gémissons ; nous avons commencé à recevoir l'Esprit Saint, mais nous attendons notre adoption et la rédemption de notre corps.

Car nous avons été sauvés, mais c'est en espérance ; voir ce qu'on espère, ce n'est plus espérer : ce que l'on voit, comment peut-on l'espérer encore ? Mais nous, qui espérons ce que nous ne voyons pas, nous l'attendons avec persévérance. Bien plus, l'Esprit Saint vient au secours de notre faiblesse, car nous ne savons pas prier comme il faut. L'Esprit lui-même intercède pour nous par des gémissements inexprimables. Et Dieu, qui scrute les cœurs, connaît les intentions de l'Esprit puisque c'est selon Dieu que l'Esprit intercède pour les fidèles.

**Alléluia. Alléluia.** Viens, Esprit Saint ! Emplis le cœur de tes fidèles ! Allume en eux le feu de ton amour ! **Alléluia.**

## Évangile

*La promesse du don de l'Esprit*

→ **Évangile de Jésus Christ selon saint Jean** 7, 37-39

**Au jour solennel** où se terminait la fête des Tentes, Jésus, debout, s'écria : « Si quelqu'un a soif, qu'il vienne à moi, et qu'il boive, celui qui croit en moi ! Comme dit l'Écriture : *De son cœur couleront des fleuves d'eau vive.* »

En disant cela, il parlait de l'Esprit Saint qu'allaient recevoir ceux qui croiraient en lui. En effet, il ne pouvait y avoir l'Esprit puisque Jésus n'avait pas encore été glorifié.

*Prières et préface, voir la messe du jour, p. 466.*

*On peut employer la formule de bénédiction solennelle, p. 467.*

## Envoi

Allez, dans la paix du Christ, alléluia, alléluia.
R/. **Nous rendons grâce à Dieu, alléluia, alléluia.**

# Pentecôte – Messe du jour

**28 MAI 2023**

## Antienne d'ouverture

Sg 1, 7

L'Esprit du Seigneur remplit l'univers :
lui qui tient ensemble tous les êtres,
il sait se faire comprendre en toute langue, alléluia.

*Gloria.*

## Prière

Seigneur Dieu, dans le mystère de la fête que nous célébrons aujourd'hui, tu sanctifies ton Église entière chez tous les peuples et dans toutes les nations ; répands les dons de l'Esprit Saint sur l'immensité du monde, et continue dans le cœur des croyants l'œuvre divine entreprise au début de la prédication évangélique. Par Jésus Christ, ton Fils, notre Seigneur, qui vit et règne avec toi dans l'unité du Saint-Esprit, Dieu, pour les siècles des siècles.

## 1re Lecture

*Remplis de l'Esprit Saint*

→ **Lecture du livre des Actes des Apôtres** 2, 1-11

**Quand arriva le jour de la Pentecôte**, au terme des cinquante jours après Pâques, ils se trouvaient réunis tous ensemble. Soudain un bruit survint du ciel comme un violent coup de vent : la maison où ils étaient assis en fut remplie tout entière. Alors leur apparurent des langues qu'on aurait dites de feu, qui se partageaient, et il s'en posa une sur chacun d'eux. Tous furent remplis d'Esprit Saint : ils se mirent à parler en d'autres langues, et chacun s'exprimait selon le don de l'Esprit.

Or, il y avait, résidant à Jérusalem, des Juifs religieux, venant de toutes les nations sous le ciel. Lorsque ceux-ci entendirent la voix qui retentissait, ils se rassemblèrent en foule. Ils étaient en pleine confusion parce que chacun d'eux entendait dans son propre dialecte ceux qui parlaient. Dans la stupéfaction et l'émerveillement, ils disaient : « Ces gens qui parlent ne sont-ils pas tous Galiléens ? Comment se fait-il que chacun de nous les entende dans son propre dialecte, sa langue maternelle ? Parthes, Mèdes et Élamites, habitants de la Mésopotamie, de la Judée et de la Cappadoce, de la province du Pont et de celle d'Asie, de la Phrygie et de la Pamphylie, de l'Égypte et des contrées de Libye proches de Cyrène, Romains de passage, Juifs de naissance et convertis, Crétois et Arabes, tous nous les entendons parler dans nos langues des merveilles de Dieu. »

## Psaume 103

R/. **Ô Seigneur, envoie ton Esprit**
**qui renouvelle la face de la terre !**
*ou* : **Alléluia.**

Bénis le Seigneur, ô mon âme ;
Seigneur mon Dieu, tu es si grand !
Quelle profusion dans tes œuvres, Seigneur !
la terre s'emplit de tes biens.

Tu reprends leur souffle, ils expirent
et retournent à leur poussière.
Tu envoies ton souffle : ils sont créés ;
tu renouvelles la face de la terre.

Gloire au Seigneur à tout jamais !
Que Dieu se réjouisse en ses œuvres !
Que mon poème lui soit agréable ;
moi, je me réjouis dans le Seigneur.

## 2e lecture

*« Dans un unique Esprit, nous tous avons été baptisés pour former un seul corps »*

**→ Lecture de la première lettre de saint Paul apôtre aux Corinthiens** 12, 3b-7.12-13

**Frères,** personne n'est capable de dire : « Jésus est Seigneur » sinon dans l'Esprit Saint. Les dons de la grâce sont variés, mais c'est le même Esprit. Les services sont variés, mais c'est le même Seigneur. Les activités sont variées, mais c'est le même Dieu qui agit en tout et en tous. À chacun est donnée la manifestation de l'Esprit en vue du bien.

Prenons une comparaison : le corps ne fait qu'un, il a pourtant plusieurs membres ; et tous les membres, malgré leur nombre, ne forment qu'un seul corps. Il en est ainsi pour le Christ. C'est dans un unique Esprit, en effet, que nous tous, Juifs ou païens, esclaves ou hommes libres, nous avons été baptisés pour former un seul corps. Tous, nous avons été désaltérés par un unique Esprit.

## Séquence

Viens, Esprit Saint, en nos cœurs
et envoie du haut du ciel
un rayon de ta lumière.

Viens en nous, père des pauvres,
viens, dispensateur des dons,
viens, lumière de nos cœurs.

Consolateur souverain,
hôte très doux de nos âmes,
adoucissante fraîcheur.

Dans le labeur, le repos ;
dans la fièvre, la fraîcheur ;
dans les pleurs, le réconfort.

Ô lumière bienheureuse,
viens remplir jusqu'à l'intime
le cœur de tous tes fidèles.

Sans ta puissance divine,
il n'est rien en aucun homme,
rien qui ne soit perverti.

Lave ce qui est souillé,
baigne ce qui est aride,
guéris ce qui est blessé.

Assouplis ce qui est raide,
réchauffe ce qui est froid,
rends droit ce qui est faussé.

À tous ceux qui ont la foi
et qui en toi se confient
donne tes sept dons sacrés.

Donne mérite et vertu,
donne le salut final,
donne la joie éternelle. Amen

**Alléluia. Alléluia.** Viens, Esprit Saint ! Emplis le cœur de tes fidèles ! Allume en eux le feu de ton amour ! **Alléluia.**

## Évangile

*« De même que le Père m'a envoyé, moi aussi je vous envoie : recevez l'Esprit Saint »*

### → Évangile de Jésus Christ selon saint Jean 20, 19-23

C**'était après la mort de Jésus** ; le soir venu, en ce premier jour de la semaine, alors que les portes du lieu où se trouvaient les disciples étaient verrouillées par crainte des Juifs, Jésus vint, et il était là au milieu d'eux. Il leur dit : « La paix soit avec vous ! » Après cette parole, il leur montra ses mains et son côté. Les disciples furent remplis de joie en voyant le Seigneur.

Jésus leur dit de nouveau : « La paix soit avec vous ! De même que le Père m'a envoyé, moi aussi, je vous envoie. » Ayant ainsi parlé, il souffla sur eux et il leur dit : « Recevez l'Esprit Saint. À qui vous remettrez ses péchés, ils seront remis ; à qui vous maintiendrez ses péchés, ils seront maintenus. »

### POUR LA PRIÈRE UNIVERSELLE

Nous ne savons pas prier comme il faut, mais l'Esprit Saint vient au secours de notre faiblesse.

– prions pour l'Église universelle, afin que, pour mieux annoncer l'Évangile, elle développe dans les diverses cultures le processus d'inculturation commencé à la Pentecôte ;

– prions pour ceux qui exercent un service dans l'Église, afin qu'ils manifestent toujours par leur fidélité, leur douceur et leur maîtrise de soi, les fruits de l'Esprit qu'ils ont reçus ;

– prions pour les hommes de science, en particulier des sciences de la vie, afin que l'Esprit Saint les conduisent dans une vérité plus grande au service du vrai bien de l'homme.

## Prière sur les offrandes

Nous t'en prions, Seigneur : selon la promesse de ton Fils, que l'Esprit Saint nous fasse entrer plus avant dans l'intelligence du sacrifice que nous célébrons et nous ouvre à la vérité tout entière. Par le Christ, notre Seigneur.

## Préface

*Le mystère de la Pentecôte*

Vraiment, il est juste et bon, pour ta gloire et notre salut, de t'offrir notre action de grâce, toujours et en tout lieu, Seigneur, Père très saint, Dieu éternel et tout-puissant.
Pour accomplir jusqu'au bout le mystère de Pâques, tu as répandu largement aujourd'hui l'Esprit Saint sur ceux dont tu as fait tes enfants d'adoption en les unissant à ton Fils unique.
C'est ton Esprit qui, au commencement de l'Église, a donné à tous les peuples la connaissance du vrai Dieu, et a rassemblé les diverses langues dans la confession d'une seule foi.
C'est pourquoi la joie pascale rayonne par tout l'univers, la terre entière exulte, les puissances d'en haut et les anges dans le ciel chantent sans fin l'hymne de ta gloire :
Saint, Saint, Saint, le Seigneur, Dieu de l'univers !...

*Dans les Prières eucharistiques, textes propres à la Pentecôte.*

## Antienne de la communion

Ac 2, 4.11.

Tous furent remplis d'Esprit Saint,
et proclamaient les merveilles de Dieu, alléluia.

## Prière après la communion

Seigneur Dieu, tu accordes largement les dons du ciel à ton Église, protège la grâce que tu lui as donnée : que l'effusion de l'Esprit Saint agisse avec toujours plus de force, et que cette nourriture spirituelle multiplie les effets de la rédemption éternelle. Par le Christ, notre Seigneur.

## Bénédiction solennelle

Dieu, le Père des lumières, a voulu éclairer le cœur des disciples par l'effusion de l'Esprit Consolateur : qu'il vous donne la joie de sa bénédiction et vous accorde à jamais les dons de l'Esprit. R/. **Amen.**
Que le feu d'en haut venu sur les disciples consume avec puissance tout mal au fond de vos cœurs et les éclaire par l'effusion de sa lumière. R/. **Amen.**
L'Esprit rassemble les peuples de toutes langues pour proclamer une seule foi : qu'il vous donne de persévérer dans cette même foi et de passer ainsi de l'espérance à la claire vision. R/. **Amen.**
Et que la bénédiction de Dieu tout-puissant, le Père, et le Fils, ✠ et le Saint-Esprit, descende sur vous et y demeure toujours. R/. **Amen.**

## Envoi

Allez, dans la paix du Christ, alléluia, alléluia.
R/. **Nous rendons grâce à Dieu, alléluia, alléluia.**

## Ils étaient là, attendant la venue de l'Esprit

« Les Apôtres étaient là, assis, attendant la venue de l'Esprit. Ils étaient là comme des flambeaux disposés et qui attendent d'être allumés par l'Esprit Saint pour illuminer toute la création par leur enseignement. Ils étaient là comme des cultivateurs portant leur semence dans le pan de leur manteau qui attendent le moment où ils recevront l'ordre de semer. Ils étaient là comme des marins dont la barque est liée au port du Fils, et qui attendent d'avoir le vent doux de l'Esprit. Ils étaient là comme des bergers qui viennent de recevoir leur houlette des mains du Grand Pasteur de tout le bercail et qui attendent que leur soient répartis les troupeaux...

Ô Cénacle où fut jeté le levain qui fit lever l'univers entier ! Cénacle, mère de toutes les Églises ! Sein admirable qui mit au monde des temples pour la prière ! Cénacle qui vit le miracle du buisson ! Cénacle qui étonna Jérusalem par un prodige bien plus grand que celui de la fournaise qui émerveilla les habitants de Babylone ! Le feu de la fournaise brûlait ceux qui étaient autour, mais protégeait ceux qui étaient au milieu de lui. Le feu du Cénacle rassemble ceux du dehors qui désirent le voir, tandis qu'il réconforte ceux qui le reçoivent. Ô feu dont la venue est parole, dont le silence est lumière ! Feu qui établis les cœurs dans l'action de grâce ! »

S. Éphrem de Nisibe (373), *Sermon pour la Pentecôte*,
dans J.-R. Bouchet, *Lectionnaire pour les dimanches et les fêtes*,
Cerf, 1994, pp. 243-244.

**Saint Justin** (**1er juin**) « était originaire de Naplouse, en Samarie. Après s'être converti, il ouvrit à Rome une école de philosophie. Vers 150, il écrivit un livre où il argumentait avec les Juifs et il adressa à l'empereur Antonin une Apologie des chrétiens. Dénoncé par un collègue, il professa fermement sa foi devant le juge et fut condamné à mort avec six autres chrétiens (vers 165) » (Missel romain).

## CALENDRIER LITURGIQUE

| | |
|---|---|
| **Di 28** | **Dimanche de Pentecôte A.** |
| **Lu 29** | Lundi après la Pentecôte : La Vierge Marie, Mère de l'Église.<br>*[S. Paul VI, pape, qui mena à bien le concile Vatican II, † 1978, à Rome.]*<br>8e semaine du Temps ordinaire.<br>*Liturgie des Heures : Psautier semaine IV.*<br>Ben Sira 17, 24-29 (Vg 20-28) ; Ps 31 ; Marc 10, 17-27 : « Va, vends ce que tu as. Puis viens, suis-moi ». |
| **Ma 30** | *En France,* Ste Jeanne d'Arc, vierge, patronne secondaire de la France, † 1431 à Rouen.<br>Ben Sira 35, 1-15 ; Ps 49 ; Marc 10, 28-31 : « Vous recevrez, en ce temps déjà, le centuple, avec des persécutions, et, dans le monde à venir, la vie éternelle » |
| **Me 31** | VISITATION DE LA VIERGE MARIE. Lectures propres : Sophonie 3, 14-18 ou Romains 12, 9-16 ; Cant. Isaïe 12 ; Luc 1, 39-56 : « D'où m'est-il donné que la mère de mon Seigneur vienne jusqu'à moi ? » |
| **Je 1er juin** | S. Justin, philosophe, martyr, † vers 165 à Rome.<br>*Au Luxembourg,* Notre Seigneur Jésus Christ éternel et souverain prêtre.<br>Ben Sira 42, 15-25 (Vg 15-26) ; Ps 32 ; Marc 10, 46-52 : « Rabbouni, fais que je retrouve la vue ! » |
| **Ve 2** | *S. Marcellin et S. Pierre, martyrs, † 304 à Rome.*<br>*En France, S. Pothin, évêque de Lyon, Ste Blandine, vierge, et leurs compagnons, martyrs, † 177].*<br>Ben Sira 44, 1.9-13 ; Ps 149 ; Marc 11, 11-25 « Ma maison sera appelée maison de prière pour toutes les nations. Ayez foi en Dieu » |
| **Sa 3** | S. Charles Lwanga et ses compagnons, martyrs en Ouganda, † 1886.<br>Ben Sira 51, 12c-20 ; Ps 18 B ; Marc 11, 27-33 « Par quelle autorité fais-tu cela ? » |

**Bonne fête !** 28 : Germain. 29 : Aymar, Maximin. 30 : Ferdinand, Lorraine. 31 : Pétronille, Perrette, Perrine. 1er juin : Justin, Roman. 2 : Marcellin, Blandine, Vital. 3 : Kévin.

**Pour mémoire :** en ce dernier dimanche de mai, en France : fête des mères.

# La Sainte Trinité

**4 JUIN 2023**

## Un intense foyer d'amour

**« Que la grâce du Seigneur Jésus Christ,** l'amour de Dieu et la communion du Saint-Esprit soient avec vous tous » (*deuxième lecture*). Cette splendide formule trinitaire, tirée de la deuxième lettre aux Corinthiens, est un des souhaits qui ouvrent la célébration de la messe. D'emblée, nous sommes placés au centre rayonnant de notre foi qui est l'amour jaillissant du Père et qui relie entre elles les trois personnes divines, avant de se répandre au-delà.

Par pure grâce, cet amour est transmis à l'humanité par l'unique médiateur entre elle et le Père : « Dieu a tellement aimé le monde qu'il a donné son Fils unique », et cela « non pas pour juger le monde, mais pour que, par lui, le monde soit sauvé » (*évangile*). Le salut, c'est l'amour divin qui déborde dans les cœurs des humains où se réalise la communion avec le Saint-Esprit. La Sainte Trinité n'est pas un insoluble problème arithmétique, mais un foyer brûlant d'amour qui, sans cesse, donne la vie, la vie éternelle, c'est-à-dire la plénitude de la vie, la vie la plus intense qui soit, sans limite spatiale ni temporelle, dépassant infiniment le niveau biologique.

Comment vivre cette vie nouvelle, déjà commencée au baptême ? Il ne s'agit pas d'abolir les dix paroles données par Dieu au peuple de la première Alliance dans les débuts de son cheminement spirituel (*première lecture*) : elles contiennent les principes élémentaires de toute vie morale. Mais, comme la décrit saint Paul, c'est une vie remplie de joie, où l'on cherche la perfection, où l'on s'encourage les uns les autres, où l'on vit en paix, où. dès lors, le Dieu d'amour et de paix est intensément présent (*deuxième lecture*). C'est une vie menée au nom du Père, et du Fils, et du Saint-Esprit.

**CHANTER**

- Pour la procession d'ouverture : ***Chantons à Dieu ce chant nouveau*** **MP 30-79 CNA 538,** ***Très haut Seigneur, Trinité bienheureuse*** **SYL Z 700,** ***Hymne à la Trinité Sainte*** **MY 230,** ***Nous chanterons pour toi, Seigneur*** **K 38 CNA 569** (strophes 1, 6, 14, 16).
- Après la Parole : ***Nul n'a jamais vu Dieu*** **MP 27-18-3.**
- Pour la procession de communion : ***En marchant vers toi, Seigneur*** **D 380 CNA 326.**
- Pour l'action de grâce : ***Père adorable*** **MP 28-50 CNA 516,** ***Gloire à toi, Dieu notre Père*** **Y 47-43,** ***Par la musique et par nos voix*** **Y 43-38 CNA 572.**

## Antienne d'ouverture

Béni soit Dieu le Père, et le Fils unique de Dieu,
ainsi que le Saint-Esprit,
car il nous a montré sa miséricorde.

*Gloria.*

## Prière

Dieu notre Père, tu as envoyé dans le monde le Verbe de vérité et l'Esprit qui sanctifie pour révéler aux hommes ton admirable mystère ; donne-nous de professer la vraie foi en reconnaissant la gloire de l'éternelle Trinité, en adorant son Unité dans sa toute-puissance. Par Jésus Christ, ton Fils, notre Seigneur, qui vit et règne avec toi dans l'unité du Saint-Esprit, Dieu, pour les siècles des siècles.

## 1re Lecture *« Le Seigneur, le Seigneur, Dieu tendre et miséricordieux »*

→ **Lecture du livre de l'Exode** 34, 4b-6.8-9

**En ces jours-là,** Moïse se leva de bon matin, et il gravit la montagne du Sinaï comme le Seigneur le lui avait ordonné. Il emportait les deux tables de pierre.

Le Seigneur descendit dans la nuée et vint se placer là, auprès de Moïse. Il proclama son nom qui est : LE SEIGNEUR. Il passa devant Moïse et proclama : « LE SEIGNEUR, LE SEIGNEUR, Dieu tendre et miséricordieux, lent à la colère, plein d'amour et de vérité. »

Aussitôt Moïse s'inclina jusqu'à terre et se prosterna. Il dit : « S'il est vrai, mon Seigneur, que j'ai trouvé grâce à tes yeux, daigne marcher au milieu de nous. Oui, c'est un peuple à la nuque raide ; mais tu pardonneras nos fautes et nos péchés, et tu feras de nous ton héritage. »

## Cantique

Daniel 3, 52, 53, 54, 55, 56

R/. **À toi, louange et gloire éternellement !**
Béni sois-tu, Seigneur, Dieu de nos pères :
R/. **À toi, louange et gloire éternellement !**
Béni soit le nom très saint de ta gloire :
R/. **à toi, louange et gloire éternellement !**
Béni sois-tu dans ton saint temple de gloire :
R/. **à toi, louange et gloire éternellement !**
Béni sois-tu sur le trône de ton règne :
R/. **à toi, louange et gloire éternellement !**
Béni sois-tu, toi qui sondes les abîmes :
R/. **à toi, louange et gloire éternellement !**
Toi qui sièges au-dessus des Kéroubim :
R/. **à toi, louange et gloire éternellement !**
Béni sois-tu au firmament, dans le ciel,
R/. **à toi, louange et gloire éternellement !**

## 2e Lecture

*Que le Père, le Fils et l'Esprit soient avec vous*

→ **Lecture de la deuxième lettre de saint Paul apôtre aux Corinthiens** 13, 11-13

**Frères,** soyez dans la joie, cherchez la perfection, encouragez-vous, soyez d'accord entre vous, vivez en paix, et le Dieu d'amour et de paix sera avec vous. Saluez-vous les uns les autres par un baiser de paix. Tous les fidèles vous saluent.

Que la grâce du Seigneur Jésus Christ, l'amour de Dieu et la communion du Saint-Esprit soient avec vous tous.

**Alléluia. Alléluia.** Gloire au Père, et au Fils, et au Saint-Esprit : au Dieu qui est, qui était et qui vient ! **Alléluia.**

## Évangile *« Dieu a aimé tellement le monde qu'il a donné son Fils »*

**→ Évangile de Jésus Christ selon saint Jean** 3, 16-18

Dieu **a tellement aimé le monde** qu'il a donné son Fils unique, afin que quiconque croit en lui ne se perde pas, mais obtienne la vie éternelle. Car Dieu a envoyé son Fils dans le monde, non pas pour juger le monde, mais pour que, par lui, le monde soit sauvé. Celui qui croit en lui échappe au Jugement ; celui qui ne croit pas est déjà jugé, du fait qu'il n'a pas cru au nom du Fils unique de Dieu.

**POUR LA PRIÈRE UNIVERSELLE**

Dieu a aimé le monde et l'a sauvé par son Fils. Prions-le avec confiance :
– pour l'Église du Dieu vivant, afin qu'elle présente toujours au monde le visage de l'unique Dieu d'amour, prions le Seigneur ;
– pour les fidèles des religions monothéistes, afin que leur attachement au Dieu unique s'exprime aussi par le respect et le service de tous les hommes créés par Dieu, prions le Seigneur ;
– pour les personnes qui ont des difficultés à entrer dans une relation durable d'amitié ou d'amour avec leurs semblables, prions le Seigneur ;
– pour nous tous ici rassemblés, afin que, par la prière et la charité, nous vivions de manière plus intense notre relation à Dieu qui est relation d'amour, prions le Seigneur.

## Prière sur les offrandes

Nous t'en prions, Seigneur notre Dieu : par ton nom que nous invoquons, sanctifie ces présents offerts par ceux qui te servent, et fais de nous-mêmes, par ces dons, une éternelle offrande à ta gloire. Par le Christ, notre Seigneur.

## Préface

*Le mystère de la Sainte Trinité*

Vraiment, il est juste et bon, pour ta gloire et notre salut, de t'offrir notre action de grâce, toujours et en tout lieu, Seigneur, Père très saint, Dieu éternel et tout-puissant.
Avec ton Fils unique et le Saint-Esprit, tu es un seul Dieu, tu es un seul Seigneur, non pas en une seule personne mais une seule substance en trois personnes. Ce que nous croyons de ta gloire, parce que tu l'as révélé, nous le croyons pareillement, et de ton Fils et du Saint-Esprit ; et quand nous proclamons notre foi au Dieu éternel et véritable, nous adorons en même temps chacune des personnes, dans leur unique nature et leur égale majesté.
C'est ainsi que les anges et les archanges et les plus hautes puissances des cieux, ne cessent de chanter d'une même voix, en proclamant :
Saint, Saint, Saint, le Seigneur, Dieu de l'univers !...

## Antienne de la communion

cf. Ga 4, 6

Puisque vous êtes des fils,
Dieu a envoyé dans vos cœurs
l'Esprit de son Fils, qui crie *Abba*, c'est-à-dire : Père !

## Prière après la communion

Seigneur notre Dieu, puissions-nous trouver le salut de l'âme et du corps dans notre communion à ce sacrement, en professant notre foi en la Trinité, éternelle et sainte, comme en son indivisible Unité. Par le Christ, notre Seigneur.

## La Trinité, ce n'est pas du mort, de l'inerte

« La Trinité, ce n'est pas du mort, de l'inerte, c'est quelque chose de vivant qui opère, qui respire, qui fonctionne. En Dieu même, il y a une respiration, nous adorons un Dieu vivant, un Dieu qui fonctionne, un Dieu qui respire, qui se respire lui-même. La philosophie nous a trop habitués à l'idée d'un Dieu abstrait, impassible, et somme toute, indifférent. La Bible nous donne de Lui une tout autre image. Elle nous montre un Être vivant, aimant, irrité, miséricordieux, passionné, Quelqu'un en qui nous sommes si heureux de trouver notre ressemblance, et qui, de rien de ce qui est en nous, nous ses fils, n'est négation qu'en tant que perfection transcendante.

Les Saints savent ce qu'ils disent quand ils parlent du cœur de Dieu et de ses entrailles paternelles. Et tout l'Ancien Testament est rempli de son rugissement, à cause de la trahison de sa créature première-née, du schisme affreux de ce fils bien-aimé, qui l'a obligé à créer le monde, et à tout cela dont témoignent la crèche et le Golgotha. »

Paul Claudel, *Je crois en Dieu*, Gallimard, 1961, p. 39.

**Sainte Clotilde (4 juin).** « Le nom de Clotilde apparaît dans tous les récits relatifs à la conversion de Clovis. On sait moins que l'épouse du roi franc, à qui elle donna cinq enfants, traversa les épreuves les plus tragiques. Devenue veuve (511), elle vit l'un de ses fils égorger les enfants de son frère. Brisée dans son affection, elle se retira à Tours, où elle mourut en 545 » (Missel romain, au Propre de France).

## CALENDRIR LITURGIQUE

| | |
|---|---|
| Di 4 | **LA SAINTE TRINITÉ A.**<br>[*En France, Ste Clotilde, reine des Francs, † 545 à Tours.*<br>*En Afrique du Nord,* S. Optat, évêque de Milève dans le Constantinois et théologien (IVe siècle)]. |
| Lu 5 | S. Boniface, évêque de Mayence, martyr, † 754.<br>9e semaine du Temps ordinaire.<br>*Liturgie des Heures : Psautier semaine I.*<br>Tobie 1,3 ; 2, 1b-8 ; Ps 111 ; Marc 12, 1-12 « Ils se saisirent du fils bien-aimé, le tuèrent, et le jetèrent hors de la vigne » |
| Ma 6 | *S. Norbert, évêque de Magdebourg, fondateur des Prémontrés, † 1134.*<br>Tobie 2, 9-14 ; Ps 111 ; Marc 12, 13-17 « Ce qui est à César, rendez-le à César, et à Dieu ce qui est à Dieu. » |
| Me 7 | Tobie 3, 1-11.16-17a ; Ps24 ; Marc 12, 18-27 « Il n'est pas le Dieu des morts, mais des vivants » |
| Je 8 | Tobie 6, 10-11 ; 7, 1.9-17 ; 8, 4-9a ; Ps 127 ; Marc « Il n'y a pas de commandement plus grand que ceux-là » |
| Ve 9 | *S. Éphrem, diacre, docteur de l'Église, † 373 à Édesse (Urfa, Turquie).*<br>Tobie 11, 5-17 ; Ps 145 ; Marc 12, 35-37 « Comment les scribes peuvent-ils dire que le Messie est le fils de David ? » |
| Sa 10 | *En Belgique, Bx Édouard Poppe, prêtre, † 1924 à Moerzeke (B).*<br>Tobie 12, 1.5-15.20 ; Cant. de Tobie 13, 2, 7, 8abc, 8defg ; Marc 12, 38-44 « Cette pauvre veuve a mis dans le Trésor plus que tous les autres » |

**Bonne fête !** 4 : Clotilde. 5 : Boniface, Igor. 6 : Norbert, Claude. 7 : Gilbert, Maïté. 8 : Médard, Armand. 9 : Éphrem, Diane, Anne-Marie, Félicien. 10 : Landry.

# Le Saint-Sacrement du Corps et du Sang du Christ

**11 JUIN 2023**

## La présence réelle du Christ dans l'eucharistie

**« La nuit où il était livré,** le Seigneur Jésus prit du pain, puis, ayant rendu grâce, il le rompit, et dit : "Ceci est mon corps qui est pour vous. Faites cela en mémoire de moi." Après le repas, il fit de même avec la coupe » (1 Co 11, 23-25). Ce passage de la 1re lettre aux Corinthiens est la description la plus ancienne de ce qui sera appelé la messe. Il est proclamé le Jeudi saint, lors de la messe du soir, commémorant la Cène du Seigneur. Le Jeudi saint est en effet, depuis l'Antiquité, la fête principale de l'eucharistie, placée la veille du mémorial de la mort rédemptrice du Seigneur.

On peut se demander pourquoi il existe une deuxième solennité de l'eucharistie dans le cycle liturgique. Elle ne fait pas vraiment double emploi avec le Jeudi saint parce qu'elle souligne principalement la réalité présentielle et permanente du corps ressuscité du Christ dans l'hostie consacrée, réalité que l'un ou l'autre théologien du Moyen Âge avait relativisée. Mais selon la foi commune de l'Église d'Orient et d'Occident, la parole du Seigneur doit être prise au sens fort. « Ceci est mon corps » : « Ceci », le pain consacré, est réellement le corps du Christ ; même s'il se cache sous des signes, il n'est pas seulement le symbole de ce corps ressuscité.

L'idée de réserver une solennité liturgique au Corps du Christ ne vint pas de la hiérarchie, mais d'une religieuse augustine, à Liège, sainte Julienne du Mont-Cornillon en 1209. L'évêque de Liège la célébra pour la première fois en 1246, et le pape Urbain IV la prescrivit pour toute l'Église en 1264. Le culte, désormais populaire, du « Saint-Sacrement » était né. Depuis 1274, à Cologne, la « Fête-Dieu » s'accompagna d'une procession très suivie.

Lors de la révision du calendrier liturgique à la suite de Vatican II, la fête du Précieux Sang, qui était un doublet, fut supprimée et la mention du Sang du Christ fut ajoutée au titre de la solennité du Saint-Sacrement, qui est désormais celle du Corps et du Sang du Christ.

---

**CHANTER**

- Pour la procession d'ouverture : ***Nous formons un même corps* D 105 CNA 570, *Dieu nous accueille* A 174 CNA 545, *Dieu nous a tous appelés* KD 14-56-1 CNA 571.**
- Pour l'acte pénitentiel et le ***Gloire à Dieu* : *Messe du partage* AL 23-08 et 23-09 CNA 171 et 197.**
- Pour la séquence (facultative) : ***Lauda Sion* DEV 188.**
- Pour accompagner la procession des dons : ***Dieu notre Père, voici le pain* B 57-30, *Préparons la table* B 21-85 CNA 232.**
- Pour la procession de communion : ***Qui mange ma chair* D 290 CNA 343, *Voici le corps et le sang du Seigneur* D 44-80, *Pain véritable* D 103 CNA 340, *La Sagesse a dressé une table* D 580 CNA 332.**
- Pour l'action de grâce : ***Celui qui a mangé de ce pain* D 140-2 CNA 321, *Tenons en éveil* Y 243-1 CNA 591, *Devenons ce que nous recevons* D 54-19, *En accueillant l'amour* DP 126 CNA 325.**

---

*Dans les pays où la fête du Saint-Sacrement n'est pas de précepte, ce qui est le cas de la plupart des pays francophones, elle est transférée au dimanche après la Sainte Trinité, qui devient son jour propre.*

## Antienne d'ouverture

cf. Ps 80, 17

Le Seigneur a nourri son peuple de la fleur du froment,
il l'a rassasié avec le miel du rocher.

*Gloria.*

## Prière

Seigneur Jésus Christ, dans cet admirable sacrement, tu nous as laissé le mémorial de ta passion ; donne-nous de vénérer avec une telle ferveur les saints mystères de ton Corps et de ton Sang, que nous puissions goûter sans cesse en nous le fruit de ta rédemption. Toi qui vis et règnes avec le Père dans l'unité du Saint-Esprit, Dieu, pour les siècles des siècles.

## 1re Lecture

*Dieu nourrit son peuple au désert*

→ **Lecture du livre du Deutéronome** 8, 2-3.14b-16a

**Moïse disait au peuple d'Israël :** « Souviens-toi de la longue marche que tu as faite pendant quarante années dans le désert ; le Seigneur ton Dieu te l'a imposée pour te faire passer par la pauvreté ; il voulait t'éprouver et savoir ce que tu as dans le cœur : allais-tu garder ses commandements, oui ou non ? Il t'a fait passer par la pauvreté, il t'a fait sentir la faim, et il t'a donné à manger la manne – cette nourriture que ni toi ni tes pères n'aviez connue – pour que tu saches que l'homme ne vit pas seulement de pain, mais de tout ce qui vient de la bouche du Seigneur. N'oublie pas le Seigneur ton Dieu qui t'a fait sortir du pays d'Égypte, de la maison d'esclavage. C'est lui qui t'a fait traverser ce désert, vaste et terrifiant, pays des serpents brûlants et des scorpions, pays de la sécheresse et de la soif. C'est lui qui, pour toi, a fait jaillir l'eau de la roche la plus dure. C'est lui qui, dans le désert, t'a donné la manne – cette nourriture inconnue de tes pères. »

## Psaume 147

**R/. Glorifie le Seigneur, Jérusalem !**

Glorifie le Seigneur, Jérusalem !
Célèbre ton Dieu, ô Sion !
Il a consolidé les barres de tes portes,
dans tes murs il a béni tes enfants.

Il fait régner la paix à tes frontières,
et d'un pain de froment te rassasie.

Il envoie sa parole sur la terre :
rapide, son verbe la parcourt.

Il révèle sa parole à Jacob,
ses volontés et ses lois à Israël.
Pas un peuple qu'il ait ainsi traité ;
nul autre n'a connu ses volontés.

## 2e Lecture

*La communion au corps et au sang du Christ*

→ **Lecture de la première lettre de saint Paul apôtre aux Corinthiens** 10, 16-17

**Frères**, la coupe de bénédiction que nous bénissons, n'est-elle pas communion au sang du Christ ? Le pain que nous rompons, n'est-il pas communion au corps du Christ ? Puisqu'il y a un seul pain, la multitude que nous sommes est un seul corps, car nous avons tous part à un seul pain.

## Séquence

*Cette séquence (ad libitum) peut être dite intégralement ou sous une forme abrégée à partir de : « Le voici, le pain des anges ».*

Sion, célèbre ton Sauveur,
chante ton chef et ton pasteur
par des hymnes et des chants.

Tant que tu peux, tu dois oser,
car il dépasse tes louanges,
tu ne peux trop le louer.

Le Pain vivant, le Pain de vie,
il est aujourd'hui proposé
comme objet de tes louanges.

Au repas sacré de la Cène,
il est bien vrai qu'il fut donné
au groupe des douze frères.

Louons-le à voix pleine et forte,
que soit joyeuse et rayonnante
l'allégresse de nos cœurs !

C'est en effet la journée [solennelle
où nous fêtons de ce banquet [divin
la première institution.

À ce banquet du nouveau Roi,
la Pâque de la Loi nouvelle
met fin à la Pâque ancienne.

L'ordre ancien le cède au
[nouveau,
la réalité chasse l'ombre,
et la lumière, la nuit.

Ce que fit le Christ à la Cène,
il ordonna qu'en sa mémoire
nous le fassions après lui.

Instruits par son précepte saint,
nous consacrons le pain, le vin,
en victime de salut.

C'est un dogme pour les chrétiens
que le pain se change en son
[corps,
que le vin devient son sang.

Ce qu'on ne peut comprendre
[et voir,
notre foi ose l'affirmer,
hors des lois de la nature.

L'une et l'autre de ces espèces,
qui ne sont que de purs signes,
voilent un réel divin.

Sa chair nourrit, son sang
[abreuve,
mais le Christ tout entier
[demeure
sous chacune des espèces.

On le reçoit sans le briser,
le rompre ni le diviser ;
il est reçu tout entier.

Qu'un seul ou mille communient,
il se donne à l'un comme aux
[autres,
il nourrit sans disparaître.

Bons et mauvais le consomment,
mais pour un sort bien différent,
pour la vie ou pour la mort.

Mort des pécheurs, vie pour
[les justes ;
vois : ils prennent pareillement ;
quel résultat différent !

Si l'on divise les espèces,
n'hésite pas, mais souviens-toi
qu'il est présent dans un
[fragment
aussi bien que dans le tout.

Le signe seul est partagé,
le Christ n'est en rien divisé,
ni sa taille ni son état
n'ont en rien diminué.

* Le voici, le pain des anges,
il est le pain de l'homme en
[route,
le vrai pain des enfants de
[Dieu,
qu'on ne peut jeter aux chiens.

D'avance il fut annoncé
par Isaac en sacrifice,
par l'agneau pascal immolé,
par la manne de nos pères.

Ô bon Pasteur, notre vrai pain,
ô Jésus, aie pitié de nous,
nourris-nous et protège-nous,
fais-nous voir les biens éternels
dans la terre des vivants.

Toi qui sais tout et qui peux tout,
toi qui sur terre nous nourris,
conduis-nous au banquet du ciel
et donne-nous ton héritage,
en compagnie de tes saints.
Amen

**Alléluia. Alléluia.** Moi, je suis le pain vivant, qui est descendu du ciel, dit le Seigneur ; si quelqu'un mange de ce pain, il vivra éternellement. **Alléluia.**

## Évangile

*« Celui qui mange de ce pain vivra éternellement »*

**→ Évangile de Jésus Christ selon saint Jean** 6, 51-58

**En ce temps-là,** Jésus disait aux foules des Juifs : « Moi, je suis le pain vivant, qui est descendu du ciel : si quelqu'un mange de ce pain, il vivra éternellement. Le pain que je donnerai, c'est ma chair, donnée pour la vie du monde. » Les Juifs se querellaient entre eux : « Comment celui-là peut-il nous donner sa chair à manger ? »

Jésus leur dit alors : « Amen, amen, je vous le dis : si vous ne mangez pas la chair du Fils de l'homme, et si vous ne buvez pas son sang, vous n'avez pas la vie en vous. Celui qui mange ma chair et boit mon sang a la vie éternelle ; et moi, je le ressusciterai au dernier jour. En effet, ma chair est la vraie nourriture, et mon sang est la vraie boisson. Celui qui mange ma chair et boit mon sang demeure en moi, et moi, je demeure en lui. De même que le Père, qui est vivant, m'a envoyé, et que moi je vis par le Père, de même celui qui me mange, lui aussi vivra par moi. Tel est le pain qui est descendu du ciel : il n'est pas comme celui que les pères ont mangé. Eux, ils sont morts ; celui qui mange ce pain vivra éternellement. »

**POUR LA PRIÈRE UNIVERSELLE**

Dans la confiance, supplions Dieu notre Père :
– pour les communautés divisées par des conceptions opposées de la célébration de la messe, afin qu'elles se souviennent que, « puisqu'il y a un seul pain, la multitude que nous sommes est un seul corps », dans la paix, prions le Seigneur ;
– pour les personnes qui souffrent physiquement ou moralement, afin qu'elles trouvent du réconfort dans le sacrement du Corps du Christ mort et ressuscité pour notre salut, prions le Seigneur ;
– pour nous-mêmes, afin que nous redécouvrions l'importance de la participation à l'eucharistie dans notre cheminement vers Dieu, prions le Seigneur.

## Prière sur les offrandes

Nous t'en prions, Seigneur : dans ta bonté accorde à ton Église les dons de l'unité et de la paix, signifiés mystérieusement par les présents que nous t'offrons. Par le Christ, notre Seigneur.

## Préface

*Les fruits de la Sainte Eucharistie*

Vraiment, il est juste et bon, pour ta gloire et notre salut, de t'offrir notre action de grâce, toujours et en tout lieu, Seigneur, Père très saint, Dieu éternel et tout-puissant, par le Christ, notre Seigneur.
Lors du dernier repas qu'il partageait avec ses Apôtres, voulant perpétuer la mémoire du salut par la croix, il s'est offert à toi, comme l'Agneau sans tache, et tu as accueilli son sacrifice de parfaite louange. Quand tes fidèles communient à ce mystère incomparable, tu les sanctifies, pour que la famille humaine, habitant un même univers, soit éclairée par une même foi et réunie par une même charité. Nous venons à la table de cet admirable sacrement, pour être imprégnés de la douceur de ta grâce et transformés à l'image de ce que nous serons au ciel.

C'est pourquoi le ciel et la terre t'adorent ; ils te chantent leur hymne toujours nouvelle, et nous-mêmes, unissant notre voix à celle des anges, nous t'acclamons :
Saint ! Saint ! Saint, le Seigneur, Dieu de l'univers !...

*On peut également employer la préface du Jeudi saint, p. 318.*

## Antienne de la communion

Jn 6, 57

Celui qui mange ma chair et boit mon sang
demeure en moi, et moi en lui, dit le Seigneur.

## Prière après la communion

Nous t'en prions, Seigneur Jésus Christ : donne-nous de goûter pleinement à ta vie divine dans l'éternité, ce que préfigure dans le temps la communion à ton Corps et à ton Sang précieux. Toi qui vis et règnes pour les siècles des siècles.

### Tu es un Dieu caché

« Cet étrange secret, dans lequel Dieu s'est retiré, impénétrable à la vue des hommes, est une grande leçon pour nous porter à la solitude loin de la vue des hommes. Il est demeuré caché sous le voile de nature qui nous le couvre jusqu'à l'Incarnation, et quand il a fallu qu'il ait paru, il s'est encore plus caché en se couvrant de l'humanité. Il était bien plus reconnaissable quand il était invisible, que (*litt.* non pas) quand il s'est rendu visible. Et enfin quand il a voulu accomplir la promesse qu'il fit à ses apôtres de demeurer avec les hommes jusqu'à son dernier avènement, il a choisi d'y demeurer dans le plus étrange et le plus obscur secret de tous, qui sont les espèces de l'Eucharistie. C'est ce sacrement que saint Jean appelle dans l'Apocalypse (2, 17) une manne cachée ; et je crois qu'Isaïe le voyait en cet état, lorsqu'il dit en esprit de prophétie : "Véritablement tu es un Dieu caché" (Is 45, 15). C'est là le dernier secret où il peut être. »

Blaise Pascal (1662), « Lettre IV à Mademoiselle de Roannez »,
dans *Œuvres complètes*, La Pléiade, 1954, p. 510.

## CALENDRIER LITURGIQUE

**Di 11** **LE SAINT-SACREMENT A.**
[S. Barnabé, Apôtre.
*À Monaco,* Dédicace de l'église cathédrale].

**Lu 12** 10e semaine du Temps ordinaire.
*Liturgie des Heures : Psautier semaine II.*
2 Corinthiens 1, 1-7 ; Ps 33 ; Matthieu 5, 1-12 « Heureux les pauvres de cœur »

**Ma 13** S. Antoine de Padoue, prêtre, franciscain portugais, docteur de l'Église, † 1231 à Padoue.
2 Corinthiens 1, 18-22 ; Ps 118 ; Matthieu 5, 13-16 « Vous êtes le sel de la terre »

**Me 14** 2 Corinthiens 3, 4-11 ; Ps 98 ; Matthieu 5, 17-19 « Je ne suis pas venu abolir, mais accomplir »

**Je 15** 2 Corinthiens 3, 15–4, 1.3-6 ; Ps 84 ; Matthieu 5, 20-26 « Tout homme qui se met en colère contre son frère devra passer en jugement »

**Ve 16** **SACRÉ-CŒUR DE JÉSUS p. 486.**

**Sa 17** Samedi après le Sacré-Cœur : *Le Cœur immaculé de Marie.*
2 Corinthiens 5, 14-21 ; Ps 102 ; Matthieu 5, 33-37 « Moi, je vous dis de ne pas jurer du tout »

**Bonne fête !** 11 : Barnabé, Yolande. 12 : Guy. 13 : Antoine, Rambert. 14 : Élisée, Valère, Rufin. 15 : Germaine. 16 : Jean-François, Régis, Aurélien, Ferréol. 17 : Hervé, Rainier.

**Saint Antoine de Padoue (13 juin)** « naquit à Lisbonne vers 1195. En 1221, il était à Assise près de saint François, dont le projet de vie évangélique l'avait séduit. Ses dons exceptionnels de prédicateur le firent envoyer en France, où se répandaient les doctrines cathares. Il fonda un couvent à Brive-la-Gaillarde. De retour en Italie, il mourut à Padoue après y avoir prêché le Carême (1231). De nombreux miracles sont attribués à son intercession » (Missel romain).

# Sacré-Cœur de Jésus

**16 JUIN 2023**

La fête du Sacré-Cœur invite à contempler la source du salut : l'amour du Christ, qui donne librement sa vie pour ses frères humains, afin d'accomplir la volonté de son Père du ciel. C'est l'amour fidèle et éternel, tendre et miséricordieux. En nous mettant à l'école du cœur de Jésus, nous apprenons à accueillir son amour pour nous, à aimer comme lui et à dilater notre cœur aux dimensions du monde.

**CHANTER**

Au choix : ***Invisible, ô toi lumière*** **C 239 CNA 780,** ***Litanies du Sacré Cœur*** **Y 22-83 CNA 787,** ***J'ai vu des fleuves d'eau vive*** **I 44-62,** ***J'ai vu l'eau vive*** **I 132-1 CNA 191.**

## Antienne d'ouverture

cf. Ps 32, 11.18.19

Les pensées de son Cœur subsistent d'âge en âge :
il veut délivrer de la mort les âmes de ceux qui le craignent,
et les nourrir aux jours de famine.

*Gloria*

## Prière

Dieu tout-puissant, en glorifiant le Cœur de ton Fils bien-aimé, nous rappelons les admirables bienfaits de son amour pour nous ; nous t'en prions, accorde-nous de puiser à cette source divine une surabondance de grâce. Par Jésus Christ, ton Fils, notre Seigneur, qui vit et règne avec toi dans l'unité du Saint-Esprit, Dieu, pour les siècles des siècles.

## Lectures

Première lecture : Dt 7,6-11 *Le peuple que Dieu aime.*

## Psaume 102

R/. **L'amour du Seigneur, sur ceux qui le craignent, est de toujours à toujours.**

## 2e Lecture

*« Dieu nous a aimés »*

**→ Lecture de la première lettre de saint Jean** 4, 7-16

**Bien-aimés**, aimons-nous les uns les autres, puisque l'amour vient de Dieu. Celui qui aime est né de Dieu et connaît Dieu. Celui qui n'aime pas n'a pas connu Dieu, car Dieu est amour.

Voici comment l'amour de Dieu s'est manifesté parmi nous : Dieu a envoyé son Fils unique dans le monde pour que nous vivions par lui. Voici en quoi consiste l'amour : ce n'est pas nous qui avons aimé Dieu, mais c'est lui qui nous a aimés, et il a envoyé son Fils en sacrifice de pardon pour nos péchés.

Bien-aimés, puisque Dieu nous a tellement aimés, nous devons, nous aussi, nous aimer les uns les autres. Dieu, personne ne l'a jamais vu. Mais si nous nous aimons les uns les autres, Dieu demeure en nous, et, en nous, son amour atteint la perfection. Voici comment nous reconnaissons que nous demeurons en lui et lui en nous : il nous a donné part à son Esprit. Quant à nous, nous avons vu et nous attestons que le Père a envoyé son Fils comme Sauveur du monde.

Celui qui proclame que Jésus est le Fils de Dieu, Dieu demeure en lui, et lui en Dieu. Et nous, nous avons reconnu l'amour que Dieu a pour nous, et nous y avons cru. Dieu est amour : qui demeure dans l'amour demeure en Dieu, et Dieu demeure en lui.

## Évangile

*« Je suis doux et humble de cœur »*

→ **Évangile de Jésus Christ selon saint Matthieu** 11, 25-30

**En ce temps-là**, Jésus prit la parole et dit : « Père, Seigneur du ciel et de la terre, je proclame ta louange : ce que tu as caché aux sages et aux savants, tu l'as révélé aux tout-petits. Oui, Père, tu l'as voulu ainsi dans ta bienveillance. Tout m'a été remis par mon Père ; personne ne connaît le Fils, sinon le Père, et personne ne connaît le Père, sinon le Fils, et celui à qui le Fils veut le révéler.

Venez à moi, vous tous qui peinez sous le poids du fardeau, et moi, je vous procurerai le repos. Prenez sur vous mon joug, devenez mes disciples, car je suis doux et humble de cœur, et *vous trouverez le repos pour votre âme.* Oui, mon joug est facile à porter, et mon fardeau, léger. »

## Préface

*L'immense amour du Christ*

Vraiment, il est juste et bon, pour ta gloire et notre salut, de t'offrir notre action de grâce, toujours et en tout lieu, Seigneur, Père très saint, Dieu éternel et tout-puissant, par le Christ, notre Seigneur.
Dans son amour admirable, quand il fut élevé sur la croix, il s'est livré lui-même pour nous et, de son côté transpercé, il répandit le sang et l'eau d'où jaillirent les sacrements de l'Église, afin que tous, attirés vers le Cœur ouvert du Sauveur, ne cessent de venir puiser dans la joie aux sources vives du salut.
C'est pourquoi, avec les saints et tous les anges, nous te louons et sans fin nous proclamons :
Saint, Saint, Saint, le Seigneur, Dieu de l'univers !...

# 11e dimanche

## 18 JUIN 2023

## L'option divine pour l'amour

**La Bible** prête à Dieu des sentiments divers. À la suite de l'Ancien Testament, Paul lui-même, dans sa lettre aux Romains, parle encore de la colère de Dieu, ce sentiment par lequel Dieu exprimerait son indignation face aux injustices commises par les hommes. Selon la conception humaine de la justice, ce sentiment est tout à fait justifié. Le Dieu justicier est encore celui de la plupart des textes de l'Ancien Testament, tel celui de l'Exode : « Si vous gardez mon alliance, vous serez mon domaine particulier » (*première lecture*). Un tel Dieu ne donne sa faveur qu'à la condition que le peuple pratique les commandements.

Mais, dans le même passage de cette lettre, Paul donne « la preuve » que le Dieu qu'il annonce dépasse cette justice humaine, trop humaine. Au lieu que la colère divine ne s'abatte logiquement sur l'humanité corrompue, le Fils a fait de nous des justes alors que nous étions encore pécheurs. Nous étions encore les ennemis de Dieu, mais il a, par son Fils, fait de nous ses amis ; le Fils lui-même nous a réconciliés avec le Père. À vue humaine, c'est injuste. Mais, en même temps, c'est le doux paradoxe de la foi chrétienne qui s'appuie non pas sur un Dieu justicier mais sur un « Dieu qui nous aime », sans condition préalable (*deuxième lecture*).

Cet amour inconditionnel de Dieu transparaît dans le comportement concret de Jésus qui, « voyant les foules, fut saisi de compassion envers elles parce qu'elles étaient désemparées et abattues comme des brebis sans berger » (*évangile*). Dès lors, il va leur trouver douze bergers qui seront totalement à leur service. Douze, parce qu'il y avait douze tribus en Israël. Car c'est à Israël d'abord qu'il les envoie lors de leur première mission, avant que cette mission ne s'élargisse au monde entier, comme l'indiquera la dernière phrase de l'évangile de Matthieu.

Nous pouvons être fiers du Dieu de Jésus Christ, qui nous a offert la réconciliation sans aucun mérite de notre part.

---

**CHANTER**

- Les chants proposés ce dimanche pourront aussi valoir pour les 12e, 13e et 14e dimanches.
- On pourra retenir un même ordinaire de la messe pour donner de la cohérence à ces quatre dimanches.
- Pour la procession d'ouverture : ***Pour avancer ensemble*** **KD 20-38 CNA 524,** ***Ouvriers de la paix*** **T 13-92-1 CNA 522,** ***Peuple choisi*** **K 64-1 CNA 543** (strophes 1, 3, 4, 7), ***Dieu nous accueille*** **A 174 CNA 545,** ***Peuple de baptisés*** **K 106 CNA 573.**
- Pour la procession de communion : ***Pain de Dieu, pain rompu*** **D 284 CNA 338,** ***En mémoire du Seigneur*** **D 304-1 CNA 327, Les pauvres mangeront YD 92 CNA 333.**
- Pour l'action de grâce : ***En accueillant l'amour*** **DP 126 CNA 325,** ***Ne craignez pas*** **R 559,** ***Souviens-toi de Jésus Christ*** **I 45 CNA 588,** ***Jubilez, criez de joie*** **Y 68-11.**
- Si l'on souhaite caractériser davantage chaque dimanche :
- Pour le 11e dimanche : ***Si le Père vous appelle*** **T 154-1 CNA 721.**
- Pour le 12e dimanche : ***Peuple de Dieu n'aie pas de honte*** **GP 9 CNA 575.**
- Pour le 13e dimanche : ***Baptisés dans la lumière de Jésus*** **N 297 CNA 672.**
- Pour le 14e dimanche : ***Vous tous qui peinez*** **U 13-21 CNA 700.**

---

## Antienne d'ouverture

cf. Ps 26, 7. 9

Écoute, Seigneur, ma voix qui t'appelle !
Sois mon secours, ne m'abandonne pas,
ne me délaisse pas, Dieu, mon salut !

*Gloria*

## Prière

Seigneur Dieu, force de ceux qui espèrent en toi, sois favorable à nos appels : puisque, mortels et fragiles, nous ne pouvons rien sans toi, donne-nous toujours le secours de ta grâce ; ainsi pourrons-nous, en observant tes commandements, vouloir et agir de manière à te plaire. Par Jésus Christ, ton Fils, notre Seigneur, qui vit et règne avec toi dans l'unité du Saint-Esprit, Dieu, pour les siècles des siècles.

## 1re Lecture

*« Vous serez pour moi un royaume de prêtres, une nation sainte »*

**→ Lecture du livre de l'Exode** 19, 2-6a

En **ces jours-là,** les fils d'Israël arrivèrent dans le désert du Sinaï, et ils y établirent leur camp juste en face de la montagne. Moïse monta vers Dieu.

Le Seigneur l'appela du haut de la montagne : « Tu diras à la maison de Jacob, et tu annonceras aux fils d'Israël : Vous avez vu ce que j'ai fait à l'Égypte, comment je vous ai portés comme sur les ailes d'un aigle et vous ai amenés jusqu'à moi. Maintenant donc, si vous écoutez ma voix et gardez mon alliance, vous serez mon domaine particulier parmi tous les peuples, car toute la terre m'appartient ; mais vous, vous serez pour moi un royaume de prêtres, une nation sainte. »

## Psaume 99

R/. **Il nous a faits, et nous sommes à lui,**
**nous, son peuple, son troupeau.**

Acclamez le Seigneur, terre entière,
servez le Seigneur dans l'allégresse,
venez à lui avec des chants de joie !

Reconnaissez que le Seigneur est Dieu :
il nous a faits, et nous sommes à lui,
nous, son peuple, son troupeau.

Oui, le Seigneur est bon,
éternel est son amour,
sa fidélité demeure d'âge en âge.

## 2e Lecture

*« Réconciliés par la mort du Fils, et sauvés en recevant sa vie »*

→ **Lecture de la lettre de saint Paul apôtre aux Romains** 5, 6-11

**Frères,** alors que nous n'étions encore capables de rien, le Christ, au temps fixé par Dieu, est mort pour les impies que nous étions. Accepter de mourir pour un homme juste, c'est déjà difficile ; peut-être quelqu'un s'exposerait-il à mourir pour un homme de bien. Or, la preuve que Dieu nous aime, c'est que le Christ est mort pour nous, alors que nous étions encore pécheurs. À plus forte raison, maintenant que le sang du Christ nous a fait devenir des justes, serons-nous sauvés par lui de la colère de Dieu. En effet, si nous avons été réconciliés avec Dieu par la mort de son Fils alors que nous étions ses ennemis, à plus forte raison, maintenant que nous sommes réconciliés, serons-nous sauvés en ayant part à sa vie. Bien plus, nous mettons notre fierté en Dieu, par notre Seigneur Jésus Christ, par qui, maintenant, nous avons reçu la réconciliation.

**Alléluia. Alléluia.** Le règne de Dieu est tout proche. Convertissez-vous et croyez à l'Évangile. **Alléluia.**

## Évangile

*« Jésus appela ses douze disciples et les envoya en mission »*

→ **Évangile de Jésus Christ selon saint Matthieu** 9, 36 – 10, 8

**En ce temps-là,** voyant les foules, Jésus fut saisi de compassion envers elles parce qu'elles étaient désemparées et abattues comme des brebis sans berger.

Il dit alors à ses disciples : « La moisson est abondante, mais les ouvriers sont peu nombreux. Priez donc le maître de la moisson d'envoyer des ouvriers pour sa moisson. »

Alors Jésus appela ses douze disciples et leur donna le pouvoir d'expulser les esprits impurs et de guérir toute maladie et toute infirmité. Voici les noms des douze Apôtres : le premier, Simon, nommé Pierre ; André son frère ; Jacques, fils de Zébédée, et Jean son frère ; Philippe et Barthélemy ; Thomas et Matthieu le publicain ; Jacques, fils d'Alphée, et Thaddée ; Simon le Zélote et Judas l'Iscariote, celui-là même qui le livra.

Ces douze, Jésus les envoya en mission avec les instructions suivantes : « Ne prenez pas le chemin qui mène vers les nations païennes et n'entrez dans aucune ville des Samaritains. Allez plutôt vers les brebis perdues de la maison d'Israël. Sur votre route, proclamez que le royaume des Cieux est tout proche. Guérissez les malades, ressuscitez les morts, purifiez les lépreux, expulsez les démons. Vous avez reçu gratuitement : donnez gratuitement. »

**POUR LA PRIÈRE UNIVERSELLE**

Jésus fut saisi de compassion envers les foules. Par lui, prions le Père qui nous aime :

– pour le pape, successeur de Pierre à Rome, pour le patriarche œcuménique de Constantinople, successeur d'André, et pour tous les évêques qui exercent en notre monde le ministère apostolique, afin qu'ils travaillent inlassablement à l'unité de l'Église fondée sur les Apôtres ;

– pour tous ceux et celles qui entendent aujourd'hui l'appel du Christ à le suivre, afin qu'ils n'étouffent pas cet appel mais y répondent avec joie ;

– pour nous tous ici présents, qui formons avec tous les membres de l'Église un royaume de prêtres, une nation sainte, afin que chacun discerne l'appel que Dieu lui adresse et s'engage davantage à son service.

## Prière sur les offrandes

Seigneur Dieu, tu donnes à notre humanité la nourriture qui fortifie, et le sacrement qui renouvelle ; nous t'en prions : fais que ton secours ne manque jamais à nos corps et à nos esprits. Par le Christ, notre Seigneur.

## Antienne de la communion

Ps 26, 4

J'ai demandé une chose au Seigneur,
la seule que je cherche :
habiter la maison du Seigneur tous les jours de ma vie.

*Ou* Jn 17, 11

Père saint, garde mes disciples unis dans ton nom,
le nom que tu m'as donné,
pour qu'ils soient un, comme nous-mêmes, dit le Seigneur.

## Prière après la communion

Cette communion à tes mystères, Seigneur, préfigure l'union des fidèles en toi ; fais qu'elle produise un fruit d'unité dans ton Église. Par le Christ, notre Seigneur.

### Prier le maître de la moisson

« Compteront-ils beaucoup, dans l'histoire de l'Église, les apostolats à grand tapage ?... Ce n'est ni la superficie, ni la longueur ou la largeur qui comptent. C'est la profondeur. On mesure l'apostolat à la sonde et non au cordeau. »

Lucien Cerfaux, *Le Discours de mission*,
Paris - Tournai, Desclée, 1956, p. 7.

« Dieu a décidé que certains efforts ne se produiraient qu'à la prière de ses fils. Comme le labour est l'une des causes de la récolte, ainsi en est-il de la prière pour la moisson de Dieu... Elle est notre outil, le trépan qui creuse les profondeurs pour en faire jaillir Dieu. »

Jacques Loew, *Comme s'il voyait l'invisible*, Cerf, 1964, pp. 75-76.

## CALENDRIER LITURGIQUE

| | |
|---|---|
| Di 18 | **11e dimanche A.**<br>*Liturgie des Heures : Psautier semaine III.* |
| Lu 19 | *S. Romuald, abbé, fondateur des Camaldules, † 1027 à Camaldoli (Italie).*<br>2 Corinthiens 6, 1-10 ; Ps 97 ; Matthieu 5, 38-42 : « Moi, je vous dis de ne pas riposter au méchant » |
| Ma 20 | 2 Corinthiens 8, 1-9 ; Ps 145 ; Matthieu 5, 43-48 : « Aimez vos ennemis » |
| Me 21 | S. Louis de Gonzague, étudiant jésuite, † 1591 à Rome.<br>2 Corinthiens 9, 6-11 ; Ps 111 ; Matthieu 6, 1-6.16-18 : « Ton Père qui voit dans le secret te le rendra » |
| Je 22 | *S. Paulin (Bordelais), évêque de Nole (Italie), † 431.*<br>*S. Jean Fisher, évêque de Rochester, et S. Thomas More, chancelier d'Angleterre, martyrs à Londres, † 1535*<br>2 Corinthiens 11, 1-11 ; Ps 110 ; Matthieu 6, 7-15 « Vous donc, priez ainsi » |
| Ve 23 | 2 Corinthiens 11, 18.21b-30 ; Ps 33 ; Matthieu 6, 19-23 : « Là où est ton trésor, là aussi sera ton cœur » |
| Sa 24 | **NATIVITÉ DE S. JEAN BAPTISTE.** Lectures propres : Is 49,1-6 ; Ps 138 ; Actes 13,22-26 ; Lc 1,57-66.80 : « Son nom est Jean » |

***Bonne fête !*** 18 : Léonce. 19 : Romuald, Gervais. 20 : Silvère. 21 : Gonzague, Rodolphe, Rudy, Loïs. 22 : Paulin, Alban. 23 : Audrey. 24 : Jean-Baptiste, Johnny, Yann, Yannick.

**Saint Paulin de Nole (22 juin).** « Le consul Paulin (355-431) et sa femme Thérèse possédaient de vastes territoires en Aquitaine, en Espagne et en Italie méridionale. Devenus chrétiens (393), ils renoncèrent à leurs biens et se retirèrent à Nole (Campanie), où Paulin fut élu évêque (409). Il devait gouverner cette Église durant vingt-deux ans. “De tous mes biens terrestres, dit Paulin, je payai l'espérance du ciel” » (*Missel romain*).

# 12$^{e}$ dimanche

## 25 JUIN 2023

## Que la force soit avec toi !

**Entreprise vouée** d'avance à l'échec que celle de compter les cheveux de nos têtes ! Il en tombe ici ou là. Pourquoi donc cette image d'un premier abord si peu compréhensible (*évangile*) ? Dans l'Ancien Testament, Samson, doté d'une chevelure abondante, symbole de la force que Dieu lui donne, parvient à vaincre ses opposants. De même, Dieu conforte Gédéon, le guerrier « Va avec la force qui est en toi » (Jg 6,14). Dieu nous connaît « corps et âme », « reins et cœur », jusque dans les plus petits détails dans lesquels il a d'avance déposé sa force. « Ne crains pas », ce leitmotiv lumineux rappelle alors que tout croyant est capable de tenir debout, vivant, ressuscité, car en lui réside déjà la force de Dieu.

Les scrupuleux de la règle et de la loi ne cessent de couper les cheveux en quatre. Ils épient, guettent, encerclent en focalisant sur le mot de « péché ». Ce faisant, ils enferment la relation à Dieu et, à les écouter et les suivre, comment ne pas broyer du noir, se retrouver dans les ténèbres d'un cœur inquiet, comme l'a pu être le prophète Jérémie (*première lecture*) ? À l'inverse, Paul conforte la jeune communauté chrétienne de Rome et nous enseigne : la grâce de Dieu en Jésus est plus grande, plus large et plus généreuse que le péché (*deuxième lecture*).

« Que la Force, soit avec toi ! » Elle est assurément en nous. Alors quittons les cages obscures de la peur, les raisonnements systémiques apparemment parfaits mais qui ne mènent pas à une relation ajustée et confiante à Dieu. Il nous convoque à de larges espaces, nous invite à prendre de la hauteur, à lever le nez au-dessus de nos problèmes, à regarder au-dessus de nos têtes et à contempler une réalité déjà sauvée. Devenons ces disciples de la lumière qui ne peut être enterrée, qui ne peut être mise sous le boisseau !

*Des chants sont proposés le 11e dimanche, p. 490.*

**CHANTER**

Pour ce dimanche, on peut aussi chanter : ***Peuple de Dieu, n'aie pas de honte* GP 9 CNA 575.**

## Antienne d'ouverture

cf. Ps 27, 8-9

Le Seigneur est la force de son peuple,
le refuge et le salut de son messie.
Sauve ton peuple, Seigneur, bénis ton héritage,
et conduis-le à jamais.

*Gloria*

## Prière

Fais-nous vivre à tout moment, Seigneur, dans l'amour et le respect de ton saint nom, toi qui ne cesses jamais de guider ceux que tu enracines solidement dans ta charité. Par Jésus Christ, ton Fils, notre Seigneur, qui vit et règne avec toi dans l'unité du Saint-Esprit, Dieu, pour les siècles des siècles.

## 1re Lecture

*J'ai remis ma cause dans le Seigneur de l'univers*

→ **Lecture du livre du prophète Jérémie** 20, 10-13

M**oi Jérémie**, j'entends les calomnies de la foule : « Dénoncez-le ! Allons le dénoncer, celui-là, l'Épouvante-de-tous-côtés. » Tous mes amis guettent mes faux pas, ils disent : « Peut-être se laissera-t-il séduire... Nous réussirons, et nous prendrons sur lui notre revanche ! » Mais le Seigneur est avec moi, tel un guerrier redoutable : mes persécuteurs trébucheront, ils ne réussiront pas. Leur défaite les couvrira de honte, d'une confusion éternelle, inoubliable.

Seigneur de l'univers, toi qui scrutes l'homme juste, toi qui vois les reins et les cœurs, fais-moi voir la revanche que tu leur infligeras, car c'est à toi que j'ai remis ma cause.

Chantez le Seigneur, louez le Seigneur : il a délivré le malheureux de la main des méchants.

## Psaume 68

R./ **Dans ton grand amour, Dieu, réponds-moi.**

C'est pour toi que j'endure l'insulte,
que la honte me couvre le visage :
je suis un étranger pour mes frères,
un inconnu pour les fils de ma mère.
L'amour de ta maison m'a perdu ;
on t'insulte, et l'insulte retombe sur moi.

Et moi, je te prie, Seigneur :
c'est l'heure de ta grâce ;
dans ton grand amour, Dieu, réponds-moi,
par ta vérité sauve-moi.
Réponds-moi, Seigneur, car il est bon, ton amour ;
dans ta grande tendresse, regarde-moi.

Les pauvres l'ont vu, ils sont en fête :
« Vie et joie, à vous qui cherchez Dieu ! »
Car le Seigneur écoute les humbles,
il n'oublie pas les siens emprisonnés.
Que le ciel et la terre le célèbrent,
les mers et tout leur peuplement.

## 2e Lecture

*« Combien plus la grâce de Dieu s'est répandue en abondance »*

→ **Lecture de la lettre de saint Paul apôtre aux Romains** 5, 12-15

**Frères**, nous savons que par un seul homme, le péché est entré dans le monde, et que par le péché est venue la mort ; et ainsi, la mort est passée en tous les hommes, étant donné que tous ont péché. Avant la loi de Moïse, le péché était déjà dans le monde, mais le péché ne peut être imputé à personne tant qu'il n'y a pas de loi. Pourtant, depuis Adam jusqu'à Moïse, la mort a établi son règne, même sur ceux qui n'avaient pas péché par une transgression semblable à celle d'Adam. Or, Adam préfigure celui qui devait venir. Mais il n'en va pas du don gratuit comme de la faute. En effet, si la mort a frappé la multitude par la faute d'un seul, combien plus la grâce de Dieu s'est-elle répandue en abondance sur la multitude, cette grâce qui est donnée en un seul homme, Jésus Christ.

**Alléluia. Alléluia.** L'Esprit de vérité rendra témoignage en ma faveur, a dit le Seigneur ; vous aussi, vous allez rendre témoignage. **Alléluia.**

## Évangile

*Proclamez, ne craignez-pas !*

→ **Évangile de Jésus Christ selon saint Matthieu** 10, 26-33

**En ce temps-là,** Jésus disait à ses Apôtres : « Ne craignez pas les hommes ; rien n'est voilé qui ne sera dévoilé, rien n'est caché qui ne sera connu. Ce que je vous dis dans les ténèbres, dites-le en pleine lumière ; ce que vous entendez au creux de l'oreille, proclamez-le sur les toits. Ne craignez pas ceux qui tuent le corps sans pouvoir tuer l'âme ; craignez plutôt celui qui peut faire périr dans la géhenne l'âme aussi bien que le corps. Deux moineaux ne sont-ils pas vendus pour un sou ? Or, pas un seul ne tombe à terre sans que votre Père le veuille. Quant à vous, même les cheveux de votre tête sont tous comptés. Soyez donc sans crainte : vous valez bien plus qu'une multitude de moineaux. Quiconque se déclarera pour moi devant les hommes, moi aussi je me déclarerai pour lui devant mon Père qui est aux cieux. Mais celui qui me reniera devant les hommes, moi aussi je le renierai devant mon Père qui est aux cieux. »

---

**POUR LA PRIÈRE UNIVERSELLE**

En ayant foi en Dieu et en croyant à sa Parole, nous déposons ici les soucis de notre monde :

– Dieu de l'univers, qui prends soin de nous comme un Père, répands ta grâce en abondance sur les persécutés des régimes politiques totalitaires, sur les croyants opprimés, sur les hommes et les femmes insultés ;

– Dieu de la grâce donnée par ton Fils Jésus Christ, insuffle en ton Église les mots, les gestes, les comportements qui annonceront toujours plus le don gratuit de ta vie pour tout homme ;

– Dieu de la lumière, qui fait fuir les ténèbres, illumine nos cœurs afin que tout homme choisisse résolument une vie donnée généreusement pour ses frères en humanité.

---

## Prière sur les offrandes

Accueille, Seigneur, le sacrifice de louange et de paix ; accorde-nous d'être purifiés par son action et de t'offrir un cœur qui te plaise. Par le Christ, notre Seigneur.

## Antienne de la communion

Ps 144, 15

Les yeux sur toi, tous, ils espèrent, Seigneur :
tu leur donnes la nourriture au temps voulu.

## Prière après la communion

Nourris et renouvelés par le Corps sacré et le Sang précieux de ton Fils, nous implorons ta bonté, Seigneur : fais que, sûrs de la rédemption, / nous possédions ce que nous aimons célébrer avec ferveur. Par le Christ, notre Seigneur.

## Rester proche du Seigneur

« Nous avons toujours besoin de votre secours. Manifestez-vous de quelque manière, Seigneur, afin que nous ne vivions pas dans une peur continuelle. Ne craignez pas, mes sœurs, de suivre les chemins de l'oraison : il s'y trouve de nombreuses voies ; les unes, comme je l'ai dit, conviennent à ceux-ci, les autres à ceux-là. C'est un chemin sûr ; vous échapperez plus promptement à la tentation en restant près du Seigneur qu'en vous éloignant de lui. Suppliez-le de vous accorder cette grâce et demandez-la-lui par cette prière du Pater noster que vous répétez tant de fois chaque jour. »

Sainte Thérèse de Jésus, Le Chemin de la perfection, Escorial, 68,5, Cerf, 1999.

## CALENDRIER LITURGIQUE

| | |
|---|---|
| Di 25 | **12e dimanche A.**<br>*Liturgie des Heures : Psautier semaine IV.* |
| Lu 26 | Genèse 12, 1-9 ; Ps 32 ; Matthieu 7, 1-5 « Enlève d'abord la poutre de ton œil » |
| Ma 27 | *S. Cyrille, évêque d'Alexandrie, docteur de l'Église, † 444.*<br>*Au Canada, Bx Nykyta Budka † 1949 au Kazakhstan, et Vasyl Velychkowsky, † 1973 à Winnipeg, évêques et martyrs*<br>Genèse 13, 2.5-18 ; Ps 14 ; Matthieu 7, 6.12-14 : « Tout ce que vous voudriez que les autres fassent pour vous, faites-le pour eux » |
| Me 28 | S. Irénée, évêque de Lyon et martyr, † vers 202.<br>Genèse 15, 1-12.17-18a ; Ps 104 ; Matthieu 7, 15-20 : « C'est à leurs fruits que vous les reconnaîtrez » |
| Je 29 | Ss. PIERRE et PAUL, Apôtres. Lectures propres : Actes 12, 1-11 ; Ps 33 ; 2 Timothée 4, 6-8.17-18 ; Matthieu 16, 13-19 : « Tu es Pierre, et je te donnerai les clés du royaume des Cieux » |
| Ve 30 | *Les premiers martyrs de l'Église de Rome, † 64.*<br>Genèse 17, 1.9-10.15-22 ; Ps 127 ; Matthieu 8, 1-4 « Si tu le veux, tu peux me purifier » |
| Sa 1er | Genèse 18, 1-15 ; Cant. Luc 1 Magnificat ; Matthieu 8, 5-17<br>« Beaucoup viendront de l'orient et de l'occident et prendront place avec Abraham, Isaac et Jacob » |

***Bonne fête !*** 25 : Léonore, Prosper, Nora, Salomon. 26 : Anthelme. 27 : Cyrille, Fernand. 28 : Irénée. 29 : Pierre, Paul, Pablo, Peter. 30 : Martial. 1er juillet : Thierry, Dietrich, Servan, Esther.

**Saint Guilhem (28 mai).** Né en 755, Guillaume brille comme guerrier auprès de son cousin Charlemagne. Comte de Toulouse, il pose ses armes et se retire au désert dans l'abbaye de Gellone (Hérault) qu'il fonde sous le conseil de son ami Benoît d'Aniane. Désormais, Guilhem s'illustre dans une vie communautaire toute fraternelle, faite d'attentions au quotidien et de prière. Il y meurt et y est enterré en 812.

# 13$^{e}$ dimanche

## 2 JUILLET 2023

## Aimer, greffés sur Jésus

**« Qui vous accueille m'accueille »** (*évangile*). Accueillir Jésus dans sa propre maison, auprès de sa belle-mère, a certainement été un évènement marquant pour Pierre. D'ailleurs Jésus s'est montré attentionné et reconnaissant : ne l'a-t-il pas guérie (Matthieu 8, 15) ? Il a été accueilli comme juste, comme prophète, il a sûrement reçu ce « verre d'eau fraîche » et bien plus encore. Le prophète Élisée remercie pour l'accueil par l'annonce de la naissance d'un fils, et ouvre à la vie (*première lecture*). Alors pourquoi Jésus nous demande-t-il, de le préférer à notre père, mère, fils ou fille ?

Paul nous donne une clé de compréhension (*deuxième lecture*). Il exhorte les chrétiens de Rome à mener une vie nouvelle, parce que tous ont été unis au Christ par le baptême. Pensez que vous êtes vivants, s'exclame Paul. Nous le serons, vivants à partir de celui qui nous procure la vie. Paul désirait revêtir les sentiments du Christ, devenir un « autre » Christ. Mener une vie nouvelle, c'est mourir à un style de relation et d'affection qui trouve son centre uniquement en soi-même, c'est aimer en Jésus, greffé sur Lui. Ainsi, le fondement de mon amour pour mon prochain sera enraciné en Jésus et non en moi, avec mes forces, mes affects, mes appréciations ou rejets. Être digne de porter le nom de chrétien, c'est donc porter un regard, une affection, un amour passé au filtre de mon amour pour Jésus. Nous sommes invités à prendre la résolution de porter une sorte de lunettes de correction, un vitrail lumineux qui corrige les imperfections de nos regards et jugements.

« L'amour du Seigneur » est sans fin, chante le psalmiste (*psaume*). En effet, cet amour est éternel, car Dieu charge sur nos épaules la responsabilité d'être des vivants amoureux de Lui, d'être prolongement de son amour pour nos frères. La mission est rude, bien souvent crucifiante : elle mène notre égocentrisme au tombeau ; prendre sa Croix s'incarne dans notre quotidien. Courage ! Nous sommes « vivants pour Dieu en Jésus Christ ».

*Des chants sont proposés le 11e dimanche, p. 490.*

**CHANTER**

Pour ce dimanche, on peut aussi chanter : ***Aimer, c'est tout donner*** **X 59-79, *Baptisés dans la lumière de Jésus* N 297 CNA 672.**

## Antienne d'ouverture

Ps 46, 2

Tous les peuples, battez des mains,
acclamez Dieu par vos cris de joie !

*Gloria.*

## Prière

Tu as voulu, Seigneur Dieu, que par la grâce de l'adoption filiale, nous devenions des enfants de lumière ; ne permets pas que nous soyons enveloppés des ténèbres de l'erreur, mais accorde-nous d'être toujours rayonnants dans la splendeur de ta vérité. Par Jésus Christ, ton Fils, notre Seigneur, qui vit et règne avec toi dans l'unité du Saint-Esprit, Dieu, pour les siècles des siècles.

## 1re Lecture

*Une femme insiste pour accueillir le prophète Élisée*

→ **Lecture du deuxième livre des Rois** 4, 8-11.14-16a

**Un jour**, le prophète Élisée passait à Sunam ; une femme riche de ce pays insista pour qu'il vienne manger chez elle. Depuis, chaque fois qu'il passait par là, il allait manger chez elle. Elle dit à son mari : « Écoute, je sais que celui qui s'arrête toujours chez nous est un saint homme de Dieu. Faisons-lui une petite chambre sur la terrasse ; nous y mettrons un lit, une table, un siège et une lampe, et quand il viendra chez nous, il pourra s'y retirer. »

Le jour où il revint, il se retira dans cette chambre pour y coucher. Puis il dit à son serviteur : « Que peut-on faire pour cette femme ? » Le serviteur répondit : « Hélas, elle n'a pas de fils, et son mari est âgé. » Élisée lui dit : « Appelle-la. » Le serviteur l'appela et elle se présenta à la porte. Élisée lui dit : « À cette même époque, au temps fixé pour la naissance, tu tiendras un fils dans tes bras. »

## Psaume 88

**R/. Ton amour, Seigneur, sans fin je le chante !**

L'amour du Seigneur, sans fin je le chante ;
ta fidélité, je l'annonce d'âge en âge.
Je le dis : C'est un amour bâti pour toujours ;
ta fidélité est plus stable que les cieux.

Heureux le peuple qui connaît l'ovation !
Seigneur, il marche à la lumière de ta face ;
tout le jour, à ton nom il danse de joie,
fier de ton juste pouvoir.

Tu es sa force éclatante ;
ta grâce accroît notre vigueur.
Oui, notre roi est au Seigneur ;
notre bouclier, au Dieu saint d'Israël.

## 2e Lecture *Mis au tombeau pour que nous menions une vie nouvelle*

→ **Lecture de la lettre de saint Paul apôtre aux Romains** 6, 3-4.8-11

**Frères, ne le savez-vous pas ?** Nous tous qui par le baptême avons été unis au Christ Jésus, c'est à sa mort que nous avons été unis par le baptême. Si donc, par le baptême qui nous unit à sa mort, nous avons été mis au tombeau avec lui, c'est pour que nous menions une vie nouvelle, nous aussi, comme le Christ qui, par la toute-puissance du Père, est ressuscité d'entre les morts.

Et si nous sommes passés par la mort avec le Christ, nous croyons que nous vivrons aussi avec lui. Nous le savons en effet : ressuscité d'entre les morts, le Christ ne meurt plus ; la mort n'a plus de pouvoir sur lui. Car lui qui est mort, c'est au péché qu'il est mort une fois pour toutes ; lui qui est vivant, c'est pour Dieu qu'il est vivant. De même, vous aussi, pensez que vous êtes morts au péché, mais vivants pour Dieu en Jésus Christ.

**Alléluia. Alléluia.** Descendance choisie, sacerdoce royal, nation sainte, annoncez les merveilles de Celui qui vous a appelés des ténèbres à son admirable lumière. **Alléluia.**

## Évangile

*Accueillir au nom de Jésus*

→ **Évangile de Jésus Christ selon saint Matthieu** 10, 37-42

En ce temps-là, Jésus disait à ses Apôtres : « Celui qui aime son père ou sa mère plus que moi n'est pas digne de moi ; celui qui aime son fils ou sa fille plus que moi n'est pas digne de moi ; celui qui ne prend pas sa croix et ne me suit pas n'est pas digne de moi. Qui a trouvé sa vie la perdra ; qui a perdu sa vie à cause de moi la gardera. Qui vous accueille m'accueille ; et qui m'accueille accueille Celui qui m'a envoyé. Qui accueille un prophète en sa qualité de prophète recevra une récompense de prophète ; qui accueille un homme juste en sa qualité de juste recevra une récompense de juste. Et celui qui donnera à boire, même un simple verre d'eau fraîche, à l'un de ces petits en sa qualité de disciple, amen, je vous le dis : non, il ne perdra pas sa récompense. »

**POUR LA PRIÈRE UNIVERSELLE**

Tournons nos prières vers Dieu, Père, Fils et Esprit-Saint, dynamique de vie :

– ton Église a célébré de nombreuses ordinations, communions et confirmations ce dernier mois. Dieu Trinité, qu'en elle, chacun soit accueilli dans sa sensibilité ecclésiale, dans son besoin de célébrer ta présence en ce monde ;

– de nombreux pays se trouvent déchirés en raison des différences ethniques, culturelles, linguistiques. Dieu Trinité, enseigne les hommes politiques à trouver dans les différences un atout à accueillir pour construire l'unité et non pas un obstacle insurmontable ;

– Dieu Trinité, viens convertir le cœur des hommes ; qu'ils apprennent à accueillir toute personne qui demande un service, une parole, une attention, un simple verre d'eau ;

– Dieu Trinité, nous te prions pour notre communauté que rassemble ton amour ; que chaque eucharistie nous apprenne à vivre de cette vie nouvelle que tu nous as donnée : que nous accueillions humblement les croix de chaque jour pour marcher à ta suite.

## Prière sur les offrandes

Seigneur Dieu, dans ta bonté, tu donnes à tes mystères de produire leurs effets ; nous t'en prions : que notre liturgie soit accordée à la sainteté de ces dons. Par le Christ, notre Seigneur.

## Antienne de la communion

Ps 102, 1

Bénis le Seigneur, ô mon âme,
bénis son nom très saint, tout mon être !

## Prière après la communion

Nous t'en prions, Seigneur : donne-nous d'être vivifiés par le sacrifice divin que nous avons offert et reçu en communion ; ainsi, reliés à toi par une charité qui ne passera jamais, nous porterons un fruit qui demeure pour toujours. Par le Christ, notre Seigneur.

## Marcher en Jésus

« Marcher en Jésus-Christ, il me semble que c'est sortir de soi, se perdre de vue, se quitter, pour entrer plus profondément en Lui à chaque minute qui passe, si profondément que l'on y soit enraciné, et qu'à tout événement, [à] toute chose on puisse lancer ce beau défi : "Qui me séparera de la charité de Jésus-Christ ?" Lorsque l'âme est fixée en Lui en de telles profondeurs, quand ses racines y sont ainsi plongées, la sève divine s'épanche à flots en elle, et tout ce qui est vie imparfaite, banale, naturelle est détruit ; alors, selon le langage de l'Apôtre, "ce qui est mortel est absorbé par la vie." »

Sainte Élisabeth de la Trinité, *Dernière retraite*, nº 33, Cerf, 2007, p. 179.

## CALENDRIER LITURGIQUE

| | |
|---|---|
| Di 2 | **13e dimanche A.**<br>*Liturgie des Heures : Psautier semaine I.* |
| Lu 3 | S. THOMAS, Apôtre. Lectures propres : Éphésiens 2, 19-22 ; Ps 116 ; Jean 20, 24-49 : « Mon Seigneur et mon Dieu ! » |
| Ma 4 | *Ste Élisabeth, reine du Portugal, † 1336.*<br>Genèse 19, 15-29 ; Ps 25 ; Matthieu 8, 23-27 : « Jésus, debout, menaça les vents et la mer, et il se fit un grand calme » |
| Me 5 | *S. Antoine-Marie Zaccaria, fondateur des Barnabites, † 1539 à Crémone (Italie).*<br>Genèse 21,5.8-20 ; Ps 33 ; Matthieu 8, 28-34 « Es-tu venu pour nous tourmenter avant le moment fixé ? » |
| Je 6 | *Ste Maria Goretti, vierge et martyre, † 1902 à Nettuno (Italie).*<br>Genèse 22, 1-19 ; Ps 114 ; Matthieu 9, 1-8 : « Les foules rendirent gloire à Dieu qui a donné un tel pouvoir aux hommes » |
| Ve 7 | Genèse 23, 1-4.19 ; 24, 1-8.62-67 ; Ps 105 ; Matthieu 9, 9-13 : « Ce ne sont pas les gens bien portants qui ont besoin du médecin. Je veux la miséricorde, non le sacrifice ». |
| Sa 8 | Genèse 27, 1-5.15-29 ; Ps 134 ; Matthieu 9, 14-17 : « Les invités de la noce pourraient-ils donc être en deuil pendant le temps où l'Époux est avec eux ? » |

***Bonne fête !*** 2 : Martinien. 3 : Thomas. 4 : Florian, Berthe, Élian, Éliane, Élisabeth. 5 : Antoine-Marie. 6 : Mariette. 7 : Ralf, Raoul. 8 : Thibault, Edgar.

**Sainte Élisabeth du Portugal (4 juin).** Née en 1271, en Sicile, elle porte le prénom de sa tante, sainte Élisabeth de Hongrie. Elle épouse Denis Ier, roi du Portugal et garde une conduite discrète, religieuse et favorise la paix et la réconciliation entre son époux et leur fils rebelle. Veuve, elle rejoint le couvent des clarisses et y poursuit son œuvre auprès des nécessiteux.

# 14e dimanche

**9 JUILLET 2023**

## À deux, c'est toujours mieux

**Être témoin** de l'amour que se portent des personnes nous émeut, nous émerveille et nous donne parfois le désir d'en être. Jésus, dans son intimité à son Père, nous révèle une relation qui nous rend plus proches du Dieu Très Haut, « le Seigneur du Ciel et de la Terre » (*évangile*). Jésus s'émerveille devant Dieu bienveillant, doux, humble, en écho au psalmiste qui le loue : lent à la colère, plein d'amour, bon, tendre, vrai, fidèle, socle sur qui tenir (*psaume*).

Or, devant les obstacles, les fardeaux de la vie, nombre d'entre nous quittent le terrain de l'émerveillement, oublient ce Dieu bon et le mettent de côté. La louange est alors anesthésiée, reléguée à des temps futurs que l'on espère plus heureux. L'illusion que l'isolement nous soulagera peut nous gagner.

Alors Jésus prend le contre-pied : « Venez à moi ! » En d'autres termes : cessez de créer des déserts autour de vous, de vous enfermer sur vous-mêmes, d'assécher le puits d'eau vive qu'est la relation. Il nous invite à la posture qu'enfant nous avons expérimentée, où nos limites et nos fragilités demandaient qu'un autre veille sur nous, nous assiste et nous protège. Dieu a révélé aux tout-petits que la sagesse réside dans la certitude qu'être en relation apporte la quiétude dans l'inquiétude. Ainsi, comme Jésus, orientons notre regard vers des puits d'eau vive, vers une Terre promise ; déplaçons notre regard vers le Père, parlons-lui, émerveillons-nous des détails de la vie, surtout lorsque les fardeaux sont trop lourds. Dieu ne résout pas tout d'un coup de baguette magique. Mais l'émerveillement fait des miracles : par lui, l'Esprit Saint insuffle la Vie en nos mots et laisse venir Dieu à nous ; avec lui, nous portons la charge. Ne nous réfugions pas dans l'attente de moments plus heureux, mais recevons à chaque instant sa présence, son repos : « il redresse les accablés », « il proclamera la paix » (*première lecture*). Vraiment avec Dieu, c'est toujours mieux !

*Des chants sont proposés le 11e dimanche, p. 490.*

---

**CHANTER**

▸ Pour ce dimanche, on peut aussi chanter : ***Vous tous qui peinez*** **U 13-21 CNA 700.**

---

## Antienne d'ouverture

cf. Ps 47, 10-11

Dieu, nous accueillons ta miséricorde
au milieu de ton temple.
Ta louange, comme ton nom, Seigneur Dieu,
couvre l'étendue de la terre.
Ta main droite est pleine de justice.

*Gloria.*

## Prière

Seigneur Dieu, par l'abaissement de ton Fils, tu as relevé le monde déchu ; donne à tes fidèles une joie sainte : tu les as tirés de l'esclavage du péché ; fais-leur connaître le bonheur éternel. Par Jésus Christ, ton Fils, notre Seigneur, qui vit et règne avec toi dans l'unité du Saint-Esprit, Dieu, pour les siècles des siècles.

## 1re Lecture

*« Voici ton roi qui vient à toi : il est pauvre »*

→ **Lecture du livre du prophète Zacharie** 9, 9-10

**Ainsi parle le Seigneur** : « Exulte de toutes tes forces, fille de Sion ! Pousse des cris de joie, fille de Jérusalem ! Voici ton roi qui vient à toi : il est juste et victorieux, pauvre et monté sur un âne, un ânon, le petit d'une ânesse. Ce roi fera disparaître d'Éphraïm les chars de guerre, et de Jérusalem les chevaux de combat ; il brisera l'arc de guerre, et il proclamera la paix aux nations. Sa domination s'étendra d'une mer à l'autre, et de l'Euphrate à l'autre bout du pays. »

## Psaume 144

**R/. Mon Dieu, mon Roi, je bénirai ton nom toujours et à jamais !**
*ou* : **Alléluia.**

Je t'exalterai, mon Dieu, mon Roi ;
je bénirai ton nom toujours et à jamais !
Chaque jour je te bénirai,
je louerai ton nom toujours et à jamais.

Le Seigneur est tendresse et pitié,
lent à la colère et plein d'amour.
La bonté du Seigneur est pour tous,
sa tendresse, pour toutes ses œuvres.

Que tes œuvres, Seigneur, te rendent grâce
et que tes fidèles te bénissent !
Ils diront la gloire de ton règne,
ils parleront de tes exploits,

Le Seigneur est vrai en tout ce qu'il dit,
fidèle en tout ce qu'il fait.
Le Seigneur soutient tous ceux qui tombent,
il redresse tous les accablés.

## 2e Lecture

*« Si, par l'Esprit, vous tuez les agissements de l'homme pécheur, vous vivrez »*

→ **Lecture de la lettre de saint Paul apôtre aux Romains** 8, 9.11-13

**Frères**, vous, vous n'êtes pas sous l'emprise de la chair, mais sous celle de l'Esprit, puisque l'Esprit de Dieu habite en vous. Celui qui n'a pas l'Esprit du Christ ne lui appartient pas. Mais si l'Esprit de celui qui a ressuscité Jésus d'entre les morts habite en vous, celui qui a ressuscité Jésus, le Christ, d'entre les morts donnera aussi la vie à vos corps mortels par son Esprit qui habite en vous. Ainsi donc, frères, nous avons une dette, mais elle n'est pas envers la chair pour devoir vivre selon la chair. Car si vous vivez selon la chair, vous allez mourir ; mais si, par l'Esprit, vous tuez les agissements de l'homme pécheur, vous vivrez.

**Alléluia. Alléluia.** Tu es béni, Père, Seigneur du ciel et de la terre, tu as révélé aux tout-petits les mystères du Royaume ! **Alléluia.**

## Évangile

*« Je suis doux et humble de cœur »*

→ **Évangile de Jésus Christ selon saint Matthieu** 11, 25-30

**En ce temps-là**, Jésus prit la parole et dit : « Père, Seigneur du ciel et de la terre, je proclame ta louange : ce que tu as caché aux sages et aux savants, tu l'as révélé aux tout-petits. Oui, Père, tu l'as voulu ainsi dans ta bienveillance. Tout m'a été remis par mon Père ; personne ne connaît le Fils, sinon le Père, et personne ne connaît le Père, sinon le Fils, et celui à qui le Fils veut le révéler.

Venez à moi, vous tous qui peinez sous le poids du fardeau, et moi, je vous procurerai le repos. Prenez sur vous mon joug, devenez mes disciples, car je suis doux et humble de cœur, et *vous trouverez le repos pour votre âme.* Oui, mon joug est facile à porter, et mon fardeau, léger. »

**POUR LA PRIÈRE UNIVERSELLE**

Avec le Christ qui nous entraîne dans sa louange, prions le Père :
– Père, Seigneur du ciel et de la terre, nous proclamons ta louange avec ton Église : qu'elle s'émerveille de la mission que tu lui donnes dans la société, notamment avec les réfugiés, les oubliés, les insignifiants de nos sociétés ;
– Père, Seigneur du ciel et de la terre, nous proclamons ta louange pour les chefs d'État, les personnes en responsabilités : qu'ils œuvrent à créer de nouveaux liens sociaux en vue de réintégrer les plus isolés dans le monde ;
– Père, Seigneur du ciel et de la terre, nous proclamons ta louange pour les enfants : qu'ils nous éveillent à ta sagesse, reçue de ton Esprit de Vie ;
– Père, Seigneur du ciel et de la terre, nous proclamons ta louange pour nos communautés : qu'elles s'entraident dans la prière, la louange, la solidarité.

## Prière sur les offrandes

Puissions-nous être purifiés, Seigneur, par l'offrande consacrée à ton nom ; qu'elle nous conduise, de jour en jour, à vivre de la vie du ciel. Par le Christ, notre Seigneur.

## Antienne de la communion

Ps 33, 9

Goûtez et voyez : le Seigneur est bon !
Heureux qui trouve en lui son refuge !

## Prière après la communion

Comblés de si grands bienfaits, nous te supplions, Seigneur : fais que nous en retirions des fruits pour notre salut et que jamais nous ne cessions de chanter ta louange. Par le Christ, notre Seigneur.

## Dieu dore les fautes

« J'ai souvent pensé avec émerveillement à la grande bonté de Dieu, mon âme s'est délectée à considérer sa grande munificence et sa miséricorde. Qu'Il soit béni pour tout, car j'ai clairement vu qu'il n'a jamais manqué de me payer, même en cette vie, toute bonne aspiration. Pour misérables et imparfaites que fussent mes actions, ce mien Seigneur les amendait peu à peu, il les perfectionnait, leur donnait de la valeur, et il cachait immédiatement mes fautes et mes péchés. Sa Majesté permet que même les yeux qui les ont vus s'aveuglent, et il les efface de leur mémoire. Dieu dore les fautes. »

Sainte Thérèse d'Avila, *Livre de la Vie*, 4,10, Cerf, 1999.

**Saints Louis et Zélie Martin (12 juillet).** Un couple enraciné dans la Parole et profondément amoureux l'un de l'autre. Mariés le 12 juillet 1858, Louis renonce à son activité pour laisser son épouse développer son entreprise de dentellière, et la seconder. Par leur accueil des pauvres, par la prière, ils transmettent leur foi à leurs neuf enfants dont seuls quatre survivent, parmi lesquels Léonie et sainte Thérèse.

## CALENDRIER LITURGIQUE

| | |
|---|---|
| **Di 9** | **14e dimanche A.**<br>*Liturgie des Heures : Psautier semaine II.*<br>[*S. Augustin Zhao Rong, prêtre † 1815, et ses compagnons, martyrs en Chine † 1648-1930*] |
| **Lu 10** | *En Afrique du Nord, Ste Marcienne, vierge et martyre,* † IVe siècle à Césarée (Cherchell).<br>Genèse 28, 10-22a ; Ps 90 ; Matthieu 9, 18-26 : « Ma fille est morte à l'instant ; mais viens, et elle vivra » |
| **Ma 11** | S. BENOÎT, abbé, patron de l'Europe, † 547 au Mont-Cassin (Italie). *En Europe,* fête. Lectures propres : Proverbes 2,1-9 ; Ps 33 ; Matthieu 19,27-29 : « Vous qui m'avez suivi, vous recevrez le centuple » |
| **Me 12** | Genèse 41, 55-57 ; 42, 5-7a.17-24a ; Ps 32 ; Matthieu 10, 1-7 : « Allez plutôt vers les brebis perdues de la maison d'Israël » |
| **Je 13** | *S. Henri, empereur d'Allemagne, † 1024 à Bamberg.*<br>*Au Luxembourg,* S. Henri et Ste Cunégonde, son épouse, † 1033 ou 1039.<br>Genèse 44, 18-21.23b-29 ; 45, 1-5 ; Ps 104 ; Matthieu 10, 7-15 « Vous avez reçu gratuitement : donnez gratuitement » |
| **Ve 14** | *S. Camille de Lellis, prêtre, fondateur des Camilliens, religieux hospitaliers, † 1614 à Rome.*<br>Genèse 46, 1-7.28-30 ; Ps 36 ; Matthieu 10, 16-23 : « Ce n'est pas vous qui parlerez, c'est l'Esprit de votre Père » |
| **Sa 15** | S. Bonaventure, évêque d'Albano et cardinal, franciscain, docteur de l'Église, † 1274 à Lyon pendant le concile.<br>Genèse 49, 29-33 ; 50, 15-26a ; Ps 104 ; Matthieu 10, 24-33 : « Ne craignez pas ceux qui tuent le corps » |

**Bonne fête !** 9 : Amandine, Irma, Marianne, Hermine. 10 : Ulrich. 11 : Benoît, Olga. 12 : Olivier. 13 : Henri, Harry, Joël, Eugène. 14 : Camille. 15 : Bonaventure, Donald, Vladimir.

# 15e dimanche

## 16 JUILLET 2023

## La fécondité de Dieu

**Le texte très court de la *première lecture***, tiré du prophète Isaïe, est pourtant d'une rare densité. La réalité la plus commune dans notre monde, la fécondité, dont la pluie et la neige abreuvant la terre sont ici l'image, est appliquée à la parole de Dieu. Image que reprend le refrain du *psaume* en réponse : « Tu visites la terre et tu l'abreuves, Seigneur, tu bénis les semailles ». L'image agraire se poursuit et s'amplifie sous forme de parabole : « Celui qui a reçu la semence dans la bonne terre, c'est celui qui entend la Parole et la comprend : il porte du fruit à raison de cent, ou soixante, ou trente pour un » (*évangile*). La question cruciale qui est posée à celui qui entend la Parole est : Quelle terre suis-je ? Celle où les oiseaux sont venus tout manger ? Celle du sol pierreux ?... Ou la bonne terre ? Mais cette question peut vite devenir clivante et laisser croire que nous sommes à jamais tout l'un ou tout l'autre. La réalité de notre vie avec Dieu, nous le savons, est d'être à certains moments une bonne terre et parfois un sol moins accueillant au don de Dieu. En nous, il y a des ombres et des clartés, des terres fécondes et d'autres stériles. Cela doit-il nous laisser sans espoir ? Notre foi nous apprend que le Semeur ne sème pas seulement une fois dans notre vie, mais tous les jours ; la fécondité de Dieu est inépuisable. Écouter, lire, accueillir, méditer la parole de Dieu transforme nos terres, même celles que l'on croyait stériles. Résonne alors en nous, pour poursuivre l'image de la nature et de sa force de vie, ce qu'écrit saint Paul et que nous pouvons faire nôtre comme un cri, comme une prière : « En effet la création attend avec impatience la révélation des fils de Dieu » (*deuxième lecture*). Notre eucharistie est action de grâce pour cette fécondité déjà à l'œuvre dans nos vies et que nous sommes appelés à recevoir et reconnaître.

**CHANTER**

- Les chants proposés pour ce 15e dimanche trouveront aussi leur place aux 16e et 17e dimanches.
- Pour la procession d'ouverture : ***Dieu nous a tous appelés*** **KD 14-56-01 CNA 571,** ***Seigneur, que ta Parole*** **U 641 CNA 212,** ***Écoute la voix du Seigneur*** **X 548 CNA 761,** ***Dieu nous accueille*** **A 174 CNA 545.**
- Pour la procession de communion : ***La Sagesse a dressé une table*** **D 580 CNA 332,** ***Pain de Dieu pain rompu*** **D 284 CNA 338,** ***Tu fais ta demeure en nous*** **D 56-49.**
- Pour l'action de grâce : ***Tenons en éveil*** **Y 243-1 CNA 591,** ***Bénis le Seigneur, ô mon âme*** **Z 102-6,** ***Mendiant du jour*** **DP 150-5 CNA 334.**
- Pour la fin de la célébration : ***Que vienne ton règne*** **EDIT 16-03,** ***Allez par toute la terre*** **TL 20-76 CNA 533,** ***Appelés pour bâtir le Royaume*** **TK 51-32.**
- Si l'on souhaite caractériser chaque dimanche, on peut retenir :
- Pour le 15e dimanche : ***Le semeur est sorti pour semer*** **X 55-43.**
- Pour le 16e dimanche : ***Malgré l'ivraie*** **XP 48-43.**
- Pour le 17e dimanche : ***Dis-nous à quoi ressemble*** **X 920.**

## Antienne d'ouverture

cf. Ps 16, 15

Moi, par ta justice, je verrai ta face ;
quand ta gloire se manifestera, je serai rassasié.

*Gloria.*

## Prière

Seigneur Dieu, tu montres aux égarés la lumière de ta vérité pour qu'ils puissent reprendre le bon chemin ; donne à tous ceux qui se déclarent chrétiens de rejeter ce qui est contraire à ce nom et de rechercher ce qui lui fait honneur. Par Jésus Christ, ton Fils, notre Seigneur, qui vit et règne avec toi dans l'unité du Saint-Esprit, Dieu, pour les siècles des siècles.

## 1re lecture

*« La pluie fait germer la terre »*

→ **Lecture du livre du prophète Isaïe** 55,10-11

**Ainsi parle le Seigneur** : « La pluie et la neige qui descendent des cieux n'y retournent pas sans avoir abreuvé la terre, sans l'avoir fécondée et l'avoir fait germer, donnant la semence au semeur et le pain à celui qui doit manger ; ainsi ma parole, qui sort de ma bouche, ne me reviendra pas sans résultat, sans avoir fait ce qui me plaît, sans avoir accompli sa mission. »

## Psaume 64

R./ **Tu visites la terre et tu l'abreuves,**
**Seigneur, tu bénis les semailles.**

Tu visites la terre et tu l'abreuves,
tu la combles de richesses ;
les ruisseaux de Dieu regorgent d'eau,
tu prépares les moissons.

Ainsi, tu prépares la terre,
tu arroses les sillons ;
tu aplanis le sol, tu le détrempes sous les pluies,
tu bénis les semailles.

Tu couronnes une année de bienfaits,
sur ton passage, ruisselle l'abondance.
Au désert, les pâturages ruissellent,
les collines débordent d'allégresse.

Les herbages se parent de troupeaux
et les plaines se couvrent de blé.
Tout exulte et chante !

## 2e Lecture

*La création en attente*

**→ Lecture de la lettre de saint Paul apôtre aux Romains** 8, 18-23

**Frères,** j'estime qu'il n'y a pas de commune mesure entre les souffrances du temps présent et la gloire qui va être révélée pour nous. En effet la création attend avec impatience la révélation des fils de Dieu. Car la création a été soumise au pouvoir du néant, non pas de son plein gré, mais à cause de celui qui l'a livrée à ce pouvoir. Pourtant, elle a gardé l'espérance d'être, elle aussi, libérée de l'esclavage de la dégradation, pour connaître la liberté de la gloire donnée aux enfants de Dieu. Nous le savons bien, la création tout entière gémit, elle passe par les douleurs d'un enfantement qui dure encore. Et elle n'est pas seule. Nous aussi, en nous-mêmes, nous gémissons ; nous avons commencé à recevoir l'Esprit Saint, mais nous attendons notre adoption et la rédemption de notre corps.

**Alléluia. Alléluia.** La semence est la parole de Dieu ; le semeur est le Christ ; celui qui le trouve demeure pour toujours. **Alléluia.**

## Évangile

*La parabole du semeur*

**→ Évangile de Jésus Christ selon saint Matthieu** 13, 1-23

*La lecture du texte entre crochets est facultative.*

**Ce jour-là,** Jésus était sorti de la maison, et il était assis au bord de la mer. Auprès de lui se rassemblèrent des foules si grandes qu'il monta dans une barque où il s'assit ; toute la foule se tenait sur le rivage.

Il leur dit beaucoup de choses en paraboles : « Voici que le semeur sortit pour semer. Comme il semait, des grains sont tombés au bord du chemin, et les oiseaux sont venus tout manger. D'autres sont tombés sur le sol pierreux, où ils n'avaient pas beaucoup de terre ; ils ont levé aussitôt, parce que la terre était peu profonde. Le soleil s'étant levé, ils ont brûlé et, faute de racines, ils ont séché. D'autres sont tombés dans les ronces ; les ronces ont poussé et les ont étouffés. D'autres sont tombés dans la bonne terre, et ils ont donné du fruit à raison de cent, ou soixante, ou trente pour un. Celui qui a des oreilles, qu'il entende ! »

[Les disciples s'approchèrent de Jésus et lui dirent : « Pourquoi leur parles-tu en paraboles ? » Il leur répondit : « À vous il est donné de connaître les mystères du royaume des Cieux, mais ce n'est pas donné à ceux-là. À celui qui a, on donnera, et il sera dans l'abondance ; à celui qui n'a pas, on enlèvera même ce qu'il a. Si je leur parle en paraboles, c'est parce qu'ils regardent sans regarder, et qu'ils écoutent sans écouter ni comprendre. Ainsi s'accomplit pour eux la prophétie d'Isaïe :

*Vous aurez beau écouter, vous ne comprendrez pas.*
*Vous aurez beau regarder, vous ne verrez pas.*
*Le cœur de ce peuple s'est alourdi :*
*ils sont devenus durs d'oreille, ils se sont bouché les yeux,*
*de peur que leurs yeux ne voient,*
*que leurs oreilles n'entendent,*
*que leur cœur ne comprenne, qu'ils ne se convertissent,*
*– et moi, je les guérirai.*

Mais vous, heureux vos yeux puisqu'ils voient, et vos oreilles puisqu'elles entendent ! Amen, je vous le dis : beaucoup de prophètes et de justes ont désiré voir ce que vous voyez, et ne l'ont pas vu, entendre ce que vous entendez, et ne l'ont pas entendu.

Vous donc, écoutez ce que veut dire la parabole du semeur. Quand quelqu'un entend la parole du Royaume sans la comprendre, le Mauvais survient et s'empare de ce qui est semé dans son cœur : celui-là, c'est le terrain ensemencé au bord du chemin. Celui qui a reçu la semence sur un sol pierreux, c'est celui qui entend la Parole et la reçoit aussitôt avec joie ; mais il n'a pas de racines en lui, il est l'homme d'un moment : quand vient la détresse ou la persécution à cause de la Parole, il trébuche aussitôt. Celui qui a reçu la semence dans les ronces, c'est celui qui entend la Parole ; mais le souci du monde et la séduction de la richesse étouffent la Parole, qui ne donne pas de fruit. Celui qui a reçu la semence dans la bonne terre, c'est celui qui entend la Parole et la comprend : il porte du fruit à raison de cent, ou soixante, ou trente pour un. »]

---

**POUR LA PRIÈRE UNIVERSELLE**

Accueille, Seigneur les prières que nous te présentons :
– rends fécond, Seigneur, le travail de ton Église qui désire annoncer l'Évangile ; les jeunes qui ont passé le bac et qui réfléchissent à leur orientation et à leur avenir ;
– donne, Seigneur, repos et détente en ce temps de vacances à ceux qui ont souffert sous le poids du travail ;
– ouvre, Seigneur, tes trésors de grâce et de patience à ceux qui sont fermés à ta Parole.

---

## Prière sur les offrandes

Regarde, Seigneur, les dons de l'Église qui te supplie : accorde à tes fidèles qui vont les recevoir la grâce d'une sainteté plus grande. Par le Christ, notre Seigneur.

## Antienne de la communion

cf. Ps 83, 4-5

Le passereau lui-même s'est trouvé une maison,
et la tourterelle, un nid pour abriter sa couvée :
tes autels, Seigneur de l'univers,
mon Roi et mon Dieu !

Heureux les habitants de ta maison :
ils te loueront pour les siècles des siècles.

## Prière après la communion

Nous avons reçu tes bienfaits, Seigneur, et nous te supplions : chaque fois que nous célébrons ce mystère, fais grandir en nous ton œuvre de salut. Par le Christ, notre Seigneur.

## Accueillir la Parole

« Le Seigneur énonce sa Parole afin qu'elle soit accueillie par ceux qui ont été créés "par" le Verbe lui-même. "Il est venu chez les siens" (Jn 1, 11) : la Parole ne nous est pas originellement étrangère et la création a été voulue dans un rapport d'intimité avec la vie divine. Le Prologue du quatrième Évangile nous met aussi devant le refus opposé à la Parole divine par les "siens", qui "ne l'ont pas accueilli" (Jn 1, 11). Ne pas l'accueillir veut dire ne pas écouter sa voix... En revanche, là où l'homme, même fragile et pécheur, s'ouvre sincèrement à la rencontre avec le Christ, là commence une transformation radicale : "mais à tous ceux qui l'ont accueilli, il a donné pouvoir de devenir enfants de Dieu" (Jn 1, 12). Accueillir le Verbe signifie se laisser modeler par Lui afin d'être conforme au Christ, au "Fils unique qui vient du Père" (Jn 1, 13) par la puissance de l'Esprit Saint. Cela marque le début d'une nouvelle création. Naît alors la créature nouvelle, ainsi qu'un peuple nouveau. »

Benoît XVI, *Verbum Domini*, Exhortation post-synodale, nº 50, 2010.

## CALENDRIER LITURGIQUE

| | |
|---|---|
| Di 16 | **15e dimanche A.**<br>*Liturgie des Heures : Psautier semaine III.*<br>[*Notre-Dame du Mont Carmel*] |
| Lu 17 | En Afrique du Nord, S. Spérat et ses compagnons, martyrs, † 180 à Carthage.<br>Exode 1, 8-14.22 ; Ps 123 ; Matthieu 10, 34–11, 1 : « Je ne suis pas venu apporter la paix, mais le glaive » |
| Ma 18 | Exode 2, 1-15a ; Ps 68 ; Matthieu 11, 20-24 : « Au jour du Jugement, Tyr et Sidon et le pays de Sodome seront traités moins sévèrement que vous » |
| Me 19 | Exode 3, 1-6.9-12 ; Ps 102 ; Matthieu 11, 25-27 : « Ce que tu as caché aux sages et aux savants, tu l'as révélé aux tout-petits » |
| Je 20 | *S. Apollinaire, évêque de Ravenne et martyr, † 2e siècle.*<br>Exode 3, 13-20 ; Ps 104 ; Matthieu 11, 28-30 : « Je suis doux et humble de cœur » |
| Ve 21 | *S. Laurent de Brindisi, prêtre, capucin, docteur de l'Église, † 1619 à Lisbonne.*<br>Exode 11, 10–12, 14 ; Ps 115 ; Matthieu 12, 1-8 : « Le Fils de l'homme est maître du sabbat » |
| Sa 22 | Ste MARIE-MADELEINE, disciple du Seigneur. Lectures propres : Cant. 3,1-4a ou 2 Corinthiens 5,14-17 ; Ps 62 ; Jean 20,1.11-18 : « Femme, pourquoi pleures-tu ? » |

**Bonne fête !** 16 : Carmen, Elvire. 17 : Charlotte, Carole. 18 : Arnould, Frédéric, Frida. 19 : Arsène. 20 : Apollinaire, Élie, Marina, Marguerite, Maggy. 21 : Victor. 22 : Marie-Madeleine, Marlène, Maddy.

**Saint Laurent de Brindisi (21 juillet).** Ce capucin, docteur de l'Église, meurt à Lisbonne (1619), à la suite d'une de ses nombreuses missions diplomatiques, commandée par le roi de Naples. Professeur d'Écriture sainte et de théologie, et porté par les décisions du Concile de Trente, il fonde plusieurs couvents de prédicateurs. Dans ses écrits, on trouve une abondante prédication sur l'année liturgique.

# 16e dimanche

## 23 JUILLET 2023

## Force ou faiblesse ?

**Un détail** qui n'en est peut-être pas un : le mot « force » est employé trois fois dans la lecture du livre de la Sagesse (*première lecture*). La force de Dieu symbolise ici l'origine de la justice, elle est plénitude de la puissance de Dieu et du gouvernement divin sur le monde : « toi qui disposes de la force, tu juges avec indulgence, tu nous gouvernes avec beaucoup de ménagement ». Nous sommes peu habitués à parler ainsi de la force de Dieu, tant nous concevons la force comme une puissance d'anéantissement, de destruction. Cette vision de la force en Dieu est un exemple pour les hommes. Mettre à profit sa propre force, c'est accepter de la mettre au service de la justice, avec cette invitation : « que le juste doit être humain ».

Dans certaines situations, il nous faut une vraie force intérieure. C'est celle qui nous est décrite dans la parabole du bon grain et de l'ivraie (*évangile*). Le Semeur témoigne d'une vraie force morale en se refusant d'enlever l'ivraie de peur d'arracher en même temps le blé. Par là, il fait preuve également de justice. En effet, transposé dans la réalité des relations humaines, cela invite chacun à prendre patience, à espérer malgré l'ivraie qui peut pousser en même temps que le blé dans le cœur de l'homme. Il faut être intérieurement fort pour ne pas alors user de violence envers le prochain. En voulant arracher ce qu'il y a d'obscur en son cœur, nous pourrions être injustes envers lui, envers ce bon grain qui pousse aussi en lui. En définitive, le Seigneur sait bien ce qu'il y a en l'homme. C'est bien Lui qui, à la fin de toute chose, sera ce juste et montrera ainsi ce qu'est la vraie force : « l'ivraie, liez-la en bottes pour la brûler ; quant au blé, ramassez-le pour le rentrer dans mon grenier. »

Paul abonde dans ce sens : Dieu scrute les cœurs (*deuxième lecture*). Énonçant le but ultime de la force de Dieu, il affirme que c'est « l'Esprit

Saint vient au secours de notre faiblesse » ! Cela est pour nous une véritable action de grâce.

*Des chants sont proposés du 15e au 17e dimanche, p. 518.*

## Antienne d'ouverture

cf. Ps 53, 6.8

Voici que Dieu vient à mon aide,
le Seigneur est le soutien de mon âme.
De grand cœur, je t'offrirai le sacrifice,
je confesserai ton nom, car il est bon !

*Gloria.*

## Prière

Sois favorable à tes fidèles, Seigneur, et, dans ta bonté, multiplie pour eux les dons de ta grâce, afin que, brûlant de charité, de foi et d'espérance, ils soient toujours vigilants pour garder tes commandements. Par Jésus Christ, ton Fils, notre Seigneur, qui vit et règne avec toi dans l'unité du Saint-Esprit, Dieu, pour les siècles des siècles.

## 1re Lecture

*« Ta force est à l'origine de ta justice »*

→ **Lecture du livre de la Sagesse** 12, 13.16-19

**Il n'y a pas d'autre dieu que toi**, qui prenne soin de toute chose : tu montres ainsi que tes jugements ne sont pas injustes. Ta force est à l'origine de ta justice, et ta domination sur toute chose te permet d'épargner toute chose. Tu montres ta force si l'on ne croit pas à la plénitude de ta puissance, et ceux qui la bravent sciemment, tu les réprimes. Mais toi qui disposes de la force, tu juges avec indulgence, tu nous gouvernes avec beaucoup de ménagement, car tu n'as qu'à vouloir pour exercer ta puissance. Par ton exemple tu as enseigné à ton peuple que le juste doit être humain ; à tes fils tu as donné une belle espérance : après la faute tu accordes la conversion.

## Psaume 85

**R./ Toi qui es bon et qui pardonnes,
écoute ma prière, Seigneur.**

Toi qui es bon et qui pardonnes,
plein d'amour pour tous ceux qui t'appellent,
écoute ma prière, Seigneur,
entends ma voix qui te supplie.

Toutes les nations, que tu as faites,
viendront se prosterner devant toi,
car tu es grand et tu fais des merveilles,
toi, Dieu, le seul.

Toi, Seigneur, Dieu de tendresse et de pitié,
lent à la colère, plein d'amour et de vérité !
Regarde vers moi,
prends pitié de moi.

## 2e Lecture *« L'Esprit Saint vient au secours de notre faiblesse »*

→ **Lecture de la lettre de saint Paul apôtre aux Romains** 8, 26-27

**Frères,** l'Esprit Saint vient au secours de notre faiblesse, car nous ne savons pas prier comme il faut. L'Esprit lui-même intercède pour nous par des gémissements inexprimables. Et Dieu, qui scrute les cœurs, connaît les intentions de l'Esprit puisque c'est selon Dieu que l'Esprit intercède pour les fidèles.

**Alléluia. Alléluia.** Tu es béni, Père, Seigneur du ciel et de la terre, tu as révélé aux tout-petits les mystères du Royaume ! **Alléluia.**

## Évangile « Laissez-les pousser ensemble jusqu'à la moisson »

→ **Évangile de Jésus Christ selon saint Matthieu** 13, 24-43

*La lecture du texte entre crochets est facultative.*

En ce temps-là, Jésus proposa cette parabole à la foule : « Le royaume des Cieux est comparable à un homme qui a semé du bon grain dans son champ. Or, pendant que les gens dormaient, son ennemi survint ; il sema de l'ivraie au milieu du blé et s'en alla. Quand la tige poussa et produisit l'épi, alors l'ivraie apparut aussi. Les serviteurs du maître vinrent lui dire : "Seigneur, n'est-ce pas du bon grain que tu as semé dans ton champ ? D'où vient donc qu'il y a de l'ivraie ?" Il leur dit : "C'est un ennemi qui a fait cela." Les serviteurs lui disent : "Veux-tu donc que nous allions l'enlever ?" Il répond : "Non, en enlevant l'ivraie, vous risquez d'arracher le blé en même temps. Laissez-les pousser ensemble jusqu'à la moisson ; et, au temps de la moisson, je dirai aux moissonneurs : Enlevez d'abord l'ivraie, liez-la en bottes pour la brûler ; quant au blé, ramassez-le pour le rentrer dans mon grenier." » *[Fin de la lecture brève]*

[Il leur proposa une autre parabole : « Le royaume des Cieux est comparable à une graine de moutarde qu'un homme a prise et qu'il a semée dans son champ. C'est la plus petite de toutes les semences, mais, quand elle a poussé, elle dépasse les autres plantes potagères et devient un arbre, si bien que les oiseaux du ciel viennent et font leurs nids dans ses branches. » Il leur dit une autre parabole : « Le royaume des Cieux est comparable au levain qu'une femme a pris et qu'elle a enfoui dans trois mesures de farine, jusqu'à ce que toute la pâte ait levé. »

Tout cela, Jésus le dit aux foules en paraboles, et il ne leur disait rien sans parabole, accomplissant ainsi la parole du prophète : *J'ouvrirai la bouche pour des paraboles, je publierai ce qui fut caché* depuis la fondation du monde.

Alors, laissant les foules, il vint à la maison. Ses disciples s'approchèrent et lui dirent : « Explique-nous clairement la parabole de l'ivraie dans le champ. » Il leur répondit : « Celui qui sème le bon grain, c'est le Fils de l'homme ; le champ, c'est le monde ; le bon grain, ce sont les fils du Royaume ; l'ivraie, ce sont les fils du Mauvais. L'ennemi qui l'a semée, c'est le diable ; la moisson, c'est la fin du monde ; les moissonneurs, ce sont les anges. De même que l'on enlève l'ivraie pour la jeter au feu, ainsi en sera-t-il à la fin du monde. Le Fils de l'homme enverra ses anges, et ils enlèveront de son Royaume toutes les causes de chute et ceux qui font le mal ; ils les jetteront dans la fournaise : là, il y aura des pleurs et des grincements de dents. Alors les justes resplendiront comme le soleil dans le royaume de leur Père.

Celui qui a des oreilles, qu'il entende ! »]

**POUR LA PRIÈRE UNIVERSELLE**

Avec foi, dans la force de l'Esprit Saint qui inspire notre prière, tournons-nous vers le Seigneur :

– du réfugié sans secours et de l'étranger impuissant dont tu es l'espérance, prends pitié, Seigneur ;

– du plus petit qui espère en toi, et du faible dont tu es la force, prends pitié, Seigneur ;

– du prisonnier, du malade, de l'abandonné dont tu es la lumière, prends pitié, Seigneur ;

– de l'homme angoissé ou fatigué par la vie dont tu es la puissance, prends pitié, Seigneur.

## Prière sur les offrandes

Seigneur Dieu, dans le sacrifice unique et parfait de ton Fils, tu as porté à leur achèvement les multiples sacrifices de l'ancienne Loi ; reçois maintenant le sacrifice offert par tes fidèles serviteurs et sanctifie-le comme tu as béni les présents d'Abel : que les dons offerts par chacun pour honorer ta gloire servent au salut de tous. Par le Christ, notre Seigneur.

## Antienne de la communion

cf. Ps 110, 4-5

Le Seigneur est tendresse et pitié ;
de ses merveilles il a laissé un mémorial.
Il a donné des vivres à ceux qui le craignent.

## Prière après la communion

Dans ta bienveillance, reste auprès de ton peuple, nous t'en prions, Seigneur ; puisque tu l'as initié aux sacrements du ciel, fais-le passer de ce qui est ancien à la vie nouvelle. Par le Christ, notre Seigneur.

### La vertu de force

« La prudence n'est pas la seule vertu à l'œuvre dans le passage à l'acte… il lui revient d'assurer l'activité directrice de la raison dans tout le domaine de l'agir. Les trois autres vertus morales (justice, force, prudence), elles aussi cardinales, vont compléter sa tâche suivant les domaines généraux, les grands types d'action qu'elles ont à rectifier… Vient ensuite le domaine de la discipline personnelle, c'est-à-dire le rapport de la personne à ses réactions affectives, ses passions. Suivant qu'il s'agit de s'affermir ou d'affronter l'obstacle, face à tout ce qui pourrait la détourner du bien par crainte ou par lâcheté, la personne aura besoin de la vertu de *force*. »

Jean-Pierre Torrell, La « Somme » de Saint Thomas,
Paris, Cerf, 2007, p. 69.

## CALENDRIER LITURGIQUE

| | |
|---|---|
| Di 23 | **16e dimanche A.**<br>*Liturgie des Heures : Psautier semaine IV.*<br>[Ste BRIGITTE DE SUÈDE, patronne de l'Europe, mère de famille, puis religieuse, † 1373 à Rome] |
| Lu 24 | *S. Charbel Makhlouf, prêtre, moine au Liban, † 24 déc. 1898.*<br>Exode 14, 5-18 ; Cant. Exode 15 ; Matthieu 12, 38-42 « Lors du Jugement, la reine de Saba se dressera en même temps que cette génération » |
| Ma 25 | S. JACQUES, Apôtre. Lectures propres : 2 Corinthiens 4,7-15 ; Ps 125 ; Matthieu 20,20-28 : « Ma coupe, vous la boirez » |
| Me 26 | S. Joachim et Ste Anne, parents de la Vierge Marie. *(Au Canada,* fête). Exode 16, 1-5.9-15 ; Ps 77 ; Matthieu 13, 1-9 : « Ils ont donné du fruit à raison de cent pour un » |
| Je 27 | Exode 19, 1-2.9-11.16-20b ; Cant. Daniel 3 ; Matthieu 13, 10-17 « À vous il est donné de connaître les mystères du royaume des Cieux, mais ce n'est pas donné à ceux-là » |
| Ve 28 | Exode 20, 1-17 ; Ps 18 B ; Matthieu 13, 18-23 : « Celui qui entend la Parole et la comprend porte du fruit » |
| Sa 29 | Stes Marthe, Marie et S. Lazare, disciples du Seigneur. Lecture propre : Lc 10,38-42 ou Jn 11,19-27. Férie : Exode 24, 3-8 ; Ps 49. |

**Bonne fête !** 23 : Brigitte. 24 : Christine, Ségolène. 25 : Jacques, Valentine. 26 : Anne, Annick, Annie, Anaïs, Nancy, Joachim. 27 : Nathalie. 28 : Samson. 29 : Marthe, Lazare, Loup.

**Sainte Brigitte de Suède (23 juillet).** De haute noblesse, mariée à l'âge de 13 ans, née en 1303 à Uppsala, elle élève ses huit enfants avec le souci de leur donner une véritable éducation chrétienne. Veuve, elle mène une vie de pénitence, de charité et fonde l'ordre du Très Saint Sauveur (Brigittines). Favorisée de révélations divines, elle exhorte les papes d'Avignon à revenir à Rome.

# 17e dimanche

## 30 JUILLET 2023

## La sagesse du scribe

**Spécialistes des Écritures,** maîtres en matière de loi et défenseurs de la tradition, les scribes n'ont d'ordinaire « pas la cote » auprès de Jésus. Souvent dans les évangiles, il s'oppose à eux et stigmatise leur fermeture d'esprit, leur légalisme. Si bien que les scribes iront même jusqu'à vouloir le faire mourir. Pourtant, nous entendons aujourd'hui : « Tout scribe devenu disciple du royaume des Cieux est comparable à un maître de maison qui tire de son trésor du neuf et de l'ancien » (*évangile*). Une nuance : le scribe, mot écrit au singulier, révèle une saveur que ne semble pas avoir le mot écrit au pluriel. Le scribe en question a reçu un cœur attentif, intelligent et sage, sachant discerner le bien et le mal (*première lecture*) ; il est amoureux de la Loi, aimant les volontés de Dieu plus que l'or (*psaume*). Les paraboles éclairent en quoi le scribe est sur le chemin de la sagesse : un trésor trouvé mais qu'il ne faut pas prendre sans acheter le champ ; une perle fine pour laquelle le négociant vend tout ce qu'il possède pour l'acheter ; un filet qui ramasse plein de poissons mais dont il faut faire le tri entre ce qui est bon et ce qui ne vaut rien. Jésus, le premier, est ce scribe qui enseigne avec sagesse ; le maître, Verbe de Dieu, expliquant les Écritures ; le sage qui discerne et chasse le mal pour gouverner le peuple que Dieu a élu. Du trésor de l'ancienne alliance naît l'alliance nouvelle et éternelle que nous célébrons à chaque eucharistie.

Le chrétien, citoyen du Royaume des Cieux, est appelé à être configuré à l'image du Fils de Dieu (*deuxième lecture*). Rendu juste, il pourrait faire sienne la prière de Salomon : « Donne-moi la Sagesse, assise auprès de toi » (Sg 9,4). Ainsi, dans la relecture de sa vie, dans la profondeur de ses relations, dans son alliance à la communauté et son trésor… lui aussi sera un maître de maison. Pour cette découverte que nous faisons sous l'action de l'Esprit Saint, rendons grâce à Dieu dans notre eucharistie.

*Des chants sont proposés du 15e au 17e dimanche p. 518.*

## Antienne d'ouverture

cf. Ps 67, 6-7.36

Dieu se tient dans sa sainte demeure :
Dieu fait habiter les siens unanimes dans sa maison :
c'est lui qui donne à son peuple force et puissance.

*Gloria.*

## Prière

Tu protèges, Seigneur Dieu, ceux qui espèrent en toi ; sans toi, rien n'est fort et rien n'est saint : multiplie pour nous les signes de ta miséricorde, afin que, sous ta conduite et sous ta direction, en faisant un bon usage des biens qui passent, nous puissions déjà nous attacher à ceux qui demeurent. Par Jésus Christ, ton Fils, notre Seigneur, qui vit et règne avec toi dans l'unité du Saint-Esprit, Dieu, pour les siècles des siècles.

## 1re Lecture

→ **Lecture du premier livre des Rois** 3, 5.7-12

**En ces jours-là,** à Gabaon, pendant la nuit, le Seigneur apparut en songe à Salomon. Dieu lui dit : « Demande ce que je dois te donner. » Salomon répondit : « Ainsi donc, Seigneur mon Dieu, c'est toi qui m'as fait roi, moi, ton serviteur, à la place de David, mon père ; or, je suis un tout jeune homme, ne sachant comment se comporter, et me voilà au milieu du peuple que tu as élu ; c'est un peuple nombreux, si nombreux qu'on ne peut ni l'évaluer ni le compter. Donne à ton serviteur un cœur attentif pour qu'il sache gouverner ton peuple et discerner le bien et le mal ; sans cela, comment gouverner ton peuple, qui est si important ? »

Cette demande de Salomon plut au Seigneur, qui lui dit : « Puisque c'est cela que tu as demandé, et non pas de longs jours, ni la richesse, ni la mort de tes ennemis, mais puisque tu as demandé le discernement, l'art d'être attentif et de gouverner, je fais ce que tu as demandé : je te donne un cœur intelligent et sage, tel que personne n'en a eu avant toi et que personne n'en aura après toi. »

## Psaume

**R/. De quel amour j'aime ta loi, Seigneur !**

Mon partage, Seigneur, je l'ai dit,
c'est d'observer tes paroles.
Mon bonheur, c'est la loi de ta bouche,
plus qu'un monceau d'or ou d'argent.

Que j'aie pour consolation ton amour
selon tes promesses à ton serviteur !
Que vienne à moi ta tendresse, et je vivrai :
ta loi fait mon plaisir.

Aussi j'aime tes volontés,
plus que l'or le plus précieux.
Je me règle sur chacun de tes préceptes,
je hais tout chemin de mensonge.

Quelle merveille, tes exigences,
aussi mon âme les garde !
Déchiffrer ta parole illumine
et les simples comprennent.

## 2e Lecture

*« Configurés à l'image de son Fils »*

→ **Lecture de la lettre de saint Paul apôtre aux Romains** 8, 28-30

**Frères,** nous le savons, quand les hommes aiment Dieu, lui-même fait tout contribuer à leur bien, puisqu'ils sont appelés selon le dessein de son amour. Ceux que, d'avance, il connaissait, il les a aussi destinés d'avance à être configurés à l'image de son Fils, pour que ce Fils soit le premier-né d'une multitude de frères. Ceux qu'il avait destinés d'avance, il les a aussi appelés ; ceux qu'il a appelés, il en a fait des justes ; et ceux qu'il a rendus justes, il leur a donné sa gloire.

**Alléluia. Alléluia.** Tu es béni, Père, Seigneur du ciel et de la terre, tu as révélé aux tout-petits les mystères du Royaume ! **Alléluia.**

## Évangile

*Le scribe devenu disciple du royaume des Cieux*

→ **Évangile de Jésus Christ selon saint Matthieu** 13, 44-52

*La lecture du texte entre crochets est facultative.*

E**n ce temps-là**, Jésus disait à la foule ces paraboles : « Le royaume des Cieux est comparable à un trésor caché dans un champ ; l'homme qui l'a découvert le cache de nouveau. Dans sa joie, il va vendre tout ce qu'il possède, et il achète ce champ.

Ou encore : Le royaume des Cieux est comparable à un négociant qui recherche des perles fines. Ayant trouvé une perle de grande valeur, il va vendre tout ce qu'il possède, et il achète la perle. *[Fin de la lecture brève]*

[Le royaume des Cieux est encore comparable à un filet que l'on jette dans la mer, et qui ramène toutes sortes de poissons. Quand il est plein, on le tire sur le rivage, on s'assied, on ramasse dans des paniers ce qui est bon, et on rejette ce qui ne vaut rien. Ainsi en sera-t-il à la fin du monde : les anges sortiront pour séparer les méchants du milieu des justes et les jetteront dans la fournaise : là, il y aura des pleurs et des grincements de dents. »

« Avez-vous compris tout cela ? » Ils lui répondent : « Oui ». Jésus ajouta : « C'est pourquoi tout scribe devenu disciple du royaume des Cieux est comparable à un maître de maison qui tire de son trésor du neuf et de l'ancien. »]

**POUR LA PRIÈRE UNIVERSELLE**

Laissons monter vers Dieu la prière de notre cœur :

– que ton Église soit fidèle au trésor de ta présence en elle, Seigneur, et que d'un cœur toujours nouveau, elle témoigne de ton Royaume devant tous les hommes ;

– que tous les hommes et les femmes, en quête de vérité et sur les chemins de la foi qui est la leur, puissent parvenir à ta Sagesse éternelle, nous t'en prions, Seigneur ;

– que tous ceux et celles qui sont appelés à poser des choix importants reçoivent de toi, Seigneur, l'Esprit qui les aident à discerner la meilleure décision à prendre ;

– que tous les hommes et les femmes blessés dans leur existence, physiquement ou moralement, trouvent en toi, Seigneur, le maître de maison qui, par notre service, prend soin d'eux.

## Prière sur les offrandes

Accueille, nous t'en prions, Seigneur, les dons prélevés pour toi sur tes propres largesses ; que ces mystères très saints, où ta grâce opère avec puissance, sanctifient notre vie de tous les jours et nous conduisent aux joies éternelles. Par le Christ, notre Seigneur.

## Antienne de la communion — Ps 102, 2

Bénis le Seigneur, ô mon âme,
n'oublie aucun de ses bienfaits.

## Prière après la communion

Nous avons communié, Seigneur, au sacrement divin, mémorial à jamais de la passion de ton Fils ; nous t'en prions : fais servir à notre salut le don que lui-même nous a légué dans son amour inexprimable. Lui qui vit et règne pour les siècles des siècles.

## La vraie sagesse

« La sagesse du monde apprend beaucoup de choses qui sont vraies. S. Paul ne dit pas qu'elle est fausse mais qu'elle est folle (1 Co 1,19) ; folle comme celui qui cherche désespérément dans une pièce quelque chose qui ne s'y trouve pas. La sagesse du monde cherche quelque chose qui est mystère de feu au cœur de l'être. Ce mystère de feu c'est un secret d'amour qu'elle ne peut recevoir que de Celui qui aime ; c'est le secret d'une volonté qui doit elle-même, dans sa liberté, entrer en relation, en alliance, avec l'homme et le lui révéler. »

Jean-Miguel Garrigues, *Dieu sans idée du mal*, Limoges, Critérion, 1982, pp. 47-48.

**Saint Alphonse-Marie de Liguori (1er août).** Né près de Naples en 1696, il renonce à être avocat. Prêtre en 1726, touché par l'ignorance religieuse des milieux populaires, il fonde en 1732 la Congrégation des Rédemptoristes pour prêcher des missions. Auteur de livres de morale, il y développe les ressources que le Seigneur accorde à tout homme, pour faire le bien par l'affection envers Dieu et le prochain.

## CALENDRIER LITURGIQUE

| | |
|---|---|
| Di 30 | **17e dimanche A.**<br>*Liturgie des Heures : Psautier semaine I.*<br>*[S. Pierre Chrysologue, évêque de Ravenne, docteur de l'Église, † vers 451]* |
| Lu 31 | S. Ignace de Loyola, prêtre, fondateur des Jésuites, † 1556 à Rome.<br>Exode 32, 15-24.30-34 ; Ps 105 ; Ps 33 ; Matthieu 13, 31-35 « La graine de moutarde devient un arbre, si bien que les oiseaux du ciel font leurs nids dans ses branches » |
| Ma 1er août | S. Alphonse Marie de Liguori, évêque, fondateur des Rédemptoristes, docteur de l'Église, † 1787 à Nocera dei Pagani (Italie).<br>Exode 33, 7-11 ; 34, 5b-9.28 ; Ps 102 ; Matthieu 13, 36-43 : « De même que l'on enlève l'ivraie pour la jeter au feu, ainsi en sera-t-il à la fin du monde » |
| Me 2 | *S. Eusèbe, évêque de Verceil (Italie) † 371.*<br>*S. Pierre-Julien Eymard, prêtre, fondateur des Prêtres du Saint-Sacrement et d'une congrégation de religieuses, † 1868 à La Mure (Isère).*<br>Exode 34, 29-35 ; Ps 98 ; Matthieu 13, 44-46 : « Il va vendre tout ce qu'il possède, et il achète ce champ » |
| Je 3 | Exode 40, 16-21.34-38 ; Ps 83 ; Matthieu 13, 47-53 : « On ramasse dans des paniers ce qui est bon, et on rejette ce qui ne vaut rien » |
| Ve 4 | *S. Jean-Marie Vianney, prêtre, curé d'Ars (Ain), † 1859.*<br>Lévitique 23, 1.4-11.15-16.27.34b-37 ; Ps 80 ; Matthieu 13, 54-58 : « N'est-il pas le fils du charpentier ? Alors, d'où lui vient tout cela ? » |
| Sa 5 | *Dédicace de la basilique Sainte-Marie Majeure, à Rome vers 435.*<br>*Au Canada, Bx Frédéric Janssoone, prêtre, † 1916 à Montréal.*<br>Lévitique 25, 1.8-17 ; Ps 66 ; Matthieu 14, 1-12 : « Hérode envoya décapiter Jean dans la prison. Les disciples de Jean allèrent l'annoncer à Jésus » |

**Bonne fête !** 30 : Juliette. 31 : Ignace, Germain. 1er août : Alphonse, Éléazar. 2 : Eusèbe, Julien, Eymard. 3 : Lydie. 4 : Jean-Marie, Vianney. 5 : Abel, Oswald.

# Transfiguration du Seigneur

## DIMANCHE 6 AOÛT 2023

## Rendus participants de la gloire divine

**L'événement de la Transfiguration** est cher aux orientaux : l'homme est appelé à être divinisé, et la Transfiguration en est le signe. Elle est la réalisation des promesses inscrites dans la vocation d'Israël. La vision du prophète Daniel fonde cette espérance, lui qui voit venir « comme un Fils d'homme » avec les nuées du ciel et à qui est donné domination, gloire et royauté (*première lecture*). L'appel à la sainteté que manifeste cette vision est pour tous les peuples, nations, gens de toutes langues, consacrés dans le service de cette royauté divine. Oui, « le Seigneur est roi, le très haut sur toute la terre » car « tous les peuples ont vu sa gloire » (*psaume*).

L'apôtre Pierre affirme qu'il a vu cette gloire magnifique et entendu la voix qui disait : « Celui-ci est mon Fils, mon bien-aimé ; en lui j'ai toute ma joie » (*deuxième lecture*). *L'évangile* ajoute : « Écoutez-le ! » La Transfiguration n'est pas une parenthèse dans l'annonce de la bonne nouvelle du salut. Jésus la vit pour que nous la vivions. Il parachève toute l'histoire du salut, représentée par Moïse et Élie qui synthétisent à eux seuls toutes les Écritures : la Loi et les Prophètes. C'est aussi sur une haute montagne que Dieu s'est manifesté à Moïse et Élie. La nuée lumineuse, qui déjà accompagnait les Hébreux dans leur Pâque et l'Exode, et que les Père de l'Église interprètent comme le signe de l'Esprit Saint, agit pour nous aujourd'hui.

Aujourd'hui sa Parole transfigure et façonne notre visage en un visage d'éternité : « Écoutons-le ». Aujourd'hui la liturgie nous donne d'être sanctifiés par la divinité du Seigneur : « relevez-vous et soyez sans crainte ! » Aujourd'hui par le don du Saint-Esprit nous sommes rendus participants de la gloire divine de sa nuée lumineuse. Que notre action de grâce s'élève de nos cœurs.

**CHANTER**

▸ Pour la procession d'ouverture : ***Lumière des hommes*** **GX 128 CNA 422** ou **CNA 608,** ***Venez, montons à la montagne*** **A 35-16,** ***Peuple de baptisés*** **K 106 CNA 573.**

▸ Pendant la procession de communion : ***En marchant vers toi, Seigneur*** **D 380 CNA 550.**

▸ Pour l'action de grâce : ***Tu es la vraie lumière*** **D 86 CNA 595,** ***Tu as triomphé de la mort*** **IP 165 CNA 594.**

**CÉLÉBRER**

▸ Si l'on a un tableau, ou une icône de la Transfiguration ou encore de la Résurrection (descente aux enfers), elle pourra être mise particulièrement en valeur dans le sanctuaire et illuminée de nombreuses bougies (ou lumignons) déposés avant la célébration ou encore à un autre moment de la liturgie (après la Parole proclamée ou avant la liturgie eucharistique).

## Antienne d'ouverture

cf. Mt 17, 5

L'Esprit Saint apparut dans la nuée lumineuse,
et la voix du Père se fit entendre :
« Celui-ci est mon Fils bien-aimé, en qui je trouve ma joie :
écoutez-le ! »

*Gloria.*

## Prière

Seigneur Dieu, dans la transfiguration glorieuse de ton Fils unique, tu as confirmé par le témoignage de Moïse et d'Élie la vérité des mystères de la foi, et tu as donné à l'avance un signe merveilleux de notre pleine adoption filiale ; accorde aux serviteurs que nous sommes d'écouter la voix de ton Fils bien-aimé, /afin de pouvoir devenir avec lui tes héritiers. Lui qui vit et règne avec toi dans l'unité du Saint-Esprit, Dieu, pour les siècles des siècles.

## 1re Lecture

*« Je voyais venir, avec les nuées du ciel, comme un Fils d'homme »*

**→ Lecture du livre du prophète Daniel** 7, 9-10.13-14

La **nuit**, au cours d'une vision, moi, Daniel, je regardais : des trônes furent disposés, et un Vieillard prit place ; son habit était blanc comme la neige, et les cheveux de sa tête, comme de la laine immaculée ; son trône était fait de flammes de feu, avec des roues de feu ardent. Un fleuve de feu coulait, qui jaillissait devant lui. Des milliers de milliers le servaient, des myriades de myriades se tenaient devant lui. Le tribunal prit place et l'on ouvrit des livres.

Je regardais, au cours des visions de la nuit, et je voyais venir, avec les nuées du ciel, comme un Fils d'homme ; il parvint jusqu'au Vieillard, et on le fit avancer devant lui. Et il lui fut donné domination, gloire et royauté ; tous les peuples, toutes les nations et les gens de toutes langues le servirent. Sa domination est une domination éternelle, qui ne passera pas, et sa royauté, une royauté qui ne sera pas détruite.

## Psaume 96

**R/. Le Seigneur est roi, le Très-Haut sur toute la terre !**

Le Seigneur est roi ! Exulte la terre !<br>
Joie pour les îles sans nombre !<br>
Ténèbre et nuée l'entourent,<br>
justice et droit sont l'appui de son trône.

Quand ses éclairs illuminèrent le monde,<br>
la terre le vit et s'affola ;<br>
les montagnes fondaient comme cire devant le Seigneur,<br>
devant le Maître de toute la terre.

Les cieux ont proclamé sa justice,<br>
et tous les peuples ont vu sa gloire.<br>
Tu es, Seigneur, le Très-Haut sur toute la terre,<br>
tu domines de haut tous les dieux.

## 2e Lecture

*« Nous l'avons nous-mêmes entendue quand nous étions avec lui sur la montagne sainte »*

→ **Lecture de la deuxième lettre de saint Pierre apôtre** 1, 16-19

**Frères**, ce n'est pas en ayant recours à des récits imaginaires sophistiqués que nous vous avons fait connaître la puissance et la venue de notre Seigneur Jésus Christ, mais c'est pour avoir été les témoins oculaires de sa grandeur. Car il a reçu de Dieu le Père l'honneur et la gloire quand, depuis la Gloire magnifique, lui parvint une voix qui disait : *Celui-ci est mon Fils, mon bien-aimé ; en lui j'ai toute ma joie.* Cette voix venant du ciel, nous l'avons nous-mêmes entendue quand nous étions avec lui sur la montagne sainte. Et ainsi se confirme pour nous la parole prophétique ; vous faites bien de fixer votre attention sur elle, comme sur une lampe brillant dans un lieu obscur jusqu'à ce que paraisse le jour et que l'étoile du matin se lève dans vos cœurs.

**Alléluia. Alléluia.** Celui-ci est mon Fils bien-aimé, en qui je trouve ma joie : écoutez-le ! **Alléluia.**

## Évangile

*« Celui-ci est mon Fils bien-aimé, en qui je trouve ma joie : écoutez-le ! »*

→ **Évangile de Jésus Christ selon saint Matthieu** 17, 1-9

**En ce temps-là**, Jésus prit avec lui Pierre, Jacques et Jean son frère, et il les emmena à l'écart, sur une haute montagne. Il fut transfiguré devant eux ; son visage devint brillant comme le soleil, et ses vêtements, blancs comme la lumière. Voici que leur apparurent Moïse et Élie, qui s'entretenaient avec lui.

Pierre alors prit la parole et dit à Jésus : « Seigneur, il est bon que nous soyons ici ! Si tu le veux, je vais dresser ici trois tentes, une pour toi, une pour Moïse, et une pour Élie. »

Il parlait encore, lorsqu'une nuée lumineuse les couvrit de son ombre, et voici que, de la nuée, une voix disait : « Celui-ci est mon Fils bien-aimé, en qui je trouve ma joie : écoutez-le ! »

Quand ils entendirent cela, les disciples tombèrent face contre terre et furent saisis d'une grande crainte. Jésus s'approcha, les toucha et leur dit : « Relevez-vous et soyez sans crainte ! » Levant les yeux, ils ne virent plus personne, sinon lui, Jésus, seul.

En descendant de la montagne, Jésus leur donna cet ordre : « Ne parlez de cette vision à personne, avant que le Fils de l'homme soit ressuscité d'entre les morts. »

---

**POUR LA PRIÈRE UNIVERSELLE**

Demandons à Dieu de faire partager aux hommes et aux femmes de notre temps la gloire de son Fils par le don du Saint-Esprit :

– Père très bon, tu nous invites à écouter ton Fils bien-aimé : accorde à ton Église de vivre de ta Parole et d'en porter le témoignage à tous ;

– en ton Fils transfiguré, tu nous dévoiles ton amour et notre identité de fils et filles ; tu appelles l'humanité à cette filiation : accompagne la marche des nations vers ton Royaume ;

– sur la montagne les disciples ont contemplé le visage du Christ : viens au secours de tous les hommes défigurés par la souffrance et l'oppression ;

– transfiguré, ton Fils dit à ses disciples : « Relevez-vous, soyez sans crainte » ; prends en pitié, Seigneur, tous les êtres humains prisonniers de la peur, du mal et des ténèbres.

---

## Prière sur les offrandes

Sanctifie nos offrandes, Seigneur, par la transfiguration glorieuse de ton Fils unique ; et, dans la splendeur de son rayonnement, purifie-nous des souillures du péché. Par le Christ, notre Seigneur.

## Préface

*Le mystère de la Transfiguration*

Vraiment, il est juste et bon, pour ta gloire et notre salut, de t'offrir notre action de grâce, toujours et en tout lieu, Seigneur, Père très saint, Dieu éternel et tout-puissant, par le Christ, notre Seigneur.
Car il a révélé sa gloire aux témoins qu'il avait choisis, le jour où, en son corps semblable au nôtre, se répandit une splendeur incomparable ; il préparait ainsi le cœur de ses disciples à surmonter le scandale de la croix, il manifestait que s'accomplirait dans le Corps tout entier de l'Église ce qui déjà rayonnait de manière admirable en lui qui en est la tête.
C'est pourquoi, avec les puissances des cieux, nous pouvons te bénir sur la terre et t'adorer sans fin en proclamant :
Saint ! Saint ! Saint, le Seigneur, Dieu de l'univers !...

## Antienne de la communion

cf. 1 Jn 3, 2

Quand le Christ se manifestera,
nous lui serons semblables
car nous le verrons tel qu'il est.

## Prière après la communion

Nous t'en prions, Seigneur : que cette nourriture venue du ciel nous transforme en l'image de ton Fils dont tu as révélé la splendeur par la gloire de la Transfiguration. Lui qui vit et règne pour les siècles des siècles.

## La divinisation

« La divinisation consiste dans le processus par lequel l'homme sauvé, c'est-à-dire libéré du péché, du pouvoir du diable, des atteintes de la corruption, de la crainte et du pouvoir de la mort, de l'emprise des passions, peut acquérir la ressemblance à Dieu, s'assimiler à Lui, être uni intimement et totalement à Lui, et être divinisé par grâce, étant ainsi rendu participant de la vie divine. La divinisation peut être ainsi conçue comme le prolongement du salut, sa finalité ultime, ce qui lui donne son sens plénier. »

Jean-Claude Larchet, *La vie sacramentelle*, Paris, Cerf, 2014, p. 28.

**Bonne fête !** 6 : Octavien. 7 : Gaétan, Julienne. 8 : Dominique, Cyriaque. 9 : Amour. 10 : Laurent, Laure, Laurence, Dieudonné. 11 : Claire, Géry, Gilberte, Suzanne. 12 : Jeanne, Chantal, Clarisse.

**Saint Roman (Romain) (9 août).** Un des patrons de Monaco. Légionnaire romain, appelé « le portier » ou le « geôlier », il gardait dans sa prison saint Laurent. La légende rapporte que, touché par la détermination du captif, alors qu'il apportait de l'eau pour soulager le martyre de Laurent, il aurait été baptisé puis battu violemment avant d'être décapité en 258 en professant sa foi.

## CALENDRIER LITURGIQUE

| | |
|---|---|
| Di 6 | **FÊTE DE LA TRANSFIGURATION DU SEIGNEUR A.**<br>*Liturgie des Heures : Psautier semaine II.*<br>18e semaine. |
| Lu 7 | *S. Sixte II, pape, et ses compagnons, martyrs à Rome, † 258.*<br>*S. Gaétan, prêtre, fondateur des Théatins, † 1547 à Naples.*<br>En Belgique, Ste Julienne du Mont Cornillon, vierge, † 1258.<br>Nombres 11, 4b-15 ; Ps 80 ; Matthieu 14, 13-21 : « Levant les yeux au ciel, il prononça la bénédiction ; il rompit les pains, il les donna aux disciples, et les disciples les donnèrent à la foule » |
| Ma 8 | S. Dominique, prêtre, fondateur des Frères Prêcheurs, † 1221 à Bologne.<br>Nombres 12, 1-13 ; Ps 50 ; Matthieu 15, 1-2.10-14 « Toute plante que mon Père du ciel n'a pas plantée sera arrachée » |
| Me 9 | Ste Thérèse-Bénédicte de la Croix (Édith Stein), carmélite, martyre, patronne de l'Europe, † 1942 à Auschwitz. En Europe, fête. Lectures propres : Osée 2, 16b.17b.21-22 ; Ps 44 ; Mt 25, 1-13 : « Voici l'époux ! Sortez à sa rencontre »<br>*À Monaco,* S. Roman, martyr † 258 à Rome. *(Ste Thérèse Bénédicte reportée au 7)* |
| Je 10 | S. Laurent, diacre, martyr à Rome, † 258. Lectures propres : 2 Corinthiens 9, 6-10 ; Ps 111 ; Jean 12, 24-26 : « Si quelqu'un me sert, mon Père l'honorera » |
| Ve 11 | Ste Claire, vierge, fondatrice des Pauvres Dames ou Clarisses, † 1253 à Assise.<br>*Au Luxembourg, Bx Schecelin, ermite, † 1138 ou 1139.*<br>*À Monaco, Ste Aurélie, vierge et martyre sous Valérien † vers 260 à Rome.*<br>Deutéronome 4, 32-40 ; Ps 76 ; Matthieu 16, 24-28 « Que pourra donner un homme en échange de sa vie ? » |
| Sa 12 | *Ste Jeanne-Françoise de Chantal, mère de famille puis religieuse, fondatrice de la Visitation à Annecy, † 1641 à Moulins.*<br>Deutéronome 6, 4-13 ; Ps 17 ; Matthieu 17, 14-20 « Si vous avez la foi, rien ne vous sera impossible » |

# 19e dimanche

## 13 AOÛT 2023

## Face aux tempêtes de l'existence

**Après la Transfiguration,** nous nous retrouvons à nouveau sur une montagne, celle de l'Horeb avec Élie (*première lecture*) et la montagne près de la mer de Galilée avec Jésus (*évangile*). L'un fait l'expérience de la présence de Dieu ; l'autre s'est mis à l'écart pour prier, être seul en présence de son Père. Le prophète fait face à l'ouragan, au tremblement de terre, au feu ; le Christ marche sur la mer pour rejoindre ses disciples dont la barque est battue par les vents. Élie découvre la présence de Dieu dans le murmure d'une brise légère. Jésus, faisant tomber le vent, est manifesté en son humanité comme le Fils de Dieu. Élie aurait pu être effrayé par le déchaînement des éléments mais il a eu foi dans la parole de Dieu qui lui demande de se tenir dehors car il va passer. Dans l'évangile, les disciples sont bouleversés en prenant Jésus pour un fantôme et, apeurés, ils crient. Pierre, voulant s'assurer que c'est bien Jésus, s'avance sur l'eau mais prend peur et manque de foi face à la force du vent.

De son côté, saint Paul connaît lui aussi une douleur incessante, une grande tristesse devant l'apparent échec de la bonne nouvelle du salut qu'Israël n'a pas encore accueillie (*deuxième lecture*).

Quand tout se déchaîne, l'homme a peur. Quand les vents sont contraires, la crainte s'empare de chacun. Quand l'imprévisible frappe aveuglément, quand les bouleversements du monde détruisent la vie et l'être, tous sont effrayés et atterrés. Qu'apporte alors de plus la foi et à quelles transformations devons-nous consentir ? Nous devons consentir à la confiance qui porte un autre regard sur la réalité et qui sait lire les signes des temps ; à la fidélité qui sait déceler la présence de Dieu au-delà de toute détresse ; au courage et à la force d'affronter les vents contraires en espérant contre toute espérance. Cette foi qui affirme simplement : « J'écoute : Que dira le Seigneur Dieu ? Ce qu'il dit, c'est la paix pour son peuple » (*psaume*). Notre eucharistie sera le don de sa paix à nous qui faisons face aux tempêtes de nos existences.

---

**CHANTER**

- Le répertoire proposé ce dimanche pourra convenir jusqu'au 22e dimanche. On pourra retenir un même ordinaire de la messe pour ces quatre dimanches.
- Pour la procession d'ouverture : ***Dieu nous éveille à la foi*** **IA 20-70-3 CNA 546,** ***Pour avancer ensemble*** **KD 20-38 CNA 524,** ***Dieu nous a tous appelés*** **KD 14-56-1 CNA 571,** ***Peuple choisi*** **K 64 CNA 543,** ***Vivez l'espérance*** **T 52-46,** ***Écoute la voix du Seigneur*** **X 548 CNA 761.**
- Pour la procession de communion : ***Voici le pain que donne Dieu*** **D 50-07-2,** ***Venez approchons-nous*** **IEV 19-19,** ***Tu es le Dieu fidèle*** **D 163 CNA 346.**
- Pour l'action de grâce : ***Celui qui a mangé de ce pain*** **D 140-2 CNA 321,** ***Par la musique et par nos voix*** **Y 43-38 CNA 572,** ***Souviens-toi de Jésus Christ*** **IX 45 CNA 588,** ***Chantons sans fin le nom du Seigneur*** **EDIT 15-85.**
- Si l'on souhaite caractériser chaque dimanche :
- Pour le 19e dimanche : ***Avance au large*** **T 44-28.**
- Pour le 20e dimanche : ***Écoute la voix du Seigneur*** **X 548 CNA 761.**
- Pour le 21e dimanche : ***Jésus, ma joie*** **Taizé.**
- Pour le 22e dimanche : ***Perdre sa vie*** **XW 63.**

---

## Antienne d'ouverture

cf. Ps 73, 20.19, 22.23

Regarde vers ton Alliance, Seigneur,
ne délaisse pas sans fin l'âme de tes pauvres.
Lève-toi, Seigneur, défends ta cause,
n'oublie pas le cri de ceux qui te cherchent.

*Gloria.*

## Prière

Dieu éternel et tout-puissant, comme l'enseigne l'Esprit Saint, nous pouvons déjà t'appeler du nom de Père ; fais grandir en nos cœurs l'esprit d'adoption filiale, afin que nous soyons capables d'entrer un jour dans l'héritage qui nous est promis. Par Jésus Christ, ton Fils, notre Seigneur, qui vit et règne avec toi dans l'unité du Saint-Esprit, Dieu, pour les siècles des siècles.

## 1re Lecture

*« Tiens-toi sur la montagne devant le Seigneur »*

→ **Lecture du premier livre des Rois** 19, 9a.11-13a

En **ces jours-là**, lorsque le prophète Élie fut arrivé à l'Horeb, la montagne de Dieu, il entra dans une caverne et y passa la nuit. Le Seigneur dit : « Sors et tiens-toi sur la montagne devant le Seigneur, car il va passer. » À l'approche du Seigneur, il y eut un ouragan, si fort et si violent qu'il fendait les montagnes et brisait les rochers, mais le Seigneur n'était pas dans l'ouragan ; et après l'ouragan, il y eut un tremblement de terre, mais le Seigneur n'était pas dans le tremblement de terre ; et après ce tremblement de terre, un feu, mais le Seigneur n'était pas dans ce feu ; et après ce feu, le murmure d'une brise légère. Aussitôt qu'il l'entendit, Élie se couvrit le visage avec son manteau, il sortit et se tint à l'entrée de la caverne.

## Psaume 84

**R/. Fais-nous voir, Seigneur, ton amour,**
**et donne-nous ton salut.**

J'écoute : Que dira le Seigneur Dieu ?
Ce qu'il dit, c'est la paix pour son peuple.
Son salut est proche de ceux qui le craignent,
et la gloire habitera notre terre.

Amour et vérité se rencontrent,
justice et paix s'embrassent ;
la vérité germera de la terre
et du ciel se penchera la justice.

TEMPS ORDINAIRE

Le Seigneur donnera ses bienfaits,
et notre terre donnera son fruit.
La justice marchera devant lui,
et ses pas traceront le chemin.

## 2e Lecture *« Pour les Juifs, mes frères, je souhaiterais être anathème »*

→ **Lecture de la lettre de saint Paul apôtre aux Romains** 9, 1-5

**Frères,** c'est la vérité que je dis dans le Christ, je ne mens pas, ma conscience m'en rend témoignage dans l'Esprit Saint : j'ai dans le cœur une grande tristesse, une douleur incessante. Moi-même, pour les Juifs, mes frères de race, je souhaiterais être anathème, séparé du Christ : ils sont en effet Israélites, ils ont l'adoption, la gloire, les alliances, la législation, le culte, les promesses de Dieu ; ils ont les patriarches, et c'est de leur race que le Christ est né, lui qui est au-dessus de tout, Dieu béni pour les siècles. Amen.

**Alléluia. Alléluia.** J'espère le Seigneur, et j'attends sa parole. **Alléluia.**

## Évangile *« Ordonne-moi de venir vers toi sur les eaux »*

→ **Évangile de Jésus Christ selon saint Matthieu** 14, 22-33

**Aussitôt après avoir nourri la foule** dans le désert, Jésus obligea les disciples à monter dans la barque et à le précéder sur l'autre rive, pendant qu'il renverrait les foules. Quand il les eut renvoyées, il gravit la montagne, à l'écart, pour prier. Le soir venu, il était là, seul.

La barque était déjà à une bonne distance de la terre, elle était battue par les vagues, car le vent était contraire. Vers la fin de la nuit, Jésus vint vers eux en marchant sur la mer. En le voyant marcher sur la mer, les disciples furent bouleversés. Ils dirent : « C'est un fantôme. » Pris de peur, ils se mirent à crier. Mais aussitôt Jésus leur parla : « Confiance ! c'est moi ; n'ayez plus peur ! » Pierre prit alors la parole : « Seigneur, si c'est bien toi, ordonne-moi de venir vers toi sur les eaux. » Jésus lui dit : « Viens ! » Pierre descendit de la barque et marcha sur les eaux pour aller vers Jésus. Mais, voyant la force du vent, il eut peur et, comme il commençait à enfoncer, il cria : « Seigneur, sauve-moi ! » Aussitôt, Jésus étendit la main, le saisit et lui dit : « Homme de peu de foi, pourquoi as-tu douté ? » Et quand ils furent montés dans la barque, le vent tomba. Alors ceux qui étaient dans la barque se prosternèrent devant lui, et ils lui dirent : « Vraiment, tu es le Fils de Dieu ! »

**POUR LA PRIÈRE UNIVERSELLE**

Avec foi, implorons Dieu, présent à notre monde qu'Il veut sauver :
– dans un monde marqué par la violence et la guerre, donne à ton Église, Seigneur, d'annoncer et de construire la paix ;
– dans un monde où les plus faibles sont meurtris par le pouvoir, donne, Seigneur, à ceux qui se réclament de Toi de construire une terre où règne la justice ;
– dans un monde prisonnier du mensonge et de la manipulation, donne, Seigneur, aux hommes d'être libérés de tout enfermement et de toute addiction ;
– dans un monde où règne l'argent, donne à toutes les nations de vivre dans le souci du bien commun.

## Prière sur les offrandes

Accueille favorablement, Seigneur, ces présents que, dans ta miséricorde, tu as donné à ton Église pour qu'elle puisse te les offrir ; fais qu'ils deviennent, par ta puissance, le sacrement de notre salut. Par le Christ, notre Seigneur.

## Antienne de la communion

cf. Ps 147, 12.14

Glorifie le Seigneur, Jérusalem :
de la fleur du froment, il te rassasie.

## Prière après la communion

Que cette communion à ton sacrement, Seigneur, nous procure le salut et qu'elle nous affermisse dans la lumière de ta vérité. Par le Christ, notre Seigneur.

## La foi et le doute

« Comme l'amour, la foi n'est pas à l'abri du malheur et des difficultés de la vie. Elle n'est pas non plus à l'abri du doute, de la lassitude et de l'ennui. L'épreuve de la foi est inhérente à la vie de foi. Elle n'est pas nécessairement liée aux conditions d'existence. Ce ne sont pas toujours ceux qui sont nés dans le malheur qui refusent de croire. Inversement, ceux qui ont été aimés et qui ont bénéficié de toutes les chances d'épanouissement peuvent ne pas avoir, – ou ne plus avoir – foi en quelqu'un d'autre qu'eux-mêmes. Quand on regarde le monde, la part de souffrance est immense et fait douter de Dieu. Pour que la foi soit crédible, il faut aussi qu'on la voie à l'œuvre quelque part : lorsqu'elle devient Bonne Nouvelle pour les pauvres, alors Dieu se rend en quelque sorte "visible". »

Les évêques de Belgique, *Livre de la Foi*,
Tournai, Gédit, 1987, pp. 14-15.

## CALENDRIER LITURGIQUE

**Di 13** **19e dimanche A.** *Liturgie des Heures : Psautier semaine III.*
[*S. Pontien, pape, et S. Hippolyte, prêtre romain, martyrs en Sardaigne, † v. 235*]

**Lu 14** S. Maximilien Kolbe, prêtre, frère mineur conventuel, martyr, † 1941 à Auschwitz.
Deutéronome 10, 12-22 ; Ps 147 ; Matthieu 17, 22-27 : « Ils le tueront et, le troisième jour, il ressuscitera. Les fils sont libres de l'impôt »

**Ma 15** **ASSOMPTION DE LA VIERGE MARIE**, patronne principale de la France, p. 554.

**Me 16** *S. Étienne, roi de Hongrie, † 1038.*
*À Monaco, S. Roch, pèlerin à Rome, † à Montpellier vers 1327.*
Deutéronome 34, 1-12 ; Ps 65 ; Matthieu 18, 15-20 : « S'il t'écoute, tu as gagné ton frère »

**Je 17** Josué 3, 7-10a.11.13-17 ; Ps 113 A ; Matthieu 18, 21–19,1 « Je ne te dis pas de pardonner jusqu'à sept fois, mais jusqu'à 70 fois sept fois »

**Ve 18** Josué 24, 1-13 ; Ps 135 ; Matthieu 19, 3-12 : « C'est en raison de la dureté de votre cœur que Moïse vous a permis de renvoyer vos femmes. Mais au commencement, il n'en était pas ainsi »

**Sa 19** *S. Jean Eudes, prêtre, fondateur des Eudistes, † 1680 à Caen.*
Josué 24, 14-29 ; Ps 15 ; Matthieu 19, 13-15 : « N'empêchez pas les enfants de venir à moi, car le royaume des Cieux est à ceux qui leur ressemblent »

**Bonne fête !** 13 : Hippolyte. 14 : Maximilien, Arnold. 15 : Marie, Maria, Marlène, Maryse, Muriel, Mireille, Myriam, Assomption. 16 : Alfred, Roch, Armel. 17 : Hyacinthe. 18 : Hélène, Mylène, Laetitia, Nelly. 19 : Eudes, Guerric.

**Saint Roch (16 août).** Il est vénéré partout en Provence, sa statue est souvent placée au coin d'une rue à l'angle d'une maison. Né à Montpellier en 1350, riche, instruit, ayant étudié la médecine, il distribue ses biens aux pauvres et prend l'habit de pèlerin. Toujours invoqué aujourd'hui en cas d'épidémie, il est le patron des pèlerins, de nombreuses corporations et protecteur des animaux.

# Assomption de la Vierge Marie

**15 AOÛT 2023**

## L'éternité dans notre vie

**L'assomption de la Vierge Marie** est honorée de deux messes, une « de la veille au soir », l'autre « du jour ». Seules quelques solennités donnent lieu à plusieurs messes, c'est dire l'importance de cette fête. La messe du soir nous fait méditer la figure de Marie comme « l'arche du Seigneur » (*première lecture*). Marie est celle qui, par une grâce découlant de sa maternité divine, vit en ressuscitée (*deuxième lecture*). Cela est une joie pour elle et pour ceux qui aujourd'hui, à sa suite, « écoutent la parole de Dieu, et [qui] la gardent » (*évangile*).

Les lectures du jour développent ces mêmes réalités à l'égard de celle qui « mit au monde un fils, un enfant mâle », Jésus le berger d'Israël. Cette femme est également désignée comme l'arche de l'Alliance (*première lecture*), ce qui sera repris dans les *Litanies de la Sainte Vierge*. Marie est celle qui, à la suite de son Fils, le premier ressuscité d'entre les morts, reçoit la grâce de la vie (*deuxième lecture*). Elle est vraiment « bénie entre toutes les femmes » et tous les âges la diront bienheureuse (*évangile*).

Marie n'est pas séparée de notre humanité, ce qu'elle vit est l'icône de notre propre vocation. Nous sommes appelés à porter la Parole et lui donner chair en ce monde, à recevoir le Corps du Christ et à en vivre ensemble, à être une arche de son alliance pour toutes les générations, à ouvrir la porte de résurrection dans les lieux de toute mort. La préface de ce jour dit : « Elle est le commencement et l'image de ce que deviendra ton Église en sa plénitude, elle est signe d'espérance et source de réconfort pour ton peuple encore en chemin. » Loin de toute "mariolâtrie", c'est bien le mystère de notre origine commune, comme de notre destinée qui sont mis en lumière par la fête de l'Assomption ; Marie, modèle de l'Église[1], nous assure que la vie éternelle, c'est dès aujourd'hui l'éternité dans notre vie.

## CHANTER

▸ Pour la procession d'ouverture : ***Litanies de la Sainte Mère de Dieu*, VY 298, *Béni sois-tu, Seigneur* V 24 CNA 617, *Avec Marie, jubilons d'allégresse* V 51-34, *Vierge Sainte* V 136 CNA 632.** On peut aussi retenir un chant à l'Église dont Marie est la mère et la figure : ***Église du Seigneur* K 128 CNA 662, *Église de ce temps* K 35-64 CNA 661.**

▸ Après la Parole : ***Toi qui ravis le cœur de Dieu* VP 136-2 CNA 372, *Comme une aurore* V 289-1 CNA 619.**

▸ Pour la procession de communion : ***Le Verbe s'est fait chair* D 31-15.**

▸ Pour l'action de grâce : ***le Magnificat, Mon âme chante le Seigneur* V 193 CNA 626, *Jubilez, criez de joie* U 52-42, *Gloire à toi Marie* V 21 CNA 620.**

▸ À la fin de la célébration : ***Couronnée d'étoiles* V 44-58, *Toi, notre Dame* VX 153, *Regarde l'étoile* IEV 19-17.**

## CÉLÉBRER

▸ Les dévotions sont nombreuses ce jour-là : processions, prières, pèlerinages qui s'appuient sur le vœu de Louis XIII consacrant son royaume à Marie dans le Mystère de son Assomption et dédiant ce jour à son intercession. Mettre en exergue une prière particulière pour la France, à l'instar des évêques de France en 2021, peut être bienvenu.

# Messe de la veille au soir

## Antienne d'ouverture

Pour ta gloire, on parle de toi, Marie :
aujourd'hui tu es élevée bien au-dessus des anges,
et tu partages le triomphe du Christ à jamais.

*Gloria.*

---

1. Concile Vatican II, *Constitution sur l'Église*, nº 63.

## Prière

Seigneur Dieu, tu t'es penché sur ton humble servante, la bienheureuse Vierge Marie ; tu lui as fait la grâce incomparable de devenir, selon la chair, la mère de ton Fils unique, et tu l'as couronnée aujourd'hui d'une gloire sans pareille ; puisque nous sommes sauvés par le mystère de la rédemption, accorde-nous, à sa prière, d'être élevés dans ta gloire. Par Jésus Christ, ton Fils, notre Seigneur, qui vit et règne avec toi dans l'unité du Saint-Esprit, Dieu, pour les siècles des siècles.

## 1re Lecture

*« Ils amenèrent l'arche de Dieu »*

→ **Lecture du premier livre des Chroniques** 15, 3-4.15-16 ; 16, 1-2

**En ces jours-là,** David rassembla tout Israël à Jérusalem pour faire monter l'arche du Seigneur jusqu'à l'emplacement préparé pour elle. Il réunit les fils d'Aaron et les Lévites. Les Lévites transportèrent l'arche de Dieu, au moyen de barres placées sur leurs épaules, comme l'avait ordonné Moïse, selon la parole du Seigneur. David dit aux chefs des Lévites de mettre en place leurs frères, les chantres, avec leurs instruments, harpes, cithares, cymbales, pour les faire retentir avec force en signe de joie. Ils amenèrent donc l'arche de Dieu et l'installèrent au milieu de la tente que David avait dressée pour elle. Puis on présenta devant Dieu des holocaustes et des sacrifices de paix. Quand David eut achevé d'offrir les holocaustes et les sacrifices de paix, il bénit le peuple au nom du Seigneur.

## Psaume 131

R/. **Monte, Seigneur, vers le lieu de ton repos,
toi, et l'arche de ta force !**

Entrons dans la demeure de Dieu,
prosternons-nous aux pieds de son trône.
Monte, Seigneur, vers le lieu de ton repos,
toi, et l'arche de ta force !

Que tes prêtres soient vêtus de justice,
que tes fidèles crient de joie !
Pour l'amour de David, ton serviteur,
ne repousse pas la face de ton messie.

Car le Seigneur a fait choix de Sion ;
elle est le séjour qu'il désire :
« Voilà mon repos à tout jamais,
c'est le séjour que j'avais désiré. »

## 2e Lecture

*« Ô Mort, où est ta victoire ? »*

→ **Lecture de la première lettre de saint Paul apôtre aux Corinthiens** 15, 54b-57

**Frères,** quand cet être mortel aura revêtu l'immortalité, alors se réalisera la parole de l'Écriture : *La mort a été engloutie dans la victoire. Ô Mort, où est ta victoire ? Ô Mort, où est-il, ton aiguillon ?* L'aiguillon de la mort, c'est le péché ; ce qui donne force au péché, c'est la Loi. Rendons grâce à Dieu qui nous donne la victoire par notre Seigneur Jésus Christ.

**Alléluia. Alléluia.** Heureux ceux qui écoutent la parole de Dieu, et qui la gardent ! **Alléluia.**

## Évangile

*« Heureuse la mère qui t'a porté en elle ! »*

→ **Évangile de Jésus Christ selon saint Luc** 11, 27-28

**En ce temps-là**, comme Jésus était en train de parler, une femme éleva la voix au milieu de la foule pour lui dire : « Heureuse la mère qui t'a porté en elle, et dont les seins t'ont nourri ! » Alors Jésus lui déclara : « Heureux plutôt ceux qui écoutent la parole de Dieu, et qui la gardent ! »

*Credo.*

## Prière sur les offrandes

Nous t'en prions, Seigneur : accueille le sacrifice de louange et de paix que nous célébrons pour fêter l'Assomption de la sainte Mère de Dieu ; qu'il nous obtienne ton pardon et nous garde toujours dans l'action de grâce. Par le Christ, notre Seigneur.

*Préface propre, ci-après, p. 562.*

*Dans les prières eucharistiques, il y a des textes propres.*

## Antienne de la communion

cf. Lc 11, 27

Heureuse la Vierge Marie,
qui a porté dans son sein le Fils du Père éternel.

## Prière après la communion

Après avoir participé à la table du ciel, nous implorons ta bonté, Seigneur notre Dieu, : puisque nous célébrons l'Assomption de la Mère de Dieu, délivre-nous de toute menace du mal. Par le Christ, notre Seigneur.

# Messe du jour

## Antienne d'ouverture

cf. Ap 12, 1

Un signe grandiose apparut dans le ciel :
une femme, ayant le soleil pour manteau,
la lune sous les pieds
et, sur la tête, une couronne de douze étoiles.

*Gloria.*

## Prière

Dieu éternel et tout-puissant, tu as élevé jusqu'à la gloire du ciel, dans son âme et son corps, Marie, la Vierge immaculée, la mère de ton Fils ; fais que, toujours tendus vers les réalités d'en haut, nous obtenions de partager sa gloire. Par Jésus Christ, ton Fils, notre Seigneur, qui vit et règne avec toi dans l'unité du Saint-Esprit, Dieu, pour les siècles des siècles.

## 1re Lecture

*« Un grand signe apparut dans le ciel : une Femme »*

→ **Lecture de l'Apocalypse de saint Jean** 11, 19a ; 12, 1-6a.10ab

L**e sanctuaire de Dieu**, qui est dans le ciel, s'ouvrit, et l'arche de son Alliance apparut dans le Sanctuaire. Un grand signe apparut dans le ciel : une Femme, ayant le soleil pour manteau, la lune sous les pieds, et sur la tête une couronne de douze étoiles. Elle est enceinte, elle crie, dans les douleurs et la torture d'un enfantement. Un autre signe apparut dans le ciel : un grand dragon, rouge feu, avec sept têtes et dix cornes, et, sur chacune des sept têtes, un diadème. Sa queue, entraînant le tiers des étoiles du ciel, les précipita sur la terre. Le Dragon vint se poster devant la femme qui allait enfanter, afin de dévorer l'enfant dès sa naissance. Or, elle mit au monde un fils, un enfant mâle, celui qui sera le berger de toutes les nations, les conduisant avec un sceptre de fer. L'enfant fut enlevé jusqu'auprès de Dieu et de son Trône, et la Femme s'enfuit au désert, où Dieu lui a préparé une place. Alors j'entendis dans le ciel une voix forte, qui proclamait : « Maintenant voici le salut, la puissance et le règne de notre Dieu, voici le pouvoir de son Christ ! »

## Psaume 44

R/. **Debout, à la droite du Seigneur,**
**se tient la reine, toute parée d'or.**

Écoute, ma fille, regarde et tends l'oreille ;
oublie ton peuple et la maison de ton père :
le roi sera séduit par ta beauté.

Il est ton Seigneur : prosterne-toi devant lui.
Alors, les plus riches du peuple,
chargés de présents, quêteront ton sourire.

Fille de roi, elle est là, dans sa gloire,
vêtue d'étoffes d'or ;
on la conduit, toute parée, vers le roi.

Des jeunes filles, ses compagnes, lui font cortège ;
on les conduit parmi les chants de fête :
elles entrent au palais du roi.

## 2e Lecture

*« Le Christ premier ressuscité parmi ceux qui se sont endormis »*

→ **Lecture de la première lettre de saint Paul apôtre aux Corinthiens** 15, 20-27a

**Frères**, le Christ est ressuscité d'entre les morts, lui, premier ressuscité parmi ceux qui se sont endormis. Car, la mort étant venue par un homme, c'est par un homme aussi que vient la résurrection des morts. En effet, de même que tous les hommes meurent en Adam, de même c'est dans le Christ que tous recevront la vie, mais chacun à son rang : en premier, le Christ, et ensuite, lors du retour du Christ, ceux qui lui appartiennent. Alors, tout sera achevé, quand le Christ remettra le pouvoir royal à Dieu son Père, après avoir anéanti, parmi les êtres célestes, toute Principauté, toute Souveraineté et Puissance. Car c'est lui qui doit régner jusqu'au jour où Dieu *aura mis sous ses pieds tous ses ennemis.* Et le dernier ennemi qui sera anéanti, c'est la mort, car *il a tout mis sous ses pieds.*

**Alléluia. Alléluia.** Aujourd'hui s'est ouverte la porte du paradis : Marie est entrée dans la gloire de Dieu ; exultez dans le ciel, tous les anges ! **Alléluia.**

## Évangile

*« Le Puissant fit pour moi des merveilles : il élève les humbles »*

### → Évangile de Jésus Christ selon saint Luc 1, 39-56

**En ces jours-là**, Marie se mit en route et se rendit avec empressement vers la région montagneuse, dans une ville de Judée. Elle entra dans la maison de Zacharie et salua Élisabeth. Or, quand Élisabeth entendit la salutation de Marie, l'enfant tressaillit en elle. Alors, Élisabeth fut remplie d'Esprit Saint, et s'écria d'une voix forte : « Tu es bénie entre toutes les femmes, et le fruit de tes entrailles est béni. D'où m'est-il donné que la mère de mon Seigneur vienne jusqu'à moi ? Car, lorsque tes paroles de salutation sont parvenues à mes oreilles, l'enfant a tressailli d'allégresse en moi. Heureuse celle qui a cru à l'accomplissement des paroles qui lui furent dites de la part du Seigneur. »

Marie dit alors : « Mon âme exalte le Seigneur, exulte mon esprit en Dieu, mon Sauveur ! Il s'est penché sur son humble servante ; désormais tous les âges me diront bienheureuse. Le Puissant fit pour moi des merveilles ; Saint est son nom ! Sa miséricorde s'étend d'âge en âge sur ceux qui le craignent. Déployant la force de son bras, il disperse les superbes. Il renverse les puissants de leurs trônes, il élève les humbles. Il comble de biens les affamés, renvoie les riches les mains vides. Il relève Israël son serviteur, il se souvient de son amour, de la promesse faite à nos pères, en faveur d'Abraham et sa descendance à jamais. » Marie resta avec Élisabeth environ trois mois, puis elle s'en retourna chez elle.

**POUR LA PRIÈRE UNIVERSELLE**

Par l'intercession de Marie, dans le mystère de son Assomption, prions Dieu le Père de nous accorder les dons de son Esprit Saint pour nous configurer à son Fils :

– que l'Église du Christ, comme Marie, reste ouverte aux dons du salut éternel et les communique à tous pour le bien de chacun ;

– que ceux qui nous gouvernent et prennent des décisions qui engagent l'avenir, trouvent par l'intercession de Marie, un chemin de vie et d'entente entre tous ;

– que tous les hommes, engagés dans les périls, connaissent avec l'amour maternel de Marie, la consolation de Dieu dans leurs épreuves ;

– que ceux et celles qui méprisent leur corps et celui des autres, découvrent par le mystère de l'Assomption, la promesse de la résurrection de notre chair.

## Prière sur les offrandes

Que monte vers toi, Seigneur, l'offrande que nous te présentons avec ferveur ; et tandis qu'intercède pour nous la bienheureuse Vierge Marie élevée au ciel, que nos cœurs, brûlants de charité, aspirent toujours à monter vers toi. Par le Christ, notre Seigneur.

## Préface

*La gloire de Marie dans son Assomption*

Vraiment, il est juste et bon, pour ta gloire et notre salut, de t'offrir notre action de grâce, toujours et en tout lieu, Seigneur, Père très saint, Dieu éternel et tout-puissant, par le Christ, notre Seigneur.

Aujourd'hui, la Vierge Marie, la Mère de Dieu, est élevée au ciel. Elle est le commencement et l'image de ce que deviendra ton Église en sa plénitude, elle est signe d'espérance et source de réconfort pour ton peuple encore en chemin. Ainsi tu n'as pas voulu qu'elle connaisse la corruption du tombeau, elle qui a porté dans sa chair ton propre Fils et mis au monde d'une manière incomparable l'auteur de la vie.
C'est pourquoi, unissant nos voix à celles des anges, nous te louons dans la joie en proclamant :
Saint ! Saint ! Saint, le Seigneur, Dieu de l'univers !...

*Dans les Prières eucharistiques, textes propres à l'Assomption.*

## Antienne de la communion

cf. Lc 1, 48-49

Tous les âges me diront bienheureuse :
le Puissant fit pour moi des merveilles.

## Prière après la communion

Nous avons reçu, Seigneur, le sacrement qui nous sauve ; par l'intercession de la bienheureuse Vierge Marie élevée au ciel, accorde-nous de parvenir à la gloire de la résurrection. Par le Christ, notre Seigneur.

## De douces lueurs

« La Vierge est enlevée au Ciel miraculeusement. Jésus est monté aux cieux comme le soleil qui, dans le jour qu'il fait autour de lui, se détache de la colline. L'étoile du matin pérégrine à la suite, parmi les autres étoiles que son Roi laisse en arrière. La *Stella matutina* (l'Étoile du matin) est l'image de Notre-Dame si humble qu'elle ne laisse d'autre vestige de son Assomption que de douces lueurs... L'homme qui veut suivre Jésus dans son ardente voie, doit avoir recours à la Vierge Mère qui, entre un Soleil éblouissant et nous, projette ses doux ombrages. »

Francis Jammes, *Brindilles pour rallumer la foi*,
Paris, Le Laurier, 2009, p. 56.

# 20e dimanche

## 20 AOÛT 2023

## Pour la multitude

**Qui a droit à l'Évangile ?** À qui est adressée la Bonne nouvelle du Salut ? Qui peut prétendre à la miséricorde divine et aux merveilles de Dieu ? Ce sont les questions qui semblent dominer dans les trois lectures de ce jour. La réponse est toujours la même : tous, sans omettre l'étranger et l'exclu, sans discrimination d'origine, quelles que soient les nations, les chemins de foi, les différentes religions de chacun, tous sont bénéficiaires du Salut.

Jésus reçoit de la Cananéenne l'appel à donner sa parole et les signes qui l'accompagnent, non seulement aux brebis perdues d'Israël mais à celles qui ne font pas partie du Peuple saint (*évangile*). Paul, à la suite du Maître, s'est fait l'apôtre des nations ; il a fait entrer les nations païennes dans la foi et la miséricorde ; aussi espère-t-il que ses frères dans la chair soient touchés par ce signe de vrai salut (*deuxième lecture*). Dans la vocation d'Israël, la promesse de Dieu était déjà inscrite : « Les étrangers, je les conduirai à ma montagne sainte » et leurs prières comme leurs holocaustes sont agréés par Dieu dans sa maison (*première lecture*) ! Bouleversant message du salut que le psalmiste affirme et chante avec foi : « Ton chemin sera connu sur la terre, ton salut, parmi toutes les nations » (*psaume*).

Comment pourrions-nous rester « étrangers » à une telle volonté du Seigneur ? Volonté qui n'est pas annexe dans les Écritures, pas plus que le dialogue des religions et celui de l'Église avec le monde. Nous ne pouvons rester dans un entre-soi, alors que la Parole doit retentir aux quatre coins de l'univers, pour le salut et la miséricorde de chacun. Des questions se posent aujourd'hui, d'ordre social et fraternel, concernant l'accueil des étrangers et des migrants. Un chemin pastoral est à prendre dans la manière d'accueillir, quelle que soit sa demande, la Cananéenne d'aujourd'hui qui frappe à la porte de l'Église. Le Christ a donné sa vie pour la multitude et il enjoint ses disciples de faire cela en mémoire de Lui. C'est bien ce que nos eucharisties annoncent et célèbrent.

*Des chants sont proposés du 19e au 22e dimanche p. 548.*

## Antienne d'ouverture

cf. Ps 83, 10-11

Dieu, notre protecteur, regarde :
vois le visage de ton Christ ;
un jour dans tes parvis
en vaut plus que mille.

*Gloria.*

## Prière

Pour ceux qui t'aiment, Seigneur Dieu, tu as préparé des biens que l'œil ne peut voir : répands en nos cœurs la ferveur de ta charité, afin que t'aimant en toute chose et par-dessus tout, nous obtenions de toi l'héritage promis qui surpasse tout désir. Par Jésus Christ, ton Fils, notre Seigneur, qui vit et règne avec toi dans l'unité du Saint-Esprit, Dieu, pour les siècles des siècles.

## 1re Lecture *« Les étrangers, je les conduirai à ma montagne sainte »*

→ **Lecture du livre du prophète Isaïe** 56, 1.6-7

**Ainsi parle le Seigneur** : Observez le droit, pratiquez la justice, car mon salut approche, il vient, et ma justice va se révéler.

Les étrangers qui se sont attachés au Seigneur pour l'honorer, pour aimer son nom, pour devenir ses serviteurs, tous ceux qui observent le sabbat sans le profaner et tiennent ferme à mon alliance, je les conduirai à ma montagne sainte, je les comblerai de joie dans ma maison de prière, leurs holocaustes et leurs sacrifices seront agréés sur mon autel, car ma maison s'appellera « Maison de prière pour tous les peuples. »

## Psaume 66

**R/. Que les peuples, Dieu, te rendent grâce ;
qu'ils te rendent grâce tous ensemble !**

Que Dieu nous prenne en grâce et nous bénisse,
que ton visage s'illumine pour nous ;
et ton chemin sera connu sur la terre,
ton salut, parmi toutes les nations.

Que les nations chantent leur joie,
car tu gouvernes le monde avec justice ;
tu gouvernes les peuples avec droiture
sur la terre, tu conduis les nations.

La terre a donné son fruit ;
Dieu, notre Dieu, nous bénit.
Que Dieu nous bénisse,
et que la terre tout entière l'adore !

## 2e Lecture

*« Je suis moi-même apôtre des nations, j'honore mon ministère »*

**→ Lecture de la lettre de saint Paul apôtre aux Romains** 11, 13-15.29-32

**Frères**, je vous le dis à vous, qui venez des nations païennes : dans la mesure où je suis moi-même apôtre des nations, j'honore mon ministère, mais dans l'espoir de rendre jaloux mes frères selon la chair, et d'en sauver quelques-uns. Si en effet le monde a été réconcilié avec Dieu quand ils ont été mis à l'écart, qu'arrivera-t-il quand ils seront réintégrés ? Ce sera la vie pour ceux qui étaient morts !

Les dons gratuits de Dieu et son appel sont sans repentance. Jadis, en effet, vous avez refusé de croire en Dieu, et maintenant, par suite de leur refus de croire, vous avez obtenu miséricorde ; de même, maintenant, ce sont eux qui ont refusé de croire, par suite de la miséricorde que vous avez obtenue, mais c'est pour qu'ils obtiennent miséricorde, eux aussi. Dieu, en effet, a enfermé tous les hommes dans le refus de croire pour faire à tous miséricorde.

**Alléluia. Alléluia.** Jésus proclamait l'Évangile du Royaume, et guérissait toute maladie dans le peuple. **Alléluia.**

## Évangile

*La demande d'une Cananéenne*

→ **Évangile de Jésus Christ selon saint Matthieu** 15, 21-28

**En ce temps-là,** partant de Génésareth, Jésus se retira dans la région de Tyr et de Sidon. Voici qu'une Cananéenne, venue de ces territoires, disait en criant : « Prends pitié de moi, Seigneur, fils de David ! Ma fille est tourmentée par un démon. » Mais il ne lui répondit pas un mot. Les disciples s'approchèrent pour lui demander : « Renvoie-la, car elle nous poursuit de ses cris ! » Jésus répondit : « Je n'ai été envoyé qu'aux brebis perdues de la maison d'Israël. » Mais elle vint se prosterner devant lui en disant : « Seigneur, viens à mon secours ! » Il répondit : « Il n'est pas bien de prendre le pain des enfants et de le jeter aux petits chiens. »

Elle reprit : « Oui, Seigneur ; mais justement, les petits chiens mangent les miettes qui tombent de la table de leurs maîtres. »

Jésus répondit : « Femme, grande est ta foi, que tout se passe pour toi comme tu le veux ! » Et, à l'heure même, sa fille fut guérie.

---

### POUR LA PRIÈRE UNIVERSELLE

À la suite de Jésus notre Seigneur, prions le Père de tous d'envoyer son Esprit de sagesse et d'amour sur le monde :

– nous te prions, Père, pour les hommes et les femmes de dialogue : qu'ils trouvent une source de partage dans l'échange de la parole et du pain quotidien ;

– nous te prions pour les missionnaires de l'Évangile : qu'ils annoncent ta Parole sans partialité envers les personnes ;
– nous te prions pour les étrangers qui frappent à notre porte : qu'ils trouvent un accueil favorable et sans conditions ;
– nous te prions pour tous les hommes et les femmes de bonne volonté : qu'ils ouvrent leur cœur à la bonne nouvelle du salut pour chacun.

## Prière sur les offrandes

Accueille, Seigneur, ce que nous présentons pour cette eucharistie où s'accomplit un admirable échange : en offrant ce que tu nous as donné, puissions-nous te recevoir toi-même. Par le Christ, notre Seigneur.

## Antienne de la communion

cf. Ps 129, 7

Oui, près du Seigneur, est la miséricorde ;
près de lui abonde le rachat.

## Prière après la communion

Par ces sacrements, Seigneur, tu nous as unis au Christ, et nous implorons humblement ta bonté : sur la terre, transforme-nous à son image, pour que nous puissions partager sa vie dans le ciel. Lui qui vit et règne pour les siècles des siècles.

## Tous reliés au Christ

« Pour le chrétien, le Christ ne peut être tout simplement réduit au statut de fondateur d'une nouvelle religion qui s'appelle le christianisme. Il est perçu, dans l'intégralité de son mystère, comme étant le fondement d'une nouvelle phase de l'histoire de l'humanité tout entière. Il est l'homme nouveau ou le nouvel Adam, "père" d'une humanité renouvelée de l'intérieur. Ainsi le fait que les chrétiens se reconnaissent, par la foi, en tant que ses disciples et membres de son corps mystique, appelé l'Église, n'empêche pas de croire que, par la grâce, tout être humain est gratuitement relié au mystère salvateur du Christ et uni à lui. »

Fadi Daou, Nayla Tabbara, *L'hospitalité divine*, Berlin, Lit, 2013, p. 23.

**Saint Césaire d'Arles (26 août).** Père de l'Église (470-543), sa cause est introduite afin qu'il soit déclaré docteur de l'Église. Ses nombreux sermons témoignent de son âme de pasteur. Il a dirigé son « troupeau » pendant quarante ans, se faisant missionnaire itinérant dans tout son diocèse. Il a pris part à de nombreux conciles. Disciple de saint Augustin, il a défendu son enseignement sur la grâce.

## CALENDRIER LITURGIQUE

| | |
|---|---|
| Di 20 | **20e dimanche A.**<br>*Liturgie des Heures : Psautier semaine IV.*<br>[S. Bernard, abbé de Clairvaux, cistercien, docteur de l'Église, † 1153] |
| Lu 21 | S. Pie X, pape, † 1914 à Rome.<br>Juges 2, 11-19 ; Ps 105 ; Matthieu 19, 16-22 : « Si tu veux être parfait, va, vends ce que tu possèdes, donne-le aux pauvres, et tu auras un trésor dans les cieux » |
| Ma 22 | La Vierge Marie, Reine.<br>Juges 6, 11-24a ; Ps 84 ; Matthieu 19, 23-30 : « Il est plus facile à un chameau de passer par un trou d'aiguille qu'à un riche d'entrer dans le royaume des Cieux » |
| Me 23 | *Ste Rose de Lima, vierge, tertiaire dominicaine, † 1617, à Lima.*<br>Juges 9, 6-15 ; Ps 20 ; Matthieu 20, 1-16 : « Ton regard est-il mauvais parce que moi, je suis bon ? » |
| Je 24 | S. BARTHÉLEMY, Apôtre. Lectures propres : Apocalypse 21, 9b-14 ; Ps 144 ; Jean 1, 45-51 : « Voici vraiment un Israélite : il n'y a pas de ruse en lui » |
| Ve 25 | *S. Louis, roi de France, † 1270 à Tunis (en France, mémoire obligatoire).*<br>*S. Joseph de Calasanz (Espagne), prêtre, fondateur d'ordre, † 1648 à Rome.*<br>Ruth 1, 1.3-6.14b-16.22 ; Ps 145 ; Matthieu 22, 34-40 : « Tu aimeras le Seigneur ton Dieu de tout ton cœur, et ton prochain comme toi-même » |
| Sa 26 | *En France, S. Césaire, évêque d'Arles, † 542.*<br>Ruth 2, 1-3.8-11 ; 4, 13-17 ; Ps 127 ; Matthieu 23, 1-12 « Ils disent et ne font pas » |

**Bonne fête !** 20 : Bernard, Philibert, Samuel, Samy. 21 : Grâce, Graziella, Privat. 22 : Fabrice, Siegfried, Symphorien, Reine. 23 : Rose, Rosita. 24 : Barthélemy, Nathanaël. 25 : Louis, Clovis, Ludwig. 26 : Césaire, César, Natacha, Tasha.

# 21e dimanche

**27 AOÛT 2023**

## La remise des clefs

**Depuis le début de sa *Lettre aux Romains*,** Paul développe le salut par la foi qui vaut pour les Juifs comme pour les païens. La foi est le véritable enjeu devant conduire à la réconciliation entre Israël et les Nations. Il conclut sa réflexion par l'hymne à la sagesse de Dieu : « Quelle profondeur dans la richesse, la sagesse et la connaissance de Dieu ! » (*deuxième lecture*). Cette hymne est comme une doxologie (acclamation à la gloire de la Trinité), comparable à la finale d'une Prière eucharistique : « Par lui, avec lui et en lui... ».

Quand, dans sa grande sagesse, Dieu donne des clefs à de simples hommes, c'est le signe qu'il remet entre leurs mains son propre pouvoir. Ainsi pour Éliakim à qui il pose sur l'épaule la clef de la maison de David (*première lecture*) ; ainsi pour Pierre à qui le Christ promet de remettre les clefs du royaume des cieux (*évangile*). La clef ouvrira ou fermera, le pouvoir pourra lier ou délier. C'est aussi la clef de la connaissance qui ouvre le trésor et la richesse de la sagesse de Dieu. La clef, également, ouvre la porte pour vivre l'hospitalité, la possibilité offerte de ne laisser personne dehors. La clef est le témoignage de cette Église qui ouvre et protège, car lorsque la clef ferme, c'est pour la défense dont le plus fragile a besoin, afin que « même la puissance de la Mort ne l'emportera pas sur elle. »

La figure d'Éliakim nous renvoie à Pierre. Son nom signifie "celui que Dieu établira" et Pierre est celui que Jésus établit à la tête de son Église ; Éliakim est chef de la maison du roi et son serviteur ; Pierre est cette pierre sur laquelle le Christ veut bâtir son Église. À celui à qui est remise la clef et qui est établi dans sa mission, une responsabilité importante est confiée : ouvrir ou fermer, lier ou délier... Ô sagesse de Dieu, qui s'en remet à une si fragile humanité !

*Des chants sont proposés du 19e au 22e dimanche p. 548.*

## Antienne d'ouverture

cf. Ps 85, 1-3

Incline vers moi ton oreille, Seigneur, exauce-moi.
Sauve, ô mon Dieu, ton serviteur qui espère en toi.
Prends pitié de moi, Seigneur, toi que j'appelle tout le jour.

*Gloria.*

## Prière

Seigneur Dieu, toi qui unis les cœurs des fidèles dans une seule volonté : donne à ton peuple d'aimer ce que tu commandes et de désirer ce que tu promets, pour qu'au milieu des changements de ce monde, nos cœurs s'établissent fermement là où se trouvent les vraies joies. Par Jésus Christ, ton Fils, notre Seigneur, qui vit et règne avec toi dans l'unité du Saint-Esprit, Dieu, pour les siècles des siècles.

## 1re Lecture

*« Je mettrai sur mon épaule la clef de la maison de David »*

→ **Lecture du livre du prophète Isaïe** 22, 19-23

**Parole du Seigneur** adressée à Shebna le gouverneur : « Je vais te chasser de ton poste, t'expulser de ta place. Et, ce jour-là, j'appellerai mon serviteur, Éliakim, fils d'Helcias. Je le revêtirai de ta tunique, je le ceindrai de ton écharpe, je lui remettrai tes pouvoirs : il sera un père pour les habitants de Jérusalem et pour la maison de Juda. Je mettrai sur son épaule la clef de la maison de David : s'il ouvre, personne ne fermera ; s'il ferme, personne n'ouvrira. Je le planterai comme une cheville dans un endroit solide ; il sera un trône de gloire pour la maison de son père. »

## Psaume 137

R/. **Seigneur, éternel est ton amour :**
**n'arrête pas l'œuvre de tes mains.**

De tout mon cœur, Seigneur, je te rends grâce :
tu as entendu les paroles de ma bouche.
Je te chante en présence des anges,
vers ton temple sacré, je me prosterne.

Je rends grâce à ton nom pour ton amour et ta vérité,
car tu élèves, au-dessus de tout, ton nom et ta parole.
Le jour où tu répondis à mon appel,
tu fis grandir en mon âme la force.

Si haut que soit le Seigneur, il voit le plus humble.
de loin, il reconnaît l'orgueilleux.
Seigneur, éternel est ton amour :
n'arrête pas l'œuvre de tes mains.

## 2e Lecture

*« Tout est de lui, et par lui, et pour lui »*

→ **Lecture de la lettre de saint Paul apôtre aux Romains** 11, 33-36

Q**uelle profondeur** dans la richesse, la sagesse et la connaissance de Dieu ! Ses décisions sont insondables, ses chemins sont impénétrables !

*Qui a connu la pensée du Seigneur ? Qui a été son conseiller ? Qui lui a donné en premier, et mériterait de recevoir en retour ?*

Car tout est de lui, et par lui, et pour lui. À lui la gloire pour l'éternité ! Amen.

**Alléluia. Alléluia.** Tu es Pierre, et sur cette pierre je bâtirai mon Église ; et la puissance de la Mort ne l'emportera pas sur elle. **Alléluia.**

## Évangile

*« Je te donnerai les clés du royaume des Cieux »*

**→ Évangile de Jésus Christ selon saint Matthieu** 16, 13-20

En ce temps-là, Jésus, arrivé dans la région de Césarée-de-Philippe, demandait à ses disciples : « Au dire des gens, qui est le Fils de l'homme ? » Ils répondirent : « Pour les uns, Jean le Baptiste ; pour d'autres, Élie ; pour d'autres encore, Jérémie ou l'un des prophètes. » Jésus leur demanda : « Et vous, que dites-vous ? Pour vous, qui suis-je ? » Alors Simon-Pierre prit la parole et dit : « Tu es le Christ, le Fils du Dieu vivant ! »

Prenant la parole à son tour, Jésus lui dit : « Heureux es-tu, Simon fils de Yonas : ce n'est pas la chair et le sang qui t'ont révélé cela, mais mon Père qui est aux cieux. Et moi, je te le déclare : Tu es Pierre, et sur cette pierre je bâtirai mon Église ; et la puissance de la Mort ne l'emportera pas sur elle. Je te donnerai les clés du royaume des Cieux : tout ce que tu auras lié sur la terre sera lié dans les cieux, et tout ce que tu auras délié sur la terre sera délié dans les cieux. »

Alors, il ordonna aux disciples de ne dire à personne que c'était lui le Christ.

### POUR LA PRIÈRE UNIVERSELLE

D'un seul cœur, unis dans la prière et l'amour fraternel, présentons à notre Père, par son Fils, dans l'unité du Saint Esprit, notre intercession pour tous les hommes et les femmes :

– pour l'Église, afin qu'elle ouvre à tout homme les portes du Royaume, et pour le pape, serviteur de la communion des Églises, prions notre Dieu ;

– pour tous les gouvernants, afin qu'ils agissent en vue de la dignité humaine et la sauvegarde de la création dont c'est la journée mondiale, prions notre Dieu ;

– pour ceux qui exercent une responsabilité, afin qu'ils soient au service de la liberté humaine, prions notre Dieu ;

– pour les hommes et les femmes qui subissent un pouvoir néfaste, afin qu'ils retrouvent le respect de leur vie et la justice auxquels ils ont droit, prions notre Dieu.

## Prière sur les offrandes

Par l'unique sacrifice, offert une fois pour toutes, tu t'es donné, Seigneur, le peuple que tu as adopté ; en ta bienveillance, accorde-nous la grâce de l'unité et de la paix dans ton Église. Par le Christ, notre Seigneur.

## Antienne de la communion

cf. Ps 103, 13-15

La terre se rassasie du fruit de tes œuvres, Seigneur,
tu fais produire à la terre le pain,
et le vin qui réjouit le cœur de l'homme.

## Prière après la communion

Que ta miséricorde agisse en nous, Seigneur, nous t'en prions, et qu'elle nous guérisse entièrement ; par ta bonté, transforme-nous et rends-nous si fervents que nous puissions te plaire en toute chose. Par le Christ, notre Seigneur.

### Tu es Pierre

« [Le pape, successeur de Pierre], fondement visible, ne fait aucun tort au seul Fondement qu'est le Christ, pas plus que ce pasteur visible n'éclipse "le bon pasteur", parce qu'il ne fait pas nombre avec lui, le nom même de Pierre ayant été choisi par le Christ pour exprimer cette identité soumise, fruit de la foi. Croyant que l'Église a reçu la promesse de la durée et de victoire sur la mort, et constatant que c'est elle que le Christ avait en vue dans la scène du chemin de Césarée, il [le catholique] n'a nulle peine à comprendre en outre que ce fondement visible donné à l'Église, pour sa construction, ne saurait lui manquer tant qu'elle continue de se construire et de subsister dans son état visible, c'est-à-dire tant que dure ce siècle. Pierre n'a pu être investi de sa charge pour l'abandonner aussitôt, mais pour la transmettre après lui. »

Henri de Lubac, *Méditation sur l'Église*,
coll. Foi Vivante nº 60, Aubier-Montaigne, 1968, pp. 214-215.

## CALENDRIER LITURGIQUE

**Di 27** **21e dimanche A.**
*Liturgie des Heures : Psautier semaine I.*
[Ste Monique, mère de S. Augustin, † vers 387 à Ostie (près de Rome). En Afrique du Nord, fête, en semaine]

**Lu 28** S. Augustin, évêque d'Hippone (Algérie), docteur de l'Église, † 430. En Afrique du Nord, solennité.
1 Thessaloniciens 1, 1-5.8b-10 ; Ps 149 ; Matthieu 23, 13-22 : « Malheureux êtes-vous, guides aveugles »

**Ma 29** Martyre de S. Jean Baptiste. Férie : 1 Thessaloniciens 2, 1-8 ; Ps 138 ; Évangile propre : Marc 6,17-29 : « Je veux que, tout de suite, tu me donnes sur un plat la tête de Jean le Baptiste ».
*Au Luxembourg*, dédicace de la cathédrale.

**Me 30** *En Afrique du Nord*, Ss. Alype et Possidius, évêques.
1 Thessaloniciens 2, 9-13 ; Ps 138 ; Matthieu 23, 27-32 : « Vous êtes bien les fils de ceux qui ont assassiné les prophètes »

**Je 31** *En Belgique, la Bienheureuse Vierge Marie Médiatrice.*
1 Thessaloniciens 3, 7-13 ; Ps 89 ; ou lecture propre facultative : Jérémie 1, 17-19

**Ve 1er septembre** 1 Thessaloniciens 4, 1-8 ; Ps 96 ; Matthieu 25, 1-13 : « Voici l'époux ! Sortez à sa rencontre »

**Sa 2** *Au Canada, Bx André Grasset, prêtre et martyr, † 1792 à Paris, aux Carmes.*
1 Thessaloniciens 4, 9-11 ; Ps 97 ; Matthieu 25, 14-30 : « Tu as été fidèle pour peu de choses, entre dans la joie de ton seigneur »

**Bonne fête !** 27 : Monique. 28 : Augustin, Auguste, Hermès, Linda. 29 : Sabine, Sabrina. 30 : Fiacre, Sacha. 31 : Aristide. 1er septembre : Gilles, Josué. 2 : Ingrid.

**Pour mémoire :** le 1er septembre, Journée mondiale de prière pour la sauvegarde de la Création, instituée par le pape François le 6 août 2015, comme le fait aussi l'Église orthodoxe.

# 22e dimanche

## 3 SEPTEMBRE 2023

## Prendre sa propre croix pour suivre le Christ

**Être disciple du Christ,** c'est accepter de renoncer à soi et « prendre sa croix » ; tel est l'avertissement de Jésus (*évangile*). Jésus répond à Pierre qui veut le détourner de sa mission, qui doit s'accomplir dans la souffrance, la mort et la résurrection. C'est à ce Mystère pascal que Jésus invite également ses disciples. Paul le dit à sa manière, en encourageant les chrétiens à offrir leur personne tout entière en sacrifice vivant (*deuxième lecture*). Il va de soi que de telles lectures semblent souvent inaudibles aujourd'hui. Mais le Seigneur, comme saint Paul, en annonçant cette Pâque sacrificielle, témoignent qu'il ne peut en être autrement pour les disciples eux-mêmes. Leur désir de plaire à Dieu et de faire sa volonté, par voie de conséquence, déplait au monde ainsi qu'à leurs contemporains tout occupés par d'autres priorités, qu'elles soient politiques, idéologiques ou matérielles... Bien sûr, il ne s'agit pas de vouloir souffrir pour plaire à Dieu, ce serait un grave contresens. Aujourd'hui encore, les disciples du Christ ne choisissent pas la souffrance par mortification, mais ils en font l'inévitable expérience, dès lors que leur foi les amène à se distinguer de certains modes de penser et d'agir des hommes. En fait, le choix premier du chrétien repose sur la recherche et le désir de Dieu. « Je te cherche dès l'aube, mon âme a soif de toi », dit le *psaume*. Et le croyant pourrait encore dire, à l'instar du prophète Jérémie : « Chaque fois que j'ai à dire la parole, je dois crier, je dois proclamer : "Violence et dévastation !" » (*première lecture*). Oui, mais c'est bien parce que le prophète a été séduit par la tendresse de Dieu, qu'il s'est laissé conduire par Lui à travers les épreuves. Tous les grands mystiques, sans passer par le martyre, éprouvent la souffrance de l'abîme qu'il y a entre leur désir de Dieu et la terre aride, asséchée, sans eau, de notre monde et parfois de notre existence. En somme, n'est-ce pas ce que chaque dimanche nous prions lorsque nous disons : « Notre Père, que ta volonté soit faite… mais délivre-nous du Mal » ?

*Des chants sont proposés du 19e au 22e dimanche p. 548.*

## Antienne d'ouverture

cf. Ps 85, 3.5

Prends pitié de moi, Seigneur,
car j'ai crié vers toi tout le jour,
toi qui es bon et qui pardonnes,
plein de miséricorde pour tous ceux qui t'appellent.

*Gloria.*

## Prière

Dieu de l'univers, de qui vient tout don parfait, enracine en nos cœurs l'amour de ton nom ; augmente notre foi, pour développer ce qui est bon en nous ; veille sur nous avec sollicitude, pour protéger ce que tu as fait grandir. Par Jésus Christ, ton Fils, notre Seigneur, qui vit et règne avec toi dans l'unité du Saint-Esprit, Dieu, pour les siècles des siècles.

## 1re Lecture

*« La parole du Seigneur attire sur moi l'insulte »*

**→ Lecture du livre du prophète Jérémie** 20, 7-9

**Seigneur**, tu m'as séduit, et j'ai été séduit ; tu m'as saisi, et tu as réussi. À longueur de journée je suis exposé à la raillerie, tout le monde se moque de moi. Chaque fois que j'ai à dire la parole, je dois crier, je dois proclamer : « Violence et dévastation ! » À longueur de journée, la parole du Seigneur attire sur moi l'insulte et la moquerie. Je me disais : « Je ne penserai plus à lui, je ne parlerai plus en son nom. » Mais elle était comme un feu brûlant dans mon cœur, elle était enfermée dans mes os. Je m'épuisais à la maîtriser, sans y réussir.

## Psaume 62

**R/. Mon âme a soif de toi, Seigneur, mon Dieu.**

Dieu, tu es mon Dieu, je te cherche dès l'aube :
mon âme a soif de toi ;
après toi languit ma chair,
terre aride, altérée, sans eau.

Je t'ai contemplé au sanctuaire,
j'ai vu ta force et ta gloire.
Ton amour vaut mieux que la vie :
tu seras la louange de mes lèvres !

Toute ma vie je vais te bénir,
lever les mains en invoquant ton nom.
Comme par un festin je serai rassasié ;
la joie sur les lèvres, je dirai ta louange.

Oui, tu es venu à mon secours :
je crie de joie à l'ombre de tes ailes.
Mon âme s'attache à toi,
ta main droite me soutient.

## 2e Lecture

*« Présentez votre corps en sacrifice vivant »*

**→ Lecture de la lettre de saint Paul apôtre aux Romains** 12, 1-2

**Je vous exhorte**, frères, par la tendresse de Dieu, à lui présenter votre corps – votre personne tout entière –, en sacrifice vivant, saint, capable de plaire à Dieu : c'est là, pour vous, la juste manière de lui rendre un culte. Ne prenez pas pour modèle le monde présent, mais transformez-vous en renouvelant votre façon de penser pour discerner quelle est la volonté de Dieu : ce qui est bon, ce qui est capable de lui plaire, ce qui est parfait.

**Alléluia. Alléluia.** Que le Père de notre Seigneur Jésus Christ ouvre à sa lumière les yeux de notre cœur, pour que nous percevions l'espérance que donne son appel. **Alléluia.**

## Évangile

*« Si quelqu'un veut marcher à ma suite, qu'il renonce à lui-même et qu'il me suive »*

→ **Évangile de Jésus Christ selon saint Matthieu** 16, 21-27

**En ce temps-là,** Jésus commença à montrer à ses disciples qu'il lui fallait partir pour Jérusalem, souffrir beaucoup de la part des anciens, des grands prêtres et des scribes, être tué, et le troisième jour ressusciter. Pierre, le prenant à part, se mit à lui faire de vifs reproches : « Dieu t'en garde, Seigneur ! cela ne t'arrivera pas. » Mais lui, se retournant, dit à Pierre : « Passe derrière moi, Satan ! Tu es pour moi une occasion de chute : tes pensées ne sont pas celles de Dieu, mais celles des hommes. »

Alors Jésus dit à ses disciples : « Si quelqu'un veut marcher à ma suite, qu'il renonce à lui-même, qu'il prenne sa croix et qu'il me suive. Car celui qui veut sauver sa vie la perdra, mais qui perd sa vie à cause de moi la gardera. Quel avantage, en effet, un homme aura-t-il à gagner le monde entier, si c'est au prix de sa vie ? Et que pourra-t-il donner en échange de sa vie ? Car le Fils de l'homme *va venir avec ses anges dans la gloire de son Père ; alors il rendra à chacun selon sa conduite.* »

**POUR LA PRIÈRE UNIVERSELLE**

Père, ton Fils a pris le chemin de la croix pour offrir à tous sa vie en remettant son Esprit. Entends notre prière :

– dans l'Église qui n'est pas exempte de violences, des chrétiens abandonnent leur communauté : que la fidélité à ta Parole réconcilie tes enfants déchirés !

– des chrétiens persécutés pour leur foi offrent ce qu'ils vivent en union avec Christ : que notre prière soutienne leur épreuve !

– dans la souffrance, des hommes et des femmes perdent espoir : que notre compassion témoigne de notre amitié fraternelle !
– dans la dévastation qui détruit notre monde, des hommes et des femmes se battent pour la préservation de la vie : que notre engagement auprès d'eux soutienne leur action !
– dans la reprise des activités professionnelles, scolaires, où la tâche à accomplir peut être lourde, que notre soutien aux plus jeunes soit gage d'avenir !

## Prière sur les offrandes

Que cette offrande sainte nous apporte à jamais, Seigneur, la bénédiction du salut, afin qu'elle donne toute sa force à ce qu'elle accomplit dans le sacrement. Par le Christ, notre Seigneur.

## Antienne de la communion

Ps 30, 20

Qu'ils sont grands, tes bienfaits, Seigneur !
Tu les réserves à ceux qui te craignent.

## Prière après la communion

Rassasiés par le pain reçu à la table du ciel, nous te prions, Seigneur : que cette nourriture fortifie en nos cœurs la charité, et nous stimule à te servir dans nos frères. Par le Christ, notre Seigneur.

## Sacrifice spirituel

« (L')Esprit, qui assure le passage de l'Écriture à la Parole et, par l'épiclèse, de celle-ci au sacrement, requiert simultanément (seconde épiclèse dans l'eucharistie) la "vérification" du sacrement dans la vie éthique, de telle sorte que celle-ci devienne "culte" ou "sacrifice" spirituel, comme on le lit chez saint Paul (Rm 12,1 ; etc.) ou dans la prière eucharistique : "Que l'Esprit saint fasse de nous une éternelle offrande à la louange de ta gloire...". »

Louis-Marie Chauvet, *Le corps, chemin de Dieu, Les sacrements*, Théologia, Paris, Bayard, 2010, p. 9.

## CALENDRIER LITURGIQUE

| | |
|---|---|
| Di 3 | **22e dimanche A.**<br>*Liturgie des Heures : Psautier semaine II.*<br>[S. Grégoire le Grand, pape, docteur de l'Église, † 604 (12 mars) à Rome] |
| Lu 4 | *Au Canada, Bse Dina Bélanger, vierge, † 1929, à Sillery.*<br>1 Thessaloniciens 4, 13-18 ; Ps 95 ; Luc 4, 16-30 : « Il m'a envoyé porter la Bonne Nouvelle aux pauvres. Aucun prophète ne trouve un accueil favorable dans son pays » |
| Ma 5 | 1 Thessaloniciens 5, 1-6.9-11 ; Ps 26 ; Luc 4, 31-37 : « Je sais qui tu es : tu es le Saint de Dieu » |
| Me 6 | Colossiens 1, 1-8 ; Ps 51 ; Luc 4, 38-44 : « Aux autres villes aussi, il faut que j'annonce la Bonne Nouvelle, car c'est pour cela que j'ai été envoyé » |
| Je 7 | Colossiens 1, 9-14 ; Ps 97 ; Luc 5, 1-11 : « Laissant tout, ils le suivirent » |
| Ve 8 | Nativité de la Vierge Marie. Lectures propres : Michée 5, 1-4a ou Romains 8, 28-30 ; Ps 12 ; Mt 1, 1-16.18-23 « L'enfant qui est engendré en elle vient de l'Esprit Saint » |
| Sa 9 | *S. Pierre Claver, prêtre, jésuite espagnol, apôtre des esclaves noirs, † 1654 à Carthagène en Colombie.*<br>Colossiens 1, 21-23 ; Ps 53 ; Luc 6, 1-5 : « Pourquoi faites-vous ce qui n'est pas permis le jour du sabbat ? » |

***Bonne fête !*** 3 : Grégoire, Grégory, Graziella. 4 : Rosalie, Irma, Marien, Moïse. 5 : Raïssa. 6 : Bertrand, Évelyne, Éva. 7 : Régine, Reine, Réjane. 8 : Adrien. 9 : Alain, Omer.

**Saint Adrien de Nicomédie (8 septembre).** Officier romain marqué par le courage des martyrs lors de la persécution de Maximien (306), il est emprisonné et battu violemment, son corps ne devenant plus que plaies béantes. Son épouse Nathalie qui l'encouragea à souffrir le martyre (306) recueillera ses membres qui avait été coupés pour l'humilier. Elle est fêtée le 26 août.

# 23e dimanche

## 10 SEPTEMBRE 2023

## Si ton frère…

**Nous chantons en ce dimanche :** « Aujourd'hui ne fermez pas votre cœur » (*psaume*). Aujourd'hui, il nous faut prendre la mesure de l'amour, puisque saint Paul dit : « N'ayez de dette envers personne, sauf celle de l'amour mutuel » (*deuxième lecture*). Cet amour vise le lien particulier qui unit les chrétiens dans une relation fraternelle (*évangile*).

L'amour de Dieu pour nous n'est pas abstrait, il est personnel et enraciné dans l'épaisseur de notre vie et de nos relations. Il a une dimension très particulière dans le christianisme, car il unit tous les membres de la communauté, en faisant de chacun un frère, une sœur, pour les autres. Il est la signature de cette communion fraternelle à laquelle tous les hommes et les femmes, au long de l'histoire humaine, sont appelés. L'amour de Dieu n'est pas à garder jalousement, il est par nature diffusif. L'amour de Dieu ne va pas sans l'amour du prochain ; cela fonde en nous la responsabilité de l'autre. L'amour de l'autre ne peut pas rester une belle idée. Le prochain, quel qu'il soit, doit être l'objet d'un amour qui fait droit à ce qu'il est. C'est la vocation du baptisé qui accepte d'aimer tout homme, même si la vie de celui-ci est défigurée par le péché. L'amour inscrit en notre vie une vocation : « Fils d'homme, je fais de toi un guetteur » (*première lecture*). Il n'est pas aisé de vivre la Parole qui nous dit : « Tu aimeras le prochain comme toi-même ». Mais n'est-ce pas précisément ce que le chrétien peut apporter à ce monde pour le ré-enchanter ? Le Mystère pascal se vit là aussi, lorsque nous nous quittons nous-mêmes pour nous donner à l'autre, alors même qu'il n'est pas parfait. Nous avons la responsabilité de son bien, de son ouverture au Christ, du tour que prend sa vie et du sens qu'il en perçoit. Vivre précisément de cet amour, c'est vivre le cœur de la Révélation divine, et c'est le don qui nous est fait dans l'eucharistie.

**CHANTER**

- Le répertoire proposé ce dimanche pourra aussi convenir aux 24e et 25e dimanches.
- Pour la procession d'ouverture : ***Écoute la voix du Seigneur*** **X 548 CNA 761**, ***Dieu nous a tous appelés*** **KD 14-56-1 CNA 571**, ***Pour avancer ensemble*** **KD 20-38 CNA 524**, ***Acclamez votre Dieu*** **A 67-19.**
- On pourra retenir un même ordinaire pour ces trois dimanches.
- Pour la procession de communion : ***Recevez le corps du Christ*** **D 585 CNA 345**, ***Voici le Corps et le Sang du Seigneur*** **D 44-80**, ***Celui qui aime son frère*** **D 32-89**, ***Goûtez et voyez*** **ZL 33 CNA** page 57.
- Pour l'action de grâce : ***Celui qui aime est né de Dieu*** **D 18-13 CNA 537**, ***À l'image de ton amour*** **X 971 CNA 529**, ***N'oublions pas les merveilles de Dieu*** **ZL 33-34**, ***En accueillant l'amour*** **DLH 126 CNA 325** ou **DP 379.**
- Si l'on souhaite caractériser chaque dimanche :
- Pour le 23e dimanche : ***Écoute la voix du Seigneur*** **X 548 CNA 761.**
- Pour le 24e dimanche : ***Il a pour nom miséricorde*** **MY 68-49.**
- Pour le 25e dimanche : ***Quand tu viendras dans ta vigne*** **BX 28-79-1.**

## Antienne d'ouverture

cf. Ps 118, 137.124a

Toi, tu es juste, Seigneur,
tu es droit dans ton jugement.
Agis pour ton serviteur selon ta miséricorde.

*Gloria.*

## Prière

Seigneur Dieu, par toi nous vient la rédemption, par toi nous est donnée l'adoption filiale ; dans ta bonté, regarde avec amour tes enfants ; à ceux qui croient au Christ, accorde la vraie liberté et la vie éternelle en héritage. Par Jésus Christ, ton Fils, notre Seigneur, qui vit et règne avec toi dans l'unité du Saint-Esprit, Dieu, pour les siècles des siècles.

## 1re Lecture

*« Fils d'homme, je fais de toi un guetteur »*

**→ Lecture du livre du prophète Ézékiel** 33, 7-9

La parole du Seigneur me fut adressée : « Fils d'homme, je fais de toi un guetteur pour la maison d'Israël. Lorsque tu entendras une parole de ma bouche, tu les avertiras de ma part. Si je dis au méchant : "Tu vas mourir", et que tu ne l'avertisses pas, si tu ne lui dis pas d'abandonner sa conduite mauvaise, lui, le méchant, mourra de son péché, mais à toi, je demanderai compte de son sang. Au contraire, si tu avertis le méchant d'abandonner sa conduite, et qu'il ne s'en détourne pas, lui mourra de son péché, mais toi, tu auras sauvé ta vie. »

## Psaume 94

**R/. Aujourd'hui, ne fermez pas votre cœur,**
**mais écoutez la voix du Seigneur !**

Venez, crions de joie pour le Seigneur,
acclamons notre Rocher, notre salut !
Allons jusqu'à lui en rendant grâce,
par nos hymnes de fête acclamons-le !

Entrez, inclinez-vous, prosternez-vous,
adorons le Seigneur qui nous a faits.
Oui, il est notre Dieu ;
nous sommes le peuple qu'il conduit.

Aujourd'hui écouterez-vous sa parole ?
« Ne fermez pas votre cœur comme au désert,
où vos pères m'ont tenté et provoqué,
et pourtant ils avaient vu mon exploit. »

## 2e Lecture *« Celui qui aime les autres a pleinement accompli la Loi »*

→ **Lecture de la lettre de saint Paul apôtre aux Romains** 13, 8-10

**Frères,** n'ayez de dette envers personne, sauf celle de l'amour mutuel, car celui qui aime les autres a pleinement accompli la Loi. La Loi dit : *Tu ne commettras pas d'adultère, tu ne commettras pas de meurtre, tu ne commettras pas de vol, tu ne convoiteras pas.*

Ces commandements et tous les autres se résument dans cette parole : *Tu aimeras ton prochain comme toi-même.* L'amour ne fait rien de mal au prochain. Donc, le plein accomplissement de la Loi, c'est l'amour.

**Alléluia. Alléluia.** Dans le Christ, Dieu réconciliait le monde avec lui : il a mis dans notre bouche la parole de la réconciliation. **Alléluia.**

## Évangile *« S'il t'écoute, tu as gagné ton frère »*

→ **Évangile de Jésus Christ selon saint Matthieu** 18, 15-20

**En ce temps-là,** Jésus disait à ses disciples : « Si ton frère a commis un péché contre toi, va lui faire des reproches seul à seul. S'il t'écoute, tu as gagné ton frère. S'il ne t'écoute pas, prends en plus avec toi une ou deux personnes afin que toute l'affaire soit réglée sur la parole de deux ou trois témoins. S'il refuse de les écouter, dis-le à l'assemblée de l'Église ; s'il refuse encore d'écouter l'Église, considère-le comme un païen et un publicain. Amen, je vous le dis : tout ce que vous aurez lié sur la terre sera lié dans le ciel, et tout ce que vous aurez délié sur la terre sera délié dans le ciel.

Et pareillement, amen, je vous le dis, si deux d'entre vous sur la terre se mettent d'accord pour demander quoi que ce soit, ils l'obtiendront de mon Père qui est aux cieux. En effet, quand deux ou trois sont réunis en mon nom, je suis là, au milieu d'eux. »

**POUR LA PRIÈRE UNIVERSELLE**

Le Seigneur nous donne des frères à aimer et nous rend responsables de leur destinée. Avec amour prions le Dieu sauveur de tous les hommes :
– ton Église, Seigneur, doit vivre le signe de la communion : donne-lui ton Esprit pour qu'elle vive la communion en toute justice ;
– tous tes enfants, Seigneur, doivent vivre de la bénédiction donnée à la Création : donne-leur ton Esprit pour qu'ils bâtissent un monde plus fraternel ;
– tous les hommes et les femmes de foi, Seigneur, sont appelés au dialogue : donne-leur ton Esprit pour qu'ils vivent le dialogue dans le respect de chacun ;
– tous les êtres humains, Seigneur, peuvent être frappés par le Mal : donne-leur ton Esprit pour qu'ils ouvrent leur cœur à l'écoute de ta Parole qui guérit et convertit.

## Prière sur les offrandes

Seigneur Dieu, source de la piété véritable et de la paix, nous t'en prions, accorde-nous d'honorer dignement ta gloire par cette offrande ; que, dans la participation fidèle aux saints mystères, nous prenions davantage conscience de notre unité. Par le Christ, notre Seigneur.

## Antienne de la communion

cf. Ps 41, 2-3

Comme un cerf altéré cherche la source des eaux,
ainsi mon âme te désire, toi, mon Dieu.
Mon âme a soif de Dieu, le Dieu vivant et fort.

## Prière après la communion

Par ta parole, Seigneur, et par le sacrement du ciel, tu nourris tes fidèles et tu les fais vivre : accorde-nous de si bien profiter de tels dons que nous soyons associés pour toujours à la vie de ton Fils bien-aimé. Lui qui vit et règne pour les siècles des siècles.

## Quand l'autre révèle

« Certaines circonstances, comme la décharge subite d'une violence, nous confrontent au déchaînement de forces jusqu'alors inconnues, voire à la menace du chaos, tandis que d'autres, comme une réconciliation inattendue, manifestent nos possibilités de contenir l'inimitié ou la haine et de faire triompher la bonté. Il y a des situations d'amour fidèle où nous nous découvrons reconnus, inconditionnellement, et en même temps touchés par la beauté et l'amabilité d'un autre être, au point que subitement le monde entier paraît gracié et transfiguré. »

Christoph Théobald, *La Révélation... Tout simplement*, Paris, Éd. de l'Atelier, 2001, p. 122.

**Saint Corneille (16 septembre).** Romain d'origine, pape en 251, il a lutté pour sauvegarder l'unité de l'Église contre l'antipape Novatien. Celui-ci lui reprochait d'avoir réintégré dans l'Église les "lapsi" qui n'avaient pas eu le courage d'aller jusqu'au martyre et avaient renié leur foi. Son nom est cité avec celui de Cyprien, son contemporain et ami, au canon de la Messe (Prière eucharistique n° I).

## CALENDRIER LITURGIQUE

**Di 10** **23e dimanche A.**
*Liturgie des Heures : Psautier semaine III.*
*[En Afrique du Nord, Ss. Némésianus et ses compagnons, martyrs, † 258-259 dans des mines]*

**Lu 11** Colossiens 1, 24–2, 3 ; Ps 61 ; Luc 6, 6-11 : « Il observaient Jésus pour voir s'il ferait une guérison le jour du sabbat »

**Ma 12** *Le Saint Nom de Marie.*
*En Afrique du Nord, S. Marcellin, martyr, † 413 à Carthage.*
Colossiens 2, 6-15 ; Ps 144 ; Luc 6, 12-19 : « Il passa toute la nuit à prier Dieu ; il appela ses disciples et en choisit douze auxquels il donna le nom d'Apôtres »

**Me 13** S. Jean Chrysostome, évêque de Constantinople, docteur de l'Église, † 407.
Colossiens 3, 1-11 ; Ps 144 ; Luc 6, 20-26 : « Heureux, vous les pauvres. Mais quel malheur pour vous, les riches »

**Je 14** LA CROIX GLORIEUSE. Lectures propres : Nombres 21,4-9 ou Philippiens 2,6-11 ; Ps 77 ; Jean 3,13-17 : « Il faut que le Fils de l'homme soit élevé ».

**Ve 15** Notre-Dame des Douleurs. Férie : 1 Timothée 1, 1-2.12-14 ; Ps 15 ; Évangile propre : Jean 19, 25-27 : « Qu'elle avait mal, qu'elle souffrait, la tendre Mère, en contemplant son divin Fils tourmenté ! » (Stabat Mater) ou Luc 2, 33-35 : « Ton cœur sera transpercé par une épée »

**Sa 16** S. Corneille, pape, martyr, † 253 à Civitavecchia, et S. Cyprien, évêque de Carthage, martyr, † 258.
En Afrique du Nord, S. CYPRIEN, patron principal d'Afrique du Nord, solennité.
1 Timothée 1, 15-17 ; Ps 112 ; Luc 6, 43-49 « Pourquoi m'appelez-vous en disant : "Seigneur ! Seigneur !" et ne faites-vous pas ce que je dis ? »

**Bonne fête !** 10 : Aubert, Inès. 11 : Adelphe, Jean-Gabriel. 12 : Guy. 13 : Aimé, Amé. 14 : Materne. 15 : Dolorès, Roland, Lola, Lolita. 16 : Corneille, Cyprien, Édith, Ludmilla.

# 24e dimanche

## 17 SEPTEMBRE 2023

## Pardonner combien de fois ?

**Une question** domine la liturgie de ce dimanche, exprimée par Pierre par rapport au frère : « Combien de fois dois-je lui pardonner ? » (*évangile*). Question d'autant plus importante qu'il s'agit du frère qui a pu le blesser par une faute commise envers lui. Pierre sait qu'il faut pardonner, c'était déjà une injonction de la part de Dieu dans l'Ancien Testament : « Pardonne à ton prochain le tort qu'il t'a fait » (*première lecture*). Mais pardonner jusqu'où ? La question du pardon dans la vie du chrétien est cruciale. Très souvent, nous entendons des personnes qui avouent leur incapacité à pardonner. La parabole que raconte Jésus situe l'acte du pardon dans le fait que, pour pardonner, il faut se savoir soi-même déjà pardonné, car le roi, à savoir le Seigneur qui règle ses comptes avec ses serviteurs, est à la source du pardon. La réaction du premier serviteur souligne la tristesse et certainement l'indignation que provoque son acte. Pourquoi le serviteur, qui a bénéficié d'une telle remise de dette de la part du roi saisi de compassion, n'a-t-il pas fait de même à l'égard de celui qui est, de surcroît, son compagnon ?

Le « combien de fois » de Pierre trouve une réponse : le pardon n'a pas de limite. N'en fera-t-il pas l'expérience, lui qui après sa trahison envers Jésus, s'entendra dire de la part du Ressuscité : « Sois le berger de mes agneaux » (Jn 21,15) ? Pardonné, Pierre pourra conduire l'Église ; Dieu en effet pardonne toutes les offenses (*psaume*). Mais de ce pardon, Pierre doit être le témoin et, à son tour, pardonner à son frère du fond du cœur. C'est cela, très certainement, vivre pour le Seigneur (*deuxième lecture*) ; ou mieux encore, vivre comme le Seigneur qui, en mourant sur la croix, s'est tourné vers son Père : « Pardonne-leur... » (Luc 23,34). Pour le chrétien qui a tant de mal à pardonner, il n'y a qu'à se « glisser » dans le pardon que Jésus a vécu pour tous, et pour lequel il a connu la croix. Les mots de notre prière ont alors tout leur sens : « Pardonne-nous nos offenses, comme nous pardonnons aussi à ceux qui nous ont offensés » (*Notre Père*). Notre eucharistie, qui est source de réconciliation, nous fait célébrer ce pardon de Jésus.

*Des chants sont proposés du 23e au 25e dimanche p. 584.*

**CÉLÉBRER**

Dans les rites initiaux, on pourra mettre particulièrement en évidence ce pardon reçu et donné, en prenant la formule de l'acte pénitentiel avec les trois invocations. Une monition, avant le *Notre Père*, pourrait aider à prendre conscience de la demande de pardon adressée à Dieu.

## Antienne d'ouverture

cf. Si 36, 18 (grec 21-22)

Donne la paix, Seigneur, à ceux qui t'attendent ;
que tes prophètes soient reconnus dignes de foi.
Écoute les prières de ton serviteur,
et de ton peuple Israël.

*Gloria.*

## Prière

Dieu créateur et maître de tout, pose sur nous ton regard, et pour que nous ressentions l'effet de ton pardon, accorde-nous de te servir avec un cœur sans partage. Par Jésus Christ, ton Fils, notre Seigneur, qui vit et règne avec toi dans l'unité du Saint-Esprit, Dieu, pour les siècles des siècles.

## 1re Lecture *Pardonne et alors, à ta prière, tes péchés seront remis*

→ **Lecture du livre de Ben Sira le Sage** 27, 30 – 28, 7

**Rancune et colère**, voilà des choses abominables où le pécheur est passé maître. Celui qui se venge éprouvera

TEMPS ORDINAIRE

la vengeance du Seigneur ; celui-ci tiendra un compte rigoureux de ses péchés. Pardonne à ton prochain le tort qu'il t'a fait ; alors, à ta prière, tes péchés seront remis. Si un homme nourrit de la colère contre un autre homme, comment peut-il demander à Dieu la guérison ? S'il n'a pas de pitié pour un homme, son semblable, comment peut-il supplier pour ses péchés à lui ? Lui qui est un pauvre mortel, il garde rancune ; qui donc lui pardonnera ses péchés ? Pense à ton sort final et renonce à toute haine, pense à ton déclin et à ta mort, et demeure fidèle aux commandements. Pense aux commandements et ne garde pas de rancune envers le prochain, pense à l'Alliance du Très-Haut et sois indulgent pour qui ne sait pas.

## Psaume 102

R/. **Le Seigneur est tendresse et pitié,**
**lent à la colère et plein d'amour.**

Bénis le Seigneur, ô mon âme,
bénis son nom très saint, tout mon être !
Bénis le Seigneur, ô mon âme,
n'oublie aucun de ses bienfaits !

Car il pardonne toutes tes offenses
et te guérit de toute maladie ;
il réclame ta vie à la tombe
et te couronne d'amour et de tendresse.

Il n'est pas pour toujours en procès,
ne maintient pas sans fin ses reproches ;
il n'agit pas envers nous selon nos fautes,
ne nous rend pas selon nos offenses.

Comme le ciel domine la terre,
fort est son amour pour qui le craint ;
aussi loin qu'est l'orient de l'occident,
il met loin de nous nos péchés.

## 2e Lecture

*« Si nous vivons, si nous mourons, c'est pour le Seigneur »*

**→ Lecture de la lettre de saint Paul apôtre aux Romains** 14, 7-9

**Frères**, aucun d'entre nous ne vit pour soi-même, et aucun ne meurt pour soi-même : si nous vivons, nous vivons pour le Seigneur ; si nous mourons, nous mourons pour le Seigneur. Ainsi, dans notre vie comme dans notre mort, nous appartenons au Seigneur. Car, si le Christ a connu la mort, puis la vie, c'est pour devenir le Seigneur et des morts et des vivants.

**Alléluia. Alléluia.** Je vous donne un commandement nouveau, dit le Seigneur : « Aimez-vous les uns les autres, comme je vous ai aimés. » **Alléluia.**

## Évangile

*« Je ne te dis pas de pardonner jusqu'à sept fois, mais jusqu'à soixante-dix fois sept fois »*

**→ Évangile de Jésus Christ selon saint Matthieu** 18, 21-35

**En ce temps-là**, Pierre s'approcha de Jésus pour lui demander : « Seigneur, lorsque mon frère commettra des fautes contre moi, combien de fois dois-je lui pardonner ? Jusqu'à sept fois ? » Jésus lui répondit : « Je ne te dis pas jusqu'à sept fois, mais jusqu'à 70 fois sept fois.

Ainsi, le royaume des Cieux est comparable à un roi qui voulut régler ses comptes avec ses serviteurs. Il commençait, quand on lui amena quelqu'un qui lui devait dix mille talents (c'est-à-dire soixante millions de pièces d'argent). Comme cet homme n'avait pas de quoi rembourser, le maître ordonna de le vendre, avec sa femme, ses enfants et tous ses biens, en remboursement de sa dette. Alors, tombant à ses pieds, le serviteur demeurait prosterné et disait : "Prends patience envers moi, et je te rembourserai tout." Saisi de compassion, le maître de ce serviteur le laissa partir et lui remit sa dette.

Mais, en sortant, ce serviteur trouva un de ses compagnons qui lui devait cent pièces d'argent. Il se jeta sur lui pour l'étrangler, en disant : "Rembourse ta dette !" Alors, tombant à ses pieds, son compagnon le suppliait : "Prends patience envers moi, et je te rembourserai." Mais l'autre refusa et le fit jeter en prison jusqu'à ce qu'il ait remboursé ce qu'il devait. Ses compagnons, voyant cela, furent profondément attristés et allèrent raconter à leur maître tout ce qui s'était passé.

Alors celui-ci le fit appeler et lui dit : "Serviteur mauvais ! je t'avais remis toute cette dette parce que tu m'avais supplié. Ne devais-tu pas, à ton tour, avoir pitié de ton compagnon, comme moi-même j'avais eu pitié de toi ?" Dans sa colère, son maître le livra aux bourreaux jusqu'à ce qu'il eût remboursé tout ce qu'il devait.

C'est ainsi que mon Père du ciel vous traitera, si chacun de vous ne pardonne pas à son frère du fond du cœur. »

---

**POUR LA PRIÈRE UNIVERSELLE**

Père des miséricordes, en ton Fils tu as voulu réconcilier le monde avec toi en lui donnant l'Esprit Saint, force de pardon. Nous te supplions et t'implorons :

– quand le péché entraîne l'Église loin de toi, Seigneur, source du pardon, convertis son cœur et fais-la revenir vers toi ;

– quand la haine et la revanche détruisent toute vie, Seigneur, toi qui as versé ton sang pour la multitude, tourne les yeux des hommes vers la croix ;

– quand l'amour bafoué atteint les plus jeunes, Seigneur, toi qui renouvelles tout par ton pardon, inspire à tous la confiance en ta miséricorde ;

– quand le mal règne dans le cœur de beaucoup de nos frères, Seigneur, toi qui n'es pas venu condamner le monde mais le sauver, accorde à chacun d'aller jusqu'au bout du pardon.

## Prière sur les offrandes

Sois favorable à nos supplications, Seigneur, et dans ta bonté accueille les offrandes de ceux qui te servent : que les dons offerts par chacun en l'honneur de ton nom soient utiles au salut de tous. Par le Christ, notre Seigneur.

## Antienne de la communion

cf. Ps 35, 8

Qu'elle est précieuse, ta miséricorde, ô mon Dieu !
Les hommes trouvent refuge à l'ombre de tes ailes.

## Prière après la communion

Que la force agissante de ce don divin, nous t'en prions, Seigneur, saisisse nos esprits et nos corps, afin que son influence, et non pas notre sentiment, prédomine toujours en nous. Par le Christ, notre Seigneur.

### Pardon dans l'eucharistie

« C'est essentiellement dans l'eucharistie, mémorial de la Pâque, que le Père infuse dans la personne le don d'agapè (charité) qui remet ses péchés et ses crimes, si grands soient-ils. Même que tout autre don sacramentel du pardon y trouve là sa source ! En d'autres termes, considéré non du point de vue humain mais du point de vue de Dieu, le fruit de l'absolution sacramentelle n'est pas autre chose qu'une dérivation de l'effet du sacrifice eucharistique… un pardon que l'on veut acquérir dans et par le mémorial pascal offert par le Seigneur pour le péché des multitudes. »

Marie-Thérèse Nadeau, *La pénitence-réconciliation*, Sainte-Foy (Québec), A. Sigier, 1993, pp. 140-141.

## CALENDRIER LITURGIQUE

| | |
|---|---|
| Di 17 | **24e dimanche A.**<br>*Liturgie des Heures : Psautier semaine IV.*<br>*[S. Robert Bellarmin, évêque et cardinal, jésuite, docteur de l'Église, † 1621 à Rome.*<br>*Ste Hildegarde de Bingen, vierge et docteur de l'Église, † 1179 à l'abbaye bénédictine du Rupertsberg qu'elle avait fondée.*<br>*En Belgique, S. Lambert, évêque de Maastricht, martyr à Liège, † 705]* |
| Lu 18 | *En Afrique du Nord,* S. Corneille, pape et martyr.<br>*Au Luxembourg, S. Lambert (voir au 17 septembre).*<br>1 Timothée 2, 1-8 ; Ps 27 ; Luc 7, 1-10 : « Même en Israël, je n'ai pas trouvé une telle foi ! » |
| Ma 19 | *S. Janvier, évêque de Bénévent (Italie), martyr, † 304.*<br>*En France, Bse Vierge Marie de la Salette.*<br>1 Timothée 3, 1-13 ; Ps 100 ; Luc 7, 11-17 : « Jeune homme, je te l'ordonne, lève-toi » |
| Me 20 | S. André Kim Tae-gon, prêtre, S. Paul Chong Ha-sang, et leurs compagnons, martyrs en Corée, de 1839 à 1864.<br>1 Timothée 3, 14-16 ; Ps 110 ; Luc 7, 31-35 : « Nous avons joué de la flûte, et vous n'avez pas dansé. Nous avons chanté des lamentations, et vous n'avez pas pleuré » |
| Je 21 | S. MATTHIEU, Apôtre et évangéliste. Lectures propres : Éphésiens 4,1-7.11-13 ; Ps 18 A ; Matthieu 9,9-13 : « Suis-moi. L'homme se leva et le suivit » |
| Ve 22 | En Suisse, S. Maurice et ses compagnons, martyrs, † vers 303-305 à Agaune (Saint-Maurice-en-Valais).<br>1 Timothée 6, 2c-12 ; Ps 48 ; Luc 8, 1-3 : « Des femmes les accompagnaient et les servaient en prenant sur leurs ressources » |
| Sa 23 | *S. Pio de Pietrelcina (Padre Pio), prêtre, capucin, † 1968 à San Giovanni Rotondo (Italie).*<br>1 Timothée 6, 13-16 ; Ps 99 ; Luc 8, 4-15 « Ce qui est tombé dans la bonne terre, ce sont les gens qui retiennent la Parole et portent du fruit par leur persévérance » |

***Bonne fête !*** 17 : Hildegarde, Lambert, Robert, Renaud, Romuald, Réginald. 18 : Nadège, Sonia, Océan. 19 : Janvier,

Émilie, Amélie. 20 : Davy. 21 : Matthieu, Déborah. 22 : Maurice, Morvan. 23 : Constant.

**Saint Pio de Pietrelcina (23 septembre).** C'est le saint du pardon ! Stigmatisé, il a exprimé la miséricorde de Dieu en confessant de nombreux pécheurs : « homme simple, d'origine humble, "saisi par le Christ" (Ph 3, 12) pour en faire un instrument élu du pouvoir éternel de sa Croix : pouvoir d'amour pour les âmes, de pardon et de réconciliation, de paternité spirituelle, de solidarité effective avec ceux qui souffrent » (Benoît XVI). C'est dans son couvent des capucins, en Italie, qu'il meurt en 1968.

# 25e dimanche

## 24 SEPTEMBRE 2023

## « La bonté du Seigneur est pour tous »

**La série des quatre dimanches** qui s'ouvre aujourd'hui possède deux points communs : d'abord la lecture semi-continue de l'épître aux Philippiens (*deuxième lecture*), ensuite quatre paraboles de Jésus sur l'avènement du Royaume.

Contrairement à certaines paraboles qui s'appuient sur l'expérience commune, les paraboles ici font surgir de l'insolite, de l'extravagant, voire du scandaleux, et c'est là précisément que Jésus situe le surgissement du royaume de Dieu.

Voyons l'épisode des ouvriers de la dernière heure (*évangile*). Son cadre est dressé dans la vie quotidienne de la Palestine dans les années 30 : un patron embauche des ouvriers pour sa vigne. C'était une pratique courante que réglait la législation juive sur le travail. Une convention orale est passée. Trois heures plus tard, même scénario, mais la parole du maître est plus laconique. Toute la question sera à la fin de savoir ce qu'il a entendu par "un juste salaire". L'indignation des premiers ouvriers fait état de la flagrante disproportion entre douze heures de travail accomplis dans la grosse chaleur et une heure passée dans la fraîcheur du soir. Les ouvriers reprochent au maître d'instituer, par l'égalité des salaires, une inégalité de traitement. Le maître affirme sa liberté, qui n'a rien à voir avec l'arbitraire du potentat, parce qu'elle relève de la bienveillance. Avec la bonté du maître, le récit atteint son sommet. Deux conceptions d'une même réalité s'entrechoquent, l'une régie par une justice rétributive qui rend à chacun selon ses performances, l'autre où la gratuité de l'amour fait voler en éclats les calculs. La réalité est mise en crise par le Royaume qui survient : dans un monde endurci, la bonté de Dieu vient réclamer le droit au salut de tous.

Le texte d'Isaïe (*première lecture*) annonce déjà ce Dieu déconcertant, et le *psaume* 144 chante cette bonté inépuisable de Dieu, tout de tendresse et d'amour, qui met sur nos lèvres l'action de grâce de son Fils.

*Des chants sont proposés du 23e au 25e dimanche, p. 584.*

Pour le 25e dimanche : ***Quand tu viendras dans ta vigne*** **BX 28-79-1**

## Antienne d'ouverture

Je suis le salut de mon peuple, dit le Seigneur,
dans toutes les épreuves, s'il crie vers moi, je l'exaucerai ;
je serai son Seigneur pour toujours.

*Gloria.*

## Prière

Seigneur Dieu, tu as voulu que toute la loi de sainteté consiste à t'aimer et à aimer son prochain : donne-nous de garder tes commandements, et de parvenir ainsi à la vie éternelle. Par Jésus Christ, ton Fils, notre Seigneur, qui vit et règne avec toi dans l'unité du Saint-Esprit, Dieu, pour les siècles des siècles.

## 1re Lecture

*« Mes pensées ne sont pas vos pensées »*

→ **Lecture du livre du prophète Isaïe** 55, 6-9

**Cherchez le Seigneur** tant qu'il se laisse trouver ; invoquez-le tant qu'il est proche. Que le méchant abandonne son chemin, et l'homme perfide, ses pensées ! Qu'il revienne vers le Seigneur qui lui montrera sa miséricorde, vers notre Dieu qui est riche en pardon. Car mes pensées ne sont pas vos pensées, et vos chemins ne sont pas mes chemins, – oracle du Seigneur. Autant le ciel est élevé au-dessus de la terre, autant mes chemins sont élevés au-dessus de vos chemins, et mes pensées, au-dessus de vos pensées.

## Psaume 144

R/. **Proche est le Seigneur de ceux qui l'invoquent.**

Chaque jour je te bénirai,
je louerai ton nom toujours et à jamais.
Il est grand, le Seigneur, hautement loué ;
à sa grandeur, il n'est pas de limite.

Le Seigneur est tendresse et pitié,
lent à la colère et plein d'amour ;
la bonté du Seigneur est pour tous,
sa tendresse, pour toutes ses œuvres.
Le Seigneur est juste en toutes ses voies,
fidèle en tout ce qu'il fait.
Il est proche de tous ceux qui l'invoquent,
de tous ceux qui l'invoquent en vérité.

## 2e Lecture

*« Vivre, c'est le Christ »*

→ **Lecture de la lettre de saint Paul apôtre aux Philippiens** 1, 20c-24.27a

**Frères,** soit que je vive, soit que je meure, le Christ sera glorifié dans mon corps. En effet, pour moi, vivre c'est le Christ, et mourir est un avantage. Mais si, en vivant en ce monde, j'arrive à faire un travail utile, je ne sais plus comment choisir. Je me sens pris entre les deux : je désire partir pour être avec le Christ, car c'est bien préférable ; mais, à cause de vous, demeurer en ce monde est encore plus nécessaire.

Quant à vous, ayez un comportement digne de l'Évangile du Christ.

**Alléluia. Alléluia.** La bonté du Seigneur est pour tous, sa tendresse, pour toutes ses œuvres : tous acclameront sa justice. **Alléluia.**

## Évangile

*Les ouvriers de la onzième heure*

→ **Évangile de Jésus Christ selon saint Matthieu** 20, 1-16

**En ce temps-là,** Jésus disait cette parabole à ses disciples : « Le royaume des Cieux est comparable au maître d'un domaine qui sortit dès le matin afin d'embaucher des ouvriers pour sa vigne. Il se mit d'accord avec eux sur le salaire de la journée : un denier, c'est-à-dire une pièce d'argent, et il les envoya à sa vigne. Sorti vers neuf heures, il en vit d'autres qui étaient là, sur la place, sans rien faire. Et à ceux-là, il dit : "Allez à ma vigne, vous aussi, et je vous donnerai ce qui est juste." Ils y allèrent. Il sortit de nouveau vers midi, puis vers trois heures, et fit de même. Vers cinq heures, il sortit encore, en trouva d'autres qui étaient là et leur dit : "Pourquoi êtes-vous restés là, toute la journée, sans rien faire ?" Ils lui répondirent : "Parce que personne ne nous a embauchés." Il leur dit : "Allez à ma vigne, vous aussi."

Le soir venu, le maître de la vigne dit à son intendant : "Appelle les ouvriers et distribue le salaire, en commençant par les derniers pour finir par les premiers." Ceux qui avaient commencé à cinq heures s'avancèrent et reçurent chacun une pièce d'un denier. Quand vint le tour des premiers, ils pensaient recevoir davantage, mais ils reçurent, eux aussi, chacun une pièce d'un denier. En la recevant, ils récriminaient contre le maître du domaine : "Ceux-là, les derniers venus, n'ont fait qu'une heure, et tu les traites à l'égal de nous, qui avons enduré le poids du jour et la chaleur !" Mais le maître répondit à l'un d'entre eux : "Mon ami, je ne suis pas injuste envers toi. N'as-tu pas été d'accord avec moi pour un denier ? Prends ce qui te revient, et va-t'en. Je veux donner au dernier venu autant qu'à toi : n'ai-je pas le droit de faire ce que je veux de mes biens ? Ou alors ton regard est-il mauvais parce que moi, je suis bon ?"

C'est ainsi que les derniers seront premiers, et les premiers seront derniers. »

**POUR LA PRIÈRE UNIVERSELLE**

Prions le Maître de la vigne :
– Dieu notre Père, nous te confions ton Église : qu'elle reste attentive à écouter ta voix qui l'invite à sortir des sentiers battus, et à toujours faire ta volonté ;
– nous te confions les hommes et les femmes de loi responsables de la justice des hommes : qu'ils travaillent à construire un monde plus humain ;
– nous te confions les hommes et les femmes accablés par un malheur, un manque de travail ou un défaut de reconnaissance : qu'ils trouvent le réconfort dans ta bonté ;
– nous te confions notre communauté chrétienne : qu'elle fasse la place aux ouvriers de la dernière heure, à ceux qui hésitent ou tardent à reconnaître le Christ, et qu'elle accueille tous les hommes en ton nom.

## Prière sur les offrandes

Reçois favorablement, nous t'en prions, Seigneur, les dons présentés par ton peuple : que tous obtiennent par tes sacrements ce qu'ils proclament dans la ferveur de la foi. Par le Christ, notre Seigneur.

## Antienne de la communion

Ps 118, 4-5

Toi, tu promulgues des préceptes,
à observer entièrement.
Puissent mes voies s'affermir
à observer tes commandements !

## Prière après la communion

Dans ta bonté, Seigneur, fais que ton aide soutienne toujours ceux que tu as nourris de tes sacrements, afin qu'ils puissent, dans ces mystères et par toute leur vie, recueillir les fruits de la rédemption. Par le Christ, notre Seigneur.

## En exergue

« Tout homme est une histoire sacrée. »

Patrice de La Tour du Pin, « La vie recluse en poésie »,
*Une Somme de poésie I,* p. 195.

**Bonne fête !** 24 : Thècle. 25 : Herman, Firmin. 26 : Côme, Damien. 27 : Vincent. 28 : Venceslas. 29 : Michel, Michaël, Gabriel, Gaby, Raphaël. 30 : Jérôme, Geronimo.

**Sainte Thècle (24 septembre).** Saint Jérôme, saint Épiphane, saint Grégoire de Nysse, saint Ambroise et saint Jean Chrysostome ont parlé d'elle en termes enthousiastes. C'est un apocryphe « les Actes de Paul et de Thècle » qui lui ont donné cette extraordinaire célébrité. On y lit qu'elle était jeune et jolie. Elle vivait à Iconium quand saint Paul la convertit. Elle suivit Paul durant ses voyages, ce qui la conduisit au martyre.

## CALENDRIER LITURGIQUE

**Di 24** **25e dimanche A.**
*Liturgie des Heures : Psautier semaine I.*
[*Au Canada, Bse Émilie Tavernier-Gamelin, religieuse, † 19e siècle*]

**Lu 25** *En Suisse,* S. NICOLAS DE FLÜE, ermite, patron principal de la Confédération helvétique, † 1487 au Ranft (Sachseln, Suisse), solennité.
Esdras 1, 1-6 ; Ps 125 ; Luc 8, 16-18 : « On met la lampe sur le lampadaire pour que ceux qui entrent voient la lumière »

**Ma 26** *S. Côme et S. Damien, martyrs, 3e ou 4e siècle.*
*Au Canada,* S. Jean de Brébeuf, S. Isaac Jogues, prêtres, et leurs compagnons jésuites, martyrs, † de 1642 à 1649, patrons secondaires du Canada, fête.
Esdras 6, 7-8.12b.14-20 ; Ps 121 ; Luc 8, 19-21 : « Ma mère et mes frères sont ceux qui écoutent la parole de Dieu, et qui la mettent en pratique »

**Me 27** S. Vincent de Paul, prêtre, fondateur des Prêtres de la Mission (Lazaristes) et, avec saint Louise de Marillac, des Filles de la charité, † 1660 à Paris.
Esdras 9, 5-9 ; Cant. Tobie 13 ; Luc 9, 1-6 : « Il les envoya proclamer le règne de Dieu et guérir les malades »

**Je 28** *S. Venceslas, duc de Bohême, martyr, † 929 ou 935.*
*S. Laurent Ruiz et ses compagnons, martyrs à Nagasaki (Japon) de 1633 à 1637.*
Aggée 1, 1-8 ; Ps 149 ; Luc 9, 7-9 : « Jean, je l'ai fait décapiter. Mais qui est cet homme dont j'entends dire de telles choses ? »

**Ve 29** SAINTS MICHEL, GABRIEL ET RAPHAËL, archanges. Lectures propres : Daniel 7, 9-10.13-14 ou : Apocalypse de saint Jean 12, 7-12a ; Ps 137 ; Jean 1, 47-51 : « Vous verrez les anges de Dieu monter et descendre au-dessus du Fils de l'homme »

**Sa 30** S. Jérôme, prêtre, docteur de l'Église, † 420 à Bethléem.
Zacharie 2, 5-9.14-15a ; Cant. Jérémie 31 ; Luc 9, 43b-45 : « Le Fils de l'homme va être livré aux mains des hommes. Les disciples avaient peur de l'interroger sur cette parole »

# 26e dimanche

## 1er OCTOBRE 2023

## De la parole à l'action

**Aux prêtres et aux anciens qui veulent le piéger,** Jésus propose une parabole (*évangile*). Un récit très simple, construit clairement sur des oppositions : deux fils, l'un qui dit non et l'autre qui dit oui, eux-mêmes en vis-à-vis avec leur père, chacun à son tour. L'opposition se construit entre *dire* et *faire*, puis entre *voir* et *croire*.

Nous sommes dans un dialogue. D'entrée, Jésus requiert l'opinion des chefs juifs, et la parabole se termine par une question : quel est celui des deux fils qui a fait la volonté du père ? Seule réponse possible : l'authentique fidélité se trouve chez celui qui obtempère, même s'il a commencé par dire non. Il y a là un paradoxe qui permet de forcer les interlocuteurs à prendre parti – le bon parti –, et à croire après avoir vu les signes du Royaume. Mais le Royaume annoncé par Jésus donne la première place à ceux qui occupent la dernière place : les publicains et les prostituées. Le système des valeurs socialement reconnu est subverti, la vérité n'est pas là où nous croyons qu'elle se trouve. Où la chercher ? La vérité est en Dieu seul, chante le psaume, et elle est l'autre nom de la tendresse et de l'amour de Dieu pour les pécheurs. Les paraboles énoncées par Jésus tracent ce chemin que Dieu enseigne aux humbles, à ceux qui écoutent sa voix et ouvrent les yeux de la foi.

La relation père-fils de la parabole que nous lisons aujourd'hui désigne la relation qui unit Dieu aux siens. Nous sommes tous des fils, nous dit Jésus. Et nul, mieux que lui, n'a montré comment être fils : la très belle hymne au Christ intégrée dans l'épître aux Philippiens (*deuxième lecture*) indique comment vivre en frères sous l'action de l'Esprit.

Nous savons bien qu'il n'est jamais trop tard pour consentir à l'amour de Dieu et à son désir de salut. Que notre communion nourrie par l'écoute de la parole de Dieu devienne une authentique *action* de grâce.

---

**CHANTER**

- Le répertoire proposé ce 26e dimanche servira aussi pour les 27e et 28e dimanches.
- Pour la procession d'ouverture : ***Dieu nous éveille à la foi*** **IA 20-70-3 CNA 546,** ***Venez, Dieu nous appelle*** **A 46-49,** ***Peuple de baptisés*** **K 106 CNA 573,** ***Chantons avec toute l'Église*** **M 26-03.**
- On pourra retenir un même ordinaire de la messe pour les trois dimanches.
- Pour la procession de communion : ***Devenez ce que vous recevez*** **D 68-39,** ***De la table du Seigneur*** **D 80 CNA 324,** ***Pain véritable*** **D 103 CNA 340** (couplets 5, 6 et 7), ***Voici le Corps et le Sang du Seigneur*** **D 44-80.**
- Pour l'action de grâce : ***En accueillant l'amour*** **DP 126 CNA 325,** ***Il est l'Agneau et le Pasteur*** **ZL 22-2 CNA 556,** ***Jubilez, criez de joie*** **U 52-42,** ***Chantons à Dieu*** **MP 30-79 CNA 538.**
- Pour caractériser chaque dimanche, on pourra retenir : pour le 26e dimanche : ***Le Seigneur nous convoque*** **XL 34-94.**
- Pour le 27e dimanche : ***Seigneur et maître de la vigne*** **XT 48-41**
- Pour le 28e dimanche : ***Le voici le don de Dieu*** **D 36-/1-3.**

**CÉLÉBRER**

- Pour la lecture de l'épître, il est préférable de ne pas omettre la lecture entre crochets, qui est le cœur même de la lettre de saint Paul aux Philippiens.

---

## Antienne d'ouverture

cf. Dn 3, 31.29.30.43.42

Tout ce que tu nous as infligé, Seigneur,
tu l'as fait par un jugement de vérité,
car nous avons péché contre toi,
nous n'avons pas obéi à tes commandements ;
mais glorifie ton nom,
et agis envers nous selon l'abondance de ta miséricorde.

*Gloria.*

## Prière

Seigneur Dieu, quand tu pardonnes et prends pitié, tu manifestes au plus haut point ta toute-puissance ; multiplie pour nous les dons de ta grâce : alors, en nous hâtant vers les biens que tu promets, nous aurons part au bonheur du ciel. Par Jésus Christ, ton Fils, notre Seigneur, qui vit et règne avec toi dans l'unité du Saint-Esprit, Dieu, pour les siècles des siècles.

## 1re Lecture *Sauver sa vie, c'est pratiquer le droit et la justice*

→ **Lecture du livre du prophète Ézékiel** 18, 25-28

**Ainsi parle le Seigneur** : « Vous dites : "La conduite du Seigneur n'est pas la bonne". Écoutez donc, fils d'Israël : est-ce ma conduite qui n'est pas la bonne ? N'est-ce pas plutôt la vôtre ? Si le juste se détourne de sa justice, commet le mal, et meurt dans cet état, c'est à cause de son mal qu'il mourra. Si le méchant se détourne de sa méchanceté pour pratiquer le droit et la justice, il sauvera sa vie. Il a ouvert les yeux et s'est détourné de ses crimes. C'est certain, il vivra, il ne mourra pas. »

## Psaume 24

R/. **Rappelle-toi, Seigneur, ta tendresse.**

Seigneur, enseigne-moi tes voies,
fais-moi connaître ta route.
Dirige-moi par ta vérité, enseigne-moi,
car tu es le Dieu qui me sauve.

Rappelle-toi, Seigneur, ta tendresse,
ton amour qui est de toujours.
Oublie les révoltes, les péchés de ma jeunesse ;
dans ton amour, ne m'oublie pas.

Il est droit, il est bon, le Seigneur,
lui qui montre aux pécheurs le chemin.
Sa justice dirige les humbles,
il enseigne aux humbles son chemin.

## 2e Lecture *Rechercher l'unité de l'humanité dans le Christ Seigneur*

→ **Lecture de la lettre de saint Paul apôtre aux Philippiens** 2, 1-11

*La lecture du texte entre crochets est facultative.*

**Frères**, s'il est vrai que, dans le Christ, on se réconforte les uns les autres, si l'on s'encourage avec amour, si l'on est en communion dans l'Esprit, si l'on a de la tendresse et de la compassion, alors, pour que ma joie soit complète, ayez les mêmes dispositions, le même amour, les mêmes sentiments ; recherchez l'unité. Ne soyez jamais intrigants ni vaniteux, mais ayez assez d'humilité pour estimer les autres supérieurs à vous-mêmes. Que chacun de vous ne soit pas préoccupé de ses propres intérêts ; pensez aussi à ceux des autres.

Ayez en vous les dispositions
qui sont dans le Christ Jésus :

[ayant la condition de Dieu,
il ne retint pas jalousement
le rang qui l'égalait à Dieu.

Mais il s'est anéanti,
prenant la condition de serviteur,
devenant semblable aux hommes.

Reconnu homme à son aspect,
il s'est abaissé,
devenant obéissant jusqu'à la mort,
et la mort de la croix.

C'est pourquoi Dieu l'a exalté :
il l'a doté du Nom
qui est au-dessus de tout nom,

afin qu'au nom de Jésus
tout genou fléchisse
au ciel, sur terre et aux enfers,

et que toute langue proclame :
« Jésus Christ est Seigneur »
à la gloire de Dieu le Père.]

**Alléluia. Alléluia.** Mes brebis écoutent ma voix, dit le Seigneur ; moi, je les connais, et elles me suivent. **Alléluia.**

## Évangile

*Accomplir la volonté du Père révélée par le Fils*

→ **Évangile de Jésus Christ selon saint Matthieu** 21, 28-32

**En ce temps-là,** Jésus disait aux grands prêtres et aux anciens du peuple : « Quel est votre avis ? Un homme avait deux fils. Il vint trouver le premier et lui dit : "Mon enfant, va travailler aujourd'hui à la vigne." Celui-ci répondit : "Je ne veux pas." Mais ensuite, s'étant repenti, il y alla. Puis le père alla trouver le second et lui parla de la même manière. Celui-ci répondit : "Oui, Seigneur !" et il n'y alla pas. Lequel des deux a fait la volonté du père ? » Ils lui répondent : « Le premier. »

Jésus leur dit : « Amen, je vous le déclare : les publicains et les prostituées vous précèdent dans le royaume de Dieu. Car Jean le Baptiste est venu à vous sur le chemin de la justice, et vous n'avez pas cru à sa parole ; mais les publicains et les prostituées y ont cru. Tandis que vous, après avoir vu cela, vous ne vous êtes même pas repentis plus tard pour croire à sa parole.

**POUR LA PRIÈRE UNIVERSELLE**

◗ Nous qui sommes ses enfants, faisons monter vers le Père notre prière pour nos frères et pour nos sœurs :
– Dieu de longue patience, nous te confions ceux qui te cherchent dans l'obscurité du doute, ceux qui pensent être dans la vérité et ceux qui pensent qu'il n'y a pas de vérité ;
– Dieu de tendresse, nous te confions ceux qui mettent leurs actes en rapport avec leurs paroles et ceux qui restent prisonniers du mensonge et de la lâcheté ;
– Dieu de bonté, nous te confions les pécheurs qui se repentent et les incroyants qui se convertissent et croient à ta parole ;
– Dieu de justice, tu envoies tes fils travailler à ta vigne ; donne à nos communautés chrétiennes d'entendre ton appel et de s'engager sur les chemins de la justice, afin que le monde te connaisse et qu'il ait la vie.

## Prière sur les offrandes

Dieu de miséricorde, nous t'en prions, accueille cette offrande que nous te présentons : qu'elle ouvre largement pour nous la source de toute bénédiction. Par le Christ, notre Seigneur.

## Antienne de la communion

Ps 118, 49-50

Rappelle-toi ta parole à ton serviteur, Seigneur,
celle dont tu fis mon espoir.
Elle est ma consolation dans mon épreuve.

## Prière après la communion

Que le sacrement du ciel, Seigneur, guérisse nos esprits et nos corps, afin qu'annonçant la mort du Christ et participant à ses souffrances, nous héritions avec lui de sa gloire. Lui qui vit et règne pour les siècles des siècles.

**Peuple de Dieu, n'aie pas de honte.**

« … Qu'il te rudoie, qu'il te réveille !
Tu es son Corps dans son Esprit !
Peuple d'un Dieu qui fait merveille,
Sois sa merveille d'aujourd'hui ! »

Patrice de La Tour du Pin, « Hymne de marche »,
*Une Somme de poésie III,* p. 256.
*Prière du temps présent,* p. 204.

**Saint Léger (2 octobre).** Évêque d'Autun, afin d'éviter la famine, saint Léger se livre à Ébroïn qui assiège la ville. Il a les yeux brûlés et la langue coupée. Un synode convoqué par Ébroïn le déclare « prêtre indigne » et il est interné chez des religieuses. Deux ans après, en 679, il est assassiné dans une forêt. Un autre synode le réhabilitera et lui donnera le titre de martyr. *La Passion de saint Léger*, écrite en 970, est l'un des tout premiers textes littéraires en langue romane, la langue populaire ancêtre du français.

## CALENDRIER LITURGIQUE

| | |
|---|---|
| Di 1er | **26e dimanche A.**<br>*Liturgie des Heures : Psautier semaine II.*<br>[Ste Thérèse de l'Enfant Jésus et de la Sainte Face, vierge, carmélite, docteur de l'Église, patronne des missions, patronne secondaire de la France, † 1897 à Lisieux] |
| Lu 2 | Saints Anges gardiens. Évangile propre : Matthieu 18, 1-5.10 : « Leurs anges dans les cieux voient sans cesse la face de mon Père qui est aux cieux »<br>Zacharie 8, 1-8 ; Ps 101 ; ou lecture propre : Exode 23, 20-23a ; Ps 90 |
| Ma 3 | Zacharie 8, 20-23 ; Ps 86 ; Luc 9, 51-56 : « Jésus, le visage déterminé, prit la route de Jérusalem » |
| Me 4 | S. François, fondateur des Frères mineurs, † 1226 à Assise.<br>Néhémie 2, 1-8 ; Ps 136 ; Luc 9, 57-62 « Je te suivrai partout où tu iras » |
| Je 5 | *Ste Faustine, religieuse polonaise, messagère de la Divine Miséricorde, † 1938 à Cracovie.*<br>Néhémie 8, 1-4a.5-6.7b-12 ; Ps 18 B ; Luc 10, 1-12 : « Votre paix ira reposer sur lui » |
| Ve 6 | *S. Bruno, prêtre, fondateur de la Grande Chartreuse, † 1101 en Calabre.*<br>*Au Canada, Bse Marie-Rose Durocher, vierge, † 1849 à Longueil.*<br>Baruc 1, 15-22 ; Ps 78 ; Luc 10, 13-16 : « Celui qui me rejette rejette celui qui m'a envoyé » |
| Sa 7 | Notre-Dame du Rosaire.<br>Baruc 4, 5-12.27-29 ; Ps 68 ; Luc 10, 17-24 : « Réjouissez-vous parce que vos noms se trouvent inscrits dans les cieux » |

**Bonne fête !** 1er octobre : Thérèse, Arielle. 2 : Léger. 3 : Blanche, Candide. 4 : François, Francis, Frank, Aure, Orianne. 5 : Faustine, Fleur, Flore, Capucine, Hortense, Violaine, Placide. 6 : Bruno, Foy. 7 : Rosario, Gustave, Serge.

# 27e dimanche

**8 OCTOBRE 2023**

## Une parole angulaire

**Dans sa brièveté et sa clarté,** la parabole racontée par Jésus (*évangile*) fonctionne de manière efficace pour faire changer le point de vue de gens pourtant fortement ancrés dans leurs convictions. Le dialogue fait partie de la relation que Jésus entretient avec ceux qu'il rencontre, laissant la décision à la liberté de ses interlocuteurs, mais les obligeant à regarder leurs contradictions en face.

Le maître de la vigne envoie son fils chez des vignerons homicides, alors qu'il connaît les risques qu'il lui fait courir. La dimension autobiographique de la parabole est claire. Jésus s'implique dans son récit : il est non seulement le narrateur mais l'un des personnages, ce fils assassiné par des hommes avides. La parabole évangélique n'est pas une manière de parler visant à convaincre d'une vérité religieuse, elle révèle l'action de Jésus de Nazareth. Le rapport est double : l'action de Jésus réalise ce que la parabole raconte en mots, et, en retour, la parabole éclaire la signification des gestes de Jésus. La vie de Jésus constitue le vrai commentaire de ses paraboles. Nous comprenons que Jésus est à la fois la pierre angulaire rejetée par les bâtisseurs, la bonne nouvelle, la merveille à nos yeux, le Maître du royaume de Dieu. Avec Jésus, le monde quotidien est pénétré par le Royaume qui vient. À nous de voir et de faire voir la beauté du Royaume présent dans le monde et de rendre grâce au Père avec le Christ.

Comme le demande saint Paul (*deuxième lecture*), nous devons en toutes circonstances et en toute confiance prier et supplier Dieu qui donnera sa paix, car le Maître aime sa vigne – son peuple – d'un grand amour, il met en elle – en lui – une grande espérance. Isaïe le chante dans son poème (*première lecture*) repris en écho par le *psaume*.

Nous ayant tout donné, le Père attend de nous que nous portions des fruits de justice et de droiture.

*Des chants sont proposés du 26e au 28e dimanche p. 606.*

## Antienne d'ouverture

Est 13, 9.10-11 (grec : 17b-17c)

Seigneur, tout est soumis à ta volonté,
personne ne peut s'opposer à toi,
car c'est toi qui as fait le ciel et la terre
et toutes les merveilles qui sont sous le ciel.
Tu es le Seigneur de l'univers.

*Gloria.*

## Prière

Dieu éternel et tout-puissant, dans ta tendresse inépuisable, tu combles ceux qui t'implorent, bien au-delà de leurs mérites et de leurs désirs ; répands sur nous ta miséricorde en délivrant notre conscience de ce qui l'inquiète et en donnant plus que nous n'osons demander. Par Jésus Christ, ton Fils, notre Seigneur, qui vit et règne avec toi dans l'unité du Saint-Esprit, Dieu, pour les siècles des siècles.

## 1re Lecture

*Une vigne tant aimée*

→ **Lecture du livre du prophète Isaïe** 5, 1-7

**Je veux chanter** pour mon ami le chant du bien-aimé à sa vigne. Mon ami avait une vigne sur un coteau fertile. Il en retourna la terre, en retira les pierres, pour y mettre un plant de qualité. Au milieu, il bâtit une tour de garde et creusa aussi un pressoir. Il en attendait de beaux raisins, mais elle en donna de mauvais.

Et maintenant, habitants de Jérusalem, hommes de Juda, soyez donc juges entre moi et ma vigne ! Pouvais-je faire pour ma vigne plus que je n'ai fait ? J'attendais de beaux raisins, pourquoi en a-t-elle donné de mauvais ? Eh bien, je vais vous apprendre ce que je ferai de ma vigne : enlever sa clôture pour qu'elle soit dévorée par les animaux, ouvrir une brèche dans son mur pour qu'elle soit piétinée. J'en ferai une pente désolée ; elle ne sera ni taillée ni sarclée, il y poussera des épines et des ronces ; j'interdirai aux nuages d'y faire tomber la pluie.

La vigne du Seigneur de l'univers, c'est la maison d'Israël. Le plant qu'il chérissait, ce sont les hommes de Juda. Il en attendait le droit, et voici le crime ; il en attendait la justice, et voici les cris.

## Psaume 79

R/. **La vigne du Seigneur de l'univers,**
**c'est la maison d'Israël.**

La vigne que tu as prise à l'Égypte,
tu la replantes en chassant des nations.
Elle étendait ses sarments jusqu'à la mer,
et ses rejets, jusqu'au Fleuve.

Pourquoi as-tu percé sa clôture ?
Tous les passants y grappillent en chemin ;
le sanglier des forêts la ravage
et les bêtes des champs la broutent.

Dieu de l'univers, reviens !
Du haut des cieux, regarde et vois :
visite cette vigne, protège-la,
celle qu'a plantée ta main puissante.

Jamais plus nous n'irons loin de toi :
fais-nous vivre et invoquer ton nom !
Seigneur, Dieu de l'univers, fais-nous revenir ;
que ton visage s'éclaire, et nous serons sauvés.

## 2e Lecture

*Le Dieu de la paix*

→ **Lecture de la lettre de saint Paul apôtre aux Philippiens** 4, 6-9

**Frères,** ne soyez inquiets de rien, mais, en toute circonstance, priez et suppliez, tout en rendant grâce, pour faire connaître à Dieu vos demandes. Et la paix de Dieu, qui dépasse tout ce qu'on peut concevoir, gardera vos cœurs et vos pensées dans le Christ Jésus. Enfin, mes frères, tout ce qui est vrai et noble, tout ce qui est juste et pur, tout ce qui est digne d'être aimé et honoré, tout ce qui s'appelle vertu et qui mérite des éloges, tout cela, prenez-le en compte. Ce que vous avez appris et reçu, ce que vous avez vu et entendu de moi, mettez-le en pratique. Et le Dieu de la paix sera avec vous.

**Alléluia. Alléluia.** C'est moi qui vous ai choisis, afin que vous alliez, que vous portiez du fruit, et que votre fruit demeure, dit le Seigneur. **Alléluia.**

## Évangile

*La pierre angulaire*

→ **Évangile de Jésus Christ selon saint Matthieu** 21, 33-43

**En ce temps-là**, Jésus disait aux grands prêtres et aux anciens du peuple : « Écoutez cette parabole : Un homme était propriétaire d'un domaine ; il planta une vigne, l'entoura d'une clôture, y creusa un pressoir et bâtit une tour de garde. Puis il loua cette vigne à des vignerons, et partit en voyage. Quand arriva le temps des fruits, il envoya ses serviteurs auprès des vignerons pour se faire remettre le produit de sa vigne. Mais les vignerons se saisirent des serviteurs, frappèrent l'un, tuèrent l'autre, lapidèrent le troisième. De nouveau, le propriétaire envoya d'autres serviteurs plus nombreux que les premiers ; mais on les traita de la même façon. Finalement, il leur envoya son fils, en se disant : "Ils respecteront mon fils."

Mais, voyant le fils, les vignerons se dirent entre eux: "Voici l'héritier: venez! tuons-le, nous aurons son héritage!" Ils se saisirent de lui, le jetèrent hors de la vigne et le tuèrent. Eh bien! quand le maître de la vigne viendra, que fera-t-il à ces vignerons? » On lui répond: « Ces misérables, il les fera périr misérablement. Il louera la vigne à d'autres vignerons, qui lui en remettront le produit en temps voulu. »

Jésus leur dit: « N'avez-vous jamais lu dans les Écritures: *La pierre qu'ont rejetée les bâtisseurs est devenue la pierre d'angle: c'est là l'œuvre du Seigneur, la merveille devant nos yeux!* Aussi, je vous le dis: Le royaume de Dieu vous sera enlevé pour être donné à une nation qui lui fera produire ses fruits. »

**POUR LA PRIÈRE UNIVERSELLE**

« Frères, ne soyez inquiets de rien, mais en toutes circonstances, priez et suppliez tout en rendant grâce, pour faire connaître à Dieu vos demandes. »

– Dieu notre Père, nous te bénissons, toi qui donnes la paix: donne ta paix à nos familles, à nos pays, à tous les peuples, nous t'en prions;

– Dieu notre Père, nous te bénissons, toi qui envoies ton Fils dans le monde: que tous le reçoivent et accueillent sa parole de vie, nous t'en prions;

– Dieu notre Père, nous te bénissons, toi qui soulages et consoles: suscite des frères compatissants qui apportent soulagement et consolation à ceux qui souffrent, nous t'en prions;

– Dieu notre Père, nous te bénissons, toi qui prends soin de ton Église comme de ta vigne bien-aimée: qu'elle soit toujours plus unifiée et fidèle à l'Évangile sous l'action de l'Esprit Saint, pour qu'elle produise les fruits que tu attends, nous t'en prions.

## Prière sur les offrandes

Accueille, Seigneur, nous t'en prions, le sacrifice que tu as toi-même institué: dans les saints mystères que nous célébrons pour te servir comme il convient, sanctifie-nous pleinement par ton œuvre de rédemption. Par le Christ, notre Seigneur.

## Antienne de la communion Lm 3, 25

Le Seigneur est bon pour qui se tourne vers lui,
pour l'âme qui le cherche.

## Prière après la communion

Dieu tout-puissant, nous t'en prions : par la communion à ce sacrement, comble notre soif et notre faim de toi ; afin que nous puissions devenir ce que nous avons reçu. Par le Christ, notre Seigneur.

**Hymne eucharistique**

« Prenez son corps dès maintenant,
Il vous convie
À devenir eucharistie ;
Et vous verrez que Dieu vous prend,
Qu'il vous héberge dans sa vie
Et vous fait hommes de son sang. »

Patrice de La Tour du Pin, « Hymne eucharistique »
*Une Somme de poésie III*, p. 296.
*Prière du temps présent*, p. 531.

## CALENDRIER LITURGIQUE

| | |
|---|---|
| Di 8 | **27e dimanche A.**<br>*Liturgie des Heures : Psautier semaine III.* |
| Lu 9 | *S. Denis, évêque de Paris, et ses compagnons, martyrs, 3e siècle.*<br>*S. Jean Leonardi, prêtre, fondateur des Clercs de la Mère de Dieu, † 1609 à Rome.*<br>Jonas 1, 1–2, 1.11 ; Cant. Jonas 2 ; Luc 10, 25-37 « Qui est mon prochain ? » |
| Ma 10 | Jonas 3, 1-10 ; Ps 129 ; Luc 10, 38-42 : « Une femme nommée Marthe le reçut. Marie a choisi la meilleure part » |
| Me 11 | *S. Jean XXIII, pape, † 1963 à Rome.*<br>Jonas 4, 1-11 ; Ps 85 ; Luc 11, 1-4 « Seigneur, apprends-nous à prier » |
| Je 12 | Malachie 3, 13-20a ; Ps 1 ; Luc 11, 5-13 : « Demandez, on vous donnera » |
| Ve 13 | Joël 1, 13-15 ; 2, 1-2 ; Ps 9 A ; Luc 11, 15-26 : « Si c'est par le doigt de Dieu que j'expulse les démons, c'est donc que le règne de Dieu est venu jusqu'à vous » |
| Sa 14 | *S. Calliste Ier, pape, martyr, † 222.*<br>Joël 4, 12-21 ; Ps 96 ; Luc 11, 27-28 : « Heureuse la mère qui t'a porté en elle ! – Heureux plutôt ceux qui écoutent la parole de Dieu ! » |

**Bonne fête !** 8 : Pélagie. 9 : Denis, Sara, Sybille. 10 : Ghislain, Ghislaine, Virgile. 11 : Firmin, Soledad. 12 : Séraphin. 13 : Gérard. 14 : Calliste, Gwendoline.

**Sainte Sibylle (ou Sibille) de Gages (9 octobre).** Née dans le Hainaut en Belgique, elle fut moniale cistercienne à Aywières (Couture-Saint-Germain) dans le Hainaut belge au XIIIe siècle. Latiniste émérite, elle est toujours très vénérée en Belgique.

TEMPS ORDINAIRE

# 28e dimanche

**15 OCTOBRE 2023**

## Invités à la fête du Royaume

**Chez Matthieu,** Jésus parle en paraboles aux foules qui ne peuvent ou ne veulent le comprendre. Il utilise ce moyen qui frappe l'imagination et fait vibrer la corde affective plus que le raisonnement, pour ébranler l'ordre trop bien réglé de la religion et de la société de son temps. La parabole du festin nuptial que nous lisons aujourd'hui (*évangile*) vient clore la série commencée le 24e dimanche avec le débiteur insolvable qui annonce l'imminence du Royaume des cieux et prépare les cœurs à le recevoir. Le refus violent opposé aux prophètes puis au Fils (27e dimanche), puis aux disciples, provoque une sainte colère de la part du roi de la parabole (ce 28e dimanche). L'exclusion de l'homme sans habit de noce montre que le nouveau peuple n'est pas à l'abri du jugement qui frappe Israël incrédule.

Jésus est ici le fils du roi qui invite à la noce. Chacun des auditeurs est appelé à se situer par rapport à cette invitation qui lui est adressée. Notre réponse s'adresse directement à Jésus, parole du Père, en qui se manifeste, proche et cachée, la présence transformante de Dieu. Le Règne de Dieu advient comme un mystère à percer, un dérangement à accueillir, une liberté à saisir. Le choix de la parabole pour le signifier s'impose donc par sa nature même car elle est « un événement de parole par lequel le Royaume se rend présent au monde[1] »*.

Le Royaume annoncé demande des renoncements, mais il est l'occasion aussi de toutes les générosités (*deuxième lecture*). Dans la vision d'Isaïe, il n'exclut personne (*première lecture*). Il est offert à tous les peuples de la terre et pour toujours. Il est vie en plénitude dans le Christ

---

1. E. Jüngel cité par Daniel Marguerat, *Cahier Évangile* 75, mars 1991.

comme le chante le *psaume* 22. L'eucharistie qui nous rassemble ne préfigure-t-elle pas le banquet du Royaume éternel ? Les chrétiens sont appelés à traduire leur foi en communion joyeuse, sous peine de subir le même désaveu divin.

*Des chants sont proposés p. 606.*

## Antienne d'ouverture

cf. Ps 129, 3-4

Si tu retiens les fautes, Seigneur,
Seigneur, qui subsistera ?
Mais près de toi se trouve le pardon,
Dieu d'Israël.

*Gloria.*

## Prière

Nous t'en prions, Seigneur : que ta grâce nous devance et qu'elle nous accompagne toujours, pour nous rendre attentifs à faire le bien sans relâche. Par Jésus Christ, ton Fils, notre Seigneur, qui vit et règne avec toi dans l'unité du Saint-Esprit, Dieu, pour les siècles des siècles.

## 1re Lecture

*Tous invités au festin promis*

**→ Lecture du livre du prophète Isaïe** 25, 6-10a

**Le Seigneur de l'univers** préparera pour tous les peuples, sur sa montagne, un festin de viandes grasses et de vins capiteux, un festin de viandes succulentes et de vins décantés. Sur cette montagne, il fera disparaître le voile de deuil qui enveloppe tous les peuples et le linceul qui couvre toutes les nations. Il fera disparaître la mort pour toujours. Le Seigneur Dieu essuiera les larmes sur tous les visages, et par toute la terre il effacera l'humiliation de son peuple. Le Seigneur a parlé.

Et ce jour-là, on dira : « Voici notre Dieu, en lui nous espérions, et il nous a sauvés ; c'est lui le Seigneur, en lui nous espérions ; exultons, réjouissons-nous : il nous a sauvés ! » Car la main du Seigneur reposera sur cette montagne.

## Psaume 22

**R/. J'habiterai la maison du Seigneur**
**pour la durée de mes jours.**

Le Seigneur est mon berger :
je ne manque de rien.
Sur des prés d'herbe fraîche,
il me fait reposer.

Il me mène vers les eaux tranquilles
et me fait revivre ;
il me conduit par le juste chemin
pour l'honneur de son nom.

Si je traverse les ravins de la mort,
je ne crains aucun mal,
car tu es avec moi,
ton bâton me guide et me rassure.

Tu prépares la table pour moi
devant mes ennemis ;
tu répands le parfum sur ma tête,
ma coupe est débordante.

Grâce et bonheur m'accompagnent
tous les jours de ma vie ;
j'habiterai la maison du Seigneur
pour la durée de mes jours.

## 2e Lecture *La générosité des hommes, signe de la libéralité de Dieu*

**→ Lecture de la lettre de saint Paul apôtre aux Philippiens** 4, 12-14.19-20

**Frères,** je sais vivre de peu, je sais aussi être dans l'abondance. J'ai été formé à tout et pour tout : à être rassasié et à souffrir la faim, à être dans l'abondance et dans les privations. Je peux tout en celui qui me donne la force. Cependant, vous avez bien fait de vous montrer solidaires quand j'étais dans la gêne. Et mon Dieu comblera tous vos besoins selon sa richesse, magnifiquement, dans le Christ Jésus.

Gloire à Dieu notre Père pour les siècles des siècles. Amen.

**Alléluia. Alléluia.** Que le Père de notre Seigneur Jésus Christ ouvre à sa lumière les yeux de notre cœur, pour que nous percevions l'espérance que donne son appel. **Alléluia.**

## Évangile *« Tous ceux que vous trouverez, invitez-les à la noce »*

**→ Évangile de Jésus Christ selon saint Matthieu** 22, 1-14

*La lecture du texte entre crochets est facultative.*

**En ce temps-là,** Jésus se mit de nouveau à parler aux grands prêtres et aux pharisiens, et il leur dit en paraboles : « Le royaume des Cieux est comparable à un roi qui célébra les noces de son fils. Il envoya ses serviteurs appeler à la noce les invités, mais ceux-ci ne voulaient pas venir. Il envoya encore d'autres serviteurs dire aux invités : "Voilà : j'ai préparé mon banquet, mes bœufs et mes bêtes grasses sont égorgés ; tout est prêt : venez à la noce." Mais ils n'en tinrent aucun compte et s'en allèrent, l'un à son champ, l'autre à son commerce ; les autres empoignèrent les serviteurs, les maltraitèrent et les tuèrent. Le roi se mit en colère, il envoya ses troupes, fit périr les meurtriers et incendia leur ville. Alors il dit à ses serviteurs : “Le repas de noce est prêt, mais les invités n’en étaient pas dignes. Allez donc aux croisées des chemins : tous ceux que vous trouverez, invitez-les à la noce.” Les serviteurs allèrent sur les chemins, rassemblèrent tous ceux qu’ils trouvèrent, les mauvais comme les bons, et la salle de noce fut remplie de convives.

[Le roi entra pour examiner les convives, et là il vit un homme qui ne portait pas le vêtement de noce. Il lui dit : “Mon ami, comment es-tu entré ici, sans avoir le vêtement de noce ?” L’autre garda le silence. Alors le roi dit aux serviteurs : “Jetez-le, pieds et poings liés, dans les ténèbres du dehors ; là, il y aura des pleurs et des grincements de dents.”

Car beaucoup sont appelés, mais peu sont élus. »]

**POUR LA PRIÈRE UNIVERSELLE**

Dieu notre Père, tu prépares la table du banquet de ton Fils avec l’humanité que tu aimes. Écoute nos prières pour nos frères humains :

– nous te prions pour les hommes et les femmes de notre temps qui entendent l’invitation de Jésus et y répondent avec empressement, et pour ceux qui restent sourds à son appel ;

– nous te prions pour les gens tristes et les désabusés, ceux qui sont étouffés par les affaires matérielles et ne prennent pas le temps de mettre leur cœur en fête ;

– nous te prions pour les malades et les personnes qui souffrent de privation, et pour ceux qui leur apportent confort et consolation ;

– nous te prions pour nous ici rassemblés et pour les communautés chrétiennes qui participent au repas eucharistique, prémices du banquet du Royaume : que Jésus soit notre communion et notre action de grâce.

## Prière sur les offrandes

Avec l’offrande de ce sacrifice, accueille, Seigneur, les prières de tes fidèles ; que cette liturgie célébrée avec ferveur nous fasse parvenir à la gloire du ciel. Par le Christ, notre Seigneur.

## Antienne de la communion

Ps 33, 11

Des riches ont tout perdu, ils ont faim ;
qui cherche le Seigneur ne manquera d'aucun bien.

## Prière après la communion

Seigneur, Dieu de majesté, nous t'en supplions humblement : puisque tu nous as nourris du Corps et du Sang très saints, rends-nous participants de la nature divine. Par le Christ, notre Seigneur.

**Hymne de l'Épiphanie**

« Père secret qui nous confias
Ton secret afin qu'il éclaire,
Fais qu'il nous brûle et nous envoie
Dans tout le corps où tu n'es pas
Reconnu encor pour lumière. »

Patrice de La Tour du Pin, *Une Somme de poésie III,* p. 298.

**Pour mémoire :** 16 octobre, journée mondiale de l'alimentation.

**Sainte Ursule et ses compagnes (21 octobre).** Vierges, martyrisées à Cologne au IVe siècle, la piété populaire a brodé sur leur existence jusqu'à les évaluer à 11 000 ! D'origine écossaise, elles devaient être mariées de force à des soldats romains en Armorique. Capturées par les hordes d'Attila, elles refusèrent de céder à leurs avances et furent massacrées. Leur culte se répandit très vite en Germanie. Au XIIIe siècle, l'université de la Sorbonne prit Ursule comme patronne.

## CALENDRIER LITURGIQUE

| | |
|---|---|
| Di 15 | **28e dimanche C.**<br>*Liturgie des Heures : Psautier semaine IV.*<br>[Ste Thérèse d'Avila, réformatrice du Carmel, docteur de l'Église, † 1582] |
| Lu 16 | *Ste Edwige, mère de famille puis religieuse, † 1243 en Silésie.*<br>*Ste Marguerite-Marie Alacoque, visitandine, † 1690 à Paray-le-Monial.*<br>*Au Canada,* Ste Marie-Marguerite d'Youville, mère de famille puis religieuse, † 1771 à Montréal.<br>Romains 1, 1-7 ; Ps 97 ; Luc 11, 29-32 : « À cette génération, il ne sera donné que le signe de Jonas » |
| Ma 17 | S. Ignace, évêque d'Antioche, martyr, † vers 107 à Rome.<br>Romains 1, 16-25 ; Ps 18 A ; Luc 11, 37-41 : « Donnez plutôt en aumône ce que vous avez, et alors tout sera pur pour vous » |
| Me 18 | S. LUC, évangéliste. Lectures propres : 2 Timothée 4,9-17b ; Ps 144 ; Luc 10,1-9 : « La moisson est abondante, mais les ouvriers sont peu nombreux » |
| Je 19 | *S. Jean de Brébeuf, S. Isaac Jogues, prêtres, et leurs compagnons jésuites, martyrs † entre 1642 à 1649 au Canada et aux États-Unis (Au Canada,* 26 septembre).<br>*S. Paul de la Croix, prêtre, fondateur des Passionistes, † 1775 à Rome.*<br>Romains 3, 21-30 ; Ps 129 ; Luc 11, 47-54 : « Cette génération devra rendre compte du sang de tous les prophètes depuis le sang d'Abel jusqu'au sang de Zacharie » |
| Ve 20 | Romains 4, 1-8 ; Ps 31 ; Luc 12, 1-7 « Les cheveux de votre tête sont tous comptés » |
| Sa 21 | Romains 4, 13.16-18 ; Ps 104 ; Luc 12, 8-12 : « L'Esprit Saint vous enseignera à cette heure-là ce qu'il faudra dire » |

**Bonne fête !** 15 : Thérèse, Térésa, Aurèle, Aurélie. 16 : Edwige, Marguerite-Marie, Bertrand. 17 : Ignace, Baudouin. 18 : Luc, Aimable, Guénolé (3 mars), Gwenn (Guewen). 19 : René. 20 : Line, Adeline, Aline. 21 : Ursule, Céline.

# 29e dimanche

## 22 OCTOBRE 2023

## Dieu et César

**Dans notre société déchristianisée,** on continue à entendre cette phrase lancée autrefois par Jésus avec tant d'autorité aux pharisiens qui cherchaient à le prendre en défaut : « Rendez-à César ce qui est à César... » (*évangile*). Il est vrai que la seconde partie de la phrase est souvent omise : trop évidente peut-être, à moins qu'au contraire le nom de Dieu ne soit devenu trop difficile à prononcer sous nos latitudes. Quoi qu'il en soit, Jésus se présente ici avec force comme celui qui fait la part entre Dieu et César, entre le spirituel et le temporel, sans confusion ni antagonisme, posant là un principe dont nos sociétés démocratiques sauront s'inspirer pour fonder la laïcité.

Mais comment faire confiance à « César » pour gérer les forces de vie et de mort à l'œuvre dans le monde et assurer les fondements de la justice selon l'Esprit du Royaume ? Où est le pouvoir de Dieu sur cette terre de misère et de guerre ? L'oracle d'Isaïe (*première lecture*) célèbre la toute-puissance de Dieu quand il s'agit de sauver et de faire vivre les hommes, puisque même l'étranger dominateur, le brillant roi Cyrus, redouté de toutes les nations, devient, sous son action (« Il l'a pris par la main »), un défenseur et le sauveur du petit peuple d'Israël en exil. Dans cette capacité à libérer l'homme de ses entraves et de ses violences réside et se manifeste la divinité de Dieu, « de l'Orient à l'Occident ». Paul et ses compagnons peuvent en témoigner : dans les épreuves, ils rendent grâce pour les progrès des Églises qu'ils ont fondées (*deuxième lecture*).

Il nous revient, à nous qui avons reçu cette parole, de la faire retentir jusqu'aux extrémités de l'univers, pour que les portes s'ouvrent et que le dessein de Dieu se réalise. Nous le ferons en Église, en communion, puisque la source même de notre vie est dans la foi que nous avons dans la divinité du Christ.

**CHANTER**

- Le répertoire proposé ce dimanche conviendra aussi au 30e dimanche.
- Pour la procession d'ouverture : ***Par la musique et par nos voix*** **Y 43-38 CNA 572,** ***Chantons avec toute l'Église*** **M 26-03,** ***Peuple de Dieu, marche joyeux*** **K 180 CNA 574** (couplets 1, 2, 8, 13 et 16), ***Jubilez, criez de joie*** **U 52-42,** ***Peuple de baptisés*** **K 106 CNA 573** (couplets 1, 2, et 6) ;
- Pour la procession de communion : ***Approchons-nous de la table*** **D 19-30,** ***Prenez et mangez*** **D 52-67,** ***Pain de Dieu pain rompu*** **D 284 CNA 338.**
- Pour l'action de grâce : ***Tenons en éveil*** **Y 243-1 CNA 591** (couplets 2 et 4), ***En accueillant l'amour*** **DP 126 CNA 325,** ***A l'image de ton amour*** **X 971 CNA 529,** ***Messagers de l'Évangile*** **XT 48-94.**
- Si l'on souhaite caractériser chaque dimanche, on retiendra :
- Pour le 29e dimanche : ***Appelés pour bâtir le Royaume*** **TK 51-32.**
- Pour le 30e dimanche : ***Pas de plus grand amour*** **EDIT 10-64.**

**CÉLÉBRER**

- Pour la salutation lors des Rites initiaux, il serait bon de prendre la deuxième formule tirée du début de la deuxième lecture : « Que la grâce et la paix de Dieu notre Père et du Seigneur Jésus, le Christ, soient toujours avec vous. »

## Antienne d'ouverture

Ps 16, 6.8

Je t'appelle, toi, le Dieu qui répond :
écoute-moi, entends ce que je dis.
Garde-moi comme la prunelle de l'œil ;
à l'ombre de tes ailes, cache-moi.

*Gloria.*

## Prière

Dieu éternel et tout-puissant, fais-nous toujours agir pour toi d'une volonté ardente, et servir ta gloire d'un cœur sans partage. Par Jésus Christ, ton Fils, notre Seigneur, qui vit et règne avec toi dans l'unité du Saint-Esprit, Dieu, pour les siècles des siècles.

## 1re Lecture

*Cyrus, figure annonciatrice du Christ*

→ **Lecture du livre du prophète Isaïe** 45, 1.4-6

**Ainsi parle le Seigneur** à son messie, à Cyrus, qu'il a pris par la main pour lui soumettre les nations et désarmer les rois, pour lui ouvrir les portes à deux battants, car aucune porte ne restera fermée :

« À cause de mon serviteur Jacob, d'Israël mon élu, je t'ai appelé par ton nom, je t'ai donné un titre, alors que tu ne me connaissais pas. Je suis le Seigneur, il n'en est pas d'autre : hors moi, pas de Dieu. Je t'ai rendu puissant, alors que tu ne me connaissais pas, pour que l'on sache, de l'orient à l'occident, qu'il n'y a rien en dehors de moi. Je suis le Seigneur, il n'en est pas d'autre. »

## Psaume 95

R/. **Rendez au Seigneur la gloire et la puissance.**

Chantez au Seigneur un chant nouveau,
chantez au Seigneur, terre entière,
racontez à tous les peuples sa gloire,
à toutes les nations ses merveilles !

Il est grand, le Seigneur, hautement loué,
redoutable au-dessus de tous les dieux :
néant, tous les dieux des nations !
Lui, le Seigneur, a fait les cieux.

Rendez au Seigneur, familles des peuples,
rendez au Seigneur la gloire et la puissance,
rendez au Seigneur la gloire de son nom.
Apportez votre offrande, entrez dans ses parvis.

Adorez le Seigneur, éblouissant de sainteté :
tremblez devant lui, terre entière.
Allez dire aux nations : « Le Seigneur est roi ! »
Il gouverne les peuples avec droiture.

## 2re LECTURE *Nous rendons grâce à Dieu au sujet de vous tous*

**→ Lecture de la première lettre de saint Paul apôtre aux Thessaloniciens** 1, 1-5b

**Paul,** Silvain et Timothée, à l'Église de Thessalonique qui est en Dieu le Père et dans le Seigneur Jésus Christ. À vous, la grâce et la paix.

À tout moment, nous rendons grâce à Dieu au sujet de vous tous, en faisant mémoire de vous dans nos prières. Sans cesse, nous nous souvenons que votre foi est active, que votre charité se donne de la peine, que votre espérance tient bon en notre Seigneur Jésus Christ, en présence de Dieu notre Père. Nous le savons, frères bien-aimés de Dieu, vous avez été choisis par lui. En effet, notre annonce de l'Évangile n'a pas été, chez vous, simple parole, mais puissance, action de l'Esprit Saint, pleine certitude.

**Alléluia. Alléluia.** Vous brillez comme des astres dans l'univers en tenant ferme la parole de vie. **Alléluia.**

## Évangile *Une distinction salutaire*

**→ Évangile de Jésus Christ selon saint Matthieu** 22, 15-21

**En ce temps-là**, les pharisiens allèrent tenir conseil pour prendre Jésus au piège en le faisant parler. Ils lui envoient leurs disciples, accompagnés des partisans d'Hérode : « Maître, lui disent-ils, nous le savons : tu es toujours vrai et tu enseignes le chemin de Dieu en vérité ; tu ne te laisses influencer par personne, car ce n'est pas selon l'apparence que tu considères les gens. Alors, donne-nous ton avis : Est-il permis, oui ou non, de payer l'impôt à César, l'empereur ? » Connaissant leur perversité, Jésus dit : « Hypocrites ! pourquoi voulez-vous me mettre à l'épreuve ? Montrez-moi la monnaie de l'impôt. » Ils lui présentèrent une pièce d'un denier. Il leur dit : « Cette effigie et cette inscription, de qui sont-elles ? » Ils répondirent : « De César. » Alors il leur dit : « Rendez donc à César ce qui est à César, et à Dieu ce qui est à Dieu. »

**POUR LA PRIÈRE UNIVERSELLE**

Comme Paul et avec lui, en cette journée où l'Église nous invite à prier pour l'évangélisation des peuples, faisons monter vers Dieu nos prières pour nos frères humains :
– Père, nous nous souvenons devant toi des communautés chrétiennes qui vivent partout dans le monde et nous les confions à ton amour : que leur foi reste active, nous t'en prions ;
– Père, nous te confions les hommes et les femmes pour qui l'annonce de l'Évangile n'est pas simple parole, mais puissance, action de l'Esprit Saint et certitude absolue : que leur espérance tienne bon, nous t'en prions ;
– Père, nous te confions les gouvernants, les hommes et les femmes au pouvoir, pour qu'ils établissent les fondements de la justice au bénéfice des plus pauvres : que leur charité se donne de la peine, nous t'en prions ;
– Père, nous te rendons grâce pour la foi, l'amour et l'espérance qui animent nos communautés : que l'Église témoigne toujours mieux de l'Évangile et de ton dessein d'amour pour le monde, nous t'en prions.

## Prière sur les offrandes

Accorde-nous, Seigneur, nous t'en prions, de te servir d'un cœur libre en te présentant ces dons ; puissions-nous, par un effet de ta grâce, être purifiés par ces mystères que nous célébrons. Par le Christ, notre Seigneur.

## Antienne de la communion

cf. Ps 32, 18-19

Le Seigneur veille sur ceux qui le craignent,
qui mettent leur espoir en sa miséricorde,
pour délivrer leur âme de la mort,
les nourrir aux jours de famine.

## Prière après la communion

Accorde-nous, Seigneur, nous t'en prions, de progresser en participant aux réalités du ciel ; ainsi, nous serons soutenus par tes bienfaits en ce temps et façonnés par ceux de l'éternité. Par le Christ, notre Seigneur.

## Le Premier-né de ton amour

« C'est lui qui pour toi fit éclore,
C'est lui qui devant toi chantait
L'aurore
Quand il n'était pas d'homme encore
Pour avoir part à sa beauté.

Par lui tout demeure en genèse,
Nos jours dans leur vieillissement
Se dressent
À leur éveil vers sa jeunesse,
Car il se lève à l'orient.

Voici la nouvelle lumière
Montant au plus secret des corps,
Ô Père,
Envoie le souffle sur la terre
Du Premier-né d'entre les morts. »

Patrice de La Tour du Pin, « Hymne du matin pour tous les temps »,
*Une Somme de poésie III*, p. 288,
*Prière du temps présent*, p. 736, strophes 3-5.

**Saintes Élodie ou Alodie et sa sœur Nunilo ou Nunilone (22 octobre).** Nées à Huesca en Espagne d'un père sarrasin et d'une mère chrétienne, ces deux jeunes wisigothes refusèrent la loi qui les obligeait à suivre la foi de leur père. Après une longue captivité, en vertu d'un édit de l'émir de Cordoue, Abd-ar-Rhaman II, elles furent tuées d'un coup de sabre en 851.

## CALENDRIER LITURGIQUE

**Di 22** **29e dimanche A.**
*Liturgie des Heures : Psautier semaine I.*
*[S. Jean-Paul II, pape, † 2005 à Rome]*

**Lu 23** *S. Jean de Capistran, prêtre, franciscain, † 1456 à Vilock (Croatie).*
Romains 4, 20-25 ; Cant. de Zacharie Luc 1 ; Luc 12, 13-21 : « Ce que tu auras accumulé, qui l'aura ? »

**Ma 24** *S. Antoine-Marie Claret, évêque de Santiago de Cuba, fondateur des Fils du Cœur Immaculé de Marie, † 1870 à Fontfroide (Aude).*
Romains 5, 12.15b.17-19.20b-21 ; Ps 39 ; Luc 12, 35-38 : « Heureux les serviteurs que le maître, à son arrivée, trouvera en train de veiller »

**Me 25** ou dernier dimanche d'octobre (*Afrique du Nord, Belgique, Canada et France*), DÉDICACE DES ÉGLISES dont on ignore la date de consécration.
Autres pays : Romains 6, 12-18 ; Ps 123 ; Luc 12, 39-48 : « À qui l'on a beaucoup donné, on demandera beaucoup »

**Je 26** Romains 6, 19-23 ; Ps 1 ; Luc 12, 49-53 : « Pensez-vous que je sois venu mettre la paix sur la terre ? Non, je vous le dis, mais bien plutôt la division »

**Ve 27** Romains 7, 18-25a ; Ps 118 ; Luc 12, 54-59 : « Vous savez interpréter l'aspect de la terre et du ciel ; mais ce moment-ci, pourquoi ne savez-vous pas l'interpréter ? »

**Sa 28** S. SIMON et S. JUDE, Apôtres. Lectures propres : Éphésiens 2, 19-22 ; Ps 18 A ; Luc 6, 12-19 : « Il en choisit douze auxquels il donna le nom d'Apôtres »

**Bonne fête !** 22 : Élodie, Salomé. 23 : Séverin. 24 : Florentin, Magloire. 25 : Enguerran ou Enguerrand, Doria. 26 : Dimitri. 27 : Émeline. 28 : Thaddée, Teddy, Simon, Simone.

**Pour mémoire :** en cet avant-dernier dimanche d'octobre, journée de la mission universelle.

# 30e dimanche

## 29 OCTOBRE 2023

## Aimer comme Dieu, la seule chose nécessaire

**Extraite du Code de l'Alliance** (Ex 21-23), la *première lecture* s'adresse à un peuple sédentaire, déjà installé sur la terre de Canaan, et susceptible d'oublier assez vite la longue route qu'il vient de parcourir dans le désert, nourri par la sollicitude divine. Ce texte législatif s'inscrit dans un genre littéraire rendu célèbre par le code d'Hammourabi écrit à la même époque. Il s'adresse à un « tu » qui peut être chacun des auditeurs. Il énonce une série de prescriptions morales. Son originalité réside dans le fait que c'est Dieu qui parle, qui dit « je » en tant qu'il est le garant du droit, formellement présent dans le rapport entre « tu » à qui s'adresse sa parole, le peuple aimé, et ce « il » qui est l'autre, l'étranger, le pauvre, objet de tous ses soins. Jésus établit fermement la similitude des deux commandements : aimer Dieu et aimer le prochain sont une seule et même chose (*évangile*), et saint Jean affirmera que celui qui dit aimer Dieu et n'aime pas son frère est un menteur (1 Jn 4, 20). Dieu est donc du côté du faible et de l'humilié, il engage sa responsabilité directement dans ce que nous appellerions aujourd'hui le processus de la paix sociale et publique. C'est une question de vie ou de mort. Voilà pourquoi le ton se fait si net !

Jésus, lui, n'a qu'un mot à la bouche, mot qu'il met en œuvre dans toute sa vie : aimer. Et ses disciples, comme Paul, Sylvain et Timothée ou comme ces chrétiens de Thessalonique à qui ils écrivent (*deuxième lecture*), aimant comme Jésus a aimé, feront de leur vie à leur tour un témoignage. Car il n'y a d'amour qu'en acte, seul un acte d'amour est capable de parler d'amour, donc de parler de Dieu et de tourner le cœur des frères vers Lui. Telle apparaît l'œuvre de l'Esprit Saint au regard émerveillé des chrétiens d'autrefois comme de ceux d'aujourd'hui : Dieu est toujours le premier à aimer. Avec le psalmiste, nous lui adressons notre déclaration d'amour.

*Des chants sont proposés du 29e au 30e dimanche* *p. 628.*

## Antienne d'ouverture

cf. Ps 104, 3-4

Joie pour les cœurs qui cherchent Dieu.
Cherchez le Seigneur, et vous serez affermis,
recherchez sans trêve sa face.

*Gloria.*

## Prière

Dieu éternel et tout-puissant, augmente en nous la foi, l'espérance et la charité ; et pour que nous puissions obtenir ce que tu promets, fais-nous aimer ce que tu commandes. Par Jésus Christ, ton Fils, notre Seigneur, qui vit et règne avec toi dans l'unité du Saint-Esprit, Dieu, pour les siècles des siècles.

## 1re Lecture

*Faire droit au pauvre par amour*

→ **Lecture du livre de l'Exode** 22, 20-26

**Ainsi parle le Seigneur** : « Tu n'exploiteras pas l'immigré, tu ne l'opprimeras pas, car vous étiez vous-mêmes des immigrés au pays d'Égypte. Vous n'accablerez pas la veuve et l'orphelin. Si tu les accables et qu'ils crient vers moi, j'écouterai leur cri. Ma colère s'enflammera et je vous ferai périr par l'épée : vos femmes deviendront veuves, et vos fils, orphelins.

Si tu prêtes de l'argent à quelqu'un de mon peuple, à un pauvre parmi tes frères, tu n'agiras pas envers lui comme un usurier : tu ne lui imposeras pas d'intérêts. Si tu prends en gage le manteau de ton prochain, tu le lui rendras avant le coucher du soleil. C'est tout ce qu'il a pour se couvrir ; c'est le manteau dont il s'enveloppe, la seule couverture qu'il ait pour dormir. S'il crie vers moi, je l'écouterai, car moi, je suis compatissant ! »

## Psaume 17

**R/. Je t'aime, Seigneur, ma force.**

Je t'aime, Seigneur, ma force :
Seigneur, mon roc, ma forteresse,
Dieu mon libérateur, le rocher qui m'abrite,
mon bouclier, mon fort, mon arme de victoire !

Louange à Dieu ! Quand je fais appel au Seigneur,
je suis sauvé de tous mes ennemis.
Lui m'a dégagé, mis au large,
il m'a libéré, car il m'aime.

Vive le Seigneur ! Béni soit mon Rocher !
Qu'il triomphe, le Dieu de ma victoire,
Il donne à son roi de grandes victoires,
il se montre fidèle à son messie.

## 2e Lecture

*Une communauté mue par l'écoute de la Parole*

→ **Lecture de la première lettre de saint Paul apôtre aux Thessaloniciens** 1, 5c-10

**Frères,** vous savez comment nous nous sommes comportés chez vous pour votre bien. Et vous-mêmes, en fait, vous nous avez imités, nous et le Seigneur, en accueillant la Parole au milieu de bien des épreuves, avec la joie de l'Esprit Saint. Ainsi vous êtes devenus un modèle pour tous les croyants de Macédoine et de Grèce. Et ce n'est pas seulement en Macédoine et en Grèce qu'à partir de chez vous la parole du Seigneur a retenti, mais la nouvelle de votre foi en Dieu s'est si bien répandue partout que nous n'avons pas besoin d'en parler. En effet, les gens racontent, à notre sujet, l'accueil que nous avons reçu chez vous ; ils disent comment vous vous êtes convertis à Dieu en vous détournant des idoles, afin de servir le Dieu vivant et véritable, et afin d'attendre des cieux son Fils qu'il a ressuscité d'entre les morts, Jésus, qui nous délivre de la colère qui vient.

**Alléluia. Alléluia.** Si quelqu'un m'aime, il gardera ma parole, dit le Seigneur ; mon Père l'aimera, et nous viendrons vers lui. **Alléluia.**

## Évangile

*Aimer, le mot-clef*

→ **Évangile de Jésus Christ selon saint Matthieu** 22, 34-40

**En ce temps-là,** les pharisiens, apprenant que Jésus avait fermé la bouche aux sadducéens, se réunirent, et l'un d'entre eux, un docteur de la Loi, posa une question à Jésus pour le mettre à l'épreuve : « Maître, dans la Loi, quel est le grand commandement ? »

Jésus lui répondit : « *Tu aimeras le Seigneur ton Dieu de tout ton cœur, de toute ton âme et de tout* ton esprit. Voilà le grand, le premier commandement.

Et le second lui est semblable : *Tu aimeras ton prochain comme toi-même.*

De ces deux commandements dépend toute la Loi, ainsi que les Prophètes. »

### POUR LA PRIÈRE UNIVERSELLE

Faisons monter vers Dieu la prière confiante de ses enfants :
– nous te confions, Père, ton Église : qu'elle « accueille ta parole au milieu des nombreuses épreuves qu'elle traverse, remplie de la joie de l'Esprit Saint », afin d'être toujours mieux au service des plus pauvres ;
– nous te confions, Père, tous ceux qui œuvrent pour la paix et la justice, pour la promotion des hommes et des femmes méprisés, pour la protection des enfants, en particulier des orphelins : qu'ils puisent en toi l'amour qui les fait vivre et travailler ;
– nous te confions, Père, les hommes et les femmes qui t'adorent en vérité, ceux qui méditent avec soin ta parole : qu'ils ne séparent jamais l'amour qu'ils te portent et l'amour pour leurs frères humains ;
– nous te confions, Père, ceux que nous aimons et ceux que nous n'aimons pas assez ou même pas du tout : que ton Esprit donne à nos communautés la joie de vivre dans l'amour en recevant tout de ta grâce.

## Prière sur les offrandes

Regarde les présents que nous t'offrons, nous t'en prions, Seigneur, Dieu de majesté : permets que notre célébration soit d'abord tournée vers ta gloire. Par le Christ, notre Seigneur.

## Antienne de la communion

cf. Ps 19, 6

Nous trouverons la joie en ton salut,
et la grandeur dans le nom de notre Dieu.

## Prière après la communion

Que tes sacrements, Seigneur, nous t'en prions, achèvent de produire en nous ce qu'ils contiennent ; puissions-nous saisir dans sa pleine vérité ce que notre célébration préfigure aujourd'hui. Par le Christ, notre Seigneur.

**Amour qui planais sur les eaux...**

« Amour descendant aujourd'hui,
Viens agiter les eaux enfouies
De nos baptêmes,
Qui de la mort de Jésus Christ
Nous font resurgir dans sa vie :
Tout est amour dans l'Amour même. »

Patrice de La Tour du Pin, « Hymne du matin au temps de la Pentecôte »,
*Une Somme de poésie* III, p. 305,
*Prière du temps présent*, p. 504 strophe 4.

## CALENDRIER LITURGIQUE

| | |
|---|---|
| Di 29 | **30e dimanche A.** *Liturgie des Heures : Psautier semaine II.* |
| Lu 30 | En Afrique du Nord, Ss. Marcel † 298 à Tanger, et Maximilien, † 295 à Tébessa, martyrs. Romains 8, 12-17 ; Ps 67 ; Luc 13, 10-17 « Cette fille d'Abraham, ne fallait-il pas la délivrer de ce lien le jour du sabbat ? » |
| Ma 31 | Romains 8, 18-25 ; Ps 125 ; Luc 13, 18-21 : « La graine a poussé, elle est devenue un arbre » |
| Me 1er novembre | **TOUS LES SAINTS**, p. 640. |
| Je 2 | COMMÉMORATION DE TOUS LES FIDÈLES DÉFUNTS, p. 647. |
| Ve 3 | *S. Martin de Porrès, frère dominicain, † 1639 à Lima.* *En Belgique et au Luxembourg,* S. Hubert, évêque de Tongres-Maastricht, puis de Liège, † 30 mai 727. Romains 9, 1-5 ; Ps 147 ; Luc 14, 1-6 « Si l'un de vous a un fils ou un bœuf qui tombe dans un puits, ne va-t-il pas aussitôt l'en retirer, même le jour du sabbat ? » |
| Sa 4 | S. Charles Borromée, cardinal, évêque de Milan, † 1584. Romains 11, 1-2a.11-12.25-29 ; Ps 93 ; Luc 14, 1.7-11 « Quiconque s'élève sera abaissé ; et qui s'abaisse sera élevé » |

**Bonne fête !** 29 : Narcisse. 30 : Bienvenu. 31 : Quentin, Wolfgang. 1er novembre : Mathurin. 2 : Tobie. 3 : Hubert, Gwenaël. 4 : Amance, Émeric, Charles, Carl, Charlie, Jessé, Jessy.

**Pour mémoire :** en ce dernier dimanche d'octobre, dimanche de la Réformation pour les communautés protestantes.

**Chiara Luce Badano (29 octobre).** Béatifiée le 25 septembre 2010, elle est née à Sassello (région de Savone) en 1971 et morte à 18 ans en 1990 d'un ostéosarcome, au terme d'une vie marquée par une foi lumineuse et par l'adhésion à la spiritualité du mouvement des Focolari. Une jeune fille moderne, sportive, positive, qui, dans un monde plein de bien-être, mais aussi souvent malade de tristesse, nous transmet un message d'optimisme et d'espérance.

# Fête de tous les saints

**1er NOVEMBRE 2023**

## La Toussaint, fête de l'espérance du monde

**Alors que les jours** sont de plus en plus courts et que l'hiver approche, nous est offerte une vision du Ciel propre à nous éclairer et à nous réchauffer le cœur. Une immense fête avec la multitude des saints donnés en exemple par l'Église, à laquelle s'ajoute la foule indénombrable des hommes et des femmes de bonne volonté, ceux qui ont soif de justice et de paix, ceux qui sont capables de faire miséricorde. C'est une foule que Jésus regarde avec tendresse pendant qu'il donne à ses disciples les clefs d'intelligence du Royaume. « Heureux… ! » *(évangile)*. Car Dieu est Amour, il veut le bonheur des êtres humains, et tout homme qui fonde sur l'amour son espérance sera sanctifié et connaîtra le bonheur de voir Dieu *(deuxième lecture)*.

La vision béatifique que déploie l'Apocalypse *(première lecture)* s'adresse à des croyants vivant sous la menace perpétuelle de la persécution. C'est un écrit clandestin et codé qui circule sous le manteau à la fin du Ier siècle, sous l'occupation romaine. Il lève le voile (c'est le sens du mot grec *apocaluptein*) de l'apparente domination triomphante de Rome, et révèle dans le Christ, Agneau immolé, le vrai vainqueur, Dieu lui-même dans sa souveraineté absolue, représenté par le Trône. Par le baptême, symbolisé par le vêtement blanc, les fidèles – 144 000, symbole de la totalité – sont plongés dans la mort du Christ et associés à sa résurrection.

Chaque fois que dans notre pauvreté nous sommes prêts à recevoir la vie comme un don, chaque fois que nous sommes doux et humbles de cœur comme Jésus – car Jésus seul répond complètement à cette charte des huit béatitudes – le monde est en marche vers le Royaume ouvert par le Père.

« Voyez… ! » dit saint Jean : il s'agit d'une révélation où le révélateur – l'Esprit – fait apparaître ce qui est invisible encore. Avec les saints de tous les temps, nous rendons grâce à Dieu qui se révèle.

## CHANTER

- Pour la procession d'ouverture : ***Aujourd'hui est jour de fête* W 47-38-1 CNA 644, *Dieu nous te louons* W1 CNA 646, *Priez, priez le Seigneur* W 13-23 CNA 641, *Que nos cœurs soient en fête* WX 13-25.**
- Après la Parole : ***Les Béatitudes* X 748 ou X 795, *Heureux, bienheureux* U 589.**
- ***La litanie des Saints*** pourrait être chantée à la place de la prière universelle, par exemple **WL 12 bis CNA 478.**
- Pendant la procession de communion : ***Nous formons un même corps* D 105 CNA 570, *Tu fais ta demeure* D 56-49.**
- Pour l'action de grâce : ***Bienheureux le pauvre* WP 22-98 CNA 536, *Autour du trône de l'Agneau* WP 587 CNA 645** ou une des versions des Béatitudes.

## CÉLÉBRER

- Il est probable que beaucoup viendront fêter la Toussaint pour faire mémoire de leurs défunts. Préparons une liturgie soignée, avec une grande qualité d'accueil.
- La proclamation du texte de l'Apocalypse pourrait être introduite : cette vision imagine la scène qui se déroulera à la fin des temps devant le trône de Dieu. Les images sont là pour annoncer la victoire de la Vie sur la mort, la victoire de l'Amour sur la haine.
- Une procession d'entrée peut utiliser les anciennes bannières des saints locaux qui seront installées pour entourer « l'assemblée des saints », c'est-à-dire la communauté chrétienne réunie pour la louange autour de son Seigneur. On peut aussi illuminer les statues de saints présentes dans l'église avec des lumignons ainsi que les croix de consécration de l'église qui symbolisent l'Église fondée sur les douze Apôtres.
- Il y a une préface et des textes propres à la Toussaint dans les prières eucharistiques nº 1, 2 et 3. Le Missel propose une bénédiction solennelle propre à la fête.

## Antienne d'ouverture

Tous ensemble, réjouissons-nous dans le Seigneur,
célébrons ce jour de fête en l'honneur de tous les saints.
Les anges se réjouissent avec nous de cette fête ;
ils en glorifient le Fils de Dieu.

*Gloria.*

## Prière

Dieu éternel et tout-puissant, tu nous donnes de célébrer dans une même fête la gloire de tous les saints ; puisqu'une telle multitude intercède pour nous, accorde-nous ce que nous désirons, l'abondance de ta miséricorde. Par Jésus Christ, ton Fils, notre Seigneur, qui vit et règne avec toi dans l'unité du Saint-Esprit, Dieu, pour les siècles des siècles.

## 1re Lecture

*Une immense fête*

**→ Lecture de l'Apocalypse de saint Jean** 7, 2-4.9-14

**Moi, Jean**, j'ai vu un ange qui montait du côté où le soleil se lève, avec le sceau qui imprime la marque du Dieu vivant ; d'une voix forte, il cria aux quatre anges qui avaient reçu le pouvoir de faire du mal à la terre et à la mer : « Ne faites pas de mal à la terre, ni à la mer, ni aux arbres, avant que nous ayons marqué du sceau le front des serviteurs de notre Dieu. » Et j'entendis le nombre de ceux qui étaient marqués du sceau : ils étaient cent quarante-quatre mille, de toutes les tribus des fils d'Israël.

Après cela, j'ai vu : et voici une foule immense, que nul ne pouvait dénombrer, une foule de toutes nations, tribus, peuples et langues. Ils se tenaient debout devant le Trône et devant l'Agneau, vêtus de robes blanches, avec des palmes à la main. Et ils s'écriaient d'une voix forte : « Le salut appartient à notre Dieu qui siège sur le Trône et à l'Agneau ! » Tous les anges se tenaient debout autour du Trône, autour des Anciens et des quatre Vivants ; se jetant devant le Trône, face contre terre, ils se prosternèrent devant Dieu. Et ils disaient : « Amen ! Louange, gloire, sagesse et action de grâce, honneur, puissance et force à notre Dieu, pour les siècles des siècles ! Amen ! » L'un des Anciens prit alors la parole et me dit : « Ces gens vêtus de robes blanches, qui sont-ils, et d'où viennent-ils ? » Je lui répondis : « Mon seigneur, toi, tu le sais. » Il me dit : « Ceux-là viennent de la grande épreuve ; ils ont lavé leurs robes, ils les ont blanchies par le sang de l'Agneau. »

## Psaume 23

R/. **Voici le peuple de ceux qui cherchent ta face, Seigneur.**

Au Seigneur, le monde et sa richesse,
la terre et tous ses habitants !
C'est lui qui l'a fondée sur les mers
et la garde inébranlable sur les flots.

Qui peut gravir la montagne du Seigneur
et se tenir dans le lieu saint ?
L'homme au cœur pur, aux mains innocentes,
qui ne livre pas son âme aux idoles.

Il obtient, du Seigneur, la bénédiction,
et de Dieu son Sauveur, la justice.
Voici le peuple de ceux qui le cherchent !
Voici Jacob qui recherche ta face !

## 2e Lecture

*Nous serons semblables à Lui*

→ **Lecture de la première lettre de saint Jean** 3, 1-3

**Bien-aimés,** voyez quel grand amour nous a donné le Père pour que nous soyons appelés enfants de Dieu – et nous le sommes. Voici pourquoi le monde ne nous connaît pas : c'est qu'il n'a pas connu Dieu. Bien-aimés, dès maintenant, nous sommes enfants de Dieu, mais ce que nous serons n'a pas encore été manifesté. Nous le savons : quand cela sera manifesté, nous lui serons semblables car nous le verrons tel qu'il est. Et quiconque met en lui une telle espérance se rend pur comme lui-même est pur.

**Alléluia. Alléluia.** Venez à moi, vous tous qui peinez sous le poids du fardeau, dit le Seigneur, et moi, je vous procurerai le repos. **Alléluia.**

## Évangile

*Les Béatitudes, clefs du Royaume*

→ **Évangile de Jésus Christ selon saint Matthieu** 5, 1-12a

**En ce temps-là**, voyant les foules, Jésus gravit la montagne. Il s'assit, et ses disciples s'approchèrent de lui. Alors, ouvrant la bouche, il les enseignait. Il disait :

« Heureux les pauvres de cœur, car le royaume des Cieux est à eux.

Heureux ceux qui pleurent, car ils seront consolés.

Heureux les doux, car ils recevront la terre en héritage.

Heureux ceux qui ont faim et soif de la justice, car ils seront rassasiés.

Heureux les miséricordieux, car ils obtiendront miséricorde.

Heureux les cœurs purs, car ils verront Dieu.

Heureux les artisans de paix, car ils seront appelés fils de Dieu.

Heureux ceux qui sont persécutés pour la justice, car le royaume des Cieux est à eux.

Heureux êtes-vous si l'on vous insulte, si l'on vous persécute et si l'on dit faussement toute sorte de mal contre vous, à cause de moi.

Réjouissez-vous, soyez dans l'allégresse, car votre récompense est grande dans les cieux ! »

*Credo.*

---

### POUR LA PRIÈRE UNIVERSELLE

▶ Unis à tous ceux qui, dans la béatitude céleste, acclament Dieu et intercèdent pour les hommes, prions pour l'Église et pour le monde de notre temps :

– avec Pierre et Paul, avec les apôtres de tous les temps, avec tous les témoins du Christ ressuscité, nous te prions, Seigneur, d'envoyer des hommes et des femmes pour annoncer la nouvelle de son amour sauveur ;

– avec Augustin et Thomas d'Aquin, penseurs d'Occident, avec Athanase et Basile, lumières de l'Orient, avec tous ceux qui ont cherché à comprendre la profondeur de la révélation, nous te prions, Seigneur, de susciter des hommes et des femmes qui mettent toutes les ressources de leur intelligence au service de sa Parole ;
– avec Thérèse de l'Enfant Jésus et François d'Assise, avec tous les consacrés, nous te prions, Seigneur, de faire se lever des hommes et des femmes de prière ;
– avec Vincent de Paul et Mère Teresa de Calcutta, avec tous ceux qui consacrent leur vie aux pauvres, aux malades et aux mourants, nous te prions, Seigneur, de renouveler l'amour des autres dans le cœur des hommes ;
– avec tous ceux qui ont vécu sous le regard de Dieu, avec tous ceux qui se sont laissé guider par l'Esprit et dont le nom s'est perdu, nous te prions, Seigneur, de faire grandir le peuple des croyants porteur d'espérance pour le monde.

## Prière sur les offrandes

Daigne accepter, Seigneur, l'offrande que nous te présentons en l'honneur de tous les saints ; puisque nous croyons qu'ils sont déjà dans la paix de l'immortalité, accorde-nous d'éprouver aussi leur sollicitude pour notre salut. Par le Christ, notre Seigneur.

## Préface

*La gloire de Jérusalem, notre mère*

Vraiment, il est juste et bon, pour ta gloire et notre salut, de t'offrir notre action de grâce, toujours et en tout lieu, Seigneur, Père très saint, Dieu éternel et tout-puissant.
Car tu nous donnes de célébrer aujourd'hui la cité du ciel, notre mère la Jérusalem d'en haut ; c'est là que nos frères les saints, déjà rassemblés, chantent sans fin ta louange. Et nous qui marchons vers elle par le chemin de la foi, nous hâtons le pas, joyeux de voir glorifiés ces enfants de l'Église dont tu fais un exemple et un secours pour notre faiblesse.

C'est pourquoi, avec la foule immense des saints et des anges, d'une seule voix, nous célébrons ta louange en proclamant : Saint ! Saint ! Saint, le Seigneur, Dieu de l'univers !...

*Dans les Prières eucharistiques, textes propres à la Toussaint.*

## Antienne de la communion

Mt 5, 8-10

Heureux les cœurs purs,
car ils verront Dieu !

Heureux les artisans de paix,
car ils seront appelés fils de Dieu !

Heureux ceux qui sont persécutés pour la justice,
car le royaume des Cieux est à eux !

## Prière après la communion

Tu es admirable, Seigneur Dieu ; tu es le seul saint, toi que nous adorons dans tous les saints ; nous implorons ta grâce : quand par elle nous serons parvenus à la sainteté dans la plénitude de ton amour, fais-nous passer de la table des pèlerins au banquet de la patrie du ciel. Par le Christ, notre Seigneur.

### Où irions-nous si ce n'est à Jésus ?

« Où irions-nous si ce n'est à Jésus
Puisque sans lui nous n'allons qu'à la mort ? [...]

Nous sommes baptisés sous le nom de Jésus,
Il rassemble les eaux dispersées.

Il nous a disséminés au monde, il nous rappelle :
Nous voici réunis pour lui répondre. »

Patrice de La Tour du Pin,
« Psaume » *Une Somme de poésie III,* p. 311.

# Commémoration de tous les fidèles défunts

## 2 NOVEMBRE 2023

## « Je verrai les bontés du Seigneur sur la terre des vivants »

**Confrontés au deuil et à la séparation,** réfléchissant à notre propre mort, nous sommes frappés par la modernité du livre de la Sagesse (*première lecture*) qui dit avec des mots très actuels ce que beaucoup pensent – et peut-être nous-mêmes à certains moments : « Notre existence est brève, nous sommes nés par hasard et après, nous serons comme si nous n'avions jamais existé. » Comment en effet ne pas être d'accord avec ce constat de bon sens ? C'est du fond de ce pessimisme radical qu'est née l'espérance juive et chrétienne d'une existence impérissable, à l'image de celle de Dieu qui aime l'homme, comme le chante le *psaume* 26, et qui n'a pas fait la mort (Sg 1,13). Inutile donc de nous rappeler avec nostalgie le temps passé ; orientons-nous, dans la fidélité à ce qui a été, vers un temps nouveau en train de naître, car la mort est un enfantement (*deuxième lecture*). Depuis la passion et la résurrection du Christ (*évangile*), la mort a changé de sens : d'impasse, elle est devenue passage, une pâque, vers la béatitude de Dieu. Par nos prières, nous aidons nos défunts à faire ce passage qui sera le nôtre bientôt et dans lequel nous aurons besoin de la prière de tous.

L'Église a toujours prié pour les défunts, en particulier pendant le Memento des morts de la prière eucharistique, dans la continuité de la pratique juive. La commémoration annuelle des défunts le 2 novembre remonte à saint Odilon de Cluny, célèbre au x^e^ siècle pour sa douceur. Depuis son abbaye bourguignonne, la fête fut étendue à toute l'Église. Dans l'espérance de la résurrection, les liens entre les vivants et les morts restent vivaces, l'amour ne connaissant pas les limites du temps ni de l'espace. Nous prions avec confiance puisque nous croyons dans le Christ qui a dit : « Je suis la résurrection et la vie. Celui qui croit en moi, même s'il meurt, vivra » (Jn 11, 25).

**CHANTER**

- Au début de la célébration : ***Souviens-toi de Jésus Christ* IX 45 CNA 588, *Celui qui aime a déjà franchi la mort* S 89 CNA 733, *En toi, Seigneur, mon espérance* GP 45-35 CNA 417 ou 418.**
- Après la Parole : ***La mort ne peut me garder* SP 21 CNA 742.**
- Pour la procession de communion : ***Pain véritable* D 103 CNA 340, *Tu nous guideras* J 15 CNA 596.**
- Pour l'action de grâce : ***Depuis l'aube où sur la terre* IP 29 CNA 489, *Jésus qui es aux cieux* J 100 CNA 737.**

**CÉLÉBRER**

- Le Missel Romain prévoit trois séries d'oraisons et cinq préfaces propres à cette célébration, ainsi qu'une bénédiction solennelle. On trouvera de nombreuses autres prières possibles dans le Rituel des funérailles.
- Les lectures peuvent être choisies librement dans le *Lectionnaire des funérailles*. On peut se reporter aussi au tome III du Lectionnaire de la messe.

## Antienne d'ouverture

cf. 1 Th 4, 14 ; 1 Co 15, 22

Jésus est mort et ressuscité ;
de même, ceux qui se sont endormis,
Dieu, par Jésus, les emmènera avec lui.

En effet, de même que tous les hommes meurent en Adam,
de même c'est dans le Christ que tous recevront la vie.

## Prière

Écoute nos prières avec bonté, Seigneur, nous t'en prions : tandis que grandit notre foi en ton Fils ressuscité d'entre les morts, affermis aussi notre espérance, puisque nous attendons la résurrection de ceux qui t'ont servi. Par Jésus Christ, ton Fils, notre Seigneur, qui vit et règne avec toi dans l'unité du Saint-Esprit, Dieu, pour les siècles des siècles.

*Les lectures peuvent être choisies dans le Lectionnaire des défunts.*

Nous proposons :
Sg 2, 1-4a.22-23 ; 3, 1-9 : *Ils sont dans la paix*
Ps 26
Rm 8, 18-23 : *Les douleurs d'un enfantement* (voir 15e dimanche, p. 520)
Mt 28, 1-10 : *Christ est ressuscité* (voir Vigile pascale, p. 365)

**POUR LA PRIÈRE UNIVERSELLE**

◗ Dieu non pas des morts mais des vivants, entends nos prières :
– nous te confions ceux de nos proches qui sont morts, tous ceux et celles que nous avons aimés et connus de près ou de loin, les morts de nos familles et de nos communautés ;
– nous te confions les défunts morts dans l'anonymat, ou dans la rue, ceux pour qui personne ne prie ;
– nous te confions les victimes des guerres et les morts de mort violente, leurs enfants et leurs parents ;
– nous te confions les mourants et ceux qui les assistent, ceux qui meurent seuls ;
– nous te confions ceux et celles qui n'ont aucune espérance devant la mort ;
– nous te confions les chrétiens qui s'investissent dans les équipes de funérailles et font naître l'espérance dans les cœurs endeuillés.
◗ Dieu notre Père, tu n'abandonnes aucun de tes enfants ; comble de ta présence et de ton amour tous ceux que l'épreuve de la mort a marqués, nous te le demandons par Jésus, le Christ, que tu as ressuscité d'entre les morts, et qui est vivant pour les siècles des siècles.

## Prière sur les offrandes

Sois favorable à nos offrandes, Seigneur : que les fidèles défunts parviennent à la gloire avec ton Fils à qui nous sommes unis par l'admirable sacrement de son amour. Lui qui vit et règne pour les siècles des siècles.

*Préface des défunts.*

## Antienne de la communion

cf. Jn 11, 25-26

Je suis la résurrection et la vie, dit le Seigneur.
Celui qui croit en moi, même s'il meurt, vivra ;
et quiconque vit et croit en moi ne mourra jamais.

## Prière après la communion

Accorde aux fidèles défunts, Seigneur, de passer dans ta demeure de lumière et de paix, car c'est pour eux que nous avons célébré le sacrement pascal. Par le Christ, notre Seigneur.

### Prière pour les morts

« Père de toutes grâces, toi qui as ressuscité ton fils mort, conduis nos morts à leur résurrection. »

Patrice de La Tour du Pin, *Une Somme de poésie III*, p. 281.

# 31e dimanche

## 5 NOVEMBRE 2023

## Un seul Père, un seul maître

La critique est sévère et probablement très utile, si l'on en juge par les rapprochements qui s'opèrent trop souvent, sous tous les climats et dans toutes les religions, entre le pouvoir spirituel et le pouvoir mondain. Or, dit Jésus dans l'*évangile* de Mathieu, le serviteur de Dieu ne revendique ni n'accepte la première place parmi les hommes. Il doit refuser les honneurs. Poursuivant la réflexion du prophète Malachie (*première lecture*), il insiste sur le fait que les chefs religieux ne doivent pas imposer des règles trop lourdes, dont eux-mêmes se dispensent, afin d'asseoir leur pouvoir. La parole de Dieu est sans équivoque à ce sujet, et nous admirons que ce soit justement l'autorité de l'Église catholique qui fasse entendre en ce dimanche cette mise en garde contre ce que l'on appellerait aujourd'hui les abus du pouvoir des clercs. L'Église sait qu'elle ne restera fidèle à son Seigneur que si elle sait entendre les critiques, les prévenir pour ne pas s'y exposer, ou se les faire à elle-même le cas échéant ; et si, abandonnant la tentation du pouvoir et le goût des premières places, elle suit l'exemple de Paul, annonçant sans relâche, dans la fatigue et dans la sueur, l'Évangile de Dieu et les Béatitudes (*deuxième lecture*). Seul le Nom de Dieu est grand, seul il doit être honoré, et ce Nom, Jésus nous apprend qu'il ne fait qu'un avec celui de Père. Seul le Christ doit être suivi comme maître, et l'Évangile nous apprend que l'autorité du Christ réside dans le don de sa vie. La seule élévation qui résiste à la mort et au temps qui efface tout, c'est justement celle de la Croix, à cause de l'amour infini du Père pour son Fils et du Fils pour son Père.

C'est à cette seule grandeur que l'Église est appelée, et avec elle tous ses enfants, fils d'un même Père, disciples d'un même Maître, dans la communion d'un même Esprit.

**CHANTER**

- Pour la procession d'ouverture : ***Dieu nous a tous appelés* KD 14-56-1 CNA 571, *Jubilez, criez de joie* U 52-42, *Dieu nous éveille à la foi* IA 20-70-3 CNA 546.**
- Après la Parole : ***Pour que l'homme soit un fils* GP 297-1 CNA 426, *Veillons jusqu'au jour* X 516.**
- Pour la procession de communion : ***Pain de Dieu, pain rompu* D 284 CNA 338, *Partageons le pain du Seigneur* D 39-31 CNA 342** (couplets 4, 10 et 13). ***Devenez ce que vous recevez* D 68-39.**
- Pour l'action de grâce : ***Il est l'Agneau et le Pasteur* ZL 22-2 CNA 556, *Pas de plus grand bonheur* D 13-20, *En accueillant l'amour* DP 126 CNA 325.**

## Antienne d'ouverture

cf. Ps 37, 22-23

Ne m'abandonne jamais, Seigneur,
mon Dieu, ne sois pas loin de moi.
Viens vite à mon aide,
Seigneur, force de mon salut !

*Gloria.*

## Prière

Dieu de puissance et de miséricorde, c'est ta grâce qui donne à tes fidèles de pouvoir dignement te servir ; nous t'en prions : accorde-nous de courir sans que rien nous arrête vers les biens que tu promets. Par Jésus Christ, ton Fils, notre Seigneur, qui vit et règne avec toi dans l'unité du Saint-Esprit, Dieu, pour les siècles des siècles.

## 1re Lecture

*Rester fidèles au service de Dieu*

→ **Lecture du livre du prophète Malachie** 1, 14b – 2, 2b.8-10

**Je suis un grand roi** – dit le Seigneur de l'univers –, et mon nom inspire la crainte parmi les nations.

Maintenant, prêtres, à vous cet avertissement : Si vous n'écoutez pas, si vous ne prenez pas à cœur de glorifier mon nom – dit le Seigneur de l'univers –, j'enverrai sur vous la malédiction, je maudirai les bénédictions que vous prononcerez. Vous vous êtes écartés de la route, vous avez fait de la Loi une occasion de chute pour la multitude, vous avez détruit mon alliance avec mon serviteur Lévi, – dit le Seigneur de l'univers. À mon tour je vous ai méprisés, abaissés devant tout le peuple, puisque vous n'avez pas gardé mes chemins, mais agi avec partialité dans l'application de la Loi.

Et nous, n'avons-nous pas tous un seul Père ? N'est-ce pas un seul Dieu qui nous a créés ? Pourquoi nous trahir les uns les autres, profanant ainsi l'Alliance de nos pères ?

## Psaume 130

**R/. Garde mon âme dans la paix près de toi, Seigneur.**

Seigneur, je n'ai pas le cœur fier
ni le regard ambitieux ;
je ne poursuis ni grands desseins,
ni merveilles qui me dépassent.

Non, mais je tiens mon âme
égale et silencieuse ;
mon âme est en moi comme un enfant,
comme un petit enfant contre sa mère.

Attends le Seigneur, Israël,
maintenant et à jamais.

## 2e Lecture

*Rester fidèles au service de l'Évangile*

**→ Lecture de la première lettre de saint Paul apôtre aux Thessaloniciens** 2, 7b-9.13

**Frères,** nous avons été pleins de douceur avec vous, comme une mère qui entoure de soins ses nourrissons. Ayant pour vous une telle affection, nous aurions voulu vous donner non seulement l'Évangile de Dieu, mais jusqu'à nos propres vies, car vous nous étiez devenus très chers. Vous vous rappelez, frères, nos peines et nos fatigues : c'est en travaillant nuit et jour, pour n'être à la charge d'aucun d'entre vous, que nous vous avons annoncé l'Évangile de Dieu. Et voici pourquoi nous ne cessons de rendre grâce à Dieu : quand vous avez reçu la parole de Dieu que nous vous faisions entendre, vous l'avez accueillie pour ce qu'elle est réellement, non pas une parole d'hommes, mais la parole de Dieu qui est à l'œuvre en vous, les croyants.

**Alléluia. Alléluia.** Vous n'avez qu'un seul Père, celui qui est aux cieux ; vous n'avez qu'un seul maître, le Christ. **Alléluia.**

## Évangile

*Rester fidèles au service des frères*

→ **Évangile de Jésus Christ selon saint Matthieu** 23, 1-12

**En ce temps-là,** Jésus s'adressa aux foules et à ses disciples, et il déclara : « Les scribes et les pharisiens enseignent dans la chaire de Moïse. Donc, tout ce qu'ils peuvent vous dire, faites-le et observez-le. Mais n'agissez pas d'après leurs actes, car ils disent et ne font pas. Ils attachent de pesants fardeaux, difficiles à porter, et ils en chargent les épaules des gens ; mais eux-mêmes ne veulent pas les remuer du doigt. Toutes leurs actions, ils les font pour être remarqués des gens : ils élargissent leurs phylactères et rallongent leurs franges ; ils aiment les places d'honneur dans les dîners, les sièges d'honneur dans les synagogues et les salutations sur les places publiques ; ils aiment recevoir des gens le titre de Rabbi. Pour vous, ne vous faites pas donner le titre de Rabbi, car vous n'avez qu'un seul maître pour vous enseigner, et vous êtes tous frères. Ne donnez à personne sur terre le nom de père, car vous n'avez qu'un seul Père, celui qui est aux cieux. Ne vous faites pas non plus donner le titre de maîtres, car vous n'avez qu'un seul maître, le Christ. Le plus grand parmi vous sera votre serviteur. Qui s'élèvera sera abaissé, qui s'abaissera sera élevé. »

**POUR LA PRIÈRE UNIVERSELLE**

« Et nous, le peuple de Dieu, n'avons-nous pas tous un même Père ? », demande le prophète Malachie. Faisons monter ensemble vers notre Père notre prière pour nos frères :

– nous te confions, Père, le pape et les évêques souvent projetés par l'actualité sous les feux de la rampe à cause de leurs fonctions, et pour tous les clercs en responsabilité pastorale : qu'ils annoncent sans relâche avec douceur et humilité la tendresse du Christ maître et serviteur de tous ;

– nous te confions les chrétiens de toutes les Églises : qu'ils confessent un seul Dieu et Père, et restent fidèles à l'alliance contractée avec l'humanité dans le sang versé de Jésus ;

– nous te confions ceux qui travaillent nuit et jour à l'annonce de l'Évangile : qu'ils soient reçus comme des ferments de paix et de plénitude ;

– nous te confions ceux qui ont charge d'âmes, parents, éducateurs, conseillers spirituels : qu'avec discernement et amour ils guident vers toi ceux que tu leur confies, Père de toutes grâces, et ne déçoivent jamais la confiance placée en eux.

## Prière sur les offrandes

Seigneur, que ce sacrifice devienne pour toi une offrande pure, et pour nous, le don généreux et saint de ta miséricorde. Par le Christ, notre Seigneur.

## Antienne de la communion

Ps 15, 11

Tu m'apprends, Seigneur, le chemin de la vie :
devant ta face, débordement de joie !

## Prière après la communion

Nous t'en prions, Seigneur : augmente en nous la force de ton action, afin que, renouvelés par les sacrements du ciel, nous soyons préparés par ta grâce à recevoir les biens qu'ils promettent. Par le Christ, notre Seigneur.

## La fidélité

« Inlassable elle berce et raconte,
Elle chante la terre enfantant son Sauveur.
Le choix de Dieu en étendant ses terres,
La joie de Dieu en les multipliant.
Et la fidélité comme un refrain, comme un murmure,
La fidélité, comme la loi du sang. »

Patrice de La Tour du Pin, « Psaume pour une fête de la Vierge »,
*Une Somme de poésie III,* p. 295.

**Sylvie (5 novembre).** Grande dame romaine qui consacra sa vie à son fils, le pape Grégoire le Grand. Celui-ci rapporte dans ses écrits qu'elle atteignit le sommet de la prière et de la pénitence et qu'elle fut un exemple excellent pour les autres. Elle mourut vers 590.

**Bertille (6 novembre).** Bertille, toute jeune, fut moniale à Jouarre. Elle fut ensuite la première abbesse du monastère fondé à Chelles par la reine sainte Bathilde dans le diocèse de Meaux. Elle assuma les charges d'infirmière, de directrice d'école et de prieure ; elle mourut vers 705.

## CALENDRIER LITURGIQUE

| | |
|---|---|
| Di 5 | **31e dimanche A.**<br>*Liturgie des Heures : Psautier semaine III.* |
| Lu 7 | Romains 11, 29-36 ; Ps 68 ; Luc 14, 12-14 : « N'invite pas tes amis ; invite des pauvres, des estropiés » |
| Ma 7 | Au Luxembourg, S. Willibrord, évêque d'Utrecht, fondateur de l'abbaye d'Echternach, patron secondaire du Luxembourg, † 739.<br>Romains 12, 5-16b ; Ps 130 ; Luc 14, 15-24 : « Va sur les routes et dans les sentiers, et fais entrer les gens de force, afin que ma maison soit remplie » |
| Me 8 | Romains 13, 8-10 ; Ps 111 ; Luc 14, 25-33 : « Celui d'entre vous qui ne renonce pas à tout ce qui lui appartient ne peut pas être mon disciple » |
| Je 9 | DÉDICACE DE LA BASILIQUE DU LATRAN, cathédrale de Rome.<br>Lectures propres : Ézékiel 47,1-2.8-9.12 ; ou bien 1 Corinthiens 3, 9c-11.16-17 ; Ps 45 ; Jean 2,13-22 : « Il parlait du sanctuaire de son corps » |
| Ve 10 | S. Léon le Grand, pape, docteur de l'Église, † 461.<br>Romains 15, 14-21 ; Ps 97 ; Luc 16, 1-8 : « Les fils de ce monde sont plus habiles entre eux que les fils de la lumière » |
| Sa 11 | S. Martin, évêque de Tours, † 397<br>Romains 16, 3-9.16.22-27 ; Ps144 ; Luc 16, 9-15 « Si vous n'avez pas été dignes de confiance pour l'argent malhonnête, qui vous confiera le bien véritable ? » |

**Bonne fête !** 5 : Sylvie, Zacharie. 6 : Bertille, Léonard, Winnoc. 7 : Carine, Ernest, Willibrord. 8 : Godefroy. 9 : Théodore, Théodora, Dora, Dorine. 10 : Léon, Lionel, Noé. 11 : Martin, Véran.

**Pour mémoire :** le 11 novembre, anniversaire de l'armistice de 1918, et journée de prière pour les morts des guerres.

# 32e dimanche

## 12 NOVEMBRE 2023

## Rencontre

**Se tenir sur le qui-vive dans la plus parfaite sérénité.** Rester en éveil, tous les sens tendus vers l'avènement de Celui qu'on attend avec ardeur, alors qu'il tarde à venir, lutter pour rester debout, penser à tout, voir loin devant... et pourtant rester tout entier concentré sur le présent, sûr de l'accomplissement de cette promesse conservée dans le cœur comme le trésor le plus précieux. Telle est l'attitude paradoxale du chrétien, invité à la fois à l'action et à la contemplation, à l'investissement personnel et à l'abandon total à la volonté de Dieu. La venue de l'Époux est un thème biblique majeur. Les noces sont l'image de l'union de l'âme et de Dieu, de la consommation de l'amour entre l'homme et Dieu à la fin des temps. La parabole des vierges sages et des vierges insouciantes (on dit aussi *insensées* car elles ne comprennent pas le *sens* de l'histoire) engage chacun de nous à tout attendre du Christ et à tout subordonner à sa rencontre (*évangile*).

Le portrait de la Sagesse, merveilleuse figure féminine de l'Ancien testament au confluent de la pensée grecque et de la pensée juive, est une figure de la présence divine (*première lecture*). Objet de tous les soins de l'homme en quête d'éternité et de bonheur, la Sagesse biblique se donne d'emblée, sans qu'il soit besoin de tout un discours philosophique. Le Dieu révélé par les Écritures est là où on l'accueille. Hospitalité réciproque des visages et des sourires. Rencontre...

Le texte de Paul (*deuxième lecture*) est le plus ancien écrit chrétien concernant la résurrection. Il répond aux questions qu'on se posait déjà à l'époque de sa rédaction. Il cherche à rassurer et à consoler les destinataires de la lettre : lors de la venue du Christ, nous serons tous réunis au Christ. Inutile de nous tracasser davantage. Mais de tout notre cœur, rendons grâce à Dieu.

**CHANTER**

- Pour la procession d'ouverture : ***Veillons jusqu'au jour* X 516, *Pour avancer ensemble* KD 20-38 CNA 524, *Dieu est à l'œuvre en cet âge* EP 50 CNA 541** (strophes 1, 3, et 4).
- Après la Parole : ***C'est toi ma lampe, Seigneur* Taizé, *Comme un ami* EDIT 429.**
- Pour la procession de communion : ***La Sagesse a dressé une table* D 580 CNA 332, *Voici mon corps livré pour vous* D 620, *Corps livré, Sang versé* D 54-18.**
- Pour l'action de grâce : ***Tenons en éveil* Y 243-1 CNA 591, *Tu es la vraie lumière* D 86 CNA 595.**

## Antienne d'ouverture

cf. Ps 87, 3

Que ma prière parvienne jusqu'à toi ;
ouvre ton oreille à ma plainte, Seigneur.

*Gloria.*

## Prière

Dieu de puissance et de miséricorde, éloigne de nous, dans ta bonté, tout ce qui nous arrête, afin que sans aucune entrave, ni d'esprit ni de corps, nous accomplissions d'un cœur libre ce qui vient de toi. Par Jésus Christ, ton Fils, notre Seigneur, qui vit et règne avec toi dans l'unité du Saint-Esprit, Dieu, pour les siècles des siècles.

## 1re Lecture

*La Sagesse vient à la rencontre de chacun*

### → Lecture du livre de la Sagesse

6, 12-16

La **Sagesse est resplendissante**, elle ne se flétrit pas. Elle se laisse aisément contempler par ceux qui l'aiment, elle se laisse trouver par ceux qui la cherchent. Elle devance leurs désirs en se faisant connaître la première. Celui qui la cherche dès l'aurore ne se fatiguera pas : il la trouvera assise à sa porte.

Penser à elle est la perfection du discernement, et celui qui veille à cause d'elle sera bientôt délivré du souci. Elle va et vient à la recherche de ceux qui sont dignes d'elle ; au détour des sentiers, elle leur apparaît avec un visage souriant ; dans chacune de leurs pensées, elle vient à leur rencontre.

## Psaume 62

**R/. Mon âme a soif de toi, Seigneur, mon Dieu !**

Dieu, tu es mon Dieu, je te cherche dès l'aube :
mon âme a soif de toi ;
après toi languit ma chair,
terre aride, altérée, sans eau.

Je t'ai contemplé au sanctuaire,
j'ai vu ta force et ta gloire.
Ton amour vaut mieux que la vie :
tu seras la louange de mes lèvres !

Toute ma vie je vais te bénir,
lever les mains en invoquant ton nom.
Comme par un festin je serai rassasié ;
la joie sur les lèvres, je dirai ta louange.

Dans la nuit, je me souviens de toi
et je reste des heures à te parler.
Oui, tu es venu à mon secours :
je crie de joie à l'ombre de tes ailes.

## 2e Lecture

*Nous serons pour toujours avec Lui*

→ **Lecture de la première lettre de saint Paul apôtre aux Thessaloniciens** 4, 13-18

*La lecture du texte entre crochets est facultative.*

**Frères,** nous ne voulons pas vous laisser dans l'ignorance au sujet de ceux qui se sont endormis dans la mort ; il ne faut pas que vous soyez abattus comme les autres, qui n'ont pas d'espérance. Jésus, nous le croyons, est mort et ressuscité ; de même, nous le croyons aussi, ceux qui se sont endormis, Dieu, par Jésus, les emmènera avec lui.

[Car, sur la parole du Seigneur, nous vous déclarons ceci : nous les vivants, nous qui sommes encore là pour la venue du Seigneur, nous ne devancerons pas ceux qui se sont endormis. Au signal donné par la voix de l'archange, et par la trompette divine, le Seigneur lui-même descendra du ciel, et ceux qui sont morts dans le Christ ressusciteront d'abord. Ensuite, nous les vivants, nous qui sommes encore là, nous serons emportés sur les nuées du ciel, en même temps qu'eux, à la rencontre du Seigneur. Ainsi, nous serons pour toujours avec le Seigneur. Réconfortez-vous donc les uns les autres avec ce que je viens de dire.]

**Alléluia. Alléluia.** Veillez, tenez-vous prêts : c'est à l'heure où vous n'y pensez pas que le Fils de l'homme viendra. **Alléluia.**

## Évangile

*Être prêts à L'accueillir !*

**→ Évangile de Jésus Christ selon saint Matthieu** 25, 1-13

**En ce temps-là,** Jésus disait à ses disciples cette parabole : « Le royaume des Cieux sera comparable à dix jeunes filles invitées à des noces, qui prirent leur lampe pour sortir à la rencontre de l'époux. Cinq d'entre elles étaient insouciantes, et cinq étaient prévoyantes : les insouciantes avaient pris leur lampe sans emporter d'huile, tandis que les prévoyantes avaient pris, avec leurs lampes, des flacons d'huile. Comme l'époux tardait, elles s'assoupirent toutes et s'endormirent. Au milieu de la nuit, il y eut un cri : "Voici l'époux ! Sortez à sa rencontre." Alors toutes ces jeunes filles se réveillèrent et se mirent à préparer leur lampe. Les insouciantes demandèrent aux prévoyantes : "Donnez-nous de votre huile, car nos lampes s'éteignent." Les prévoyantes leur répondirent : "Jamais cela ne suffira pour nous et pour vous, allez plutôt chez les marchands vous en acheter."

Pendant qu'elles allaient en acheter, l'époux arriva. Celles qui étaient prêtes entrèrent avec lui dans la salle des noces, et la porte fut fermée.

Plus tard, les autres jeunes filles arrivèrent à leur tour et dirent : "Seigneur, Seigneur, ouvre-nous !" Il leur répondit : "Amen, je vous le dis : je ne vous connais pas."

Veillez donc, car vous ne savez ni le jour ni l'heure. »

**POUR LA PRIÈRE UNIVERSELLE**

Nous sommes les veilleurs qui attendons l'aurore de la venue de Dieu. Prions pour tous nos frères :

– nous te confions, Père, ton Église, afin qu'elle garde la lampe de l'espérance allumée et qu'elle éclaire tout homme en quête d'un sens à sa vie ;

– nous te confions, Père, les hommes et les femmes qui se lèvent aujourd'hui comme les prophètes d'autrefois, annonçant ta présence au cœur de ce monde ;

– nous te confions, Père, ceux qui sont engloutis dans la nuit de la souffrance et du désespoir et n'ont plus la force de tenir leur lampe allumée ;

– nous te confions, Père, notre communauté, afin que, malgré les difficultés qu'elle ne manque pas de vivre, elle sache rester vivante et joyeuse, toute habitée par la foi dans le Seigneur qui vient.

## Prière sur les offrandes

Sur les offrandes que nous présentons pour le sacrifice, nous t'en prions, Seigneur, jette un regard favorable, afin que, par la ferveur de notre amour, nous obtenions ce que nous célébrons dans le mystère de la passion de ton Fils. Lui qui vit et règne pour les siècles des siècles.

## Antienne de la communion

Ps 22, 1-2

Le Seigneur est mon berger : je ne manque de rien.
Sur des prés d'herbe fraîche, il me fait reposer.
Il me mène vers les eaux tranquilles et me fait revivre.

## Prière après la communion

Fortifiés par le don très saint que tu nous fais, Seigneur, nous te rendons grâce et nous implorons ta bonté : que, par le don de ton Esprit, ceux qui ont reçu la force d'en haut aient la grâce de persévérer dans la droiture. Par le Christ, notre Seigneur.

## Rencontre

« Seigneur Jésus, toi qui viens à notre rencontre,
Sois de toutes nos rencontres aujourd'hui. »

Patrice de La Tour du Pin, *Une Somme de poésie III,* p. 283.

**Marguerite d'Écosse (16 novembre).** Petite-fille du roi d'Angleterre, née en Hongrie et mariée au roi d'Écosse Malcolm III, à qui elle donna huit enfants, elle s'intéressa grandement aux affaires du royaume et de l'Église. Épouse, mère et reine accomplie, elle mourut en 1093 à Édimbourg, après avoir appris la nouvelle de la mort de son mari et de son fils aîné dans une bataille. Elle introduisit la liturgie romaine dans l'Église écossaise.

## CALENDRIER LITURGIQUE

| | |
|---|---|
| Di 12 | **32e dimanche A.**<br>*Liturgie des Heures : Psautier semaine IV.*<br>[S. Josaphat, évêque de Polock (Lituanie), martyr, † 1623 à Vitebsk (Biélorussie)] |
| Lu 13 | Sagesse 1, 1-7 ; Ps 138 ; Luc 17, 1-6 : « Si sept fois par jour ton frère revient à toi en disant : "Je me repens", tu lui pardonneras » |
| Ma 14 | Sagesse 2, 23–3, 9 ; Ps 33 ; Luc 17, 7-10 : « Nous sommes de simples serviteurs : nous n'avons fait que notre devoir » |
| Me 15 | *S. Albert le Grand, évêque de Ratisbonne, dominicain, docteur de l'Église, † 1280 à Cologne.*<br>Sagesse 6, 1-11 ; Ps 81 ; Luc 17, 11-19 : « Il ne s'est trouvé parmi eux que cet étranger pour revenir sur ses pas et rendre gloire à Dieu ! » |
| Je 16 | *Ste Marguerite, reine d'Écosse, † 1093 à Édimbourg.*<br>*Ste Gertrude, vierge, moniale, † v. 1302 à Helfta (Allemagne).*<br>Sagesse 7, 22–8, 1 ; Ps 118 ; Luc 17, 20-25 : « Le règne de Dieu est au milieu de vous » |
| Ve 17 | Ste Élisabeth de Hongrie, duchesse de Thuringe, † 1231 à Marburg (Allemagne).<br>Sagesse 13, 1-9 ; Ps 18 A ; Luc 17, 26-37 : « Le jour où le Fils de l'homme se révélera » |
| Sa 18 | *Dédicace des basiliques romaines des saints Pierre et Paul, Apôtres (1626 et 1854).*<br>Sagesse 18, 14-16 ; 19, 6-9 ; Ps 104 ; Luc 18, 1-8 : « Dieu ne ferait pas justice à ses élus, qui crient vers lui jour et nuit ? » |

**Bonne fête !** 12 : Christian, Émilien. 13 : Brice, Diégo. 14 : Sidoine, Sidonie. 15 : Albert, Albéric, Léopold, Malo, Victoire. 16 : Gertrude, Marguerite, Daisy. 17 : Élisabeth, Élise, Bettina, Babette, Hilda. 18 : Aude.

**Pour mémoire :** 15 novembre, journée mondiale des pauvres.

# 33e dimanche

## 19 NOVEMBRE 2023

## Tout risquer par amour

**En cette fin de l'année liturgique,** au lieu d'emboucher les trompettes solennelles du jugement dernier si impressionnantes, l'Église nous donne à entendre et à voir des personnages de la vie de tous les jours pour nous indiquer quelle attitude spirituelle est la plus juste : celle de cette femme bonne dont la grâce réside dans sa générosité et dans sa patience laborieuse (*première lecture*) ; celle de cet homme avisé qui, partant en voyage, confie son bien à ceux dont il pense qu'ils seront plus à même de le faire fructifier (*évangile*). Dans la parabole des talents, le mauvais serviteur fonctionne admirablement comme contre-exemple. Il montre à l'évidence que pour réussir sa vie il faut la risquer, que pour gagner, il faut investir, et que tout ce qui n'est pas donné est perdu.

La parabole des dix jeunes filles et celle des talents qui précèdent le Jugement dernier dans le chapitre 25 de Matthieu parlent de la vie humaine comme temps de l'absence du Christ. Comment gérer cette liberté et ce temps qui nous sont donnés ? L'existence est un perpétuel déséquilibre, et seule une attente confiante et active de la venue prochaine du Seigneur peut nous donner l'audace et le courage de tout risquer par amour. Ne nous laissons pas aller à la peur de nous-mêmes, des autres ou de Dieu : accueillons chaque jour le Jour qui vient ! Les ténèbres ne peuvent pas surprendre ceux qui gardent la lumière de l'espérance (*deuxième lecture*).

Chacun de nous porte du fruit là où il est. La louange chantée dans le *psaume* accompagne la montée vers le Temple, lieu de la Présence divine. Elle ouvre notre assemblée chrétienne à l'intelligence de sa nature profonde puisque quand deux ou trois sont rassemblées au nom du Christ, il est au milieu d'eux. Avec Lui, par Lui et en Lui nous rendons grâce à Dieu.

**CHANTER**

- Pour la procession d'ouverture : ***Veillons jusqu'au jour* X 516, *Pour avancer ensemble* KD 20-38 CNA 524, *À ce monde que tu fais* RT 146-1 CNA 526, *Dieu est à l'œuvre en cet âge* EP 50 CNA 541.**
- Après la Parole : ***Amour qui nous attends* MX 173-1**
- Pour la procession de communion : ***Goûtez et voyez* D 68-45, *C'est toi, Seigneur, le pain rompu* D 293 CNA 322** (strophes 1, 4, 7 et 11).
- Pour l'action de grâce : ***Tenons en éveil* Y 243-1 CNA 591, *En accueillant l'amour* DP 126 CNA 325, *En mémoire du Seigneur* D 304-1 CNA 327.**

## Antienne d'ouverture

Jr 29, 11.12.14

Mes pensées, dit le Seigneur,
sont des pensées de paix et non de malheur.
Vous m'invoquerez, je vous écouterai,
et de partout je ramènerai vos captifs.

*Gloria.*

## Prière

Seigneur notre Dieu, nous t'en prions : accorde-nous la joie de t'appartenir sans réserve, car c'est un bonheur durable et profond de servir constamment le créateur de tout bien. Par Jésus Christ, ton Fils, notre Seigneur, qui vit et règne avec toi dans l'unité du Saint-Esprit, Dieu, pour les siècles des siècles.

## 1re Lecture

*Ses mains travaillent volontiers*

→ **Lecture du livre des Proverbes** 31, 10-13.19-20.30-31

Une femme parfaite, qui la trouvera ?
Elle est précieuse plus que les perles !
Son mari peut lui faire confiance :
il ne manquera pas de ressources.
Elle fait son bonheur, et non pas sa ruine,

tous les jours de sa vie.
Elle sait choisir la laine et le lin,
et ses mains travaillent volontiers.
Elle tend la main vers la quenouille,
ses doigts dirigent le fuseau.
Ses doigts s'ouvrent en faveur du pauvre,
elle tend la main au malheureux.
Le charme est trompeur et la beauté s'évanouit ;
seule, la femme qui craint le Seigneur mérite la louange.
Célébrez-la pour les fruits de son travail :
et qu'aux portes de la ville, ses œuvres disent sa louange !

## Psaume 127

R/. **Heureux qui craint le Seigneur !**

Heureux qui craint le Seigneur
et marche selon ses voies !
Tu te nourriras du travail de tes mains :
Heureux es-tu ! À toi, le bonheur !

Ta femme sera dans ta maison
comme une vigne généreuse,
et tes fils, autour de la table,
comme des plants d'olivier.

Voilà comment sera béni
l'homme qui craint le Seigneur.
De Sion, que le Seigneur te bénisse !
Tu verras le bonheur de Jérusalem tous les jours de ta vie.

## 2e Lecture

*Éloge de l'attente*

→ **Lecture de la première lettre de saint Paul apôtre aux Thessaloniciens** 5, 1-6

**Pour ce qui est des temps** et des moments de la venue du Seigneur, vous n'avez pas besoin, frères, que je vous en parle dans ma lettre. Vous savez très bien que le jour du

Seigneur vient comme un voleur dans la nuit. Quand les gens diront : « Quelle paix ! quelle tranquillité ! », c'est alors que, tout à coup, la catastrophe s'abattra sur eux, comme les douleurs sur la femme enceinte : ils ne pourront pas y échapper. Mais vous, frères, comme vous n'êtes pas dans les ténèbres, ce jour ne vous surprendra pas comme un voleur. En effet, vous êtes tous des fils de la lumière, des fils du jour ; nous n'appartenons pas à la nuit et aux ténèbres. Alors, ne restons pas endormis comme les autres, mais soyons vigilants et restons sobres.

**Alléluia. Alléluia.** Demeurez en moi, comme moi en vous, dit le Seigneur ; celui qui demeure en moi porte beaucoup de fruit. **Alléluia.**

## Évangile

*Éloge de la confiance*

→ **Évangile de Jésus Christ selon saint Matthieu** 25, 14-30

*La lecture du texte entre crochets est facultative.*

**En ce temps-là,** Jésus disait à ses disciples cette parabole : « C'est comme un homme qui partait en voyage : il appela ses serviteurs et leur confia ses biens. À l'un il remit une somme de cinq talents, à un autre deux talents, au troisième un seul talent, à chacun selon ses capacités. Puis il partit.

[Aussitôt, celui qui avait reçu les cinq talents s'en alla pour les faire valoir et en gagna cinq autres. De même, celui qui avait reçu deux talents en gagna deux autres. Mais celui qui n'en avait reçu qu'un alla creuser la terre et cacha l'argent de son maître.]

Longtemps après, le maître de ces serviteurs revint et il leur demanda des comptes. Celui qui avait reçu cinq talents s'approcha, présenta cinq autres talents et dit : "Seigneur, tu m'as confié cinq talents ; voilà, j'en ai gagné cinq autres." Son maître lui déclara : "Très bien, serviteur bon et fidèle, tu as été fidèle pour peu de choses, je t'en confierai beaucoup ; entre dans la joie de ton seigneur."

[Celui qui avait reçu deux talents s'approcha aussi et dit : "Seigneur, tu m'as confié deux talents ; voilà, j'en ai gagné deux autres." Son maître lui déclara : "Très bien, serviteur bon et fidèle, tu as été fidèle pour peu de choses, je t'en confierai beaucoup ; entre dans la joie de ton seigneur."

Celui qui avait reçu un seul talent s'approcha aussi et dit : "Seigneur, je savais que tu es un homme dur : tu moissonnes là où tu n'as pas semé, tu ramasses là où tu n'as pas répandu le grain. J'ai eu peur, et je suis allé cacher ton talent dans la terre. Le voici. Tu as ce qui t'appartient."

Son maître lui répliqua : "Serviteur mauvais et paresseux, tu savais que je moissonne là où je n'ai pas semé, que je ramasse le grain là où je ne l'ai pas répandu. Alors, il fallait placer mon argent à la banque ; et, à mon retour, je l'aurais retrouvé avec les intérêts. Enlevez-lui donc son talent et donnez-le à celui qui en a dix. À celui qui a, on donnera encore, et il sera dans l'abondance ; mais celui qui n'a rien se verra enlever même ce qu'il a. Quant à ce serviteur bon à rien, jetez-le dans les ténèbres extérieures ; là, il y aura des pleurs et des grincements de dents !" »]

---

**POUR LA PRIÈRE UNIVERSELLE**

Tant d'hommes et de femmes investissent leurs talents pour redonner au monde le sens de l'espérance ; avec eux, nous prions notre Père du ciel pour nos frères humains :

– Dieu de générosité, nous te prions pour les pauvres, avec ceux qui donnent sans compter ;

– Dieu des renouveaux, nous te prions pour les affligés, avec ceux qui tentent l'impossible ;

– Dieu de toute création, nous te prions pour les désespérés, avec ceux qui n'ont pas peur de créer ;

– Dieu de patience, nous te prions pour les découragés, avec ceux qui travaillent sans faiblir ;

– Dieu de douceur, nous te prions pour les riches et les puissants, avec ceux qui abandonnent puissance et richesses pour témoigner de l'unique nécessaire ;

Avec tous ceux-là et avec tous les fils de lumière, Dieu qui comptes sur nous, nous te prions : fais venir aujourd'hui ton Règne et que paraisse au milieu de nous ce qui nous sera donné au jour de la venue de ton Fils.

## Prière sur les offrandes

Nous t'en prions, Seigneur, Dieu de majesté : regarde les présents que nous t'offrons et permets qu'ils nous obtiennent la grâce de te servir et de parvenir ainsi à l'éternité bienheureuse. Par le Christ, notre Seigneur.

## Antienne de la communion

cf. Ps 72, 28

Pour moi, il est bon de m'attacher à Dieu,
de mettre mon espoir dans le Seigneur, mon Dieu.

## Prière après la communion

Seigneur, nous avons reçu les dons que tu nous as faits dans ce sacrement, et nous te supplions humblement : ton Fils nous a demandé de les célébrer en mémoire de lui, qu'ils augmentent en nous la charité. Par le Christ, notre Seigneur.

### Si tu n'étais pas venu chez nous

« Si tu n'étais pas venu chez nous, nous en serions encore à parcourir nos vies cahin-caha comme Adam, avec des idées plus ou moins coudées plein notre sacoche, pour à la fin descendre dans l'érèbe et nous asseoir dans l'antichambre du néant. Mais tu as marché sur nos chemins vers un haussement de la vie ».

Jean Grosjean, *Les Parvis.*

## CALENDRIER LITURGIQUE

| | |
|---|---|
| **Di 19** | **33e dimanche A.**<br>*Liturgie des Heures : Psautier semaine I.* |
| **Lu 20** | 1 Martyrs d'Israël 1, 10-15.41-43.54-57.62-64 ; Ps 118 ; Luc 18, 35-43 : « Que veux-tu que je fasse pour toi ? – Seigneur, que je retrouve la vue » |
| **Ma 21** | Présentation de la Vierge Marie.<br>2 Martyrs d'Israël 6, 18-31 ; Ps 3 ; Luc 19, 1-10 : « Le Fils de l'homme est venu chercher et sauver ce qui était perdu » |
| **Me 22** | Ste Cécile, vierge martyre à Rome (premiers siècles).<br>2 Martyrs d'Israël 7, 1.20-31 ; Ps 16 ; Luc 19, 11-28 : « Pourquoi n'as-tu pas mis mon argent à la banque ? » |
| **Je 23** | *S. Clément Ier, pape et martyr, † vers 97 à Rome.*<br>*S. Colomban, abbé de Luxeuil (Haute Saône), † 615 à Bobbio (Italie).*<br>1 Martyrs d'Israël 2, 15-29 ; Ps 49 ; Luc 19, 41-44« Ah ! si toi aussi, tu avais reconnu en ce jour ce qui donne la paix ! » |
| **Ve 24** | *S. André Dung-Lac, prêtre, et ses compagnons, martyrs au Vietnam, † 1845 à 1862.*<br>1 Martyrs d'Israël 4, 36-37.52-59 ; Cant. 1 Chroniques 29 ; Luc 19, 45-48 : « De la maison de Dieu, vous avez fait une caverne de bandits » |
| **Sa 25** | *Ste Catherine d'Alexandrie, vierge et martyre, début du IVe siècle (?)*<br>1 Martyrs d'Israël 6, 1-13 ; Ps 9 A ; Luc 20, 27-40 : « Il n'est pas le Dieu des morts, mais des vivants » |

**Bonne fête !** 19 : Mechtilde, Tanguy. 20 : Edmond, Edma, Octave. 21 : Maur. 22 : Cécile, Sheila, Célia. 23 : Clément, Rachilde, Clémentine, Colomban. 24 : Flora. 25 : Catherine, Katia, Ketty, Katel.

**Pour mémoire :** le 20 novembre, journée internationale des droits de l'enfant.

# Le Christ, roi de l'univers

**26 NOVEMBRE 2023**

## Le Fils de Dieu, Sauveur et Roi

**Tout au long de cette année liturgique,** nous avons reçu l'évangile selon saint Matthieu. Il a voulu nous montrer que Jésus réalise bien les promesses de Dieu énoncées dans la première Alliance. Alors que nous achevons ce cycle liturgique, le Christ se présente à nous comme le bon berger annoncé par les prophètes et comme le roi qui peut juger l'humanité (*évangile*). Mais dans la parabole du jugement dernier, Jésus s'identifie aussi aux plus petits : les affamés, les assoiffés, les étrangers, les dévêtus, les malades, les prisonniers. Ce récit annonce déjà la Passion que Jésus souffrira : il se montrera alors à la fois comme un humilié supportant la crucifixion, supplice infamant, et comme le roi qui, par sa résurrection, a vaincu la mort.

Là se situe le pouvoir du Christ appelé à régner sur l'univers. C'est ce que développe saint Paul dans une vision de fin des temps où le Fils de Dieu exercera sa domination sur tous ses ennemis, et le dernier d'entre eux, c'est la mort (*deuxième lecture*). L'Apôtre établit un parallèle entre Adam et Jésus : tous deux sont des hommes mais l'un a apporté la mort et l'autre, la vie. Comme dans la prophétie d'Ézékiel où Dieu lui-même deviendra le berger de son peuple (*première lecture*), le Christ a pris notre humanité pour nous conduire à la vie. Le prophète développe abondamment tous les soins que le bon pasteur prodiguera à ses brebis : nous pouvons méditer ces dix verbes qui expriment la générosité du Seigneur.

Le Jugement dernier, que nous pourrions vouloir éclipser, n'est pas un contrepoint à la miséricorde du Seigneur. C'est la conséquence de la liberté que Dieu nous donne. La responsabilité de chacun est engagée pour vivre, ou non, en disciple du Seigneur. Que nos actes soient à la mesure de ce que nous demandons dans le *Notre Père* : « Que ton règne vienne » !

**CHANTER**

- Pour la procession d'ouverture : ***Christ, roi du monde* M 35 CNA 531, *Christ hier, Christ aujourd'hui* M 27-36, *Nous chanterons pour toi, Seigneur* K 38 CNA 569.**
- Après l'homélie : ***Jésus, le Christ, lumière intérieure* Taizé.**
- Pour la procession de communion : ***Recevez le Corps du Christ* D 585 CNA 345, *En marchant vers toi, Seigneur* D 380 CNA 326.**
- Après la communion : ***Jubilez, criez de joie* U 52-42, *Par la musique et par nos voix* Y 43-38 CNA 572.**

## Antienne d'ouverture

cf. Ap 5, 12 ; 1, 6 (Vg)

Il est digne, l'Agneau immolé
de recevoir puissance, divinité,
sagesse, force et honneur, alléluia.
À lui, la gloire et la souveraineté
pour les siècles des siècles.

*Gloria.*

## Prière

Dieu éternel et tout-puissant, tu as voulu récapituler toutes choses en ton Fils bien-aimé, le Roi de l'univers ; dans ta bonté, fais que, libérée de la servitude, toute la création serve ta gloire et chante sans fin ta louange. Par Jésus Christ, ton Fils, notre Seigneur, qui vit et règne avec toi dans l'unité du Saint-Esprit, Dieu, pour les siècles des siècles.

## 1re LECTURE

*Dieu lui-même sera le bon berger*

→ **Lecture du livre du prophète Ézékiel** 34, 11-12.15-17

**Ainsi parle le Seigneur Dieu** : Voici que moi-même, je m'occuperai de mes brebis, et je veillerai sur elles. Comme un berger veille sur les brebis de son troupeau quand elles sont dispersées, ainsi je veillerai sur mes brebis, et j'irai les délivrer dans tous les endroits où elles ont été dispersées un jour de nuages et de sombres nuées. C'est moi qui ferai paître mon troupeau, et c'est moi qui le ferai reposer, – oracle du Seigneur Dieu. La brebis perdue, je la chercherai ; l'égarée, je la ramènerai. Celle qui est blessée, je la panserai. Celle qui est malade, je lui rendrai des forces. Celle qui est grasse et vigoureuse, je la garderai, je la ferai paître selon le droit. Et toi, mon troupeau – ainsi parle le Seigneur Dieu –, voici que je vais juger entre brebis et brebis, entre les béliers et les boucs.

## Psaume 22

R/. **Le Seigneur est mon berger :**
**rien ne saurait me manquer.**

Le Seigneur est mon berger :
je ne manque de rien.
Sur des prés d'herbe fraîche,
il me fait reposer.

Il me mène vers les eaux tranquilles
et me fait revivre ;
il me conduit par le juste chemin
pour l'honneur de son nom.

Si je traverse les ravins de la mort,
je ne crains aucun mal,
car tu es avec moi :
ton bâton me guide et me rassure.

Tu prépares la table pour moi
devant mes ennemis ;
tu répands le parfum sur ma tête,
ma coupe est débordante.

Grâce et bonheur m'accompagnent
tous les jours de ma vie ;
j'habiterai la maison du Seigneur
pour la durée de mes jours.

## 2e Lecture

*Le Christ règnera et dominera tous ses ennemis*

→ **Lecture de la première lettre de saint Paul apôtre aux Corinthiens** 15, 20-26.28

**Frères,** le Christ est ressuscité d'entre les morts, lui, premier ressuscité parmi ceux qui se sont endormis. Car, la mort étant venue par un homme, c'est par un homme aussi que vient la résurrection des morts. En effet, de même que tous les hommes meurent en Adam, de même c'est dans le Christ que tous recevront la vie, mais chacun à son rang : en premier, le Christ, et ensuite, lors du retour du Christ, ceux qui lui appartiennent. Alors, tout sera achevé, quand le Christ remettra le pouvoir royal à Dieu son Père, après avoir anéanti, parmi les êtres célestes, toute Principauté, toute Souveraineté et Puissance. Car c'est lui qui doit régner jusqu'au jour où Dieu *aura mis sous ses pieds tous ses ennemis.* Et le dernier ennemi qui sera anéanti, c'est la mort. Et, quand tout sera mis sous le pouvoir du Fils, lui-même se mettra alors sous le pouvoir du Père qui lui aura tout soumis, et ainsi, Dieu sera tout en tous.

**Alléluia. Alléluia.** Béni soit celui qui vient au nom du Seigneur. Béni soit le Règne qui vient, celui de David notre père. **Alléluia.**

## Évangile

*« Venez, les bénis de mon Père »*

→ **Évangile de Jésus Christ selon saint Matthieu** 25, 31-46

**En ce temps-là,** Jésus disait à ses disciples : « Quand le Fils de l'homme viendra dans sa gloire, et tous les anges avec lui, alors il siégera sur son trône de gloire. Toutes les nations seront rassemblées devant lui ; il séparera les hommes les uns des autres, comme le berger sépare les brebis des boucs : il placera les brebis à sa droite, et les boucs à gauche.

Alors le Roi dira à ceux qui seront à sa droite : "Venez, les bénis de mon Père, recevez en héritage le Royaume préparé pour vous depuis la fondation du monde. Car j'avais faim, et vous m'avez donné à manger ; j'avais soif, et vous m'avez donné à boire ; j'étais un étranger, et vous m'avez accueilli ; j'étais nu, et vous m'avez habillé ; j'étais malade, et vous m'avez visité ; j'étais en prison, et vous êtes venus jusqu'à moi !"

Alors les justes lui répondront : "Seigneur, quand est-ce que nous t'avons vu... ? tu avais donc faim, et nous t'avons nourri ? tu avais soif, et nous t'avons donné à boire ? tu étais un étranger, et nous t'avons accueilli ? tu étais nu, et nous t'avons habillé ? tu étais malade ou en prison... Quand sommes-nous venus jusqu'à toi ?"

Et le Roi leur répondra : "Amen, je vous le dis : chaque fois que vous l'avez fait à l'un de ces plus petits de mes frères, c'est à moi que vous l'avez fait."

Alors il dira à ceux qui seront à sa gauche : "Allez-vous-en loin de moi, vous les maudits, dans le feu éternel préparé pour le diable et ses anges. Car j'avais faim, et vous ne m'avez pas donné à manger ; j'avais soif, et vous ne m'avez pas donné à boire ; j'étais un étranger, et vous ne m'avez pas accueilli ; j'étais nu, et vous ne m'avez pas habillé ; j'étais malade et en prison, et vous ne m'avez pas visité."

Alors ils répondront, eux aussi : "Seigneur, quand t'avons-nous vu avoir faim, avoir soif, être nu, étranger, malade ou en prison, sans nous mettre à ton service ?"

Il leur répondra : "Amen, je vous le dis : chaque fois que vous ne l'avez pas fait à l'un de ces plus petits, c'est à moi que vous ne l'avez pas fait."

Et ils s'en iront, ceux-ci au châtiment éternel, et les justes, à la vie éternelle. »

**POUR LA PRIÈRE UNIVERSELLE**

Adressons nos prières au Christ, le Roi de l'univers qui agit comme un bon berger pour ses brebis :
– prions pour l'Église qui invite en ce jour les jeunes à se réunir : qu'elle se montre servante des plus petits, pour être fidèle à celui qui est venu pour servir et non pour être servi ;
– prions pour ceux qui nous gouvernent : qu'ils accueillent la sagesse de Dieu pour exercer leurs responsabilités politiques en faveur des plus faibles ;
– prions pour les personnes soutenues par le Secours catholique, celles qui ont faim et soif, les étrangers, dévêtus, malades ou prisonniers : qu'elles soient aidées par des frères qui témoigneront de la miséricorde de Dieu ;
– prions pour les personnes qui avancent dans la vie comme des brebis dispersées dans de sombres nuées : qu'elles soient délivrées de ce qui entrave leur marche.

## Prière sur les offrandes

En offrant le sacrifice qui réconcilie le genre humain avec toi, nous te supplions humblement, Seigneur : que ton Fils lui-même accorde à tous les peuples les dons de l'unité et de la paix. Lui qui vit et règne pour les siècles des siècles.

## Préface

*Le Christ, Roi de l'univers*

Vraiment, il est juste et bon, pour ta gloire et notre salut, de t'offrir notre action de grâce, toujours et en tout lieu, Seigneur, Père très saint, Dieu éternel et tout-puissant.
Tu as consacré d'une onction d'allégresse ton Fils unique, Jésus Christ, notre Seigneur, comme Prêtre éternel et Roi de l'univers. Pour accomplir les mystères de notre rédemption, il s'est offert lui-même sur l'autel de la croix en victime pure et pacifique. Quand toutes les créatures auront été soumises à son pouvoir, il remettra aux mains de ta souveraine puissance le règne éternel et universel : règne de vie et de vérité, règne de grâce et de sainteté, règne de justice, d'amour et de paix.

C'est pourquoi, avec les anges et les archanges, avec les puissances d'en haut et tous les esprits bienheureux, nous chantons l'hymne de ta gloire et sans fin nous proclamons : Saint, Saint, Saint, le Seigneur, Dieu de l'univers !...

## Antienne de la communion

Ps 28, 10-11

Il siège, le Seigneur, il est roi pour toujours ;
le Seigneur bénit son peuple en lui donnant la paix.

## Prière après la communion

Après avoir reçu le pain de l'immortalité, nous te supplions, Seigneur : nous qui mettons notre gloire à obéir aux commandements du Christ Roi de l'univers, puissions-nous vivre sans fin avec lui dans le royaume des Cieux. Lui qui vit et règne pour les siècles des siècles.

### Vivre comme justes

« "Les justes vivront éternellement et leur récompense est près de Dieu". Notez bien le sens de cette parole ; même si elle rend un son simple et commun, elle est très digne d'attention et très bonne.

"Les justes vivront". Qui sont les justes ? Un texte dit : Est juste celui qui donne à chacun ce qui lui revient, aux saints et aux anges ce qui leur revient, à son prochain ce qui lui revient.

L'honneur appartient à Dieu. Quels sont ceux qui honorent Dieu ? Ceux qui sont complètement sortis d'eux-mêmes, qui ne cherchent absolument rien qui leur soit propre en aucune chose, quelle qu'elle soit, grande ou petite, qui ne considèrent rien au-dessus d'eux, ni à côté d'eux, ni en eux, qui ne vise ni bien, ni honneur, ni agrément, ni plaisir, ni utilité, ni intériorité, ni sainteté, ni récompense, ni royaume céleste, et qui sont sortis de tout cela, de tout ce qui leur est propre. »

Maître Eckhart, *Sermons*, Seuil, 1974, p. 82.

## CALENDRIER LITURGIQUE

**Di 26** **Le Christ Roi de l'univers A.**
*Liturgie des Heures : Psautier semaine II.*
*[En Belgique, S. Jean Berchmans, jésuite, † 13 août 1621 à Rome]*

**Lu 27** Daniel 1, 1-6.8-20 ; Cant. Daniel 3 ; Luc 21, 1-4 : « Jésus vit une veuve misérable mettre deux petites pièces de monnaie »

**Ma 28** Daniel 2, 31-45 ; Cant. Daniel 3 ; Luc 21, 5-11 : « Il n'en restera pas pierre sur pierre »

**Me 29** Daniel 5, 1-6.13-14.16-17.23-28 ; Cant. Daniel 3 ; Luc 21, 12-19 : « Vous serez détestés de tous, à cause de mon nom. Mais pas un cheveu de votre tête ne sera perdu »

**Je 30** S. ANDRÉ, Apôtre. Lectures propres : Romains 10,9-18 ; Ps 18 A ; Matthieu 4,18-22 : « Aussitôt, laissant leurs filets, ils le suivirent »

**Ve 1er décembre** *En Afrique du Nord, S. Charles de Foucauld, prêtre, † 1916 à Tamanrasset.*
Daniel 7, 2-14 ; Cant. Daniel 3 ; Luc 21, 29-33 : « Lorsque vous verrez arriver cela, sachez que le royaume de Dieu est proche »

**Sa 2** Daniel 7, 15-27 ; Cant. Daniel 3 ; Luc 21, 34-36 « Restez éveillés et priez en tout temps : ainsi vous aurez la force d'échapper à tout ce qui doit arriver »

**Bonne fête !** 26 : Delphine, Conrad, Kurt. 27 : Astrid, Séverin, Séverine. 28 : Jacques. 29 : Saturnin. 30 : André, Andrée. 1er décembre : Charles, Foucauld, Karl, Charlène, Florence, Éloi, Loïc. 2 : Viviane.

**Pour mémoire :** Journée mondiale des jeunes, déplacée au dimanche du Christ Roi de l'univers par le pape François.

– Aujourd'hui, troisième dimanche de novembre, journée du Secours Catholique.

**Sainte Delphine (26 novembre)** naquit en 1283 dans une famille noble en Provence. Mariée très jeune à celui qui deviendra saint Elzéar, elle se voua au Seigneur dans la chasteté, la prière et le soin des pauvres. Devenue veuve, elle mena la vie religieuse à Naples puis à Apt jusqu'à sa mort en 1360.

# Prières usuelles

## Signe de la croix

Au nom du Père,
et du Fils,
et du Saint-Esprit.
Amen.

## Prière du Seigneur

Notre Père qui es aux cieux,
que ton nom soit sanctifié,
que ton règne vienne,
que ta volonté soit faite
sur la terre comme au ciel.
Donne-nous aujourd'hui
notre pain de ce jour.
Pardonne-nous nos offenses,
comme nous pardonnons aussi
à ceux qui nous ont offensés.
Et ne nous laisse pas entrer en tentation,
mais délivre-nous du Mal.

R/. Car c'est à toi qu'appartiennent le règne,
la puissance et la gloire pour les siècles des siècles !

## Ave Maria

Je vous salue, Marie, pleine de grâce,
le Seigneur est avec vous ;
vous êtes bénie entre toutes les femmes,
et Jésus, le fruit de vos entrailles, est béni.
Sainte Marie, Mère de Dieu,
priez pour nous, pauvres pécheurs,
maintenant et à l'heure de notre mort. Amen.

## Gloire au Père

Gloire au Père, et au Fils, et au Saint-Esprit,
au Dieu qui est, qui était, et qui vient,
pour les siècles des siècles. Amen.

*ou*

Rendons gloire au Père tout-puissant,
à son Fils Jésus Christ, le Seigneur,
à l'Esprit qui habite en nos cœurs,
pour les siècles des siècles. Amen.

## Credo

Je crois en Dieu, le Père tout-puissant, créateur du ciel et de la terre. Et en Jésus Christ, son Fils unique, notre Seigneur, qui a été conçu du Saint-Esprit, est né de la Vierge Marie, a souffert sous Ponce Pilate, a été crucifié, est mort et a été enseveli, est descendu aux enfers, le troisième jour est ressuscité des morts, est monté aux cieux, est assis à la droite de Dieu le Père tout-puissant, d'où il viendra juger les vivants et les morts. Je crois en l'Esprit Saint, à la sainte Église catholique, à la communion des saints, à la rémission des péchés, à la résurrection de la chair, à la vie éternelle. Amen.

*ou*

Je crois en un seul Dieu, le Père tout-puissant (Symbole de Nicée-Constantinople), p. 32

.

## Angélus

L'ange du Seigneur annonça à Marie qu'elle serait mère du Sauveur.

– Et elle conçut du Saint-Esprit.

*Je vous salue, Marie,...*

« Voici la servante du Seigneur.

– Que tout m'advienne selon ta parole. »

*Je vous salue, Marie,...*

Et le Verbe s'est fait chair.

– Et il a habité parmi nous.

*Je vous salue, Marie,...*

Prie(z) pour nous, sainte Mère de Dieu.

– Afin que nous devenions dignes des promesses du Christ.

Prions le Seigneur.

Nous te prions, Seigneur, de répandre ta grâce en nos cœurs ; par le message de l'ange, tu nous as fait connaître l'incarnation de ton Fils bien-aimé ; conduis-nous par sa passion et par sa croix jusqu'à la gloire de la résurrection. Par le Christ, notre Seigneur. Amen.

## Regina caeli (au Temps pascal)

Reine du ciel, réjouis-toi, alléluia.

– Car le Seigneur que tu as mérité de porter, alléluia,

Est ressuscité comme il l'a dit, alléluia.

– Prie Dieu pour nous, alléluia.

Réjouis-toi, Vierge Marie, alléluia.

– Car le Seigneur est vraiment ressuscité, alléluia.

Prions le Seigneur.

Seigneur Dieu, par la résurrection de ton Fils, notre Seigneur Jésus Christ, tu as fait briller la joie dans le monde ; accorde-nous, par l'intercession de la Vierge Marie, sa mère, de goûter la joie de la vie éternelle. Par le Christ, notre Seigneur. Amen.

# Cantiques évangéliques

## Cantique évangélique de Zacharie

Béni soit le Seigneur, le Dieu d'Israël,
qui visite et rachète son peuple.

Il a fait surgir la force qui nous sauve
dans la maison de David, son serviteur,

comme il l'avait dit par la bouche des saints,
par ses prophètes, depuis les temps anciens :

salut qui nous arrache à l'ennemi,
à la main de tous nos oppresseurs,

amour qu'il montre envers nos pères,
mémoire de son alliance sainte,

serment juré à notre père Abraham
de nous rendre sans crainte,

afin que, délivrés de la main des ennemis,
nous le servions dans la justice et la sainteté,
en sa présence, tout au long de nos jours.

Toi aussi, petit enfant, tu seras appelé
prophète du Très-Haut ;
tu marcheras devant, à la face du Seigneur,
et tu prépareras ses chemins

pour donner à son peuple de connaître le salut
par la rémission de ses péchés,

grâce à la tendresse, à l'amour de notre Dieu,
quand nous visite l'astre d'en haut,

pour illuminer ceux qui habitent les ténèbres
et l'ombre de la mort,

pour conduire nos pas
au chemin de la paix.

## Cantique évangélique de Marie

Mon âme exalte le Seigneur,
exulte mon esprit en Dieu, mon Sauveur !

Il s'est penché sur son humble servante ;
désormais tous les âges me diront bienheureuse.
Le Puissant fit pour moi des merveilles ;
Saint est son nom !

Sa miséricorde s'étend d'âge en âge
sur ceux qui le craignent.
Déployant la force de son bras,
il disperse les superbes.

Il renverse les puissants de leurs trônes,
il élève les humbles.
Il comble de biens les affamés,
renvoie les riches les mains vides.

Il relève Israël son serviteur,
il se souvient de son amour,
de la promesse faite à nos pères,
en faveur d'Abraham et sa descendance à jamais.

Gloire au Père.

# Prières des repas

## Avant le repas de midi

Tous ont les yeux sur toi, Seigneur, ils espèrent,
*Et tu leur donnes la nourriture en son temps;*
Toi, tu ouvres la main :
*Tu rassasies tout vivant à plaisir.* (Ps 144)

Prions le Père, qui toujours prend soin de ses enfants :
*Notre Père qui es aux cieux... Car c'est à toi...*
Fais descendre ta bénédiction sur nous, Seigneur,
et sur cette nourriture que ta bonté nous donne.
Par le Christ, notre Seigneur. *Amen.*

## Avant le repas du soir

Les pauvres mangeront, leur faim sera comblée ;
*Ils loueront le Seigneur, ceux qui le cherchent :*
*que vivent leur cœur à jamais !* (Ps 21)

Prions le Père qui nous donne le pain chaque jour :
*Notre Père qui es aux cieux... Car c'est à toi...*
Protège-nous, Seigneur notre Dieu,
viens au secours de notre faiblesse
et accorde-nous ce qu'il faut pour vivre.
Par le Christ, notre Seigneur. *Amen.* (*Livre des bénédictions*)

# Le Rosaire et le Chapelet

## Mystères joyeux

### → 1. L'annonce à Marie.

« Que tout m'advienne selon ta parole. » (Lc 1, 38)

### → 2. La visite de Marie à Élisabeth.

« Heureuse celle qui a cru. » (Lc 1, 45)

### → 3. La naissance de Jésus.

« Voici le signe qui vous est donné : un nouveau-né couché dans une mangeoire. » (Lc 2, 12)

### → 4. Jésus est présenté au Temple.

« Lumière qui se révèle aux nations et donne gloire à ton peuple Israël. » (Lc 2, 32)

### → 5. Jésus est retrouvé au Temple.

« C'est chez mon Père que je dois être. » (Lc 2, 50)

## Mystères lumineux

### → 1. Le baptême de Jésus

« Alors Jean rendit ce témoignage : "J'ai vu l'Esprit descendre du ciel comme une colombe et il demeura sur lui. Celui-là baptise dans l'Esprit Saint." » (Jn 1,32.33)

### → 2. Les noces de Cana

« Sa mère dit à ceux qui servaient : "Tout ce qu'il vous dira, faites-le." » (Jn 2,5)

### → 3. L'annonce du Royaume

« Je suis venu apporter un feu sur la terre, et comme je voudrais qu'il soit déjà allumé ! » (Lc 12,49)

### → 4. La transfiguration de Jésus

« Il fut transfiguré devant eux ; son visage devint brillant comme le soleil, et ses vêtements, blancs comme la lumière. » (Mt 17,2)

### → 5. L'institution de l'Eucharistie

« Prenez, mangez : ceci est mon corps. » (Mt 26,26)

## Mystères douloureux

### → 1. L'agonie au Jardin des Oliviers.

« Veillez et priez pour ne pas entrer en tentation. » (Mc 14, 38)

### → 2. La flagellation.

« Pilate relâcha Barabbas ; quant à Jésus, il le fit flageller. » (Mt 27, 26)

### → 3. Le couronnement d'épines.

« Ma royauté ne vient pas de ce monde. » (Jn 18, 36)

### → 4. Le portement de croix.

« Jésus, portant lui-même sa croix, sorti en direction du lieu dit en hébreu : Golgotha » (Jn 19, 17)

### → 5. La mort du Christ.

« Quand il eut pris le vinaigre, Jésus dit : "Tout est accompli." Puis, inclinant la tête, il remit l'esprit. » (Jn 19, 30)

## Mystères glorieux

### → 1. La résurrection.

« Pourquoi cherchez-vous le Vivant parmi les morts ? » (Lc 24, 5)

### → 2. L'Ascension.

« Dieu l'a exalté : il l'a doté du Nom qui est au-dessus de tout nom. » (Ph 2, 9)

### → 3. La Pentecôte.

« Vous allez recevoir une force, celle du Saint-Esprit qui viendra sur vous. Alors vous serez mes témoins. » (Ac 1, 8)

### → 4. L'assomption de la Vierge Marie.

« Le Puissant fit pour moi des merveilles. » (Lc 1, 49)

### → 5. Le couronnement de la Vierge Marie.

« Une Femme, ayant sur la tête une couronne de douze étoiles. » (Ap 12, 1)

# Sacrement de la réconciliation

## ACCUEIL MUTUEL[1]

*Le pénitent peut dire :*

Bénissez-moi, mon Père, parce que j'ai péché.

*Le prêtre peut répondre en disant :*

Que Dieu vous donne sa lumière pour confesser vos péchés en même temps que son amour pour vous.

## LECTURE

*Il est bon que le prêtre ou le fidèle lise un bref passage de l'Écriture, par exemple*

Jésus a dit : « Je ne suis pas venu appeler des justes, mais des pécheurs. » (Mt 9, 13)

« Il y a de la joie devant les anges de Dieu pour un seul pécheur qui se convertit. » (Lc 15, 10)

« Dans le Christ, Dieu a réconcilié le monde avec lui : il a déposé en nous la parole de réconciliation. Au nom du Christ, laissez-vous réconcilier avec Dieu. » (2 Co 5, 19-20)

## CONFESSION DE L'AMOUR DE DIEU ET DE NOTRE PÉCHÉ

*Le pénitent peut commencer par une confession globale de son état de pécheur en disant :*

Je confesse à Dieu tout-puissant, je reconnais devant vous, mon père, que j'ai péché, en pensée, en parole, par action et par omission ; oui, j'ai vraiment péché (il se frappe la poitrine). C'est pour-

1. Pour la célébration dans une assemblée, voir les indications donnée pour la Célébration pénitentielle en Carême, p. 283.

quoi je supplie la Vierge Marie, les anges et tous les saints, et vous aussi, mon père, de prier pour moi le Seigneur notre Dieu.

*Le pénitent fait ensuite l'aveu de ses fautes particulières. Le prêtre peut engager le dialogue pour aider le pénitent à voir plus clair en lui-même et à discerner les moyens de progresser. Le prêtre propose ensuite au pénitent un signe de conversion et de pénitence*

## ACCUEILLIR LE PARDON DE DIEU

*Chaque fois que c'est possible, le prêtre et le pénitent prient ensemble. Le pénitent peut dire :*

Jésus, Fils de Dieu Sauveur, prends pitié de moi, pécheur.

*Le prêtre étend les mains sur la tête du pénitent (ou du moins étend la main droite) et dit la prière d'absolution :*

Que Dieu notre Père vous montre sa miséricorde ; par la mort et la résurrection de son Fils, il a réconcilié le monde avec lui et il a envoyé l'Esprit Saint pour la rémission des péchés : par le ministère de l'Église, qu'il vous donne le pardon et la paix.

Et moi, au nom du Père, + et du Fils, et du Saint-Esprit,
je vous pardonne tous vos péchés. R/. **Amen.**

## LOUANGE DE DIEU ET ENVOI

*Le prêtre invite à l'action de grâce par une formule spontanée ou en disant par exemple :*

Allez dans la paix et la joie du Christ.

*ou*

Rendez grâce au Seigneur, car il est bon.
R/. **Éternel est son amour.**

*ou*

Le Seigneur vous a pardonné. Allez en paix.

# Table des lectures bibliques

** Possibilité d'une lecture abrégée.*

## 1 CHRONIQUES



## PROVERBES



## SAGESSE



## BEN SIRA ou « ECCLÉSIASTIQUE »



## ISAÏE

## LUC

## JEAN



## ACTES DES APÔTRES



## LETTRE AUX ROMAINS

## 1 CORINTHIENS



## 2 CORINTHIENS

# Table des matières

Le dimanche 3 décembre 2023
est le premier dimanche de l'Avent (année B).
C'est le début d'une nouvelle année liturgique.

**Voir le Missel des dimanches 2024.**

Maquette : Bleu T

Mise en page : Le vent se lève...

Achevé d'imprimer en juin 2022
dans les ateliers de Normandie Roto Impression s.a.s. – 61250 Lonrai
N° d'imprimeur : 2202199
Dépôt légal : août 2022
Imprimé en France

